THE CONTINUATIONS OF THE
OLD FRENCH *PERCEVAL*

THE CONTINUATIONS OF THE
OLD FRENCH *PERCEVAL*
OF CHRETIEN DE TROYES

Edited by
WILLIAM ROACH

Volume III
Part 2

GLOSSARY OF
THE FIRST CONTINUATION

BY

LUCIEN FOULET

THE AMERICAN PHILOSOPHICAL SOCIETY
INDEPENDENCE SQUARE
PHILADELPHIA
1955

83385

Reprinted 1970

PREFACE

This glossary is intended primarily to serve as an aid in the reading of the various versions of the First Continuation. It is based on the assumption that words, expressions, and forms which are readily comprehensible to any one who knows modern French need not be included. No effort has been made to provide a complete listing of the words or forms contained in the first three volumes, and even in the case of verbs for which numerous forms are cited it should not be inferred that other forms are not also present in the texts. For the very large number of words which occur in parallel passages in two or more redactions, reference is normally made only to the instances in Volume I, and it is understood that the reader can easily verify the presence or absence of the word in the other volumes by means of the section and episode numbers printed at the head of every right-hand page, or with the help of the line-numbers of Potvin's edition which appear in the left margins of all passages that resemble the Mons text.

All the compilation and classification of the materials, the writing of the definitions, the determination of whether to include or omit any item — in a word, all the work of preparing this glossary was done by Lucien Foulet. But the publication of the volume has been delayed by an unfortunate accident. Shortly after he had sent his finished manuscript to the printer, and before all the materials had been set in type, Mr. Foulet suffered a broken leg and was unable to work for a period of many months. This misfortune changed completely the role which I, as general editor of the First Continuation, had expected to play in the publication of the present volume. Instead of merely sending to Mr. Foulet a list of comments and observations,

v

of which he might have made whatever use he wished, it became necessary for me to undertake the reading of all the galley and page proofs and the verification of all the references and quotations. In general I have tried to limit my collaboration to proof-reading, and have consistently refrained from making changes in the comparatively few places where Mr. Foulet's interpretation of the texts may happen to differ from my own. After months of constant work on the glossary, I am convinced that even though it has not had the benefit of a final revision in the proof stages by its author (who is now fortunately entirely recovered from the effects of his accident), it is certain to prove an extremely useful instrument for the understanding and appreciation of a group of literary works which are not lacking either in difficult passages or in occasional scenes of excellent literary quality.

The preparation of this volume has been aided by grants from the American Philosophical Society and from the Committee on the Advancement of Research of the University of Pennsylvania, and by two grants in successive years from the Centre National de la Recherche Scientifique.

W. R.

Note de l'auteur

Pendant tout le cours de mon travail j'ai eu constamment devant moi trois ouvrages indispensables, le *Dictionnaire de l'ancienne langue française* de Frédéric Godefroy, l'*Altfranzösisches Wörterbuch* d'Adolf Tobler et Erhard Lommatzsch (jusqu'au fascicule 28), et le *Dictionnaire étymologique de la langue française* de O. Bloch et W. von Wartburg (1950). J'ai consulté aussi à l'occasion le glossaire du *Roman de Troie* par l'éditeur Léopold Constans (tome V de l'édition), le *Wörterbuch zu Kristian von Troyes' sämtlichen Werken* de Wendelin Foerster (revu par Hermann Breuer), et le vocabulaire du *Roman de l'Escoufle* par l'éditeur Paul Meyer. Tous ces ouvrages m'ont été fort utiles, mais mon principal remerciement va à M. William Roach, éditeur des 3 volumes de la Première Continuation de *Perceval*. Sans lui j'échouais au port. Non seulement il s'est chargé entièrement de la tâche particulièrement difficile et pénible de la correction des épreuves depuis les placards jusqu'à la mise en page et au bon à tirer, mais il a relevé chemin faisant plus d'une erreur portant sur les formes ou les définitions, erreurs que peut-être j'aurais rectifiées si j'avais pu lire et relire les épreuves et peut-être pas. Ma dette envers M. Roach ne peut pas s'évaluer. Qu'il veuille bien trouver ici le témoignage de ma profonde reconnaissance. Il va de soi que je suis seul responsable du texte du Glossaire tel qu'il se présente au lecteur.

L. F.

A

a *prépos.* Nous nous bornons à noter les emplois suivants qui ne se sont pas maintenus : *T* 11923 **a che qu'il aloient parlant**... (*V* donne **en ce**) tandis qu'ils parlaient entre eux, *T* 9794 **por rien ne mengera Devant a che que** (il sara ... la vérité) avant qu'il sache la vérité; — *E* 2094 celle qui ne fu de rien **A apanre** lit. à qui il ne restait rien à apprendre, c' à d. dans le passage « qui se connaissait de tout point en belles manières »; — *T* 10218 **a par un poi que ne l'ocis** il s'en fallut de peu que je ne le tue, de même *T* 11888 **a por un poi ne me feri** il s'en fallut de peu qu'il ne me frappe (dans les 2 phrases *V* a remplacé *a* par *et*, ainsi *a* n'est pas absolument nécessaire dans ce type de phrases, de même *T* 14822); — *T* 401 ma mere, vostre suer, en vint A cest chastel et puis se tint **Avec sa mere et a la vostre** ma mère qui est aussi votre sœur s'en vint à ce château et depuis vécut avec sa mère qui est aussi la vôtre; on voit que dans ce type de phrases *a* est l'équivalent de *avec*, et comme *V* remplace «et *a* la vostre» par «et *o* la vostre», il en résulte que, pour les gens de l'époque, *avec*, *a* et *o* ont, ou peuvent avoir, le même sens; dans cet emploi on a du reste plus souvent recours à *o* et *a* qu'à *avec* qui comparé aux deux autres est un peu lourd; *T* 601 en i ot quatre mil **a armes** avec des armes, c' à d. en armes, ou armés; *T* 8823 **qu'a lui soient a Pentecoste** qu'ils soient auprès de lui à la Pentecôte, de même *T* 3287, 8503, 11881, 14716, fig. *R* 599 n'est mie **a soi**, (il n'en puet mais) il ne s'appartient pas. Nous pouvons encore employer parfois cet *à*, spécialement quand il s'agit d'un court espace de temps: attendez-moi un instant, je suis *à vous* dans 2 minutes; — *E* 1536 **a trois eures** (cf. *S* 872 **as trois heures**) lit. au moment où trois heures avaient passé, c' à d. *après* trois heures de combat où chaque heure marquait un redoublement de sa bravoure et de sa furie; au fond le *a* est ici très voisin de celui que nous avons dans «à 9 heures du matin, à midi» (cf. *T* 8505 la riche baronnie ajoste **a icel jor a Carlion**), mais nous ne pourrions pas le conserver dans une transposition du passage en question.

aaige *s. m.* âge, *E* 3997 **un vavasor de bel aaige** dans la force de l'âge.

aaisier *intr.* *T* 14113 se mettre à son aise; pp. *T* 6779, *E* 2131 bien soigné, à qui on donne ses aises; *E* 4053 commodément installé (d'un manoir), *E* 15560 confortable (en parlant de chaussures), *E* 6953 agrémenter (de rivières et de forêts). Voir **aeisier.**

aatine *s. f.* *T* 835 combat arrangé d'avance entre deux adversaires; **par —** *T* 3888 à l'envi.

aatiner *tr.* *T* 161 parler à qqn d'un ton provoquant.

aatineus *adj.* *T* 163, 2292 hargneux et désagréable.

abaier *tr.* *T* 10488, 10536 (d'un chien) aboyer après qqn.

abaissier *tr.* *T* 13650, *A* 1859 baisser la lance (pour fondre sur l'adversaire); *réfl.* *T* 13109, 14187, *E* 2206 baisser (la tête), se baisser, s'abaisser.

abandon *s. m.* *T* 2702 (mettre son corps) **en —**, *T* 2708 (donner son amour) **en —** se donner (en parlant d'une femme).

abandoner *tr.* *T* 6127 mettre à l'entière disposition de qqn; *réfl.* *T* 1584 se lancer à corps perdu (pour frapper).

abatre *tr.* *T* 14726 renverser un adversaire (de son cheval), *T* 14674 **— a le terre**; *réfl.* *T* 15095 **a la terre jus s'abatirent**; p. pr. et pp. pris substantivement *T* 4954 **abatans** ceux qui renversent leur adversaire dans un combat, un tournoi, **abatus** *T* 2111, 4954 ceux qui sont renversés par un adversaire dans les mêmes circonstances; *T* 9538 **— contre terre** (herbe) foulée aux pieds par des chevaux; fig. *E* 2683 faire disparaître rapidement (un mauvais renom), rétablir du coup sa réputation; *E* 11122 faire disparaître les effets d'un châtiment, calmer la douleur, le ressentiment de celui qui a été châtié.

abeer *tr.* *T* 7419 désirer ardemment (l'accomplissement de sa tâche).

abeïe *s. f.* *T* 7436 abbaye.

abelir *intr.* *T* 3060, *A* 2802, *L* 2814 (pris absolument) plaire, agréer.

abevrer *tr.* *T* 2455 abreuver (un cheval), le mot s'emploie plus volontiers auj. au fig.; en parlant des animaux on dit plutôt «les faire boire, leur donner à boire».

abosmer *tr.* pp. *R* 433 déconcerté, *T* 1498 désolé, *U* 711 consterné.

abriver *tr.* abréger; pp. employé adjectivement *T* 5201, 14621 **abrievez**, *L* 8821 **abrievés**, *E* 1445, 8781 **abrivez** qui va à toute vitesse, en général avec les verbes *entrer*, *férir*, *partir*, *venir*.

absens *s. m.* *U* 2314 **l'a si feru de tel absens** l'a frappé d'un tel biais. Voir **assent**.

absolution *s. f.* *T* 6906 **li a fait —** lui a donné l'absolution.

acacier *intr.* *L* 5826 poursuivre (le gibier).

açaindre *tr.* entourer, enclore; pp. f. **açainte** *T* 7080, voir **achainte**.

acesmer *réfl.* *T* 1261 se revêtir (d'un costume élégant), *T* 6588 se parer (ironiquement, en fait Guinier s'arrache les cheveux et s'égratigne le visage); pp. *T* 1083 (d'une femme) parée, *E* 3287 (d'un homme) vêtu avec élégance, *T* 556, 2943, 11354, *E* 2764 (d'un homme) équipé, en particulier pour le combat.

acesmeement *adv.* *T* 2478, 8534 brillamment (équipé pour le combat).

achainte *s. f.* *T* 7079 enclos.

acheisoner *tr.* *A* 3186 accuser, mettre en cause.

acheminer *réfl.* *T* 1915 se mettre en chemin (à cheval).

achever *tr.* *E* 2390, *T* 11375, 12680, 12832, 12835, 12893, 13412, 13416, 13419, 13597, 14413, 14977 non seulement mener à fin, mais à bonne fin: **les batailles qu'il achieva** *T* 13597 qu'il livra victorieusement. L'anglais *to achieve* a conservé ce sens.

achier, acier *s. m.* *T* 5804 l'acier de l'épée opposé au fer du heaume; *T* 1468, 13390 fragment de la lame d'une épée (**un acier, les aciers**).

acliner *réfl.* *T* 125 se pencher vers.

acoardir *tr.* *T* 4270 rendre lâche.

acoillir *tr.* *T* 1296 recevoir, accueillir; *E* 438, *M* 17154 s'engager dans un chemin; *E* 11884 se mettre à.

acoilloit *s. m.* *E* 19007 accueil, réception.

acointable *adj.* *E* 6903 toujours prêt à frayer avec.

acointance *s. f.* *T* 4433, 12870 le fait de vous connaître; le mot existe encore auj., mais il a pris un sens péjoratif.

acointe *adj.* *T* 4465 **de qui plus acointes ne soie** que je ne connaisse pas plus [que je ne vous connais].

acointemant *s. m.* *A* 854 **haï! si dur** — ah! quelle dure manière de faire connaissance, c' à d. quels coups terribles ils se donnent !

acointier *intr.* *T* 4466 faire la connaissance de; *tr.* *A* 7521 faire connaître à; *T* 7554, *E* 2691, 3733 faire savoir à; *réfl.* *T* 1216 aborder qqn pour lui parler; infin. subst. *E* 6901 fréquentation. Le vb. *s'accointer* existe encore, mais avec un sens peu favorable.

acoisier, achoisier *réfl.* *T* 13056 se calmer, s'apaiser (en parlant d'un orage); pp. *T* 13037, *M* 17131, *L* 7057.

acoison, achoison *s. f.* *T* 7268, *E* 941 occasion, cause; *E* 780 semble vouloir dire mystification; **sanz acoison** *T* 5371 sans faire de difficultés, **sans achoison** *E* 5050 sans prétexte ou faux-fuyant.

acompeignier *réfl.* *E* 12037 faire compagnie à, se joindre à, rejoindre.

aconsivre *tr.* atteindre, rejoindre, *E* 12045 **aconsivrre** infin.; *T* 2750 **aconsieut**, *E* 6122, *A* 1760 **aconsiut**, *E* 12043 **aconsuit** ind. pr. 3; *T* 9851 **aconsivistes**, *E* 13663 **aconsuïstes** prét. 5, *E* 1993 **aconseüst** subj. impf. 3; *E* 2227 **aconsuï** pp.; *T* 4797 **aconseü** pp. atteint, touché dans un combat.

aconte *s. m.* compte, *E* 1518 **molt par rant bien chascun** — (A l'autre de quanqu'il acroit) chacun rend compte à l'autre de ce qu'il lui prend à crédit, c' à d. chacun rend à l'autre la monnaie de sa pièce.

aconter *tr.* *T* 12562 déclarer que; *T* 4668, *E* 1929 énumérer par nom; *T* 12624 décrire par le menu.

acorchier *tr.* *T* 2854 raccourcir (la courroie de l'écu avant le combat); *T* 12757 ironiq. abréger la route d'un cavalier (en tuant son cheval); *intr. T* 8198 raccourcir (en parlant d'un bras, après guérison d'une blessure).

acorde *s. f.* accord qui rétablit la paix *T* 2013, *E* 5293, *R* 1374.

acordement *s. m.* même sens que le précédent, *T* 4514, 10361.

acorer *tr.* percer le cœur à, *T* 11757 tuer (un cerf), pp. *A* 5122, *R* 17 désespéré.

acorre *intr.* accourir, *T* **acoreüst** subj. impf. 3, *T* 12368 **acorut** pp.

acort *s. m. A* 5706 angle, coin, extrémité (d'un pré).

acoster *tr. T* 3230, 8769, 11865, *E* 2207 s'approcher de qqn, pousser son cheval à côté de lui. Le vb. *accoster* et l'angl. *to accost* se prennent souvent auj. dans un sens péjoratif.

acostïer, acostoier *tr. T* 4259 Et la bele ... **Reva Cador acostïant** il va (chevauchant) à côté de la belle. Les scribes semblent avoir quelque peu confondu ce vb. avec le précédent: voir *M* 8063, qui donne la leçon correspondant à *T* 4259.

acostumeement *adv. T* 14912 à l'accoutumée.

acostumer *tr.* avoir **acostumé** *T* 14288, *E* 6256 avoir l'habitude.

acoter, acouter *intr. A* 5643 **par force le fet acoter** il le force à s'allonger sur le sol, c' à d. il le renverse à terre (le vb. signifie peut-être à l'origine «tomber sur le coude et s'allonger sur le sol»); de même pp. *T* 4016 étendu sur le sol (après y avoir été jeté de force), *T* 1279 **acoutez gisoit sor le lit** étendu sur le lit (et accoudé sur un oreiller?).

acouchier *réfl. T* 6486 se laisser glisser (sur Gauvain) avant de tomber à terre (*V* donne **se couche** au lieu de **s'acouche**).

acouveter *tr.* pp. *M* 18418 recouvert.

acravanter *tr. A* 2016 renverser en écrasant.

acreanter *tr. T* 2956 tomber d'accord (que); pp. *T* 2272 assuré, accordé.

acrere, acroire *tr. E* 2657 **lors feïs por voir acrere** faire accroire à qqn; *E* 1519 prendre à crédit, emprunter.

ademetre *intr. T* 5611, 12152, *E* 14622 se lancer en avant de toute sa force.

ademise *s. f. T* 5338, *M* 8918 passe d'armes (dans un tournoi).

adés *adv. T* 923, 1916, 8554, 8694, 8732, 15002, *E* 1621 continûment, sans interruption; *T* 286 bien longtemps; *T* 14781 **tot adez** immédiatement; *E* 871 sans désemparer; *T* 2574, 8897, 12245, 13233 **tout (tot) adés** pendant tout le temps.

adeser *tr. T* 10249, 12901 toucher à (d'une façon hostile).

adestrer *tr.* *T* 4256, 8067 conduire la personne accompagnée en se plaçant à sa droite.

adirer *tr.* *E* 2213, 3133 perdre qqch. qu'on vient de vous arracher ou qu'on a fait disparaître à votre insu.

adober, adouber *tr.* *T* 13613, *E* 5547 adouber, faire qqn chevalier; pp. pris subst. *T* 422 ele avoit od li el chastel Cinc cens **adoubez de novel** qui venaient d'être faits chevaliers; pp. pris adj. *T* 14210 armé et équipé.

adoler *tr.* pp. *A* 2717 désolé.

adrecier *tr.* *T* 2391 lancer (son cheval contre un adversaire); *réfl.* *T* 1236, 13098 se diriger vers.

adroit *adj.* *U* 1099 bien fait.

aé *s. m.* âge, *E* 6925 **an son jeune** — en son jeune âge, en sa jeunesse, *E* 16094 **sou vit li rois de jeune** — le roi vit qu'il était jeune; *A* 5034 **de son ahé** pour son âge.

aeisier, aiesier (*E* 15178), **aesier,** et voir **aaisier** *tr.* *T* 2158 **por lor cors ... aesier** pour se soigner (dans une période de repos); *intr.* *T* 3073 se soigner pour se remettre (après une blessure); *A* 3254 se donner du bon temps; *tr.* *E* 12083 panser (un cheval); pp. *T* 8038 des gens à leur aise, *T* 11202 homme pour qui on est aux petits soins; *T* 3049 **une chité molt aesie** une cité où l'on vit largement.

aerdre *intr.* *T* 6346, *tr.* *T* 6340 **aert** indic. pr. 3, *T* 7617 **aersist** subj. impf. 3, s'attacher à.

afaitement *s. m.* *T* 14084, *E* 103 l'ensemble des qualités et des vertus qui résultent d'une bonne éducation.

afaiteüre *s. f.* *L* 5920 harnachement d'un cheval.

afaitier *tr.* *T* 3015 panser (une plaie); pp. et adj. *T* 12818, *E* 68, 1750 en homme qui connaît les usages, qui sait les belles manières; *T* 4424, *E* 465, 505 (d'une femme) qui se tient bien, qui a de belles manières.

afautreüre, afeutreüre *s. f.* *E* 15924, *A* 633 pièce rembourrée placée sur le col et le dos du cheval.

afere, afaire, affaire *s. m.* *E* 5355 **un chevalier de haut afere,** *T* 6997 **mains haus hom et de grant affaire** de haut lignage et de grande autorité; ces phrases ne seraient plus possibles auj., et l'ex. suivant présente une locution qui ne serait plus guère comprise non plus: *L* 249 si en ont fait mainte follie A lor cevaus, **a lor afaire** pour ce qui les concerne, c' à d. ils font des abris de feuillage pour leurs chevaux et pour eux-mêmes, cf. *T* 265, passage correspondant, où on lit **a autre afaire** des abris pour leurs chevaux et pour d'autres usages. Notons 2 ex. qui nous montrent un emploi assez vague du mot qui devient une simple aide à la construction: *T* 338 son frere ... set **l'affaire Qu'ele aime le Guiromelant** lit. il est au courant *du fait qu'*elle aime le Guiromelant, *T* 4760 Ne weil ceste estoire alongier Ne **l'afaire plus porlongier** (De che que je dire vos doi) je ne veux pas allonger cette histoire ne faire durer plus qu'il ne convient *la somme de* ce que j'ai à vous dire. Voici qui nous rapproche davantage de l'usage moderne: *T* 2793 **d'un sien affaire estoit venus** de qq. besogne qui l'avait occupé, *E* 3040 et s'an repere Chascuns d'aus deus **an son afere** chacun des deux s'en va à ses affaires, *T* 2301 ainc ... Ne fist plus bele cortoisie Que il fist **de cestui affaire** en cette occasion; un dernier exemple est à peu de chose près tout à fait moderne: *T* 15001 **a l'affaire qu'il a enpris Est ... pensis** il pense à l'affaire qu'il a entreprise.

aferir *impers. T* 55 **affiert** il convient.

afermer *tr. E* 1871 la pes est **bien afermee** la paix est bien assurée (*U* donne **acesmee,** ce qui est un peu surprenant), de même *E* 15080.

affebloier *intr. T* 5270 s'affaiblir.

affiche *s. m. T* 8718, *E* 12489 broche, agrafe, bijou souvent mentionné avec ceintures et anneaux.

affichier *tr. T* 3376, 12079 affirmer, *M* 16691 assurer (que), pp. *E* 4245 déterminé, arrêté; *réfl. T* 4858 s'affirmer à soi-même (que), *T* 10719, *U* 1111, *E* 8294 prendre un point d'appui sur (les étriers), s'arc-bouter.

affit *s. m. T* 3776 défi.

afier, affier *tr. T* 5139, 12340, 14742 promettre, certifier, *T* 1760 soutenir, *M* 128 App. **et cil ne l'a pas afié** ne lui a pas promis sa foi (qu'il l'épargnerait).

afiner *tr. A* 6275 terminer; *réfl. E* 8245 mes nons **s'afine en** «or» mon nom se termine par la syllabe «or» (elle s'appelle Guingenor).

aflire *tr.* pp. *L* 177 **aflit** affligé.

afoler *tr. T* 10774 blesser (dans un combat), fig. *T* 1961 par **fol samblant deçoit sovent Li malvés la gent, et affole** tourne la tête aux gens (il y a un rapprochement voulu entre *fol* du v. 1960 et *affole* du v. 1961). C'est ce dernier sens qui l'a emporté sur l'autre auj., mais le sens de «blesser» a survécu dans plusieurs dialectes modernes.

afubler, affubler *tr.* mettre sur ses épaules ou sur celles de qqn un mantel *T* 112, 10572, 12806, 13156, *E* 6316, 11797, 12118, *M* 17239, 17241, une chape *T* 7239, 14128, ou plus rarement un chaperon *T* 7785 (cf. *E* 11033), ou un bliaut *Q* 17239; *affubler* n'indique pas nécessairement que le manteau est agrafé dès qu'il est mis sur les épaules *T* 10572. Auj. *affubler* a perdu sa dignité d'autrefois, il y a toujours intention humoristique ou comique dans l'emploi de ce vb.

afubleüre, afebleüre *s. f. T* 119, *E* 245 vêtement qui couvre les épaules (mantel, chape, etc.) et s'agrafe au cou par devant.

agait *s. m. T* 4398 **par —** (se poster) aux aguets; *T* 4560 lieu d'où l'on peut, sans être vu, surveiller ce qui se passe aux alentours. Le mot ne survit plus que dans l'expression «être aux aguets» où il est toujours au pluriel.

agencir *tr.* *A* 6709 (en parlant de dames de la cour) se **parer de** ses plus beaux atours.

agreer *intr.* *T* 2758, *R* 927 convenir, plaire à qqn; *E* 226 li rois conjot molt le mesaige Qui molt **l'agree et asouaige** qui lui plaît beaucoup et le soulage; il est difficile de dire si *l'* représente un régime direct *le* ou, exceptionnellement, un régime indirect *li.*

agrever *tr.* *T* 12185 accabler (en parlant de la chaleur), *E* 9432 faire sentir une fatigue accablante (à son adversaire, dans un tournoi). Survit sous la forme *aggraver*, qui du reste ne pourrait pas s'employer dans les 2 ex. ci-dessus.

agu *adj.* aigu, *T* 1521 (en parlant d'une montagne) se terminant en pointe.

agüete *adj.* diminutif de *agu*, *E* 2538 ridiculement pointue (en en parlant de la tête d'un nain d'une extraordinaire laideur). Voir note au vers *E* 2538, t. II, p. 588.

ahan *s. m.* *T* 7313 grande fatigue.

ahaster *tr.* *E* 15696 presser, serrer de près (son adversaire, dans un combat); *M* donne **le hasta** au lieu de **l'ahasta.** Voir note au vers *E* 15696, t. II, p. 603.

ahi *interj.* *T* 3810 cri d'angoisse et de douleur, «hélas!», *T* 7092 marquant reproche douloureux, «ami, oh! pourquoi ...» (cf. *E* 10676), *E* 3170 marquant surprise peinée et ironique, «ah! par exemple, cher Monsieur».

ahuege *adj.* *T* 7447 énorme (qualifiant *bote*), *R* 913 **ne sambla pas vilain ahuige** il ne ressemblait pas à un lourdaud de vilain. Le mot a disparu, mais l'angl. *huge* est un adjectif très vivant.

aïde *s. f.* aide *T* 4032, 5182, 5183, 6430, 7672, *E* 16380; **aïe** *T* 3010, 11674, *U* 1139; **aiue** *T* 12258.

aidier *intr.* *T* 169, 4181, 4816, *E* 199, *tr.* *T* 4220, 5184, *réfl.* *T* 1283, 4810: ajoutons à ce dernier groupe *T* 11019, *E* 16325 où le vb., sans avoir un pronom régime, a pourtant la valeur d'un réfléchi. Pour le sens, noter *T* 4810 **bien s'i aïde** il y va de toutes ses forces, de toute son énergie.

aigle *s. f.* *T* 2600 aigle d'or surmontant le pommeau d'une tente, *s. m.* *T* 4355 aigle figuré sur l'écu d'un chevalier, au passage correspondant *Q* (8119) fait *aigle* du fém.; auj. le mot est toujours masculin, sauf pour indiquer la femelle et dans l'expression «les aigles romaines» (voir la note au v. *L* 1574, t. III, 1, p. 644). Sur le texte de *E* et *M* au v. 8119 voir **hermine.**

aiglel *s. m.* diminutif d'*aigle*, *T* 4882, il s'agit d'aiglons (**aigliax**) décorant le champ d'un écu. Voir **hermine.**

aigre *adj.*, noter l'expression **vin aigre** *T* 7610, 7620, 7891 qui deviendra plus tard *vinaigre* où ne on sentira plus la composition du mot; qu'on n'en était pas encore arrivé là au XIIIᵉ siècle c'est ce que montrent les v. *T* 7897 **li vins aigres,** *T* 7905 **cis vins aigres.** Voir **aisil.**

aigrement *adv.* *T* 5792 fiert **et si — le requiert** il frappe et le presse si furieusement que ...

aigue, voir **eve**.

ainc *adv.* jamais (en parlant du passé) *T* 7284, 7418, 7503; opposé à l'adv. *mais* (dit du futur); *T* 6661 ne sui je mie ... **N'ainc ne fui, ne mais ne serai** je ne suis pas, ni ne fus jamais, ni ne serai jamais; *ainc* prend parfois un sens atténué et peut s'appliquer à un très court espace de temps (voir **onques**): *T* 10730 **ainc ne se remua** pas un instant il ne bougea, *T* 9820 **ving** apoignant grant aleüre, Mais **ainc** (de tote m'armeüre Fors sol mon escu n'en avoie) pas un seul moment, c'à d. absolument pas, «de toute mon armure je n'avais absolument que mon écu»; pour redonner toute sa force à *ainc*, on le fait souvent suivre de la particule *mais* *T* 350, 467. Voir **ains**.

ainçois *adv.* avant *T* 2656, mais au contraire *T* 10106 (sur ce dernier emploi voir **ains** 1. *adv.*); *conj.* **ainçois que** *T* 2584, 7207 avant que; voir **ançois**.

ainques, voir **ains**.

ains, ainz 1. *adv.* signifiant «mais» après une phrase négative exprimée ou parfois sous-entendue: *T* 9495 en son hostel plus ne sejorne **Ains s'en va od ses compaignons** il ne s'attarde pas davantage, mais s'en va avec ses compagnons, *T* 9425 li rois n'est mie loing, **Ainz velt avec vos hebergier** le roi n'est pas loin, (s'il n'est pas ici en ce moment) il veut du moins venir vous demander l'hospitalité, *T* 8949 Gavains, fait il, n'est pas noiens, **Ains le redi encor por voir** Gauvain, il ne s'agit pas d'une parole en l'air (comme vous pourriez le croire), mais je répète ce que j'ai dit, qui est vrai; de même 7271. — 2. *adv.* sens général de «avant»: *T* 15203 auparavant, *T* 3519 **ou ains** ou plutôt, *T* 1863, 8117, *E M Q* 5578 **qui ainz ains** (ainz) à qui mieux mieux; de même *T* 2070 **ainz que ains ains**, *T* 336 **a l'ains qu'el pot** dès qu'elle put, dès l'instant où elle put, de même *T* 373, 1314, 14664; *T* 1807 se pena D'errer **a l'ainques que il pot** aussitôt qu'il put, il se mit en devoir de partir au plus vite, *T* 8943 li respondi **come il pot ains** aussitôt qu'il put, immédiatement, et presque du tac au tac. — 3. *prépos.* *T* 2439 **ainz le nueme jor** avant le neuvième jour. — 4. *conj.* *T* 9834 **ainz que** avant que; avec le vb. sous-entendu *T* 2635 **ains que moi** lit. avant qu'à moi, c'à d. avant de me l'adresser (le salut) à moi. — Les confusions de graphie entre *ainc* et *ains*, et particulièrement celles qui nous présentent un emploi de *ains* ou *ainz* sont assez fréquentes au moyen âge: voir p. ex. *E* 13793, 13866; cela suppose, semble-t-il, une prononciation négligée de *ainc*. Sur ce point *T* est plus soigneux que *E*: noter p. ex. le v. *T* 9876 qui exige une prononciation correcte des deux mots: Faisoit un jor issi tres cler C'**ainc** puis ne **ains** ne vi son per (*E* esquive la difficulté, v. 13688 Que puis ne ainz ne vi son per).

aiole *s. f.* *T* 356, *E* 543 aïeule, grand-mère.

aïr *s. m.* idée générale de violence, le plus souvent précédé des prépositions **de** ou **par** et des adjectifs **grant** ou **fin**: *T* 10986, 14623, 14662 (violence et impétuosité), *T* 866, 958, *E* 8293 (ardeur impétueuse), *T* 4745, 6594 (colère), *T* 6199, 10917 (violence haineuse), *E* 3155, 4331 (violence et tumulte), *E* 6084 (hâte fiévreuse), *T* 13051 (mouvement soudain et impétueux), *T* 13252 (geste rapide), *E* 10749 (brusque volte-face), *T* 10966 (énergie).

aire *s. L* 9111 pièce, salle.

aïrier *réfl. E* 1490, 16372 s'irriter.

ais *s. T* 891, 1571 les planchettes du bouclier.

aise *s.* a — *T* 1303, 7985 à leur aise, dans le confort; *T* 12582 repos (après maladie), *T* 13579 bien-être, *T* 11941 possibilité. Le mot est fém. au v. *T* 13579, les autres ex. ne donnent aucune indication de genre.

aisil *s. m. T* 7884, 7918, 7930 vinaigre. Voir **aigre**.

ait *s. m. E* 10343 disposition.

aiue *s. f. T* 12258 aide.

ajoindre *réfl. L* 8310 se relier, s'accorder (*M* 18374 donne ici **se joint**), *T* 8463 s'unir, se joindre.

ajornee *s. f. T* 12049 a l'— au point du jour.

ajornement *s. m. T* 2349 point du jour.

ajorner *impers. T* 13124 venir (en parlant du jour), *T* 194 il fait un jour plus clair pour nous; *tr. E* 6711 faire briller (une telle joie).

ajoster *tr. T* 8838, *E* 11957, *M* 12609, 12610 rassembler (autour de soi), *T* 13826 faire joindre; *intr. T* 2102, 3288, 4403, 8504, 8824, *E* 8141 se rassembler (à la cour, ou pour le tournoi), *M* 18091 s'approcher (l'un de l'autre); *réfl. E* 12241 se joindre, s'unir à.

alaine *s. f.* haleine *T* 3917, 12229; *T* 2913 estre **en la grosse** — pouvoir à peine respirer; *T* 3915 souffrir **longue** — (être épuisé de fatigue) jusqu'à en perdre haleine, cf. *T* 912; *E* 3994 (sonner un cor) **a molt grant** — de toute la force des poumons.

alee *s. f. T* 7356 concours de gens allant (à un saint ermitage); *E* 793 expédition.

alemandier *s. m. A* 7087 amandier.

alemele *s. f. T* 8887 lame d'un couteau, *E* 2320 fer de la lance.

aleoir *s. m. T* 10632 chemin de ronde, galerie supérieure.

aleor *s. m. T* 12759 **nul poior** — **de piez De moi** nul si mauvais marcheur que moi. Voir note au vers *T* 8756, t. I, p. 432.

aler *intr. T* 11864, 11929, 14665 **aler** infin.; *T* 1633, 12986 **vois** indic. pr. 1, *T* 2370, 2544, 2673, 2738, 5802, 8380, 13081 **vait**, *T* 2379, 12407, 13659 **va** 3, *T* 2857, 11937 **vont** 6; *E* 12846 **era** fut. 3, *E* 12863 **eront** 6 (voir la note au vers *E* 12846, t. II, p. 602); *T* 127 **va** impér. 2, *T* 11890 **alés** 5; *T* 1532 **voise** subj. pr. 1, *T* 13311 **voise**, *T* 4402, 7432 **voist**, *T* 3412, 9412 **aut** 3, *T* 11656

alon, *T* 12449 **alon** (cf. *E* 16575 **aillon**) 4, *T* 2538 **ailliez** 5; *T* 864 **alant** p. pr.; pp. **alé** *E* 6725, 7277 fini, terminé, *E* 16306 (la force) partie, *M* 1250 **alez est** c'est un homme fini, mort; *tr.* *T* 9062 ainc si grans [jornees] **ne furent alees** accomplies, *E* 10938 **n'iert gaires de gent alee** l'église n'était guère fréquentée. — Dans tous les ex. ci-dessus du pp. l'auxiliaire est, comme auj., «être», mais «avoir» apparaît en de rares occasions *T* 7262 et **ont alé** outre Engleterre. Le réfléchi *soi en aler* est fréquent *T* 1633, 2379, 2544, 11767, 12045, 12421, 12573, 13100, mais, contrairement à l'usage moderne, on emploie souvent aussi le v. *aller* accompagné de la particule *en* sans pronom réfléchi: Amis, fait il a la roïne **En va** molt tost, et si li di *T* 127, de même *T* 11312, 12407, 12420, 12537, 13138; nos auteurs emploient indifféremment l'un ou l'autre des deux tours, ne cherchant, semble-t-il, que la variété: Parmi les rues **en alerent.** Einsi **s'en vont** al paveillon *T* 12420-12421. — **Aler** peut être déterminé par un p. pr. et fait alors ressortir la continuité de l'action: A che qu'**il aloient parlant,** Voient une porriere grant *T* 11923 comme ils étaient tout à leur conversation. C'est un tour fréquent chez nos auteurs: *T* 1556, 2379, 2857, 5801, 5802, 8642, 11923, 11949, 12407, 12858, 12965; il n'a pas tout à fait disparu, mais il est restreint à la langue littéraire et à un petit nombre de verbes: un couplet qu'on s'en va chantant (Musset), on s'en va répétant que ...; la plupart des exemples ci-dessus seraient impossibles auj.: comment dire **or n'alez mie detrïant** *T* 8642 «ne vous allez pas attardant, Gauvain, buvez»? Il semblerait pour nous y avoir contradiction dans les termes et nous préférerions un tour plus vif comme «ne faites pas traîner les choses, Gauvain, et buvez». Il est vrai que même au XIII⁰ siècle le tour en question se rencontre surtout dans les textes en vers: sur les 11 exemples donnés ci-dessus 10 sont à la rime, l'unique exception étant *T* 12407. — Notons en dernier lieu un emploi impers. du vb. *aler*: *T* 8380 la roïne Guigniers que fait? De sa mamele **com li vait?** Comment se porte la reine Guignier? Et son sein, comment cela va-t-il? Comment se trouve-t-elle de sa blessure?

alerion *s. m.* *T* 4130 aigle de grande espèce.

aleüre *s. f.* fr. mod. allure, *T* 2581 Passe le brueil **grant** — il passe le petit bois à toute allure (dit d'un cavalier monté), *T* 10583 (d'une foule qui court poussée par la curiosité).

alever *tr.* *T* 5958 secourir efficacement, *E* 11944 accroître (la réputation).

alïance *s. f.* *R* 792 accord.

alie *s. f.* alise; au fig. chose de très peu d'importance, *T* 8745 **nis une alie** pas même la valeur d'une alise.

alïer ¹ *réfl.* *T* 6888 se déclarer responsable.

alïer ² *s. m.* *Q* 13052 alisier.

aligre *adj.* fr. mod. allègre, *E* 581 (cf. *M Q U* et hetiez) dispos.

alire *tr.* *E* 791 choisir; voir **eslire** et note au vers *E* 483, t. II, p. 585.

almaire, armaire *s. m.* et *f.* T 6270, 6277, 6326, 6336, A 2614, 2633 armoire.

aloe *s. f.* alouette, T 4750 **com l'espreviers l'— chace.**

aloër *réfl.* E 8805 venir prendre place, s'allonger sur le sol.

aloignier *tr.* allonger, **aloing** T 4400 sbj. pr. 1; T 2574, 4794, 12153 abaisser la lance pour la tenir en arrêt (avant de fondre sur l'adversaire); fig. T 4400, 13662, 13875, E 882 prolonger outre mesure (un récit, un conte).

alonge *s. f.* **sans** — sans retard T 2280, **sanz aloigne** T 7420.

alongement *s. m.* syn. **d'alonge,** T 8128 **faire** — allonger un récit, T 834 **sanz plus d'** — sans autre retard.

aloser *réfl.* T 3653 se rendre digne de louange, *Q U* 9639 (par quoi il pût) se faire valoir (aux yeux de son amie); pp. T 3652 loué, renommé.

alquant *pron.* **li** — quelques-uns, R 494 **non li** — (ses compagnons) et non pas un petit nombre d'entre eux. Voir **auquant.**

aluec *adv.* syn. **d'iluec,** T 12612 dans cet endroit, T 10548 **chi aluec** ici même, — **entor** T 11232 autour de cet endroit.

alumer *tr.* fig. enflammer T 7148, E 2808.

amaigroier *intr.* pp. T 7342 amaigri, *tr.* A 2694 amaigrir qqn.

amandement, amendement *s. m.* T 11094 concession, E 14573 compensation.

amander, amender *tr.* T 14963 corriger, réparer, *réfl.* Q 12662 se raviser.

amarrir *tr.* pp. E 6394 plongé dans la douleur.

amatir *tr.* pp. T 176, 3425 abattu.

ambarrer, voir **embarrer.**

ambatre *réfl.* E 1714, 1741 se jeter au milieu (des combattants).

ambelir *intr.* E 2085 plaire à.

ambesdeus *pron.* T 1856 les deux, tous les deux; *adj.* **d'** — **pars** T 2103, 8312, 13105 de part et d'autre, de chaque côté.

ambler *intr.* aller l'amble E 407, 657, 2071, L 5933.

ambleüre *s. f.* amble T 4646, R 738, allure du cheval ou de toute autre monture qui avance en même temps les deux jambes du même côté, c' à d. latéralement au lieu de diagonalement. C'est une allure peu appréciée aujourd'hui, fréquente au XIII⁰ s., qu'on fait prendre à n'importe quelle monture, cheval de bataille (le Gringalet) E 2067, 6198, palefroi T 11898, L 5933, mule E 2071. Aujourd'hui, et particulièrement en anglais (surtout au figuré), le mot évoque volontiers une allure douce et modérée, mais au XIII⁰ s. elle est aussi, au gré du cavalier, rapide et même très rapide: en fait on distingue la **petite ambleüre** T 2723, A

1733, et la **grant ambleüre** *E* 6982. Voir encore *T* 4646, 11898, *E* 657, 6965, et cf. *E* 6198 avec *T* 2591. Généralement on va et on vient l'«ambleüre», mais on peut aussi «chevauchier l'ambleüre» *E* 2067.

ambronchier, ambrunchier *tr. M* 12667 baisser la tête pensivement, ou *M* 12672 par tristesse, *réfl. E* 12365 baisser la tête de honte, de même *T* 13961. Voir **embronchier**.

ame *s. f.* âme, au sens de «personne» *T* 11928.

ameement *adv. T* 5516 volontiers.

amembrer, amenbrer *réfl. T* 6451 se remettre en mémoire, *M* 12662 revenir à la situation (après un moment de silence et de tristesse).

amendise *s. f. T* 2765-66, *T* 4247 faire droit et amendise, c' à d. faire réparation, dans les formes légales ou traditionnelles, d'un tort qu'on a causé à qqn.

amener *tr. T* 15143 **amaine** indic. pr. 3, *T* 15139 **amaint** subj. pr. 3, voir aussi *T* 394, 2618; *S*, addition à *A* 2810, **les cuves a fet —**, il n'est pas probable qu'on se soit servi d'une voiture quelconque pour amener à pied d'œuvre ces «cuvetes» qui n'étaient pas «molt grandetes» *T* 7601-2; nous dirions donc «les cuves a fet aporter» ou en langue du xiiie s. «a fait venir» (cf. *U* 2808). Pourtant l'emploi de *amener* pour *apporter* n'est pas inconnu auj.: «amène ton quart, que je te verse ta portion», cf. «amène-toi» pour «viens ici», mais cet emploi appartient à la langue populaire ou à une langue extrêmement familière. Il est possible qu'au moyen âge cet emploi ait été plus relevé; du reste *S* est le seul ms. qui nous le présente.

amentevoir *tr.* pp. *T* 9470 **amenteü**, rappeler, faire souvenir de.

amenuisier *tr.* pp. *T* 11493 diminuer (en nombre).

amer¹ *adj. T* 680 **cuer —** rancune, *T* 6745 dur (envers qqn).

amer² *tr.* aimer, *E* 11297 **amer** infin.; *T* 10241 **aim** indic. pr. 1, *T* 153 **aime** 3, *T* 1001 **amez** 5; *T* 10138 **aint** subj. pr. 3; *T* 10267 **amoie** indic. impf. 1, *T* 3106 **amoit** 3; *L* 2041 **ama** prét. 3; *E* 1240 **amez**, *T* 10239 **amee** pp. — Notons une expression qui aura un grand succès et appartient à la langue de tous les jours ainsi qu'à la langue littéraire: «aimer mieux (à)»; toutefois on construisait la phrase dépendante de «mieux» d'une façon qui ne serait plus possible auj.: *T* 7838 **miex aim** sels a morir **Que vos face morir od moi** j'aime mieux mourir seul que de vous faire mourir avec moi, *T* 7846 **miex aim que je od vos moruisse** j'aime mieux mourir avec vous, *T* 7870 **mix aim morir vos i morez** j'aime mieux mourir que si vous deviez y mourir. Sur cette dernière construction, voir note au vers *T* 7870, t. I, p. 429.

amer³ *tr.* var. de **esmer**, estimer, évaluer *E* 1943.

amesureement *adv. T* 10148 avec mesure.

amesurer *tr. A* 2712 réduire à la mesure, faire comprendre à qqn ce qu'il est réellement; *réfl. T* 10584 observer la mesure, avoir le sentiment de la mesure. Voir note au vers *A* 2712, t. III, 1, p. 645.

amie *s. f.* **l'amie monseigneur Gavain** *T* 12536 et *T* 12618; elle n'est pas mariée à Gauvain mais a eu un enfant de lui; ces deux passages précisent le sens de **amie** en certains cas.

amont *adv. T* 10836 en haut, sur le haut, *T* 5751 **les piez amont** les pieds en l'air, *T* 530 **n'amont n'aval** d'un bout (de l'armée) à l'autre. Voir **aval.**

amor, amour *s. f. E* 2530 **par amors** par gentillesse pour vous, (lecteur), *T* 9488 puis prïa bonement le roi **Par amor** qu'il le maint od soi: il pria le roi d'être assez gentil pour l'emmener avec lui, *T* 10422 **par le grant amour que vos doi** la grande affection que je vous dois (me porte à vous donner tous les détails que vous réclamez et que j'aimerais mieux garder pour moi). Voir encore *T* 11441, 13590.

amordre *réfl. T* 6556 **as preudomes por coi t'amors?** Mort, pourquoi t'en prends-tu aux gens de bien?

amorter *tr. T* 8062 réduire à peu de chose.

ampallir, anpalir *intr. A* 1295 pâlir, pp. *E* 10120 pâlie, blême.

amparler, anparler *tr. E* 12293 parler; p. pr. employé adjectivement **amparlant** *E* 3738 sachant parler et accueillir (les hôtes de la maison); pp. *A* 618 habiles à la parole.

ampartir *intr. E* 5196, semble être un pur synonyme de *partir.*

ampeindre *tr. E* 9028 les poussent violemment (à bas de leurs chevaux).

ampire *s. m. E* 5377 l'ensemble des terres dont les seigneurs sont, à un titre ou à un autre, des vassaux du roi Artur.

ampirier *intr.* pp. *E* 174 dont le cas s'est aggravé, qui est dans la détresse.

amplaidier *tr.* fig. *E* 9069 mettre en cause, appeler en justice.

ampler, anpler *tr.* fr. mod. emplir, *E* 6540, *A* 7172.

amploier *tr.* employer, *E* 5308 de tote biauté fu parfite Celle que Artu li dona, **Que molt tres bien l'i amploia** il établit très bien la jeune fille, il lui fit faire un beau mariage, *E* 8032 **son servise bel amploie** elle s'applique avec zèle à les servir (et les guérir de leurs blessures), *E* 4903 **chascuns amploie bien les suens** (les coups qu'il donne à l'autre) chacun assène des coups qui portent.

ampoignier *tr. E* 6473, 9326 saisir les courroies du bouclier, ou la lance; nous pouvons encore dire dans ce sens «empoigner» qui est un peu moins relevée que « saisir » mais plus pittoresque.

ampoindre *tr. E* 6398, 9329 frapper violemment, *réfl. E* 6841 se détacher de la rive par une forte poussée, prendre la mer.

ampointe *s. f. E* 4443 **a ceste —**, la rime exige *ampeinte* (on a confondu plus d'une fois *ampeindre* et *ampoindre* dont les sens sont très voisins l'un de l'autre); le mot signifie au sens propre «poussée», «attaque», mais ici, humoristiquement, il veut dire simplement «fois», «comme elle fit cette fois-là»: jamais pucelle ne sortit de son château au milieu d'une telle rumeur et d'une si grande compagnie de gens, comme fit celle-ci dans cette joyeuse expédition.

amposer *tr.* *E* 6805 imposer (un nom au baptême), le mot paraîtrait un peu fort aujourd'hui, où nous préférerions dans le cas particulier «donner»; cf. *T* 3170 Caradeu **le misent a non** Le jor que il fu baptissiez.

ampreignier *intr.* *A* 2476 devenir enceinte, pp. *E* 6782 enceinte.

amprendre *tr.* entreprendre *E* 2422, 10513; *E* 11017 se prendre à, commencer à: **l'** a un sens vague comme dans le fr. moderne «*le* prendre de haut avec qqn».

anarme, enarme *s. f.* *T* 2854, *E* 1390, 6473 courroie où l'on passait le bras pour tenir le bouclier pendant le combat.

anblee *s. f.* *A* 4692 an — en cachette.

anbrun, voir **embronc**.

anbuignier *tr.* *A* 4924, 4964 cabosser.

ancensier *s. m.* *E* 835 encensoir.

ancerchier, voir **encerchier**.

ancesserie *s. f.* d'—, par — *T* 4165, 10722 par droit d'héritage.

anchacier *tr.* *E* 14361, **enchaucier** *M Q* 14361, *T* 10533 poursuivre.

anchanteor *s. m.* *E* 9771, **anchanterre** *E* 6767, 9683 magicien.

anchanter *tr.* pp. *E* 3131 qui se trouve dans une atmosphère créée ou suggérée par une opération magique.

anchargier *tr.* *E* 3411, 10490 imposer (une punition, une pénitence), *A* 6836 **n'an devez pas** ... **— si tres grant ire** littéralement: vous charger du poids d'une telle colère, «vous laisser aller à une telle colère».

anclin *adj.* *E* 6974, 9128 qui a la tête penchée (par mélancolie ou souffrance physique).

anclore *tr.* pp. **anclose** *E* 2689, 7533 emprisonnée.

ancoan, ancouan *adv.* *E* 7169 **a ancouan** dans un an d'ici, *E* 7217 **ancoan a cel jor** d'aujourd'hui en un an.

ançois *adv.* *T* 12046 plutôt que cela; voir **ainçois**.

ancombrer *tr.* embarrasser, *E* 11139 ja Diex no voille consantir **Q'ancombrez an soit paradis!** que Dieu ne veuille consentir que le Paradis en soit incommodé! c' à d. que Dieu ne veuille pas recevoir cette mère dans son Paradis! cf. *T* 7562-3; *réfl.* *E* 7035 s'embarrasser de. Voir **encombrer**.

anconbreus, encombrous *adj.* *A* 3701, *T* 9059 difficile, peu pra-
ticable (en parlant d'un chemin).

ancontre *s. m.* *E* 4010, 4473 rencontre; *E* 963 li baron... **Li vindrent
au port a l'**— vinrent à sa rencontre, vinrent l'attendre au port.

ancontreval *adv.* *E* 6527 vers le bas; *E* 4848, **ancontreval** ici
semble être un mélange de *ancontre* (qui donne le sens attendu)
et de *contreval*; *E* a mal coupé la phrase, voir *M Q U* et aussi
T 1526.

ancore, ancor *adv.* *E* 1869, 1994 déjà, *E* 2260, 2383 **onques** —
jamais encore. Voir **encore**, et la note au vers *E* 172, t. II, p. 585.

anditer *intr.* *E* 1357 savoir (dans «faire savoir»).

andoi *pron.* *T* 5827 les deux, tous deux.

androit *adv.* *E* 900, 4118 juste, exactement. Voir **endroit**.

anel *s. m.* *T* 8717 **aniaus**, *A* 3239 **eniax** anneau.

anermi *adj.* *E* 4199, 13188 solitaire, désolé. Voir **enhermi**.

anestie, autre forme de **esnetie** du vb. **esnetïer** *tr.* purger, puri-
fier. Voir la note au v. *E* 9895, t. II, p. 597.

anfichier *tr.* *M* 12652 ficher, enfoncer.

anfler *intr.* pp. *E* 13072 **mauvés garz anflez** orgueilleux, inso-
lent (dit par Keu à un nain assez désagréable). Voir aussi *E*
8518.

anfoïr *tr.* *E* 11072 enterrer, et non enfouir, qui ne se dit auj. que
des animaux ou cas analogues. Voir **enfouir**.

anfondre *intr.* *E* 1557 être transpercé (de pitié).

anfrume *adj.* *A* 5222 fém. de **enfrun** renfrogné.

angarde *s. f.* *T* 568, *E* 421 éminence d'où l'on peut surveiller le
pays ou un passage.

angien *s. m.* *T* 7073, *E* 10657 procédé ingénieux pour tourner une
difficulté. Voir **engien**.

angoisse *s. f.* *T* 971 **par l'**— **des cops pesans** sous la pression
douloureuse.

angoisseus, angoissous *adj.* *T* 13172 inquiet, *T* 15038 troublé
et anxieux, *T* 6240 étreint par le chagrin; pris substantivement
T 8742 **li angoisseus** ceux qui sont étreints par la peur de
dépenser un sou de plus qu'ils ne voudraient.

angoissier *tr.* *T* 949 serré de près (dans un combat), *T* 6394 har-
celer, tourmenter, *T* 5884 pousser, presser fort qqn de faire
qqch.; pris substantivement *L* 821, le fait de pousser un cheval
en avant (?).

angrés *adj.* *A* 1040 **angrés ne vilains** ni opiniâtre ni discourtois.
Voir **engrés**.

angresser *tr.* *E* 10372 se presser autour de.

anhaster *tr. E* 13050 mettre à la broche.

anhastir *tr. A* 4607 pousser vivement à.

anïenter *intr. E* 168 **annaiente come escume** il se réduit à rien, tel une écume.

anïentir *intr. T* 168 **anïentist come l'escume**, *L* 156 **anaientist com escume**, même sens qu'au mot précédent, cf. *A* 160 **qui a neant vient com escume.**

anïeus, voir **anuieux**.

anjoindre *réfl. E* 11823 se joindre (par le mariage).

anjornant *s. m. E* 5842 **a un** — un matin au point du jour.

anjorner *s. m. E* 433 dormirent **jusqu'a l'**— ils dormirent jusqu'au point du jour; *M U* donnent l'ajorner, et *Q* l'ajornee.

anjugler *tr. E* 10678, 10764, 11982, le mot résulte d'une correction, il n'est pas dans les mss et n'est pas attesté par ailleurs, mais on peut y voir le vb. **desjugler** avec une substitution de préfixe; les formes du ms. *E* enregistrées pour les 3 vers ci-dessus ne renvoient pas à un mot connu, à moins qu'on ne veuille trouver dans **avuigler** une autre forme de *aveugler*, lequel ne convient guère pour le sens. Voir **desjogler.**

anjusque *loc. conj. A* 3702 **anjusqu'au Chastel Orguilleus** (d'ici) au Château O., cf. *T* 9060 entrusqu'au Chastel Orgueillous.

anlacier *tr. E* 3072 prendre au piège.

anluminer *tr. E* 1328 illuminer.

annercir *intr. E* 10241, 19230 noircir.

annui, anui, anois *s. m. T* 8136, *E* 19336 ennui, déplaisir; *E* 1075 mauvais tours; *T* 15046 désagréable aventure; *T* 12928 mauvais parti; *T* 8942, 10159, *E* 1265 injures, insultes; *T* 5924, *E* 1517 poursuite acharnée (de l'adversaire); *T* 14012 malaise désagréable; *T* 13211, 13320 graves difficultés; *T* 12549, *E* 1062 chagrin; *E* 9176 sentiment d'envie; *T* 1841 malheurs.

annuier, anuier *tr. E* 2523 ennuyer; pp. *T* 7282 fatigué; *impers. T* 3236, 6820, 7195, *E* 12042, 12046, *T* 10064 **sor vos bien me doit** — lit. il me doit fâcher à votre sujet, c' à d. j'ai bien raison d'être fâché pour vous (*ou* contre vous?).

annuit *adv.* ce soir, cette nuit, *E* 3980 le mot est ici pris comme un subst. f. au sens de «nuit» **tote annuit**, *E* est le seul ms. où se trouve cet emploi, *U* donne **tote nuit.** Voir **anuit.**

anor *s. f.* fief, *E* 5373 **ne por l'anor de Normandie** (je ne renoncerai pas à l'attaquer quand même il devrait y aller de toute la terre de France) ou du domaine de Normandie. Le mot *honneur* a perdu ce sens qui était lié aux conceptions du système féodal.

anquenuit *adv. T* 6281 ce soir.

anqui *adv. T* 101 aujourd'hui; *E* 2323, cf. *U* le lest *iluec* remenoir.

anrangier *tr.* pp. *E* 7147 (épée) ornée d'une attache (de soie fine).

anrievre *adj.* opiniâtre, *A* 1162 **ne seiez mie** — ne dites pas non.

ansamble *adv.* *E* 5197 **n'i avoit que d'aler** — il n'y avait plus entre adversaires qu'à se mettre en face les uns des autres pour commencer le combat.

anseignier *tr.* pp. *E* 3738, 16006 bien stylée (en parlant d'une «mesnie»).

anseler *tr.* *E* 4437 seller (un cheval).

anserrer *tr.* *E* 5698 enfermer (pour protéger), *E* 7520 enfermer, emprisonner.

anson *adv.* *E* 1043 dessus (sur la vantaille), *E* 4145 en haut, au sommet (du château); *prép.* *E* 8109 **ansonc** au bout (des lances). Voir **enson**.

ansus *adv.* *A* 124, 2450 à l'écart (de). Voir **ensus**.

antaillier *tr.* pp. *E* 6205. Peut-être s'agit-il de figures d'oiseaux, de bêtes et de fleurs brodées à part dans une riche étoffe de soie et appliquées sur les pans du pavillon. Voir *A* 1606 et *L* 1573. Sur le vb. **antaillier** voir E. R. Goddard, *Women's Costume*, p. 58.

antalantable *adj.* *E* 341 désirable.

antalanter *intr.* pp. *E* 4284, 4573, *A* 827 tout disposé à, tout impatient de.

antalentif *adj.* *E* 2724 désireux de.

antandre *intr.* *E* 6809 comprendre, — a *E* 2717 s'occuper de, — an *E* 11490 (*M Q* a) tourner son attention vers. Voir note au vers *E* 19438, t. II, p. 606.

anterin *adj.*, *f.* **anterine** *E* 968, 4275 entière (joie), *A* 8318 véritable, vraie (peau pour chaussure).

antiquité *s. f.* *E* 5538 **li mur furent d'**— anciens.

antr'abatre *réfl.* *E* 1583 abattre l'un l'autre (leur épée sur le heaume de leur adversaire).

antr'afïer *réfl.* *E* 6580 se promettre l'un à l'autre.

antr'aiesier *réfl.* *E* 12086 se faire l'un à l'autre des démonstrations d'affection.

antrant *s. m.* *A* 2884 **an l'**— **d'esté** à l'entrée de l'été.

antraper *tr.* *E* 9225, 9314 variante d'atraper.

antre *adv.* *E* 6924 **antre tandis com**... tandis que; *antre* indique le commencement et la fin de la période considérée, *tandis com* annonce une action engagée pendant cette période.

antrebatre *réfl.* *E* 9089 **ja s'antrebatisent les os** ils allaient chacun de leur côté faire pleuvoir les coups sur les os de l'autre (si Carados n'était survenu), il y a là une légère pointe d'humour qu'on pouvait peut-être rendre, avec un peu plus de familiarité, par «ils allaient se numéroter les côtes».

antredoter *réfl.* *E* 7790 chacun d'eux redoutait fort l'autre, savait qu'il avait à compter avec l'autre (au milieu d'un combat acharné).

antree *s. f.* *E* 618 bord d'un lit (sur lequel on s'assoit).

antrefïancier *réfl.* *A* 1964 ils engagèrent leur foi l'un à l'autre (qu'ils se retrouveraient).

antrehaïr *réfl.* *E* 1470 **et si s'antreheent de mort** ils se veulent unmal de mort.

antrelaissier *tr.* *E* 14509 interrompre.

antrelasser *réfl.* *A* 1920 **il s'antrelassent duremant** (au cours d'un combat) ils se fatiguent l'un l'autre (au point qu'ils peuvent à peine respirer).

antremesfaire *réfl.* *E* 9505 **et tant com plus s'antremesfirent,** (De tant or greignor joie firent) plus ils se sont fait de mal dans le combat, plus ils ressentent de joie maintenant (qu'ils ont découvert qu'ils sont parents et amis).

antremetre *réfl.* *E* 238, 5645, 10577 s'occuper de, penser à.

antreprandre, antrepanre *tr.* *E* 11018 s'adresser vivement à qqn; *intr.* *E* 297 trouver à redire.

antrere *tr.* *E* 4744 panser (une plaie).

antreset *adv.* *E* 13017 bien certainement, décidément.

antretenir *réfl.* *E* 4083 se tenir par la main.

antrevenir *réfl.* *E* 1495, 4891, 4899 s'attaquer l'un l'autre.

antuide *s. f.* *E* 3654 an grant poine **et an grant** — (Estoit d'aquiter sa fïence) il avait un grand souci et le vif désir de s'acquitter de l'engagement qu'il avait pris. Voir note au v. 3654, t. II, p. 590.

anuieux, anuious, anuïos, anïeux, anïeus, anious *adj.* ennuyeux (en parlant d'un séjour) *T* 4238, pénible à entendre (en parlant de plaintes douloureuses) *E* 14016, désagréable (en parlant d'une personne) *E* 2099, *T* 4937, 9342, 12574, 15031: Keu intervient dans chacun des 4 derniers ex. de *T*, tantôt c'est l'auteur qui le décrit ainsi, tantôt c'est Keu qui s'applique ce qualificatif à lui-même ou l'applique à un autre, tantôt c'est le roi Artu qui lui reproche ce défaut. Voir **ennuios.**

anuit *adv.* *T* 14484 cette nuit, la nuit à venir; *T* 6819, 12763 **encore anuit** ce soir même, avant la nuit; *E* 2114, 2123 cette nuit, la nuit passée.

anuitant, *loc. adv.* **a l'**— *T* 13095, 13758, 15149 à la tombée de la nuit.

anuitier *impers.* *E* 10972 **il ... anuitoit** la nuit tombait.

anvaïe *s. f.* *E* 5374 expédition militaire.

anvant *s. m. A* 4222, voir la note à ce vers, t. III, 1, p. 647.

anvers *adv. E* 7661, 8509 sur le dos.

anverser *tr. A* 6946 (il le poussa si violemment) qu'il le renversa par terre.

anvïail *s. m. E* 2621 fait de renchérir sur autrui, de lui lancer un défi, par extension: tâche difficile à entreprendre: «tu t'acquittes un peu vite de tes tâches!».

anvironer *tr. E* 6295 entourer. Voir **avironner**.

anvoisier *réfl. E* 9082, *intr. E* 5410 se donner du bon temps; pp. *A* 8396 gaie d'aspect (en parlant d'une ceinture).

aoerer, aorer *intr. T* 12055 adorer, prier.

aornemant *s. m. E* 10000 ornementation.

aorner *tr.* pp. *E* 9998 décorée, parée (en parlant d'une chambre).

aovrer *réfl.* **se** étant sous-entendu, *T* 7277 travailler à.

apandre, apendre *intr. E* 15264 être attaché à, *T* 12817 dépendre de, *T* 14322, 15320 appartenir à.

apanser *réfl. E* 6962 réfléchir, penser à.

aparcevance *s. f. E* 6784 découverte; *E* 10283 **por** — pour qu'on l'aperçût (dans cette position).

aparcevoir, apercevoir *tr. T* 8017; *réfl. T* 5027, cf. *E* 8609-10 où la construction est plus claire, *E* 9102 devenir conscient (d'une obligation urgente).

aparçoivement *s. m. E* 10528 **san nul point d'**— sans que personne s'en doute un instant.

apareil *s. m. T* 12623, *E* 2200 équipement.

apareillement *s. m. T* 7875 tout l'attirail nécessaire, *T* 12653 dans cet équipement (cf. *T* 12623).

apareillier, appareillier *tr. T* 14261 placer, disposer, *E* 6229 confectionner, *E* 7112 mettre (la nappe); *intr. V* 11298 se préparer, s'armer; *réfl. E* 19190 se préparer (pour aller au bois), *E* 1278 se préparer (pour la bataille); pp. *T* 1307 (repas) apprêté, *T* 9915 (lit) fait, *T* 9934, 11156 (tente, chambre) installée, *E* 15930 (cf. *T* 11850) (écourgée) montée (sur or et ivoire), *T* 2773 tout prêt (à frapper).

aparler *tr. T* 1484 che dont il **l'aparole** (indic. pr. 3) ce dont il l'entretient, *intr. T* 10002 parler à qqn de qqch., *T* 13600 parler de qqn.

apeler *tr. E* 10450 s'adresser à qqn avec une (gentille) formule de salutation; *T* 526 faire appel à; *T* 15070 sommer qqn (de tenir une promesse), *E* 4872 sommer qqn (de dire son nom); *A* 798 lancer un défi à qqn, *T* 8963 accuser solennellement (de trahison).

aperechir *réfl. T* 3254 rester inactif, paresser.

apert *adj.* *T* 823, 12090, *E* 1447 ayant belle prestance et excellence en toutes qualités, *A* 5032 (figure) ouverte; **en —** *T* 1364 nettement, *T* 3738 ouvertement.

apertement *adv.* *T* 1413, 14920 clairement, *T* 3879 visiblement, *T* 1774 vivement, *T* 6197 en public.

apesandir *tr.* autre forme de **apesantir,** fr. mod. appesantir, *R* 523.

apestre *réfl.* *E* 10917 se repaître de (*M* donne **se pessoit,** *Q* **se paisoit**).

aplaideïce, apleideïce *adj. fem.* *T* 2863, *E* 6483, *A* 1869 joute qui a lieu devant un château ou en champ clos et qui est réglée par des prescriptions rigoureuses, par conséquent exercice de sport.

apoindre *intr.* *T* 5360, 9819, 11390, *E* 8925, 8940, 15384, *L* 5442 arriver en piquant des deux.

aporter *tr.* *T* 5982 orienter vers, c' à d. «mon cœur ne m'y porte pas», *T* 6024 rapporter.

aprendre *tr.* pp. *T* 1943 **apris** il était passé maître (en cet art).

apresser *tr.* *T* 5120, 6786 serrer de près, serrer à étouffer, *réfl.* *E* 8698 s'approcher à force de pousser devant soi.

aprester *tr.* pp. *T* 11665 prêt à, *T* 13296 placé (devant les convives).

apuial *s. m.* *R* 6 appui, rebord d'une fenêtre.

apuiier, appoiier *tr.* fr. mod. appuyer, *T* 8883 soutenir son visage de son poing, c' à d. appuyer son visage sur son poing, *T* 857 appuyer sur, presser; *intr.* *T* 14482 se sist sor un lit **appoiez,** il faut probablement comprendre «s'asseoir appuyé sur un lit»; *réfl.* *T* 14143 s'appuyer (**a une fenestre**), *T* 14523 (**a la fenestre**), *T* 14270 (**as fenestres**); *T* 10291 **je m'estoie apuiés Devant le lit...** (Sor mes jenols un oreiller), *devant* est ici une erreur du scribe pour *desor*; cf. *E* 14097-8 je m'estoie apuiez **De deseure un lit...** (Desoz mon coute un oroillier).

aqueillir fr. mod. accueillir, *T* 5307, 5308, 6539, 12490 **aquelt,** *E* 10014 **aqueust,** *E* 9022, 10077 **aquiaut** indic. pr. 3, *T* 7078 **aqueillent** 6; *T* 5154 **aqueillie** pp. **—** *tr.* *T* 5308 recevoir, gagner, *T* 5154, 12490 **sa voie —** prendre (son chemin), s'engager (dans une voie); *intr.* **aqueillir a** se mettre à, se prendre à *T* 5307, 6539, 6650, 7078, *E* 9022, *refl.* même emploi *E* 10014, 10077. Auj. **accueillir** a perdu tous les emplois ci-dessus et en a pris d'autres.

aquiter *tr.* fr. mod. acquitter, *T* 673, *E* 3655 **— ma fiance, sa fïence** tenir sa parole, de même *E* 1358 **sa foi —,** cf. *T* 789; *A* 3726 **[il] vos aquitera le jor Le vaillant chevalier Guiflôi** il fera délivrer entre vos mains le jour même le vaillant Gifflet. Dans les 3 premiers ex. ci-dessus nous emploierions uniquement le réfléchi (déjà connu aussi en anc. fr.) «s'acquitter de sa promesse»; *acquitter* est un terme technique de la langue commerciale et judiciaire.

araisnier *tr.* *E* 2609, 2613 **aresne** indic. pr. 3, *T* 1387 **araisonent** 6; *T* 8910 **araisna,** *E* 12062 **aresna,** *T* 12243, 15222

araisona prét. 3; *T* 1815, 4420, 4423 **araisnié**, *E* 8158 **araisoné** pp. — *T* 1387, 1815, 4420, 4423, 8910, 15222, *E* 2609, 2613, 5121, 8158, 12062, *A* 6411 adresser la parole à; *T* 12243 à ce dont il lui avait parlé, à ce qu'il lui avait dit; *E* 11086 **a aresnier** (fu tiex la some) la conclusion de la discussion entre les deux fut telle que pour rien au monde Caradoc ne voulut quitter son refuge.

aramie *s. f. R* 865 force, violence, impétuosité; **par —** *E* 7781 avec impétuosité (lit. à l'envi, à qui mieux mieux, correspond au **par aatine** du v. *T* 3888).

aramir *tr.* pp. *L* 1762 emporté, comme un furieux.

arangier *intr. E* 4334 se mettre en rang.

araumant *adv. A* 7613, variante de **erranment**, promptement.

arbalestee *s. f. T* 9640, *T* 13144 la distance du trait d'une arbalète.

arbrer *intr. T* 13127 se cabrer (en parlant d'un cheval).

arbroie *s. f. T* 647 bouquet (d'arbres).

archiee, archie *s. f. T* 9540, *E* 2760 la distance du trait d'un arc.

archoier *intr. T* 3192, 8734, 11188 chasser à l'arc; *T* 2777, 2873, 10745 se courber en arc, plier (sous la violence d'un choc).

archon *s. m. T* 11819, 14615; *T* 12775 **l'arçon de la sele.**

ardoir *tr. T* 7117; pp. 14867 **ars** brûler, consumer; *T* 7897 **art** indic. pr. 3 brûler (par un liquide acide); *intr. T* 13189 **ardoient** indic. impf. 6, flamboyer, de même *T* 1353, 1354, 11956 **ardant** p.pr.

ardor *s. f. T* 6484 (d'une personne) brûlure intérieure.

areinne *s. f. M* 17198 sable, qui est le mot devant lequel *areinne* a disparu; *arène* a d'autres sens.

aresner *tr. T* 1507, 2611, 9713, 9927, 14470, *E* 2151, 3085 attacher un cheval par les rênes.

arest *s. m. T* 5177 **faire —** s'arrêter.

arestement *s. m. E* 1455 interruption, retard.

arester *intr.* arrêter *T* 3874, 9959, 10306, 11645, *réfl. T* 2235, 2876, 9194, 9212, 10537, 10747, 13229. Les emplois de ce verbe n'ont guère varié depuis le XIIIe siècle, mais toutes les formes du moyen âge n'ont pas survécu: en effet, à côté des prét. 3 **aresta** *T* 9959, 11645 et des prét. 6 **aresterent** *T* 2876, 9212 et **arestierent** *T* 13229, le ms. *T* nous offre **arestut** *T* 2235, 9194, 10537 et **aresturent** *T* 10747, et de même, à côté du pp. **arrestez** *T* 10306, le ms. *T* nous donne **aresteüs** *T* 1658. Il est facile de voir que pour l'auteur ou le copiste de *T* toutes ces formes sont également à sa disposition et qu'en chaque cas il choisit celle qui fournira la meilleure rime ou satisfera plus exactement son oreille. Notons une difficulté d'interprétation au v. *T* 10023:

suivant qu'on introduit ou non une négation dans le vers le
sens change du tout au tout, et les 2 solutions restent accep-
tables; les copistes ont été très hésitants (voir les variantes
données au v. *T* 10023 et se reporter à *E M Q* 13831).

arestuel *s. m. T* 13332, *E* 1310 bas de la lance par où on la saisis-
sait et où il y avait probablement une entaille ou un dispositif
quelconque pour maintenir la main en position.

argüer *tr. T* 6114, 7530 presser, *A* 6245, *L* 949 tourmenter (en
parlant de la chaleur). Auj. le vb. *arguer*, littéraire et rare, a
perdu les emplois ci-dessus; l'angl. *to argue*, assez employé, a
retenu une faible partie des emplois médiévaux et les a considé-
rablement élargis.

armé *s. m.* qqn qui est en armes, qui porte les armes, quel que
soit son rang dans le monde féodal, *E* 14601 **plus bel** — N'ot an
toute crestïenté (Bran de Lis).

armes *s. f. plur. E* 5085 syn. de **armeüres** (*T* 1779), *T* 601 **quatre
mil a** — quatre mille hommes en armes.

arouter, aroter *tr. T* 9187 mettre un groupe de gens en ordre de
marche, *réfl. A* 4109 se mettre en route, *intr. E* 2236 même sens;
pp. *T* 243, 2055 (convoi, armée) avançant en ordre sur la route.

arremant *s. m.* encre, *A* 7032 un paremant [d'autel] **Qui plus
estoit noirs qu'** —.

arrier, arriere *adv. T* 12259, 12744, 12783, 12839 en retournant
sur ses pas; *T* 14686 de nouveau; *T* 13356 plus haut (dans le
roman). Voir **dos.**

arriver *intr. E* 653, *M* 17701 aborder au rivage; *tr. T* 15200, 15202,
15209, 15214 faire aborder au rivage; fig. *T* 6402 **arivez ert a
molt mal port.**

ars *s. m. L* 4606 **es ars vaus des grans muraus,** voir **volt.**

arsure *s. f. T* 9465 brûlure.

art *s. m. E* 11758 **de toz mestiers et de toz arz,** deux substantifs
alors à peu près syn.; *artisan* rappelle le sens ancien, et il y
a encore en France des écoles «d'arts et métiers»; *V* 438 **malvés
art,** *T* 6049 **art** pratiques de sorcellerie.

artimaire *s. f. M Q U* 9849 (*E* **atamaire**) magie.

asaillie *s. f. E* 5767 (*T* 2147 **salie**) attaque, sortie (des assiégés).

asamblement *s. m. E* 1502 combat violent à l'épée et presque un
corps à corps de 2 chevaliers qui viennent tous deux d'être
désarçonnés.

asantement *s. m. E* 11455 consentement.

asantir, assentir *intr. T* 2531, *A* 4420 chercher à découvrir;
refl. T 1763, 4496 s'accorder à.

aseürement *s. m. E* 3518 promesse formelle, assurance.

asezïer *tr.* doit être une graphie de *assasiier* rassasier, *E* 3677
qant voit que **ne puet son coraige Asezïer ne d'un ne d'el**

(Gauvain est furieux quand il voit qu'il est perdu dans une terre déserte) où il ne peut ni d'une façon ni de l'autre obtenir les nouvelles dont il a besoin.

asoagier, asouaigier *tr.* *T* 3, *E* 10352 calmer (mes appréhensions).

asomer *tr.* *E* 7034 faire une énumération complète, *L* 6882 mener à bonne fin.

asprement *adv.* *E* 11219 cruellement.

assaier *intr.* graphie d'**essaier**, *T* 2531 essayer (de voir si).

assalir *tr.* fr. mod. assaillir, *T* 7936 **assalt**, *T* 10981 **assaut indic.** pr. 3; *T* 542, 558 curieusement répété au v. *T* 12084 attaquer.

assamblee *s. f.* *T* 8968 rassemblement (à la cour pour la fête de Pentecôte).

assambler *intr.* *T* 4365, 8828 se rassembler (pour un tournoi ou une fête); infin. pris subst. *T* 2071 le fait de se rassembler ainsi; *intr.* *T* 13384, 13391, 13399 se rejoindre (en parlant de fragments disjoints).

assaut *s. m.* *T* 3704 aggression, attaque, *T* 6342 même sens, en parlant d'un serpent.

assener *intr.* *T* 393, *E* 2510 parvenir (à un lieu qu'on cherche), fig. *E* 15478 avoir en partage; *tr.* *T* 9370, 14666 viser et toucher, *T* 5979, *E* 9556 bien marier une jeune fille.

assent, asen *s. m.* **par —** *T* 5252, *E* 8832 suivant la promesse qu'il a donnée.

assentement *s. m.* *U* 3518 assentiment.

asseoir *T* 2100, 8278, 14987 **asseoir**, *E* 4334, 11784 **aseoir**, *P* 4089 **assir** infin.; *T* 1587 **assiet**, *T* 9718 **asiet** indic. pr. 3, *E* 2191, 13245 **asieent** 6; *T* 9683 **asserrai** fut. 1; *T* 8460 **assist** prét. 3, *T* 14421, *E* 4086 **asistrent**, *T* 3575 **assisent** 6; *T* 11303 **aseïst** subj. impf. 3; *T* 51, 306, 1297, 2149, 9569, 14696 **assis**, *E* 2487 **asis**, *T* 287, 646, 2600, 4383, 7889, 8275, 11773, *M* 17192 **assise**, *E* 2661, 4091, 4702, 5534, 7098, 11179 **asise** pp. — *tr.* *T* 1297 asseoir, *intr.* *T* 3575, *E* 4334, *réfl.* *T* 646, 9718 s'asseoir; fig. *T* 14696 appliquer à; *tr.* *T* 287, 306, 2100, 2149, *E* 2661 assiéger; *T* 51, 4383, 8275, 8278, 9569, 11773 bâtir, pp. être situé (ville, château, forteresse); *tr.* *T* 7889, 9683, 14421, *E* 2487, 11179 poser, *E* 4091 dresser (une table), *T* 8460 appliquer (sur une plaie), *E* 11784 ajuster (un bandeau), *T* 2600, 14987, *E* 4702, fig. *T* 11303 fixer, *T* 1587, *E* 7098 placer un coup; *M* 17192 pp. garni de.

asseür *adj.* *T* 1606 être assuré (par qqn qu'une certaine condition sera remplie).

asseüreement *adv.* *T* 10350 fermement.

asseürer, aseürer *réfl.* *E* 4564 se rassurer, pp. *T* 13178 rassuré; *T* 12738 bouder à la besogne.

assez *adv.* suffisamment *T* 286, 2366, et avec une pointe d'ironie

T 5458; c'est encore le sens du mot auj., mais au moyen âge
assez passe très souvent à celui de «plus que suffisamment» et
même de «beaucoup» *T* 691, 942, 1850, 2022; *T* 5829 **d'**— en
quantité suffisante.

assoudre *tr.* fr. mod. absoudre, pp. *T* 518 **assals** absous, *E* 4655
asost prét. 3 s'acquitter (d'une promesse).

atache *s. f. T* 10573 cordon servant à fermer le collet du «mantel».

atachier *tr. T* 1495 attacher (un cheval), *E* 4595 **ataichiees**
fixées (en parlant de pierres précieuses).

ataindre *tr. T* 11757 **atainst** prét. 3 atteindre (à la course),
L 859 **atainsent**, *T* 891 **ataindrent** prét. 6 atteindre, toucher,
T 6286 **ataigne** sbj. pr. 3 atteindre et retirer vers soi; *T* 3144
pp. **atainte** convaincue (d'un méfait).

ataïner *tr. E* 164 chercher querelle à.

ataïneus *adj. E* 165 (*R* 171 **ataïgnos**) querelleur, mauvais cou-
cheur. Voir **aatineus**.

atalanter, atalenter *intr. E* 3253 convenir, être au gré de, *E*
1739 «ça me va», *T* 4074 (le lieu) est à son goût; *impers. T* 1614
plaire à.

atamaire, voir **artimaire.**

atandance *s. f. A* 6898 foi en qqn.

atant *adv. T* 4545 alors, *T* 4283 pour le moment; *conj. E* 7428,
8832 **atant que** jusqu'à un certain endroit; *E* 1528 **atant que,**
T 1050 **dusqu'atant que,** *T* 6896 **des qu'atant que** jusqu'au
moment où.

atargement *s. m. E* 8135 **sam plus d'**— sans plus de retard.

atargier *tr. E* 5122 ralentir (son cheval), *intr. T* 8458, *réfl. T*
590 s'attarder; **sanz** — *T* 3118, **sans atardier** *E* 15307 sans
retard, *T* 9790 **sans plus** — sans s'attarder davantage, *T*
11896 **or n'i a point de l'atargier** infin. pris subst. il n'y a pas
à s'attarder davantage.

atendre *refl. T* 9117 **a vos consaus m'atent** je compte sur vos
conseils; *tr. T* 11636; *T* 13424 (voir note à ce vers, t. I, p. 439).

aterrer *tr. E* 9193 jeter à terre, *réfl.* fig. *T* 6902 tant fait de
doel que **toz s'aterre** tombe dans un abattement profond;
noter que *V* donne au même vers **toz en aterre** qui peut
avoir le même sens que le réfléchi précédent; il est beaucoup
plus douteux à cette époque de faire d'*aterrer* un vb. trans.
et de comprendre «il les consterne tous», mais c'est bien ainsi
qu'a dû commencer un jour l'emploi moderne; p. ext. *T* 6435
oppresser.

atillier *intr. T* 12642 se parer (en parlant des dames de la cour).

atochier *intr. T* 3962 toucher à, atteindre.

ator, atour *s. m.* *T* 1642 équipement (d'un chevalier), *T* 4550, *E* 488 sens voisin, mais avec une idée de richesse, de magnificence, *T* 4561, 5335, *E* 5510, 8273 groupe de compagnons, chevaliers rassemblés pour le tournoi ou pour une expédition, *T* 8173 pompe, magnificence (aux funérailles d'un roi), *T* 4394 préparatifs (des combattants qui vont se jeter dans le tournoi), *T* 12651 «tous ces frais de toilette» des suivantes de la reine étaient en vue de l'effet à produire sur une belle et noble visiteuse, *T* 6414 parure (d'une couche), *T* 7372, *E* 10954 provisions de toute sorte dans une maison.

atornement *s. m.* *T* 14388, 15220 façon dont on est vêtu, *L* 6727 plutôt simplement «préparatifs» que «détails d'une toilette féminine», *T* 14510 parure (de lit), *E* 9999 parure (d'une chambre).

atorner *tr.* *T* 3262, 4490, *E* 4257 tourner, se tourner à ou vers, fig. *T* 3251 estimer à, *T* 2768 — **a bien** considérer comme équitable; *T* 1307, 6084, 6415, 12388, *E* 2163 préparer; *T* 7835 prendre les dispositions nécessaires, *T* 11207 préparer (une expédition), *E* 10858 probablement: se préparer à partir; *T* 3180, 12492, 12610, 12611 équiper, *T* 1080, 1081, 1121, 14320, 14931, *E* 3709, 6755 vêtir, parer, *T* 8032 arranger les affaires de, *T* 2817, 4746, *E* 1971 arranger (ironique), mettre à mal, *T* 3017, *E* 5640 soigner; *T* 2771, 3401 placer, disposer.

atot *prépos.* *T* 1864, 14982 avec; *adv.* *T* 12781.

atraïner *tr.* *T* 14167 tirer.

atraire *tr.* *T* 6591 amener, conduire vers, *E* 11126 attirer (à soi); *réfl.* *T* 4397, *E* 1413 se grouper, se réunir.

atraper *tr.* *T* 5708 cil n'estoit mie eschapez Qui la fu de lui **atrapez** celui-là n'était pas hors de danger qui était pris à partie, attrapé par lui.

atravaillier *réfl.* *T* 1978 ne reculer devant aucune peine.

atropeler *tr.* *E* 11956, *intr.* *T* 5950 grouper, se grouper.

atyrer *tr.* *T* 7072 arranger, confectionner, *T* 7984 parer.

atyser *tr.* *T* 6747 Amour éveille en lui un vif désir de voir son amie.

aube *s. f.* tunique blanche de prêtre *T* 13223.

auberc *s. m.* *T* 15098, *A* 1791, *E* 5414 **haubert** haubert, cotte de mailles.

aubor *s. m.* *Q* 13052 cytise.

aubre *s. m.* *E* 1395 variante d'«arbre».

aucube *s. f.* *A* 250 tente.

audïence *s. f.* *E* 5490 **an** — publiquement.

auferrant *adj.* *E* 8524 impétueux (d'un cheval).

aufricant *adj.* *T* 687, 9624, *E* 13406 d'Afrique, africain.

aumaçor *s. m. E* 6697 titre de dignité en Orient.

aumoire *s. m. M* 17617, *A* 7509 armoire. Voir **almaire**.

aumosniere, almosniere, armosniere *s. f. T* 14219, 14258, 14353, 14903, *A* 8397 bourse suspendue à la ceinture; on voit par ces passages de *T* qu'on mettait non seulement des pièces de monnaie dans les aumônières mais au besoin des lettres.

aune *s. f.* mesure de longueur, *E* 4898 **aune et demie**; au v. correspondant *T* 1576 donne **palme et demie**.

aünee *s. f. U* 18, *M Q* 137 assemblée, rassemblement de gens.

aüner *intr. E* 149 se rassembler.

auquant *pron. indéf. E* 956 **li —** signifie «un certain nombre», *A* 502 **tuit li —** semble vouloir dire «la plupart d'entre eux».

auques *adv. T* 12186 **il perdent — lor valour** ils perdent un peu de leur force.

auqueton *s. m. T* 553, 694, 2615, *E* 5550, *A* 6125 étoffe de prix; *T* 14211, *M* 18465, 18865, *A* 552, 661, 839, 5439 vêtement fait de cette étoffe et en général rembourré qui se met sous le haubert pour amortir les coups; **auqueton** devient alors synonyme de **pourpoint** (cf. *T* 14211 et 14205) et de **gamboison** (cf. *M* 18465 et 18471). *A* 1623 **un lit covert d'un —** il semble bien qu'il s'agisse du vêtement de ce nom étendu sur le lit, dans le passage correspondant de *T* 2614-15 **un bel lit covert D'— vert** désigne sûrement l'étoffe. Quand on veut indiquer sans équivoque le vêtement, et non l'étoffe, on dit **auqueton a armer** *A* 5439.

autel *pron. indéf.* la même chose *T* 3363, *V* donne **d'autel**.

autre *pron. indéf.*, même emploi qu'auj. sauf que le cas régime peut être **autrui** *E* 1216; noter *T* 14842 on vendoit char et poison, Oiseax et **autre venison** viande, poisson, gibier et autres articles de consommation, à savoir p. ex. venaison; *adj.* ou *pron. ordinal* il signifie alors «deuxième» *T* 14773.

autr'ier *adv. T* 8982 il y a quelque temps.

avaine *s. f. T* 1247 avoine.

aval *adv. T* 530, 13040 **amont et —** de tous côtés, *T* 8894 **d'un bout à l'autre**; particule jointe à un vb. pour préciser le sens du mouvement: *T* 2785 **il l'emporte a terre —** il le porte à terre (lit. tout bas à terre), *T* 8895 **puis rembroncha — son chief** puis baissa la tête de nouveau (lit. baissa la tête vers le bas): nou ne sentons plus le besoin de ces précisions; emploi analogue *T* 8894 **cil... Qui par la sale — mengoient** ceux qui d'un bout de la salle à l'autre mangeaient (lit. en descendant tout le long de la salle); *prépos. T* 2918 **— son sain** en descendant le long de, *T* 6073 **— sa terre** d'un bout à l'autre de.

avaler *intr. T* 14139, 14832 descendre, *tr. T* 7006, 9565, *E* 3689, 4582 descendre (un mont, un vall n, un pont-levis, un degré), pp. *T* 1239 baissé (en parlant d'un pont-levis).

avancier *tr.* *T* 5395 hâter (le pas), *T* 13413 accroître (sa prouesse), *T* 12861 soutenir, appuyer qqn (dans son entreprise).

avancir *tr.* *R* 786 devancer, prendre les devants.

avant *adv.* *T* 2398 **tot** — le premier; particule qui complète le sens d'un vb. en indiquant un mouvement réel ou fictif: *T* 14161, 14202 **lors va** — alors il s'avance, s'approche, de même *T* 14327, 14334, 14461; *T* 14734 **ja n'en irez** — vous n'irez pas plus loin, vous ne sortirez pas de là; *T* 8652 **bailliez le cor** — faites-moi passer le cor, *T* 12982 **dire** — de plus, davantage; le vb. peut être sous-entendu *T* 11407 **qui ne puet mais** — qui ne peut plus aller de l'avant; *prépos.* *T* 9560 **en un tertre** — **lui choisi des gens** devant lui.

avantureus *adj.* *E* 2100 **la Lande Avantureuse** où l'on court des risques. Voir **aventure**.

avec (che que) *loc. conjonctive* *T* 3935 **et avec che qu'il tressali** en dépit du fait que, bien qu'il eût bondi de côté.

avenant *adj.* *T* 3232 convenable, *L* 164 **par** — comme il convient; *T* 3068, *E* 1026, 2148, 3548, *U* 1124 bien fait (de corps), *E* 1167 agréable (visage).

avenemant *s. m.* *A* 9382 peut-être «venue», «arrivée»: le corps du chevalier dont il s'agit va être transporté dans son pays; toutefois *T* 15262, *E* 19544, *L* 9426 et *P* 9382 s'accordent pour donner **vanjement**, qui est le mot qu'on attend plutôt.

avenir *intr.* *T* 6059, 11067 parvenir à, se frayer un passage vers, *T* 1456 se rejoindre (en parlant de fragments disjoints), *T* 3312 aller bien (en parlant d'un vêtement).

aventure *s. f.* *T* 16 **tele puet estre l'** — c'est ce qui peut très bien arriver, *T* 8527 événement sortant de l'ordinaire, *T* 1500 histoire mystérieuse qu'il s'agit de tirer au clair, *T* 12100 **ce dist et conte l'** — ainsi dit l'histoire que nous vous contons, cf. *E* 16210, et aussi *Q* 16210 qui donne **l'escriture**, *T* 1211 le hasard, *T* 2619 Gavain **droit amaine** — le hasard amène Gauvain à point nommé, le hasard fait bien les choses, *T* 1955 entreprise difficile, *T* 3370 **en** — **se metroit** courrait au devant d'un danger. La locution *bone aventure* est une des formules de politesse qui sont de règle quand on aborde qqn un peu cérémonieusement: *T* 8328 Caradeu, sire, bien veigniez. — Sire, **bone aventure aiez**. Sire, soyez le bienvenu. — Sire, je vous souhaite tout le bonheur désirable; *T* 9583 puceles [dit Gauvain], Damediex vos saut **Et vos otroit bone aventure** puceles, Dieu vous sauve et vous accorde d'heureux jours. On emploie cette formule aussi en parlant avec qqn d'un absent: *T* 5024 [Dieu] **li otroit grant bone aventure** Que Dieu prenne tout soin de lui! On voit par ce dernier ex. que l'expression «bonne aventure» est figée et qu'on peut la qualifier par un adj.

avers *prépos.* *T* 9932, *E* 7017 en comparaison de.

aversere *s. m.* *E* 11213 adversaire, démon; voir la note à ce vers, t. II, p. 600.

aversier *s. m. E* 7711 méchant homme, démon; *adj. E* 10099 contraire (en parlant d'un vent d'orage).

aversité *s. f. T* 7109 **vostre** — vos malheurs, *E* 12005 accident.

avesprant *s. m. T* 2232 **a un** —, *A* 1284 **a l'**— à la tombée de la nuit.

avesprer *impers. T* 12716 se faire nuit.

avial *s. m.* enjeu, gain du jeu, *A* 5009 **il n'avoit pas toz ses aviax** il ne voyait pas la partie gagnée. Voir **anvïail**.

avilenir, avilanir, avilonnir *tr. T* 13689, *U* 17943 outrager, *T* 12756, 13537, 14238 (voir note à ce v., t. I, p. 440), *T* 14392 avilir; pp. *E* 19066 rabaissé (dans sa propre estime).

avironner *tr. T* 2675 entourer.

avoi *interj. T* 1533, *T* 2841, *E* 2250, 6461, *A* 1308 fi!, *E* 3412 oh! par exemple!, *E* 1801, 4661, *A* 1077 ah! ne dites pas cela, *E* 4228 pas un mot de plus.

avoir[1] *T* 11872 **ai**, *E* 126 **e** indic. pr. 1, *T* 13578 **as** 2, *T* 13657 **a** 3, *T* 13152 **avons** 4, *T* 12934 **avez** 5, *T* 14925 **ont** 6; *T* 14598 **aiés** impér.; *T* 12955 **aie**, *T* 14485 **oie** (: voie, *V* **aie**), *E* 4774 **oie** (: remaindroie, *U* **aie**) subj. pr. 1, *T* 14785 **ait** 3, *T* 13428 **aions** 4, *T* 14634 **aiés** 5; *T* 5900 **avoie** indic. impf. 1, *T* 12863 **avoit** 3, *T* 12552 **aviiez** 5, *T* 13228 **avoient** 6; *T* 12990 **avrai**, *T* 12991 **arai** fut. 1, *T* 12596 **ara** 3, *T* 12546 **averons**, *T* 106 **arons** 4, *T* 12558 **averez**, *T* 13429 **arez** 5, *T* 4493 **averont**, *T* 11500 **aront** 6; *E* 1716 **avroies** condit. 2, *T* 13828 **avroit**, *T* 382 **aroit** 3, *T* 9678 **arions** 4, *T* 1478 **ariiez** 5; *T* 12981 **oi** prét. 1, *T* 13083 **ot** 3, *T* 14041 **orent** 6; *T* 11809 **eüsse** subj. impf. 1, *T* 12901 **eüst**, *A* 726 **aüst** 3, *T* 13801 **eüssiez** 5, *T* 9665 **eüssent** 6; *T* 10000 **eü** pp. — Notons un emploi assez rare du pp.: *MQU* 18058 (en parlant d'un écu) **il fu eüz du tresor** il fu tiré hors du trésor, c' à d. il fut dérobé dans le trésor (d'un roi); *L* 7994 et *S* 7994 sont les seuls autres mss qui présentent cet emploi: au lieu de **eü**, *T* 13820 donne **trais fors**, *A* 7994 **anblez** et *P* 7994 **getés**.

avoir[2] *s. m.* infinitif substantivé, *E* 7172 **por tot l'**— de Normandie (je ne le ferais pas) pour toute la richesse de la Normandie.

avoué *s. m. T* 4909 **chevax estraiers Sanz seignor et sanz** —, *avoué* signifie généralement protecteur ou seigneur, ici il entre dans une locution déjà courante où il ne fait que reprendre et accentuer le premier mot en communiquant à la phrase une légère valeur humoristique, «des chevaux errant à l'aventure sans seigneur ni maître».

azur *s. m. E* 12189 une des couleurs du blason.

B

ba *interj. T* 6234 que dites-vous là? vous m'étonnez.

bacheler, baicheler *s. m. T* 13798, 14372, *E* 11883, 19217, 19440, *A* 4208, 8377, 8558, 9074, 9286, 9348. Au xiiie s. dans les textes littéraires et particulièrement les romans, le mot est à peu près synonyme de *chevalier*, si bien qu'il alterne à la rime avec l'autre mot au gré de la commodité du poète (cf. *E* 19507 et *M Q U* 19508). Néanmoins **bacheler** suggère le plus souvent une nuance de jeunesse, d'audace, de témérité et d'insouciance. Il désigne un noble, mais n'a rien à voir avec l'adoubement, et au XIVe s. quand l'*écuyer* sera devenu l'émule du *chevalier*, il s'appliquera tout naturellement à l'un aussi bien qu'à l'autre.

baer, beer *intr. E* 6926 aspirer à, viser à.

baïf *adj. T* 3730, 4470, 7477 qui aspire à, qui est désireux de.

bail *s. m. T* 7726, *E* 11300 don.

baille *s. E* 461 espace entre deux lignes de fortification qui entourent un château-fort, une forteresse.

baillie *s. f. T* 3842, 4166, *E* 3437 possession.

baillier *tr. E* 2496 **bail** indic. pr. 1 faire don de, *E* 4279 **baut** subj. pr. 3 donner; *T* 10666, 11334 tendre qqch. à qqn, *T* 3367, *E* 9225 saisir, *U* 1106 prendre (l'étrier), *T* 3293 manier (les armes).

baillir *tr. T* 14720, 14857 traiter (outrageusement).

baissier *tr.* pp. *T* 5743 (lance) **baissie** en arrêt, *T* 13038 (vent) abattu.

balance *s. f. E* 1370 **sont am — la quelle** sont incertains, se demandent laquelle, *E* 3656 **estoit an —** incertain, dans le doute au sujet de, *E* 4784 **osté de —** retiré du péril qui menaçait, *E* 10296 **ne la doit ja metre a —** peut-être: la risquer trop tôt?

balancier *tr. E* 2322 lancer (à terre), *M* 18744 balancer (un heaume que par contenance on tient à la main).

baleresse, bauleresce *s. f. T* 6067, *E* 9647 ballerine.

banc *s. m. T* 14840 étalage de marchands qui vendent en plein air.

bandon *s. m.* **a —** *T* 1570, 4795 (frapper) à toute volée, *E* 4064 (accourir) à toutes jambes, *E* 4509 (chevaucher) à bride abattue.

banier *s. m. E* 365, 371 officier chargé de publier à haute voix les ordres du roi.

banir *tr. T* 3429, 3659, *E* 7553, 11747 proclamer à haute voix les ordres du roi, en particulier une convocation à la cour pour un jour fixé; **ost banie** *T* 237 armée appelée par ban, par convocation.

banisemant *s. m. E* 11753 proclamation de ban.

barat *s. m. T* 6055, 6409, 6885, 7155, 7803, *E* 6761, 9986 ruse déloyale, fourberie.

barate *s. f. T* 7151 tromperie; *T* 1724 bruit (de paroles précipitées et aigres).

barnage *s. m. E* 328 l'ensemble des barons, *T* 3088 action qui rehausse l'éclat et la magnificence du train de vie (d'un roi).

barné *s. m.* *T* 11994 l'ensemble des barons (en un sens large, comprenant aussi les simples chevaliers).

baron *s. m.* *T* 4547, en principe un baron est un homme de haute naissance et qui compte parmi les chefs de la noblesse du pays; aussi est-il parfois expressément distingué du chevalier *T* 2157, 3271, 8502, 8821, 8842; d'autre part les personnages marquants du récit sont volontiers introduits sous l'appellation de «li baron» *T* 715, 4229, 4341, 4395, 5105, 5422, et dans des énumérations où les chevaliers n'apparaissent pas, les barons voisinent avec les princes, les ducs et les comtes *T* 1165, 13500; enfin le terme **baron** peut évoquer une haute qualité de courage ou d'initiative: il est question d'un «cuer de baron» *E* 6000, et de «bel servise de baron» *T* 3066. Il reste néanmoins que dans la majorité des cas le poète emploie l'un et l'autre mot indifféremment sans y attacher de différence appréciable: un seul exemple suffira ici: en une circonstance où toute la cour, chevaliers, dames et pucelles, *T* 1161, se lance à la recherche de Gauvain disparu, on compte, outre les femmes, soixante mille barons *T* 1178-1181: il est évident que ce nombre énorme comprend les chevaliers aussi; voir encore sur ce point *T* 1192, 1798, 3169, 7273. **Baron** peut signifier *mari T* 4009.

baronie *s. f.* *T* 1176, 1875, 8504 l'ensemble des barons, mais comme *barné*, le mot n'est pas exclusif et comprend aussi bien les simples chevaliers que les hauts barons: dans le même passage le même rassemblement à la cour des compagnons d'Artur est appelé tantôt **cevalerie** (*L* 3386) tantôt **baronie** (*L* 3392).

bas *adj.* ou *adv.* *T* 3304, 8654 **et haut et —** grands personnages et modestes participants; *T* 11796 **ne — ne haut** ni à haute voix ni à voix basse, *E* 417 il pot estre **none basse** il pouvait être tard, l'après-midi.

basset *adv.* *T* 6990 tout bas.

bastel *s. m.* *E* 483 bateau, terme général qui reprend **nef** du v. 478.

bastoncel *s. m.* *E* 7126 badine, portée par Keu comme signe de sa dignité quand i! est dans l'exercice de ses fonctions de grand maître d'hôtel.

bastoncelet *s. m.* *T* 2512 légère badine, portée par le roi Artur alors qu'il fait une course à cheval, probablement pour se donner une contenance (cf. *Perceval*, v. 1357). Voir **vergue**

bastonet *s. m.* *V* 6988, *A* 3585 synonyme du mot précédent, de même sens et attestant le même usage.

bataille *s. f.* *T* 640 **par —** (ranger) par corps d'armée.

bataillier *tr.* pp. *E* 4054 (manoir) pourvu de murs fortifiés, *E* 5524 (mur) fortifié.

batre *tr.* pp. *T* 11848, 14206, 14702, *A* 8684 **a or batu** indique un procédé de décoration d'une étoffe ou d'un vêtement sur quoi on a appliqué une mince pellicule d'or très étirée, ou qu'on broche à l'aide de fils façonnés avec cette pellicule.

baucent, bauchant, balchant *adj.* *T* 3336, 11540, 13760, *E* 1414, *L* 2597 (cheval) tacheté de balzanes.

baudequin *s. m.* *A* 2224 riche drap de soie.

baudor *s. f.* *T* 12366 a — avec allégresse.

baule *s. f.* *E* 2570 bal, **mener** — mener le bal.

baulevre *s. m.* *E* 2557 **le baulevre d'amont,** *U* **la levre d'amont** la lèvre supérieure.

baut *adj.* *T* 138 allègre.

bedel *s. m.* *R* 570 officier de police auprès des juridictions subalternes.

behorder *intr.* *T* 9563, *E* 6739 combattre à la lance par exercice ou passe-temps.

bel, biau, bele *adj.* *T* 15053 ses armes fist lués aporter, Si s'en arma **et bien et bel** suivant toutes les règles qui sont en usage dans le monde des chevaliers; de même *T* 711, 8401 mais sous un aspect différent **bel et bien**: c'est sous cette seconde forme que la locution s'est conservée; le sens s'est du reste modifié: *bel et bien* signifie auj. «parfaitement», «sans le moindre doute». *Beau* et *belle* s'emploient, ou peuvent s'employer, par courtoisie devant les termes de parenté, d'affection ou de dignité: *T* 2733 biax **pere,** *T* 2818 biax **fix,** *E* 7435 biaux chier douz **fils,** *T* 2809 biax **frere,** *T* 10149 biax dols **frere,** *T* 10073 biax dols chiers **frere,** *T* 10162 biax sire **frere,** *T* 2799, 4211 bele **suer,** *T* 10256 biax **oncles,** *T* 9997 biax **oncles** chiers, *T* 3390, 9974 biax **niez,** *T* 384 biax tres dols **niez** chiers, *T* 3322 biax **amis** chiers, *T* 10134 **amie** bele, *T* 3515 biax **sire** chiers, *E* 1786 biaux **chevaliers:** cet emploi a disparu; la «belle-sœur» auj. est la sœur de l'épouse par rapport au mari, ou du mari par rapport à l'épouse, de même pour le «beau-frère», et dans les autres cas énumérés ci-dessus ni *beau* ni *bel* n'ont été conservés. Une reine parlant à une de ses «dames» pouvait par gentillesse l'appeler *belle* tout court: *M Q* 1 **belle,** fait elle, dites-moi (là où *E U* lui font dire «**belle suer...** di moi»); cet emploi s'est maintenu, mais *belle* est assez littéraire et *ma belle* familier et légèrement condescendant. Ni au moyen âge ni auj. il n'y a, comme on peut s'y attendre, un emploi correspondant de *beau*, mais voici comment Cador, s'enquérant de son ami disparu, s'adresse aux gens qu'il rencontre «par toute la terre»: *T* 7323 «dites moi, fait il, **bele gent**»: il dirait probablement auj. «dites-moi, braves gens».

belement *adv.* *T* 6085 dûment, en termes précis, *T* 12442, 12446 avec une meilleure mine.

bende, bande *s. f.* *T* 11411 bande de pansement, *E* 11784 bandeau (coiffure féminine), *T* 8420, *E* 12188 bande (t. de blason), *T* 8536, *E* 12308 bande d'or (qui s'enroule autour d'un cor).

bender, bander *tr.* *T* 2967, 14567 panser une blessure à l'aide d'une bande; *L* 6715 retenir les cheveux par un bandeau (coiffure féminine); pp. *T* 12061, 15210, *M* 18090 décoré d'une bande d'or ou d'étoffe précieuse.

bericle *s. m.* *E* 11839 béryl.

berser *intr.* *E* 6651, 11964 chasser à l'arc.

berseret *s. m.* *T* 8414, *A* 2130 chien de chasse.

besant *s. m.* *T* 9623 monnaie d'or originairement frappée à Bysance.

besoigne *s. f.* *T* 5355, 7419, *E* 11003 tâche.

besoigneus *adj.* *T* 67, 154 qui a besoin d'aide.

besoing *s. m.* *T* 12748, 12761, 12892, 12986, 13411 tâche urgente, *T* 11890 **or n'alés pas a tel** — (n'allez pas si vite) il n'y a pas une telle urgence.

beste *s. f.* *T* 3111 tant savoit de nigromance Qu'il muast en mainte samblance **Ou un oisel ou une beste,** cette opposition entre *bête* et *oiseau* est fréquente en anc. fr.

beubance *s. f.* *T* 5942 présomption.

bien *adv.* *T* 9562 **bien pres** de cent chevaliers, *T* 7421 **bien matinet** de très bon matin, *T* 15053 voir **bel**; employé adjectivement *T* 12643 (cf. 12646) **sui je** — suis-je jolie (emploi encore très courant), *E* 1270 **de moi** — **soiez,** ordinairement *estre* — *de qqn* c'est être dans ses bonnes grâces, ici le sens est plutôt «restez en bons termes avec moi» (et je serai tout à vous), *T* 9773 **se vos avez rien se** — **non** si vous ne vous trouvez pas bien; *conj.* *T* 5493 quoiqu'(il en déplaise à), *T* 6046 quand bien même; *s. m.* *T* 1967 mérite, *T* 5628 courage (sur le champ de bataille), *T* 4425, 7052, 10074, 10120 félicité, bonheur, *E* 4159 chose ayant quelque valeur, *T* 7393 cil le hebergent et **mengier Li firent tel bien come avoient** ils l'hébergent et le firent participer à leur régime tel qu'il était (c'est à d. bien pauvre), *E* 3436 **a** —, *E* 4665 (cf. 4667) **am**— en tout bien tout honneur.

bienfait *s. m.* plur. **biensfais** et **bienfais** *T* 11022, 11115, *E* 14571 série de dons qu'on offre pour obtenir une faveur, en particulier la suppression de quelque dure condition.

blanc *adj.* *T* 1323-24 onques li rois de Halape Ne menga onques sor si **blanche** [nappe], La sale estoit autresi **blanche,** (Que mainte candeille i ardoit), le 2ᵉ ex. évoque la clarté et l'éclat du luminaire; *T* 1398 **la blanche lance** brillante.

blandir *intr.* *T* 167 flatter.

blason, blazon *s. m.* Au sens propre *blason,* comme le dit Littré, signifie «écu orné»: le v. *T* 963 confirme cette remarque, car on y distingue entre l'*escu* formé de planchettes jointes ensemble et le cuir qui est cloué sur ces planchettes et porte une ornementation ou les armes du chevalier; mais il est certain que le mot *blason* est pris très souvent au sens de «bouclier» purement et simplement, voir *T* 2855, 12155, *A* 6107.

blastengier *tr.* *T* 4324, 7539 injurier.

blecier *tr.* *T* 4219, 11677, 13800, 14685 blesser, fig. *T* 4663 faire du tort à.

bleuir *intr.* *T* 6484 devenir bleu (sous le coup d'une vive et soudaine émotion).

blïaut *s. m.* robe d'une riche étoffe que portent les nobles dames *T* 9578, 10794; tunique ajustée, souvent fourrée d'hermine, que portent les chevaliers soit sous le haubert *T* 861, *E* 6078, soit dessus *T* 11329 (voir note au vers *T* 11330, t. I, p. 434), et qu'ils portent également au repos comme costume d'apparat *T* 9315, 10863 (il s'agit ici d'un enfant, mais c'est le fils de Gauvain), 12734. L'étoffe dont est fait le bliaut est mince et fine: on peut s'en servir en un besoin pour en tirer des bandes de pansement, *T* 2966, *E* 15406.

blois *adj.* *T* 14448 bleu ou gris.

bocel, boicel *s. m.* *T* 2311, *E* 5893, 5913 petit tonneau, baril.

boceré *adj.* *T* 9288 bossu.

bocle *s. f.* boucle, *T* 1691, 8425, 8429 armature de fer formant bosse au centre de certains écus.

boël *s. m.* *L* 7069 trou dans le mur d'une maison qui traverse toute l'épaisseur de la paroi. Voir la note à ce vers, t. III, 1, p. 653.

boffu *s. m.* *T* 14701 sorte de riche étoffe.

bofois, bouffoi *s. m.* *E* 2628 arrogance présomptueuse, *E* 5659 préparatifs bruyants (qui précèdent l'assaut d'une ville), *T* 6097 divertissements tapageurs.

boiel *s. m.* *T* 14847 boyau.

boilloner *intr.* *T* 3929 bouillonner.

boire *intr.* *T* 8553, 8668 **boire**, *T* 8573, 8587, 8590, 8648 **boivre** infin.; *T* 8570, 8643 **bevez** impér. 5; *T* 8559 **bevra** fut. 3; *T* 8699, 13086 **beü** pp.

bois *s. m.* *T* 14932 el — devoient aler pour une partie de chasse, ce qui est parfois précisé *T* 8750-51; *bois* ne semble pas être distingué de *forêt*, car les deux mots sont employés à qq. vers d'intervalle en parlant du même terrain boisé *T* 11744 et 11748.

boisdie *s. f.* *T* 7536, *E* 1573 méchanceté.

boisier *intr.* *A* 3159 tromper; *tr.* pp. *E* 4995 (rêne) disposée si artificieusement: c'est bien forcer le sens et l'emploi de *boisier*; *T* 1681 a **brochie** garnie de tiges de métal? *M* a **bordee**, *Q* **rivee**, et *U* qui ne se compromet pas **ouvre**.

bon, buen *adj.* *T* 4829 vaillant aux armes, *T* 4888 n'en osent dire **lor buen** ce qui leur semble bon, leur avis, *T* 8926 oiant **toz les bons chevaliers**, la locution «bon chevalier» sera de plus en plus employée comme une espèce de titre d'honneur décerné par leurs compagnons d'armes aux chevaliers qui viennent de se distinguer particulièrement dans un combat: nous n'avons ici que les débuts de cette locution, voir encore *T* 9590 et cf. *T* 9592-97; *T* 8545 **plus est buens por autre rien**, il s'agit d'un «cor» très richement décoré mais qui a un autre mérite bien plus précieux, car il change l'eau qu'on y verse en vin, *T* 8550 (ce même vin est) **li plus buens et li plus fins** le meilleur qui soit et le plus fin. Remarquons à propos de ces deux derniers ex. que, sauf dans les phrases peu fréquentes du type «**plus** le vin est **bon**, moins il faut en boire», nous ne pouvons pas dire auj. «plus bon» au lieu de «meilleur»: l'interdiction est absolue. — *T* 1294 **li bons hom**, dit du roi du Graal, le bienveillant prince (le même est appelé plus haut *T* 1264 **un bel preudome**).

bondir *intr.* *T* 12121, *E* 16231 retentir puissamment (en parlant du son d'un cor).

bone *s. f.* *T* 11346, 11642 (**bosne**) limite, limites. Voir **tenir**.

bonement *adv.* *T* 12812, 15307 courtoisement et gentiment, *T* 8443 généreusement et gentiment, *T* 14881 dûment et gentiment.

bonet *s. m.* *T* 3340 **chapelet de** —, *E* 7142 **coife de** — sorte d'étoffe. Le sens moderne n'apparaît qu'au xive siècle. Dans l'un et l'autre des deux exemples cités c'est un chevalier qui porte le chapelet et la coiffe.

bonté *s. f.* *T* 4956, 5031, 5313, *E* 8893, 16396, soit au sing. soit au plur., valeur aux armes, vaillance, *M* 11572 force physique et peut-être énergie. Notez le genre insolite de *toz* au v. *E* 16396.

borc *s. m.* *T* 8048, 14832 bourg. Le **borc**, en tant que mentionné séparément du **petit castel**, groupe bourgeois et menues gens (*T* 14834) autour de ce petit castel. Il est parfois distingué de la **vile** (*T* 8048), mais ailleurs la même agglomération est appelée **borc** (*T* 14832), **vile** (*T* 14858) et **castel** *T* 14853, 14861. Voir **chastel** et **vile**.

borde *s. f.* *E* 13002 chaumière, cabane.

bordel *s. m.* diminutif du précédent *V* 9228; *T* a préféré **toitel**.

bordeüre *s. f.* *T* 4347 bordure (d'un écu).

borjois *s. m.* *T* 14834 bourgeois. Le bourgeois se distingue d'une part du chevalier et d'autre part du vilain; mais il est plus près de la classe noble que de l'autre, et on le trouve constamment mêlé avec les chevaliers et ceux qui les entourent, sergents, valets et écuyers, *T* 3033, 11731 (**borgois**), 14814, *E* 837.

bort *s. m.* *T* 2675, 2680, 2683 broderie.

boschage, boischaige *s. m.* *T* 7347, 9885, 12706, *E* 501, 3998. A la différence du fr. mod. *bocage*, le v. fr. *boschage* peut désigner une large étendue de bois: aux vv. *E* 3996-4001 le mot alterne avec *forêt*.

bot *s. m.* *Q* 13072 crapaud.

bote *s. f.* 7245, 7447, 7782, *E* 11032 chaussure montante de campagnard, de forme très grossière.

boterel *s. m.* *A* 3908 t. d'injure adressé à un nain: petit crapaud.

boteron *s. m.* *E* 12232 petit bout de la mamelle, mamelon.

boton *s. m.* *E* 2437, 4363 bouton: pour marquer la piètre estime

en laquelle on tient une personne ou une chose, on l'évalue à
un prix précis mais dérisoire.

botonet, boutenet, boutounet *s. m.* T 8217, A 2833, L 2845
petit bouton, mamelon.

bougon, bozon *s. m.* L 5654, E 15614 trait d'arbalète, grosse flèche.

bougueran *s. m.* bougran T 2470, 4059, étoffe qui peut être uti-
lisée pour des vêtements ou la toile d'une tente.

boulir *intr.* T 7184 bouillir.

bout[1] *s.* A 1363, signifie ordinairement outre, vase pour les
liquides; si c'est bien le sens ici, il faut admettre qu'il s'agit
d'un récipient ou sac de cuir, puisqu'on met *dessus* du vin, du
pain et de la venaison. En tout cas c'est quelque chose qui
sert de bât, ou de double bât (il y a **deus bouz**): aux passages
correspondants T 2307 donne **embasteüre**, E 5909 et L 1283
some qui signifie tantôt «bât», tantôt «charge placée sur un
bât».

bout[2] *s. m.* T 4763 **trestot de** —, E 14062 **tot de** — sans bar-
guigner, franchement, carrément, tout de bon.

bouter *tr.* T 5463, 11034, *intr.* T 3920, 12252 frapper, pousser
violemment. Ce vb. a disparu ou peu s'en faut; on en retrouve
des traces dans boute-en-train, boutefeu.

boutoncel *s. m.* U 1162 petit bouton.

brache *s. f.* T 6434 bras.

brachet, braquet *s. m.* T 10476, 10483, 10492, A 2130 braque,
chien de chasse.

braie(s) *s. f.* T 2464, 14130 culotte.

braier *s. m.* A 557 partie du corps appelée ceinture.

braire *intr.* pousser des cris T 6356 (de surprise peinée), E 1070,
1663, 1681 (de douleur), T 14272 (dit du cri du cygne), T 13120
(en parlant du bruit des arbres fouettés par le vent). Dans 5
des 6 exemples ci-dessus cités *braire* est accompagné de son syno-
nyme *crier*.

branche *s. f.* T 9714 ramure (de cerf); M 17115, 18364, L 8300
dans une œuvre littéraire, partie qui forme à elle seule un tout
et peut se détacher du reste; le mot finit par devenir un syno-
nyme de *conte* (voir M 18363-4).

brandir *intr.* L 6195 trembler. Les mss T 12121 et E 16231
donnent *bondir*.

brant *s. m.* T 959, 15105 la lame de l'épée.

bretesche *s. f.* T 8283 tour de bois crénelée.

bricon *s. m.* E 2266 terme d'injure «sot».

brief *s. m.* T 14366, 14406, 14903, 14909 synonyme de *lettre* avec
lequel il alterne volontiers; E 5399 **mis am** — par écrit.

brive *s. f. E* 829 **a** — en toute hâte.

briver *intr. E* 7716 aller à toute allure.

broche *s. f. T* 1690, 1694 tige ferrée d'acier à pointe acérée em-
ployée comme arme offensive et défensive, *T* 4065 tiges de
métal employées avec les piquets à dresser et fermer une tente.

brochier *tr. T* 1224, 2770, *E* 3670, *intr. E* 12008 donner de l'épe-
ron au cheval, piquer des deux; pp. *T* 1681 garnie de broches.

broigne *s. f. E* 928, *R* 476 tunique de cuir sur laquelle on cousait
des plaques ou des anneaux de métal.

broil, brueil *s. m. T* 2581, 11219, *E* 6189 bois, taillis; **bruel** *A*
1685 est probablement le même mot, mais il ne s'accorde pas
avec le contexte (voir *A* 1601), et aucun autre ms. ne mentionne
brueil dans le passage; tous parlent d'un *bort* ou d'un *bort d'oevre
sarradinoise* ou *sarrasinoise*, sauf *E U* qui font intervenir un
«paille»; le *bort*, il est vrai, se retrouve dans *A*, mais un peu
plus loin. Tout se passe comme si le copiste de *A*, ayant mal lu
son original au v. 1685 et s'en étant aperçu, avait voulu, au
lieu de se corriger, assurer après coup une place à *bort* négligé
un instant auparavant; du reste il est très possible que ce ne
soit pas *A* mais son modèle qui ait ainsi remanié le texte qu'il
suivait: voir pour tout le passage la leçon de *S P*, et se reporter
également au texte de *E U* 6294-6303.

brueillet, bruillet *s. m.* diminutif du précédent, *T* 2526, 2561,
E 6166, *A* 1573, 1576, 1591 petit bois.

bruïr, broïr *tr.* brûler *T* 7116, *E* 2993, 10700; *intr.* fig. *E* 9022
brûler (d'une belle colère).

bruit *s. m. E* 4440, 5498 grand et bruyant concours de gens, *E*
5624 tumulte (soulevé par une troupe de combattants lancés à
la poursuite ardente de l'ennemi).

brun *adj. T* 2073 (dit du poil d'un cheval).

brunchier, bronchier *tr. E* 6236 pencher, baisser (la tête).

bruque *adj. T* 7792 **bruque le dos et maigre eschine** se rattache
peut-être au précédent **brunchier**, «le dos courbé»? Godefroy,
I, 744 b, donne **bruchedos**, mais le sens ne correspond pas.

buen, voir **bon.**

buer *adv. E* 3614, *A* 319 (être né) sous une heureuse étoile.

buiron *s. m. E* 2118, *L* 3643 maisonnette.

buisine *s. f. A* 2489 trompette.

buleter *tr. L* 4040 pein qui tres soir ert **buletés** pain dont la
farine a été tamisée au bluteau.

burnir *tr. T* 14617 brunir (cf. *M* 18863).

burre *s. m. T* 9866 beurre.

bus *s. m. T* 14616 torse, buste.

C

ça, cha *adv.* ici où se trouve la personne qui parle ou qui raconte *T* 390, 2525 (— **defors**), 8452, 12729, 12740, 13415, 13714, 14636; — **en arriere** *T* 11135 en remontant vers le passé en partant d'ici, jusqu'au présent jour, — **avant** *T* 6031, 13414 en allant de l'avant en partant d'ici, plus loin, plus tard, — **fors** *E* 5833 ici au dehors (cf. 2525), *T* 15280 ici parmi nous, par opposition à un royaume où vivent des immortels.

caboche *s. f. P* 4330 une — **de sanglier** hure.

çaiens, ceanz *adv.* ici dedans où se trouve la personne qui parle ou raconte *T* 3392, 7401 (dans l'ermitage, opposé à **laiens** 7402 la petite église qui en est éloignée de quelques pas), 10604 (cf. *laiens* 10609, 10614: il s'agit de la même salle, mais c'est l'auteur qui parle ici), 14372, *M* 18755.

çaingle [1] *s. f. E* 1484 sangle.

çaingle [2] *adj. R* 1150. Est-ce le mot *saingle*, seul, isolé, sans ornement? **Sece et çaingle** signifierait «sèche et sans attrait»? Voir note au v. *R* 1150, t. III, 1, p. 643.

çainte *s. f. T* 4562, *L* 3668, *E* 8274 enceinte (d'un bâtiment).

caisnot *s. m. L* 1586, 1960 petit chêne.

çambel, cenbel *s. m. E* 5582 combat particulier qui, dans un siège, une bataille ou un tournoi, se livre entre deux chevaliers ou deux groupes de chevaliers qui désirent particulièrement se distinguer pour gagner l'approbation de leurs pairs ou de leur dame. Par ext. *A* 496 défilé de chevaliers et de dames qui rappelle le départ d'une élite de combattants et l'aspect des belles spectatrices du combat.

camoisier *tr.* pp. *T* 9452 (avoir le corps) meurtri de fatigue, sous le poids de l'armure, après une marche pénible ou un dur combat.

canel *s. m. T* 13339 conduit d'une certaine largeur.

cantel *s. m. T* 956, *L* 5011 quartier qui est en bordure de l'écu.

car *adv. T* 13693 terme d'exhortation devant un impératif: «allons! éveillez-vous!»; *T* 6232 c'est pourquoi; *T* 7808 «il oublie si bien son malheur passé qu'il se laisse aller à la joie la plus extraordinaire, *c'est pourquoi* je ne pourrais pas la décrire»; voir comment *E* 11380-11386 a remis dans ce passage la logique qui lui manque dans *T* (voir en particulier *or* au v. 11382 et *car* au v. 11384); *T* 8161 à savoir que.

carcerant *s. m. L* 9026 **li** — les geoliers? correspondant à peu près à **tirant** de *A* et *S* 8962; voir ce mot.

carne *s. m. T* 6441 parole magique qui guérit les maladies; voir **charme**.

carole, querole *s. f. T* 4084, *E* 7944 danse au son des chansons.

caroler, queroler *intr.* *T* 4151, *E* 4636 danser au son des chansons.

carrel, quarrel *s. m.* fr. mod. carreau, *T* 847, 2394, *E* 773, 5672, 5990 trait d'arbalète à quatre pans.

cartier *s. m.* *E* 2300 **escuz de** — écus dont le champ est divisé en quartiers.

caufrain *s. m.* *T V* 12628 pièce de métal qui protégeait la tête du cheval de guerre. Pour l'orthographe avec *u*, voir E. C. Armstrong, *Modern Language Notes*, LV (1940), 134-136, et la note de Stimming au vers 9407 de *Bueve de Hantone* (première rédaction continentale). *Cf.* **chanfrain.**

caus *s. m.* *L* 189, forme picarde pour *cols, cous* signifiant «col, cou».

ce *pron. démonstr.* *T V* 10166 **s'il est ce** si c'est bien lui; voir les variantes, nombreuses et intéressantes, qui sont données pour ce vers; *L* 1511 **ce sui je molt joians,** voir la note à ce vers, t. III, 1, p. 644.

ceindre *tr.* pp. *T* 12095 **chaint** ceindre (l'épée).

ceissus *adv.* *A* 2615 ici en haut.

celee *s. f.* action de cacher, **a** — *T* 3120 en cachette, *E* 9903 à la dérobée, ou plutôt à l'improviste.

celer [1] *tr.* *T* 6704 **choile** indic. pr. 3 tient caché.

celer [2] *tr.* *T* 10502 pourvoir (une chambre) d'un «ciel» ou plafond orné.

celes *interj.* qui exprime à la fois encouragement et vivacité, *L* 2806 oïstes vos ainc puis noveles De Caradué? Dites les, **celes!** avez-vous eu des nouvelles de Carados? Voyons, dites-les-moi vite! Les dictionnaires de Godefroy et de Tobler-Lommatzsch donnent un assez grand nombre de variantes de ce mot, *chaeles, cheles, chieles,* etc., mais *celes* ne se trouve pas dans leur liste.

cendal *s. m.* *M* 18383, *A* 3026 étoffe de soie.

cent *nom de nombre* *T* 15077 **a un tot seul mot com a cent** en un mot comme en cent.

cerchiee *s. f.* *E* 10875 recherche très complète.

cerchier *tr.* *E* 10873 fouiller (un pays), *T* 2429, *E* 4744, 6038 sonder (une plaie).

cercle *m. et f.* *T* 897, 2905, *E* 1333 le *cercle* entoure le heaume et en maintient l'armature, *T* 1274, 3340 il est posé sur la tête ou sur le «chapel» comme parure.

certes *adv.* *E* 2888 **a** — tout de bon.

cervel *s. m.* *T* 5128; 11521 **feble** — peut-être y a-t-il là une légère pointe d'un clerc contre les chevaliers qui brillent plus par la force corporelle que par la valeur intellectuelle.

cervele *s. f. T* 5179 synonyme du mot précédent.

ces *pron. démonstr.* pl. *T* 203, 5435, *E* 4585, 9267, 9268 emploi particulier du pronom démonstratif: il indique alors des personnes ou des choses comme on en voit dans les palais, les combats ou dans les descriptions que les livres en font.

chaceor, chaceoir, cacheor *s. m. T* 37, 1809, 8756 cheval rapide.

chachier, cachier *tr. T* 15274 chasser (le sanglier), *T* 984, 4749, 5102, 5560 pousser de force devant soi, fig. *T* 13755 poursuivre (un dessein, une entreprise).

chainsil *s. m. T* 2464, *E* 7055, *A* 1507 toile fine de lin employée particulièrement pour faire des chemises et des «braies».

chalant, calant *s. m. T* 14117, 14162, 14167, 14172, 14275, 15198, 15210, 15216, 15304 sorte de bateau plat. Voir **nef**.

chalemeller *tr. E* 1428 faire entendre sur le chalumeau.

chalengier, chalongier *tr. T* 5676, *E* 9256 réclamer d'un air défiant.

chaline *s. f. T* 14134, *E* 7143 grande chaleur.

chaloir, caloir *v. imp. T* 13712 inf.; *T* 12848 **chaut,** *T* 163 **quaut** indic. pr.; *T* 6830 **caille** subj. pr.; *E* 1967 **chaloit** indic. impf.; *E* 10416 **chaudra** fut.: importer (à qqn); *T* 163 **cui quaut** à qui cela importe-t-il? qui s'en soucie?

chamberlenc *s. m. T* 705, 2465, 14126, le chambellan apporte à son maître, roi ou haut baron, le vêtement ou le linge qu'il lui demande, et l'aide soit à s'habiller soit à s'armer pour le combat.

chambre *s. f.* se dit en premier lieu, comme auj., d'une pièce où l'on dort *T* 11150, 14313, 14465, 14492, 14501, 14509, mais souvent, au plur., indique plus particulièrement l'appartement des dames et de leur suite *T* 3507, 3525, 3612, 8357, 12537, 12664, *E* 6730. Voir **sale**.

champaigne, champeigne *s. f. T* 2110, *E* 5551, *U* 3636 étendue plus ou moins considérable de terrain qui peut comprendre plaines et valonnements.

chandeille *s. f. T* 1325, 1353, 10593 flambeau. Voir **chierge**.

chandelier *s. m. T* 1352, 13190, 13195 candélabre.

chanfrain *s. m. M* 16753 pièce de fer qui protégeait la tête du cheval de guerre. Voir **caufrain**.

chaoir, voir **cheoir**.

chape *s. f. T* 1153 manteau de voyage, *T* 7239, *E* 12117 humble manteau d'ermite, *T* 13228 vêtement liturgique qui peut être fait d'une riche étoffe.

chapel *s. m. T* 1270, 1273 chapeau de riche fourrure surmonté d'un cercle d'or (porté par le roi «mehaigné»), *E* 9498 semble être la coiffe métallique sur laquelle se met le heaume (cf. *T* 5917 **choiffe**).

chapelet *s. m.* *T* 3339 couronne d'étoffe supportant un cercle d'or.

chaperon *s. m.* *T* 7449, 7463, 7784 capuchon de la chape.

chaple *s. m.* *T* 3954, 5701, 5729 mêlée où se frappent de grands coups bruyants. Voir **chapleïs**.

chapleïs *s. m.* *T* 4803 synonyme de **chaple**, *E* 8391 (les coups s'entendent au loin).

chaploier *intr.* *T* 4871 frapper à grands coups; infin. subst. *T* 5269 **au chaploier** par les grands coups qu'il leur assène.

chapuisier *intr.* *A* 3376 taillader (avec un couteau).

char *s. f.* *T* 2204, 14841 viande.

charme *s. m.* *T* 6481 formule magique. Voir **carne**.

charriere *s. f.* *T* 6850 chemin de campagne assez large pour qu'une charrette puisse y passer. Le mot survit dans les dialectes.

charroi *s. m.* *T* 239, 275 convoi de voitures de charge.

chartrain *s. m.* *E* 820 monnaie frappée à Chartres.

chastel, castel *s. m.* ce mot peut avoir le même sens qu'il a aujourd'hui, mais plus souvent dans nos textes il désigne une agglomération où, autour de la demeure d'un seigneur, sont groupées des maisons, des rues, des places. Quand on veut indiquer seulement le château seigneurial on dit le «petit chastel» ou le «chastelet». Prenons comme ex. l'épisode de Guerrehés: ce chevalier aperçoit de loin un chastel assis sur la rivière *T* 14445, ce qui ne veut pas dire au niveau de l'eau, car après avoir traversé un pont il doit gravir une pente avant d'entrer dans le chastel 14456-57; il n'y trouve personne, et pousse alors jusqu'au petit chastel 14461, il en parcourt toutes les pièces qui sont également vides; suit une aventure très désagréable pour lui, après quoi il se met au retour; il quitte le petit castel 14829 et descent au bourg 14832 qui est évidemment près de la rivière; partout il est hué: jamais homme n'a été traité si laidement. Il sort enfin de la ville 14858, et s'éloigne hâtivement du «castel» 14861, de ce castel où on lui a fait une telle honte 14864. De tout ceci il résulte que le château du seigneur, les maisons qui l'entourent et même le «borc» qui s'étale avec son marché au bas de la colline, tout cela peut se résumer à l'occasion dans le mot *castel* et aussi dans le mot *vile* qui est le plus général des trois. Voir **borc** et **vile**.

chauce *s. f.* Les *chauces* correspondent à nos bas d'aujourd'hui. Il y en a de deux sortes: les unes sont faites de soie ou d'une autre riche étoffe *L* 8413, *A* 554, 8388-9; les autres font partie de l'armure du chevalier *T* 4335, 10577, 11292, 12118, *E* 1028, *M* 18473, *A* 655, elles sont de mailles d'acier et se lacent sur la jambe qu'elles servent à protéger dans le combat; peut-être y a-t-il toujours même dans ce cas une chauce d'étoffe sous l'autre: le fait est expressément mentionné dans *A* 554, 556.

chauciee *s. f.* *T* 8311, 9261, 13099, 13106, 13116 chaussée, route surélevée traversant un étang ou une étendue d'eau quelconque; nous employons encore le mot dans ce sens.

chaucier *tr. T* 9319 chausser. On ne chausse pas seulement des chausses *T* 4335, 10679, 11292, 12117, mais aussi des souliers *T* 14134, des bottes *T* 7245, des éperons *T* 12114, *A* 657.

chauf *adj. T* 1160, *E* 394, *L* 7526 chauve.

chaut *adj. T* 14474 chaud, fig. *E* 12368 courroucé, *L* 4052 (en parlant du poivre) piquant, *T* 7592 (cf. *E* 11168) **si tres** — **pas** d'un pas si rapide, si facilement; pris substantivement *T* 3702, 10778, 12215 chaleur; le mot est alors un synonyme de **chalor** *T* 12185, 12212, 14123 avec lequel il peut alterner.

chealiz *s. m. A* 4451 châlit. En général, au XIIIᵉ s. comme aujourd'hui, le châlit est le bois de lit ou un arrangement quelconque sur lequel repose le lit proprement dit, mais ici le mot, qui n'est donné en ce passage que par le seul ms. *A*, paraît être un synonyme de *lit.* Voir la note à ce vers, t. III, 1, p. 648.

cheanne, chaiene, caïne *s. f. T* 14169, *M Q* 18422, 18544 chaîne.

chemin *s. m. T* 13988 **se misent ... al** — auj. se mettre *en* chemin, *T* 13873 en vit un venir chevalchant ... **le grant** — en suivant le grand chemin; de même *T* 14878; nous disons encore «aller son chemin».

cheoir *intr.* tomber; **chaoir** *T* 5821, **caoir** *T* 14988, **chaïr** *T* 13052, **caïr** *T* 4990 inf.; *T* 19 **chiet**, *R* 11 **cait** indic. pr. 3, *T* 3534 **chaient**, *T* 12162 **caient** 6; *T* 2992 **chaoit** impf. 3, *T* 13334 **chaoient** 6; *T* 8662 **charra** fut. 3; *T* 8435 **charroit** condit. 3; *T* 12911, *E* 2033 **chaï** prét. 3, *T* 11630 **chaïrent**, *T* 15096 **caïrent** 6; *T* 12222 **cheü**, *T* 2331 **queüs**, *T* 3875 **keüs** pp. Emploi réfléchi *T* 13339; s'apaiser (en parlant d'un orage) *E* 2033; ore i parra Comfaitement vos en **charra** *T* 8662 on saura ce qui va vous échoir, on va voir ce que le sort vous réserve.

chevalchier *intr. T* 13872 chevaucher; *T* 9502 **ains lor covint a** — (Trusqu'au vergier des aventures) mais il leur fallut pousser jusque ...; *chevaucher* est auj. un mot assez littéraire, et le véritable équivalent mod. de ce vb. est «aller à cheval» où on supprime « à cheval» si la situation est claire: une des étapes de la marche du fr. vers l'abstraction.

chevalerie *s. f. T* 2138, 3288 l'ensemble des chevaliers, un large groupe de chevaliers; *T* 5082, *E* 2643, 3354 ensemble des qualités qui font le chevalier, en particulier la vaillance aux combats; *E* 2252 ensemble des actions prescrites par le code chevaleresque; *T* 2148, 4696 action d'éclat digne d'un chevalier (peut être au pluriel dans ce cas *T* 3442); gloire qui résulte de ces exploits *E* 2512.

chevalier *s. m.* le chevalier est un noble auquel une cérémonie rituelle a conféré ce titre: il ne s'agit pas tant de récompenser des actes déjà accomplis que de marquer quels sont ceux qu'on attend du nouveau titulaire; on devient chevalier dès qu'on est en mesure de porter les armes (*T* 3293), et c'est même précisément ce qu'indique ce titre; il semble que ce soit le roi seul qui accorde cette distinction, comme ce sera de nouveau le cas à l'extrême fin du moyen âge; aux fêtes d'une Pentecôte, trente damoiseaux (suivant *T* 3297), cinquante valets (suivant *E* 7044), sont adoubés en même temps que Carados et uniquement «pour

lui faire plus d'honneur» (*T* 3297-99). Mais il n'y a peut-être
là que la pratique la plus courante, et en principe tout chevalier
a le droit de faire d'autres chevaliers *T* 11943-48. Dans nos
romans, de la première moitié du XIIIᵉ s. tout au moins, nous
avons affaire surtout à des chevaliers de tournois et d'aventures
singulières, vaillants du reste, ayant un idéal et sachant affron-
ter la mort, mais ils n'ont pas l'allure et la fermeté de contours
des chevaliers de Joinville ou de Froissart empruntés directe-
ment à la vie et aux plus terribles et aux plus réelles des guerres.
Voir *T* 213, 234, 273, 359, 653, 3271, 3286, 3294, 10111.

chever *tr.* *E* 4549 creuser.

chevestre *s. m.* *E* 2341, 3979 licou (d'un cheval).

chevetaine, cheveteigne *s. m.* *T* 7251, *E* 10833 chef, capitaine.

chevir *refl.* *E* 4369 se tirer d'affaire.

chevis *adj.* *E* 7076 synonyme rare d'*eschevis*, svelte (cf. *M* et *Q*).

chi *adv. de lieu* ici, *T* 3473 **veez me chi, fait Carados;** *chi* est
opposé ou peut être opposé à *cha*, voir *ça*.

chief *s. m.* tête: les deux mots existent concurremment et au premier
abord ont l'air d'être des synonymes parfaits; cf. pour le même
passage le texte de deux de nos mss: *Pres ne vos faz voler* **la
teste** *M* 18878, *Prez ne vos faç voler* **le chief** *T* 14632. Toute-
fois dans le plus grand nombre de cas chacun des deux mots a
sa nuance propre: *teste* est un mot concret et qui suggère une
image, on l'emploiera par exemple quand il s'agit d'une blessure
au crâne ou à la face *T* 3112, 3454, 3922, 4755, 5128, 5684,
5751, 10619, *E* 2768, etc.; *chief* est un mot abstrait et d'un
ordre plus relevé *T* 447, 10646, *E* 2233, 2487, 3958, etc., on
l'emploiera même en parlant du cheval, qui est un animal noble
T 2744, 2811. *Chief* du reste peut toujours empiéter sur le
domaine de *teste*: *T* 577, 578, 6592, 7790, 10836, *E* 6366; mais le
contraire n'est pas vrai: *chief* s'emploie dans de nombreuses
locutions toutes faites où il ne saurait être remplacé par *teste*:
il a alors le sens général de «bout»: **traire a** — *E* 4226 mener à
bonne fin, **a quel — traire**? *T* 6643 de quel côté se tourner?
comment s'en tirer? **mettre a —** *E* 3966, **venir a —** *E* 3968
venir à bout de; **au — de** marquant temps: **au — de la semene**
E 3475, **de la quinsaine** *T* 11206, **de l'an** *T* 14695, 14714, **al
— du tor** *T* 5187 finalement, au bout du compte, **al — de
fois** *T* 6542 souvent, **a — de piece** *E* 10128 de temps en temps;
marquant lieu: *T* 8309, 10787, 14171-2, 14185, *E* 2111, 3090,
4153, 13468; **de — en —** *T* 14227, 14358, *E* 263, 5087, 14595
de bout en bout, complètement, fig. *T* 9666, 9795, 11474,
E 9697 dans tous ses détails. Voir P. Le Gentil, *Romania*,
LXXI (1950), 49-65.

chier, chiere *adj.* cher, chère, *T* 10874, 13615 **tenir —** prendre
le plus grand soin de, *T* 13796 **avoir —** tenir en grande affection.

chiere *s. f.* *T* 2622 visage. Le mot évoque en général quelque chose
de plus matériel et de plus physiologique que *vis* ou surtout
face: *T* 9899, 10868, 10883, 14614. Il est naturel que par suite
il indique souvent l'expression du visage plus encore que le

visage même: *T* 3460, *M* 18859; **a bele** — d'un visage rayon-
nant *T* 136, 10355. *Chère* auj. s'applique à la qualité et parfois
à la quantité des mets servis dans un repas: faire bonne chère,
la chère était un peu maigre. C'est un mot assez littéraire, comme
l'est aussi l'angl. *cheer* qui, tout en ayant participé au même
développement que le fr., a conservé en outre qqs restes du
sens médiéval.

chierge, cierge *s. m.* *T* 11157, 14135 flambeau, *T* 13032 cierge.
Aux v. 10610 et 10611 les *cierges* sont distingués des *chandoiles*,
mais au v. 10593 *chandeilles* a l'air de s'appliquer aux deux
espèces. C'est donc un terme plus général que l'autre. Voir
chandeille.

chierté *s. f.* *T* 1442 **par** — comme marque d'affection.

chimentire, cemetire *s. m.* *T* 9508, *M* 13296 cimetière.

chisne *s. m.* *T* 14166, 14176, 14271, 15199, 15308 cygne.

choisir *tr.* *T* 493, *E* 848 apercevoir, entrevoir. Sens auj. disparu,
mais le sens mod. existait concurremment *T* 12208.

choque *s. f.* *T* 3774 **ne se muet plus c'une** — ne se remue
pas plus qu'une souche; *M* donne **souche** 7668, *E* et *U* ont
soiche et **souche.**

choser *tr.* *T* 7539 blâmer.

chouce *s. f.* *T* 6414 couche (qui est la forme que donne *V*).

cil *pron. pers.* *E* 5755 **cil se desfandent, cil asaillent** les assié-
gés se défendent, les assiégeants donnent l'assaut: on fait
ainsi servir *cil* à deux fins au lieu de distinguer entre «ceux-
ci» et «ceux-là»; de même *T* 5463 **se cil le sache, cil le boute,**
mais ici *V* ne se permet pas cette négligence et il écrit: **se cist
le sache, cil le boute,** et *T* lui-même est parfaitement explicite
quand il le veut: *T* 7905-06 où à *cil* est opposé *cis*. — *E* 2060 **cil
oisellon,** *E* 11883 **cil ... baicheler** pour renvoyer à des per-
sonnes ou des choses d'un type connu, voir **ces.**

cinelle *s. f.* *E* 4791 cenelle, fruit de l'aubépine, **seul le vaillant
d'une** — quand ce ne serait que la valeur d'une cenelle, pour
indiquer une quantité absolument infime. Au même vers *U*
pour obtenir un effet pareil emploie le mot **cyncenelle** signi-
fiant une mouche minuscule.

cion *s. m.* *E* 2960 **si mau** — littéralement: un si mauvais rejeton,
c' à d. un si triste personnage.

cire *s. f.* *E* 12160 **ausins ovrer conme de** — façonner à sa guise
un objet malléable comme s'il était fait de cire (voir 12164 ss),
L 3368 **metre en** — cacheter une lettre avec de la cire.

cisamus, cysemus *s. m.* *T* 14129, *M* 18383 peau de petit ron-
geur, servant à confectionner des vêtements.

cité *s. f.* *T* 8983 [il] firent chastiax et **citez Et fors viles et fremetez:**
on voit que *cité* se distingue de *vile*, et le rapprochement de cité
et de chastel, alors que ville forte est accolée à *fremeté* montre
que *cité* est le mot important; Carados le père a sa résidence

royale à Nantes, mais pour son plaisir il aime à «aler par ses autres citez» *T* 6072, c' à d. par les grandes villes de son pays; la cité de Branlant *E* 5521, 5534 est très ancienne et ne compte pas moins de cinq évêchés à l'intérieur de ses murs *E* 5523. Mais la cité n'est pas toujours aussi nettement séparée de la ville: si *U* 5783 parle d'une *cité*, *T* 2165 et *E* 5783 sont d'accord pour y voir une *ville*. Sur ce point voir **borc** et **vile**. En fr. mod. *cité*, en dehors du nom de l'île qui est au centre de Paris, est très peu employé pour parler de villes françaises et le mot se trouve surtout dans qqs expressions techniques, «droit de cité» etc.

clamer *tr*. *T* 6598, 9338 plaindre, *T* 7002 réclamer pour soi, *T* 8939 appeler, qualifier de. Ce vb. qui avait disparu a repris vie au xxᵉ s. dans certains milieux au sens de «proclamer»: clamer son indignation.

clamor *s. f.* *E* 3497 réclamation (du genre de celles qui sont portées devant les tribunaux).

claufichier *tr*. *T* 13484 clouer, crucifier.

cler *adj*. clair, *T* 10716 brillant, étincelant, *T* 8856 li renc n'es-toient mie **cler** des autres chevaliers, n'étaient pas clairsemés, étaient compacts; *adv*. *T* 14518 **veoir cler** distinctement.

clerc *s. m.* *T* 13221, 13235 membre du clergé.

clerf *s. f.* graphie assez rare pour *clef E* 10644 vos devez celer contre moi? **je ferai ja la clerf lou roi**. Littré, s. v. *clef*, histo-rique, donne 2 ex. de cette locution et la traduit par «la force qui ouvre tout», ce qui convient parfaitement au sens de notre passage. Guignier, qui ne se doute pas encore des malheurs qui l'attendent, trouve la porte du pauvre Carados hermétiquement fermée; elle qui vient le réconforter dans sa misère s'indigne qu'il ne réponde pas et se claquemure chez lui, croit-elle, et elle se permet alors une amère plaisanterie: «Ah! la porte reste fermée! Nous allons l'ouvrir de force avec la clef du roi.» Voir la note au v. *E* 10644, t. II, p. 599.

cliner *intr*. *T* 12942 s'incliner.

clo *s. m.* *T* 962 clou.

clochier *intr*. *T* 11678 clocher, boiter.

cloër *tr*. *A* 3576 **tex se fiche antr'ax et clooit** le pronom réfléchi *se* retombe sur *clooit* aussi bien que sur *fiche*: «tel se fiche entre eux et reste comme cloué dans la foule qui se presse».

clop *adj*. *E* 2521 éclopé (dit d'un cheval).

clopense *s. M* 10296 et cil qui sa folie pense Ne la doit ja **metre en —**: mot obscur, *M* est le seul à le donner, *E* a **metre a balance** (voir ce dernier mot) et *Q* **metre en despanse**. Peut-être y a-t-il là un dérivé de l'adj. *clop* boiteux, éclopé, ou du vb. *clopier* boiter, marcher en boitant; le sens serait alors «celui qui a de folles idées en tête ne doit pas les faire défiler cahin-caha devant les autres»?

clore *tr*. *T* 4066, 12245, *E* 4711 fermer, *T* 4567, 4569, 6838, 11778 entourer, entourer de, clore de; *intr*. *T* 13165 se fermer;

T 6705 penser doit on **clos** avoir, on doit tenir cachée sa pensée; *T* 4302 **Pasque close** le dimanche de Quasimodo ou premier dimanche après Pâques.

co, cou *E* 7259, 13156, *Q* 14364, 18672 qui le. Voir la note au v. *E* 13156, t. II, p. 602.

coarder *intr. A* 2800 se conduire en lâche.

coeluevre, voir **culuevre.**

coi [1] *adj. E* 4154 **fontenele coie** tranquille; *T* 3514 **tenir** — *T* 8231, *E* 6181 se tenir tranquille, sans bouger (à la différence du moderne *se tenir coi* ne pas souffler mot), *T* 14310 **laissier** — sans y toucher, *E* 16991 (texte de *L*) **le ceval laisa iluec tot coi ester** là où il était, sans l'emmener avec soi, *T* 3798 **toz cois gisoit** sans remuer.

coi [2] *pron. relatif T* 7668 puis li a dite la raison **Par coi** (il avroit garison) la raison pourquoi, ou par le moyen de laquelle, cf. *T* 7635 un tot seul mot n'a soné **De par cui** (cil consaus li vint) elle n'a pas soufflé mot de la personne d'où lui était venu ce conseil.

coi [3] **(que)** *conj. T* 5359 **coi qu'ensi vont plaidoiant** tandis qu'ils vont ainsi causant.

coiement *adv. T* 9846 tranquillement, sans faire de bruit.

coiffe *s. f. A* 4973 — **de fer** capuchon de maille qui recouvre la tête et supporte le heaume. Autres exemples de ce genre: *T* 3945, 4336, 5917. Au v. *L* 662 — **porpointe** bonnet fait de pièces d'étoffe superposées et piquées, pour protéger le front, nous dit-on, des mailles qui pourraient entrer dans la chair; ce bonnet serait-il placé sous *la coiffe de fer?* Au v. *E* 7142 nous avons une **coife de bonet** pour garantir de la chaleur le chevalier qui du reste n'est pas en costume de combat.

coillir *tr. A* 3225 — **an haïne** prendre en haine.

cointe *adj.* élégant, se dit des hommes *T* 9340, 14351, des femmes *E* 2148, et des choses *T* 9918, *E* 1149.

cointement *adv. T* 556, 2477, 11354, 11967 **armé** — armé comme un brillant chevalier, *T* 9319 **chaucié** — élégamment.

cointise *s. f. E* 10829 **par** — par (sa) prudence.

cointoier *réfl. E* 8764 s'enorgueillir, faire vanité.

cois *s. m. E* 13776, graphie de **cos** coq.

coitier *tr. E* 4393 presser, serrer de près.

col *s. m.* cou, *T* 3854 **dehé ait ore dont mes cols** que la malédiction divine tombe sur mon cou (c' à d. sur moi).

colee *s. f. T* 2912, 3353, 10382, 11554, *E* 5606 coup d'épée (en général avec le vb. *doner*).

coleïz *adj.* glissant, *R* 764 **coiffe coleïce.**

coler[1] *intr.* *T* 954 couler, glisser.

coler[2] *s. m.* *T* 9325, 10480 collier (de chien).

colfles *s. m.* *L* 7325 **un — d'argent.** A moins d'être une graphie de **cofre** ou **cofret**, ce mot n'est pas attesté ailleurs; voir les variantes des autres mss données à *T* 13325 et se reporter à la note à ce vers, t. I, p. 438.

coliere *s. f.* *T* 826 partie antérieure du harnais d'un cheval.

colombel *s. m.* *E* 11776 petit pigeon.

colorer *tr.* *T* 12649 **sui je ore point coloree?** n'ai-je pas le teint clair et frais?

colte, coute, cote *s. f.* *T* 9454, *L* 3857 couverture de lit, *T* 14328, 14511 **colte pointe** couverture piquée pour recouvrir un lit, courte pointe. Voir **coute**[2].

com *adv.* *T* 10036 **com por** avec l'intention de (emploi fréquent en anc. fr.).

comander *tr.* *T* 7182 recommander, *T* 7188 demander, exiger.

coment *adv.* comment, *T* 9484 ne me celez **Coment vos estes apelez**; on voit que cet emploi très particulier de *comment*, courant auj., est déjà connu au XIIIe s.

comfaitement *adv. interrogatif* *T* 4566 de quelle façon [cela se présentait], *T* 5300 comment.

comovoir *tr.* pp. *R* 1256 **comeüe** émue, bouleversée, *T* 14124 **comeüs** «l'air était troublé par la grande chaleur au point de causer une épaisse obscurité».

compaigne *s. f.* *T* 4747, 6634, *A* 263 compagnie.

compaignie *s. f.* *T* 520 synonyme de *compaigne*; *T* 7755 **por amor et por —** «poussés par leur affection [pour Carados] et se tenant compagnie», ou encore «et désireux d'être bientôt en sa compagnie»? Les scribes eux-mêmes semblent hésiter: *T* et *Q* (11331) lisent **por... por...**, *M* **par... par...**, *E* **par... por...**

compaing, compaignon *s. m.* Le premier de ces deux mots est un cas sujet singulier et le second est employé à tous les autres cas. La distinction est rigoureusement maintenue. Pour le sens, *compaing* indique un lien d'amitié étroit entre deux ou plusieurs chevaliers: c'est ainsi que dans *T* où nous prenons nos exemples il y a trois compagnonnages de ce genre, le premier formé par Aalardin, Carados et Cador, le second par Gauvain et Yvain (pour ce dernier voir *T* 5445-46), le troisième par Cligès et Lucan le bouteiller. Ce n'est pas seulement l'auteur qui se sert de ce mot pour parler de ses personnages *T* 4308, 5606, 6125, 6150, 6713, 7685, mais c'est ce que font aussi entre eux les chevaliers en question quand ils s'adressent la parole: **Compains!** *T* 7669, 7853. *Compaignon* joue naturellement le même rôle au cas régime singulier et aux deux cas du pluriel *T* 4985, 5002, 5042, 5047, 5387, 5755, 6721, 7333, 7664. Mais en outre le mot s'emploie aussi pour désigner un groupe indéterminé de gens qui suivent le roi ou tel ou tel chef *T* 5263, 5427, 5441, 5590, 5876, ou même un adversaire dans un combat *T* 10981. Noter deux locutions traditionnelles: *T* 5323, 11601 **per ne compaignon** et *T* 14027 **nus n'i atent son compaignon** pour indiquer un départ précipité.

compas *s. m.* *T* 8273 a — exactement, parfaitement.

compasser *tr.* *L* 3659 **maison ... faite et conpassee** bâtie et installée.

compenage *s. m.* tout ce qui se mange avec du pain, *R* 1160 **pain sans** — pain et rien avec.

comperer *tr.* *T* 2754, 4752, 10461 payer, ici employé au figuré.

complaindre *intr.* *T* 6228 exhaler des plaintes douloureuses.

complie *s. f.* *E* 870 dernier office de la journée, qui vient après vêpres, fr. mod. complies.

compocion *s. f.* *E* 10491 vif regret de ses péchés; **compocion** est une graphie curieuse de *componction* et de même *Q* lit **compancion**; *M* remplace par **devocion**; seul *T* 6905 donne **compunction**.

comprendre *tr.* *T* 13610 saisir dans son ensemble, «parce qu'il me faut penser à traiter l'essentiel de ma haute matière (je laisserai de côté les détails secondaires)».

comunement *adv.* *T* 9, 74 sans exception, de même **quemunement** *T* 15261.

concevoir *tr.* *T* 6202 semble avoir le sens d'*engendrer*, ce qui n'est pas sans exemple dans l'ancienne langue. *V* donne **engendré** au lieu de **concheü**; *E M Q U* (9782) ont **angendra**.

conclure *tr.* *E* 1760 convaincre, *E* 3008 **randre** qqn **conclus** triompher de lui, lui régler son compte.

conduire *tr.* *T* 4588 diriger (une arme avec laquelle on frappe un adversaire dans le combat); *T* 606, 12619, *E* 651 on note ici la presque synonymie de *conduire* et *mener* qui en beaucoup de cas s'est conservée jusqu'à notre époque.

conduit *s. m.* *M* 17407 tuyau; *T* 12885, 12947 **en vostre** — sous votre protection, *T* 3801 **en son** — sous sa protection.

confanon *s. m.* *T* 2098, 9742 gonfanon, enseigne d'étoffe attachée à la lance. Voir **gonfanon**.

confermer *tr.* *T* 1101 confirmer, bien établir.

confés *adj.* *E* 10467; pris subst. *T* 7506 **ne por** — **ne por martyr**, humoristique: il ne le fera ni pour martyr ni pour confesseur.

confesse *s. f.* *T* 4626 humoristique: à grands coups d'épée il les confesse (littéralement: il leur donne confesse).

confondre *tr.* *T* 4748 renverser, pp. 5842 recru, 7341 réduit (physiquement) à rien.

confort *s. m.* *T* 6462 **sans nul** — sans le moindre réconfort, *T* 13726 **trop par est malvais mes confors** ma vie est bien dure, *E* 2016 **lors n'ot il gaires bon** — il est assez loin d'être à son aise.

conforter *réfl.* *T* 1368, 12544 se remettre (d'une crise de larmes), *E* 3687 se remettre (de sa mauvaise humeur), *tr.* *T* 12537 réconforter (qqn qui pleure).

congié *s. m.* *T* 15305, *E* 3161, 3165, 3515, 3516, 3517 permission de faire ou de ne pas faire, en particulier permission de partir.

congïer *tr.* *T* 10015 **ensi me congioit** ainsi me donnait mon congé, m'invitait à m'en aller. Noter que dans le passage correspondant de *E* 13823 on lit, non pas *conjioit* mais *conjooit*: il faut donc voir là un trait d'humour: c'est ainsi qu'elle me faisait fête.

conjoier, conjoïr *tr.* *T* 10489, 14073, *E* 225, 603, 2160, 2346, 4496, *A* 452 accueillir qqn avec des démonstrations très amicales. Aux vers *E* 4496-97 nous trouvons accolée à *conjoier* la locution moderne qui rend le mieux le sens de ce verbe: la damoiselle molt **conjoie** son oncle et **molt an fait grant feste**.

conjoncion *s. f.* *Q* 11814 union, mariage.

conjure *s. f.* *T* 6404, *E* 6761 emploi de paroles magiques en vue d'obtenir quelque chose, incantation·

conjurement *s. m.* *E* 10023 synonyme du précédent.

conjurer *tr.* *T* 8959 prier avec instance, *T* 7615, 7619, 7862, 7899, 7912 avoir recours à des formules magiques ou à des adjurations qui y ressemblent pour obtenir un résultat désiré.

conoissance *s. f.* *T* 572, *A* 6033 marque distinctive que portaient le costume du chevalier, son écu, sa bannière, la housse de son cheval, et par laquelle on le reconnaissait dans la mêlée; *T* 5941 signe distinctif quel qu'il soit.

conoistre *tr.* *T* 14049, 14072, 14303, 15064, pp. *E* 1725 **coneü** faire connaître, rapporter; *A* 716 **quenuis** indic. pr. 1 je reconnais.

conquerre *tr.* *T* 12203 obtenir un avantage (sur un adversaire dans un combat), *T* 5788, 14695, 14707 vaincre un adversaire.

conquest *s. m.* *T* 182 profit.

conquester *tr.* *T* 7312, 7692 rapporter quelque chose d'une entreprise qu'on a tentée.

conreer sens général: arranger; *intr.* *T* 640 **par batailles** — se ranger par corps de troupe, en ordre de bataille; *tr.* *T* 4792 armer et équiper, *T* 5286, *A* 8868 arranger de la belle façon, mettre en fâcheux état, *T* 3160 fournir au train de vie (d'une haute dame), *M* 11556 donner à des convalescents les soins que demande leur état.

conroi *s. m.* *T* 4951, 4975, 5086, *E* 8533 suite (d'un haut seigneur, d'un chef de guerre), *T* 569 cortège, défilé, *E* 1318 détachement, corps de troupe, *E* 1843 poste qui veille sur une armée en repos; *T* 6093, 6778, 7532, 7648, 7874, 7973, 13776, *E* 5858, 9673 **prendre** — prendre soin de, s'occuper de, prendre des mesures pour, *E* 890 **faire** — prendre des dispositions pour, *T* 9434 **faire grant** — faire de grands apprêts.

conseil *s. m.* *T* 12411 **a** — privéement et en toute confiance, *T* 4397 **par grant** — après mûre délibération.

conseillier *refl.* *T* 14712 réfléchir (sur la situation), *T* 6619 (comment) se tirer d'affaire, *intr.* *T* 5385 s'entretenir de ses affaires, *T* 9754, 13160, 15176 parler à voix basse.

consentir *réfl.* *T* 4606 **poi s'i consenti** il ne s'y prêta pas de bonne grâce.

consiurrer *refl.* *T* 413 se passer de.

consivre *tr.* *T* 2516 atteindre (à la course), *T* 5801, 10838, *E* 7664, 8385 atteindre (en frappant).

conte[1] *s. m.* *T* 5576 **en cest** — **metre,** *T* 5579 **laier fors du** —, c'est ainsi que l'auteur de la version *T* nomme le roman qu'il est en train d'écrire (cf. *E* 9156, 9159); *T* 5581 **li contes,** il semble ici qu'il désigne ainsi la source orale ou écrite où il a puisé son œuvre (cf. *E* 9161 et *M* 18368 le **grant** —).

conte[2] *s. m.* comte, voir **quens.**

conte[3] *s. m.* *T* 570 **par** — tout bien compté.

contendre *intr.* *E* 11978 poursuivre (la chasse) avec ardeur.

contenement *s. m.* *T* 2697, *E* 6717 attitude, maintien.

contenir *réfl.* *T* 4799, 5450, 12445, *E* 1326, 7840 se comporter, *T* 8961 **ensamble od moi vos contenez** prenez la même attitude que moi (envers Artur), *E* 8307 **li quiex se contandra plus lent?** quel est celui des deux qui se montrera plus lent? c' à d. moins prompt à frapper (cf. *E* 8506); *intr.* ou *refl.* avec le *soi* sous-entendu, *T* 931 quand ils voient sa fière allure, *T* 11300 montrer une telle bonne humeur.

conter *tr.* noter la locution **dire et** — *T* 12448, — **et dire** *T* 10951; il est clair qu'il y a là une expression figée dont on n'analyse plus les termes; elle revient fréquemment: dist et conte *T* 12100, dit et conté *T* 505, 5032, 12116, 12129, dire et conter *T* 10200, dis ne contez *T* 9975, conté et dit *T* 9399, ne dist ne ne conta *T* 9960, et cf. *T* 9514, 9965, 9983, 10790, 13625, et d'autre part *T* 14088-89, 14100, 14104, 14740, 14741. Dans le «dient et content et fablent» d'*Aucassin et Nicolette* nous avons la même expression, mais enrichie d'un troisième terme qui ajoute peut-être une nuance particulière (cf. éd. M. Roques, Glossaire, s. v. *fablent* et p. vi, n. 4), ou en tout cas donne plus de substance et de poids à la formule qui vient en tête des relativement longues parties en prose, alors que les courts morceaux en vers sont brièvement introduits par «Or se cante».

contraire *s. m.* **anui et** — *T* 6453 ennuis et difficultés, *T* 7825 ennuis et soucis, *T* 13211 ennui et inquiétude, *E* 10236 **par** — en se faisant les objections les plus déplaisantes, *T* 4939 **par grant** — avec une âpre animosité, *T* 6936 **sanz** — volontiers (cf. **sans dangier** *T* 6919), *E* 1708 regret amer, *T* 5769 **coment que li viegne a** — quelque regret qu'il en ait.

contralïer *tr.* *T* 5235, *A* 1544 chercher querelle à qqn, chercher noise à qqn, *T* 340, *U* 1132 faire des difficultés à qqn.

contralïos *adj. T* 4933, *E* 8519 querelleur, désagréable personnage.

contre *prépos. T* 6998, 9673, 11937 au devant de qqn, *T* 8056, *E* 4561 devant qqn, *T* 1698, 3605 vers, *T* 8018 **cuert — lui court** à lui, *T* 11469 — **lui saut** d'un bond il est devant lui, *T* 4133, 4142, 4144, *E* 889 en prévision de la venue de qqn; *T* 7336 — **l'esté** à la venue de l'été, ou dans l'été (cf. *E* 10914 **an cel esté**)?, *T* 14862 — **le soir**, *T* 6699 — **le vespre** aux approches du soir, *T* 3204 — **la nuit** aux approches de la nuit, *T* 472, 473 — **le jor**, — **la nuit** à la venue du jour, à la tombée de la nuit, ou en plein jour, en pleine nuit?, *T* 821 — **le soleil** au soleil, *T* 11071 (cf. 11073), *E* 14981 — **la clarté des espees**, *E* 14990 — **la luor des branz** dans le rayonnement des épées.

contrebatre *intr. T* 1762 **sans** — sans contester.

contredire *tr. E* 13073 disputer qqch. à qqn, *intr. E* 4615 **sans** — sans que personne intervienne.

contredit *s. m. T* 1765, 14739 **sanz** — sans opposition, *T* 12256 **sanz** — sans recours, irrémédiablement.

contrefaire *tr. A* 3029 imiter, reproduire, *A* 3913 **cist coples est molt contrefez** voici un couple bien mal assorti.

contremont *adv. T* 14456 **s'en va tout** — monte (au château), *T* 8310 **en le lieve** — on le lève (le pont-levis); *E* 4586, *L* 3665 de bas en haut (d'une paroi, d'une tour), c' à d. sur toute la hauteur; *E* 2539 (les cheveux) dressés sur la tête, *T* 12777, *E* 9333 (jambes) dressées en l'air, *E* 2558 (la lèvre supérieure) retroussée; *T* 2133 **les loges furent tendues Tot — sor la riviere** sur la rivière et en remontant le cours de la rivière (ou simplement: en longeant la rivière?).

contrester *intr. U* 3592 faire acte d'opposition, *A* 6051 tenir bon (contre un adversaire dans un combat).

contretenir *tr. T* 865 retenir (un cheval fougueux), *E* 5725 tenu contre (eux), *M* Appendice 81 — **le chastel** se maintenir dans le château.

contreval *prépos. T* 281 — **la pree**, *T* 307 **tot — ces prez** (là en bas) tout au long de ces prés; *contreval* ici, comme souvent, indique plutôt une étendue qu'une pente; *adv. T* 12133 **s'en vient** — descent, ou simplement: s'avance, *T* 5750 **l'abat** — l'abat sur le sol, *T* 13110 **parmi tot — garda** regarda vers le bas (par-dessous les rameaux), *E* 8153 **ses iauz a tornez** — a tournés vers le bas, *E* 3070 **la crope tote** — de haut en bas, *E* 9332 **la teste** — la tête la première.

convers *s. m. T* 10345 homme qui appartient au personnel domestique d'un couvent.

converser *intr. T* 4916 se trouver là, *E* 11963 passer la journée (dans le bois).

copol *s. m. L* 8678 colonne de lit. Voir **pecoul**.

cor [1] *adv. T* 3740, 7554, 11656, 11681, placé devant un impératif communique une certaine vivacité à la phrase, comme *donc* dans le fr. mod. «Venez donc». *Cor* est une autre forme de *car* qu'on trouve dans *E* 15720 au passage correspondant au v. 11656 de *T*; *M* et *Q* donnent *quar* aux passages correspondants aux v. 11656 et 11681 de *T*.

cor[2] *s. m.* *T* 15180 autre forme de *cuer.*

cor[3] *s. m.* *T* 8535, 8692 corne à boire, *T* 12106 instrument à vent autrefois fait de corne; *T* 11341, 13188, *L* 5722 coin, angle (voir **corne, cornet, coron**).

corage *s. m.* *T* 5982 (mon) cœur (ne me le dit pas), *T* 9945 sentiments, intentions; *T* 9862 **par bon** — de grand cœur.

corbe *adj.* *E* 1174 recourbé, recroquevillé.

cordelle *s. f.* *E* 2587 mince corde (servant à rapiécer une selle en très mauvais état).

coree, cuirie *s. f.* *T* 11758, *L* 5836 curée, parties non nobles de la bête qu'on donne à la meute; dans *E* 8706 **perce correes et chevaux** il s'agit plutôt de *coree* entrailles que de *corree* courroie (*T* 5128 donne: **lor perche testes et cerviaus**).

corgiee *s. f.* *T* 11849 fouet formé d'un manche auquel étaient attachées des lanières de cuir; on s'en servait par exemple pour hâter le pas d'un palefroi.

corir, corre *intr.* *T* 11755 courir, *T* 14661 **lors li lait corre por ferir** lancer son cheval à toute allure contre qqn pour le frapper, *T* 10853, 11402, 12221 **corir sus a** se précipiter sur qqn pour le frapper, *L* 9356 **chorut** graphie de **corut**, filer à grande allure (sur la mer). P. pr. pris adjectivement *T* 358, 578, 842, 5759 **corant** rapide (en parlant d'un cheval).

corne *s. f.* *M* 15702 les quatre coins (du pré); **cornet** *s. m.* *E* 15702 en est un diminutif qui a le même sens.

corner *tr.* *E* 2143, *intr.* *T* 11749 sonner du cor (au cours de la chasse), *T* 11583, 11592 sonner de la trompe (comme le guetteur sur sa tour).

coron *s. m.* *T* 11644 **au — del pre** au coin, à l'angle du pré, on attendrait plutôt le pluriel «aux coins» (voir *E M* 15702).

corone *s. f.* *E* 1737 **il seroit contre la —** ce serait contre le devoir d'un roi, *E* 6939 **porter —** dans une fête solennelle où le roi paraît dans toute sa majesté.

coroner *tr.* *E* 7009 **je — me ferai** je me ferai mettre la couronne sur la tête (dans une grande fête de Pentecôte); *A* 805 **de sinople coroné** (dit d'un écu).

correchier *tr.* *T* 11447, *T* 12721 courroucer.

cors[1] *s. m.* *T* 10288 corps, *E* 14487 **cors a cors** (dit d'un combat); *T* 12833, 15268 et peut-être *T* 12959 indiquant une personne: **li — de moi** c' à d. moi, **ainc ne nasqui nus miudres —** jamais ne naquit un meilleur homme; *Q* 8066 **en — estoit por la chalor** (*E* **desfublez fu**) il ne portait pas de «mantel» à cause de la chaleur.

cors[2] *s. m.* cours, *E* 11998 **foïr a plains —** fuir à toute vitesse.

corsaige *s. m.* corps, allure, *E* 11807 **il n'estoit pas dou — Qu'il avoit eü ou boischaige** son corps avait bien changé depuis les jours du bocage (et il n'avait plus du tout l'air d'un ermite).

cort [1] *s. f. T* 14913 la cour (du roi).

cort [2] *adj. T* 14531 court, de petite taille.

cortine *s. f. T* 9610 tapisserie, *T* 14187 rideau, tenture.

cosdre *tr.* coudre, *T* 10683 **coust**, *A* 4858 **queust** indic. pr. 3, *T* 12064 **cousi** prét. 3, *T* 10685 **cousus** pp.

cose *s. f.* cause, *T* 2930 qu'il mete en respit **la cose De son apel** (et facent pais) qu'il remette à plus tard le règlement du grief pour lequel il l'a défié, et qu'[en attendant] ils fassent la pais.

costal *s. m. V* 9563 pente d'une colline, côte.

costé *s. m. T* 11760, 11822, *E* 2920, 3146 côté (du corps), flanc.

costel *s. m. E* 7114 couteau, *E* 2803 lame.

coster *intr. E* 7274 **au cors Caradoc pant et coste l'avanture** le proche avenir le menace et il lui en coûte d'y penser.

costoier *tr. T* 1204, 6521, *E* 476 longer une rivière, côtoyer le pied d'une montagne.

costume *s. f. T* 7011 **par —** selon leur habitude.

costumier *adj. T* 6873, *A* 5936 (être) coutumier de, *M* 17704 (ce dont ils avaient besoin) et à quoi ils étaient habitués.

cote *s. f. T* 8758 sorte de tunique qui se met par dessus la chemise ou la pelisse et sous le surcot ou le mantel. C'est un vêtement ordinaire porté par les hommes et les femmes de toutes les classes sociales, mais les dames et les demoiselles de nos textes, et parfois les chevaliers, portent plus volontiers le *bliaut* qui est plus élégant que la cote; *U* 6592, *L* 1962 — **a armer** tunique qui se mettait par dessus le haubert; *T* 7448 **si mal taillie cote** le fr. mod. a conservé cette expression au fig. et avec un sens assez différent à première vue de la signification originelle.

cotele *s. f. T* 7242, 7780 diminutif de *cote*, le vêtement indiqué par ce mot semble assez peu apprécié par l'auteur.

coton *s. m. R* 644 **un haut coton cort et legier,** on se demande s'il ne faudrait pas corriger en **un auqueton** (cf. *A* 552); *T* 554, *L* 520 bourre de coton.

couche *s. f. E* 10074 terme plus général que *lit* et qui implique souvent qqch. de temporaire ou d'imprévu; ici la couche est dans un des bois du roi sous un arbre, cela ne peut guère être qu'un lit de feuillage; même dans ce cas il est un peu singulier qu'Artur tombe sur la couche et à terre en même temps; peut-être faudrait-il préférer la leçon de *M*: le roi tombe à côté de la couche, sur le sol.

couchier *intr. T* 9475 tant qu'il alerent **couchier** auj. *se* coucher, de même que nous devons dire «*se* lever» là où l'anc. fr. pouvait dire «lever». *T* 1379 être placée dans le sens de la longueur (sur une bière, en parlant d'une épée).

couler *intr. T* 8886, *L* 3422 glisser.

coute[1] *s. m. T* 3960, *L* 7949 coude.

coute[2] *s. f. E* 6225, *L* 1593 couverture de lit, *E* 1022 tapis (sur lequel les chevaliers se tiennent pour s'armer); *T* 553, 9917, *M* 18765, *A* 649 **coute pointe** ou **coute porpointe** couverture ouatée et piquée (c'est le fr. moderne *courte pointe*), ou tapis du même genre; au v. *T* 696 la courte pointe est placée sur la tête du chevalier «por le front garder Des mailles en la char entrer». Noter, au lieu de *coute*, les graphies *cote L* 1593, 8719 et *colte T* 14511. Voir **colte.**

covenance *s. f. T* 778 l'accord qui est entre nous.

covenant *s. m.* accord, *T* 12981 **avoir —,** *T* 1715, 12887 **avoir en — s**'engager par une promesse, *T* 11882 **faillir de —** manquer à la parole donnée, *E* 3383 **de — le m'otroia** il me l'accorda, *A* 168 **bien l'a Dex fet par —** comme une promesse de lui à nous.

covenir *intr.* falloir, *T* 11394 **pechoier covint la lance** il fallut bien que la lance se brisât en morceaux, *T* 14513 **laiens clarté ne covenoit** on n'avait pas besoin de lumière.

covent *s. m. T* 11880 **avoir en —** promettre, *T* 1709 **le — demande Que plevi li ot** il lui demande de tenir sa promesse, *T* 788 **toz les covens qu'envers vos a Est... pres d'aquiter** l'accord qu'il a avec vous, il est prêt à le mettre à exécution; *E* 6562, 6565 condition, *T* 12290 **par tel — (que)** à condition que.

covertoir, covertor *s. m. T* 1154, 14264, 14335, *E* 7450, *A* 8372 couverture (de lit); il est parfois spécifié que la couverture est faite d'une riche étoffe garnie de fourrure *T* 9919, 14196, 14561.

coverture *s. f. T* 11843, *E* 1449 housse de cheval; fig. *T* 6356 **par —** par dissimulation, *T* 7375 **sanz —** sans chercher à se cacher, *E* 6281 sans déguisement, *T* 6667 sans dissimulation.

covine *s. m.* ou *f. T* 342, 452 situation, état de choses, *E* 9658 **et demenoient tel —** et menaient tel train.

covoitos *adj. E* 8784 ardemment désireux de.

covrir *tr. T* 3528 la roïne **coevre son vis** Si s'en est tornee plorant (cf. *E* 7361-62), il est souvent attesté au moyen âge qu'on recouvrait son visage en signe de tristesse profonde, fig. *T* 6707, 6813 cacher, *réfl. T* 7190 **chascuns bien s'en coevre** se garde de le laisser apercevoir.

craisse *s. f.* graisse, *T* 8207 **cerf... Qui en plaine — estoit lors.**

cras *adj. T* 9274 gras, *T* 11607, *L* 5689 **en —** (un rôti retourné) dans sa graisse (dans *E* 15661 on lit au passage correspondant **an lart graz**).

creanter *tr. T* 14741 consentir.

creature *s. f. T* 5023 **trestoute sa** — tous ceux qu'il a créés (en parlant de Dieu); tenant la place d'un pron. indéfini *T* 13884 **nule** — personne.

cremance *s. f. E* 10335 crainte.

cremir, criembre *tr.* et *intr.* craindre, *T* 11068 **criement** indic. pr. 6; *T* 9950 **cremoie** indic. impf. 1, *T* 3704 **cremoit** 3; *T* 9285 **criensist,** *E* 13059 **cremist** subj. impf. 3; *E* 1305, 8524 **cremu** pp., dans les deux cas il s'agit d'un cheval «le cheval redouté», mais on attendrait plutôt *crenu* «à longs crins», expression très fréquente (au v. *E* 1305, *M* donne **quernu** et *Q* **crenu**).

cremor *s. f. E* 10342, 10345 crainte, *T* 6756 **est en** — **de** il est dans la crainte (de la voir venir).

crever *tr. T* 6840 faire un trou dans un mur (pour pratiquer un passage), *T* 9432 ouvrir une brèche dans un étang (pour vider l'eau et prendre le poisson, voir 9255), *intr. E* 16154 poindre (en parlant du jour); *T* 2329, 2892, 6541, *M* 18834 mourir, ou passer près de mourir, par éclatement d'un organe interne, qu'il s'agisse d'animaux ou d'hommes.

cri *s. m. T* 9815, 9818 clameur d'alerte.

crïee *s. f. E* 2729 gémissements, lamentations.

crieme *s. f. T* 1644 crainte.

crigne *s. f. T* 7815, *E* 11389 cheveux, chevelure: il semble que le mot soit ici légèrement péjoratif.

crisolite *M* 11838 sorte de pierre précieuse; *E* lit **crissonite**.

croce *s. f. T* 2022, 4292, 8134 crosse de l'évêque, p. ext. groupe de prélats.

croire *tr. T* 7224 **querrez** fut. 5; *T* 9688 **querrïez** condit. 5; *T* 1600, 10408 **creü** pp.; *T* 10409 **fort est a** — **que** il est difficile de croire que; *T* 12282 **il vos querra bien vostre foi** il acceptera la foi que vous lui donnerez, il vous croira sur votre foi, cf. *E* 16404.

croissir *tr. E* 19360, *A* 9212 **croissiz,** briser en morceaux, *intr. T* 1572 **croissent** grincer (en parlant des lances qui pénètrent à travers les écus).

croistre *intr.* croître, augmenter, *T* 10081, 14063 **crut,** *E* 13889 **cruit** prét. 3, *T* 1599, 9537, 10975 pp.

croiz *s. f. E* 2890 **la** — **dou chief** le sommet de la tête ou le haut du front, *E* 7850, 7858 **la** — **de s'espee** partie supérieure de l'épée, la croix est la figure formée par la lame et la poignée d'une part et la garde de l'autre.

croler *intr. A* 1884 remuer, bouger.

crote *s. f. E* 4548, 4554, 4559, 4571, 4623 chambre souterraine au milieu d'un jardin; la forme *crote* ou *croute* sera remplacée plus tard par *grotte*.

crüel *adj. T* 13883 acharnée (en parlant d'une bataille).

crués *s. m.* *T* 7084 creux, trou (dans un mur).

cuer *s. m.* cœur, *E* 5931 **anz o vantre li est crevez li —**, *E* 5272 **au — do vantre**, *E* 3486 **tant com desirre li nostre —** comme le cœur nous en dit, *E* 3327 **contre — m'estoit** à contre-cœur, *T* 3725 **point ne li venoit a —** elle n'en avait pas envie, *T* 9891 **li buens —** courage et bonne volonté.

cuiçon *s. f.* cuisson, *E* 2556 **com par —** comme par l'effet d'une brûlure?

cuidier *tr.* penser, imaginer, *T* 9298 **quidier** infin.; *T* 3267, 11152, 14106 **quit** indic. pr. 1, *T* 12364 **quide** 3; *T* 12367 **cuidoient** indic. impf. 6; *T* 9298 **ce sachiez bien sanz quidier** (Ja en serez jectez vilment) sachez-le bien, et ce n'est pas une imagination, vous serez jeté dehors, *T* 12364 ore a assez a doloser, **Si com li rois quide penser** voilà un bien grand sujet de tristesse, comme le roi s'imagine (qu'il est justifié à) le penser.— Inf. pris subst. *T* 12428 **al mien quidier** à ce que je crois.

cuire *réfl.* *E* 10774 **chascuns s'an cuist** chacun souffre pour Amour; *tr.* *T* 7930 li serpens voit ... Que li aisiex **le quist et art** que le vinaigre le cuit et le brûle; voir encore *T* 7918 **quire**.

cuisance, quisance *s. f.* *T* 7015 souci douloureux.

cuivert, quivert *adj.* *T* 6288, 6823, 7708 t. d'injure assez violent, s'applique ici à un serpent malfaisant: perfide, pervers, infâme.

culuevre, coeluevre *s. f.* couleuvre *T* 6268; ici, au v. 6435, et peut-être aussi au v. 6478, la couleuvre est distincte du serpent qui tourmente Caradoc. Partout ailleurs dans *T* (6883, 7650, 7996) la couleuvre se confond avec le serpent en question. Il y a là certainement une maladresse de la part du rédacteur de la tradition de *T V*, et le v. 6269 où il nous dit que l'enchanteur a fait manger une couleuvre au serpent est assez gauche: on attendrait «au serpent mengier l'a fait» au lieu de «l'a fait faire». Nul des autres mss ne connaît cette surprenante distinction, du reste bientôt abandonnée même par *T V*.

cuve *s. f.* *T* 7610, 7883, 7888, 7889, 7895, 7952, 7964 et deux diminutifs de ce mot, **cuvele** *T* 7614, 7859 et **cuvete** *T* 7601 sont appliqués au même vaisseau qui doit être à peu près de la contenance d'une moderne baignoire: aujourd'hui *cuve* indiquerait qqch. de trop grand et *cuvete* qqch. de trop petit pour l'usage auquel on destine cette baignoire.

D

daerrain, derrïein, daarrain *adj.* *T* 15032, *E* 2897, 14157, 19294 dernier; le mot s'oppose tantôt à **premerain** *T* 10351-2, 12037-8, tantôt à **premier** *T* 244-6; pris substantivement **au —** *T* 7310 en dernier lieu, *T* 7502 finalement.

dalés *adv.* *T* 9651 à côté, *prép.* *T* 4774 à côté de; dans ces deux exemples le mot est précédé de *par*: c'est le même *par* que nous retrouvons aujourd'hui dans *par devant, par derrière*.

damage *s. m. T* 5546 dommage, *T* 13365 **li grans — qui chi gist,**
c'est le meurtre du chevalier dont le corps gît devant Gauvain
qui a causé la ruine du pays, et le roi de l'épisode du Graal se
lamente de ce malheur en s'adressant à ce malheur même per-
sonnifié par le cadavre.

dame *s. f. Dame* est tout d'abord le féminin de *sire.* Ce sera donc
le terme dont on saluera l'épouse d'un seigneur ou par lequel
on fera mention d'elle *T* 3722, 3786, 3986 et *T* 353, 3520 (**roïne
dame**). Mais *sire* non suivi d'un nom propre n'est pas très
employé pour désigner quelqu'un, c'est *chevalier* qui joue ce
rôle, et la dame viendra naturellement prendre place à côté du
chevalier *T* 4293, 14791. Or de plus en plus le chevalier, quand
il est nommé, reçoit le titre de *messire* devant son nom: par
imitation la dame devient à l'occasion *ma dame T* 345, 347,
E 7244, 9584, 9617. La symétrie cesse sur un point: alors qu'au
xiiie siècle on dit très bien *sire* tout court à quelqu'un, on ne peut
pas lui dire *messire* sans ajouter son nom, mais au rebours *ma
dame* s'emploie très bien sans aucune addition: c'est que *dame,*
qui correspond à la fois à *sire* et à *messire,* emprunte à l'un et
à l'autre et tout en empruntant la forme de *messire* y ajoute
dans son emploi une particularité qui est et reste l'apanage de
sire. A l'inverse, et toujours par suite de cette double influence
qui s'exerce sur *dame,* on trouve *T* 3810 **dame Sainte Marie**
alors qu'on s'attendrait à *ma dame Sainte Marie* à l'imitation
de *messire Saint Pierre:* c'est qu'il est encore possible à l'occasion
de dire *sire Bran de Lis* à côté de *messire Bran de Lis* (quoique
cette possibilité ne semble pas exister et n'ait peut-être jamais
existé pour les saints). *Messire* ou *mes sire* se distingue encore
de *madame* ou *ma dame* par une curieuse particularité: alors
que *ma dame* admet fort bien des qualificatifs après le substan-
tif ou entre le possessif et le substantif **ma dame chiere** *T*
294, **ma dame douce, chiere** *U* 6235, **ma doche dame** *T* 3525,
mes sire ne souffre pas d'additions ou d'insertions semblables,
quoique ces constructions deviennent possibles si l'adjectif pos-
sessif est remplacé par le pronom possessif **li miens tres dols
sire** *T* 12850. Dans tous les cas précédents *dame* indique une
femme mariée. Mais une jeune fille de très haut rang peut être
appelée *dame.* **Dame Ysave** est une «pucelle» de la reine, *E*
218: c'est qu'elle est la nièce du roi Artur et deviendra elle-
même plus tard une reine. Guerrehés appelle **dame** *T* 15122
une jeune femme qui nous est présentée 13 vers plus haut
comme «une pucele», il veut marquer par là le grand respect
qu'il a pour elle. Gauvain à sa première rencontre avec celle
qui va devenir son amie la salue du titre de *dame:* **ma dame
douce, chiere** *U* 6235. Elle ne répond pas, car il lui semble
que le titre est trop élevé pour elle et qu'en la circonstance il
pourrait y avoir là une nuance de raillerie: Gauvain s'aperçoit
de son erreur et l'appelle «pucelle» *E* 6246: aussitôt la conversa-
tion s'engage. Dans une réunion de la cour où viennent cheva-
liers et dames, on note la présence de ma *dame* Ysave encore
jeune fille *E* 5471, et de ma *damoiselle* Guinier *E* 5473. Il est à
noter que, de même qu'on distingue (pas toujours dans la gra-
phie) *mes sire* signifiant celui qui est mon seigneur et auquel
je suis tenu de *messire* où le possessif n'a plus qu'une valeur hono-
rifique, de même *ma* dans *ma dame* peut avoir pleine valeur:
ainsi **ma dame chiere** *T* 294 dit par Norcadès à sa mère, **ha! ma
dame** *T* 6254 dit par Elïavrés, le chevalier magicien, à la reine

Ysave qu'il considère comme sa femme épousée, cf. *mes sire* signifiant «mon mari». Une jeune femme qui s'est chargée de l'éducation du fils de Gauvain est pour l'auteur «la pucele» *T* 13617 ou «la damoisele» *T* 13740; mais pour cet adolescent elle est «sa dame» et s'adressant à elle il l'appelle **dame** *T* 13656, 13710, 13770 ou **ma dame** *T* 13748. Notons en terminant que le pluriel de *dame* peut, comme aujourd'hui, s'appliquer à une réunion de dames mariées et de «damoiseles» *T* 121.

damoisel *s. m.* En premier lieu, jeune noble qui sert à table dans une cour royale ou princière *T* 203, dans ce sens synonyme de *valet* (voir *E* 3315 et 3320) avec cette différence que *valet* insiste sur une naissance masculine et *damoisel* sur une naissance noble. En second lieu, candidat éventuel à la chevalerie *T* 3297. En troisième lieu, un jeune chevalier même peut être appelé *damoisel T* 7972, *E* 6518 (cf. *E* 6412): dans ce cas on insiste sur la jeunesse et l'ardeur du chevalier: le sens se rapproche alors de celui de *bacheler*. Du reste, on sent parfois des hésitations sur ces nuances chez les scribes ou les auteurs de nos manuscrits: pour *E* 7563 Cador est à sa première apparition «un *damoisel* de grant valor» mais *U*, même vers, l'appelle un *chevalier* et *T* 3669, au vers correspondant, un *vallés*.

damoisele *s. f.* Alterne avec *pucele* (voir ce mot) pour désigner une jeune femme non mariée (pour les exceptions voir **dame**) *E* 2182, 2190; le terme dans nos manuscrits indique naissance noble: c'est à peu près le seul point qu'il ait en commun avec *damoisel*. Il est également un terme d'adresse *E* 2088, 2388; dans ce cas il peut être précédé de l'adjectif possessif de la 1re pers. **ma damoiselle** *E* 2120. *Damoisele* et *ma damoisele* servant à désigner une jeune femme peuvent être suivis du nom de cette femme *T* 3671, 4246 **damoisele Guinier**, *E* 5473 **ma damoiselle Guinier**. *Damoisele* signifie aussi «maîtresse» par rapport à qqn qui est sous sa garde ou sa direction: **sa damoisele** *T* 13699.

dangier, dongier *s. m. E* 2928 **an vostre** — en votre pouvoir; *E* 2244 **mener vostre** — faire sentir le poids de votre pouvoir, menacer; *T* 13430 **ja ne vos en ert fais** — on ne sera pas chiche envers vous, vous en aurez en abondance; *E* 2940 **se tu dou faire faiz** — si tu rechignes à le faire; **sanz** — *T* 8401 généreusement, abondamment, *T* 4245, 6919 volontiers, *T* 6261, 7611, *E* 3390 sans hésiter, *T* 5533, *E* 9114 sans risque.

date *s. f. A* 5302 n'ot oisel ne poisson, **Fruit ne date** ne venison (Dom il n'eüssent grant planté); le ms. *A* est le seul de nos mss à mentionner la datte, qui est d'autre part le seul fruit qu'il nomme dans le passage.

de[1] *prép. T* 1460 — **la pointe Prenez le brant** *par* la pointe (que donne le ms. *E* v. 3908). *De* indiquant origine a plus de force et est plus clair au xiiie s. qu'auj.: des phrases comme les suivantes *T* 14675 puis saut a terre **du cheval**, *T* 14727 abatre **Del cheval** sont encore très possibles, mais il est plus dans les tendances de la langue d'auj. de dire «il saute à bas de son cheval», «jeter à bas de son cheval».

de[2] *art. partitif*, noter **tant avoient del sanc perdu** *T* 11138, **du sanc se sont entretolu** *T* 5776: le 1er ex. nous donne une forme ancienne de partitif, le 2e une forme moderne.

debate *s. m.*? *U* 5030 contestation véhémente; n'est cité ni par Godefroy ni par Tobler-Lommatzsch: tous les autres mss donnent *barate*.

debatre *tr. T* 3808, 4629, 14854, *réfl. T* 6357 accabler de coups, fig. *T* 4953 être brisé de fatigue, moulu.

debonaire *adj.* qui a de la bonté, de la sympathie, de la compassion pour les autres, *T* 1009 d'un cœur compatissant, *T* 2487 en homme bienveillant, *T* 15298 bienveillant, *T* 8388 bonne; *E* 2258 **faites le conme** — agissez en homme de cœur.

debonaireté *s. f. T* 13014 la bonté de son cœur.

debonerement *adv. T* 8372 dans la bonté de son cœur, *E* 3517 de grand cœur.

debout *s. m. T* 1232 entrée ou issue (d'une forêt), *T* 4764 bout, extrémité (d'un épieu).

deça, decha *adv. T* 309 **par** — de ce côté-ci où nous sommes; *prép. de lieu T* 6714 **decha mer**, *E* 10094 **deça la mer** (ils traversent la mer) en venant de notre côté de la mer, *Q* a trouvé plus clair au même v. de dire **outre la mer**, *T* 7001 **et** — **mer et dela mer** de ce côté-ci de la mer (en Bretagne) et de l'autre côté (en Angleterre); *prép. de temps T* 6292 — **deus ans** d'ici deux ans.

decevance *s. f. T* 6056, *E* 6783 tromperie, *T* 6696 ruse (plutôt que tromperie), *T* 7247 **par engien et par** — par artifice et par ruse.

decevoir *tr. T* 7222, *E* 9404 **decevoir**, *T* 3353 **dechoivre** infin.; *T* 7750 **decevant** p. pr.; *T* 5462 **dechut** prét. 3; *T* 7032 **decheü**, *E* 1766 **deceüe** pp.; *T* 3353 **sanz** — sans chercher à vous tromper (cf. *E* 7159), *E* 9404 **sanz** — ironiq. sans le tromper (sur la valeur de la marchandise, plaisanterie continuée aux v. 9406 et 9408); *T* 7222, *E* 1766 tromper, *T* 7750 **la gent decevant** «la gent trompeuse». Le sens général du verbe est donc tromper (comme *to deceive* en anglais), mais il y a parfois une nuance d'atténuation *T* 5462 **ne le dechut** ne le désappointa pas, *T* 7032 **seront mal decheü** seront vilainement désappointés ou déçus: c'est le seul emploi qui se soit conservé en fr. mod.

dechacier *tr. E* 10100 chasser, pousser d'un côté et d'autre (en parlant d'un vent violent), *É* 11977 donner la chasse à (un sanglier).

decheoir *intr. E* 2029 baisser, disparaître (en parlant de la lueur des éclairs); *T* 3952 **dechaïst** être près de la défaite dans un tournoi.

decoler *intr. E* 13158 couler goutte à goutte en s'échappant de qqch.

decoper *tr. T* 2905, *E* 1598, 4372 tailler en pièces (les cercles du heaume, les écus des combattants).

decorre *intr. E* 7817 couler (en parlant du sang d'une blessure).

dedens *adv. T* 2116 **cil** —, *T* 11340 **cels** — ceux de dedans, les assiégés (cf. **cil defors** *T* 2121 ceux de dehors, les assiégeants),

T 2267 **la** — là-bas au dedans de la ville, dans la ville assiégée; *T* 2605 **par de** — à l'intérieur (du pavillon); *prép. T* 11163 — **quinsaine** avant que quinze jours soient passés.

deduire *intr. T* 6073 infin.; *T* 15319 **deduient** indic. pr. 6; *T* 10517 **deduioient** indic. impf. 6; *T* 8007 **deduirent**, *A* 9447 **deduistrent**, *L* 5333 **deduisent** prét. 6; *T* 15319, *L* 5333 passer agréablement le temps (à table), *T* 8007 mener une vie agréable, *T* 6073 se donner du bon temps, *T* 10517 s'amuser.

deduit *s. m. T* 3235 les distractions, le plaisir, *T* 250 atmosphère de plaisir, *T* 1072 joyeuse vie, *T* 5356 spectacle passionnant (d'un tournoi), *T* 4076 la joie (des oiseaux qui chantent).

defaillir *intr. A* 176, *T* 7143 venir à manquer, *T* 7144 se dérober, faire défaut.

definer *intr. T* 7172 finir, *T* 4507 se terminer en (en parlant d'un mot).

defois *s. m. A* 3174 défense, interdiction.

defoler *tr. T* 9535 aplatir (en parlant de l'herbe foulée sous le sabot des chevaux), fig. *T* 7183 fouler aux pieds (un amour loyal), *T* 6028 écraser, réduire à rien.

defors *adv. T* 2121 **cil** — ceux de dehors, les assiégeants (voir **dedens**), *M* 7580 **sanz riens metre** — sans rien excepter, *E* 8856 **metre** — excepter; *s. m. T* 1378 **au** — à l'extérieur (du cercueil).

defunt *s. m. E* 15087, *L* 5177 **feüs** — curieuse locution signifiant littéralement «feu le défunt».

degré *s. m. E* 4570 escalier, *T* 13845, *E* 4582 **degrez** ensemble de marches faisant un «degré», c' à d. un escalier.

deguerpir *tr. T* 7480 abandonner.

dehé, dehait, dahé, daha *s. m.* haine de Dieu, dans la plupart des cas suivi ou précédé d'une forme subjonctive du vb. *avoir*, littéralement «que vous ayez la haine de Dieu, c' à d. la malédiction de Dieu soit sur vous»: **dehé** *T* 3854, 6548, 9046, 9122, 9332, 10110 (**mal** —), *E* 13116 (**mau** —), **dahaz** *E* 7748; la combinaison de *dehé* avec *ait* donne **dehait** où le verbe est compris, mais ailleurs on l'exprime même après *dehait*: *T* 14785 **dehait ait** comparé avec *T* 14798 **dehait sa force et sa vertu**.

dehors *prép. T* 4579 **par** — **le porte** hors de la porte, devant la porte.

dejoste *prép. E* 6200 — **une fonteine** à côté de.

dela *prép. T* 7001 — **mer** (voir **decha**); *adv. T* 11669 **un de chiaus** — un de ceux là-bas, un des assiégeants.

delai, deloi *s. m. T* 9842 **sanz** — sans retard, *E* 3349 (mais de l'otroier me suis toz jors) **mise an** — j'ai toujours tardé à, *T* 6007 **mes delais** n'i puet monter (Que ne m'estuece raconter) mon retard, quelque durée qu'il doive avoir, n'empêchera pas qu'il me faudra raconter. L'anglais *delay* a conservé le sens ancien du mot.

delaier[1] *intr. E* 2046, 2367 s'attarder.

delaier[2] autre forme de *delaissier, T* 403 laisser, abandonner.

delit *s. m. T* 1280, 5261, 10036, 12494 plaisir, *T* 12394 **chastiax de grant** — agréable (à habiter).

delitable *adj. E* 361 délectable.

delitos *adj. T* 3082 agréable (à entendre).

delivre *adj. T* 46, 139, 11560 dispos, *E* 2528 alerte, *E* 3065 **l'entree** — l'accès libre, *E* 1261 débarrassé (de qqn), *T* 7630 délivré (de l'étreinte d'une guivre), *T* 14729 quitte, libre, *T* 7956 **por le wivre Dont il se sent sain et** — débarrassé, *E* 1049 délivrée (de son enfant, en parlant d'une femme enceinte), *E* 1262 **a** — en toute liberté d'esprit, sans s'émouvoir.

delivrement *adv. T* 36, 875, 4407, 10585, 12744, 13536, *E* 6081 à l'instant même, sans perdre un instant; parfois dans la même phrase *delivrement* est doublé par un autre adverbe, *vistement, tost,* indiquant également la promptitude d'une action: dans ce cas la nuance propre de *delivrement* apparaît plus nette, il ajoute à l'idée de vitesse celle d'aisance du corps, de liberté dans les mouvements, et de volonté de ne se laisser arrêter par aucun obstacle: *T* 10369, 10755, 11545, 12224, *E* 5081.

delivrer *tr. A* 3919 quitter (la pièce), vider (la salle), *T* 3119 pp. **chambre ... delivree** vidée de ceux qui y étaient; *refl. T* 12400, 15042 se débarrasser de qqn.

demain *s. m. T* 1491, *E* 3939 **dusqu'al** — (*Q U* 3939 **matin**), *M* 17168 **el demain au jor** le lendemain à l'aube.

demaine *adj. E* 2098 qui appartient en propre à, *T* 3801 **en son conduit** — sous sa protection même, *T* 10434 **icel** — **escu** cet écu même, identiquement le même, *T* 418 **al roi** — au puissant roi, *T* 3457 **messe** — messe solennelle; *s. m. T* 6618 **si** — ses hauts vassaux.

demainement *adv. T* 8818, 11463, 13015, 13354, 13467, 13923, 14078, 14398, 15125, *E* 7224 même, le même, précisément.

demanois *adv. T* 1293, 8638, 9072, 15318, *E* 2486 tout de suite, sur-le-champ.

demantres (que) *conj. E* 2192 tandis que.

demarchier *tr. M Q* 13327 fouler aux pieds (l'herbe).

demener *tr.* faire apparaître par des manifestations extérieures et prolongées: **doel** *T* 6617, **destrece** 6383, **dolor** 1147, 14001, **tristre vie** 7689, **orgueil** 4553, **joie** 87, 1141, **grant bruit** 11958, **tempeste** 13128 (en parlant d'un cheval); *réfl. T* 7985 **molt a aise se demaine Chascuns d'ax** (toute une quinsaine) ils passent une quinzaine dans un loisir agréable.

dementer *intr. T* 2237 se lamenter; *réfl. T* 9679 se désoler, *E* 10997 **onc ne se demanta de lit** pas un instant il ne se plaignit du lit.

demetre *tr. E* 1784 rabattre; *réfl. E* 4789 **si m'an demet** j'y renonce.

demi *adj.* *T* 10579 **deslachie estoit demie** (une de ses chausses de fer) était à moitié délacée.

demor *s. m.* *E* 4708 **sans plus de** — sans plus de retard, sans plus tarder.

demorance *s. f.* *T* 674, 15045 **sanz** — sans attendre davantage, *T* 1397 **petit [i ont] fait de** — ils s'y sont peu attardés.

demoree *s. f.* *T* 6110, 9866 **sanz** — sans tarder.

demorer *intr.* demeurer, tarder, *T* 4534 ne tardera pas (à s'assembler).

demoroison *s. f.* *T* 6822 **ne fera plus** — ne s'attardera pas davantage, *T* 7926 **sanz grant** — sans trop attendre.

denree *s. f.* ce que l'on obtient pour un denier, *M* 17602 **il n'en queroit autres denrees** (il demandait le précieux corps de Jésus-Christ) et ne voulait pas être payé en autre monnaie.

dent *s. m.* ou *f.* *T* 2268 **eles ne mengierent des dens** (passé a ja deus jors entiers), cf. *T* 2238 **des oex ... plorer**; *T* 4732 **si raquelt a mostrer les dens** il reprend courage et se montre prêt à affronter son adversaire: l'expression s'est conservée avec une nuance légèrement différente.

departir *tr.* séparer *T* 11017, 11083, *réfl.* *T* 3047, *intr.* *T* 5987; se séparer de, quitter *intr.* *T* 1764, *réfl.* *T* 12098; séparer qqch. de, enlever *tr.* *T* 3938; écarter ou s'écarter *intr.* ou *tr.* (suivant l'analyse) *T* 716, 14325; distribuer *tr.* (des coups) *T* 3885, 4836, (un gain) *T* 5988, (des baisers) *T* 7960; répartir *tr.* *E* 1318, 8333 (l'auteur les répartit entre les 2 groupes de combattants). Au v. *T* 2118 le vb. *departir* est pris substantivement **si perdirent au departir** au moment de se retirer.

depecier *tr.* *T* 13117, 15097 mettre en pièces, *E* 2585 tomber en morceaux. Voir **despecier**.

deperir *intr.* *E* 2039 tomber à rien, prendre fin (en parlant du mauvais temps).

deplaier *tr.* *T* 5166 couvrir de plaies, blesser.

deporter *réfl.* *T* 4580, 6328, 7280, *intr.* *T* 2191, *A* 2132 passer le temps agréablement.

deprier *tr.* *T* 10705 adresser des prières à, *M* 17731 prier.

dequasser *tr.* *T* 5543 lor escus ont toz detailliez ... et lor elmes **toz dequassez** cassés, mis en pièces.

derekief *adv.* *T* 8338 de nouveau (les valets ont aidé leur seigneur à descendre de cheval, et maintenant ils voudraient rendre le même service à Carados, cf. *E* 12056-61). *Derechef* survit encore dans la langue littéraire.

derompre *tr.* *E* 4378 rompre (un haubert), *E* 14710 rompre (les lacs du heaume), cf. *T* 10820 (**desrout**), *intr.* *E* 6538 (la chair se déchire); *E* 6113 (ja si tost n'eschaufera Sa plaie que mes ne sera) **Tote derote et derompue**: l'auteur, ou le scribe, ne s'est pas aperçu que ces deux participes appartiennent au même verbe, *U* remplace **tote derote** par **trestoute ouverte**. Voir **desrompre**.

des[1] *prép.* *T* 11880 **des hier** dès hier, hier déjà; *adv.* *T* 5048 **des ore**, *T* 14746 **des or** dès maintenant, et maintenant; *conj.* **des (que)** *T* 3863 du moment que, *T* 2608, 2938, 5829, 6233, 6500 jusqu'à ce que, *T* 6896 **des qu'atant que** jusqu'au moment où.

des[2] *s. m., plur. de* **dé**, *R* 867 dé à jouer; pour le sens du passage voir **menuier**.

desaerdre *tr.* *T* 6345 dégager, détacher.

desafubler *tr.* *A* 2958 ôter à qqn son «mantel»; pp. *T* 115, *E* 241, 1747, *M* 18284, *Q* 32, *A* 3945 le «mantel» enlevé, sans «mantel». *Desafubler* est un synonyme de *desfubler* (voir ce mot); dans le même vers 32 *E* donne *deffublez* et *Q* *desafublez*.

desarmer *tr.* ôter à qqn ses armes, après le combat ou une expédition *T* 11574, 13969, dépouiller de ses armes un chevalier tué *T* 12957; p. ext. le mot s'applique non plus à une des armes, mais à un article de vêtement: *E* 6591 **se desarma de sa cote**; pp. *T* 2373, 12805 **toz desarmez** qui n'a pas ses armes, et par conséquent est à la merci d'une attaque possible.

desasamblee *s. f.* *M* 1705 **je ne puis ... Faire don ne —** je ne puis t'accorder ta demande (cf. 1700) ni rompre cette assemblée (cf. 1703).

desavenant *adj.* *T* 1834 **la bataille est —** contraire aux lois de l'honneur chevaleresque.

desbarat *s. m.* *T* 7156 **tornent amor a —** infligent une défaite à l'amour.

desbarater, desbareter *tr.* *E* 5621 repousser en désordre (des assiégés qui ont fait une sortie), *T* 7152, *E* 902 mettre en une confusion extrême.

desbarrer *tr.* *E* 1597 assener sur le heaume un coup violent qui en fait sauter l'armature.

desceindre *réfl.* *A* 2824 se délacer (d'autour du bras de Carados, en parlant du serpent).

descendre *intr.* *T* 3880 **— de son cheval** dans un tournoi, de même *T* 4177; ailleurs le verbe à lui tout seul suffit à donner ce sens *T* 259 **lors les veïssiez toz —** tendre, *T* 278 a **sa tente ... est la roïne descendue**, c'est de là que vient notre «descendre à l'hôtel», quoique depuis longtemps on n'y arrive plus à cheval; *tr.* *T* 4182 le chevalier est grièvement blessé et on le descend plutôt qu'on ne l'aide à descendre, cf. *T* 4184; *intr.* *T* 889, 955, 2907, 5802 indique ici la chute rapide et pesante de l'épée sur le heaume ou l'écu de l'adversaire.

deschevalchier *tr.* *T* 5064 jeter (un adversaire) à bas de son cheval.

desci, desi *adv.* *T* 12140 **— a l'esperon** jusqu'à l'éperon, *T* 2159 **— que a la Pentecouste** jusqu'à.

descirier *tr.* *E* 1664 **ses dras et ses chevox decire,** *E* 10148 **et toz les deront** [les cheveux] **et descire** on déchire encore ses vêtements, mais non plus ses cheveux; dans *T* 6562, qui correspond à *E* 10148, *deschire* ne s'applique qu'aux «draps».

desclore *tr.* *T* 6272 faire connaître, communiquer.

descombrer *tr.* *T* 4262 se débarrasser (de son manteau, probablement à cause de la chaleur); *V* et *E* (8066) donnent ici *desfubler*.

desconfire *tr.* *T* 5195 **desconfit** en pleine déroute (dans un tournoi), *T* 475 **desconfit** consternés, *T* 7071 en venir à bout (d'ouvrir une porte solidement fermée).

desconfort *s. m.* *T* 6640 inquiétude pénible, *E* 6600 chagrin, *T* 6154 **en —** dans un état d'inquiétude affectueuse.

desconforter *tr.* *T* 12 abattre, décourager, *réfl.* *E* 3 se décourager, être découragé, *T* 1361 **ele molt se desconforte** se chagrine.

desconnoissable *adj.* *E* 6904 qui n'aime pas se faire connaître (aux méchants), inabordable; *M Q U* donnent ici **desacointable.**

desconoistre *tr.* ce verbe a 2 sens contradictoires: *T* 7396 ne pas connaître (pp. **desconeü** inconnu), et *A* 7518, *L* 7556 reconnaître (cf. *M* 17626 **reconneüz**, mais *U* 17626 donne aussi **desconneüs**).

desconreer, decorreer *tr.* *E* 7798 abîmer et fausser (un écu, en frappant dessus; voir aussi *P* 266, à l'appendice I du t. III, p. 661); *réfl.* *T* 10749 fléchir, céder.

descorde *s. f.* *E* 7969 **la harpe sone la —** émet un son discordant, désagréable, *T* 7772 **si fine toute sa —** il cesse de tout point son attitude d'opposition.

descorder *intr.* *T* 4125 **la harpe descorde** fait entendre de fausses notes.

descovert *adj* *T* 1363 **le saint Graal a—** très visible (cf. *E* 3811 **un Graal, trestot descovert**); fig. *T* 7074, 7707 **a—** bien clairement.

desdire *tr.* *T* 1050 **— la traïson** retirer l'accusation de trahison, *T* 1057 **— le blasme** retirer le blâme, *E* 3265 **— mon conmandemant** s'opposer aux ordres que je lui donnais; *réfl.* *T* 1061 **— del mot** retirer le mot offensant, *E* 1758 **— de l'ostraige** qu'il me met sus même sens.

deserrer, desserrer *tr.* *E* 11652 mettre en liberté, relâcher, *E* 1494 (correction de **desirre**) déchaîner, *T* 1300 **Gavains le voir en desserre** s'en ouvre (à lui) franchement; pp. *A* 1179 **desserré** en ordre dispersé.

deserte *s. f.* *T* 8785 ce qu'on a mérité.

deservir *tr.* *T* 1949, *E* 56 **desert** indic. pr. 3, mériter.

desevrer *tr.* *T* 5483 séparer, *T* 1002, 5828, 11104, *E* 15008 mettre fin à, terminer, *intr.* *T* 10779 se séparer, *réfl.* *U* 7229 partir de.

desfaire *tr.* pp. *E* 2517 **desfet** employé adjectivement, de misérable apparence.

desfancion *s. f.* *E* 15399 **fu foible sa** — sa défense fut faible, il se défendit mal.

desfendement *s. m.* *T* 5636 quand il entreprend sa défense, de se défendre contre un si puissant adversaire.

desfendre *tr.* *A* 1779 **la traïson an desfant**, *A* 1857 **la traïson vos an desfant** je repousse (par les armes) cette accusation de trahison, *réfl.* *T* 2851 **de traïson mon cors desfent**, *T* 2769 **de traïson me desfent.**

desfens *s. m.* *M* 18533 faire défense (à qqn), *A* 6795 **sanz —** sans opposition de votre part, *T* 1131 **sor son** — malgré sa protestation.

desfermer *tr.* *T* 2080, 4096, 9629, 14179, 14491, 14520 ouvrir (une porte ou une fenêtre).

desferrer *tr.* *T* 11410 enlever un fer de lance (du bras d'un blessé), *réfl.* *T* 876, *E* 6514 se débarrasser d'une lance dont le fer est fiché dans un écu.

desfïance *s. f.* défi; *A* 622 **an lui est de la desfïance,** probablement «c'est de lui qu'est venu le défi» (la traduction «c'est à lui qu'il appartient de porter le défi» ne serait pas conforme aux faits).

desfïer *tr.* *T* 6688 **ce me desfie** mais un autre proverbe me lance un défi, c' à d. me replonge dans le doute; *réfl.* *T* 6809 **de ma santé molt me deffi** je me défie de ma santé, je ne peux plus compter sur la santé.

desfubler, deffubler *tr.* *E* 12117; *E* 14021 **son chief desfublai,** c'est Gauvain qui dit cela de la sœur de Bran de Lis, probablement il lui enlève sa guimple (cf. *Conte du Graal,* v. 3730), *T* donne à cet endroit, v. 10215, **mon chief desarmai** (qui est clair, mais bien peu en situation); *réfl.* *T* 3384, *E* 7295, *R* 1307; pp. *T* 1034, 3310, 8530, 8757, 9323, 12081, *E* 32, 8066.

deshaitier *réfl.* *T* 990 se désoler, *T* 6758 s'affliger.

deshonor *s. f.* *T* 14927 déshonneur; noter le genre féminin.

deshouser *tr.* *T* 8349 déchausser.

desirrer *intr.* *E* 11891 (cf. *M* 17160), voir note à *E* 11891-2, t. II, p. 600.

desirrier *s. m.* *T* 6753 désir.

desirrous *adj.* *T* 11218, *E* 15198 désireux.

desjogler, desjugler *tr.* *T* 7152 se jouer de, *T* 7180, 8610 tourner en risée, *T* 9474, 11658 plaisanter, *E* 15732 se moquer de.

desleer *tr.* *E* 10098 retarder. Voir **delaier** [1].

desloër *tr.* *T* 4910 luxer, disloquer (le bras).

desloial *adj.* *E* 5442 injuste et peu équitable (dans ses paroles).

desloiauté *s. f.* *T* 7138 manque de droiture et de sincérité.

desmaillier *tr.* *T* 3908, 5542, 15098 mettre en pièces (à coups de lance ou d'épée) les mailles du haubert.

desmentir *tr.* *T* 60, *R* 852 donner un démenti à qqn; *refl.* *R* 114 refuser son service (en parlant du cœur).

desmesure *s. f.* *T* 8999, 14217, 14351, 14605 **a** — au delà des limites ordinaires en grandeur ou en petitesse.

desmetre *tr.* *R* 779 enlever (une courroie de l'armure).

desnoër *tr.* *T* 5226 luxer, disloquer (la main).

desorler *tr.* *T* 5236 fig. mettre en pièces et morceaux (qqn dont on se raille méchamment)?

desous *adv.* *T* 928 **del champ n'est pas trop au** — il n'est pas très au-dessous de son adversaire (au tournoi), *T* 4498 (cil seroit molt mes amis) **qui au — les avroit mis** qui aurait triomphé d'eux.

despamer *réfl.* *E* 8712 sortir d'un évanouissement, revenir à soi.

despecier *tr.* *T* 7470 mettre en pièces, détruire peu à peu. Voir **depecier.**

despendre[1] *réfl.* *E* 11487, *V* 7910 se détacher de.

despendre[2] *tr.* *E* 9419 dépenser (des coups), les faire pleuvoir sur l'adversaire.

despense *s. f.* *V* 6710 **nel doit metre en male** — ne doit en faire usage à contre-temps, c' à d. ne doit la révéler sottement; **cf.** *Q* 10296.

despensiere *s. f.* *R* 606 gouvernante (chargée des dépenses de la maison).

despire *tr.* *T* 3797, 6396, 6648 **sa vie** — tenir sa vie (c' à d. soi-même) en pauvre estime, *T* 10157 témoigner son mépris à.

despit *s. m.* *E* 4193 **an — d'eus** en dépit d'eux, malgré eux, *T* 6676, 6685 **avoir en** — mépriser, *E* 3357 **tenir a** — en vouloir à qqn; *E* 5232 **sanz** — sans prendre ombrage (de l'ordre du roi Artur); *adj.* *E* 2520, *Q* 13119 d'un aspect misérable.

desplaire *impers.* *E* 10522 **desplere** infin.; *T* 1304 **desplaise,** *T* 376, 2332 **desplace** subj. pr. 3; *T* 5877 **desplot** prét. 3. La construction des v. 1304-05 n'est pas nette: faut-il comprendre «il n'y a personne dans l'hôtel, ni le maître de la maison ni Gauvain, à qui il déplaise (d'être là, dans une atmosphère si agréable»)? *E U* d'une part et *M Q* de l'autre, v. 3752-53, ont compris différemment. Au v. *E* 10522 **sans riens desplere** est probablement pour «sans riens *lui* desplere», et le vb. est personnel.

despondre *tr.* expliquer, révéler, *T* 6316 **tot el que ses cuers ne despont** tout autrement que son cœur ne porte.

desrainement *s. m.* *R* 1074 argument, raisonnement.

desraisnier *tr.* *T* 11961 réclamer (la joute) en vertu du droit

qu'il y a, *A* 6724 prouver (comme en justice) contre ceux qui ...;
intr. *A* 3626 (à qui je puisse faire) soutenir mon droit.

desreer *intr.* *T* 607 sortir des rangs (d'une troupe en marche);
refl. *T* 2077 **se desroient** ils galopent chacun de son côté (cf.
T 2070).

desroi *s. m.* désordre (physique ou moral); *T* 586 **sanz** — dans
un ordre parfait; *A* 3520, 3600 conduite brutale et insolente,
E 2962 violence brutale, *T* 4487 orgueil insolent, *T* 6045 **molt
petit prise son** — ... S'il tost ne porchace l'entree il fait
peu de cas de sa perfide ingéniosité s'il n'arrive assez tôt à
se ménager une entrée, *T* 7531 **trop grant** — **Faites** vous faites
une vilaine action, *T* 7647 **par grant** — par méchanceté,
T 1145 **par son** — par un coup de tête, *T* 1880 entreprise dan-
gereuse et contraire à toutes les règles, *T* 122 **a tel** — dans
une telle confusion (causée par l'empressement et la hâte); dans
les exemples de ce dernier genre, c'est l'idée de qqn lancé à
toute allure qui finit par dominer: *T* 2249 si vient poignant **a** —
(il est seul) piquant des deux et à bride abattue, *E* 1315,
T 2070, *U* 5578.|

desrompre *tr.* *T* 970, 2507, 2997 déchirer (des chairs, une plaie),
intr. *T* 4126 se briser (en parlant d'une corde de harpe). Voir
derompre.

destendre *intr.* *T* 370, 846, *E* 1466 s'élancer, partir comme un
trait (en parlant d'un cheval), *T* 2394 filer dans l'air (en par-
lant d'un carreau d'arbalète); *tr.* *T* 5837 faire pleuvoir les coups;
T 9913, *L* 4245 soulever (l'huis d'un pavillon pour regarder
dedans).

destinee *s. f.* *T* 7361 **iluec faisoit sa** — c'est là qu'il passait ses
jours tels que son destin les lui avait faits, *T* 7644 **la tres crüel**
— **Que faisons traire nostre fil** la vie cruelle que nous imposons
à notre fils.

destiner *tr.* *T* 105 annoncer, *T* 10074 **li biens qui m'estoit
destinez** le bonheur qui m'était réservé.

destor *s. m.* *T* 4367, 5337 lieu écarté.

destorbance *s. f.* *T* 4434 **n'avoir** — ne rencontrer aucun empê-
chement.

destorber *tr.* *T* 849 empêcher (d'aller vite, en parlant d'un ob-
stacle).

destorbier *s. m.* *T* 9893 **li** — les ennuis, les difficultés.

destordre *réfl.* *A* 2824 se détordre, *T* 2098, 11388, 12141 pp. **des-
tors** déployé (en parlant d'un gonfanon). Voir **detordre**.

destorner *tr.* *E* 3530 empêcher, *E* 9396 détourner, parer (un coup);
réfl. *T* 5820 se retenir (de tomber, après avoir reçu un coup
violent), *T* 8016 s'écarter (de qqn), *T* 7211 s'écarter au loin
(pour éviter les gens).

destorser, **destrosser** *tr.* *T* 4332, *M* 8098 déballer (des armes).

destraindre *tr.* *T* 6347, 7377 resserrer, étreindre, *E* 6477 presser
(un cheval, de l'éperon), *T* 2225 tourmenter (en parlant de la

faim); pp. **destroit** souvent pris adjectivement: *T* 2182 tourmentés (par la faim), *T* 10928 chagriné, *T* 12460 abattu, *E* 80 en triste condition (euphémisme, *M Q U* donnent **destruit**), *E* 5836 réduit aux extrémités, *E* 6023 le cœur si gros d'angoisse.

destrechier *réfl.* *T* 6284 laisser tomber ses cheveux (sur les épaules).

destrier *s. m.* *T* 2120, 14604, 14640, 15054 cheval de guerre que l'on ne monte en général que pour le combat; c'est la monture propre du chevalier armé, et on reconnaît un chevalier de loin au destrier qu'il monte, *A* 6504.

destroit *s. m.* *T* 6844 passage étroit et difficile, *T* 2344 difficulté, obstacle, *T* 10032 tourment amoureux, *E* 3304 **an mes destroiz** en mon pouvoir, en mes prisons, *E* 3272 une telle dureté de cœur.

destruction *s. f.* *T* 13499 **il a mis a — Maint duc, maint prince, maint baron** ravager et ruiner leurs terres (ou les tuer eux-mêmes?)

destruiement *s. m.* *T* 13504, *M* 17544, *A* 7436 ruine, catastrophe; au passage correspondant *L* 7474 écrit **destruisement**.

destruire *tr.* *M Q U* 80 **son cors destruit** son corps sans vie.

desver *intr.* *T* 3012, 9009, 11054, *E* 6428 être hors de soi, se conduire en fou, *T* 12348 **bien devroie** — je devrais bien être atteint de folie, c' à d. «c'est à devenir fou.»

desviz *adj.* *E* 10924, voir note à ce vers, t. II, p. 599.

desvoier *réfl.* *T* 5726, *E* 12011 se séparer (d'un compagnon de route ou de combat), *T* 8832 perdre son chemin, s'égarer, *T* 5940 **ensaignes desvoïes** donnant de fausses indications (pour tromper les autres combattants).

desvoloir *tr.* *E* 11894 ne pas vouloir.

detaillier *tr.* *T* 5541 tailler en pièces (des écus).

detenir *tr.* *T* 3006 retenir (chez lui), *E* 6479 retenir (un cheval fougueux; au passage correspondant *T* 2859 donne *retenir*), *T* 3219 préoccuper.

detirer *réfl.* *E* 1663 s'étirer.

detordre *tr.* *T* 6562, *E* 216, 10151 **ses poins detort** elle tord ses poings (dans sa détresse réelle ou prétendue): ces 3 exemples autorisent à comprendre de même l'emploi du réfléchi sans second régime dans *T* 6357, *E* 1662. Voir **destordre**.

detraire *tr.* *T* 3841 tirer à quatre chevaux.

detrenchier *tr.* *T* 7949, 10005, 13842, 13894, 15133 tailler en morceaux.

detriers *adv.* *T* 1403, 2370 après; *prép.* *T* 13775 **par — soi** derrière lui.

devaler *tr.* descendre avec rapidité, *E* 10590 — **un tertre**; *intr.* *T* 3824 — **d'un tertre**, *E* 7718 — **parmi un tertre**, *E* 4570

— **par un degré;** *E* 3084 **devale de son destrier** (*U* donne ici *avale*, qui est plus naturel pour une descente si courte et où rien ne presse Gauvain).

devant *prépos. T* 9383 **por Dieu, fuiez vos devant moi,** cf. la locution mod. *fuir devant la monnaie:* dans les 2 cas il y a un artifice destiné à suppléer au manque d'une prépos. indiquant avec clarté et sans équivoque mouvement pour s'écarter de. — *T* 14667 **l'archon devant,** il n'est pas probable que *devant* joue ici le rôle d'un adj., il est plutôt adv. à joindre au vb. *feri;* *Q* 18913 a senti la gaucherie de la construction et y a remédié: ne mais qu'an l'arçon **de devant.** *S. m. T* 10303, cf. *T* 10293, **en vostre devant** sur vos genoux.

devié *s. m. L* 5770 **sans** — sans interdiction, sans que nulle défense puisse intervenir.

devïer *intr. T* 10296 mourir.

devin *adj.* divin, *T* 7369 **le** — **servise,** *E* 7102 **le** — **mestier.**

devinement *adv. L* 7441, ce mot ne donne pas de sens bien net: il semble qu'il soit dû à une fausse lecture de **demainement** que donne *T* 13467 (c'est la lance *même*); les autres mss *M Q U* 17515 ont *veraiement.*

deviner *tr. E* 231 **mes cuers... me devine** conjecture, mon cœur me dit que, *E* 4248 **si con je devin** à ce que j'imagine.

devise *s. f. T* 7604, 7890, 11343 distance, *E* 5436 signes conventionnels par lesquels on reconnaît un chevalier, *E* 11855 façon d'un objet d'art, *T* 664 description de l'apparence de qqn, *T* 7141; **a** — *T* 1837 solennellement arrangé, *T* 8276 suivant toutes les règles, *E* 862 avec tout l'agrément qu'on peut désirer, *T* 11774 **n'a sohait n'a** — autant qu'on peut souhaiter et l'imaginer, *E* 8918 **esgarderent a devises** regarderent tout à leur gré (*M* et *T* (5338) ont compris ce passage autrement et ont **ademises** au lieu de **a devises**); **par** — *E* 5738 sur plans bien établis, *T* 2025 **par la** — **Le roi** sur plan établi par le roi; **ta** — *E* 2662 à ton gré, *E* 1788 **vostre** — votre souhait, **a sa** — *T* 1975, *E* 2968 à son gré; **sanz** — *T* 836 sans arrangement spécial, *E* 6720, *M* 17294 **sans nule autre** — sans autres cérémonies d'aucune sorte, *E* 5212 **san grant plaist et san grant** — sans autres paroles ou conversation. Ces 4 derniers exemples veulent en fin de compte dire «sans plus attendre»: c'est aussi le sens du v. *T* 1912 **n'i a faite longue** —.

deviser *intr. T* 1302 causer de, *tr. T* 700, 5980, 6115, 7813 dire, raconter tout au long, *T* 4344, 5563, 8288, 9570, 9938 décrire, *T* 9464, 11116 énumérer, spécifier, *T* 10416 imaginer, spécifier, *T* 5667 établir un plan d'action, *E* 3660, *T* 4839 suivre sa pensée en soi-même, *T* 645, 14724, 14732 prescrire, *T* 2259, 3190, 3484 indiquer, fixer, décider.

devision *s. f. T* 4129 **mais tant i ot devision** mais l'arrangement était tel que; le mot est ordinairement de 4 syllabes comme ici, *V* qui a **ot de devision** le fait de 3 syllabes, Tobler-Lommatzsch donne un exemple de cette prononciation.

devoir *tr. T* 13887 **doi** indic. pr. 1, *T* 13581 **dois** 2, *T* 12983 **doit** 3, *T* 12974 **devez** 5, *T* 13068 **doivent** 6; *T* 14978 **doie** subj. pr. 3,

T 850 **doient** 6 (pourrait aussi être un indic. pr. 6); *T* 12980 **devoie** indic. impf. 1, *T* 12944 **devoit** 3, *T* 14932 **devoient** 6; *T* 14980 **devrai** fut. 1; *T* 12348 **devroie** condit. 1, *T* 2843 **devriiez** 5; **dui** *E* 565 prét. 1, *T* 13079 **dut** 3, *T* 854 **durent** 6; *T* 13117 **deüst** subj. impf. 3, *T* 10942 **deüssiez** 5. *E* 565 **le terme... Ou je dui savoir vostre non** où il avait été convenu que je saurais votre nom, *A* 2068 **Quant Caradoc se dut colchier** quand vint le moment où il devait se coucher, *T* 854, 3100, 3117, 4045, 4614, 13079 être sur le point de, *T* 2376, 10048, *E* 1999, 5427 faillir, passer bien près de. Voir encore *T* 850, 7428, 8858, 12014, 12279, 14434.

devorer *intr. E* 2256 distinct de *devorer* «avaler gloutonnement» et synonyme de *maudire* avec lequel il est souvent associé.

di *s. m.* jour *A* 1224 après la Pantecoste **huit dis** huit jours après la P.; *T* 6936 **toz dis**, locution figée, toujours, cf. **toz les jors de la semaine** *T* 6938.

dïapre, dÿaspre *s. m. T* 1672, 12627, 14512, *E* 15566 riche étoffe de soie, de couleur vermeille ou blanche, ornée de broderies d'or, avec laquelle on confectionnait des «sambues», des courtes-pointes de lit et des vêtements d'hommes et de femmes.

dire *tr. T* 13522 **di** indic. pr. 1, *T* 13625 **dist** 3, *T* 13445 **dites** 5 (faisant fonction de subjonctif), *T* 10840 **disent**, *T* 13270 **dïent** 6; *T* 13410 **die** subj. pr. 1; *T* 13621 **disoit** indic. impf. 3, *T* 13577 **disoient** 6; *T* 15033 **dirai** fut. 1, *T* 13433 **dirons** 4, *T* 13673 **direz** 5; *T* 12360 **desimes** prét. 4; *T* 14968 **deïst** subj. impf. 3, *T* 10413 **deïssent** 6. L'impératif *di* forme avec *va*, impératif d'*aller*, une sorte d'interjection composée: **di va** *E* 2946 allons! voyons! Noter les redoublements du genre de *T* 12860 **vos creant et di**: *T* 10200, 13991, 14724 (cf. 14732), 14740. Voir **conter**.

discrescion *s. f. E* 12136 description.

disme *s. m. E* 98 **le disme** le dixième, la dixième partie.

disner *intr.* dans les temps composés l'auxiliaire est soit *avoir T* 7381, 11621, soit plus souvent *estre T* 9441, 11322, 11527, 12072, *E* 2134; dans tous ces exemples le dîner est un repas qui se prend dès le matin, la plupart du temps au retour de la messe qui elle-même suit le lever: c'est donc ce qu'on appelle aujourd'hui le «petit déjeuner», sauf que c'est un repas copieux (cf. *T* 11524-25). Le mot s'emploie aussi des animaux, comme encore dans certaines provinces *T* 9441. L'infinitif se prend souvent substantivement *T* 9458, 9500, 14995 (au v. 9500 *disner* a le sens très général de «repas»).

dit *s. m. T* 1131 **sor son desfens et sor son —** malgré sa défense et malgré ses déclarations.

divers *adj. T* 9509 **les merveilles del chimentire ... si sont diverses** si étranges et si mauvaises.

doblier *s. m. T* 9643, 13256, *U* 2177 nappe plus grande qu'une nappe ordinaire et repliée sur elle-même.

doel, dol, deus *s. m.* sens général, douleur morale; *T* 1229 très vive contrariété, *T* 24, 75 consternation, *T* 5546 **damages et deus** dommage et pitié, *E* 14671 **et dieul et pitié** tristesse et pitié, *T* 8, 337 **faire grant doel** se lamenter, *T* 468 **faire le doel de** regretter amèrement la disparition de (son seigneur), *T* 7500 **bien font oïr lor deus** font entendre leurs plaintes douloureuses; *T* 2826 **vostre doel** le profond chagrin qu'il vous a causé.

doie *s. plur.* doigts, *E* 2545 **bien quatre** —, *U* 2560 **deus** — (dans ce dernier vers *E* donne **doies** qui fausse la mesure).

doien *s. m.* *R* 571 fonctionnaire subalterne chargé de faire exécuter les décisions ou arrêts de certains tribunaux.

doignier *tr.* daigner, *E* 4308 **n'i doigna estrier** il ne daigna se servir des étriers (voir la note à ce vers, t. II, pp. 590-591), *E* 14932 **recevoir ne le doigna** (dans un combat) il ne daigna le recevoir, c' à d. attendre ses coups, ironiquement, car ce dédaigneux prend la fuite; cette plaisanterie est particulière à *E*: ni *M Q* ni *T* 11024 ne la connaissent; voir encore *E* 4341.

doignon *s. m.* *T* 11248 donjon, réduit de la défense dans un château-fort.

dois [1] *s. m.* *T* 3315, 8859, 9641, 13258, *M* 12630, *A* 7300, synonyme de *table*, à cela près que le *dois* semble suggérer magnificence des nappes et des serviettes, richesse et abondance des mets, excellence du service. Parmi tous les dais l'un est placé sur une estrade, c'est la table d'honneur et le roi s'y assied, on l'appelle le **plus haut** — *T* 14994, le **maistre** — *T* 8512, 8848, le **plus mestre** — *A* 9446.

dois [2] *s.* *L* 72 **harpes toucier et dois souner** s'agit-il des doigts qui pincent les cordes? Le mot, s'il n'est pas dû à une erreur du copiste, reste énigmatique.

dois [3] *s. m.* et *f.* *T* 7354, *E* 10936 courant d'eau provenant d'une source.

doitel *s. m.* *T* 2594 diminutif du mot précédent.

dolant *adj.* *T* 1012, 13541 **avoir le (son) cuer** — avoir le cœur triste, *T* 6237 — **et entrepris** triste et embarrassé, *T* 464, 11909 inquiet de la disparition de qqn, *T* 6555 **dolante mors!** mort cruelle! *E* 10788 **o il oï maintes dolantes**, faut-il sous-entendre un mot comme «choses», «nouvelles» (où il apprit de tristes nouvelles), ou bien *dolantes* s'applique-t-il plutôt à des femmes? Ces différents exemples montrent combien depuis le XIIIᵉ siècle le mot a perdu de sa valeur et de son énergie.

dolanté *s. f.* *E* 10746 **quel** —! quelle douleur!

doler *tr.* *T* 4046 façonner (littéralement: travailler avec une doloire dont on se sert pour aplanir le bois).

dolereus *adj.* *T* 3602, *A* 2516 plein de douleur.

doloir *intr.* *T* 1501 **doloir** infin.; *réfl.* *T* 11204 **delt**, *T* 7493 **duelt**, *T* 12581 **duet**, *L* 6656 **diut** indic. pr. 3, *E* 4190 **dolent** 6; *intr.* *T* 1295 **dueille**, *réfl.* *E* 3743 **doille** subj. pr. 3; *T* 6323 **doloie** indic. impf. 1; *E* 12252 **dorroit** (*M* **deudroit**) condit. 3; *T* 3992 **dolsisse**, *E* 7882 **dosisse** (*Q* **dolisse**, *U* **deusisse**) subj. impf. 1. — *T* 1295, *E* 3743, *T* 12581 souffrir (physiquement), *T* 1062, 1501, 7493, *E* 4190 souffrir (moralement), *T* 11204, *E* 7882 sens approchant de celui de «se plaindre».

doloser *intr*. *T* 7227, 7264, 12363, *réfl*. *E* 11077 se chagriner.

domaigier, domaichier *tr*. *E* 1253 **trop nos avroit Diex domaigiez** nous aurait porté trop grand dommage, nous aurait fait trop de mal, *E* 5542, 5674 faire des dégâts (aux murs de la ville), endommager.

domesche *adj*. *U* 6212 (arbre) indigène.

don *s*. *m*. *T* 2707 **cest present et cest riche** —. On voit par ce vers et par tout le passage qu'au XIII⁰ s. comme aujourd'hui le *présent* suggère un geste de la part de celui qui «présente», tandis que le *don* plus abstrait a aussi un sens plus étendu et plus profond. Noter *T* 10493 se vos m'en **donïez le don**.

doner *tr*. *T* 5663 **doner** infin.; *T* 11690 **doins**, *T* 11692 **doinz**, *T* 11604 **doing** indic. pr. 1; *T* 1024, 1040, 13367 **doinst** subj. pr. 3, *T* 9705 **doingnent** 6. — *E* 14674, 14838 faire prendre (un remède, un calmant à un malade).

dongier, voir **dangier**.

donjon, voir **doignon**.

dont¹ *conj*. donc *V* 7094-95, *T* 7874, 7905. Noter la forme **donques** *T* 7126, 8632.

dont² *pron. interrog*. *T* 13643 si me sachiez dire son non … **Et dont il vient et ou il vait**; *T* 13601 ne me loist or plus aconter … **Dont il ert ne de quel païs**, de même *T* 14255, de quelle famille il vient et de quel pays il est (cf. *T* 14763).

donter *tr*. *E* 6760 asservir à sa volonté.

dormir *intr*. infin. pris substantivement *T* 13539, 14097 **par son** — par son sommeil; p. pr. *A* 3582 **une table dormant** fixée au pavement, qu'on ne peut pas remuer ou enlever (comme on le faisait pour les tables des repas).

dos *s*. *m*. *T* 5817 **torner le** — (dans un combat, par accident), *T* 5199 **torner le** — fuir devant l'adversaire, *T* 5272 **torner les** — (quand il s'agit d'un groupe de fuyards); *T* 5509 **molt se sont batu les** — expression qui semble proverbiale: ils ont fait pleuvoir les coups l'un sur l'autre; *T* 7210 Carados **Les ot ja mis arriere dos** il les avait mis par derrière lui, c' à d. il les avait laissés loin derrière lui, fig. *T* 7558 jel di por Carados Que **trop metez arriere dos** que vous oubliez, ou négligez, par trop, *E* 9586 la mere au vaillant Carados **Ne puis plus metre ariere dos** je ne puis plus la négliger, c' à d. je suis obligé de la faire entrer dans mon récit (noter la variante de *U* **arrier men dos**).

dosnoier *intr*. *E* 6652 faire la cour aux dames, s'empresser autour d'elles.

dote *s*. *f*. doute, *E* 2063 **sanz** — d'ordinaire «sans aucun doute», semble vouloir dire ici «sans crainte»: le «beau lieu» est dans une atmosphère de paix.

doter *tr. T* 7069 **dolt** indic. pr. 1, *E* 9115 craindre.

douer *tr. E* 1778 **de set citez** [vostre suer] **sera douee** dotée.

doutance *s. f. T* 183 crainte, *T* 6667 **sanz** — sans qu'il y ait pour elle possibilité de doute, c' à d. ouvertement, en pleine vue, *T* 1350 **sanz** — sans doute possible, «croyez-le», «la chose est bien sûre», *T* 6749, 13441 **en** — dans le doute.

doutos *adj. A* 6389 **or ne soiez de rien** — n'ayez aucun doute.

dragiee *s. f. E* 4250 confiserie.

drap *s. m.* étoffe de drap ou de soie dont on fait des vêtements: *T* 12417 **riches dras imperïaus**, *T* 13224 **chier** — **de Coustantinoble**, *T* 14702 **dras de soie a or batus**, *T* 15112 **un** — **de soie a flors d'argent**; draps .de lit *T* 9917; vêtements en général *T* 23, 7446, vêtements à l'exclusion du mantel et de la chape *T* 1153, robe fourrée *T* 1261 (cf. 1254), **les dras de bois** *T* 8353 costume pour la forêt.

dravie *s. f. T* 9867 mélange de grains qu'on donne aux animaux.

droit 1. *Adverbe*. Avec un vb. de mouvement le mot indique qu'on prend la route directe et la plus courte pour aller en un lieu quelconque: *T* 13939, 14313, 14549, *M* 18595; on appuie parfois encore sur la promptitude du mouvement: *T* 14664 **a l'ains qu'il pot et al plus droit**, *T* 96, 10683 **lués droit**, *T* 626 **lués a droit**. Très souvent **droit** est renforcé par *to*, ou *trestot* placé devant: *T* 10671, 11537, 11789, 13873, 14676, 15106, *M* 17683. Avec un vb. de repos *droit* signifie «exactement»*t* «juste»: *T* 15219 **une pucele qui seoit Droit devant le lit;** ici aussi *tot* ou *trestot* n'est pas rare: *T* 11801, 14915, *A* 6135. Parlant de chemin le plus court, on passe facilement de l'idée de distance à celle de temps employé à parcourir cette distance. De là le sens de «immédiatement» *T* 1053, **tot droit** *T* 10899, 11766. De là aussi l'emploi de *droit, tout droit* avec une date ou une heure précise, étant entendu que les heures du XIIIe s. étaient très loin d'avoir la précision des nôtres: *T* 10872 **il n'avoit Que cinc anz sanz plus, trestot droit** cinq ans tout juste, *T* 13871 **tout droit entor none sonant**, *T* 13632 **tot droit entre tierce et midi**, *T* 11206 **tot droit al chief de la quinsaine.** 2. *Adjectif. T* 14349 **si droites gambes**, *T* 3650 **c'est drois a home qui riens vaille Que ja trop ne soit reposez** il est juste que. Emploi analogue à celui de l'adverbe indiqué plus haut sous 1: *T* 6984 **il aler voloit Encontre Artu le chemin droit**, *T* 12483 **s'en torna Vers Bretaigne le droite voie.** 3. *Substantif. T* 2765 **faire droit** mettre fin à une contestation ou à une querelle en s'en rapportant à l'avis d'arbitres choisis par les deux parties, *T* 13122 **tant par redoute, et si a droit** et il a raison, et il ne se trompe pas (de même *T* 14540), *T* 9782 **si n'avez mie droit** vous n'avez pas raison, *T* 12290 **n'a droit n'a tort** que vous ayez raison ou que vous ayez tort, *E* 8464 **biax a droit** nommé «beau» à juste titre, vraiment beau, *T* 11022 **bienfais et almosnes et drois** ensemble des obligations par lesquelles on s'engage envers qqn (ici Bran de Lis).

droitement *adv.* a à peu près les mêmes emplois que *droit* adverbe ou adjectif et se renforce volontiers aussi du mot *tout*: *T* 12891,

13661, 14152, 14182 directement, *M* 17680 immédiatement, *T* 14243, 14397, 15126 exactement, *T* 13326 tout droit, dans le sens de la hauteur.

droiture *s. f. T* 1564 **et s'est bien salve ma** — mon bon droit est incontestable; *T* 4164 **par** — en vertu des droits que je possède légitimement; **a** — *T* 1124, 1372, 2582, 2984, 9584, 11356 directement, immédiatement.

dru *s. m. E* 5451 **li druz a la Sore Pucelle** l'amoureux de la «Sore Pucelle», *T* 10554 **Sire Ke, bien soiez venus Come mes amis et mes drus** mon ami très cher.

drüerie *s. f. E* 1383 (un présent vient) **de**— de la tendresse d'une femme, **par** — *T* 813, 4454 en témoignage d'affection, *T* 7989 (Guinier tient son ami dans ses bras) **par amor et par** — par amour et par tendresse.

duc *s. m. T* 1165, 13500, *E* 7058 ce terme n'apparaît que dans des énumérations très générales, il ne semble pas qu'aucun des personnages du roman nommément désignés porte ce titre; **uns granz dus** *E* 7058 signifie probablement «un puissant duc». Voir **quens**.

duit *adj.*, pp. du vb. *duire* employé adjectivement, *T* 261 habitué à, *E* 6894 habile à.

durement *adv.*, intensif qui a dû débuter dans la langue très familière pour devenir un mot favori de l'époque (cf. l'angl. *awfully* et le fr. mod. *terriblement*: il est terriblement fatigué); comme tous les mots de ce genre *durement* correspond à maintes nuances très distinctes: *T* 4220 **et de moi qui molt sui blechiez Vos pri que** — **m'aidiez** de toute votre bonne volonté, de toutes vos forces, *T* 7916 — **sui blanche et tendre** (dit Guinier) à souhait, *T* 3218 était plongé dans une rêverie si profonde, *T* 3061 très chaleureusement, *T* 11745 vivement. Voir la note au v. *T* 1345, t. I, p. 418.

durer *intr. T* 10659 **düerra** fut. 3, durera; *durer* exprime fréquemment le temps en termes d'espace: *T* 2135 **une liue et demie entiere Durent les loges d'un tenant,** *T* 9640 (une salle qui) **Bien duroit une arbalestee,** *T* 242, 13078, 13144, *E* 5557.

dusque *prépos. T* 11720 — **a petit** tout de suite, *T* 12108 — **a petit** dans un moment, *T* 12509 — **a or ne se sont faint** jusqu'ici ils n'ont pas relâché leurs efforts; *conjonct. T* 5178 **dusques que** jusqu'à ce que, *T* 1050 — **atant que** tant qu'il n'aura pas retiré son accusation de trahison, *T* 12112 — **adont que il s'armera** le cor ne va sonner qu'au moment où il s'armera.

E

E *interj. T* 14884 **E, Dex!** marquant surprise agréable.

Ee (valant une syllabe) *interj. L* 2280 marquant étonnement dédaigneux (au passage correspondant *T* 3372 et *A* 2284 donnent **ha!**).

eesmer, aesmer *intr. E* 7327, 7332 se préparer à (frapper), viser.

effort, esfort *s. m. T* 2812 **par grant esfors** à plein élan, *T* 8100 **si le vient veoir a** — à toute allure, *T* 4637 **por esfors qu'il eüssent** malgré les efforts qu'ils firent (il ne serait pas impossible de comprendre «malgré leur nombre»).

effraer *tr.* pp. *T* 282 effrayée, *T* 13177 **iriez et effraez** désagréablement surpris et très inquiet.

effroi *s. m. T* 460 **en grant** — en grande inquiétude, *T* 2442 **en nul** — sans aucune inquiétude, *T* 6977 **en grant** — l'esprit troublé; *T* 4621 **par grant** — dans un grand bruit (d'armes).

egal *adj. M* 18921 pris substantivement, à égalité, également: ils sont tous deux à terre, mais un a été abattu et l'autre a sauté à bas de son cheval.

egrest *s. m. A* 5679 verjus pour assaisonner un rôti.

eis, ais *s. m. A* 1915 les planchettes recouvertes de cuir qui constituent l'armature du bouclier.

eisil, aisil *s. m. A* 2764 vinaigre.

el[1] abréviation fréquente, dans les textes en vers, du fém. du pron. person. de la 3ᵉ pers. *T* 95, 336, 955, 6683, 8969, 9596, 10045, 10339, 13670; *el* peut également remplacer le plur. *eles T* 2184, 11510, 13068, 14039, *L* 858: il est remarquable que l'*s* du plur. fém. n'apparaisse pas dans ce cas, c'est peut-être pour éviter une confusion avec *els, eus* régime du pron. masc. plur.; toutefois il faut remarquer qu'au v. *T* 14039, si *T* donne *el* = *eles*, *V* ne recule pas devant *els*.

el[2] valant *en le*, prép. fondue avec l'article défini, *T* 9565 **el pui monta**, *T* 12968, 14643 **el ceval monte**; noter que dans ces 3 ex. la prépos. *en* a le sens de «sur».

el[3] *pron. indéf. neutre* «autre», *T* 14111 **si n'i ot el Mais qu'il s'en ala a l'ostel** il ne resta plus qu'à s'en aller chez lui (ce qu'il fit), *T* 1030 autre chose, *E* 4204 **si n'an quier mes passer par el. Mais...** «Je ne prétends pas faire autrement que ceci, à savoir que, étant venu pour eux et ne voulant pas passer pour un couard, j'irai [les attaquer]». **Ne un ne el**, voir **un**.

elme, voir **hiaume**.

embalsemer *tr. T* 14246, *L* 8442 embaumer.

embarrer, enbarrer *tr. T* 887, 952, 2906, 10761, *E* 4379 cabosser, défoncer (un heaume), *T* 1574, *E* 4896 enfoncer (sa lance dans l'écu de l'adversaire).

embasteüre *s. f. T* 2307 le bât d'un cheval de charge et ses accessoires.

embatre, enbatre *réfl. T* 1198, 2502, 9536 arriver à l'improviste (sur une rivière, un chemin frayé, dans un lieu donné), *T* 8257 se trouver enfin (dans un lieu désiré et cherché), *T* 4620 tomber à l'improviste (sur un adversaire qui ne s'y attend pas), *E* 1741 se jeter au milieu (des combattants pour les séparer), *E*

1714, *A* 1000 intervenir contrairement aux règles; *tr. T* 11756 forcer un cerf à quitter l'abri de la forêt pour déboucher dans une lande.

embesognier *tr. R* 833 **trop seroit Dex embesogniés** Dieu aurait trop de besogne, trop à faire (pour réparer la perte causée au monde par la mort de Gauvain).

embler, ambler *tr. T* 5748, 6740, *E* 9330 voler, dérober.

embracier *tr. T* 323, 2699 prendre dans ses bras: ces deux passages (323-4 et 2699-2700) opposent encore *embracier* et *baisier*; aujourd'hui *baiser* s'emploie peu, et c'est *embrasser* qui a pris sa place, sans perdre absolument, à côté de l'autre, son sens du xiii⁰ s.; *T* 4338 **puis ont les escus enbrachiez** pris à leur bras.

embraser *tr. L* 7063 **un gros cierge ... tot embrasé** flamboyant.

embronc, enbronc *adj. T* 11791, *A* 5850, *E* 15867 qui baisse la tête d'un air de tristesse.

embronchier *tr. T* 2622 **embroncha la chiere,** *T* 2729 **embroncha son vis,** dans les deux cas: baisser la tête pour cacher sa confusion, *T* 7463 **son chaperon a embronchié** a ramené sur ses yeux pour éviter dans sa douleur de voir son ami Cador, *T* 8879 **son vis embronche** Artur est plongé dans des idées noires, cf. 8761; *réfl.* prendre un visage assombri *T* 8593 de colère et de chagrin, *T* 10643 de colère, *T* 13207 d'un air d'angoisse, *T* 13961 d'un air pensif. Voir **ambronchier.**

empaindre *tr. T* 2784, 5448, 10885 pousser violemment, *réfl. T* 2880, 10744 se pousser violemment l'un l'autre; *T* 7686 **a la mer vint, s'est ens empains** a pris la mer, s'est embarqué, *T* 6714 **Cadors est decha mer empains** le *deça* semble indiquer qu'il s'agit ici d'un débarquement.

empalir *intr.* pp. *T* 6655 **ma char ... empalie** devenue toute pâle, blafarde.

emparenter *intr.* pp. *T* 424 **chevaliers toz de haus parages, Molt bien emparentez** bien apparentés.

emperere, empereor *s. m. T* 8806, 13967 empereur.

empire *s. m. T* 7000, il s'agit ici de l'ensemble des terres que possède le roi Artur ou qui relèvent de lui, soit au delà de la mer (en Gaule) soit en deça (en Grande Bretagne); mais le roi Artur n'apparaît nulle part, dans la 1ʳᵉ Continuation de *Perceval,* sous le titre d'«empereur».

empirier *tr. T* 3948 (la perte de son heaume) le met en une posture bien plus fâcheuse, *T* 3953 le combat a pris en ce qui le concerne une tournure bien plus dangereuse, *T* 11014 **trop se painent de l'—** d'empirer leur état, *T* 6746 **et molt l'empire cil amers** cette amertume d'Amour envers lui fait bien du tort à Carados, *T* 2910 **d'aus — point ne se faignent** ils n'hésitent pas à aller au-devant des blessures, *T* 6022 **sanz mon conte trop —** sans trop gâter mon conte, *T* 176 pp. **plus estions por lui irié et amati et empirié** nous étions plus irrités pour lui, plus abattus et en un pire état, *réfl. T* 10174 **tost me porroie**

— je pourrais bientôt **aggraver** ma situation, avoir à en solder les frais.

emplir *tr.* *T* 1155 **s'en emplent coffres** ils en remplissent des coffres.

emploier *tr.* *T* 4872 **lor proëces** — mettre en œuvre, *T* 4222 **sa proiere a bien emploiee** il a tiré un bon parti de sa prière (à sa sœur), *T* 5807 **puis ra le tiers cop emploié** pour son troisième coup d'épée il a obtenu de beaux résultats, *T* 4735 **si durement son cop emploie** il dirige si roidement son coup.

empoignement *s. m.* *T* 10996 partie de l'écu où le combattant l'empoigne ou l'étreint.

empoignier *tr.* *T* 8891, 12154 empoigner, saisir.

empregnier *intr.* *L* 2468 **empregna** fut fécondée.

emprendre *tr.* *T* 6057, 15001 entreprendre, *T* 507, 835, 4297, 4488 entreprendre un combat singulier, un tournoi, *T* 1881 **le desroi Que Gavains ... empris ot** il allait entreprendre un combat qu'on lui imposait et qui était contraire à toutes les traditions et à toutes les règles, *T* 9026 **or l'ai si en mon cuer empris** décidé en moi-même, *T* 6132 **lor voie emprenent** se mettent en route.

emprise *s. f.* *T* 4484 tournoi (dont le vainqueur s'arroge le droit, qui lui sera contesté par l'intéressée, d'épouser une certaine jeune fille).

en [1] *pron. indéf.*, autre forme de *on*, *T* 158, 11454 — **ne doit pas mal senechier** on ne doit pas présager malheur.

en [2] *prépos.* *T* 31 **si saut — piez** il saute debout sur ses pieds, *T* 358, 13701, 14825 **monter — un cheval,** — **son destrier** sur un cheval, *T* 15272 **Guingemors l'engenra — une fee qu'il trova,** *T* 1257 **ens — l'eure** immédiatement, sur-le-champ.

enarme *s. f.* courroie(s) par lesquelles on tient l'écu pendant le combat *T* 2854, 12154, 13653. Voir **anarme**.

enbanter *tr.* *P* 1361, var. de *A* 1361-64; s. v. *embanter* Tobler-Lommatzsch cite le même exemple. On n'en connaît pas d'autre. Peut-être le mot signifie-t-il «charger un cheval»?

ençainte *s. f.* *T* 7079, *E* 10663, même sens que *achainte*; voir ce mot.

ençaintier *tr.* pp. *L* 4309 rendue enceinte.

encaperonner *tr.* pp. *T* 7243 couvert d'un chaperon, coiffure spécialement portée par les moines, voir E. R. Goddard, *Women's Costume*, p. 85-86.

encensier *s. m.* *T* 13193 encensoir. Voir **ancensier**.

encerchier *tr.* *T* 12988 **faites enquerre et** — faites examiner (les circonstances de cette mort) et interroger de tous côtés (les gens à ce sujet), *T* 13458 **ainc mais n'osa nus** — rechercher, *T* 14905 **puis comencent a** — S'il fu onques à s'enquérir auprès de lui pour savoir si, *A* 1142 **ont bien ancerchié le covine Des deus reïnes** se sont bien informés de tout ce qui concerne les deux reines.

enchacier, enchaucier *tr.* *T* 5430 chasser, faire fuir devant soi (dans un tournoi), *T* 6470 expulser (d'un pays) *T* 5063, 7154, 10533 poursuivre. Voir **anchacier.**

enchantement *s. m.* *T* 438, 13320 ensorcellement (par un magicien).

enchanter *tr.* *T* 6265 ensorceler (un serpent), *T* 436 **il quide estre enchantez** il se croit ensorcelé. Voir **anchanter.**

enchantere *s. m.* magicien (cas sujet *T* 3104, 6041, 6221; **cas** régime **enchanteor** *T* 6191). Noter **ses enchanteres** *T* 6041 son cher magicien. Voir **anchanterre.**

enchargier, voir **anchargier.**

enchaucier, voir **enchacier.**

enchaus *s. m.* *T* 3914 poursuite.

enclin *adj.* *T* 13874, 14876 **le chief** — la tête basse. Voir **anclin.**

encliner *tr.* *T* 14279 **le roi encline par samblant** (le cygne) s'incline devant le roi, semble-t-il, *intr. M Q U,* t. II, p. 584 **li cignes au roi enclina,** cf. *L* 9483.

enclore *tr.* *T* 4301 pp. **enclose** entourée, *T* 6038, 6044 emprisonnée, *T* 6270, 6271, 7064 enfermé, *réfl.* *T* 3612 **s'enclost** se renferme. Voir **anclore.**

encombrement *s. m.* *T* 13319 difficulté, obstacle.

encombrer *tr.* sens général: embarraser qqn par un obstacle qui le met en infériorité ou l'arrête tout net : *R* 521 **ce fait viés peciés qui l'encombre** pèse sur lui, *T* 4667 alourdir (un conte), pp. *T* 4306 mis en fâcheuse posture, *T* 5613 mis à mal, *T* 9039 désemparé. Voir **ancombrer.**

encombrier *s. m.* embarras, gêne, *T* 713 (ne welent qu'il i faille rien) **Dont poïst avoir** — qui puisse le gêner dans le combat, *T* 14729 **sans** — sans empêchement.

encontre[1] *adv.* *T* 8362 (quand Carados entra) **chascune — se leva** devant lui, *T* 11076 il voulait bondir au devant de son ombre (projetée sur l'acier des épées); *prépos.* *T* 6731 — **als ne puis aler** au devant d'eux, *T* 7059 **vos celez — moi** envers moi, «à leur rencontre», *T* 7059 **vos celez — moi** envers moi, «vous vous cachez de moi», *T* 15221 — **le roi se leva** à la vue du roi elle se leva, *T* 977 — **un cop que il li rent L'en done trois** pour un coup que l'autre lui lance il lui en donne trois.

encontre[2] *s. m.* *T* 4926 **a lui mal** — a fait une fâcheuse rencontre, *T* 8108 **a cel** — à cette rencontre. Voir **ancontre.**

encore *adv.* *T* 1105, *E* 1873 en ce moment-ci (et depuis quelque temps déjà), encore, *T* 1099 **est — li rois levez** déjà (de même *M Q U* 19383), *L* 408 **con s'il fust — mïedi** (cf. *T* 432 **entor midi**), *T* 3855 **dehé ait ... mes cols Se je — le vos lais** dès

maintenant, «je ne suis pas encore prêt à vous la livrer», *T* 6819 —
anuit dès ce soir, *T* 3269 **ainc** — jusqu'à ce jour. Voir **ancore.**

encortiner *tr.* *T* 9609, 11570, 14164, 15201 parer de tapisseries.

encoste *prépos.* *T* 4041 à côté de; *adv.* *T* 4073 à côté.

encovir *tr.* *T* 10490 regarder avec envie, convoiter.

encroter, engroter *intr.* pp. *T* 2529, *L* 1503 malade tout de bon.

encui *adv.* *T* 11945 **encor** — dès aujourd'hui.

endementiers (que) *conj.* *T* 2668 tandis que, pendant que.

endroit *adv.* et *prépos.*, précédant ou suivant immédiatement un
adverbe de lieu ou de temps avec lequel il fait presque corps
le mot ajoute une nuance d'exactitude ou de précision: *T* 10973
— **midi** à midi juste, *T* 7017 **luec** — là-même, là précisément,
E 10601 **ici** — même emploi, *T* 6711 **la** — là-même (très près
du sens de «en cette occasion-là»), *T* 12309 **ilueq** — dans cet
endroit précisément, *E* 17451 **trestot** — **Comfetement estre
souloit** (ici, au lieu que *endroit* renforce un adv., il est lui-
même renforcé par un adjectif neutre: «exactement au lieu où
elle était auparavant et de la façon dont elle y était placée;» *T*
14840 — **les bans ... Ou on vendoit char et poison** passa près
des bancs où l'on vendait la viande (*E* 19080 donne **parmi les
bans**). On voit déjà apparaître **endroit** *subst.* *T* 14411. Voir
androit.

eneslepas *adv.* *T* 1867, *M* 5169 aussitôt. Voir **isnellepas.**

enfantosmer *tr.* *T* 434, *U* 712 ensorceler; voir **enchanter** qui
est un synonyme assez exact de *enfantosmer.*

enferrer *tr.* pp. *T* 2409, 11404, 15146 percé d'une lance à travers
le corps ou l'épaule.

enfes *s. m.* cas sujet *T* 10938, 11045, le régime est **enfant** *T* 11059;
au v. 14980 *M* n'observe pas cette règle et fait d'*enfant* un
sujet. Noter **cis enfes petis** *T* 10938, **li enfeçons** *L* 5071,
l'enfançonet *T* 10917, trois façons différentes de désigner un
garçonnet de 5 ans.

enfichier *tr.* *T* 13326 piquer une lance toute droite (dans un
vase), *L* 3416 ficher (un couteau dans un pain).

enfleement *adv.* *L* 3795 de l'air de qqn qui se gonfle d'importance.

enfler, amfler *intr.* pp. employé adjectivement *E* 8518 prompt
à la colère, colérique.

enforester *intr.* pp. *T* 14439 plongé dans la forêt.

enfosser *tr.* pp. *T* 4568 **un fossé ... molt parfont enfossé** creusé
très profondément, *E* 2544 **li oil anfossé estoient An la
teste bien quatre doie** les yeux enfoncés dans la tête d'une
largeur de bien quatre doigts, *T* 7788 **la veüe enfossee** les yeux
caves.

enfouir *tr.* *T* 7488 enterrer. Voir **anfoïr.**

enfresi (que) *conj.* *T* 10972 jusqu'à ce que; *T* et *V* sont les seuls de nos mss à donner le mot, qui du reste n'est pas rare.

enfroissier *tr.* *T* 1571, *Q U* 4893 rompre (les planchettes de l'écu).

engenrer, engerrer *tr.* *T* 3559, 13980, 14075, 15271 engendrer.

engien *s. m.* *T* 7247 **par engien et par decevance** par ruse et par dissimulation, *T* 13341 **par grant engien** par un arrangement très ingénieux, *T* 10387 **d'un engien me porpensai** je m'avisai d'un artifice; au plur. *T* 2443 **engiens,** *M Q U* 5677 **engins** machines de guerre, ce dernier sens est le seul qui subsiste, mais avec une nuance péjorative: «des engins de destruction». Voir **angien.**

engignement *s. m.* *T* 6064 sa perfide habileté (de magicien).

engignier *tr.* *T* 7094 tromper, *T* 11652 **ne set pas que soit engigniez** ne sait pas qu'on se joue de lui.

engouler *tr.* *T* 7944 engloutir.

engramir *intr.* pp. employé adjectivement *T* 2772 exaspéré.

engreignier *intr.* *T* 4720, *E* 8356 dès lors le combat s'accroît en acharnement, de ce moment le combat fait rage autour d'Aalardin.

engrés *adj.* *T* 1848 désagréable et violent (en parlant de qqn); *T* 1354 très désireux (de savoir), *T* 1992, 2000 avides de (se battre avec un adversaire). Voir **angrés.**

enhaïr *tr.* *T* 8703 prendre en haine, détester.

enhermi *adj.* *T* 9404 (terre) solitaire, désolée. Voir **anermi.**

enheuder, anhauder *tr.* pp. *T* 3342, *A* 2254 munie d'une poignée (en parlant de l'épée).

enjanglé *adj.* *M* 10763 **puis qu'amor est enjanglee** depuis qu'amour est un sujet de bavardage.

enluminer *tr.* *T* 4058 illuminer (en parlant d'escarboucles), *M Q U* 8114 (en parlant d'un écu d'or).

enmi *prépos.* *T* 14878 — **le chemin** au milieu du chemin, *T* 15152 — **une ille** au milieu d'une île, de même *T* 2331, 10524, 10959, 11366, 13877, 14376.

ennui, anui *s. m.* *T* 12549 inquiétude, *A* 7178 **molt a — et contraire** beaucoup d'inquiétude et de graves difficultés, *E* 113 **un chevalier plain d'annui** des plus désagréables, *A* 753 **dire tant** — dire tant de mal (de qqn), *E* 4376 **Et il ... a lui Ront fait tant mal et tant annui** ils lui font tant de mal et le poursuivent d'un tel acharnement (au cours d'un furieux combat). On voit combien le sens du mot s'est affaibli depuis le XIIIᵉ s. Il en est de même du verbe et de l'adjectif suivants. Voir **annui.**

ennuier *impers.* *E* 2004 **il li ennuie** cela l'irrite, *E* 2216 **molt li ennuie** il en ressent une grande indignation; *intr.* *A* 5178 **ce puet as plusors enuier** cela peut faire une peine très vive à beaucoup (de ceux qui sont là). Voir **annuier.**

ennuios *adj.* *A* 7176 **dolanz et enuieus** triste et inquiet, *A* 2760
serpant... cuiverz et enuiex perfide et méchant; dans *T* (12574)
et dans *M* (16700) Keu se déclare **vilains et anuious** s'il allait
«en queste d'enfant»; il s'en remet aux deux oncles du jeune
garçon perdu du soin de le rechercher; sans quoi il serait «vilain»
c' à d. occupé à une besogne qui n'est pas digne d'un chevalier,
mais qui convient tout à fait à un rustre de campagne, et il
serait aussi «enuious», c' à d. se mêlerait de ce qui ne le regarde
pas, mais est strictement une affaire de famille. Gauvain, lui
non plus, ne participera pas à cette recherche «il ne set rien de
querre enfant» (*T* 12567), et se voit un peu ridicule dans cette
besogne; il parle de même dans *M* 16693; mais dans *L* il donne
une raison plus décisive à ses yeux: ici il prend à son compte
les termes *vilain* et *enuios* (6648) qui sont retirés à Keu, et il
serait donc un rustre et un intrigant importun si, dit-il, «del
quesre m'entremetoie seur ses oncles (ceux de l'enfant), que faus
feroie». Il décline ainsi toute responsabilité (6651) à l'égard
du petit garçon, qui est son fils, mais un fils illégitime. Les droits
des deux oncles sont supérieurs à ceux qu'il pourrait avoir
(ceci appliqué au roi est du reste assez curieux, car Artur lui-
même n'est oncle, ou plutôt grand-oncle, de l'enfant que par
l'intermédiaire de Gauvain), et ce serait jouer un rôle qui n'est
pas le sien (*faus* 6650) que de tenter de prendre les devants sur
la famille légitime (représentée en tout cas par Bran de Lis)
et même simplement de l'accompagner dans la quête. C'est tout
cela que résume le terme *enuios*. *A* a reculé devant une épithète
aussi dure appliquée à Gauvain (et à Keu) même sous condition,
il a écarté également *vilain* qui sonne bien mal, et dans ce texte
Gauvain se déclare simplement **musart** (6648), c' à d. naïf
et sot, s'il prenait part à cette quête: ici il ne voit plus que le
côté comique de l'aventure.

enquerre, voir **encerchier.**

enragier *intr.* *T* 1229 peu s'en faut qu'il ne devienne fou de rage.
Voir **esragier.**

enrogir *intr.* *T* 3398 rougir (de honte), *T* 3928 devenir rouge de
sang (en parlant de l'armure des combattants dans un tournoi).

ens, enz *adv.* et *prépos.* *L* 8382 **est entrés ens** il est entré dedans,
de même *T* 1240; souvent placé devant les différentes formes
que peut prendre la prépos. *en*, c'est un renforcement de *en*,
mais il est difficile d'en démêler la valeur précise: *T* 3062 **ens el
jor** le jour même, *T* 14188, 14569.

ensaier *tr.* *T* 8579, 8635, *intr.* *T* 8587, 8604, 8611, 8630, 8647,
réfl. *T* 8694 essayer (de boire dans le «cor» sans verser une
goutte de vin), *intr.* *T* 11291 faire l'essai (de chausses de fer en
prévision d'un combat prochain).

ensaigne *s. f.* *T* 7997 trace (sur le bras de Carados) qui témoigne
(des souffrances [7996] qu'il a éprouvées auparavant); *T* 807
pièce d'étoffe attachée à la lance et qui pouvait être richement
brodée, elle venait souvent au chevalier d'un don de sa «dame»,
l'enseigne qui flotte au vent est plus voyante que la lance et
sert volontiers à la désigner *T* 222; *T* 4744 cri de guerre que
pousse le chevalier dans la mêlée pour appeler à l'aide.

ensaignement *s. m. T* 7660 indication, information (cf. 7649, 7652).

ensaignier *tr. T* 14646 enseigner, indiquer (son chemin à qqn), *intr. T* 14085 apprendre (à un adolescent les règles et les pratiques de la vie d'un chevalier); *tr. T* 724, 1290, 8364, 8778 pp. pris substantivement, homme d'excellente éducation, qui a du tact et du savoir-vivre.

ensanglenter *tr. T* 11828 (si j'avais mon épée, elle serait déjà) couverte de votre sang.

enseler *tr. T* 226, 1149 seller.

enseleüre *s. f. L* 5919 la selle et tous ses accessoires.

ensement *adv. T* 1414, 8091 pareillement, également, aussi.

enserrer *tr. T* 3630, 8073 enfermer (dans un lieu où on est emprisonné); *E* 5698 resserrer (entre des murailles où on est bien protégé).

ensi *adv. T* 7083 **car ne trovent ensi n'ensi** litt. ni d'une façon ni de l'autre ils ne trouvent absolument rien; cf. *V* **n'ensi ne si,** *E* 10667 **n'ainsint n'ainsi,** *M* **n'il n'i truevent ne si ne si.**

ensoigne *s. f. T* 1799 **come il avoit D'—** quelle excuse légitime à faire valoir. Voir **essoigne.**

enson *prépos.* au sommet de, *T* 4741 (de la tête), *T* 11000 (du heaume), *T* 4584 (de l'*espiel*: voir ce mot), *T* 12103 (de la tour principale). Voir **anson.**

ensus *adv. T* 909 se sont retirés à l'écart, *T* 2126 même emploi, où le contexte du reste suggère plutôt «retirés en arrière». Voir **ansus.**

entaille *s. f. T* 1790 ouverture pratiquée dans la muraille d'une tour pour permettre de voir au dehors; le mot indique souvent l'embrasure d'une fenêtre, mais ici les deux termes sont distincts l'un de l'autre.

entaillier *tr. M* 17617 **un chier aumoire entaillié** une précieuse armoire en bois sculpté, *L* 1573 **entaillié de ciers dras de soie** (figures d'animaux ou de fleurs brodées et incrustées dans les riches pièces de soie des pans et «girons» du pavillon; voir *A* 1603-07).

entaindre *tr. T* 3924 teindre (la terre de leur sang).

entalenter *intr. T* 6833 **toz sui entalenté de** j'ai le grand désir de.

entamer *tr. T* 264 **et si ront fait mainte ramee De la forest qu'ont entamee A lor chevax** ils ont fait pour leurs chevaux mainte ramée avec des branchages de la forêt qu'ils ont dépouillée (d'une partie de sa verdure), *T* 5777 **se sont ... entamé et char et os,** *T* 5179 **a poi n'entama la cervele** il faillit de bien peu toucher à la cervelle.

entendre *intr.* *T* 2129 **entendent a aus logier** s'occupent de se loger, *T* 4176 **a entendu a descendre de son destrier** s'est mis en devoir de descendre de son cheval, *T* 11193 **tant par entendoit a s'amie** tant il s'occupait de son amie, *T* 380 **vostre mere molt entent A vos esgarder** se fait une fête de vous regarder bientôt de tous ses yeux, *T* 1294 **li bons hom n'a entendu Nul point a chose qui li dueille** ne s'est préoccupé en rien des soucis qu'il peut avoir et qui ne l'empêchent pas d'accueillir Gauvain auprès de lui, *T* 1483 **et entent tant a sa parole (que)** prête à ses paroles une attention si soutenue (et si fatigante) que..., *T* 5384 **ore a bien Cligés ou — à** qui s'adresser; *réfl. T* 5856 **chascuns a a cui il s'entent** chacun a qqn à qui il a affaire, chacun a de qui s'occuper pour son compte.

ententievement *adv. T* 8228 attentivement.

enterin, anterin *adj. T* 7527, 15294 entier, parfait.

enterrer *tr. T* 8174, 14251, 14380, 15119 (**enterez**) mettre en terre (une personne morte). Voir **enfouir**.

entester *intr. M* 10054 s'opiniâtrer dans une idée, s'échauffer.

entor *prépos.* devant un chiffre indiquant temps ou espace: environ *T* 13871 **tout droit — none sonant.**

entr'abatre *réfl. T* 5773. Voir **abatre.**

entr'acoler *réfl. T* 7009 se donner l'un à l'autre l'accolade.

entr'acorer *réfl. T* 3920. Voir **acorer.**

entr'aesmer *réfl. T* 11065 **des espees s'entr'aesmoient Mais autre mal ne se faisoient** ils se visaient réciproquement de leurs épées mais ne se faisaient pas d'autre mal, *A* 5239 **s'antre esmoient.** Voir **amer³.**

entraite *s. f.* au sens propre: emplâtre, et par plaisanterie mauvais coup, *V* 4790 **ja eüst l'uns fait l'autre — (***E* 8378 **antrete***)** ils allaient s'arranger l'un autre de la belle manière.

entr'ajoster *réfl. T* 5991. Voir **ajoster.**

entr'aler *réfl. T* 12168 **et molt fierement s'entrevont** (ils ont tiré leur épée) et vont furieusement l'un contre l'autre.

entr'amer *réfl. T* 5388 les deux compagnons s'aimaient bien.

entr'assaillir *réfl. T* 1577 ils s'assaillent l'un l'autre (de leurs épées).

entr'ataindre *réfl. T* 3923 partout où ils s'atteignent l'un l'autre (ils teignent la terre de leur sang). Voir **ataindre.**

entre *prépos. T* 487 **et — dames et puceles En maine od lui cinquante beles** tant dames que pucelles.

entrebaisier *réfl. T* 5995 (les trois compagnons d'armes se sont juré d'être toujours bons amis) et se sont souvent embrassés l'un l'autre.

entrebouter *réfl. T* 3895 s'entreheurter violemment l'un l'autre. Voir **bouter.**

entreclore *tr.* pp. *T* 5149 **entreclos** cerné de tous côtés.

entrecorre *réfl.* *E* 10593 **antrequeurent** courir au devant l'un de l'autre (pour se saluer plus tôt).

entredoner *réfl.* *T* 972, 1579, 10876 se porter l'un à l'autre des coups très durs.

entree *s. f.* *T* 3890 dans un combat à l'épée, coup qui engage l'arme en avant, peut-être coup de pointe, opposé à **retraite** coup porté en retirant l'arme.

entreferir *réfl.* *T* 967, 2775, 2901, 5746, 11547, 11629, *E* 1497 frapper de grands coups de part et d'autre avec la lance ou l'épée sur l'écu, le heaume ou le haubert.

entregeter, entrejeter *intr.* ou *réfl.* *T* 5833-34 **il sormontent et entregetent Et si tres grans cops s'entrejetent** ils se dressent au-dessus et se jettent au travers et se lancent l'un à l'autre des coups terribles.

entregiet *s. m.* *E* 7784. Voir note à ce vers, t. II, p. 594.

entregrever *réfl.* *T* 1585 se faire du mal l'un à l'autre.

entrehaïr *réfl.* *T* 10764 se détester l'un l'autre.

entrehurter *réfl.* *T* 13119 s'entreheurter (en parlant d'une double rangée d'arbres qui sont secoués par un vent très violent), *T* 10750 s'entreheurter (de deux chevaliers engagés dans un combat furieux).

entrejouer *intr.* *U* 6334; cf. la leçon de *E* et **bonemant antr'eus jöé.**

entrelaidir *réfl.* *T* 4516 «la bataille où ils se firent tant de mal l'un à l'autre».

entrelaier *intr.* interrompre, *T* 1194 **entrelairai** «je cesserai pour le moment de vous parler d'eux».

entrementiers *adv.* *T* 5380 pendant ce temps; **entrementiers (que)** *conj.* *T* 1357 pendant que, tandis que.

entremetre *réfl.* sens général: se préoccuper de, *T* 112 la reine ne pense pas à mettre son manteau, *T* 1158 les autres se chargent de mener les chevaux au roi, *T* 14955 vous vous chargiez d'une besogne inutile, *T* 4943 je ne me charge pas de les relever, *T* 6364 pourquoi s'est-elle avisée de prendre mon fils et de me laisser, moi?

entrepaier *réfl.* fig. *E* 9450 ils se paient l'un à l'autre leurs dettes, ils se règlent leur compte les uns aux autres.

entreplevir *réfl.* *T* 4240 ils engagent leur foi l'un à l'autre: désormais ils seront «compagnons» pour la vie.

entreprendre *tr.* sens général: faire face à une situation délicate, ou difficile, ou dangereuse qui vous menace, *T* 560, 12086 il n'y a rien à ajouter ou à amender (dans l'armure d'un chevalier qui se prépare pour le combat), *T* 5208 ceux qui sont particulièrement mis à mal, ceux qui ont le dessous, *T* 5149 **entre-**

clos et entrepris cerné et en mauvaise passe, *T* 4770 ils le pressent de tous côtés,' *T* 7238 **onques n'i pot estre entrepris** entouré et pris, *T* 1799 dans quelle situation périlleuse il se trouve, *T* 1887 il est en si grand danger (il va avoir à lutter contre deux adversaires à la fois), *T* 4725 qui avait été en mauvaise posture, *T* 6237 **dolans et entrepris** sentimental et timide (comme vous l'êtes); pp. employé substantivement *E* 9817 **fauz antrepris!** quelle poule mouillée vous faites!

entrer *intr. T* 2669 **enterrai** fut. 1, *T* 11711 **enterront** fut. 6; *réfl. T* 14773 (cf. *T* 14789).

entrerevenir *réfl. T* 913 revenir l'un sur l'autre (pour reprendre le combat).

entrereveoir *réfl. T* 6175 se voir de nouveau après une absence.

entreset *adv. M* 17657 sans plus attendre, *M* 18363 **li contes faut ci** — s'arrête ici même.

entr'espargnier *réfl. T* 12177, *M Q* 15586 ils ne se ménagent pas (les coups).

entretenir *réfl. T* 4244 **a toz les jors mais de lor vie S'entretenroient compaignie** maintiendraient leur compagnonnage, *E* 1393 **s'entretienent par les mains** ils se tiennent par la main les uns les autres.

entretolir *réfl. T* 5776 **du sanc se sont entretolu** ils s'enlèvent du sang l'un à l'autre.

entrevenir *réfl. T* 883, 1569, 5745, *E* 1495 foncer l'un sur l'autre (au début ou à une reprise importante d'un combat).

entr'oublïer *réfl. T* 3220, 8885 concentrer sa pensée sur un sujet au point d'en oublier tout le reste.

entrusque *prépos. T* 798 **entrusqu'a dis** jusqu'à dix (valets), *T* 13476 **entrusqu'al jor del finement** jusqu'au jour du jugement dernier; *conj. T* 1481 **entruesque cil ensi parloit** tandis que, *T* 7433 **entruesque cil ses grasses rent** tandis que; *T* 1340 **entreusqu'il passa** tant qu'il passa ou tandis qu'il passa (la nuance suggérée pourrait être «jusqu'à ce qu'il eût passé»), *T* 14990 **entrusc'atant qu'il doie errer** (*entrusc'atant que* avec le subjonctif, les 3 mots sont à prendre ensemble) jusqu'à ce qu'il doive partir.

envaïe *s. f. T* 13623 **la premiere** — **Que il fist** son premier fait d'armes.

envaïr *intr. T* 932 attaquer (un adversaire dans un combat singulier), *T* 4854 **bel** — **et bien desfendre** (prêt aussi bien) à l'attaque qu'à la défense (dans un tournoi), *tr. T* 7948 attaquer (un serpent), fig. *T* 7495 **il l'envaïst et cil refuse** il l'attaque (en paroles) et l'autre se dérobe.

envers[1] *prépos. E* 13326 **la grant erbe trovent batue Si qu'anvers terre iert abatue** à tel point que l'herbe est abattue dans la direction de la terre, «l'herbe est foulée aux pieds des chevaux»; *T* au vers correspondant 9538 donne **estoit contre terre abatue.**

envers[2] *adv.* *T* 3767 **toz** — à la renverse, étendu sur le dos, *T* 5806 **l'a abatu** —, *T* 4927 **l'abati enviers** l'a renversé à terre, *T* 13053 **si que a poi ne fist chaïr Tot** — **monseignor Gavain** peu s'en fallut qu'il ne le fît tomber à la renverse; employé substantivement: *R* 1029 **li dels est tos devers l'** — (il ne s'agit pas d'une mêlée en pleine rue où le tapage est grand et où les coups pleuvent dru), ici les émotions [des spectateurs] se manifestent tout à l'opposé, elles restent intérieures.

envie *s. f.* *T* 4296 **et al departir, par** — I **ont un grant tornoi empris** jaloux l'un de l'autre, chacun des deux comptant mieux faire que l'autre.

environ *adv.* *T* 8281 **tout** — **fermee estoit** (la forteresse) tout autour, *T* 10620 **par tot le palais** — tout autour de la grande salle, *T* 13226 ; *T* 12105 semble faire double emploi avec **tout entor** du v. précédent, cf. *T* 12147; *T* 12996 **li chevalier d'** — ceux qui étaient là.

envis *adv.* **a** — locution adverbiale *T* 908, 9196, 11174 à contre-cœur, *T* 10408 difficilement.

envoiseüre *s. f.* *T* 3214 **il contoit une aventure D'une trop bele** — plaisante et belle aventure.

envoisieement *adv.* *T* 634 ils viennent allègrement, *T* 8754 ils s'en vont conversant joyeusement entre eux, *T* 8355 il le fit vêtir bellement et agréablement, *A* 8388 **vestuz estoit molt cointemant Et chauciez anvoisieemant De paile** portant des chausses d'une étoffe et d'une façon très agréables.

envoisier *réfl.* *T* 3238 (ne pensez-vous pas que ces bons chevaliers soient bien tristes de ce que vous n'avez plus avec eux) votre bonne humeur (habituelle)? *T* 5502 **Percheval qui tant s'envoise** le joyeux compagnon, pp. *T* 9918 **coutes pointes Molt envoisiees** courtes-pointes très agréables d'aspect, pp. pris adjectivement *T* 811 **Guilorete li envoisiee** Guilorete l'enjouée.

envoleper *tr.* *T* 8892 envelopper.

envoudre *tr.* pp. *T* 4359 **envols** l'écu était recouvert en dedans d'une riche étoffe de soie.

erbete *s. f.* *T* 7340, *E* 10917 herbes menues des champs, dont quelques-unes sont comestibles.

erboie *s. f.* *L* 650 étendue de gazon.

ermin *s. m.* *E* 13099 peau d'hermine qui, au lieu de fourrer un vêtement p. ex., en constitue l'élément unique. *E* est du reste le seul à donner ce mot, *M Q* et *T* 9315 ont au passage correspondant **samit**. Le v. *E* 13100 n'est pas aussi en désaccord avec *E* 13099 qu'on pourrait le croire, voir ci-dessous **ermine**.

ermine *s. f.* peau de la bête appelée de ce nom avec laquelle on fourre des bliauts, des bottines, des couvertures de lit *T* 10864, 12734, 14133, 14561; on nous dit plus d'une fois qu'une fourrure de ce genre protège contre la chaleur excessive. Voir **hermin**. — Terme de blason *T* 4882, *E* 8119; faut-il ajouter *T V* 13819 **del riche escu d'ermine et d'or** où il s'agirait d'un des «métaux» (or) et d'une des «fourrures» du blason, ou plutôt ne veut-on

pas nous suggérer que ce précieux écu est tout or et ivoire?
(Voir dans *M* le v. correspondant à *T* 13819, à savoir 18057: du
riche escu **d'ivoire et d'or**; même leçon dans *A* 7993, *L* 7993,
mais *D* donne, d'accord avec *T V*, *die oventür vomme schilte
rich, wie schön er waz von golde und hermin zart.*)

ermitage *s. m.* c'est la graphie de beaucoup la plus courante
dans *T*, mais on trouve des ex. de *hermitage*. Le mot a souvent
le sens qu'il a encore auj.: lieu écarté où un religieux vit dans
la solitude et la prière: *T* 6857, 6916, 6943, 7235, 7348, 9861,
9886. Mais voici, toujours dans *T*, d'autres ex. où apparaît un
«ermitage» de type assez différent: il n'est plus habité par un
ermite, mais par des ermites 7919 qu'on appelle tantôt les
freres 7373, tantôt **li preudome** 7501, tantôt les **renclus**
7513, bien mieux il ne s'agit plus d'une humble demeure de soli-
taire, mais d'une **abeïe** 7436, 7756, qui à la fin de l'aventure
de Caradoc va dépasser en richesse toutes les abbayes de l'époque
8034.

ermite, hermite, voir **ermitage.**

errachier *tr. T* 5697, 6561, 8442, 13118 arracher.

errance *s. f. A* 7203 erreur, péché.

erranment *adv.* souvent accompagné d'un autre adv. de sens ana-
logue qui le renforce: *T* 9086 **lués —,** 14225 **tout —,** 10568 **—
lués droit,** 15045 **lués — sanz demorance** immédiatement,
aussitôt; *conj. T* 458 **— que,** *T* 944 **tot — que** aussitôt que.

errant (que) *conj. U* 1528 aussitôt que. Voir **errer.**

erre *s. m. E* 6824 **son — anprant** il entreprend son voyage; *E* 2599
messires Gauvains venoit Molt grant — en toute hâte.
Voir **oirre.**

errement[1] *s. m. T* 2240 **et il lor requiert ... Qu'elles li dïent
l'—** qu'elles lui disent ce qui se passait, quelle était la situation,
de même *U* 2725.

errement[2] **(que)** *conj. E* 906 même sens que **erranment que**
dont ce n'est qu'une graphie; au passage correspondant *T*
458 donne **erranment que.**

errer *intr. T* 1638, 11213, 14859, *E* 316, 1988, 1989, 1990, 1996
aller de l'avant, *T* 12491 avancer par étapes, *T* 3696, 9498
(oirrent) aller par le pays, voyager, *T* 1807 **se pena D'— a
l'ainques que il pot** s'efforça de partir au plus tôt, *T* 229,
12617, 13001 **(oirre)** se mettre en route, *T* 13141 **la chaucie
erra et tint** suivit et tint la chaussée, *T* 14878 **le chemin
qu'il erroit** qu'il suivait; p. pr. pris adverbialement *T* 1152,
1243, 14984 immédiatement. Voir **errant que.**

error *s. f. T* 6468 **car tost en tel — montast Envers la roïne
sa feme** son émotion aurait été telle au sujet de la reine
que..., *E* 11460 **sams plus d'—** sans plus d'appréhension, *T*
7296 **a grant —** (voir note au v. 7296, t. I, p. 428), *E* 10559
an grant — en grande appréhension.

ersoir *adv. T* 12026 hier soir.

es [1] *pron.* même, *L* 909 **en** — il semble que nous ayons **ici** une abréviation de la locution *en es l'ore*: le mot *ore* apparaît deux fois dans les vers qui précèdent immédiatement, *ore de midi* 903, *l'ore trespassa* 905. Il faudrait donc comprendre «midi passa à l'heure même, au moment même»; il est vrai que nous avons déjà une indication semblable au v. 905 **si tost con l'ore trespassa**, mais ces répétitions ne sont pas rares dans nos textes: c'est ainsi que *T* au passage correspondant au v. 909 de *L* donne **li midis passa manois** 941, quoiqu'il ait déjà dit au v. 937 **si tost com l'eure trespassa** (reproduisant mot pour mot le vers 905 de *L*). M. A. Långfors, que j'en remercie ici, me signale un ex. de la locution *estre en es* donné par le dictionnaire Tobler-Lommatzsch (t. III, col. 786, s. v. *es*) qui m'avait échappé: le sens indiqué, «être dans une attente impatiente» est tout à fait justifié par le contexte du passage cité. Pourrait-on comprendre dans notre vers que midi passe dans une attente fiévreuse de la part de Gauvain? De toute façon il semble y avoir, dans notre ms. *L* et dans le *Tristan menestrel*, une question d'heure: cela permettrait-il de renvoyer à la locution bien connue «voir l'heure de partir» (populairement: voir les heures et le moment de partir)?

es [2] *adv. démonstr.* voici, voilà, *T* 5085 **a ces paroles es un roi d'Outregales** voici un roi, *T* 4330 **atant es les el bos venus** les voilà qui arrivent au bois, *T* 4592 **es vos qu'il reprenent lor poindre** les voilà qui reprennent le combat; dans ce dernier exemple la proposition commençant par *que* joue un rôle de complément direct par rapport à *es*, *vos* s'adresse au lecteur ou à l'auditeur et marque l'intérêt qu'il prend, ou est censé prendre, à l'action annoncée.

esbahir *intr.* *T* 433 surpris et déconcertés (ils se croient ensorcelés), *T* 7091 surpris et profondément désappointés, *T* 9763 surpris et très intrigués, *T* 10538 surpris et assez inquiet, *T* 10587 surpris et très étonné, *T* 10801 surpris et pleins d'admiration (devant la beauté d'une femme), *T* 12262 surpris et troublé (en présence d'un dilemme qui semble sans issue), *T* 13213 surpris et embarrassé, *U* 1086 surpris et pleins de sympathie (devant la douleur de Clarissent avant le combat auquel vont se livrer son frère et son fiancé), *E* 1672 surprise et désespérée (Clarissent durant ce combat). Ainsi *esbahir* marque toujours surprise, mais avec des nuances qui peuvent varier considérablement d'un emploi à un autre; le mot du reste a toujours de la dignité, tandis que *ébahir* aujourd'hui, outre qu'il a perdu une grande partie de sa valeur, est presque toujours d'intention humoristique.

esbanoier, esbeneier *intr.* *T* 6329, 11579, *E* 449, 6882 se divertir, passer des heures agréables.

esbatement *s. m.* *T* 6078 ébats, distractions.

esbatre *intr.* *T* 1804 **conforter ne se puet n'** — il ne peut se réconforter ni se donner du bon temps.

esbaudir *tr.* *E* 208 **ce donc tu m'as si esbaudi** ce dont tu m'as tellement réjoui, *réfl.* *U* 5588 **icil qui de la ville issirent A grant merveille s'esbaudirent** ne se tenaient pas de joie. Aujourd'hui *ébaudir* a vieilli et là où il survit il est humoristique.

esbloïr *réfl. M* 10072 **telle ire an ot toz s'esbloï** il s'éblouit, les yeux lui papillotent (et il finit par tomber évanoui 10075).

esböeler *intr. E* 5603 éventrer.

escachier *s. m. T* 4807 **l'un fait manchier, l'autre escachierd** de l'un il fait un manchot, de l'autre un échassier, un béquillar; cf. *M* 8395 **l'un fere manc, l'autre eschacier.**

escarbocle, escharbocle *s. m.* (peut être féminin ailleurs, comme en fr. mod.) *T* 4055, 14515, *E* 4600 escarboucle; dans ces 3 exemples on insiste sur la clarté éblouissante que rend cette pierre précieuse.

escarlate *s. f. T* 14129 puis demanda Une chape; **on li affubla D'— et de cysemus;** au v. *A* 3130 **— vermoille et tainte** il faut sans doute comprendre, comme l'a écrit *T* 8532 **une — en vermeil tainte,** de même *E M Q* 12304 et *P U* 3130.

eschac *s. m. A* 1413 butin.

eschace *s. f. T* 1316 échasse: il s'agit ici des pieds d'une table.

eschaïr *impers. M* 17066 **mes a nul jor ne m'eschaï** cela n'a jamais été mon lot, c'est ce qui ne m'est jamais arrivé.

eschaper *tr. E* 2011 por essaier se il porroit **La pluie et le tans** — échapper à la pluie et au mauvais temps, *L* 8924 **avant que vos ja m'escapois;** *intr. T* 14790, 14831, *E* 3363, 3368, 3374.

eschaquier *s. m. A* 8924 (*L* 8980 **escequier**) échiquier.

eschar, escar *s. m.* plaisanterie, dérision, *E* 10922 **nel tenez mie a** — ne prenez pas cela pour une plaisanterie, rien de plus sérieux, *R* 1072 **amors tient a grant** — l'amour (ou Amour) ne prend pas au sérieux, *E* 378 **Dom il n'i a mie a eschars** dont le nombre n'a pas été parcimonieusement mesuré, dont ils ont en abondance.

eschargaite *s. f. E* 6647 **cil de l'—** il y a là une allusion à un passage du *Perceval* de Chrétien (éd. Hilka 8121) où la reine Ygerne demande à Gauvain, dont elle ne connaît pas encore l'identité, s'il est des «chevaliers de l'eschargueite». Nous n'avons pas d'autre renseignement sur cette compagnie formée, semble-t-il, sur le modèle de celle de la Table Ronde et qui n'est peut-être due qu'à la fantaisie de Chrétien. L'*eschargaite* signifie ordinairement les gens chargés de la sécurité d'une armée ou d'une ville.

escharnir *tr.* se moquer de, injurier, *T* 5436 **nus ne les porroit —** nul ne pourrait les railler (sous prétexte qu'ils ne se sont pas conduits en braves ce jour-là), *A* 7732 **mes il fu escherniz Por ce que plus ne demanda** il mérita les moqueries, commit une faute ridicule en ce qu'il ne demanda rien de plus.

eschaufer *tr. T* 4754 échauffer qqn (en frappant dur dans l'ardeur du combat), *intr. T* 2505 s'échauffer (dans une promenade à cheval, ce qui va rouvrir une plaie à peine fermée), pp. *T* 8618 échauffé de honte et de colère, *T* 10627, 11413, 14981 échauffé de colère.

eschec, eschac *s. m. T* 14792, 14794, *E* 6892 le jeu d'échecs.

eschequerés *adj. T* 14448 (un chastel ... Clos de haut mur vermeil et bis Tot fait de marbre et de lihois) — **jausnes et blois.** C'est sans doute seulement le mur d'enceinte qui est «vermeil et bis», tandis que le château lui-même est bâti en marbre et en liais qui se présentent sous forme de carrés alternativement jaunes et bleuâtres.

escherde *s. f. A* 9067 (*T* 14949 **esquerde,** *E* 19207 **escharde**) écharde.

escheveler *tr.* pp. *E* 9904 **eschevelee,** *T* 6322 **eschavelee** (vous m'avez trouvée) la coiffure en désordre.

eschever *tr.* autre forme de **achever,** *E* 11943 **tanz hauz fez i a eschevez** il y a accompli tant de hauts faits. Voir la note au vers *E* 483, t. II, p. 585.

eschiele *s. f. E* 13673 (*T* 9861 **esquele**) clochette.

eschil *s. m.* exil, mais avec un sens beaucoup plus étendu, *T* 7646 **molt l'avons fait estre en** — nous lui avons fait mener une vie de tourment.

eschine *s. f.* échine, *A* 5820 **les eschines et les costez** (d'un cerf tué à la chasse), *T* 2328 **l'— en deus moitiez li ront** (d'un cheval de bât trop lourdement chargé); *T* 7792 **bruque le dos et maigre** — il s'agit du pauvre Carados sur lequel vit un serpent qui l'épuise. Ces exemples pourraient encore passer aujourd'hui, mais en parlant d'une belle jeune fille comme Guinier nous ne dirions plus **a terre chaï sor s'—** *T* 6530 mais «tomba sur son dos».

eschiner *s. m. T* 11760 (*E* 15829 **eschinier**) synonyme de *eschine,* en parlant d'un cerf; peut-être est-ce un terme de chasse; au passage correspondant à *T* 11760 **eschiner,** *A* 5820 donne **les eschines.**

eschiver *tr. T* 7478 s'exiler de (son pays).

escïent *s. m.* **a** — parfaitement conscient de la chose en question, *T* 14317 **et li rois ... Fait samblant tot a escïent Come s'il n'en seüst noient** le roi fait semblant, et il sait bien ce qu'il fait là, de n'en rien savoir.

escillier *tr.* pp. *T* 13371 **terre ... par vos ... destruite et escilliee** détruite et ruinée. Voir **essillier.**

esclairier *intr.* éclairer, *T* 13073 **tresqu'al matin qu'il vit le jor** Qu'il esclaira il vit le jour, car il commença à faire clair (il est possible aussi que *qu'il* vaille *qui*; on traduirait alors: il vit le jour qui commença à briller, qui se montrait); *E* 3558 **au matin a l'—** (infinitif substantivé) le matin à l'aube, *M* 18399 **si comença a esclerier La nuit** la nuit commença à s'éclaircir.

esclarcir *intr. E* 3984 **au matin quant fu esclarcie L'aube** quand apparut l'aube, cf. *T* 2383; fig. *T* 194 **or nos esclarchist et ajorne** c'est la lumière qui pointe et le jour qui apparaît (quand nous apprenons que Gauvain est vivant et plein de santé).

esclat *s. m.* *T* 2778 menu fragment de bois arraché à la **lance** quand elle plie dans le combat.

esclater *tr.* faire éclater, *E* 1507 **tranchent et esclatent** (les écus), *A* 859 **fandent et esclatent.**

esclenc, *f.* **esclenche** *adj.* gauche, *T* 5176 **nel feri pas a main —** il ne le frappa pas de la main gauche: il frappe dur et n'y va pas de la main gauche.

esclite *s. m.* *E* 2006 **il voit de totes parz Venir esclites et esparz** ces deux mots signifient «éclair»: y a-t-il dans l'un ou l'autre une nuance additionnelle?

esclot *s. m.* *T* 2747 **esclos** traces laissées par les sabots des chevaux qui ont passé par une route ou un sentier quelconque.

escoler *tr.* enseigner, former, *M* 17873 **celui qui l'escola** qui lui apprit ce que doit savoir un **chevalier.**

escondire *tr.* nier, *A* 3543 je ne cacherai pas la vérité, *T* 7475 je désire que la vérité ne me soit pas cachée, *réfl.* *T* 8168 **molt durement s'escondisoit** refuser énergiquement d'accepter un héritage auquel il doute qu'il ait droit, *tr.* *T* 3782 **molt grant folie feïstes Quant onques le m'escondeïstes** quand vous me l'avez refusée (votre sœur), *T* 11281 refuser d'accorder un don qui vous est demandé, *T* 3709 **d'amor l'avoit escondit** lui avait refusé son amour, *T* 5888 si vous me refusez ce que je vous demande.

escondit *s. m.* *T* 12945 **sanz —** sans aucun refus de sa part, sans avoir cherché aucune excuse.

esconser *intr.* se cacher, **por —** *T* 8215, *M* 17130 pour se mettre à l'abri (du mauvais temps), *T* 13079 se cacher (en parlant du soleil), se coucher.

escorchier *tr.* écorcher, *T* 2887 les genoux des chevaux, *T* 871 les genoux et les visages des quatre combattants, *E* 15827 écorcher (un cerf), *E* 3069 **po s'an failli Que n'escorcha a son cheval La crope tote contreval** la chute de cette porte sur la croupe de son cheval aurait rabattu le cuir en arrière, *T* 6211 le roi Caradoc aurait écorché, ou fait écorcher, le chevalier magicien, s'il ne l'avait épargné par pitié pour le jeune Carados.

escorgiee *s. f.* *E* 3478 fouet à plusieurs lanières de cuir.

escovenir *intr.* synonyme de *covenir,* *E* 6544 **illuec morir l'escovient** il lui faut mourir, *E* 11452 **por vos m'escovanra morir** il me faudra mourir pour vous.

escremie *s. f.* *T* 914 **a l'—,** *T* 3956 **par —** à coups d'épée, *E* 7846 **ou poing li giete une —** lui assène un coup d'épée, *E* 7782 **la veïssiez par arramie Giter maint bon cos d'—** vous auriez vu y porter à l'envi de bons coups d'épée.

escremir *intr.* *T* 5116 jouer de l'épée.

escrever *tr.* synonyme de *crever,* *E* 6594, *réfl.* *T* 14588 crever (en parlant d'une plaie mal fermée).

escrïer *tr.* *T* 2832, 14781 crier des insultes à qqn, *L* 9221 huer qqn; *refl.* *T* 6540 pousser des cris de désespoir.

escrin *s. m.* *T* 1155, l'écrin d'aujourd'hui semble avoir, sinon modifié son sens, du moins diminué ses dimensions.

escrire *tr.* *T* 4064, 14506, il s'agit probablement de broderies ou d'ornementation quelconque, emploi assez fréquent du mot *écrire* dans la langue du moyen âge.

escriture *s. f.* *T* 13003 **si com raconte l'escripture,** *T* 14386 **ce dist l'escripture** il est probable que ceci nous renvoie au roman même que nous avons sous les yeux; cf. *T* 13206 **ce conte li escris.**

escroissemant *s. m.* *E* 11995 **li felon espart Et li felon — Dou tans** les éclairs menaçants et les bruits stridents d'un furieux orage.

escu *s. m.* fig. *E* 5588 **si sont de la cité issu, Ce cuit, jusqu'a deus cens escuz** jusqu'à deux cents combattants.

escüele *s. f.* aujourd'hui *écuelle*, mais le mot et la chose ne s'entendent ou ne se voient plus guère que dans les villages de campagne; dans la langue des villes on n'emploie le mot ou son dérivé *écuellée* que pour donner l'idée de qqch. de rustique et de primitif: «tout juste le temps d'avaler une écuellée de soupe et nous sommes partis». Au XIIIᵉ siècle l'écuelle peut être en argent *T* 13297, elle voisine avec les coupes d'or et les hanaps *T* 9621, 15160. Il semble du reste qu'au lieu, comme aujourd'hui, d'être uniquement destinée à prendre des aliments liquides (soupe, lait) elle puisse servir de plat ou d'assiette *T* 13295-7.

escüeler *tr.* *T* 9652 **li poivres estoit par dalez Toz pres et toz escüelez** déjà mis dans l'écuelle en attendant la viande qu'il va assaisonner, c' à d. en l'espèce des têtes de sangliers *T* 9650, qui doivent en effet réclamer un assaisonnement un peu fort. D'ailleurs le poivre était rare et tenu pour un précieux condiment.

escuier *s. m.* L'écuyer que nous rencontrons dans nos textes est dans une période de transition. Il n'est pas encore l'écuyer de la Guerre de Cent ans, celui qu'on trouve chez Froissart, à qui il ne manque guère que le titre de «messire» (que du reste il est presque sûr de porter un jour) pour être, à peu de chose près, l'égal d'un chevalier. Mais d'autre part il n'est pas tout à fait non plus le «valet d'écurie» qu'il semble bien avoir été au début de sa carrière. Sans doute il s'occupe encore des chevaux *T* 1150, et on le nomme encore à côté des «valets», des «sergents» et des «garçons» *T* 2364, 11181, 14879, *L* 9059, mais les services qu'il rend aux chevaliers sont très souvent ceux qu'on attend, non d'un simple serviteur, mais de qqn qui est versé dans ce qui concerne le métier des armes. Guiromelant debout sur un tapis se fait armer: il s'appuie sur deux chevaliers et des valets (voir ce mot) et des écuyers sont à genoux devant lui pour lui lacer ses chausses de fer *T* 690. Ailleurs, dans une autre scène de préparation pour un combat: **la veïssiez por ensaier Mainte cauce de fer cauchier, Jambes estendre, piez flechir. As escuiers refont vestir Lor haubers por le regarder, Metre coroies et oster** *T* 11291-96; de même *T* 707-13. Ces écuyers-là sont d'excellents «essayeurs» et par conséquent des connaisseurs en fait d'armement, et ils seront capables un jour qui n'est pas loin de revêtir ces armes pour leur propre compte après en avoir revêtu les autres. Voici finalement le sire du Liz (*E* 15552-72) qui s'arme pour la joute: on s'empresse à l'aider, et qui sont ces aides? le roi Artur lui-même qui lui lace la ventaille et lui assoit le heaume sur le chef, monseigneur Gauvain qui à son tour lace ce heaume, et enfin le roi Ider qui lui ceint l'épée. Le conteur a bien le droit de s'écrier: **Molt avoit riches esculers** *E* 15573. De magnifiques écuyers en effet: deux rois et le prince des chevaliers de son temps. Comment n'en rejaillirait-il pas une distinction sur la classe des écuyers? Nous ne serons pas surpris de les voir mentionner dans une description de la «salle» d'un «ostel» avec les dames, les pucelles et les chevaliers *E* 19436.

escume *s. f. T* 168, *E* 168 tel vous flatte par habitude qui [au besoin] n'a pas plus de consistance que de l'écume. Il semble y avoir là une phrase proverbiale.

esforcier *réfl. T* 13439 **s'esforça De veillier** s'efforça de rester éveillé, *T* 5600 déploie tous ses efforts, *intr. L* 7052 **li tans si esforciés estoit Et de toner et de fort vent** les coups de tonnerre et la violence du vent s'étaient accrus, *E* 8845 **li tornoiemanz esforce** la lutte devient plus âpre dans le tournoi; *tr. E* 3345, 3371 violer (une femme), *E* 8052 **a la belle Guinier fist droit De ce qu'esforciee l'avoit** il lui fit réparation pour l'avoir violentée: ici le mot *esforcier* est certainement trop fort et peut conduire à une équivoque fâcheuse, aussi *U* a écrit **de ce que forfet li avoit** et *T* 4248 **de quanques mesfait li avoit,** ce qui est plus conforme aux faits.

esfort *s. m. E* 3391 **il li covanroit ... A lui combatre par —** il lui faudrait combattre contre lui en y mettant toute son énergie, *E* 2908 **trois chevaliers ... An cui estoit toz li esforz An cest païs et la bontez** toute l'énergie et la vaillance du pays, *T* 3732 **fist son pooir et son esfors De li requerre** mit son activité et son énergie (à l'obtenir de son père), *E* 8323 **por — que il eüssent Ne por pooir que il eüssent** malgré leur énergie et leur activité.

esfreer *tr.* pp. *T* 6 inquiet, tourmenté.

esfreïr *réfl. A* 7044 prendre peur (en parlant d'un cheval), *tr. E* 8164 **ne soiez pas esfraïe** ne vous inquiétez pas; *A* 1782 **cil li revient toz esfreïz** celui-là fond sur lui, le visage farouche, *L* 7176 **la sale remest esfreïe** la salle prit un aspect propre à effrayer. (Dans *L* comme dans *T*, à la différence de *M* 17250, il n'y a dans la salle à ce moment pas d'autre personne que Gauvain.)

esfroi *s. m.* **en —** *T* 6182, *E* 19408 profondément troublé, *E* 944 **an sont an —** ont peur pour lui, *E* 2 **di moi Por quoi tu es an tel esfroi?** pour quoi tu es si tourmentée, *T* 226 **tuit sont en — Qu'il n'aient pas trossé a tans** tous ont peur de ne pas avoir troussé leurs bagages à temps, *T* 6214 **en — en ere que** il avait peur que, *E* 908 **an grant —** dans la consternation, *E* 9762, 9794 **an molt grant —** bouleversé, *A* 7148 **molt an grant —** très inquiet.

esgarder *tr. T* 1332, 7901, 7903, 9947, 9994, 14300, 14487, 14937, 15113, 15313 regarder très attentivement qqn ou qqch., *T* 1738, 7128 juger.

esgarer *tr.* pp. *E* 4781 **seul et esgaré** seul et abandonné (en parlant d'un château).

esgarni *pp.* employé adjectivement *E* 7120. Le mot est obscur. Godefroy n'en cite qu'un seul exemple, qui est de Froissart, au sens de «dégarni». Y aurait-il là une opposition voulue entre *garni* 7119 et *esgarni* «les tables sont richement servies, mais les chevaliers ne le sont pas» et ils ne le seront en effet qu'au v. 7234 après un dramatique incident qui a retardé singulièrement le repas. Ce trait d'humour serait un peu étrange, mais serait bien dans la note du v. 7116 qui précède de peu notre passage. Du reste les copistes semblent avoir été embarrassés ici: *E* est le seul à donner *esgarni*, *M* donne **bien garni**, *Q* **eschevi**, *U* **hardi**, et il n'y a pas de vers correspondant dans *T*.

esgart *s. m.* *V* 4397 **par grant** — après examen approfondi de la situation (*T* **par grant conseil**), *T* 13341 **par grant engien**, **par grant** — par un artifice subtil et beaucoup d'ingéniosité, *T* 4837 **sovent li done** — elle tourne souvent son attention vers lui, *A* 127 **cil qui tot fist par son** —, *E* 4273 **cil qui le monde Fist et forma an son** — en vertu de sa décision souveraine, *E* 3400 par jugement de la maison du roi, *T* 1718 **faire** — prendre une décision sur un point contesté, *T* 1737 **faire l'** — porter un jugement (cf. **rejugent** *T* 1741), *T* 764 **par** — par bon jugement.

esgener *tr.* pp. *L* 5755 blessé.

esgramïer *réfl.* *E* 206 **plore et s'esgramie** pleure et se désespère. Voir la note à ce vers, t. II, p. 585.

esgratiner *tr.* *T* 3808, 6593 égratigner son visage, *réfl.* *M Q* 206 s'égratigner, en signe de douleur et de deuil; ce n'est là en particulier qu'une des manifestations extérieures du désespoir de Guinier, la fiancée de Cador (voir tout le passage depuis *T* 6529 jusqu'à 6614 et noter spécialement le v. 6593).

esjoïr *intr.* *T* 3796 **Cador ne rest mie esjoïs** Cador de son côté ne s'est pas réjoui, *E* 159 **c'est grant matire d'** — il y a là une belle raison pour se réjouir.

eslais, eslés *s. m.* se dit le plus souvent d'un cavalier et indique une allure rapide prise dès le début, *E* 9756 **Caradoc chevauche a eslés**, *T* 6176 **Carados s'en va les** —, *T* 4284 **il chevalchent a grant** — à toute allure, *T* 4552 il fait un petit temps de galop dans la direction de la jeune fille, *T* 2573 Gauvain se promenant à cheval à travers le pays a le cœur si réjoui qu'il fait un temps de galop, lance en arrêt.

eslaissier, eslessier *tr.* *E* 5600 **les chevaux vers aus eslessent** les lancent à toute allure contre leurs adversaires, *E* 6485 (ce n'iert pas joste aplaideïce Devant sergent ne pres de lice) **Ainz fu de loinz bien eslaissiee** les combattants prennent leur élan de loin, *réfl.* *T* 6366 **a moi se deüst** — **Cil serpens de male nature** c'est sur moi que ce serpent aurait dû se jeter, *T* 3744 **vers vos me verrez** — me précipiter sur vous, *T* 2961 **Mesire Gavains s'eslaissa** poussa vivement son cheval.

esleecier *intr.* *T* 7411 **en Cador n'a qu'** — il ne reste en lui qu'un sentiment, la joie, «il est tout à la joie».

eslegier *tr. E* 2460, *L* 5920 acheter.

eslever *tr. T* 7695 **molt en a son cuer eslevé** la nouvelle a redressé le cœur de Guinier, il bat plus librement, «son cœur est tout réconforté».

eslire *tr. M* 18329 **a icel jor … Fu esleüz de courtoisie Et de bonne chevallerie Mesire Yveins au plus cortois** Yvain fut choisi pour être le meilleur en fait de courtoisie et de bonne chevalerie; *pp.* employé adjectivement **eslit** et **esleü**: Bran de Lis est **bons chevaliers esliz** *E* 9050, **chevaliers … molt eslis** *T* 5716, **li plus eslis** *T* 5653, *E* 9298; d'autres encore sont de **bons chevaliers et esleüs** *T* 11492, c' à d. excellents, choisis entre tous, de haute distinction; voir encore *T* 8116 **la maisnie eslite** c'est celle qui entoure le roi Artur.

esloigne *s. f. E* 11004 **sams plus d'—**, cf. *T* 7420 **sanz aloigne**; voir le mot suivant.

esloignier alterne souvent pour le même passage et d'un ms. à l'autre avec *aloignier* qui, au préfixe près, est le même mot. D'autre part l'un et l'autre de ces deux verbes ne semblent pas distinguer très rigoureusement entre le sens d'«éloigner» et celui d'«allonger». *Tr. E* 8035 **ne voil mon conte — Ci endroit, ne moi delaier** (cf. *T* 4225 **mon conte ne weil alongier**), *E* 1928 **trop esloigneroie mon conte Se je toz les vos acontoie** (cf. *M* **aloingniez seroit trop mes contes**), *E* 3369 **se je eschaper vos laisoie, Bien m'esloigneroit ma besoigne** mon affaire s'éloignerait de moi de beaucoup, *réfl. T* 1566 **erranment cil de lui s'esloigne Et met sor le fautre la lance** prend du champ; avec le mot *lance* le verbe se prend, souvent au pp., au sens de «baisser», «abaisser» (c' à d. au fond «allongé», en fr. mod. «lance en arrêt») *E* 2289 (cf. *U* **alongnent**), *E* 6180 (cf. *T* 2574 **lance alongie**), *E* 6474 (cf. *U* **lances aloingniees**, *T* 2853 **lances alongies**), *E* 9325 (cf. *M* **dreciee**, *U* **bessiee**, *T* 5743 **baissie**).

eslongier (voir **esloignier**) *tr. T* 7086 **il les vait adez eslongant** il ne cesse de s'écarter d'eux, *T* 7093 **por coi m'osez vos —?** pourquoi osez-vous vous écarter de moi? *T* 14860 **et si erra Isnelement et eslonga Le castel** et s'éloigna du château.

esmaier *réfl.* inquiéter, s'inquiéter, se tourmenter, se désoler, *T* 2343 **onques nul jor ne s'esmaia Por nul destroit** jamais il ne se découragea devant une difficulté quelconque, si sérieuse fût-elle, *T* 10954 **ja por le cors d'un chevalier Ne vos devez si —** vous ne devez pas vous affliger de ce qui peut arriver à un chevalier. Les exemples suivants se rapportent tous à l'inquiétude que peut éveiller chez l'intéressé ou les gens qui l'entourent une maladie, une blessure, une plaie: *réfl. T* 2438, 4017, 13793, *E* 6618, *intr. T* 11161, *tr. T* 2430.

esmanveillier *tr. T* 6800, *E* 10386 faire lever matin.

esmarir *réfl. L* 8783 **il l'esgarde, si s'esmari** il l'examine, désagréablement surpris.

esme *s. m.* visée, calcul, *E* 6510 **ne font — ne samblant Que jamés se puissent lever** ils ne font ni mouvements pour se relever, ni semblant qu'ils vont le faire, *T* 8178 **par le mien esme** suivant mon calcul.

esmer *tr.* *T* 622 estimer (à un nombre probable), *T* 625 calculer un nombre (d'après les apparences), *T* 3504 **si esme a ferir grant colee** il vise l'endroit voulu et s'apprête à porter un coup violent, fig. *T* 1956 **et quant on en a esmé Alcun que l'en quide a preudome** quand on a pris mesure du caractère de qqn, *R* 4 **ne sot que quidier ne** — ne savait que penser ni supposer.

esmerer *tr.* pp. *T* 13267 **de fin or vermeil esmeré** d'une parfaite pureté, *E* 12227 (la belle Guinier est mandée à la cour par son mari) **n'an fu mie la cort plus flestre, Mais plus esmeree et plus fine** plus gracieuse d'aspect.

esmïer *tr.* *M* 18821 **le pain enz esmïé avoit** elle avait émiétté le pain dans le hanap, *tr.* ou *intr.* (lance peut être régime ou sujet) *M* 18915 **toute la lance esmïa** il a brisé la lance en morceaux (ou la lance s'est brisée en morceaux), *T* 3760 **il ambesdeus les esmïent** (les lances).

esmoi *s. m.* (voir **esmaier**) *M* 2 **por que estes en si grant** — pourquoi ce trouble? *U* 1096 **et si ne soiez en** — **De demander li quelz ce est** ne soyez pas en peine de demander qu'on vous montre Guiromelant.

esmoudre *tr.* pp. *T* 959 **esmolu** émoulu, aiguisé, affilé.

esmovoir *A* 3588 infin.; *E* 1990 **esmuet** indic. pr. 3, *E* 11686 **esmuevent** 6; *T* 3988 **esmui** prét. 1, *E* 2241 **esmeüstes** 5, *E* 5206 **esmurent** 6; *T* 495 **esmeüssent** subj. impf. 6; *T* 4310 **esmut**, *T* 7555 **esmeü**, *T* 9491 **esmus**, *E* 974 **esmeüe** pp. Ce verbe indique en général un mouvement vers l'extérieur au propre et au figuré: *tr.* *T* 3988 **vers son pere en esmui la guerre** je partis en guerre contre son père, *T* 9491 il ne pooit Mener fors ceus que il **avoit Esmus od lui de son païs** emmenés avec lui de son pays, *réfl.* *T* 495 auraient levé le camp, *intr.* *T* 4310 avant qu'on fût parti de la cour (pour le tournoi), *E* 11882 **a behorder sont esmeü Cil... baicheler** sont sortis pour «behorder» (*ou* se sentent tout disposés à behorder?), *réfl.* *E* 2241, 5206, 11686, *intr.* *E* 372 se mettre en marche, en route, se lancer en avant; fig. *tr.* *A* 3588 **n'il n'i a si hardi baron Qui ost** — **la reison** prendre la parole (cf. pour **reison** *A* 3605), *T* 7555 **cor m'acointe Por coi tu m'as ce esmeü** explique-moi pourquoi tu as soulevé cette question avec moi, *E* 1990 **a tost errer molt l'esmuet Li rois qui le suit par derriere** l'incite, l'aiguillonne, *intr.* *T* 9761 **quident ... Que li cerviax troblez li soit Et esmeüs por la chalor** et enfiévré par la chaleur, *A* 8310 **li ers fu por la tenebror Esmeüz an molt grant chalor** l'air fut porté par les ténèbres à une chaleur excessive, *T* 9745 (à l'approche d'un danger imminent) **toz li sans li bout et esmuet** le sang lui bout et se trouble.

esnïer *tr.* *T* 6313 **les bons des mauvais nettoie** (comme nous disons nettoyer le jardin des mauvaises herbes).

espamer *intr.* pp. *L* 1386 **espamé** évanoui; *E* 6014 donne au passage correspondant **pasmé**.

espamir *intr.* pp. *T* 12249 **espamis** évanoui.

espan *s. m.* *E* 2551 **de la boiche fu si fanduz Que bien ot un** — **de lonc** mesure de longueur correspondant à la largeur d'une main.

espandre *tr.* *T* 5838, 8651 répandre (un liquide), *réfl.* *T* 8009 se répandre (en parlant d'une nouvelle).

espanois *adj.* *T* 224 **mul —**, *M* 17260 **or —**, *A* 210 **boen cheval espenois** espagnol.

espans *s. m.* *A* 212 **an — sont et an esfroi Qu'il n'aient pas trossé a tans** ils ont l'inquiétude et la crainte de ne pas avoir troussé leurs bagages à temps.

espanu *adj.* *E* 13101 **bliaut... Qui n'iert pas lons, mes espanuz.** Ni Godefroy ni Tobler-Lommatzsch ne mentionnent ce mot que du reste *E* est le seul à donner; *T*, *A* et *L* ont **lez et panuz.** Godefroy a un unique exemple de *panu* qu'il définit par «fourré», mais le passage est peu démonstratif, et dans *E* ce sens ne conviendrait pas du tout, car «fourré» ne peut pas s'opposer à «lons» (lons *mes* espanuz), et du reste *E* mentionne expressément (13100) que le bliaut est «sans forreüre» (*A* 3938 de même, à la différence de *T* 9316 et de *L* 3722). Je crois que *espanu* peut se traduire par «large»; dans les 3 autres mss qui ajoutent *lez* ou *les* à *panus* on pourrait rendre les 2 mots évidemment synonymes par «large et ample». Voir **panu.**

espart *s. m.* *T* 13025, *E* 2006, 11994, 12003 éclair.

espartir *tr.* pp. *E* 1317 (une armée) déployée, *M* 96 App. disperser, *réfl.* *E* 10064 s'est répandue au loin (en parlant d'une nouvelle); *intr.* *T* 13009, 14120 faire des éclairs.

espasse *s. f.* *T* 7414 **la grans — de la nuit** la longue durée de la nuit. Aujourd'hui *espace* n'est plus féminin que dans le sens de «caractère d'imprimerie qui sert à séparer les mots».

espece *s. f.* *T* 4196, 13196 épices ou herbes aromatiques.

esperdre *intr.* pp. *T* 470, 1174 **esperdu** troublé et hors de soi sous le coup d'une violente émotion. Ce pp. est resté dans la langue à titre d'adjectif, mais tout le reste du verbe a disparu.

esperir *réfl.* *E* 8013 **s'est esperiz et esveilliez** les 2 verbes ont l'air de parfaits synonymes, pourtant **esperir** semble appuyer davantage que l'autre sur l'idée d'un retour à la vie réelle, *T* 10243 **la damoisele s'esperi Maintenant que son pere oï** (cf. 10213-14); *E* 13240 **et conmancerent a dormir Tant qu'au demain sanz esperir** sans ouvrir l'œil une fois.

esperital *adj.* *T* 1538 **par Dieu, fait il, l'esperital** qui est tout esprit.

esperon *s. m.* *T* 2746 **a — Sieut les esclos que il trova** à coups d'éperon, c' à d. pressant son cheval de l'éperon, il suit les traces.

esperoner *intr.* *T* 2748, *E* 2008 piquer le cheval de l'éperon, *tr.* *T* 7244 munir qqn d'éperons, pp. *A* 8389 **d'or esperonez** muni d'éperons d'or ou dorés.

espesse, espoisse *s. f.* *E* 10929, 10941, 10964 fourré, buisson.

espessement *adv.* *T* 13008 **foldres — chaoient** la foudre tombait à coups pressés, *E* 2026 pluie tombant dru, *E* 2806 les coups tombant sur le heaume comme un marteau sur l'enclume.

espice *s. f. E* 7973 (lors est jonchiez li paveillons De fresches herbes et de jons), **De fleur d'espices por l'odor Rafreschir contre lor seignor** de fleurs de plantes aromatiques afin de rafraîchir l'air pour la venue de leur seigneur. Voir **espece.**

espiel *s. m. T* 4584 c'est le mot moderne *épieu*, mais en anc. fr. *espiel* désigne le plus souvent la *lance*. Le passage correspondant de *E*, v. 8290, qui ressemble de près à celui de *T*, a le mot *lance* au lieu d'*espiel*, et dans les 2 cas la manche donnée au chevalier par une amie flotte en haut de l'arme.

esplaidier *réfl.* ou *intr. T* 5490 se dégager des arguments d'avocat qu'on vous oppose, en liaison étroite avec son contraire *amplaidier*, cf. *E* 9070 **le plus fort vet si amplaidier Que il ne se puet esplaidier** le plus fort d'entre eux, il l'enveloppe si bien de ses arguties que l'autre est incapable de s'en dépêtrer: tout cela est humoristique et s'applique aux coups qu'il donne à ses adversaires qui sont incapables de les soutenir et prennent la fuite. Noter que pour *esplaidier*, *Q* donne *desaplaidier* et *U desplaidier*.

esploit *s. m.* **a —** *T* 10581, 14454, **a grant —** *T* 8222, 13081 **à** toute vitesse, **a —** 9747, **a grant —** *T* 3384 en toute hâte, **et errerent a tel — que** *E* 440 et ils chevauchèrent si vite que. Voir **esploitier.**

esploitier *intr. T* 15148 firent tant de chemin, *T* 14890 **tant esploita d'errer** à force de chevaucher, *T* 9201 **molt esploitent de chevalchier** se hâtent de pousser de l'avant, *T* 7588 je me suis donné tant de peine que, *T* 4023 ils ont tant fait que, *E* 4394 il s'y est si bien pris avec eux que; *tr. E* 77 **molt a bien esploitié sa voie** il s'est très bien tiré d'affaire, *T* 6092 **mais ainc rien n'i pot —** mais jamais il ne put y réussir, *T* 3735 **ne onques rien n'i esploita** il n'y gagna rien; infin. pris substantivement *E* 14922 **tant se painent de l'—** ils se donnent chacun tant de peine pour obtenir l'avantage que.

espoënter *tr. T* 1 épouvanter.

espoi *s. m. T* 9277, *M* 13051 branche de pommier servant de broche pour faire rôtir la viande.

espoissier *intr. M* 12001 devenir plus épais, s'assombrir (en parlant du temps).

espouse *s. f. T* 3785 **et a feme — l'eüsse Et dame de moi fait l'eüsse** je l'aurais eue comme épouse et j'en aurais fait ma dame: la locution *feme espouse* marque fortement le contraste avec la position qui va être celle de la pauvre Guignier, si on ne la secourt pas.

esprendre *tr. T* 11157 **quatre chierges i ot espris** il y avait quatre cierges allumés, fig. *E* 1304 **com cil qui hardemanz esprant** en homme que l'audace enflamme, *T* 7148 **esprent et alume** il ne semble pas y avoir une grande différence de sens entre les 2 verbes, sauf que *esprent* paraît plus fort que *alume*: nous commencerions donc par ce dernier «allume et embrase», *T* 5781 **tot d'ire espris** bouillonnant de colère, *T* 7082 **trop grant angoisse les esprent** les saisit.

esprover *tr. T* 7632, 8144, *E* 91 mettre à l'épreuve, *E* 3270 éprouvé en tous biens, ayant fait ses preuves, *T* 1974 cela a été démontré, prouvé par lui-même et par les autres, *E* 46, *U* 1134 **chevalier esprovez** chevalier éprouvé, qui a fait ses preuves; *intr. E* 3704 **et cil qui de tot bien esprueve** semble être équivalent à «de tot bien *est esprové*», *M Q U* donnent **qui par tout bien se preuve;** *E* 1234 **si n'est or pas a esprover que** il n'y a plus lieu de faire la preuve que, cela a été démontré depuis longtemps.

esquele *s. f. T* 9861 clochette. Voir **eschiele.**

esquerde *s. f. T* 14949 écharde.

esquiper *réfl. T* 6621 **s'est esquipez en haute mer** s'est embarqué vers la haute mer.

esrachier *tr. T* 1462, 1468 arracher. Voir **errachier.**

esragier *intr. T* 1138 **a poi que d'ire vis n'esrage** peu s'en faut que de colère il n'enrage tout vif, *E* 1906 donne *anraige* au lieu d'*esrage.*

esror *s. f. T* 11304 perplexité. Voir **error.**

essaier *tr. T* 5901 **molt avoie De vos — bon corage** il me tenait à cœur de vous mettre à l'épreuve, *T* 2865 tenter; *réfl. T* 12452 **devant qu'essaiez me serai** avant que j'aie tenté l'aventure, avant d'avoir connu ma chance. Voir **ensaier.**

essaignier *tr.* pp. *T* 2999 comme un homme qui a perdu beaucoup de sang.

essaucier *tr. M* 17734 élever en dignité, glorifier.

essemplaire *s. m. L* 4302 image qui reproduit les traits de Gauvain et d'après laquelle on peut le reconnaître quand on ne l'a jamais vu et qu'on le voit tout à coup en personne.

essil *s. m. E* 4820, *U* 5280 destruction.

essillier *tr. T* 3029 détruire (une ville) de fond en comble.

essoigne *s. f. T* 1612 délai légal, excuse. Voir **ensoigne.**

essrain *adv. M* 17582 graphie de *errant* (que donne *U*), vite, immédiatement.

essüer *tr. T* 1312, 1313 essuyer (ses mains qu'on vient de laver à l'eau chaude avant le repas).

estable *adj. E* 2634, 2638 sur qui on peut compter, qui tient ses promesses une fois faites, sans se permettre des variations capricieuses; *E* 11886 **li jors qui n'est pas estables** dont la clarté varie suivant les heures de la journée.

establement *s. m. L* 3924 la règle à laquelle se conforment les reclus du verger des sépultures. Voir **establissement.**

establir *tr. T* 9513, 14852 créer, *E* 1320 composer.

establissement *s. m. T* 12018, 14692 règle établie. Voir **establement.**

estaiche *s. f. A* 4746 cordon servant à fermer le collet du «mantel».

estaichier *tr. E* 483, *A* 557 attacher (un bateau à la rive, les chausses de fer à la ceinture).

estaige *s. m.* demeure, *E* 13595 l'— **de ceanz he** je déteste le séjour de cette maison-ci, *L* 3658 **por son estage** pour y avoir son logement.

estaindre *tr. T* 13047 éteindre un cierge, *tr. T* 14010, 14680 et *réfl. A* 3580 étouffer; fig. *T* 6028 **une sole** [dame] **Tot cest blasme estaint et defole** il suffit d'une seule dame (Guignier) pour éteindre tout ce blâme (qu'a encouru une autre) et l'écraser.

estal *s. m.* position, lieu où on se trouve, position qu'on occupe, particulièrement dans un combat, *E* 7513 (ne vorroie por riens dou mont) **Estrë ou leu ne an l'**— (Ou ma dame eüst point de mal) pour rien au monde je ne voudrais être dans une situation où ma mère dût souffrir un mal quelconque, *M* 17795 **ci a mauvés** — me voici en de beaux draps; *E* 1510 **li uns tost l'autre** — **sovant** ils se chassent souvent l'un l'autre de la place qu'ils tiennent dans un combat, de même *E* 1578, 1601, *A* 953; *guerpir* peut alterner avec *tolir* pour marquer celui qui cède la place: *A* 914 **guerpir places et estax;** *T* 5617 (Carados est renversé à terre) **isnelement S'est en son estal redreciez** rapidement il se remet sur ses pieds (prêt à reprendre le combat).

estanc *s. m. T* 9432 **furent li** — **tuit crevé** les étangs, mentionnés au v. 9255, sont vidés pour en retirer tout le poisson destiné à la table du roi.

estanchier *tr. E* 6595 **sa plaie ... est tote estanchie** étanchée (*U* et *T* 2969 ont **restanchiee**), *E* 14874 **ses plaies totes estanja** (*Q* et *T* 10962 ont **restancha**).

estendre *tr. T* 3403 allonger le cou (afin de faire place à l'épée qui va s'abattre dessus pour décapiter la victime volontaire), *T* 11293 allonger les jambes (pour y lacer les chausses de fer), *T* 5688 allonger sur le terrain (chevaliers blessés ou morts), *réfl. T* 845 s'allonger en détalant (en parlant des chevaux qui viennent de sentir l'éperon).

ester *intr. T* 14943 infin.; *T* 419 **estait** indic. pr. 3, *E* 8978 **estont** 6; *T* 15131 **estez** impér. 5; *T* 566 **estant** p. pr.; *E* 10373 **estoit** indic. impf. 3, *T* 10528 **estoient** 6; *T* 8549 **estera** fut. 3; *E* 15713 **esta,** *T* 13593 **estut** prét. 3, *A* 485 **esturent** 6. *Ester* apparaît parfois, en dehors de l'infinitif et de l'impératif, sous la forme réfléchie *T* 419, 592, *E* 6175, 7951, 8978, 10373, 15713, *A* 2891. Tous les autres exemples qui vont être mentionnés nous présentent des formes intransitives. Il ne semble pas y avoir de différence notable de sens entre ces 2 emplois; au v. 7951 pour le même contexte le ms. *Q* écrit *estoient* alors que *E* a *s'estoient.* Le verbe *ester* signifie en premier lieu «être debout, rester debout», *E* 64 **tuit s'an vienent lez lui** — tous s'approchent et se tiennent debout près du valet (pour écouter l'heureux message qu'il apporte). Mais, quelque fréquente que soit dans *ester* l'idée de «debout», elle n'est pas toujours présente: *E* 12035 **dou grant chevalier mervoille a ... De la clarté et des oisiaux Qu'il vit anviron lui** —; ici le vb. indique simplement durée d'une situation; de même *T* 14415, 14943: dans ces deux exemples il s'agit d'un corps gisant dans un cercueil; l'idée est «n'y touchez pas, laissez-le tranquille». Cette nuance n'est pas rare, on la trouve en particulier dans la locution *laissier ester*: **sire, laissiez me ester, Ne me devez pas ramprosner,** dit Keu *T* 11667; de même *T* 12797, 14233. Mais au v. *T* 11562, dans le récit d'un combat, on lit: **en nul liu nel lait ester, A force s'est ajenoilliez:** les deux nuances sont présentes ici. Par l'apparence extérieure et en moindre partie par le sens aussi *ester* est près de *estre*, si près qu'il lui a prêté quelques-unes de ses formes (noter entre anglais et français le rapprochement analogue de «let me *be*» et de «laissiez me *ester*»). D'autres formes qui sont spéciales à *ester* ne font parfois qu'accentuer l'idée de permanence qui est déjà dans *estre*: *E* 4195 **en tel maniere illuec estont Cil troi vasal, qui frere sont Germain:** *sont* pourrait à la rigueur suffire. C'est seulement quand le sens de *ester* est nettement différent de celui de *estre* qu'on trouve à la rime une même forme des deux verbes: *T* 6787 **adont dalez le roi estoit Uns vallés qui venus estoit Avec Caradot d'Engleterre.** Le premier *estoit* indique que le valet est debout; le ms. *E* 10373 préfère deux sûretés à une et fait du premier verbe un réfléchi **illuec devant lou roi s'estoit.** La forme de *ester* qui est la plus éloignée de *estre* est l'impératif où nous avons en général le sens de «arrêtez!»: *T* 12740 **dant vassal, estez cha!** De même *T* 2517, 11862, 11867, 14597, et avec une nuance très légèrement différente *T* 15131 **en pais estez!** arrêtez-vous! ne faites pas ce que vous vouliez faire. Le participe présent précédé de la préposition *en* est très fréquent pour dire «debout»: *T* 13248 **adont s'assist tot en pensant, Que molt ot esté en estant,** de même *T* 688, 10890, 12081, 13698, cas analogue *T* 3477 **ester sor piez.** Notons les combinaisons où entrent *metre, lever* et *saillir*: *T* 111 **la roïne en estant se met** elle se met sur ses pieds, elle se lève, *T* 13698 **adont se leva en estant** (il vient de se pencher au-dessus d'un mort pour l'interroger), *T* 566 **si tost come il fu atornez En estant est sor piez levez,** *E* 541 **des que Gauvains les a veües An estant saut conme cortois** (il était assis jusque-là). *Estant* peut devenir une sorte de substantif *T* 7777 **s'est encontre li sus levez, Et quant il fu en son estant.** Voir encore *T* 13593, *E* 6175, *A* 485, 2891.

esterlin *s. m.* *T* 9623, *E* 13405 pièce de monnaie normande; c'est l'anglais *sterling*.

estes *adv. démonstr.* voici, voilà, *T* 5194 — **vos le tornoiement Desconfit par devers roi Ris** voici que le combat se change en déroute du côté du roi Ris, *E* 2336 **estez vos Gauvain descendu** voilà Gauvain qui met pied à terre, *T* 1677 — **vos c'uns grans chevaliers Vint la.** Les cas régimes *le tornoiement* et *Gauvain* indiquent que pour les copistes de nos mss ces deux substantifs sont des espèces de compléments de *estes, estez* (qui ne sont pourtant pas des prépositions); et dans le troisième exemple la phrase *c'uns ... chevaliers vint* joue également le rôle de complément par rapport à *estes*. Pour l'explication de la valeur de *vos* dans les trois phrases en question, voir **es**[2].

estichier *tr.* *T* 8880 ficher, enfoncer (un couteau dans un pain).

estival *s. m.* *T* 14133 **uns estivax** paire de bottes ou de bottines (fourrées).

estolt, estout *adj.* *T* 2885, *A* 585 hardi jusqu'à la témérité, *T* 5258, *E* 8838 un brave qui n'a pas peur.

estoner *réfl.* *T* 918 si grans cops ... se donent Que **molt se grievent et estonent**, *T* 12172 s'entredonent Si tres grans cops que **tot s'estonent**, *tr.* *T* 2889 **si malmis Et si estoné sont gisant** ils perdent ou à peu près l'usage de leurs sens après avoir été frappés de coups violents (cf. **estordir**). Nous avons toujours *étonner*, *s'étonner*, mais il reste à ce verbe à peine un souvenir de sa valeur d'autrefois; l'angl. *to stun* a pleinement conservé cette valeur. Noter au v. *E* 1504 l'emploi de *estoner* avec un complément de chose: parmi les hiaumes tel se donent Que **toz les cassent et estonent** les heaumes cabossés et cassés mais retenant une partie de leur forme «sonnent creux»? Les mss *A* et *S* 856 ont le même emploi d'*estoner*, mais dans *P* 856 le vb. semble être un intransitif: ce sont les chevaliers eux-mêmes qui sont étourdis par les coups.

estor, estour *s. m.* combat, mêlée, *T* 2108 **un alsi dur** — un combat aussi acharné, *T* 507 **come il ot empris l'**— accepté un défi au combat, *T* 906 **tant come il pot l'**— soffrir supporter l'effort du combat, de même *T* 2953, **rendre estor** *T* 5640, 10855, *E* 8361 opposer une dure, farouche résistance (dans le combat), *E* 6543 **bien set, se l'**— **plus maintient Que illuec morir l'escovient** s'il prolonge le combat, *T* 11682 **bien avez l'**— **maintenu** soutenu le faix de la bataille, *T* 5962 **l'**— **atant departir font** ils ordonnent de cesser le combat.

estordir *tr.* pp. pris adjectivement *T* 12227 **cil par est si estordis Qu'il ne deïst mot por Paris** il est si étourdi, privé à tel point de l'usage de ses sens par les coups qu'il a reçus, qu'il ne dirait pas un mot quand même on lui donnerait en toute propriété la ville de Paris, *A* 1560 **j'ai geü si longuemant Qu'estordiz et roides me sant** la tête lourde et le corps raide.

estordre *tr.* *T* 11639, *E* 4411 (*réfl.*), *E* 15695 dans ces trois exemples le vb. indique un mouvement rapide du bras pour ramener et ressaisir l'épée qui vient de frapper; *T* 2811 faire tourner la tête du cheval (pour repartir en sens contraire); *E* 4216 **ja n'an estordrïez ... Que n'i fussiez mort** vous auriez beau vous tourner d'un côté, puis de l'autre, vous y trouveriez toujours la mort, «vous n'échapperiez pas à la mort», *A* 1494 **de molt grant peril est estors Et gariz** il a échappé à un très grand péril et le voilà guéri.

estormir *tr.* *E* 11972 **les gaites les estormirent** réveillèrent (avec accompagnement de bruit) des chasseurs qui veulent être matinaux, *T* 466 **molt par ... est l'ost estormie** est dans le désarroi (à cause de la disparition soudaine du roi et de la reine), *T* 481 **l'ost font molt bien la nuit garder Por che qu'el ne fust estormie** attaquée et réveillée brutalement au milieu de l'obscurité, *T* 11234 **toute la terre est estormie** une puissante cloche a sonné l'alarme, grands préparatifs de défense au milieu des mouvements de gens et des rumeurs, *T* 12131 **la vile fu molt estormie** le seigneur se prépare à aller combattre au dehors, et quantité de gens l'accompagnent au milieu d'un remue-ménage général; *réfl.* *E* 15216 tote la terre **s'estormie**, cette forme surprend dans un vb. en -*ir*: y a-t-il eu réellement un vb. *estormier*, ou est-ce seulement de la part de l'auteur de *E* une concession à la rime (: oïe)? Noter que nous avons ici le passage correspondant à *T* 11234, où le pp. *estormie* (: oïe) est une forme parfaitement régulière.

estoutie *s. f. E* 4200 audace insolente.

estoutoier *tr. A* 3973 rudoyer, traiter de haut en bas.

estovoir *intr.* falloir, *E* 3302 **et se il eüst S'amie o soi a reme-noir L'estovoit** il lui fallait demeurer là, *T* 7878 **se vos morez por moi garir ... por vos m'estovra morir** il me faudra mourir pour vous, *T* 9528 **il est ... entrez en si bele terre Qu'il n'esteüst** (subj. impf. 3) **plus bele querre** si belle qu'il n'eût pas été besoin d'en chercher une plus belle, *T* 5821 **a paines se puet destorner Qu'a terre n'esteüst chaoir** à peine peut-il échapper à cette nécessité, à savoir qu'il allait lui falloir tomber, «à peine peut-il échapper à une chute». Infin. pris substantive-ment: **par estovoir** *T* 974, 1726, *A* 2576, **par estavoir** *T* 4962 de toute nécessité, *T* 7515 **Cadors ... comande ... que vïande Li truissent a son estovoir** qu'il lui fournissent autant de vivres qu'il lui sera nécessaire. Voir encore *T* 1547, 2347, 5857, 9055, 10669, 12023, 13902, 14964 **estuet** indic. pr. 3; *T* 2503, 5466, 6008 **estuece**, *E* 2103 **estuce** subj. pr. 3; *T* 2117, 9832, 11405 **estut** prét. 3.

estraier *intr.* errer de côté et d'autre, errer à l'aventure (en parlant d'un cheval dont le maître vient d'être tué, a disparu ou est occupé ailleurs pour le moment), *E* 8496 **qui lors veïst ... Par terre gesir chevaliers Et chevaux aler estraier**, *T* 12875 **le cheval Keu ... Tout estraier iluec laierent**. Infin. pris adjectivement: *T* 4908 **molt i veïssiez chevaliers Chaoir, et chevax estraiers Sanz seignor et sanz avoué**, *A* 6406 **lors a chascuns pris son destrier Qui estoient tuit estraier**.

estraindre *tr.* serrer, *T* 12096 **point ne l'estraint**, *T* 2462 **et comanda Que sa sele tost li meïst Sor son cheval et estrain-sist**, *T* 14679 **sor le col le pié li mist Et contre la terre l'estrainst** le serra contre la terre (au point de l'étouffer presque).

estraine *s. f. T* 8170 **mais toute voie a quelque paine Rechut l'onor a bone** — (il refuse la succession, le roi n'étant pas son père) mais tout de même à force d'instances on lui fait accepter l'héritage, et ce fut une bonne aubaine pour lui.

estrangement *adv. T* 13087 mot favori des auteurs du xiiie siècle, ainsi que *estrange*, qui de cette époque a retenu parfois jusqu'à nos jours une valeur qui dépasse son sens immédiat de «peu ordinaire».

estrangier *tr. T* 9890 (me prist une si grans envie, Sire, de ma vie changier,) **Nus ne m'en poïst estrangier** (Se li buens cuers m'eüst duré) nul n'aurait pu m'en écarter (si le courage était resté en moi).

estre [1] *vb. subst. T* 15027 infin.; *T* 12643 **sui** indic. pr. 1, *T* 3539 **es**, *T* 5908 **iés**, *T* 3544 **iez** 2, *T* 13932 **est** 3, *T* 5047 **somes** 4, *T* 13387 **estes** 5, *T* 73 **sont** 6; *T* 12446 **soiez** impér. 5; *T* 1631 **soie** subj. pr. 1, *T* 14945 **soit** 3, *T* 14805 **soiés**, *T* 8588 **soiez** 5, *T* 148 **soient** 6; *T* 111 **estant** p. pr.; *T* 13043 **estoit** indic. impf. 3, *T* 185 **estions** 4, *T* 13196 **estoient** 6; *T* 12452 **serai** fut. 1, *T* 13452 **sera**, *L* 3161 **essera**, *T* 8549 **estera** 3, *T* 12590 **seron** 4, *T* 14716 **serez**, *T* 6232 **estrez** 5, *T* 13489 **seront** 6; *T* 11881 **seroie** condit. 1, *T* 12686 **seroit**, *T* 6234 **estroit**, *L* 999 **esseroit** 3; *T* 13911 **fui** prét. 1, *T* 3559 **fus** 2, *T* 13554 **fu**

3, *T* 197 **fumes** 4, *T* 15252 **fustes** 5, *T* 13569 **furent** 6; *T* 2848 **fuisse** subj. impf. 1, *T* 14868 **fust** 3, *T* 10412 **fuissons** 4, *T* 13800 **fuissiez** 5; *T* 13997 **esté** pp. Il faut ajouter à ce tableau les formes de l'imparfait de l'indicatif et du futur qui continuent celles du latin classique: indic. impf. 1 *T* 8157, 10086 **ere**, 3 *T* 1228, 2551, 2566, 3282, 3342, 3444, 5052, 6182, 6213, 9513, 12525, 12526, 15282 **ert**, *T* 3913, 8999, 11156 **iert**, *T* 4845, 6214, 10614, *L* 5087 **ere**, 6 *T* 1412, 2150, 2182, 2387, 2397, 11136, 11342 **erent**, *T* 10818 **ierent**; fut. 3 *T* 3373, 3813, 3981, 4446, 4458, 5679, 5680, 6120, 6406, 9514, 11426, 12528 **ert**, *T* 56, 9183, 12530, 14710, 15278 **iert**, 6 *T* 5994, 11110 **erent**, *T* 3380 **ierent**. Ces formes traditionnelles ont beaucoup souffert des changements de prononciation qui sont intervenus depuis la période latine; dans ce domaine, comme dans quelques autres, l'évolution a conduit à l'équivoque: *ert* et *erent* en sont venus à désigner à la fois le passé et l'avenir. Rien d'étonnant que la langue ait fini par se débarrasser de ces contradictions installées au cœur même du verbe le plus employé de toute la conjugaison française. On est donc un peu étonné de trouver ces formes appelées à disparaître si abondamment représentées dans les mss de la 1ʳᵉ Continuation de *Perceval*. Mais tout ce qu'on peut conclure de cette fréquence, c'est simplement que ces formes ont encore assez de vie dans la première moitié du XIIIᵉ siècle pour pouvoir être employées couramment par les romanciers de l'époque sans choquer ou gêner notablement leurs lecteurs. Il n'est pas probable que la langue ordinaire fasse à ce moment-là un pareil accueil à ces représentants du passé. Les écrivains se servent encore de ces formes précisément parce qu'elles ont un léger parfum d'antiquité qui rehausse la dignité de leur langue. Mais ils ont peut-être d'autres raisons aussi. L'auteur de la *Quête du Graal* cherche dans la présence simultanée et les heurts des formes nouvelles (type *estoit*) et des formes anciennes (type *ert*) de savantes combinaisons de syntaxe. Les auteurs de la 1ʳᵉ *Continuation* ne se préoccupent pas trop de ces finesses de style. Parfois pour eux la question de la rime entre en jeu. P. ex. les 4 exemples cités d'une 3ᵉ personne du singulier de l'indicatif imparfait du type *ere* sont tous à la rime. Mais dans l'ensemble et quoiqu'il y ait aussi quelques exemples de *ert* ainsi placé, nous ne croyons pas que ce soit là la raison principale de l'emploi de ces formes. Nous pensons plutôt que c'est la commodité qu'offre au poète ou au versificateur qui emploie le court vers de 8 syllabes la brièveté de ces 2 formes *ert*, *iert* qui nous fournit l'explication que nous cherchons. Le passage qui suit témoigne à sa façon en faveur de notre hypothèse: «Si vos di qu'il faisoit Grant doel et molt en *ert* irez Por le roi qui en *ert* troblez. Sempres quant nos arons sopé Si *ert* mix dit et devisé, Ce lor dist li sires de Lis» *T* 12524-29. Remplacez, si c'était possible, les 2 *ert* par *estoit* et le troisième par un *sera*, et vous mettez en valeur le verbe *estre* au détriment des mots réellement significatifs. Dans un autre passage de teneur analogue, «Vassal, ja ne vos *ert* rendus, Fait Gavains, ainz *ert* desfendus» *T* 5679-80, la symétrie de la phrase donne un relief à la ferme réponse de Gauvain, mais c'est parce que *ert* sous son léger costume se tient discrètement à sa place qui est, et doit être, modeste. — Le vb. **estre** a déjà, à certains temps, le sens de *aler*: *T* 13997 **ot esté**, *E* 7428 **a esté**, *T* 7235 **furent**. — Que signifie l'avant-dernier vers dans les quatre qui suivent: «La tierce fois le salua, Onques cil mot ne li souna. Devant lui

s'en vait *estre droit*, Mais cil ne l'entent ne ne voit» *L* 5874-77?
Il faut, semble-t-il, prendre *estre* au sens de *ester*, ce qui après
tout ne serait qu'un prêté pour un rendu. Gauvain qui est à
cheval et qui n'arrive pas à obtenir l'attention du prétendu
sourd-muet va se planter tout droit en face de lui. Cf. *T* 11801
et *E* 15879 qui donnent tous deux **lors se met devant lui tot
droit.**

estre [2] *s. m.* 1. au pluriel indique l'ensemble des chambres qui con-
stituent l'étage supérieur d'une maison ordinaire ou d'une tour
T 280, 427, 2185, 2237, *E* 893, 5847, *A* 1289, *L* 1171. Le singulier
apparaît, ce qui est beaucoup moins fréquent, quand on men-
tionne une seulement de ces chambres pour dire p. ex. que là
était la demeure de telle ou telle personne: *T* 5156 **la fenestre
Ou la pucele avoit son** —; cette indication devient l'«adresse»
de la jeune fille: Aalardin envoie son prisonnier **droit a s'amie
A la fenestre de la tour** *T* 5141. Du reste la place des fenêtres
par rapport aux chambres n'est pas toujours facile à préciser:
tantôt on voit clairement que la fenêtre donne du jour à un
«estre», tantôt «fenestre» qui fournit une rime commode à
«estre», est quelque chose de différent et peut se rapporter à
un balcon ou à une galerie extérieure: les copistes eux-mêmes
hésitent visiblement (cf. p. ex. *T* 427 et *E* 893, *T* 2185 et *A*
1289, et voir aussi *E* 504). Il faut noter que les «estres» ne sont
pas toujours constitués par l'étage supérieur d'une maison
d'habitation et que le mot lui-même sous la forme plurielle
n'indique pas toujours la présence de plusieurs logements.
Artur dans une de ses résidences avait fait construire en
dehors de son palais et sur le bord de l'eau un groupe de
loges (**unes loiges** *A* 3475) qui s'étendent en longueur et non
en hauteur (toutefois il n'est pas exclu qu'il y ait une galerie
supérieure à ciel ouvert ou ouverte sur les côtés seulement):
le point intéressant c'est que le roi s'est réservé quelque part
une «chambre» (*A* 3514) où il se retire quand il est mécontent
de ses chevaliers, et que cette chambre dont Gauvain force et
abat la porte s'appelle «les estres» (*A* 3517). Autre exemple d'une
«loge» sur la mer (*T* 14136) appelée aussi «des loges» (*T* 14141)
où le roi se tient une nuit «A une fenestre marbrine Des estres»
(*T* 14143). — 2. Soit au singulier soit au pluriel, le mot *estre*
désigne encore l'ensemble des dispositions d'une maison (ou
parfois l'étendue d'une partie d'un pays), la vie qui s'y mène,
les coutumes qui s'y observent. Dans ce sens le mot est le plus
souvent régime du vb. *savoir* (la langue littéraire d'aujourd'hui
dit encore: savoir les êtres ou les aîtres d'une maison): *T* 11237,
A 5311, *L* 5245. *Estre* enfin peut désigner une ville où se retirer
E 12010, ou un lieu, un endroit qui vous plaît, à la campagne
p. ex.: *E* 7940 (cf. 7935). — 3. Appliqué aux personnes le mot
estre indique manière d'être, caractère, apparence extérieure:
T 6774, 7778, *E* 6716. Au singulier et précédé d'un pronom
possessif (ou plus rarement d'un complément déterminatif)
estre indique tout ce qui se rapporte à la vie d'une personne,
détail insignifiant ou aventure extraordinaire. Un chevalier
répond farouchement à Gauvain: **se je puis, n'en sarez rien
De mon estre a ceste feïe** (*T* 1541): Gauvain lui avait sim-
plement demandé où il allait. Ailleurs Gauvain **s'aiole prant
par la main destre, Si li demande de son estre** (*E* 544): il
lui demande comment elle va; c'est une salutation matinale.
Un chevalier vient d'être abattu dans un tournoi **la teste en**

bas, les piez amont. **Qui li donast tot l'or del mont Ne peüst il son estre dire** (*T* 5753): il ne pourrait même pas dire comment il s'appelle. Vingt pucelles emprisonnées depuis longtemps supplient Gauvain de les libérer: **si li dïent Tot lor estre et tote lor vie** (*E* 3445): elles lui racontent toute leur histoire. Une jeune fille dit à Alardin **or vos ai dit trestout mon estre** (*T* 4521). En effet elle vient de lui apprendre son nom, celui de son père, celui de sa mère, le degré de sa parenté avec Gauvain et toute l'histoire du mariage de sa mère. Au v. *T* 5969-70 **c'erent les deus** [jeunes filles] **de la fenestre Qui de la tour virent lor estre,** *estre* signifie sans doute tous les détails du tournoi qui s'est déroulé sous leurs yeux. Voir encore *E* 51 et *L* 6485.

estre [3] *prépos.* en outre de, *T* 11431 **s'i a, estre les soldoiers, Plus de dis mile chevaliers** en outre, en dehors des soudoyers, *T* 2122 **estre ciax qu'il ont mors laissiez** sans compter ceux que ... Voir aussi *T* 2083.

estrie *s. f.* *E* 2561 sorcière.

estriver *intr.* lutter, *T* 6775 **certes je has trestot mon estre, Car encontre ma mort estrive; Miex volroie morir que vivre** certes je déteste mon être car il lutte contre la mort (qui me menace): j'aimerais mieux mourir que vivre; sur la rime *estrive* : *vivre* voir note aux v. 6775-76, t. I, p. 426. *Estriver* a disparu en fr. mod., mais survit dans l'angl. *to strive*.

eströer *tr.* trouer *A* 1270 (les murs d'une cité), *L* 7927 (l'écu d'un combattant).

estroit *adj.* très souvent employé adverbialement, car il est plus court et a plus de vivacité que l'adverbe à forme régulière qui existe concurremment (*T* 8020 **si l'acola estroitement**), *T* 579 **le petit pas, estroit rengié** ils arrivent au petit pas en rangs serrés (littéralement, étroitement en leurs rangs), *T* 10684 (Gauvain coud ses gants) **entor son bras auques** — en les serrant assez étroitement autour de son bras, *M* 17246 (et quant mesire Gauvains voit) **Qu'il se conseilloient estroit, Hideur en a** qu'ils parlaient à voix basse étroitement serrés les uns contre les autres ..., *L* 7172 dans le passage correspondant introduit, au lieu de **estroit,** la locution adverbiale **a estroit.**

estrous locution adverbiale **a** — *T* 3356, 9052, 9407 (accompagnant le vb. *dire*) positivement, sans la moindre hésitation, *T* 343, 12238 certainement, sans le moindre doute.

estruit *s. m.* *A* 4234 joyaux, tels que coupes, hanaps, écuelles (d'or ou d'argent).

estuide *s. f.* étude, *T* 1214 **en grant** — **Est por sa fiance aquitier** il a un vif désir de s'acquitter de sa promesse, *E* 4404 **Gauvains qui s'estuide Met an son cors desfandre** met toute son attention à se défendre. Voir **antuide.**

estuier, estoier *tr.* serrer, *M* 17595 **puis l'estuia et mist en sauf** le serra, le renferma (le Graal) et le mit en sûreté, *M* 17618 **en un chier aumoire ... A le Graal bien estuié** bien enfermé, *E* 11872 les clercs d'une église se fatiguent à renfermer les offrandes d'une messe de mariage (tant il y en a), *T* 13926 **s'espee estuia** la remit au fourreau.

esturmant *s. m. E* 1429 instrument de musique.

esvanoïr *réfl. T* 13163, *A* 7151 cesser subitement et instanta-
nément d'être vu par les autres.

et[1] valant *eh* interjection marquant surprise, *T* 11493 **Et Diex!** eh
Dieu! Comment cela peut-il se faire?

et[2] particule placée devant la proposition principale venant
après la subordonnée introduite par une conjonction ou une
locution conjonctive; on peut rendre, si l'on veut, cet *et* par
eh bien accompagné d'une légère pause de la voix: *T* 13296 **si
tost com li uns** [mets] **ert hostez Et li autres ert aprestez**
aussitôt qu'un mets était emporté, eh bien! l'autre était prêt
à être servi. Suivi immédiatement de l'adv. *si*, avec lequel il
fait presque corps, *et* introduit très souvent une phrase com-
plémentaire de la précédente et n'apportant qu'une circons-
tance accessoire qui va comme de soi: *T* 14491 **a l'uis s'en vint
Molt tost et si le desferma**. De même *T* 1509, 1553, 14350.
Voir **si**.

et[3] graphie de *ait*, subj. prés. 3 de *avoir*, *E* 814, 1242.

etorner *réfl. E* 8236 **que je au meillor d'aus m'etor** que je me
tourne vers le meilleur des deux, c' à d. que j'accepte comme
mari le meilleur des deux. Voir **atorner**.

eudra *M* 18504, voir **oloir**.

eür *s. m.* chance, et en particulier bonne chance, *T* 4278 **nus n'en
puet estre seür Qu'a bel servir covient** — peut-être serait-il
préférable de mettre une virgule après le v. 4277 pour bien
montrer que le *qu*[e] qui commence le v. suivant a le sens de *car*:
«il se peut que par un bon service il vous soit donné de
mériter un pareil amour; mais personne ne peut en être sûr,
car beau service veut encore de la chance (pour faire son chemin).»
Le ms. *V* remplace *covient* du v. 4278 par *estuece* précédé de la
négation; il faut alors maintenir la ponctuation de l'édition et
comprendre «mais nul ne peut être sûr que beau service n'ait
pas besoin de chance».

eur *s. m. L* 2766, 2844 **l'eur de la cuve** le bord de la cuve (cf. *T*
7614 **le bort de la cuvele**), *L* 5373 **a l'eur del bois** à la lisière
du bois. Voir **or**[2].

eure *s. f.* heure, *T* 15103 **en molt poi d'**— en un clin d'œil, *E*
321 **an meïsme l'**— à l'instant même, *E* 2212 **com de male
eure fui ... nee** sous quelle mauvaise étoile je suis née, *T* 7029
a fort eure et a fort destin Vinrent a Nantes à une heure
bien pénible. Voir **ore**[1].

eus[1] *s. m. E* 10955 **tel con a leur**— **le fesoient** comme ils le fai-
saient pour eux-mêmes, *E* 8207 **petit retenu n'an a A son**
— elle n'en a que peu retenu pour elle, pour son compte, *E*
8095 **a bon point vindrent a lor** — à point nommé pour
eux, dans leur intérêt. Voir **oés**.

eus[2] *pron. pers.* masculin pluriel, mais on le trouve parfois
avec valeur de féminin et appliqué à des femmes: *E* 3523 **que
demain matin ... Chascune d'**— **sa voie tieigne**; *eus* est
régulièrement un régime, mais on le trouve aussi employé comme

cas sujet: *L* 1179 por ... demander **s'eus** (appliqué à des femmes) **avoient de rien mestier.** Aujourd'hui la langue cultivée emploie *eux* couramment comme sujet, mais elle n'en fait jamais un féminin; la langue populaire, au contraire, a conservé sur ce point la tradition du moyen âge et n'a aucune répugnance à employer *ils* et *eux* comme féminins pluriels. Voir la note au v. *L* 1170, t. III, 1, p. 643.

eve *s. f.* c'est le mot courant pour eau: nous en avons relevé 30 ex. dans nos textes, contre 10 de *aigue* et également 10 de *iaue*; quelques ex. ont pu nous échapper, mais l'indication générale reste valable. On mentionne surtout l'eau pour dire qu'on l'apporte aux convives afin qu'ils se lavent les mains avant le repas *T* 3319, 8846, *A* 2238, 3229, 9445, ou après le repas *T* 9082, *E* 2364; on a préalablement «corné l'eau» pour faire savoir que le repas est prêt *E* 430. *Eve* peut indiquer un abreuvoir pour les chevaux *T* 2455; mais pour les chevaliers les mettre au pain sec et à l'eau est une dure pénitence *E* 3407; ils veulent bien remplir d'eau un «cor» mais c'est qu'on leur a assuré qu'au contact du récipient cette eau allait se changer instantanément en vin *T* 8548. On bassine avec de l'eau les tempes d'une femme qui s'est évanouie *T* 10216. Nous avons là les ex. d'«eau» de beaucoup les plus fréquents, mais nous apprenons aussi que l'eau coule à pleins bords dans les fossés des maisons-fortes *M* 745, *E* 4057, 15856, *L* 5854; et enfin *eve* et ses synonymes sont souvent employés là où nous dirions «rivière», **eve** *T* 352, 1877, *E* 482, 644, **iaue** *T* 13562, 13567, un seul ex. de **aigue** dans cet emploi *T* 4390. Citons quelques variantes de ces mots moins fréquentes que les précédentes: d'abord de simples graphies, qui ne correspondent pas à des différences de prononciation, *aige* pour *aigue* *P* 3117, 3146, *yaue* pour *iaue* *U* 7128, 7133; puis des formes plus éloignées des types courants, *elve* *T* 13270, *ive L* 2227, 2234, 3250, *eaue S* 3146. Dans ce dernier ex. nous avons presque la forme moderne: il ne reste plus qu'à laisser tomber l'*e* final qui était sonné au XIII⁰ s. et le sera longtemps encore. La plupart des formes ci-dessus sont conservées dans les dialectes modernes où chacune a son habitat particulier. Il est probable qu'au XIII⁰ s. il en était de même dans la langue de la conversation; mais nos auteurs, sûrs qu'ils seront compris partout où ils trouveront des lecteurs, emploient indifféremment une forme ou l'autre, suivant leur commodité ou leur caprice: dans *A* Keu incite le roi à faire donner l'«aigue» (2231), mais quelques vers plus loin (2238) le roi refuse d'accepter l'«eve» à ce moment. On peut pourtant remarquer que le ms. *E*, en tant que distinct non seulement de *T* ou de *A* mais aussi des autres mss de son groupe, n'emploie ni *aigue* ni *iaue*.

ez *adv. A* 847 — **vos la guerre!** voilà la guerre. Voir **es²**.

F

face, fache *s. f. T* 324, 375, 2700, 7788, 10039. *Face* accompagne généralement *bouche* dans des formules où il s'agit d'embrassades; un seul exemple parmi les 5 cités ci-dessus nous montre le mot dans un autre contexte: *T* 7788 **le front ot haut et la**

veüe **Enfossee et la—oissue** le visage osseux; rapprochons de ce dernier passage *A* 667 **sa face est clere et avenanz** (en parlant de Guiromelant). *Face* est mentionné dans un passage de *T* à un vers d'intervalle de *vis* et apparemment dans le même sens *T* 10037-39 (de même *E* 13845-47). Voir **vis** [1].

façon, fachon *s. f.*, en parlant des personnes: *T* 2666 allure, démarche, attitude, *E* 4448 forme du corps d'une femme, *T* 12959 beauté du corps d'un homme, *E* 2529, 2555 **male**— déformation physique; en parlant des choses: *T* 8544 (un cor) **riches est d'or et de** — la matière première est de l'or pur et le travail de toute beauté, *T* 14450 *façon* ici se rapporte soit au mot immédiatement précédent (*toreles*) soit à l'ensemble de la description; dans tous les cas il s'agit de l'aspect de la construction tel qu'il résulte du travail et de l'habileté des constructeurs.

faer *tr.* *A* 284 **sont ce ... dames faees?** des dames d'enchantement créées par opération magique, *E* 1248 **puis li trairai lou cuer dou vantre S'il n'est faez que fer n'i entre** s'il n'est protégé contre le fer de la lance ou de l'épée par une opération d'ensorcellement.

faille *s. f.* manque, *A* 983 **rois, a cui nus hom ne fet** — ne s'adresse en vain, *E* 1692 **ne m'an laissiez aler a** — ne me laissez pas vous supplier en vain, *E* 2268 **sanz** —, *T* 11945, 14693 **sanz nule** — sans faute, sans aucune faute.

faillir *intr.* *T* 6250 **faillir**, *T* 14410 **falir** infin.; *E* 1686 **fail** indic. pr. 1, *T* 157 **faut**, *T* 10398 **falt** 3, *T* 12158 **falent** 6; *T* 712 **faille** subj. pr. 3; *T* 5581 **faillant** p. pr.; *T* 2181 **failloit**, *T* 7390 **faloit** indic. impf. 3; *T* 5034 **falra** fut. 3, *E* 3587 **faudroiz** 5; *T* 7742 **falroit** condit. 3; *L* 1677 **fausist** subj. impf. 3; *E* 57 **failli**, *T* 3936 **fali** pp. Le sens fondamental de *faillir* est «manquer» intransitif: ainsi *T* 157, 188, 712, 2181, 5034, 12644, 13377. Nous indiquons quelques nuances qui modifient plus ou moins ce sens premier: *T* 3936 **n'ot pas Karados si fali Que de son helme une partie N'ait a l'espee departie** n'a pas manqué son coup de si loin qu'il ne lui ait fait voler de son épée une partie de son heaume, *T* 5581 **se li contes n'est faillans** si le conte ne fait une erreur, ne se fourvoie, *E* 2904 **li quarz met toute s'estuide A ce que la mellee faille** prenne fin, *E* 2267 **ainçois que li afaires faille** avant que l'affaire vienne à son terme, *T* 14116 **li contes de l'escu chi faut** prend fin ici, *T* 12158 **il ne falent pas al joster** ils ne font pas d'erreur quand il s'agit d'engager le combat, ils savent bien comment on engage le combat sans manquer son adversaire, *T* 10398 **mais ne vos falt encore guerre** vous n'êtes pas encore au bout de votre guerre, *T* 7390 **jors faloit** le jour tombait, *T* 6736 **d'angoisse li falent li membre** lui refusent tout service, *T* 6250 **a m'amour vos estuet** — il vous faut renoncer à mon amour, *E* 3587 **saichiez que vos n'i faudroiz mie A m'aïde** sachez que vous me trouverez prêt à vous aider, *E* 1685-86 **ainz nus n'ala failliz de toi; Se je i fail, ce poise moi** nul ne s'en ala jamais de toi rebuté; si cela m'arrive, si je fais exception, j'en aurai bien du chagrin, *E* 969 **la joie fu si anterine Que riens an tot le mont ne faut** il n'y manque rien au monde pour qu'elle soit complète, *E* 57 **il n'est pas de cuer failliz** il ne manque pas de cœur, ce n'est pas par le manque de courage qu'il pèche, *T* 6252 **et je**

vos tieng a cuer failli Se vos pitié avez de lui je vous tiens pour un lâche, *T* 11882 de covenent li ai failli je lui ai manqué de parole, *T* 7742 car qui amours bien serviroit A loiauté pas n'i falroit amour ne manquerait pas de loiauté à son égard (et saurait récompenser son fidèle), *T* 3362, 14410 sanz falir sans faute, *E* 4360 pp. pris adjectivement a failliz se tienent ils se regardent comme déshonorés.

fain[1] *s. m. T* 1247 foin.

fain[2] *s. f. E* 143, 2096, 4047 avoir grant fain de avoir grande envie de. Cet emploi figuré du mot *faim* se retrouve ailleurs, mais dans nos mss il est particulier à *E U* (cf. *A* 69 et *L* 67). L'expression semble être un latinisme. Nous disons aujourd'hui au même emploi figuré *avoir soif de* (*avoir faim de* n'est pas inconnu, mais est littéraire et rare) et nous ne le dirions probablement dans aucun des 3 exemples ci-dessus.

faindre *tr. T* 12310 ceste parole li faindron vous lui direz que vous vous rendez en sa prison et nous ferons semblant devant elle de croire ce que vous dites (voir *E* 16432 qui aide à déterminer le sens précis de «ceste parole»); *intr. T* 5831 ils se feroient sanz— ils frappaient l'un sur l'autre sans s'en tenir aux apparences, mais vraiment tout de bon, de toute leur vigueur. D'une façon générale *faindre* signifie, comme aujourd'hui *feindre*, «faire semblant» et dans la plupart des cas il s'emploie au réfléchi et se présente sous une forme négative: *T* 12809 ne se faint, *E* 6530 ne se sont faint, *T* 10886 pas ne se faint, *T* 3955 ne se faint mie, *T* 2910 point ne se faignent, *T* 10771 noient ne se faignent, *E* 1588 de noient ne se feignent, *L* 860 ne se fainsent (prét. 6); dans toutes ces phrases il s'agit d'indiquer combien le sujet du verbe est loin d'être un homme qui, dans une occasion qui réclame de la vigueur, se contente d'artifices et de faux-semblants; on peut traduire suivant les cas par: n'être pas en retard pour, n'y pas aller de main morte, ne pas bouder à la besogne. Citons un dernier exemple du même genre: *T* 12509 (des inconnus viennent de ravir le jeune fils de Gauvain; désespoir universel) Mais dusqu'a or ne se sont faint, Mais ne trovent qui lor amaint pourtant jusqu'à présent ils n'ont cessé (de faire toute diligence pour retrouver l'enfant perdu), mais ils ne trouvent personne qui le leur amène.

faint *adj. E* 1202 n'est de cuer failliz ne fains il n'est ni un lâche ni un homme sans énergie. *M* et *U* donnent *vains* au lieu de *fains*.

faintise *s. f. T* 912 et si tost come il ont reprise Lor alaine, lués sanz — S'entrerevienent sur-le-champ, sans s'en tenir aux apparences, mais vraiment tout de bon, ils foncent de nouveau l'un sur l'autre.

faire *T* 3394 infin.; *T* 12954 faz, *T* 14631 faç indic. pr. 1, *T* 13133 fait, *E* 3767 foit 3, *T* 13644 faites 5, *T* 262 font 6; *T* 15298 faites impér. 5; *T* 138 face subj. pr. 3, *T* 54 fachiez 5; *T* 10211 faisoit, *T* 14474 fasoit (*V* faisoit) indic. impf. 3, *T* 8057 faisoient, *E* 12022 fesoient 6; *T* 13686 ferez fut. 5; *T* 10190 fis prét. 1, *T* 13624 fist 3, *T* 122 firent et à 2 vers de distance *T* 124 fisent 6; *T* 10355 feïsse subj. impf. 1, *T* 198, 12928 feïst 3; *T* 14190 fait, *T* 13496 faite pp. Sur bien des points l'emploi de *faire* n'a guère varié depuis le moyen âge. Nous ne retiendrons que les cas qui nous ont semblé les plus intéressants: 1. *tr.* agir, *T* 10190 **oïez que fis**, *T* 10084 **onques ne soi que je fis** je ne savais pas ce que je faisais. — 2. *Faire* remplaçant un verbe qu'il faudrait autrement répéter dans une deuxième phrase symétrique de la première, *T* 124 **n'en sale a roi n'entrerent mais Si com ces fisent el palais** comme celles-ci firent, c'à d. entrèrent au palais, *T* 12954 **Ainc ne fu veüs ne oïs Hom qui recheüst deshonor Si grant com je faz hui cest jor.** — 3. *Faire* suivi d'un substantif régime où le verbe indique réalisation de l'idée exprimée par le substantif: **absolution** *T* 6906, **doel** *T* 337, 1140, **dolor** *T* 1142, **dolor et tristreche** *T* 6613, **joie** *T* 8112, **proiere** *T* 10355, **secors et honor** *T* 54, **veu** *T* 9041; *E* 2257 **c'est toz li maus que sevent** — (pleurer pour se défendre) c'est tout le mal que savent faire (les jeunes filles); *T* 83 **et vïeler et faire lais Toz en retentist li palais,** «faire lais» veut souvent dire «composer des lais», mais ici il est bien évident qu'on les joue sur un instrument de musique, cf. *A* 75 **et vïeler ces noviax lais.** — 4. *Faire* a pour régime un verbe à l'infinitif: *T* 12388 **faites les chambres atorner** faites préparer les chambres, *T* 266 **li keu refont quisines faire De la foillie del mairien,** *A* 258 **li queu font les cuisines fere De la ramee et del merrien** les cuisiniers font bâtir (ou simplement: bâtissent) des locaux avec du gros bois et des branchages pour y établir les cuisines; *T* 4906 **li fort font les febles grever** semble un peu contourné au lieu de «li fort grevent les febles»; *T* 4913 **l'uns fuit, l'autres se fait chacier** «l'un fuit et l'autre est chassé, ou poursuivi», il n'a pas pu ou pas su repousser l'attaque, mais il n'y va pas de sa volonté: cf. en fr. mod. «à la première bataille il s'est fait tuer». Notez un curieux redoublement du vb. *faire* suivi d'un infinitif: *T* 1253 **d'erbe novele Paver et jonchier l'ont fait faire** (la loge), *T* 6269 **et por plus tost achiever l'oevre A il** lués quise une coeluevre; **Au serpent mengier l'a fait faire.** — 5. *Faire* a pour régime le pronom neutre *le*: *T* 45 **di moi coment le fait Gavains,** *T* 7035 **enquierent coment Carados le faisoit** comment va Gauvain, comment allait Carados (cf. *T* 8379 **la roïne Guigniers que fait?**), *T* 4598 **a l'asambler l'a molt bien fait Li rois** s'est comporté très vaillamment, *T* 11684 **bien l'avez fait, la Dieu merci** Keu, vous vous êtes conduit en brave (ironique), *E* 2258 **faites le conme debonere** montrez-vous généreux, *T* 3558 **lors li a conté... coment od sa mere jut, Come il li fist,** pour «come il [le] li fist» c'à d. pour employer une autre expression plus modeste de l'ancien français, «comme il en fit sa volonté». — 6. Le pp. employé adjectivement: *T* 2422 **ainc si fais dols ne fu oïs** un deuil ainsi fait, c'à d. de ce genre, *T* 14613 **trop ert bien fais de sa maniere** (pour un chevalier minuscule comme il est) **De cors, de membres et de chiere** (cf. 14607 et 14610). — 7. Dans les vers *T* 8297-8 **car il n'est riens qui plaire doie Ne bien faire,** on peut se demander si *bien* est adverbe (ces arbres font bien devant la maison) ou substantif: nous penchons plutôt pour la seconde interprétation qui du reste aboutit à une traduction un peu vague «il n'est rien qui doive plaire ou contribuer à l'agrément du lieu (qu'on ne trouve en ce château)». — 8. *M* 17535 **cil qui fu fez a cele espee,** *faire* a ici le sens de porter, assener (un coup) «le coup qui fut porté par cette épée»; voir aussi *T* 13491-13498.

fais, voir **fes.**

faissier, voir **fessier.**

fait pp. de *faire* pris substantivement, *T* 1972 **de cest roi auques me samble Que samblant et fait a ensamble** il me semble qu'il joint l'apparence et la réalité. On retrouve ailleurs cette opposition entre le «semblant» et le «fait»: *T* 150 **samblans sanz fait soit toz honnis** (cf. *A* 144 qui remplace le subst. par l'infin. du vb.: **sanblanz sanz feire soit honiz**). Ces exemples permettent peut-être d'expliquer les vers *T* 1962-64 **et une gent i a trop fole Qui loe home por sa vaillance Et non au fait n'a la science** il y a des gens bien fous qui louent un homme pour sa richesse mais ne tiennent compte ni de ce qu'il fait ni de ce qu'il est capable de faire.

faiture, fauture *s. f.* en parlant des personnes: aspect, apparence; il est parfois difficile de déterminer si le mot indique l'expression du visage, la physionomie ou la forme du corps: *T* 9000 **biax de vis et de faiture**, *E* 6282 **vostre vis et vostre faiture** visage et physionomie, ou plutôt visage et maintien, *R* 509 Gavains, amis, **bele faiture** (dit par un évêque qui le confesse avant le combat) «ami, vous qui êtes de si belle prestance». L'angl. *feature* signifiant «traits du visage» est resté très vivant, et il peut encore nous éclairer sur le sens de *faiture* qui a totalement disparu. En parlant d'une chose: façon: *A* 8395 **nus ne vit mes de faiture Einsins anvoisiee ceinture** ceinture de façon si plaisante et agréable. Le mot appliqué à une personne peut, comme *creature*, prendre un sens péjoratif: *A* 8754, 8940 **fauture un avorton**, *T* 14606 **faiture**, *T* 14802 **une povre creature Qui est une fine faiture** un pauvre avorton. Voir **figure.**

faloise *s. f. T* 13525 falaise.

falser, fausser *tr. T* 5685, *E* 4345, 4373 déformer, cabosser (en parlant de heaumes et d'écus); *intr. T* 3682, *E* 7576 se montrer trompeur, perfide envers qqn.

fameillos *adj. M* App. 22 tourmenté par la faim.

fantosme *s. m.* vaine imagination, synonyme de *fable U* 707 et opposé à *chose voire T* 8628.

faudestuef *s. m. T* 14552, 14555 fauteuil.

fautre *s. m.* bourrelet de feutre placé sur le devant de la selle et fournissant un point d'appui pour le bois de la lance au moment de la charge, *T* 1567, *E* 2296, 5593, dans les trois cas, la formule du type bien connu «mettre lance sur fautre».

fauve *adj. T* 11352 **un chevalier Molt grant sor un — destrier** de couleur tirant sur le roux.

feauté *s. f.* rapport de vassal à suzerain, *E* 5358 **tuit avoient lor feautez Faites cil qui a la cort furent, Et dou roi lor terre reçurent** ils avaient tous reconnu qu'ils tenaient leur terre en hommage du roi. Voir **feüté.**

fee *s. f. E* 530 **se sont ore dames ou fees Ne sai, mes nules damoiselles... Ne vi mes ainsint guerroier** (ces guerrières que nous voyons défiler en armes, comme jamais demoiselles ne l'ont fait) sont-ce des dames ou des fées? Voir **faer.**

feïe, voir **fois.**

fel *adj.* et *subst.* terme d'injure; désigne souvent qqn qui manque de droiture, de loyauté: *E* 2961, *M* 17039, *A* 7520. *Fel* est appliqué aussi dans nos textes à Gauvain *T* 1539 **fel et musart et sot** désagréable, étourdi et sot; à Disnadarés *T* 1848 **molt fel et molt engrez** franchement désagréable et agressif; au sénéchal Keu et à Engrevain *T* 4936 **se l'uns ert fel, l'autre plus** si l'un est désagréable, l'autre l'est encore davantage; enfin à un serpent *T* 7399 **qui molt par est fel et hideus** cruel et hideux. Si donc on laisse de côté le serpent, *fel* a surtout dans ces exemples le sens d'«individu désagréable, de compagnie difficile».

felenés *adj.* *T* 5109 **molt est felenés li hustins** le combat est âpre et farouche.

felon *adj.* en principe le cas régime de *fel,* mais cette distinction n'est pas toujours observée: au v. *T* 1539 *fel* est un régime et en revanche au v. *T* 6338 **li felons serpens** est un sujet; en outre aux v. *T* 7398-99 nous avons *felon* dans le premier de ces deux vers et *fel* dans le second qui ont bien chacun le rôle que la déclinaison leur assigne, mais qui sont rapprochés dans la même phrase comme s'ils étaient indépendants l'un de l'autre; **li felon espart** *E* 11994 les terribles éclairs.

felonesse, felenesce *adj.* féminin de *felon,* *E* 11135 **mere est molt — et dure** une mère est bien cruelle et dure (quand elle laisse supporter à son enfant une souffrance qu'elle pourrait lui épargner), *T* 4664 **la langue ot trop felenesce** (en parlant de Keu) très méchante.

felonessement *adv.* *E* 15689, *T* 11633 furieusement.

felonnie *s. f.* le mot *félonie* existe encore et signifie «trahison»: au v. *T* 4938 il signifie seulement «méchanceté», au v. *A* 582 on peut hésiter entre les 2 sens.

feltrer *tr.* *R* 641 **sor un paile menu feltré Ont Gavain ricement armé** peut-être une couverture de soie doublée d'une mince garniture de feutre.

fenestral *s. m.* *T* 10631 **sor les dois et les fenestraus Et les aleoirs des muraus Les fist tous a force monter** semble indiquer une large ouverture pratiquée dans un mur épais pour en faire une baie et comportant à sa base un rebord assez spacieux pour que plusieurs personnes puissent s'y asseoir au besoin.

fenir, finer *intr.* *T* 10208 **feni** prét. 3 il mourut; 6 lignes plus loin *T* 10214 **estre finee** (elle semblait) être morte, chacun des deux mots à la rime: très conscients de l'existence de ces doublets (*finir, finer*) les auteurs s'en servent à leur gré selon les besoins du vers; *tr.* *T* 13237 **quant le service** (religieux) **orent finé** (à la rime).

fer *s. m.* *T* 5686, 5804, *E* 1377. Voir **achier.**

fereïs *s. m.* *T* 4804 **molt par i ot... Sor Cador... grant — le**

cliquetis des épées et des lances assenant des coups vigoureux sur Cador.

ferir *tr.* *T* 10201, 10836, 13469, 13471, 13646, *E* 2588, *réfl.* *T* 11634, *intr.* *T* 3393, 3893 **cil qui plus puet ferir plus fiert** frapper, fig. *T* 9898 **me feri une resplendor Enmi la chiere de devant** une splendeur vint me frapper par devant, en plein visage; *intr.* *T* 2379 **s'en va des esperons ferant** piquant des éperons, *tr.* *T* 5805 **et un cop a feru aprés** assener un coup à qqn, *T* 1589 **rois ne quens Ne vit bataille mix ferue** combat (entre 2 adversaires) mené plus vigoureusement, *intr.* *T* 4317 **li tornois...** **avoit ja deus jors feru** se soutenait depuis deux jours déjà, *tr.* *T* 9907 enfoncer (des piquets en terre).

fermer *tr.* *T* 9243 construire (une maison), *T* 3022, 3036, 8986, construire (un château-fort), *T* 8281, 9253 entourer de (de façon à protéger les abords d'un château-fort ou à fournir de vivres une maison bâtie dans une lande sauvage), *T* 8309, 14169 attacher solidement à, fixer à (une extrémité d'une chaîne). Noter *E* 7527 **tant i a mis de son avoir Li rois que la tor a fermee Et la roïne anz anfermee**, nous avons ici un avant-coureur du sens moderne de *fermer*: la tour est «fermée», c' à. d. construite sur le modèle d'une maison fortifiée, toutefois elle n'est pas destinée à soutenir l'assaut d'un ennemi, mais à servir de prison à une reine coupable, elle est en vérité «fermée» aux visiteurs et au monde extérieur (ou du moins c'est l'intention du roi son mari). Voici toutefois un ex. plus net du sens moderne: *T* 4095 **l'une [image] de la tente fremoit L'uis et l'autre le desfremoit**.

fermeté *s. f.* *A* 3648, *T* 11770, *T* 8049 **fremeté**, *T* 8984 **fremetez** forteresse; *T* 3642 **fermetez nel pot tenir** ici le mot semble avoir un sens plus abstrait: la tour où est enfermée la reine Ysave n'est pas une forteresse, mais elle est bien «fermée» contre tout visiteur, sauf toutefois le chevalier magicien que nulle «fermeture» ne saurait arrêter. Voir **ferté**.

fernicle *adj.* *A* 585 **fernicles et forz et estolz** terrible, fort et d'une hardiesse à toute épreuve (voilà ce qu'était Gauvain envers les méchants et les orgueilleux).

ferrant *adj.* couleur gris de fer, appliqué particulièrement à des chevaux *T* 8756, *E* 6.

ferrer *tr.* pp. *T* 1690 **broches ferrees d'acier**, voir **broche**; *T* 1684 (lances de frêne) munies d'une pointe de fer; en parlant d'un chemin *T* 1637, *E* 4953 **ferré** empierré, cf. anglais *metalled road*.

ferté *s. f.* *T* 8275, 8282 forteresse (appelée **chastiax** au v. 8295); le mot est une autre forme de *fermeté*: la même construction est appelée tantôt **fermeté** *T* 11770, tantôt **ferté** *T* 11779.

ferter *tr.* *T* 9226 **une maison De glui bien fertee environ** une maison solidement recouverte de chaume tout autour.

fes, fais *s. m.* faix, fardeau, *T* 2503 **soffrir** — supporter un fardeau, *T* 6882 **le — Qu'il sostenoit de la culuevre** le fardeau que représentait pour lui cette couleuvre collée à sa chair; fig. *T* 6370 **si te descharge du grant — Del pechié**, *E* 19077 grant — **a a porter** il a à porter un fardeau très lourd, à savoir la honte d'avoir été vaincu par un chevalier d'une taille minuscule, *T* 14390 **autre chose redit** [la lettre] **aprés Sor coi je tent le greignor** — semble vouloir dire: où je vois la condition la plus dure qui pèse sur nous», mais *tent* n'est pas clair; le passage correspondant de *A* 8572 **sor cui g'entant le greignor fes** est plus net et signifie probablement «tenir pour probable»; les v. *T* 14408 et *A* 8590 confirment cette interprétation. Peut-être devrait-on lire au v. 14390 de *T* **sor coi j'e[n]tent**. Le mot *fes* entre dans des locutions où l'idée de fardeau fait place à celle de «masse»: *T* 8591 **boivre cuida, mais il espant Le vin sor lui tot a un** — d'un seul coup, *T* 2115 **a si grant** — ... vinrent en tel nombre, *T* 3534 **chaient pasmé tot a un** — tombent évanouis tout d'une pièce, *E* 6012 **tuit a un** — **se tindrent** se tinrent massés (autour de Gəuvain), *E* 19019 **trestuit s'escrïent a un** — d'une seule voix.

fesse *s. f.* bande (pour lier), *E* 6593 (Gauvain blessé) **se desarma De sa cotë, et si trancha Une fesse, s'an a bandee Sa plaie qui iert escrevee** il découpe dans sa cote une bande qui lui sert à étancher sa plaie; au lieu de «une fesse» *U* donne «une piece» et *T* 2966 «un pan».

fessier, faissier envelopper (d'une bande de pansement ou analogue) *réfl. A* 1975, *T* 8481 **parmi le pis vos faisserez D'unes bendes que vos ferez,** *intr. T* 8485 **ja maistresse ne pucele Que vos aiez, ne damoisele, Ne vos aidera a faissier Ne au lever ne au couchier;** cf. *E* 12259 et 12263, *A* 3081 et 3085, *L* 3095 et 3099, et les variantes de ces passages.

festeer, festoier *tr. E* 625 **messires Gauvains Qui les roïnes festeoit** Gauvain qui faisait fête aux reines (cf. pour «faire fête» *E* 4497); *Q* écrit *festoioient,* c'est donc qu'il voit dans «les roïnes» un sujet et dans «qui» un régime.

festu *s. m.* brin de paille, chose sans valeur, *E* 4353 **et chaï morz, que deus festuz Ne li valu hauberz n'escuz Contre son glaive;** *T* 1270 **ses chapiax n'ert pas de festus** n'était pas un chapeau de paille, qui serait bien simple en comparaison du riche couvre-chef du roi, ou bien n'était pas un chapeau de rien.

feü *s. m.* qui a achevé sa vie, mort; aujourd'hui *feu* est un adjectif qui n'est plus guère précédé de l'article que dans des locutions vieillottes «le feu roi», «la feue reine»; en général il est invariable et suivi d'un nom propre masculin. Au xiiie siècle *feu* devait être d'un emploi assez infréquent, car l'auteur de *E* a soin de le doubler d'un mot datant du même temps mais plus clair, et d'un emploi assez courant encore aujourd'hui: *E* 15087 **et por toz les feüs defuns Molt la doit bien dire chascuns** (la patenôtre). Cf. *L* 5177.

feütë *s. f.* autre forme de **feauté,** voir ce mot, *T* 11114 **ensi fu dit et creanté Qu'il me feroient** — qu'ils me feraient hommage, et c'est en effet le mot *homage* qui est employé un peu plus loin au v. 11143 pour annoncer que la cérémonie en question a eu lieu.

fi *adj. T* 3799, *A* 3444 **savoir de** — savoir pour certain, *E* 5873 **bien soiés fiz** soyez-en sûr.

fïance *s. f.* confiance, *T* 14365 **cist cors ci a molt grant** — ... **de sa venjance En ciax de la Table Roonde** a une grande confiance en ceux de la Table Ronde pour ce qui est de sa vengeance, il a pleine confiance que ceux de la Table Ronde le vengeront, de même *T* 12869; engagement, promesse sur la foi jurée, serment, *T* 673 **sui pres d'aquiter ma** — je suis prêt à tenir mon serment, *T* 1703 **or te semon de ta** — je te somme de tenir ta parole, de même *T* 1609, *T* 1713 **et Guigambresils le rapele** ... **de sa** — l'appelle de son côté à tenir sa promesse.

fïancier, fïanchier *tr.* promettre sur sa foi, *T* 5993 **fïancié furent et plevi Qu'a toz jors erent bon ami** ils se promirent et se certifièrent qu'ils seront toujours bons amis, *intr. T* 12295 **je vos fïancerai par foi A faire tout le gre le roi** je vous jurerai sur ma foi que je ferai tout ce que le roi voudra, *T* 12565 **Gavains lor a fïanchié Que ja n'i portera le pié** Gauvain leur a assuré qu'il n'y mettra pas les pieds, qu'il ne participera pas à cette recherche; — **prison** *T* 11406, 11565 s'obliger à se rendre dans une prison donnée sans chercher à s'échapper.

fichier *intr.* se glisser vivement dans un endroit resserré *T* 11039, *réfl. T* 4408, *E* 11986, *A* 3576, 5207, 6955, 8029; *tr.* planter (au fig.), enfoncer *T* 1691, 2895, *E* 4409; *T* 4857 **cele a lui veoir ses oex fiche** elle lui plante les yeux dans son visage, elle tient ses regards fixés sur lui; attacher, fixer, *M* 17583 **la ou Diex fu en croiz fichiez.**

fief *s. m. T* 8037 **tenemens et fiez** terres et fiefs.

fiente *s. Q* 835 **gent i ot de relegion Qui porterent fientes** d'argent; le mot, donné par le seul ms. *Q*, ne s'accorde en aucune façon avec le contexte, il est extrêmement probable que par inattention le copiste a écrit *fiente* au lieu de **fiertre** *s. f.* châsse.

fier *adj. T* 5539 (mêlée) farouche, *T* 3818 cruel, *T* 4054, 5638 redoutable, *T* 11786 **ausi grans n'ausi fiers N'iert mais ne trovez ne veüs** aussi grand ni d'apparence aussi hautaine, *T* 7491 — **ploreïs Et merveilleus sozpireïs** des pleurs violents et de profonds soupirs.

fier *réfl. T* 6810 **et se je tant en toi me fi** et si j'ai tant de confiance en toi (que je me mette en ta discrétion); de même *T* 14368, *E* 998.

fierce *s. f. A* 869 la dame au jeu d'échecs: son efficacité sur l'échiquier donne une idée de la maîtrise de Gauvain dans le combat.

fierement *adv. T* 913, 12168, 15090 farouchement. Sens mod.: *T* 12133, 12142, 12149.

figure *s. f.* forme, *T* 702 **plus bele creature Ne vit nus d'umaine** — (le Guiromelant); *A* 3664 **et si est biax a demesure De cors, de vis et de** — de corps, de visage et d'aspect (Giflet), *E* 2607 **c'iert la plus lede** — **C'onques ancor feïst Nature** (un nain). Il est remarquable que dans ces 3 exemples, soit pour admirer, soit pour se moquer, *figure* ne s'applique qu'à des hommes. Il en est de même dans un 4e exemple qui attire l'attention à un autre titre encore: *A* 8500 **ainz mes an humainne** — **N'ovra si richemant Figure**; on vient de voir «figure» opposé à «Nature», ici, semble-t-il, nous avons bien une opposition analogue de créateur à créature, toutefois la force créatrice n'est plus Nature mais Figure, qui ne peut être qu'une forme divine. Parmi les personnages du *Mystère d'Adam* du XIIᵉ siècle les indications scéniques en latin qui accompagnent la pièce font apparaître Figura, qui est une représentation de Dieu lui-même: est-ce un souvenir de cette appellation que nous trouvons au v. 8500 du ms. *A*? *T* 2692 l'image sor tote rien Monseignor Gavain par painture Sambloit et **fu de tel figure** et était de telle taille qu'il était, était de sa taille, c'était un portrait de «grandeur nature», un portrait en pied. — Le v. *M* 18854 présente un emploi obscur du mot *figure*: (il s'agit d'un chevalier de taille extrêmement petite mais parfaitement conformé) **ce ne sembloit mie —, Il n'estoit pas fet come nains.** Que signifie *figure* ici? C'est peut-être une erreur de *M Q U* pour le mot *faiture, fauture* (voir **faiture**).

figurer *intr.* façonner, *A* 7561, *M* 17669 **nostre Sire i mist ses mains Au** — infin. substantivé (il s'agit de la «face» du Seigneur taillée par Nicodemus). Noter que *Q* donne **au former.**

fil *s. m. M Q* 13265 **leva li rois el — du jor** le sens de cette expression est expliqué par la leçon de *E* **leva li rois au point dou jor.** Il semble que *fil* indique ici la ligne aussi fine que le tranchant d'une lame qui sépare la nuit du jour, ce qui revient par une autre voie à «point du jour». Autres exemples *T* 9477, *E* 11290, 11965. Notez que tous les autres emplois analogues de *fil* (au fil de l'eau, au fil des heures, des ans, etc.) impliquent une idée de mouvement, de durée qu'on ne retrouve pas dans *el fil del jor.*

fille *s. f. T* 285 **Fille Norcadés, Ore avons nos vescu adés, Et plus qu'assez.** Notez cette apposition d'un nom propre au mot *fille.* Il semble y avoir là une nuance de solennité dramatique.

fin[1] *s. f.* 1. **faire fin** *E* 1754 (d'un combat qui se termine), *T* 4600 (d'une lance qui se brise); **traire a fin,** *T* 10281 **icist deis le traioit a fin** ce chagrin déchirant l'entraînait à la mort (cf. *T* 10284), dans *E* 14087 le vers est placé dans la bouche de Bran de Lis lui-même. 2. explication, conclusion, décision: *E* 1382 **se vos volez oïr la fin Dom elle vint: de druerie** si vous voulez savoir d'où vint en fin de compte cette enseigne, de druerie, c' à d. d'une amie de Gauvain; *T* 4242 **tels fu la fins que,** *T* 4401 **ce est la fins,** *T* 4526 **amie... Toz sui vostres, c'en est la fins** amie, je suis tout à vous, voilà qui résume tout, voilà le point important, *T* 13620 **ne me loist pas dire la fin** (Ne des nicetez qu'il disoit Ne des bons contes qu'il contoit) il ne me convient pas de donner un résumé des sottises qu'il disait ou des bonnes histoires qu'il contait. 3. manière: *T* 3312 **un... blïaut... Qui molt li avint de grant fin** de belle manière, qui lui allait merveilleusement, *T* 5893 **or ne quidiez pas qu'il remaigne En nule fin, por nul avoir, Que je ne voille ausi savoir Coment vos vos faites nomer** en aucune façon et quel qu'en soit le coût.

fin[2] *adj.* peut rendre une foule de nuances qui varient avec le substantif qu'il qualifie et qu'il élève à sa plus haute puissance: 1. S'appliquant à des personnes: *T* 5284 **chevaliers estoit trop fins,** *T* 5548 **cortois et — accompli,** *T* 15180 **le roi Brangemor Que il amoient de — cor** du profond de leur cœur, *E* 1753

franc cuer et — cœur généreux et tendre. 2. S'appliquant à des choses ou des notions abstraites: *T* 1513 **fine angoisse** angoisse aiguë, *T* 6484 **trestoz de fine ardor bleui Por l'angoisse** sous le coup de l'angoisse son visage s'empourpre d'une fièvre brûlante, *T* 8550 (li vins) **li plus buens et li plus fins** le plus choisi (nous disons encore «des vins fins»), *T* 11512 **li solaus si clers et fins**, *T* 12054 **cil matins Si biax et si clers et si fins** si agréable, *T* 13194 **encensiers De** — or d'or pur (emploi conservé), *E* 10441 **n'avoit onques se** — bois non rien qu'un beau bois, *E* 4365 **de** — noient se travaillent ils se donnent une peine qui ne peut aboutir qu'à absolument rien, *T* 2663 **c'est fine veritez**, *T* 6087 **la verté fine** vérité pure, *E* 10477 **et bien dist il que fins droit fust Qu'il ancore plus mal eüst** qu'il serait bien juste qu'il souffrît encore davantage («juste» est un adjectif qui rend bien le sens, mais il est probable que *droit* est ici un substantif); *T* 9356 **je doi bien croire Que ceste chose est fine et voire,** le sens général du passage est: «vous dites que vous vous appelez Keu, je dois bien le croire, car votre langage même prouve que c'est la vérité». Mais que signifie *fine*? Il semble que nous ayons ici une variation plus ou moins consciente sur la formule *c'est fine vérité* notée plus haut: la formule a été comme désarticulée, le substantif changé en adjectif et relié à *fine*, qui subsiste tel quel, par la conjonction *et.* Mais sous ce nouvel encadrement *fine* laisse transparaître encore le sens qu'il avait avant la transformation. Il devient un de ces adjectifs passe-partout, indiquant vaguement une certaine satisfaction, qu'on accole à une variété d'autres adjectifs qui portent l'accent de la locution et nous donnent sa signification essentielle: il fait bon et chaud (Suisse romande: il fait bon chaud ici), il fait bon et frais, bon et doux, cf. angl. nice and warm, nice and cool. Si nous ne nous trompons pas, nous aurions ici un des premiers exemples français de ces locutions. Il est à noter que cet emploi de *fin* est particulier à *T* et à *V* (ou à leur source), *A* et *L* tournent autrement, *E* 13140 donne **que ceste chose si est voire** et *M* **que ceste chose est bien voire**: on dirait que ces 2 mss (ou leur source) ont voulu se débarrasser d'un détail de la tradition réprésentée par *T* et *V* qui ne leur plaisait pas et qu'il n'ont réussi le premier qu'à faire un vers gauche et le second un vers faux.

finement *s. m. T* 6026 la fin, le dénouement d'un conte, *T* 13476 **entrusqu'al jor del** — jusqu'au jour de la fin du monde.

firié *s. m. A* 4878, graphie de *ferié* qui peut être ici soit le substantif *ferié*, jour férié, soit le pp. pris substantivement du vb. *ferier* observer une fête, particulièrement en cessant le travail ce jour-là: «Vous voulez nous faire chômer la fête avant que la fête soit venue» dit Bran de Lis au roi Artur, c' à d. «vous voulez arrêter le combat entre Gauvain et moi avant qu'un résultat ait été atteint».

flair *s. m. T* 14248 odeur.

flairier *intr. T* 13197 exhaler une odeur.

flairor *s. f. T* 4143 parfum, odeur.

flamboier *intr.* p.pr. *T* 4056 **flamboians** (en parlant de deux escarboucles), *T* 10760 (en parlant de heaumes).

flatir *intr.* *T* 9302 **del pié le fait lués si** — **Au piler de la cheminee** l'envoie rouler contre le pilier de la cheminée, *T* 9310 **lors oï ... ovrir ... Un huis qui flati durement** il entendit ouvrir une porte violemment poussée.

flechir *tr.* *T* 11293 **jambes estendre, piez** — étendre les jambes, ployer les pieds (au cours d'un essayage de chausses de fer). Au passage correspondant *E* 15275 donne la forme *flanchir*, mais *M* et *Q* ont *flechir*.

flestre *adj.* flétri, au fig. *E* 12226 (Guinier, mandée par son mari Carados, arrive à la cour) **n'an fu mie la cort plus** —, **Mais plus esmeree et plus fine** la cour n'en vit pas pâlir son éclat, elle n'en fut que plus gracieuse et plus raffinée.

flor, fleur *s. f.* *E* 6212 (pour 'joncher le sol d'un riche pavillon), *T* 15112 **flors d'argent** (ornant une robe de soie); fig. *U* 698 **fleur de touz autres rois** ainsi Gauvain salue le roi Artur après une longue absence, *E* 2642 **tu soloies estre la flors De trestote chevalerie,** dit un nain bourru à Gauvain; «fleur de chevalerie», c'est là une appellation fréquente, déjà ancienne au XIIIᵉ s., et qui se maintiendra très vivante jusqu'à la fin du XIVᵉ s. Cf. *E* 1237-38 **de chevalerie Honor et flor de cortoisie.**

floré *adj.* *E* 1380 une enseigne aux armes de Gauvain décorée de fleurs brodées dans l'étoffe; *U* donne **fresee** (*frasé* galonné, plissé).

florir *tr.* garnir de fleurs, fig. *E* 692 (Gauvain) **estoit de toz biens floriz** fleuri de tous les mérites.

foi *s. f.* 1. fidélité, confiance, loyauté, *E* 15058 **Sire** (dit Gauvain) **... otroiez moi Que vos me portez droite foi ,.. Sire Gauvain, Toz mautalanz vos pardonré Et d'or an avant vos seré Amis de foi et de coraige** assurez-moi que je puis avoir confiance en vous, promettez-moi votre loyauté ... Sire, je n'aurai plus aucun ressentiment contre vous. Je serai dès maintenant pour vous un ami de confiance, un ami de cœur (cf. *E* 15050 et *T* 11122). Autre groupe d'amis: *T* 4240 (Cador, Aalardin et Carados) **s'entreplevirent lor fois** ils se jurèrent fidélité l'un à l'autre. Cela n'empêche pas Cador, au cours d'un grand tournoi et quoiqu'il ait reconnu sous son armure son compagnon Carados, de foncer sur lui comme s'il ignorait qui il est: c'est qu'ils ne sont pas dans le même camp; d'où cette réflexion désabusée de l'auteur de la version *T* à v. 5766 **tels est costume de tornoi, Li uns ne porte a l'autre foi** telle est la coutume des tournois, on n'y observe aucune fidélité l'un à l'égard de l'autre. L'épisode des malheurs de Guerrehés nous fournit plusieurs exemples remarquables du mot *foi*. Il est jeté à terre par le «petit chevalier» qui, lui mettant le pied sur le cou et le serrant à l'étouffer, lui crie: «Vorrez me vos plevir prison?» (voir **plevir**). Blessé grièvement et à bout de force, Guerrehés tend la main à l'autre et lui dit: **Sire, tenez ma foi; Mort m'avez** *T* 14689 Sire, voici ma main, veuillez accepter ma parole: je suis votre prisonnier. Cependant le nain le laisse en liberté pour le moment, mais à une condition, c'est qu'il revienne au bout d'un an jour pour jour: **Si le fiancerez par foi C'a cel jor serez ci a moi** *T* 14715 vous allez me promettre sur la foi du serment qu'au jour fixé vous serez ici de nouveau en mon pouvoir. Le malheureux

doit en passer par là: **Adont li afie sa foi C'al jor sanz faille
reverra** *T* 14742 il lui engage sa parole: au jour dit sans faute
il sera de retour. Un an se passe; Guerrehés se met en route et
rencontre à mi-chemin son ennemi qui sans salutation aucune
lui déclare fièrement: **Je aloie … A la cort vostre oncle le roi
Apeler vos de vostre foi** *T* 15070 j'allais à la cour du roi vous
sommer de tenir votre parole. Jusqu'à présent dans tous les
exemples cités *foi* nous est apparu dans la plénitude de son sens.
Se sert-on de la locution *par foi* notée plus haut, elle signifie bien
«sur ma foi», «sur votre foi»: la parole de quelqu'un est vraiment
engagée. En voici un dernier exemple *T* 12295: Quand le Riche
Soudoyer, vaincu au combat par Gauvain, réclame de son vain-
queur une faveur insigne à laquelle il tient comme à sa vie, il
est prêt à faire toutes les concessions, des concessions qui vont
coûter très cher à son orgueil: **je vos fïancerai par foi A faire
tout le gre le roi** je vous jurerai sur l'honneur de me conformer
à tous les ordres du roi, quels qu'ils puissent être. Mais voici
des exemples de notre locution où nous ne sentons plus cette
ferveur et ce sérieux de la «foi jurée». La demoiselle qui a recueilli
le jeune fils de Gauvain et l'élève le prie de lui amener un cheva-
lier qui passe: **volentiers, dame, par ma foi** *T* 13766. Il est
certain qu'ici *par ma foi* ne fait que doubler *volentiers* et exprime
seulement la bonne volonté du jeune homme. Un peu aupara-
vant le même néophyte, à qui la demoiselle promet un bouclier
meilleur que celui qu'il a, répond naïvement: **par foi, ma dame,
je ne sai; Mais quant vos le m'arez doné Dont en sarai la
verité** *T* 13748; *par foi* est ici, dès le XIII⁰ s., notre *ma foi* d'au-
jourd'hui, c' à d. un très faible équivalent de *vraiment*: ma foi,
madame, je ne sais pas trop. *Par ma foi, sur ma foi* n'ont pas
disparu totalement: ce sont encore des locutions possibles dans
la langue littéraire, mais même dans les livres elles sont rares;
ma foi appartient à la langue familière de toutes les classes
sociales, et c'est tout ce qui reste de ces belles conceptions du
moyen âge qui se groupaient autour du mot *foi* et reposaient
en dernière analyse sur le culte de l'honneur chevaleresque. Ces
locutions du reste ne disparaissent pas seulement par emploi
trop fréquent et affaiblissement du sens; parfois elles sont em-
ployées en pleine conscience de leur valeur mais dans des con-
ditions qui justifient peu qu'on y ait recours: **je vos plevis** (dit
Guiromelant), **messire Yvains, La moie foi antre vos mains**
E 1229. Voilà un beau début; mais écoutons la suite **que molt
suis liez quant essaier M'estuet au meillor chevalier Que
l'am puisse ou monde trover.** Guiromelant est très content à
la pensée qu'il va lutter contre le meilleur chevalier du monde
(que du reste il espère bien vaincre et tuer); assurément ce sont
là des propos de rude jouteur et de quelqu'un qui sait haïr,
mais est-il vraiment besoin qu'il confirme sa joie et ses menaces
par un serrement de main et un solennel engagement de sa foi
envers Yvain, messager de Gauvain? On pense, quoi qu'on en ait,
à des phrases d'aujourd'hui comme «Je vous *garantis* qu'il fai-
sait froid ce jour-là»: l'affirmation appartient aux banalités de
la conversation et la garantie est oiseuse. — 2. Nous arrivons
maintenant à une des locutions favorites du XIII⁰ siècle: com-
posée comme la plupart des précédentes d'un verbe et du sub-
stantif *foi*, elle livre moins facilement sa signification véritable.
Les réflexions que nous venons de faire nous serviront à l'inter-
préter. Il s'agit de «par la foi qu'on doit à quelqu'un», formule
solennelle par laquelle on se déclare à première vue tenu de

dire la vérité à quelqu'un ou de faire telle ou telle chose en sa faveur ou à son profit. Voyons d'abord les bénéficiaires de cette déclaration. Ce peut être en premier lieu Dieu lui-même: **par cele foi que je Dieu doi** *T* 2842, Dieu le roi céleste *E* 11415, le haut roi céleste *E* 12799, le roi céleste *T* 11708, *E* 15772, Dieu du monde *M* 18146, le seigneur du monde *E* 15502, le Créateur *E* 1723. Jusqu'ici l'engagement envers Dieu ne manque pas de gravité. Parfois Dieu a un partenaire: Dieu et saint Germain *E* 12826, Dieu et mon père *A* 2792 (dit par une sœur à son frère), *T* 7840 **par le foi que vos doi Et que je doi au roi celestre,** ou bien on dédouble la personnalité de Dieu: Dieu et sa vertu *E* 560, 2405. Nous commençons à trouver que ces mentions de la divinité reviennent bien souvent, d'autant plus que nombre de saints du Paradis accourent partager cet honneur; nous avons vu tout à l'heure saint Germain en compte à demi avec Dieu, le voici pour son propre compte *T* 9054, puis apparaissent saint Cosme *U* 708, saint Julien *E* 2446, saint Leu *E* 2246, 2458, saint Pierre de Rome *T* 12828, saint Po *E* 2276, et finalement sainte charité *E* 2122, 3028. Pour le coup, impossible de ne pas voir que ces multiples désignations de la divinité et cette variété pittoresque de saints du Paradis sont en rapport direct avec les exigences de la rime. Ces formules, toutes vénérables qu'elles paraissent, sont au fond des chevilles, au même titre que les appels aux saints pour appuyer une affirmation (*T* 5229 **Sire Ke, fait il, par Saint Pol, Or vos doit on tenir por fol,** voir les noms de saints à l'Index des noms propres des tomes I, II et III, 1), ou les adjurations à Dieu et aux saints de venir aider leur suppliant (*E* 13588 **Mangeroie? Nou feré pas, Einsint m'aïst Saint Nicolas** et les innombrables exemples de *se Diex m'aïst* et *si m'aïst Diex,* voir **si** au Glossaire). Ces constatations nous permettront de voir plus clair dans l'examen d'autres exemples où le bénéficiaire est un habitant de ce bas monde. Quand on dit à quelqu'un «par la foi que je vous dois» que veut-on dire au juste? S'incline-t-on par là devant quelqu'un à qui on reconnaît des droits sur soi? A-t-on affaire à un aspect du service féodal? S'adresse-t-on par exemple en qualité de vassal respectueux à un suzerain révéré? En aucune façon. Le fait est que, dès que nous sortons du domaine de l'au-delà, qui naturellement reste muet devant cette foi qu'on déclare lui devoir, il y a réciprocité entre les deux parties, ceux qui doivent et ceux à qui on doit. Les uns et les autres, en tant qu'il s'agit de cette «foi due», sont sur un pied d'égalité; quelle que soit leur place réelle dans le monde féodal, il n'y a pour le moment en présence ni suzerain ni vassal, mais seulement deux personnes qui se font des politesses. Voyons-le de plus près. Artur dit à Gauvain: **par l'amor et par la foi, Biax dols niez, que vos me devez...** *T* 12578; cet appel semble bien touchant, et également touchant ailleurs cette soumission de Gauvain: **par la grant foi que je vos doi Qu'estes mes oncles et mes sires...** *E* 14232. Mais écoutons un autre jon: **nos irons demain, Mes par la foi que doi Gauvain, Par grant san aler covanroit** *A* 3696. C'est Artur maintenant qui s'incline devant Gauvain, et notons en passant que rien dans le contexte ne nous préparait à ce gentil salut. Bien mieux motivé un autre salut du même genre: **Par cele foi que je doi vos, Biax niez, nel vos celerai mie** *T* 14362. Ainsi Gauvain doit sa foi à Artur parce que le roi est son oncle et Artur doit sa foi à Gauvain parce que Gauvain est son neveu. Voilà bien la réciprocité dont

nous parlions plus haut. Ailleurs, Gauvain vient de délivrer la
dame de Montesclaire, et très reconnaissante elle lui dit: **Sire,
par la foi que vos doi** *E* 4662. Son sauveur n'est pas en reste
et au bout de huit jours, quand il quitte le château où elle lui a
donné l'hospitalité, il prend congé par ces mots qui, sauf le chan-
gement de *sire* en *dame*, sont l'écho exact de ceux qu'elle avait
prononcés elle-même en l'abordant: **Dame, par la foi que vos
doi** *E* 4766. Dernière confirmation plus catégorique encore: un
«valet» apporte un message de Gauvain au roi et à la reine: Gau-
vain les prie instamment d'être présents à un combat qu'il va
livrer à Guiromelant; voici comment ce messager aborde la reine:
(Gauvain) **vos mande que le secorez, Par cele foi que lui
devez** *T* 144; en s'exprimant ainsi par personne interposée
Gauvain ne dépasse pas ses droits, car il sait bien qu'à l'occa-
sion Guenièvre peut à son tour le sommer par la foi qu'il doit
à sa reine. Et c'est ce que n'ignore pas l'auteur de la version du
ms. *E*; chez lui, au passage correspondant à celui que nous
venons de citer, voici ce que devient le message du «valet»:
**Dame, cil vos mande par moi Que vos par icelle grant foi
Que li devez et qu'il vos doit** (Que ne laissiez an nul androit
Que vos n'ameigniez les pucelles, Les dames et les damoiselles)
268-9. Le véritable sens de la phrase «devoir sa foi» est clair,
c'est une formule de politesse qui suppose simplement qu'on
appartient à un titre ou à un autre au monde féodal et qui
n'engage à rien de précis. Naturellement, si bien souvent elle
reste banale, elle peut aussi exprimer gentillesse, affection et
d'autres sentiments: tout dépend des circonstances et du ton,
voir p. ex. *T* 11133. Quand Artur et Gauvain s'entretiennent, la
formule s'éclaire d'un rayon de bienveillance affectueuse ou de
dévouement respectueux; mais quand Gauvain s'adressant à des
«puceles» qui puisent de l'eau à une source et qui lui sont par-
faitement inconnues leur dit: **Puceles, ne me celez mie, Par
cele foi que moi devez, Qu'a en ces justes que tenez** *T* 9587,
son ton est un peu cavalier; il est plus que cavalier quand il
décline l'offre d'un vavasseur qui l'a reçu somptueusement chez
lui, mais a commis l'erreur de proposer à son hôte de lui trouver
des aides pour une entreprise dangereuse: *E* 4230 **Avoi!... Or
m'avez vos por fol tenu. Foi que je vos doi**... (suit une explica-
tion qui remet les choses au point et ne saurait fâcher le vavas-
seur). On pourrait peut-être rendre ces deux vers en français
moderne de la façon suivante: «Vous avez une piètre opinion
de moi, mon cher Monsieur, mais...». Dans la bouche du séné-
chal Keu parlant au roi, l'expression **foi que doi monseignor
Gavain** *T* 11612, assez inattendue dans le passage (cf. *A* 3696
et noter l'identité des rimes dans les deux cas), prend une valeur
légèrement sarcastique. Il n'y a pas de sarcasme chez l'auteur
de la version *T* quand il nous dit de but en blanc, à nous qui le
lisons, avec la satisfaction de quelqu'un qui a trouvé la rime qu'il
cherchait **Par cele foi que je vos doi** 13833, c' à d. à peu près
«croyez-moi, amis lecteurs». La version de *M* 18069-70 a conservé
la rime *roi*: *foi* mais non la platitude. C'est *T* ici qui nous a le
mieux montré à quel point notre locution s'est parfois vidée de
sa substance. Le roi Artur lui-même va nous le montrer de son
côté, et cela dans les 2 versions, celle de *E* aussi bien que celle
de *T*, mais d'une façon plus amusante. Plaisantant avec la
reine (qui ne rit pas) il lui dit: **Dame, foi que doi tot le mont**
T 8578, *E* 12350. Quoi? le monde entier! C'est beaucoup dire.
On ne peut s'empêcher de penser au vieux proverbe «Qui trop

embrasse mal étreint». Il n'est pas impossible du reste que
«tot le mont» ici veuille déjà dire «tous les gens». Cela ne change-
rait pas notablement le sens, car nous ne croyons pas que cela
puisse signifier «tous ceux qui sont ici». Mais en admettant notre
interprétation on peut se demander si Artur, ce puissant roi de
tant de contrées, loin d'être ici un humoriste, ne veut pas indi-
quer par cette phrase grandiloquente que de par sa mission
ici-bas il a envers les populations des obligations qu'il accepte
volontiers. Cette interprétation toutefois ne cadre ni avec le
sens ni avec le ton du passage, et puis il se trouve que la même
formule est mise, quelques milliers de vers plus loin, dans la
bouche du fils de Gauvain, tout jeune homme qui fait ses pre-
mières armes, ne connaît qui que ce soit et n'est connu de per-
sonne (*T* 13906). Assurément le monde entier ne le soucie guère,
il ne fait que répéter une phrase peut-être courante dont la
sonorité lui a plu, sans qu'il se soit aperçu qu'elle sonne creux.
On remarquera que dans nos 3 dernières citations *par cele foi que*
ou *par la foi que* est devenu *foi que*. On est allé plus loin: on esca-
mote même le verbe *devoir*: *T* 3739 **Amis, par cele vostre
foi, Vo seror cor laissiez a moi.** Il est vrai qu'il s'agit ici
d'un enlèvement brutal où il n'y a ni amitié ni foi d'aucune
sorte. C'est de l'ironie de soudard. Pourtant le brutal est un che-
valier: notre locution, si belle à l'origine, est en train de s'user
par bien des côtés.

foilli *adj. T* 1523 **une lande... foillie et bele** garnie de végétation
et belle, *E* 2058 **la forest haute et foillie** haute et touffue.
Foilli est synonyme de *foillu*: pour *foilluz* du v. 6168 de *E* le
ms. *U* donne *fueillis*; d'autre part aux v. 4195-96 le ms. *L* donne,
dans la même phrase et s'appliquant au même substantif, les
adjectifs *follu* et *follis* comme si c'étaient des mots indépendants
l'un de l'autre et exprimant une nuance différente. Voir la note
aux v. *L* 4195-96, t. III, 1, p. 647.

foillie *s. f. L* 5664 **coucierent le navré En une molt bele ramee
De —** étendirent le blessé sur une belle couche de feuilles, *T* 267
la — del mairien le feuillage qui garnit un tronc ou des branches
d'arbre; *T* 4368, 4370, *M* 5554 **(fueilliee)**, *L* 248 **(follie)** feuillée,
abri fait de branchages.

foillu, follu *adj. T* 2563, *E* 6168 garni d'arbres, *T* 8213, 11220
garni de feuilles, touffu; *E* 6132 **ces vers prez Et ces bruillez
foilluz ramez** ces prés verts et ces bouquets d'arbres garnis de
feuilles et de rameaux.

foire *s. f. A* 6940 **de totes parz iluec s'aüne, Antr'ax est la
— comune, Qui l'a mort et qui l'a tüé** de toute part on
se rassemble là et dans les groupes ainsi formés on se pose la
même question: qui l'a tué?

fois *s. f. T* 14034 **plus de dis —**, *T* 7364 **a la —** parfois, *T* 6542
al chief de — plus d'une fois, souvent. On trouve souvent au
moyen âge une forme apparentée *foiee* (*foïe, feïe*) qui a le même
sens que *fois*: *T* 1541 **a ceste feïe**, *T* 5783 **a icele foïe**, *T* 5939
plusors feïes, *E* 437 **l'autre foïe**, *E* 3859 **par trois foïes** (au
passage correspondant *T* 1411 donne **par trois fois**), *E* 8661
mainte foïe: sur ces 6 exemples de *foiee* 4 sont à la rime.

foison *s. f. T* 2203 **a grant fuison**, *M* 17401 **li sanz ... coroit**

Dedenz cel vessel a — coulait en abondance; l'expression *à foison* existe encore mais suggère ordinairement une pluralité, une multiplicité.

fol *s. m. E* 3981 **et il desoz un** — **Se coucha** il se coucha sous un hêtre.

foldre *s. f. T* 13008 **foldres espessement chaoient** la foudre tombait à coups redoublés.

folie *s. f.* — *T* 5678 **bien sachiez vos n'en menrez mie C'ainçois n'i ait faite** — sachez que vous n'emmènerez pas votre prisonnier sans qu'un malheur arrive (c'à d. vous risquez d'être tué dans la bagarre), *T* 6013 **s'alcune fait sa folie, Il ne covient pas que on die Que totes les autres sont teles** si une femme suit son caprice et commet une faute, ce n'est pas une raison pour dire que toutes les autres sont pareilles, *T* 6709 **s'aucuns sa — pense, Nel doit metre en male despense** si qqn pense des sottises à son gré, il ne doit pas les communiquer vilainement aux autres, «il fera bien de les garder pour lui».

folier *tr. E* 8815 tourner qqn en ridicule.

folor *s. f. A* 3446 sottise, *T* 6540 **et si s'escrie a grant** — elle pousse des cris sans suite, cf. *E* 10125 **conmance a dire une** — (*M* **unes folors**).

fonde *s. f. E* 4144 (roche) **si haute c'une** — **Deci qu'anson ne giteroit** si haute qu'une fronde ne porterait (un projectile) jusqu'en haut.

fondelmant *adv. E* 2931 **Gauvains voit celui qui le proie Si** — si instamment. *U* donne **parfaitement** au lieu de **fondelmant.**

fonder *tr. T* 395 (la reine Ygerne) **fonda cest chastel** bâtit, fit construire.

fondre *intr. T* 12346 **a poi ... d'ire ne font**, *T* 14822 **a par un poi d'ire ne font** il s'en faut de peu qu'il ne s'effondre de colère, *E* 5920 **par un po que il ne font** peu s'en faut qu'il ne s'écroule sous le poids (dit d'un cheval trop chargé); *T* 7342 **si amaigriiez et fondus** si amaigri et si dépouillé de sa substance (*fondu* pourrait encore s'employer dans ce sens).

fons *s. m. pl. T* 5898 **en fons fui Gavains apelez** sur les fonts baptismaux on me donna le nom de Gauvain.

fontaine *s. f. A* 3837 lieu où se trouve une source d'eau vive, cf. *T* 9576; *T* 8547, 8567 eau, et particulièrement eau de source, emploi très fréquent au moyen âge. Au v. *T* 7365 **a la fois vivoit de rachine, De pain d'orge, avec la fontaine** le mot pourrait aussi vouloir dire «eau», mais il est plus probable qu'il fait allusion à la *fontenele* du v. 7354.

fontenele *s. f. T* 7354, *E* 4154 petite fontaine.

forbeor *s. m. T* 14967 fourbisseur, celui qui nettoie et polit les armes blanches.

forbir *tr.* fourbir, *T* 1428, 12178 **espee forbie** nettoyée et polie.

force *s. f. T* 3026 **la fains les fist a** — rendre la faim les obligea à se rendre, *T* 11563 **a** — **s'est ajenoilliez** qu'il le veuille ou non il a dû tomber à genoux, *T* 10043 **a** — **la despucelai de** vive force, *T* 13642 **tot a** —, **ou il weille ou non** bon gré mal gré, *T* 13716 **lors tyre a** — **et a vertu** elle tire de toutes ses forces.

forchier *intr.* pp. pris adjectivement *E* 3624, 11295 **voie forchie, forchiee** chemin qui à partir d'un point donné se divise en deux ou plusieurs branches.

forcié *s. m. L* 5837 **la cuirie as deus ciens dona. Le** — **et l'un des costés En a molt bien et bel ostés.** D'après ce texte le forcié est un des morceaux de choix du cerf. Aux passages correspondants *T* a **les costez et l'eschiner** 11760, *É* **l'eschinier et les deus costez** 15829, *A* **les eschines et les costez** 5820. Quand il y a lieu de mentionner plus loin ces morceaux précieux, les 3 mss se bornent à parler de *venoison* (*T* 11818, *E* 15898, 15914, *A* 5875, 5894); au v. correspondant *L* dit simplement **desos le pin mist le forcier** (5892): pas question du *costé*. Dans ses *Glanures lexicographiques* (1932), M. G. Tilander enregistre (p. 113) le mot *forchié* (ou *fourchié, fourché*) au sens de «branche fourchue à laquelle on pendait les plus précieux morceaux qu'on retirait du cerf» et il en donne de nombreux et décisifs exemples; dans ses *Essais d'étymologie cynégétique* (1953), p. 70, n. 1, il ajoute un exemple tiré du *Roman de Troie* 14970, où le sens de *forchiez* est «les bons morceaux retirés du cerf et pendus à la branche fourchue», et que l'éditeur (Constans) avait traduit à tort «cuisse d'une grosse pièce de gibier.»

forçor *adj.* forme et sens comparatif, *R* 413 **et totes celes ansement Qui sont ... de** — **pris** et toutes celles qui sont de haut prix (littéralement: de prix plus haut [que la moyenne]), c' à d. de haute naissance ou de haute situation sociale. *T* se borne à dire **dames et puceles de pris** 411.

forfaire, forfere *intr. E* 2261 faire du tort, causer des dommages à qqn (*U* a **mesfist** au lieu de **forfist**), *T* 6075, *E* 2971, 5676, 5757 même sens, mais le verbe est précédé de l'adverbe *riens* ou *rien*: faire tort en quoi que ce soit à qqn.

forfait *s. m. E* 3402, 3412 crime odieux (il s'agit dans les 2 cas d'un viol).

forjurer *tr.* s'engager sous la foi du serment ou par des paroles solennelles à abandonner la cour *T* 1129, le pays *T* 6220.

forlignier *tr. L* 5832, «dégénérer de la vertu de ses ancêtres» ne donne pas de sens ici; nous avons probablement là une variante de *forloignier*, qui signifie «laisser prendre du champ à la bête chassée». Voir la note à ce vers, t. III, 1, p. 651, et les autres mss: *T* 11752-54, *E* 15820-21, *A* 5814, qui confirment chacun à sa façon le sens du passage, mais n'emploient ni *forlignier* ni *forloignier*. Sur le vb. *forlonger* qui existe encore voir G. Tilander, *Glanures lexicographiques* (1932), p. 114.

former *tr.* pp. pris adjectivement *A* 7225 **uns chevaliers granz**

et formez semble vouloir dire «bien formé»; *T* 13260, *M* 17333, *L* 7261 sont d'accord pour donner ici **grans et membrus.**

fornir *tr.* pp. pris adjectivement *E* 3157 **un chevalier grant et forni,** *E* 1170 **par le piz fu forniz et gros,** *E* 1172 **jamés nul miauz forni n'avrez,** *E* 7075 **espaules ot et bras forniz** bien en chair, robuste, solide.

forrer *tr.* fourrer, *T* 1254 **une robe forree,** *T* 14561 **un covertor** [de lit] **forré d'ermine.**

forreüre *s. f. E* 13100 **blïaut Sans — por le chaut** sans fourrure à cause de la chaleur. Voir *M* **forré d'ermine por le chaut** et noter la contradiction: l'ermine passait pour être une fourrure très fraîche et convenable pour le temps chaud; mais peut-être n'y avait-il pas unanimité sur ce point.

fors *adv.* dehors *T* 427, 2097, 2402, 12906, 13718, tous ces exemples sont sur le même modèle, un verbe qui décrit l'action, et la particule *fors* placée après le verbe pour indiquer à la fois la fin du mouvement et la situation qui en résulte; la langue moderne s'en tient au verbe pour indiquer le mouvement et se passe généralement de la particule si essentielle en ancien français, et, ajoutons-le, si pittoresque: c'est un des cas où l'on voit le mieux la marche du français vers l'abstraction: *T* 2097 [les assiégés] **furent issu fors,** littéralement «sortis dehors» qui n'a pas disparu de la langue familière, mais la langue soutenue préfère «étaient sortis, ou avaient fait une sortie», *T* 427 **lor armes...** **Fist metre totes fors as estres** nous disons simplement «elle fit mettre (ou suspendre) les armes aux fenêtres de l'étage, *T* 13718 (un tronçon de lance est resté dans un écu) **lors tyre a force et a vertu A li, si que le trous osta Tout fors** nous dirions simplement «elle ôta (ou retira) tout le tronçon, ou le tronçon entier», l'ancien français, on le voit, était sur ce point très près de l'anglais: she pulled it right out. Voici un exemple où l'ancien français est d'une extrême concision et reserre deux actions en une seule: nous devrions même aujourd'hui conserver la particule ou un équivalent de la particule: *T* 10206 **parmi l'escu, parmi le cors Li mis del glaive une aune fors** je lui passai ma lance au travers de l'écu, au travers du corps et en fis sortir une aune par derrière. — *locution prépositive T* 185 **car solement de la dotance Que il fust mors par mesqueance, Estions trestuit fors de joie** car rien que de la peur où nous étions que par malechance il fût mort nous étions privés de joie, toute joie nous avait abandonnés. — *conj. T* 2375 **sor un cheval toz desarmez Est mesire Gavains montez, Fors son escu tint a son col** sauf qu'il avait suspendu son écu à son cou.

forsclore *tr. E* 3679 **par foi, fait il, mes n'oï tel, Quant einsint suis dou tot forsclos De mon voloir** je n'ai jamais entendu dire rien de pareil, me voici mis hors d'état d'accomplir ce que je voudrais faire.

forsener *intr.* être hors de son sens, *T* 10048 **je en dui vis forsener D'ire** je passai bien près de devenir fou de colère, *T* 12369 **d'ire et de doel forsenoit** de colère et de chagrin il était hors de lui.

fort *adj. T* 5259 **molt est fors li tornoiemens** le combat est acharné; *E* 3062 **fort meson** maison fortifiée, nous disons encore *chateau-fort*; *T* 10409, 10697 **fort a croire** bien difficile à croire; *fort* a souvent un sens très péjoratif: *T* 2724 **molt fort aventure** une sombre aventure, *E* 10919 **la fort vie qu'il menoit** bien douloureuse, *T* 7733 **a molt de femes seroit fort Que por son ami soffrist mort** ce serait une condition bien dure, bien cruelle, *E* 3181 (Gauvain s'est servi à une table qu'il a trouvée toute mise. Survient le maître de la maison qui s'indigne et tempête. Réponse de Gauvain:) **si n'est pas fort Mesfet, ce cuit** il n'y a pas grant mal, je crois; *E* 2015 (en parlant du temps) **onques mes n'ot veü si fort** jamais il n'avait vu un temps si mauvais. — Emploi adverbial *E* 10226 **lors li est molt torné an fort Ceste novelle** cette nouvelle a bien aggravé son état.

fortereche *s. f. T* 1235 forteresse; le mot nous fait penser aujourd'hui à une ville ou à une bourgade entourée de puissantes fortifications d'un dessin sévère; ici il y a bien un pont-levis et une très haute tour, mais en fait nous sommes devant un magnifique palais qui est le château du Graal.

forvoier, forveer *tr. E* 13461 **peor a dou roi forvoier** il a peur d'égarer le roi; *intr. E* 15820 **messires Gauvains esgarda Aprés deus chiens et forvea** et s'écarta du bon chemin; au passage correspondant de *A* on a: **esgarda Aprés deus chiens qu'il forvea** 5814: faut-il faire de *qu'*(il) un régime de *forvea*? mais ce n'est pas Gauvain qui a fourvoyé les chiens; peut-être faut-il lire *quil* (= qui le) et comprendre «ce qui a fourvoyé Gauvain»?

fouleïs *s. m. T* 9541 **Li — de la grant route** les traces laissées dans les hautes herbes par une grande troupe de cavaliers.

fouler *tr. T* 11983 **le refait a terre voler Et le foule si durement** et lui fait passer sur le corps les sabots de son cheval.

frain *s. m.* frein, le plus souvent le mot indique à la fois le *mors* et les *rênes*, la situation n'exigeant pas une précision plus grande: *T* 9674, 9713, 10648, 12371, 12617, 12781, 13135: il s'agit de tirer sur le frein pour arrêter sa monture, ou d'attacher le cheval par les rênes, ou de saisir les rênes d'un cheval soit pour attirer l'attention du cavalier ou pour l'emmener prisonnier, ou pour s'emparer du cheval si son maître a roulé par terre, ou pour conduire une dame afin de lui faire honneur; il se peut enfin que ce soit le cheval qui **sache et tire au frain** *T* 13091. Au v. *T* 12627 le frein est d'or pur, ce qui ne peut convenir qu'au mors; au v. 13130 il y a dans la même phrase un curieux mélange qui montre bien le peu de précision du mot: **del poing li fist le frain salir**, ce qui ne peut s'appliquer qu'aux rênes qui échappent au poing de Gauvain, **si durement le prist as dens** si violemment il avait pris le frein aux dents, ce qui ne peut s'appliquer qu'au mors. Aux vers *T* 1680 et *E* 4994 le frein est expréssément distingué de la rêne. Voir **serre**.

fraindre *tr.* pp. **frait, fraite**, briser *T* 4911 cuisses, *T* 13202 épée, *E* 5614 lance, *A* 836 écu; rompre *T* 14575 en parlant du pain qu'on trempe dans un hanap de lait d'amande.

fraisne *s. m. T* 805 frêne, la lance que choisit Gauvain pour son combat avec Guiromelant est faite du bois de cet arbre.

franc, franche *adj.* indique en premier lieu homme ou femme appartenant à la noblesse *T* 204 (opposé à *vilain* 206), *T* 6618 (joint à **si demaine** ses vassaux), puis, associé au premier sens, noblesse morale *T* 7379, ou noblesse de manières ou de maintien *T* 2172, 2178, ou, qualité essentielle des gens nobles (d'après nos auteurs de romans), générosité *T* 200, 2202, 15120, *E* 1753. Au v. *T* 15298 **frans rois debonaire** *franc* étant associé à *débonnaire* qui indique générosité lui-même, revient à son premier sens: noble et généreux roi.

franchement *adv.* en général exprime les mêmes nuances de sens que l'adjectif *T* 5159, peut-être s'y ajoute-t-il parfois comme une suggestion de franchise et de droiture *T* 5629, 12337, 12811, 12838.

franchir *tr.* affranchir, *T* 10344 — **de vos mains Cent convers trestoz en un jor** évidemment ces domestiques de couvent étaient des serfs, ce qui est confirmé expressément au v. *T* 11118 où il s'agit de la même offre: — **cent sers de vos mains.**

franchise *s. f.* le mot se trouve souvent dans une formule qui le joint à «Dieu» ou «l'amour de Dieu»: *T* 3846, 7370, 8973, 12288, 12303. On peut se demander si *franchise* dans ces phrases implique noblesse ou générosité; peut-être *T* 12288 où la formule est plus développée nous donne-t-il la clef de la difficulté: **si vos requier par gentilisse, Por Dieu, por amour, par — M'amie me rendez sanz mort:** *gentilise* qui veut dire «noblesse» ne laisse à *franchise* que le sens de «générosité», bien qu'en tout cas il s'agisse d'une «noble générosité». Que signifie *T* 2018 **Beatris ... Qui molt fu plaine de** —? Le contexte ne fournit aucun secours, mais il est probable que là aussi il s'agit d'une «nature généreuse». Cette signification est plus que probable au v. *E* 864 **molt ot belle gent an l'eglise Et si sont plains de grant** — (on nous explique immédiatement après les belles «offrandes» qu'y font le roi et la reine).

frape *s. f.* *E* 9311 **chascuns viaut premier venir La ou il voient maintenir Seur Caradoc la pesant** — (épisode d'un tournoi) pluie de coups de lance et d'épée qui tombent sur Caradoc; cf. *T* 5729 **il ont veü maintenir Sor Caradot le pesant chaple.**

frarin, frarine *adj.* de sens un peu vague, en tout cas péjoratif et indiquant un pauvre être médiocre et sans ressources, ou une chose sordide; on l'emploie souvent dans une phrase négative pour faire valoir la personne dont on dit qu'elle n'est pas «frarine»: *E* 5412 **uns rois qui ne fu pas frarins** qui était vraiment quelqu'un, *E* 7052 **Jenevre la gentil roïne Ne se contint pas con frarine** elle ne se conduisit pas en femme d'esprit étroit et tracassier et qui aime à lésiner (elle fait des cadeaux magnifiques aux futurs chevaliers).

fremir *intr.* a perdu de sa vigueur depuis le moyen âge, mais a peut-être gagné dans l'expression des nuances: *T* 2860 (chevaux lancés à toute allure) **tote la terre font** — ils font trembler la terre, *T* 12105 (son puissant d'un cor) **si que la terre tout entor Fremist une liue environ** la terre tremble à une lieue à la ronde.

freor *s. f.* frayeur *T* 6759, *E* 12748 ici nous avons plutôt le sens d'appréhension.

frere *s. m.* frère, terme de politesse dont on use fréquemment au moyen âge pour accueillir qqn qui n'a aucun lien de parenté avec vous, spécialement un messager qui vous apporte de bonnes nouvelles; aux v. *T* 6728-29 on a les 2 sens du mot «frere» rapprochés dans la même phrase: **frere, tres bien viegne m'amie, Et ses frere bien viegnë il.**

fres, fresche *adj.* le mot signifie *frais*, mais tantôt il s'agit de la fraîcheur de la température, tantôt de la fraîcheur qui est un résultat ordinaire de la nouveauté (en parlant d'une étoffe p. ex.), et il n'est pas toujours facile de distinguer entre ces 2 sens, ni, le second étant choisi, si l'accent est sur la nouveauté ou sur l'aspect en lui-même. Voici 2 cas où il n'y a pas de doute: *T* 8284 **molt grans bretesches ... hautes et fresches,** *T* 8291 **il i avoit chambres et sales Qui n'estoient ne viez ne pales, Ainz erent fresches et noveles:** ainsi ces bretêches, ces chambres et ces salles ne sont ni vieilles ni pâles, c' à d. grisâtres, ce sont en chaque cas de nouvelles constructions et qui le montrent par leur aspect: *fresches* et *noveles* sont joints à bon droit. Passons aux étoffes: *T* 9315 **d'un fres samit avoit blïaut Forré d'ermine por le chaut,** *T* 9922 **covertor ... D'une porpre ... alixandrine Et toz forrez de fres hermine,** *T* 8369 **une roube hermine vermeille D'un fres samit avoit vestue** (il semble que *hermine* indique la fourrure et *samit* l'étoffe). Que signifie *fres* dans ces 3 exemples? tout neuf, porté depuis peu? Mais cela ne va-t-il pas de soi dans le monde où nous nous trouvons ici et ailleurs dans nos romans? D'une grande fraîcheur? C'est possible, mais notons que dans les 3 cas l'hermine est mentionnée et que cette fourrure, comme nous l'avons noté ailleurs, avait la réputation d'entretenir une fraîcheur autour du corps: c'est du reste ce qu'indiquent les mots «forré d'ermine *por le chaut*». Nous concluons que dans les 3 exemples cités *fres* se rapporte à une température. A côté de *fres*, nous rencontrons *frois*, qui est une forme ancienne de *fres* et parfois et spécialement à la rime pourra être préférée par nos auteurs (sur 5 emplois du mot relevés par nous 4 sont à la rime). Ici se présente une nouvelle difficulté: comment faire le départ entre *frois* = frais et *frois* = froid? *T* 2975 **il l'a trové tot froit mort;** le sens est bien clair ici. *A* 8490 **et quant il s'aprocha del dois Et vit le riche paile frois Et celui qui desor gisoit;** pas de doute non plus: *frois* est un régime singulier, il s'agit donc d'une forme de *fres* ou l'*s* appartient au radical. Enfin voici un cas où l'auteur lui-même distingue expressément les deux mots: *L* 910 **assez fu plus frois et plus fres.** Et la 1ʳᵉ question se pose de nouveau: température, aspect ou nouveauté? Dans le dernier exemple cité, *L* 910, le contexte montre immédiatement qu'il s'agit de température. *T* 10484 **li braqués ert blans come nois Et plus que nus hermines frois;** il ne peut être question ici de nouveauté; le brachet est blanc comme neige, ce qui le rapproche de l'hermine dont il est voisin par la taille: il est tout naturel qu'il s'y ajoute cette fraîcheur qui est une marque de la fourrure de l'hermine: le petit brachet a le corps frais. *A* 8490 cité plus haut: ce «riche paile frais» sur lequel est étendu un cadavre est-il neuf? On ne le mentionnerait pas; il nous paraît probable que le mot fait allusion à la beauté de l'étoffe, à son lustre. Reste une dernière et minime difficulté: au v. *L* 910 cité plus haut **assez fu plus frois et plus fres Qu'il n'ot esté a l'assambler** *il* est-il un neutre et s'agit-il dans les deux vers de la température extérieure, ou *il* se rapporte-t-il à Gauvain lui-même? La grammaire se prête aux deux interprétations; la 1ʳᵉ est plus aisée à justifier: *frois* indique la température du dehors et *frais* l'impression qu'elle fait sur le vaillant lutteur. Dans le passage correspondant *T* 942 lit **fu assez plus fors et plus frois Qu'il n'ot esté ...**: *fors* ne se comprend guère si on rapporte cet adjectif au temps qu'il fait (*fort* appliqué au temps ne signifie qu'un très mauvais temps); si au contraire on fait de *il* un masculin le sens est clair: «Gauvain se sent plus fort et sent davantage la fraîcheur». *L* et *T* ont compris chacun à leur façon 2 vers équivoques de leur modèle. Voici un dernier ex. où le sens n'est pas douteux: *T* 2312 **venisons fresches et oisiax** de la venaison fraîche et du gibier. Notons que nous ne mettrions pas auj. le mot *venaison* au pluriel et que, si nous disons couramment «de la viande fraîche», nous hésiterions à appliquer ce qualificatif à de la venaison. Cela correspond-il à un changement dans les recettes de l'art culinaire? Tout compte fait, notre texte doit vouloir dire simplement que les bêtes de la forêt d'où provient cette venaison avaient été tuées récemment.

freschement *adv.* *T* 13487 **quant il verront nostre Seignor Sainier tot ausi — Come il fist lors** tout aussi réellement que si on était à l'époque où le sang du Christ coula pour la première fois le long de la lance de Longin.

fresel *s. m.* *M* 19001 **fresiaus** galon ou ruban servant à faire des attaches.

fresteler *intr.* *T* 11584, *A* 606 jouer du chalumeau ou de la flûte.

frire *tr.* *T* 7897 **li serpens Qui li vins aigres frit et art,** ces 2 verbes sont souvent rapprochés et traduisent des nuances diverses: ici il en *cuit* douloureusement au serpent d'être plongé dans le vinaigre qui le brûle.

froc *s. m.* capuchon de moine, *E* 5414 **Carodoc Qui miauz ainme haubert que** — qui aime mieux les tournois et la guerre que les prières du couvent.

froidor *s. f.*, aujourd'hui *froideur* ne s'emploie plus comme ici au sens propre: *froid* est substantif aussi bien qu'adjectif. D'autre part, de même qu'au XIIIᵉ s. *froit* et *frais* ne sont pas toujours faciles à distinguer, de même *froidor* peut rendre tantôt l'idée du «froid» *T* 7785, 10313, tantôt celle de la «fraîcheur» *T* 11578, 14480: c'est dire que les deux notions n'étaient pas aussi nettement délimitées qu'elles le sont aujourd'hui.

froier *tr.* *M* 15274 **la veïssiez pour essaier Maintes chauces de fer** — frotter: il s'agit d'essayer des chauces de fer, *E* emploie ici *chaucier*, ce qui est moins pittoresque, et *Q lacier*, ce qui est une autre opération.

froissier *tr.* *L* 7136 **li vens es rains desus feroit Si fors por poi tos ne froisoit** le vent secouait si fort les branches des arbres que peu s'en fallait qu'il ne les rompît toutes, fig. *E* 9978 **Cara-**

doc ot molt grant angoisse Dou serpant qui le fuste et froisse qui le fustige et lui rompt le bras (voir **fuster**); *intr.* se briser, se rompre *T* 4782, 11363, 11548 (lance), *T* 14669 **sa lance froissa** (*tr.* ou *intr.* suivant qu'on fait de *lance* un sujet ou un régime), *E* 4411 (épée), *L* 3715 **un uis qui hurta durement, Si que por peu tos ne froisa** la porte est poussée si violemment qu'il s'en faut de peu qu'elle ne se brise. *Froisser* a perdu beaucoup de sa force aujourd'hui: il n'implique jamais cassure.

froissure *s. f. T* 14849, *U* 19091, *L* 9033 (**fressures**) fressure, terme de boucherie qui suivant les dictionnaires s'applique aux poumons, au cœur et au foie; toutefois les 3 mss cités mentionnent les poumons à côté de la fressure comme un viscère distinct.

fronchier *intr. T* 13051 **li chevax fronche** renâcle.

frosine *s. f. R* 518, Godefroy (s. v. *frocine*) donne de ce mot 2 exemples qu'il interprète par «fille ou femme de basse condition, servante, domestique». Il est clair que l'intention en est péjorative. Est-ce un hasard que ce mot soit aussi le nom du mauvais nain dans le *Tristan* de Béroul (on y trouve, attestées à la rime, les 2 formes *Frocin* et *Frocine*)? Notez que dans *R* **frosine** est opposé au mot **fort**, ce qui justifierait la traduction «on voit souvent une espèce d'avorton, qui n'a pas le droit pour lui, vaincre un homme vigoureux qui l'a appelé en duel». Voir sur le mot en question les remarques de F. Lecoy, *Romania*, LXXII (1951), 402.

frou *s. m. R* 1148 **car dont en seroit siens li frous.** Voir note aux v. *R* 1137-38 et 1144-50, t. III, 1, p. 643, et l'essai d'interprétation de tout ce passage de *R* par E. B. Ham, *Modern Language Notes*, LXIX (1954), 219-220.

fruit *s. m. T* 2164 il ne lor laist **ne ble ne fruit** (Dont la vile puissent garnir), *fruit* est pris ici dans un sens très général.

fuer *s. m. T* 3726, *E* 3328 **a nul** — à aucun prix, *T* 6256, 7197 **a nis un** — à quelque prix que ce soit. Sous la forme *fur* le mot est conservé dans la locution *au fur et à mesure* où du reste il n'est plus compris.

fuerre *s. m. T* 5532 fourreau (de l'épée).

fuie *s. f.* fuite, *T* 5587 **a** —, *E* 9072 **a la** —, *T* 8212 **en fuies** (avec les vb. *torner* ou *metre*) mettre en fuite, prendre la fuite.

fuïr *T* 7115 infin.; *T* 7192 **fuit** indic. pr. 3; *T* 7199 **fuie** subj. pr. 3; *T* 7487, 12261 **fuïs** pp.; *tr.* 7115, *intr. T* 7192, 7193, 7196, *réfl. T* 7202; *T* 3510 **toz li sans li fuit** tout son sang reflue en arrière, *T* 7487 **et por che m'en sui je fuïs** tour moderne: me suis-je enfui, *T* 12261 **alez s'en seroit ou fuïs** il s'en serait allé ou [se serait] enfui.

fun *s. m. E* 7911 **n'an issoit funs ne aleine** il ne sortait de son corps ni vapeur ni haleine.

furnir *tr.* fournir, *T* 12979 **ceste oirre m'estuet** — il me faut entreprendre ce voyage.

fus, fust *s. m.* bois (de charpente ou de menuiserie), *T* 5686,

13347, *E* 1476, 19208 bois de la lance, *T* 8292 **chambres et sales Qui ... erent fresches et noveles De fust trop riches** partout lambrissées de bois précieux.

fuster *tr.* *E* 9978 **Caradoc ot molt grant angoisse Dou serpant qui le fuste et froisse,** Godefroy donne 2 verbes *fuster*, l'un signifiant «battre de verges, fustiger», et l'autre «fouiller, piller, ravager». Le sens du premier ne s'applique guère à un serpent, mais dans les nombreux exemples que cite Godefroy du second verbe, il s'agit de pays, de villes et de maisons, jamais d'individus. Malgré l'étrangeté de la chose il faut donc probablement s'en tenir au premier verbe. Du reste *E* est le seul de nos mss à donner ce mot, et encore il l'estropie (*fust* au lieu de *fuste*) et le pourvoit d'un régime *li* qui ne convient guère.

G

gaaignaige *s. m.* *E* 5531 champ et pâturage.

gaaignerie *s. f.* *T* 3040 terre labourée ou à labourer.

gaaignier *intr.* *T* 5695 **Cadoalans, Qui que gaaint, a molt perdu** quel que soit celui qui gagne, C. a beaucoup perdu.

gab *s. m.* assaut d'attaques et de ripostes plaisantes parmi un groupe de compagnons en belle humeur, *T* 11591 **molt li plaisoit li deduis Des bons gas que s'entredisoient Les gaites qui la nuit cornoient** le roi se plaisait fort au jeu amusant des bonnes plaisanteries qu'échangeaient entre eux les veilleurs de nuit; affirmation plaisante et à ne pas prendre au sérieux, *T* 2735 **vo fille sui, ce n'est pas gas** pas de plaisanterie sur ce point, rien n'est plus vrai, *T* 12978 **itant vos en di sans gas** je vous dis cela sans la moindre plaisanterie, je parle très sérieusement, *T* 3596 **dis tu a gas?** *T* 2806 **dites vos a gas?** plaisantes-tu? plaisantez-vous?

gaber *tr.* railler, se moquer de (souvent par manière de joyeux passe-temps), *A* 5749 **tuit le gabent a lor pooir** (cf. *A* 5720) tous se moquent de lui à qui mieux mieux, *E* 1766 **s'an est deceüe et gabee** trompée et moquée; *réfl.* *T* 11301 **od le roi trestot se gaboient** échangeaient avec le roi des propos plaisants et moqueurs, *T* 4992 **que ne s'en gabast Bleheris** pour que B. ne s'en moquât pas, n'en fît des gorges chaudes; *T* 1088 (journée de noces) **molt i ot ris et gabé.**

gabois *s. m.* raillerie, moquerie *A* 5723, *M* 15284 **et par — le demandoient** par plaisanterie railleuse lui demandaient (*E* donne **par deduit** au lieu de **par gabois,** mais il faut remarquer que de son côté **se gaboient** du v. *E* 15283 est chez *M* **se jooient** se donnaient du bon temps; *T* 11302 donne **par joglois**).

gachois *s. m.* *A* 7681 **au matin ... il se trova... an un —;** le mot n'est pas dans Godefroy, mais par sa forme il a l'air d'appartenir à la famille de *gacel, gaçueil, gassouil,* tous termes enregistrés par Godefroy: ce serait un «marais». Le passage a embarrassé les copistes: *gachois* n'est donné que par *A*, *L* 7719 a *jaonois* et *M* 17789 *jaonnois,* *U* 17789 *glaionois,* *Q* 17789 *geolois;* *T* 13525 et *S*

7681, en désespoir de cause, semble-t-il, ont eu recours au mot *faloise*. Voir **jaonnois**.

gage *s. m.* objet qu'on remet à qui de droit pour garantir soit une dette, soit une promesse d'être présent à une date donnée pour livrer combat à un adversaire, *T* 1630 **le — en ai tres esté** j'en ai le gage depuis l'été, c' à d., semble-t-il, le gage que son futur adversaire lui a remis; le texte qu'on attend plutôt ici est celui de *E* 4946 **je donai gaige des esté** j'ai déposé mon gage dès l'été, *E* 2744 **peor ai n'i laisse ses gaiges**, il pourrait y avoir là une allusion aux gages que Gauvain a dû donner pour garantir sa présence en un certain jour à la cour d'Escavalon, mais il est plus probable que nous avons ici une expression proverbiale courante «laisser ses gages» ne pas pouvoir les dégager pour cause de mort. Cf. *E* 2768 **vos nos lairoiz la teste an gaige,** c' à d. «vous allez mourir» hurlé par 4 chevaliers qui foncent sur Gauvain.

gaires *adv.* au sens étymologique de «beaucoup», et par conséquent, à la différence du *guère* moderne, peut admettre un *pas* dans la phrase: *E* 6813 **ne fu pas — mesdisanz** il n'était pas très médisant (voir ce dernier mot); si *gaires*, dans une phrase négative, n'est pas accompagné de *pas*, la tournure est au fond la même que celle de la phrase précédente, mais dans ce cas elle passe telle quelle dans le français moderne: *T* 11192 **a monseignor Gavain n'estoit — de chose qu'il disoit** à Gauvain n'importait guère ce que disait le roi.

gaite *s. f. T* 11586, 11592, 11594 veilleur de nuit; emploi abstrait *E* 6648 **ainz n'i firent plus longue gaite** ils ne s'attardèrent plus à la surveillance de l'ennemi, c'est une façon de dire qu'ils levèrent le siège après capitulation de la place (*U* donne **plus longue aguette**).

gaitier *tr. T* 6091 **s'a fait la tour entor** — il a fait surveiller la tour de tous côtés, *intr. T* 4124 **tant soltieument l'ymage gaite** l'image observe si subtilement que.

galesche *adj.* fém. de *galois, T* 262 **Et cil Galois qui duit en sont Mainte loge** — font, cabane faite de branchages entrelacés (*L* 244 **galesque**); de même *T* 2603 **loges galesces**.

galïer *intr. L* 8830 **puis le feri De sa lance tot maintenant Parmi le cief en galïant** en lui lançant des sarcasmes. *T* emploie le même verbe 14630 **en galoiant**; *M* 18876 a tourné autrement, *A* 8772 lit **an glaceant**, voir **glaçoier**.

gambés *s. m. E* 1032 **un — De soie et de coton porpoint** vêtement de soie rembourré de coton qui se mettait sous le haubert.

gambison *s. m.* vêtement long qui servait au même usage que le gambés, *T* 693, *L* 8411, *E* 18471 (*ganbesons*) appelé aussi *auqueton* quelques vers plus haut *E* 18465.

ganchir, guenchir *tr. T* 2744, *A* 1429 faire tourner, tourner; *refl. T* 11027, *intr. T* 3931, *E* 7823, 7827, 7829 se détourner (pour éviter un coup), *E* 6392 **atant li ganchi fierement** s'écarta farouchement de lui (et, l'écu devant la poitrine, attendit l'assaut de l'autre), fig. *E* 3603 **ja de son conmandemant Ne ganchira** elle ne va pas se soustraire à un ordre de Gauvain.

gant *s. m. A* 4856 **uns ganz porpoinz a demandé** il a demandé
une paire de gants rembourrés, cf. *L* 4687 **puis a ... demandé
Ses gans.** Ce sont des gants montant très haut et fendus le long
des bras; une fois mis ils devaient être recousus de façon à serrer
le bras très étroitement; d'ordinaire c'est un serviteur ou une
dame qui rendait ce service au chevalier: ici c'est Bran de Lis
lui-même qui s'acquitte de la tâche, car cela lui plaisait *A* 4857;
voir aussi *T* 10683, *E* et *M* 14535.

garantir, garandir *intr. T* 59 **si vos prie ... Que la le veigniez
garantir** Gauvain vous prie de venir là-bas lui prêter votre
appui, c' à d. veiller à ce que tout se passe loyalement dans le
combat qu'il va livrer à Guiromelant, *T* 7561 **por qu'ele l'en
puist garandir** (bien cruelle est la mère qui laisse endurer la
souffrance à son enfant) alors qu'elle pourrait la lui épargner,
R 524 **se Damedex me garandisse** aussi vrai que je demande
à Dieu de me protéger.

garçon, voir **gars.**

garde[1] *s. m.* soldat à pied chargé de besognes qu'on ne peut deman-
der ordinairement à des chevaliers (destruction de maisons,
démolition de remparts, etc.) *L* 2004; au passage correspondant
T 3028 donne **guedes.**

garde[2] *s. f.* forme avec **avoir** et surtout **prendre** des locutions fré-
quentes: *T* 7427-28 **mais Karados ne se prent — Que de
nului doie avoir** — mais Carados ne soupçonne pas qu'il doive
se garder de qui que ce soit, *T* 6189 **Carados grant — prist
De la tour** surveilla de près (les abords de) la tour, *T* 7424 **si
qu'il — ne s'en presist** de sorte qu'il ne s'aperçut de rien, *T*
6309 **la crualté ... Que sa mere li appareille, Dont il — ne
se prent pas** dont il n'a aucun soupçon, *T* 708 **molt grant —
se prenoient S'il ...** examinaient soigneusement pour voir (s'il
y avait des retouches à apporter à l'armure que vient d'endosser
un chevalier), *T* 7237 **de lui ot tel — pris** il se surveillait de si
près.

garder *intr.* regarder *T* 1230, 4422, 13110, 15060, *E* 13467; *tr.* soi-
gner (cf. garde-malade du fr. mod.) *T* 3165, 3174; protéger *T*
13245, *E* 38; *T* 697 pour protéger le front et empêcher les
mailles d'entrer dans la ehair; veiller à, s'occuper de, *T* 5610
poi ont gardé a son preu (ils admirent sa vaillance et
désirent vivement l'abattre) ils ne sont pas préoccupés de ses
intérêts, de ce qui peut lui être utile; *refl. T* 13795 gardez-vous
bien d'aller jouter avec qui que ce soit sans avoir votre écu en
position.

garest *A* 3826 il s'agit probablement du mot *garet, guaret* (voir
Godefroy, IV, 227 b et IX, 732 b), fr. mod. *guéret,* qui pourrait
avoir ici le sens de «jachère». Le mot est du reste particulier au
ms. *A: T* 9204, *E* 12978 et *L* 3610 s'accordent pour donner
genest, jenest et **genés.**

garir *tr. T* 13016 **et cele nuit ... Le gari cil Diex qui ne
ment** le protégea (ou le sauva), *E* 1718 **molt m'an tanroie
a gari** je me regarderais comme vraiment sauvé, *T* 6404 **ne ja
nel garira conjure** aucune formule magique ne le sauvera
(du châtiment). Le sens moderne de «ramener à la santé» est

déjà bien établi: *T* 13794 **qu'il ne s'esmait de nule rien Por sa plaie, qu'il garra bien** elle lui dit de ne pas s'inquiéter du tout de sa blessure, car il guérira bien (ici *garir* est *intr.*, il est *trans.* dans le passage correspondant de *M* 18031: et li dist qu'el le garra bien), *intr.* *T* 13809 et 13811 **dolce dame, je garirai, Se Dieu plaist** ... **Mes escus ne garesist mie** je guérirai s'il plaît à Dieu, mon écu n'aurait pas guéri (si je l'avais eu avec moi). Au v. *T* 13466 (la lance qui saigne nous fait savoir que) **nos somes sain et gari**, on se demande si cela veut dire «en bonne santé et guéris» ou si c'est l'idée de «protégés» et finalement de «sauvés» qui domine.

garison *s. f.* *T* 2284 **chargier** [un cheval] **De pain, de vin, et de poissons, De char et d'autres garisons** provisions, vivres.

garnemant *s. m.* *E* 6718 **bien li sistrent si —**, on dirait aujourd'hui sa toilette était fort seyante, ou lui allait à merveille. Le mot au sens de «vêtement» a disparu du fr. mod., l'anglais l'a conservé, *garment*.

garnir *tr.* munir, fournir, *T* 13561 terre fournie en bois, en eau, en prairies, *T* 2137 armée fournie en nombre, *T* 2085, 2087 se fournir en hommes (en parlant du chef d'une place assiégée), *T* 486 **cinc cens chevaliers noviax Dont estoit garnis li chastiax** qui tenaient garnison dans le château, *,T* 2165 **il ne lor laist ne ble ne fruit Dont la vile puissent —** approvisionner; *réfl.* *E* 5702 **ainz se garnissent dou desfandre** (ils n'ont encore aucune envie de rendre la ville) mais ils se préparent à la défendre (de tout leur pouvoir), *T* 12594 que la reine se pourvoie, dans toute la mesure du possible, de tout ce dont, à sa connaissance, elle aura besoin pour faire honneur aux hôtes qu'elle va recevoir.

gars *s. m.* cas sujet, fait au cas régime *garçon*, désigne un serviteur de rang inférieur *T* 2364, 9283, 9343, 9359, *L* 3749; les deux formes sont très souvent prises dans un sens péjoratif: *T* 1267 on nous dit qu'un certain roi **ne sambloit peneant, Pautonier, garçon, ne ribaut,** *U* 3715 remplace dans cette liste peu honorable *garçon* par **coquin**; *T* 6456 la reine Ysave, après le piège du serpent, **sovent disoit entre ses dens:** « **Gars, or est fais li venjemens Del mal qu'as fait avoir ton pere**»; *T* 10113, 10114, 10115 un frère de la pucelle violée accable Gauvain de termes d'injures: **Estes vos donques chevaliers? Nenil, certes. Qui? Pautoniers! Car qui fait oevre de garchon S'est gars par droit et par raison. Vos avez fait garçonerie.** Il ne peut pas y avoir d'outrage plus sanglant pour un chevalier. Et Gauvain doit encore entendre cette dernière apostrophe lancée en même temps qu'un furieux coup de lance: *T* 10187 **Malvais gars, montez! Se vostre chiés fust desarmez, A cest cop vos eüsse ocis** vil individu, à cheval! sans votre casque je vous tuais du coup. *Gars* s'emploie encore dans une langue très familière et *garçon* appartient à toutes les catégories de la langue: les deux mots sont devenus indépendants l'un de l'autre, ils ont très notablement modifié leur sens, et ils ne sont plus du tout péjoratifs.

gaste *adj.* *T* 9206, *E* 12973 désolé (en parlant d'un lieu ou d'un pays), ravagé. Mot aujourd'hui disparu; l'adj. anglais *waste* **a** conservé l'ancien sens.

ġaster *tr. T* 13771 détruire (en parlant d'un bouclier).

ġaudine *s. f. E* 2049, 2054 petit bois.

ġaut *s. m. T* 2828, 2962 bois (de petite étendue), semble plus employé en poésie qu'en prose.

ġavelot *s. m. T* 12907 javelot, arme de trait.

ġenest *s. m. T* 9204 genêt. Cette forme assurée par la rime (*forest : genest*) et fournie également dans les mêmes conditions par *E* 12978 et *L* 3610, est à noter, car la forme ordinaire du xiiie siècle est *geneste* fem.

ġengle *s. f. A* 6881 **Keus ... Vos fet tenir por orġuilleus Par ses ġengles** Keu vous fait passer pour orgueilleux par son méchant caquet.

ġengler *tr.* et *intr. E* 6911, 6912 **cil qui sa proësce ġengle, Li ġengler l'abat et estranġle** celui qui ne cesse de prôner sa vaillance, ces hâbleries le jettent à terre et l'étranglent.

ġenoilliere *s. f. E* 1027 genouillère, partie de l'armure qui protégeait le genou: dans *E* et *M* on «lace» les genouillères, dans *Q* et *U* on les «chausse».

ġent[1] *s. f.* singulier: *T* 6465 **bien s'en sont aperchut la ġent** (nom collectif singulier avec le verbe au pluriel) les gens, *E* 16514 **si n'avra pas ġrant ġent o nos** pas beaucoup de gens, ou pas beaucoup de monde, de même *T* 10516, 10614; *T* 6782 **ce n'est pas bel ne ġent Que je demeure entre vo ġent** familiers et personnel domestique du seigneur; de même *E* 6826. Nous ne connaissons plus *gent* féminin singulier excepté dans quelques réminiscences littéraires; dans tous les exemples ci-dessus nous remplaçons, on l'a vu, *la gent* etc. par *les gens* etc. — Pluriel: **frans a totes ġens** *T* 200, **parmi oltre totes les ġens** *T* 3314, **molt de bones ġens** *T* 7350, **de chevaliers et d'autres ġens** *T* 8397, **les ġrans ġens** *T* 2131 les hauts personnages, les gens de marque. Tous ces emplois pluriels sont conservés, mais *gens* est devenu masculin, tous les gens, les gens courageux, à l'exception des cas relativement rares et confinés à un petit nombre d'expressions où le substantif *gens* est précédé d'un adjectif qualificatif, le Dieu des bonnes gens. Notons le cas de **deus ġenz** *E* 11819, bien qu'on puisse parfois encore trouver une alliance de mots de ce genre dans les livres, on ne compte guère les *gens* dans la conversation et on préfère dire «deux personnes» (mais «deux jeunes gens» est courant).

ġent[2] *adj.*, féminin *gente*, un des mots favoris du vocabulaire des hautes classes au moyen âge, c'est un terme assez général, souvent précisé ou éclairé par un autre adjectif qui l'accompagne, *riche, avenant, franc* et surtout *beau*. Il indique des qualités plutôt extérieures; la richesse et l'élégance du costume viennent en première ligne: Artur et ses familiers contemplent au fond d'un cercueil le corps d'un chevalier mort, ils admirent les précieuses étoffes dont il est vêtu, ses éperons d'or, sa ceinture magnifique, et le roi s'écrie **Vez come il est et**

gens et biax *T* 14216; on peut donc être *gent* même quand la vie s'est retirée du corps. À l'ordinaire néanmoins la façon de porter toilette et vêtements compte pour beaucoup: *T* 15110 (cf. *T* 3068) **une pucele Gente de cors et de vis bele:** le visage est beau, le corps souple et de lignes harmonieuses, en un mot cette pucele a de l'élégance et de la distinction. Le mot s'applique aux hommes comme aux femmes; voir *T* 199, 204, 2628, 3313, 8366, 8702. *Gent* se dit aussi des choses, *T* 14212 d'une paire d'éperons d'or, *E* 2166 d'un bel arbre, *T* 7349 d'un agréable paysage sylvestre, *T* 4073 d'une rivière pittoresque, *T* 4070 d'un merveilleux pavillon, *T* 8286 d'une habitation luxueuse; même **li mengiers** peut être **biax et gens** *T* 8398, somptueux et choisi. *Gent* peut être un adjectif neutre et s'appliquer à des notions abstraites: *T* 6781 **ce n'est pas ne bel ne gent Que je demeure entre vo gent** convenable, *T* 6466 **ce ne fust pas bel ne gent Qu'aucuns al roi le racontast** ce ne serait pas bien que quelqu'un allât raconter cela au roi (noter la présence de *bel* dans ces deux phrases). De cet emploi on passe facilement à un autre où on peut se demander si *gent* est un masculin régime d'un verbe ou tout simplement un adverbe: *E* 2165 **et cil** [les valets] **plus d'atante n'i font Que il ne l'atornent** [le dîner] **molt gent**; de même *T* 4609. Enfin on arrive à des emplois où *gent* (accompagné de son fidèle *bel*) est un adverbe incontestable: *T* 212 **il** [les damoiseaux] **servent et bel et gent Les dames et les chevaliers** avec une bonne grâce aisée; de même *T* 13298.

gentement *adv.* *T* 4792 élégamment (équipé dans un tournoi), *T* 4386 **li chastiax sist** — gracieusement, ou peut-être pittoresquement, *T* 7758 **si sont** — recheü avec tous les égards qui leur sont dus.

gentil *adj.* le sens premier est «noble», «de noble famille». Notons que dans ce sens *T* dit d'Ysmaine qu'elle est **gentix de parage** 2178 et que *E* emploie les expressions **gentix homes** 6827 et **gentis fames** 5807. Nos autres exemples nous montrent des variations intéressantes; il s'agit de qualités qui évidemment pour un romancier de l'époque sont en grande partie le propre de la classe noble, mais ce n'est pas sur cet aspect du mot qu'il insiste: *T* 13011 **mesire Gavains li gentieus** accueillant, affable (cf. **li gens** *T* 199 dit également de Gauvain), *T* 1850 **l'autres a non Guigambresil C'on tient assez a plus gentil** plus abordable, *T* 5080 **gentil vassal a en Cador** dit une jeune enthousiaste, *T* 7595 **une pucele si gentil** si aimable. Seul le mot **gentilhomme**, du reste bien vieilli, a conservé un souvenir du sens originaire de *gentil*; au contraire les exemples du mot que nous avons cités en dernier lieu sont encore d'un emploi courant aujourd'hui.

gentilisse *s. f.* *T* 12287 **si vos requier par gentilisse** (cf. *E* 16409 **par gentillece**) Por Dieu, por amour, par franchise je vous en prie par votre gentillesse, pour l'amour de Dieu, en considération de l'amour et par votre générosité.

gentor *adj.* au comparatif, *T* 14508 **un lit, ainc hom ne vit gentor, Ot en la chambre solement** pour tout meuble il n'y avait dans la chambre qu'un lit, jamais on ne vit plus magnifique.

germe *s. m. E* 6798 rejeton, fils.

gesir *intr.* en général, *réfl. T* 3141, 6647, 9835, 12249 (sur l'équivalence des 2 formes comparer *T* 3129 et 3141); **jesir** *T* 6798 infin.; **gist** *T* 13365 indic. pr. 3, **gisez** *T* 15251 5; **gisant** *T* 15195 p.pr.; **gisoit** *T* 13363, **gesoit** *T* 13396 indic. impf. 3; **girrai** *T* 9042, **gerrai** *T* 6499 fut. 1; **jui** *E* 2125 prét. 1, **jut** *T* 2446 3, **jurent** *T* 11551 6; **jeü** *T* 15254 pp.; *T* 6798 **si vont jesir** ils vont se coucher, *T* 6647, 9835 être couché, *T* 15195 (il se réveilla) couché dans un lit magnifique, *T* 3129, 3141 coucher avec une femme, *T* 6499, 9042 passer la nuit (à tel ou tel endroit au cours d'un voyage), *T* 2446, 9835 être alité, garder le lit, *E* 2542 **les sorciz rous et gisanz Si que trestot l'oil li covroient** pendant, tombant sur les yeux, *T* 13396 **ausi com devant i gesoit** (il remit l'épée sur la poitrine du mort) comme elle y était auparavant, *T* 2058 **forés plenieres Et gisant sor beles rivieres** qui s'étendaient le long de belles rivières, *T* 11551 rester étendu à terre, *T* 10923, 12249 être étendu à terre sans connaissance, *T* 13363, 13365, 14192, 14231, 15251, 15254 être étendu mort, *T* 14298 **Diex! font il, qui est qui la gist?** qui est-ce qui est couché là? Les gens qui s'exclament ainsi croient en effet qu'ils ont devant eux un simple dormeur, alors que c'est un mort. Ceci montre que *ci gist* n'avait pas encore nécessairement au xiiiᵉ s. le sens moderne de «ici repose» dans nos cimetières; pourtant ce sens était alors largement répandu et il a fini par chasser tous les autres: *gesir*, verbe si utile (voir *T* 13396 et la traduction que nous en donnons), a disparu dans la plupart de ses formes, du reste difficiles, parce qu'il communiquait une teinte macabre aux actions qu'il désignait: nous employons encore l'indicatif présent et imparfait et le participe présent, mais toujours pour indiquer la mort, certains mourants, et le sang répandu.

geude, voir **guede.**

gié *pron. T* 5047, 11692, 12429 une des formes accentuées du pronom personnel *je*; elle est déjà vieillie au xiiiᵉ s. et on la trouve surtout à la rime: c'est le cas dans les 3 exemples indiqués ici.

gignier[1] *intr.* guigner, *T* 4266 **il n'osoit vers li** — il n'osait tourner son regard vers elle.

gignier[2] *réfl. T* 3672 **onques ne se volt** — elle ne voulut jamais se farder (ni mettre sur elle autre chose que ce que Dieu y avait mis).

gille *s. f. R* 1022 **onques mains dels ne fu sans** — jamais publique affliction ne fut moins exempte de supercherie, ne fut plus vraiment sincère. Voir la note à ce vers, t, III, 1, p. 642.

giron *s. m.* se dit des pièces d'étoffe qui forment les côtés d'une tente ou d'un pavillon; le mot a à peu près le sens de «pan», mais *giron* est quelquefois accompagné du mot *pan* lui-même, sans qu'on voie bien la nuance qui sépare les deux mots; peutêtre *giron* indique-t-il une pièce d'étoffe plus large que *pan*: *T* 9906, 10080; *T* 2596 **li pan et tot li** —. Le mot se dit aussi des vêtements et désigne la partie comprise entre la ceinture et le genou: *T* 7241 (une chape avoit afublee Qui l'ermite ert), **si**

fu molt lee Et si n'i ot giron ne mance la chape était ample, mais elle n'avait pas de manche et ne tombait que jusqu'à la ceinture. Le mot est rare aujourd'hui et ne s'emploie qu'au figuré «rentrer dans le giron de l'Église».

gironner *tr.* pp. pris adjectivement, *T* 3927 **toz ont gironnez lor haubers** les hauberts sont divisés par des fentes qui constituent deux pans?

gisarme *s. f. E* 528 guisarme, arme qui était faite d'une hampe où s'emmanchait un double «fer», d'un côté un tranchant recourbé et de l'autre une pointe droite. Voir **jusarme**.

glacier *intr.* glisser, *E* 1477 (par mileu de l'escu An ont fait les fers et les fuz [des lances] **Passer et glacier pres dou cors** glisser le long du corps (ou pénétrer jusqu'au corps?): de toute façon puisque le sang jaillit (v. 1478), il doit y avoir piqûre ou morsure du fer de la lance; *U* 2292 (et les chevax poignent Des esperons tranchanz d'acier) **Que il les font plus tost glacier Qu'esprevier ne volle après caille,** *glacier* semble indiquer l'allure douce, unie et égale (pour le cavalier) d'un cheval lancé au grand galop; *E* donne *lancier* au lieu de *glacier.*

glaçoier *intr.* glisser, *A* 8772 **est Garahés alez ferir De sa lance ... Parmi le chief an glaceant** assener de sa lance un coup qui frappe obliquement et rase le crâne.

glaive *s. m. T* 9830, *E* 4355 lance.

glas, glais *s. m. T* 11715, 11718, *E* 15784 sonnerie de cloches (pour prévenir les habitants de la ville que tout travail doit cesser du samedi au lundi à l'heure de tierce en l'honneur de la Mère de Dieu). Le sens du mot s'est restreint: aujourd'hui le tintement du glas annonce une mort.

glose *s. f. T* 1446 **puis li dist li sires sanz glose** sans autre explication.

gloton *adj.* et *s. m. E* 2438, 4364 glouton, épithète injurieuse qui étend largement l'acception précise du mot «celui qui mange trop et si avidement qu'il dégoûte les assistants».

glui *s. m. T* 9226 botte de paille dont on couvrait les maisons, chaume.

goloser *tr. E* 10810 **vet la mort molt golosant** elle désire vivement la mort.

gonfanon *s. m. T* 573, 5014, 9141, 9146. Voir **confanon**.

gonne *s. f.* vêtement long tombant très bas que portaient en particulier les moines, *E* 11356. Le mot a disparu, l'anglais *gown* qui en vient est plus vivace que jamais et comporte une nuance d'élégance ou de dignité qu'en général n'avait pas le mot français.

gort *s. m. E* 2751 **li sans conmance a grant gort Issir parmi la plaie au mort** le sang commence à jaillir en abondance de la plaie du mort.

goté *adj. A* 549 tacheté.

gouster *tr.* *T* 6294 **lors li verrés la mort** — goûter à la mort, peut-être même tâter de la mort.

goute *s. f.* *T* 13058 (et la grans pluie remest tote), **Que puis ne venta ne plut** — le vent se calma et il n'y eut plus goutte de pluie; *goutte* s'était déjà à peu près fossilisé comme auxiliaire de la négation, mais on pouvait lui redonner de la fraîcheur en l'employant avec un verbe avec lequel il avait une parenté de sens; voir **point**.

governer *intr.* *E* 647, 652 diriger la marche d'un bateau à l'aide du gouvernail.

graal *s. m.* *T* 9649 (en unes loges par devant) **Vit sor graals d'argent ester Plus de cent testes de sangler**; de même *E* 13431: un plat peu profond mais assez large pour contenir une hure de sanglier, voilà l'humble départ de ce mot qui a devant lui une carrière si glorieuse. Notons d'abord que *V* remplace à cet endroit le «graals» de *T* par un «tailloirs» et que de son côté *M* préfère un «platiaus» au «graaus» de *E*; on dirait que ces 2 mss n'ont pas voulu introduire une note discordante dans le concert des nobles exemples que nous allons examiner maintenant (pour une liste complète de ces exemples, se reporter à l'Index des noms propres des tomes I, II et III, 1). La première chose qui frappe dans cet examen c'est une curieuse différence d'attitude entre *T* et *E* (ou *M*) sur la façon d'introduire et parfois de regarder le Graal sanctifié par la légende. Voici le premier exemple du mot dans *E* 3811: récit d'une procession dans une salle de festin: **Antre ses mains gentement porte Un graal trestot descovert**; «*un graal*», cela ne peut vouloir dire qu'un plat du genre de celui qui sera décrit au v. 13431 cité plus haut. Gauvain n'a encore aucun soupçon de la vérité. Le deuxième exemple continue le récit de la procession: **Quatre vallet ont aportee Une biere aprés lou graal** *E* 3823; puis revient «li graaux» 3853, et il passe et repasse devant les convives silencieux; Gauvain pensif regarde de tous ses yeux, puis brusquement il voit clair: **c'est li Graax et la lance Qu'il devoit querre** 3866 (allusion au *Perceval* de Chrétien, épisode du siège de la «commune»): dès ce moment le Graal est un vase sacré qui n'a plus rien de commun avec des hures de sanglier. *T* 1363 débute d'une façon bien différente: sans attendre, d'entrée de jeu, il proclame la grande nouvelle: **Entre ses mains en haut aporte Le saint Graal a descovert**: le *saint* Graal, porté par des mains qui le lèvent «en haut»! Voilà le grand mot lancé peut-être pour la première fois (ni *E* ni *M* ne sont allés jusque-là et si Chrétien a dit «tant sainte chose est li graaus» [édit. Hilka 6425], il n'a pas dépassé ce stade). La version de *E* est plus dramatique, celle de *T* plus pleine d'onction et de lumière. Mais *saint Graal* (*T* 1363) ou *riche Graal* (*M* 17349), il s'agit dans les deux cas d'un graal bien particulier, celui qui a recueilli le sang de Jésus crucifié et dont la renommée va franchir le cours des siècles pour arriver jusqu'à nous plus chargée de sens qu'à aucun moment de sa vie légendaire.

graillet *adj.* *E* 7519 diminutif de *grêle*.

graindre, grainde *adj.*, cas sujet du comparatif de *grant*, le cas régime est *graignor*, *T* 11231, 13812, 14788, *E* 6519.

graisle, graille *s. m.* sorte de trompette dont on sonnait pour annoncer la distribution de l'eau qui servait à se laver les mains avant le repas, *T* 202, 3573, 8517, 8846, *E* 7409, *A* 190 (**gresle**).

gramïer *réfl. U* 206, 1067 **plore et se gramie** se courrouce, mêle son courroux à ses larmes. Voir note au v. 206, t. II, p. 584.

granche *s. f. E* 3772 **la sale ne sambla pas —,** c' à d. une grange. On pourrait croire qu'il s'agit ici d'une grange d'aujourd'hui, où l'on serre les gerbes de blé et la paille (ce sens existait déjà), mais l'écart d'une grande salle d'apparat à une grange serait un peu violent: autant dire que cette salle n'est pas une étable, ce qui va de soi. Le tour est imité de Chrétien qui pour louer une riche étoffe se plaît à dire qu'elle n'était pas malpropre, comme il affirmera d'une fourrure qu'elle n'était pas râpée; mais c'est le sort d'une étoffe de se salir un jour et les fourrures se râpent à l'usage. Il faut conclure que nous avons ici un autre sens de *grange*, également ancien: maison des champs avec ses dépendances, métairie (voir Godefroy IV, 335 b). Notre texte signifie donc que la grande salle du château du Graal n'était pas une salle à manger de campagne. L'anglais *grange* a eu aussi les deux sens, et à l'inverse du français il a conservé celui que nous croyons voir dans le passage ci-dessus.

grandet *adj. T* 7602 **deus cuvetes Qui ne fuissent pas molt grandetes,** *E* 11178 **deus cuvetes Trop petites ne trop grandetes,** ce heurt de *molt* ou de *trop* avec *grandetes* montre que nous n'avons pas affaire ici à un diminutif: une cuvette «grandette» c'est une cuvette qui n'est pas mal grande, et, nous dit notre texte, il ne faudrait pas que ce «pas mal» allât trop loin. Voir la note au vers *E* 11178, t. II, p. 600.

grant *adj. T* 5825 et Gavain aprés referi, Son mautalent li a meri, Et sor l'elme si — li paie Que bien le dut tenir a paie (cf. tel li done *T* 5803) il lui fait payer sa mauvaise humeur, et lui assène sur le heaume un si grand coup qu'il a bien lieu de croire que la dette est effacée; pris substantivement *T* 10867 **onques si bele creature De son — ne fu esgardee** de sa taille (c'est un enfant); *T* 5727 **en —** de très désireux de (suivi d'un infinitif); pris adverbialement *T* 8258 **grans trois liues ou pres de quatre Le siut li rois a esperon** pendant trois bonnes lieues, cf. anglais «a *good* three miles». Dans le paradigme régulier de la déclinaison, la forme *grant* est commune au masc. et au fém., mais la forme *grande* apparaît dès le xIIᵉ siècle, et elle n'est pas rare au xIIIᵉ; en voici un ex. dans nos textes: *T* 7801 sa **grande** biauté.

grasse *s. f.* grâce, *T* 7433 **cil ses grasses rent** il rend grâce (à Dieu), *T* 4527 **vostre grasse volroie avoir** votre faveur. Le mot n'a pas encore la grande extension de sens qu'il prendra à partir du xvIᵉ s.

gravel *s. m. E* 3005 **la clere fonteine D'amors, qui d'or a le —** qui tient en suspension des paillettes d'or.

gravelle *s. f. U* 745 **si court — tout entour** il y a une ceinture de gravier tout autour du château: sens peu satisfaisant, *M* et *Q* donnent **si court grant eve tout entour,** ce qui est très clair.

gravier *s. m. A* 9451 **li cisnes s'an parti Atot le chalant del**

— de la greve (où le chaland était venu aborder); *E* 14352 **un olivier Qui seoit anmi le** — un olivier qui se dressait au milieu du gravier du jardin, de même *E* 14359; *M Q* donnent *vergier* au lieu de *gravier*, et *T* 10524, 10531 aussi.

gre *s. m.* satisfaction, *T* 2847 **al gre de vos amis** à la satisfaction de vos amis, *T* 14738 **le quel qui mix vos ert a** — **Porrez prendre** vous pourrez choisir le parti qui vous conviendra le mieux, *T* 11459 **et li rois a dit: Vostre grez Ert fais** il sera fait selon votre désir, *T* 12296 **je vos fiancerai par foi A faire tout le** — le roi tout ce que le roi désirera, *T* 7860 **des deus cuveles entrez En l'une; et en l'autre de grez La vostre amie i enterra** de son plein gré, très volontiers, *A* 3502 **trestuit i alassent lor** — si on n'avait écouté qu'eux, *T* 1970 **por che vos lo a removoir De servise faire en tel leu Lau vos n'aiez ne** — **ne preu** là où vous ne retireriez ni satisfaction ni profit, *E* 1789 **mais espoir fait l'avez de** — mais peut-être vous l'avez fait de dessein délibéré, exprès, *T* 4152 **adont demande par bon** — **Aalardin se il savoit Qui li biax paveillons estoit** («par bon gré» est sans doute à prendre avec la deuxième partie de la phrase) il demande à Aalardin s'il lui plairait de lui dire, s'il voulait bien lui dire.

greer *tr. L* 8933 **volés le si** — **par foi?** voulez-vous sur votre foi y consentir?

gregier *tr. A* 8827 **trop duremant l'ot gregié** il l'avait malmené cruellement, *réfl. T* 4024 **s'erent molt gregié** s'étaient tués de fatigue, pp. pris adjectivement *L* 6467 **molt sui gregiés** je suis accablé de fatigue, *L* 5055 **et cil ensi trestos gregiés Li recort sus** et l'autre, tout recru de fatigue qu'il était, se précipite sur lui de nouveau.

grevain *adj. E* 917 lourd, pénible, accablant.

grever, sens général: causer à qqn un dommage plus ou moins lourd ou un chagrin plus ou moins supportable, cf. l'anglais *to grieve* qui toutefois n'a pas retenu le sens physique de *grever*. Tr. *M* 14664 **li chaux qui les grieve formant** le fait beaucoup souffrir (*E* **qui lor grieve**), *M* 18728 **por le chaut qui l'avoit grevé**, *T* 13947 vous n'avez pas l'air de vous être trop fatigué ni d'avoir trop souffert de ce combat, *T* 5850 il ne s'est pas seulement maintenu contre lui (dans un combat) mais il lui a donné pas mal de fil à retordre, *E* 5836 les a si affamés, serrés de si près et si abattus, *T* 14566 il était blessé et à le regarder on voyait que la blessure était sérieuse, *T* 11557 était mis fortement à mal, *T* 7111 **mains grevast uns fais que deus, Et ausi fait pesance et dels** un fardeau partagé entre deux pèserait moins, et il en est de même de l'angoisse et du chagrin, *T* 4906 les forts font souffrir les faibles, *T* 4462 **choses qui molt grevees m'ont** qui m'ont fait bien du mal. Dans tous les ex. qui précèdent (sauf au v. *T* 7111 où il n'a pas de régime) le vb. *grever* est transitif. Mais, peut-être sous l'influence de *peser*, être désagréable ou pénible, il peut être franchement intransitif: *E* 7375 dou plat le fiert, point ne *li* grieve, *M* 14664 li chaux qui *lor* grieve formant (cf. *M* qui *les* g.), *A* 8252 sachiez bien que molt *li* greva. — *Réfl. T* 1100 **Ha! sire, por nient vos grevez** vous vous donnez de la peine bien inutilement, *T* 918 ils se donnent de si grands coups sur leurs heaumes qu'ils se font de graves blessures et en restent tout étourdis, *T* 13548 il peinera au métier des armes et en acceptera tous les durs labeurs. — *Impers. T* 13454 **j'en weil savoir, S'il ne vos grieve, tot le voir** si cela ne vous gêne pas, si cela ne vous fait rien, *T* 15044 **samblant est que ne vos griet mie** cela n'a pas l'air de vous émouvoir beaucoup, *T* 14978 quoi qu'il m'en coûte pour mener cette tâche à bonne fin et quelque lourd que soit le fardeau, *T* 299 cela me pèse sur le cœur, mon cœur en souffre.

greveus *adj. T* 14975 lourd (fardeau), *T* 925 (ses assauts sont acharnés et) durs à supporter pour son adversaire, *T* 24 (on ne vit jamais chagrin si) douloureux.

griement *adv. T* 6600 — **vivre** vivre douloureusement, *T* 4797 **molt l'ont griement aconseü** ils l'ont atteint et lui ont fait sentir le poids de leurs armes.

grijois *adj. T* 13185 de la Grèce, grec.

gris *s. m. E* 4073, 7062 **forré de gris**, c'à d. avec la fourrure du dos de l'écureuil appelé «petit-gris», *T* 9627 cette fourrure elle-même.

grondre *intr.* autre forme de *gronder*, *E* 2617 **un petit gront** murmure entre ses dents.

gros *adj. L* 7058 **li — vens** nous ne dirions guère *gros* aujourd'hui en parlant du vent, mais nous disons une grosse mer, un gros temps, à côté de un grand vent.

guede, geude *s. f. T* 3028 **ses guedes,** *L* 1105 **les geudes,** *T* 5091 **sa guede** (emploi collectif). Voir **garde**¹ *s. m.* et **jeudon.**

guerpir *tr.* abandonner qqn ou qqch. avec une idée de rapidité ou de finalité, *E* 2787 il ne lâche ni selle ni étrier, *E* 4352 il lâcha les étriers et tomba mort, *T* 905 ils ne veulent pas se lâcher (de deux adversaires qui combattent furieusement), *T* 11026 céder le terrain (dans le combat), *T* 2117 **ainc puis ne tinrent Le champ, ainz lor estut** (= le lor estut) — il leur fallut abandonner le champ (de bataille), *T* 9769 **nei me celez noient Por qu'avez guerpi le mengier** pourquoi vous avez quitté si prestement la table du repas, *T* 9733 ce logis ne serait pas délaissé, nous nous établirions dans cette maison, *T* 403 abandonner sa terre (en parlant d'une reine), *E* 5370 abandonner le roi, refuser de reconnaître désormais sa suzeraineté. *Guerpir* a disparu de la langue; un composé *déguerpir* existe encore, mais il est intransitif dans la langue non-technique et il est d'un usage beaucoup moins étendu.

guerredon *s. m.* signifie en premier lieu récompense, remercie-ment en retour d'un service ou d'un don *T* 1949, 7518 **doble —,** *T* 7684, *E* 3232 ; *E* 11760 (il s'agit de menestrels qui viennent à l'occasion d'un mariage royal) **por la cort servir Et por — deser-vir,** *E* 3166 **le — randre** (ironique), *E* 6328 **an — en** retour, *E* 3502 **dame, s'onc an ma vie Vos fis ne servise ne don, Or an demant le —,** *A* 2043, *T* 7134 (tel feme i a qui est maniere D'amer home por ses grans dons) **S'ele l'aime, c'est guerre-dons, Ce n'est pas amor de nature** (telle femme il y a qui est habile à aimer un homme pour les grands dons qu'il lui fait) si elle l'aime c'est un geste de remerciement, ce n'est pas l'amour vrai qu'inspire la nature. — D'autre part *guerredon* n'est pas seulement un remerciement, une récompense, une compensation pour un don ou un service rendu, il peut indiquer tout au rebours une requête que l'on présente à quelqu'un pour en obtenir un don ou un service: *A* 3976 **or me dites vostre non Par servise et par** — rendez-moi le service de me dire votre nom; de même *A* 705 **or me dites par — Comant vostre conpainz a non,** *A* 6878 (sire, fet messire Gauvains, Itant feites por moi au mains Que vos vaigniez o moi arriere) **Por — et por proiere** rendez-moi ce service, je vous en prie, *E* 2133 **por ce vos requier et pri gié An — qu'avant n'ailliez** je vous demande à titre de don; de même *E* 1691, 4105. Dans aucun de ces derniers exemples la personne qui parle de «guerredon» n'a rendu un service quelconque à celle à qui elle s'adresse, à moins qu'au v. *E* 4105 on ne tienne un bon repas offert à Gauvain pour un service qui mérite une récompense. Dans un dernier exemple *E* 3597 **et ancore, s'il li plesoit** (à la pucelle), **An servise et an — Li vorroit il requerre un don** Gauvain a réellement rendu service à la pucelle, mais il en a déjà, en toute politesse, réclamé et obtenu le «guerredon» 3502, et maintenant c'est une faveur à titre gracieux qu'il lui demande. De tout ceci on peut conclure que «guerredon» et «service» sont bien près l'un de l'autre: dans un cas on récompense un service, dans l'autre on en requiert un. Voici un passage où la comparaison des textes parallèles de 2 mss fait bien voir la parenté des 2 mots en question : *A* 2043 (Artur donne deux châteaux à un chevalier) **Cil les reçut an fié de li, Puis l'an randi an — Maint bel servise an sa meison;** voyons ce qu'est le même passage dans *E* 6664 **puis l'an randi an sa meson Tant servise et tant — Que ancore am parole an ore.** Il est certain que, si le mot *servise* reste parfaitement clair, *guerredon* est un mot qui peut prêter à équivoque, et il est possible que ces fluctuations de sens contradictoires aient contribué à sa disparition. En anglais *guerdon* a survécu dans le premier sens, mais il est limité à la langue poétique.

guerredoner *tr.* *A* 3287 **lons tans a que ge n'avoie Les servises guerredonez A ces par cui sui enorez** récompensé les services.

gueule *s. f.* *U* 2550, malgré le ton du passage le mot n'a pas le sens dénigrant qu'il a aujourd'hui quand il s'applique à des êtres humains: il signifie généralement «gorge» ou «bouche»; au v. cité *E* donne *boiche* au lieu de *gueule*. Au pluriel *gueules* (ou *gueles*) désigne de menus morceaux découpés dans la peau du gosier de certains animaux et dont on se servait pour l'ornementation, p. ex. de l'écu: *T* 4354 **et Aalardins ot escu Qui de gueles toz vermax fu.** Plus tard le mot *gueules* en vint à désigner à lui tout seul la couleur rouge du blason: l'exemple ci-dessus est une phrase de transition: on nous dit que l'écu est rouge et on nous fait savoir que cette couleur provient des morceaux de peau qui y sont appliqués; le texte de *E* correspondant au passage cité de *T* est encore plus explicite: **Aalardins ot un escu Qui de gueules vermoilles fu** (8118).

guiche, guige *s. f.* courroie ou cordon par quoi on suspendait l'écu au cou *T* 796, *L* 3042.

guimple *s. f.* *T* 612 guimpe, coiffure de femme: pièce de toile blanche qui couvre les cheveux et une partie du visage. Les chevaliers dans les tournois portaient volontiers une guimpe ou une manche, don de leur «dame», suspendue à la pointe de leur lance. Voir E. R. Goddard, *Women's Costume*, pp. 137-142.

guise *s. f.* *T* 13551 manière, façon.

guivre, wivre *s. f.* *T* 6362, 6599, 7615, 7629, 7947, 7955, 7981, 8061, donne l'impression d'être un animal fabuleux, créature de l'imagination faite pour inspirer dégoût ou terreur (cf. l'anglais *wivern*); pour nos mss c'est un simple synonyme de *serpent* qui revient de temps en temps pour maintenir chez le lecteur une note d'effroi ou de répugnance. Le même mot apparaît sous la forme *uivre* *T* 6428 **l'uivre**; Godefroy (VIII, 274 b) donne un ex. de *huivre* (de Gautier de Coinci), mais dans notre passage il semble bien que ce soient des considérations de métrique qui aient amené l'emploi du **mot.**

H

haingre *adj.* maigre, le mot est tantôt péjoratif, «décharné», tantôt flatteur, indiquant l'absence de tout embonpoint superflu: c'est cette dernière nuance que nous avons dans *T* 1360 **une autre pucele Haingre et droite, bien faite et bele;** *E* 3808 donne ainsi le vers en question: **longue, gente, bien faite et belle** et *M Q* **qui molt estoit et gente et bele:** il semble que ces 3 mss aient jugé le «haingre» déplacé dans un pareil contexte, que *E* ne se soit pas mal tiré d'une substitution d'adjectif, et que *M* et *Q* aient abouti à une platitude.

haïr *tr.* *T* 6774, 9787 **has,** *T* 4483 **haz,** *T* 10242 **he** indic. pr. 1, *E* 114 **het** 3, *T* 8706, *E* 1589 **heent** 6; *T* 11198, 14939 **haoit** indic. impf. 3; *T* 7879 **harroie** cond. 1, *T* 8474 **harroit** 3.

haitié *adj.* qui est en bonne santé, très souvent accompagné de l'adj. *sain* ou d'un équivalent, dans ce cas il faut comprendre «bien portant de corps et d'esprit»; quand il est seul il a généralement le sens de «joyeux»: *T* 195, 9786 **ne liés ne haitiez ne seroie** ni content ni tranquille, *T* 12685, 14893, *E* 67, *L* 5359.

haitïement *adv.* *T* 11299 **si — avec** tant de bonne humeur, cf. *L* 5359.

haitier, hetier *impers.* *E* 1829 **et molt li plait et molt li hete** cela lui plaît grandement et lui convient tout à fait (qu'il en soit ainsi).

hamel *s. m.* *L* 3634 hameau (il n'y a qu'une maison dans ce hameau); aucun des autres mss n'a ce mot-là: *T* 9228 a *toitel*, *E* 13002 *borde*, *V* 9228 et *M Q* 13002 *bordel*, *A* 3852 *ostel*.

hanap *s. m.* vase à boire, souvent associé dans les énumérations avec les coupes et les écuelles *T* 1154, 9621, 14023: il est difficile de dire en quoi il s'en distingue au juste. Notons qu'il pouvait être en **argent** *T* 14534, et qu'on pouvait y faire tremper de la mie de pain dans du lait pour consommer cette sorte de soupe à la cuiller *T* 14571-84.

hante *s. f. E* 1378 bois, hampe de la lance.

hanter *intr. T* 7346, 7389 fréquenter (un lieu de préférence à d'autres), *T* 7350 habiter (en parlant de religieux établis à demeure dans un ermitage).

hardement *s. m. T* 816, 939, 4726, 10966, 12165, et probablement *T* 13845 audace, *T* 5221 audace en paroles, insolence; *T* 11824 **par** — avec violence.

harnois *s. m. T* 240, 1494 équipement, bagages; *T* 3485 **tot le — Et as vilains et as cortois** semble vouloir dire «toutes les possessions transportables», même texte dans *A* 2393, *L* 2387 a *borgois* au lieu de *cortois*, *M* 7309 **les hernois aus chevaliers** (*E* **le harnois au chevalier**, qui a l'air fautif); *T* 9100 **ne vos a mestier, sire rois, A mener loing trop grans**—, **Menez un poi de bone gent**: on dirait ici que *harnois* désigne non seulement l'équipement et les bagages, mais même les hommes, on pourrait peut-être rendre le tout par «ne menez pas trop grand train avec vous», *E* 12872 et *A* 3716 ont le même texte, pas de passage correspondant dans *L*.

haschie *s. f. T* 2970 **sa plaie rest restanchie, Puis remonta a grant** — très péniblement, à grand-peine, *A* 7111 (le cheval) **une si fort vie menoit Que nus ne vit si grant** — menait un tel train que c'était une souffrance aiguë de se trouver là.

haste *s. m.* ou *f. E* 13051 **un grant** — **de pomier** broche (à rôtir) en bois de pommier; *A* 3899 donne également *haste*, mais *M, T* 9277 et *L* 3681 donnent *espoi*. P. ext. morceau de viande rôtie à la broche: *T* 11607 **une** —, de même *L* 5689; mais *E* et *M* 15661 **un** —, de même *A* 5679.

haster *tr. T* 11640, 12219 presser, serrer de près (son adversaire au tournoi).

hastif *adj. T* 2008 hâtif, prompt.

hauberc, haubert *s. m.* cotte de mailles, synonyme de **broigne**, *T* 706, 858, 966, 3906, 4336, 5542, 5685, 5840, 9375, 10742, 10816.

hauberjon *s. m. A* 8765 petit haubert, tel qu'il convient à un chevalier de taille diminutive.

haucier *tr.* hausser, *E* 7374 **cil a l'espee hauciee** a levé son épée, de même *E* 7327; *L* 1300 — **les piés** lever ses sabots (en parlant d'un cheval). *Hausser* a une tendance auj. à se confiner, en dehors d'emplois techniques, à quelques expressions toutes faites (hausser les épaules).

haut *adj. T* 14387 **il est de haute gent** de haute naissance, *E* 5501 (en parlant d'une fête) magnifique, d'un éclat exceptionnel; *haut, haute* sert à désigner les heures de la journée par rapport à la hauteur du soleil: **ore de tierce** *E* 1534 c'est la 3e heure du jour, c'à d. 9 heures du matin, **la haute tierce** *U* 1534 c'est bien près de midi, *E* 4261 (Gauvains dormi sans esveillier) **Tant qu'il fu haute ore de jor** jusqu'au moment où il fit grand jour. — *Adv.* au fig. en parlant de la voix, *T* 2796 **sa seror**

a — **salüee** à haute voix, *T* 11796 cil ne respont **ne bas ne haut; en** — 879, 1362, 2875, 3503, 8667, «en haut» existe encore auj., mais nous ne l'emploierions pas dans au moins 4 de ces exemples où *en haut* joue le même rôle que la particule anglaise *up*.

hautece *s. f. T* 9036 (rois qui si preudome pert ...) **n'a droit en terre n'en** — n'a droit ni à la terre de son royaume ni à l'appareil qui entoure un roi.

hautement *adv. T* 15173 **molt le servirent** — avec tous les égards dus à un homme de haute naissance.

hautisme *adj.* superlatif, *T* 6551 **hautismes rois** suprême roi, roi des rois (en s'adressant à Dieu).

havre *s. m. T* 6152 port.

hebergage, herbergage *s. m. L* 3657 semble indiquer les dépendances d'une maison forte [quand j'étais enfant on appelait, dans le patois bourguignon et le français du pays — entre Dijon et Auxonne — «les hébergeages» les écuries et hangars de toute sorte qui sur un côté et sans communication intérieure prolongeaient la maison d'habitation]; *T* 8285 installation et confort (d'une maison fortifiée).

hebergier, herbergier, herbregier *tr. T* 7392 **cil le hebergent** le logent pour la nuit, *intr. T* 245, 2130, 7391, 9425, 9501, 14873, 15163, *E* 4014 passer la nuit (sous un toit). En général on distingue le logement du repas ou des repas qui l'accompagnent *T* 7392, 9501, 14873, mais quelquefois le mot *hebergier* est pris dans un sens plus large *T* 15163; quand Bran de Lis découvre Artur et ses compagnons attablés chez lui sans en avoir demandé la permission, il leur dit *T* 10604 **si sui molt joians et liez Quant çaiens estes hebergiez** quand je vous trouve installés chez moi; en fait les convives vont passer 15 jours au château, mais au moment où Bran de Lis pénètre dans la salle du festin ses hôtes inattendus ne pouvaient prévoir que la journée allait se terminer si pacifiquement, et le maître de la maison lui-même n'en était pas plus sûr qu'eux. Pp. employé adjectivement: **uns chastiax si bien herbergiez** *A* 4221, si bien installé. Notons qu'à la différence de l'usage moderne l'*h* du vb. *hebergier* est aspiré, voir *T* 245, 7392, 14873.

here *s. f. T* 1560 **mais ne ferai bele** — je ne ferai jamais belle mine, je ne montrerai jamais beau visage.

hermin *adj.* fourré d'hermine, *T* 3311 **blïaut** —, fém. **hermine** *E* 11788, *A* 6776 **pelice** —. On trouve également après un subst. masc. la forme féminine: *T* 3337 **un peliçon hermine**, *T* 8450 **par le pan del mantel** — : le mot *hermine* fait alors l'effet d'être juxtaposé au substantif auprès duquel il joue un rôle d'adjectif; les 2 exemples suivants montrent à quelques vers d'intervalle avec quelle facilité on accolait au même subst. masc. et dans le même rôle soit *hermin* soit *hermine* selon la commodité de la rime: *A* 2223 **vestuz d'un peliçon hermin** (: baudequin), *A* 2249 **vestu d'un peliçon hermine** (: treïne). Est-ce un hasard que dans nos relevés les exemples de *hermine*, soit adj. fém. de *hermin*, soit subst. jouant un rôle d'adj., ont tous au début du mot un *h* (du reste purement graphique), tandis que le subst. proprement dit (voir **ermine**) s'écrit sans *h*?

hiaume *s. m.* le mot est encore employé en fr. mod. quand on parle de l'armure médiévale; au XIIIe s. il se présente sous plusieurs formes: dans *T* **elme** est de beaucoup la plus fréquente: *T* 535, 575, 2903, 2906, 3892, 4337, 4736, 4742, 5168, 5175, 5543, 5841, on trouve aussi **helme** 896, 5687: l'*h* est muet comme le montrent les ex. suivants 5803, 5809, 5810, 5825 (**l'elme**); une autre forme est **hiaume** 886, **l'iaume** 4618 indique que l'*h* est également muet. En fr. mod. l'*h* de *heaume* est aspiré, et cet *h* aspiré apparaît dès le moyen âge: **le hiaume** *T* 951, 11000, de même dans *E* 9407 parmi **le hiaume** tel li paie (cf. *Q* parmi **l'iaume** tel cop li paie).

honeste *adj.* *T* 3265 (a Pentecoste weil tenir ...) **Si tres grant cort et si** — si somptueuse et si magnifique.

honestement *adv.* *T* 13283 (le riche Graal ...) **Molt par les sert** — avec magnificence.

honïement *adv.* d'une manière égale, *T* 11008 **or resont il honïement** les voilà de nouveau à égalité (dans un combat singulier).

hordeüre *s. f.* *A* 9339. Il s'agit d'une étoffe de soie qui enveloppe une nef transportant un chevalier endormi. Ce substantif n'est pas dans Godefroy, mais est évidemment un dérivé du vb. *hourder* «couvrir, protéger». Au passage correspondant *T* 15217 donne *tendeüre*, *E M U* 19499 *tandeüre*, *L* 9381 *tendure*, *Q* 19499 *cortine*.

hos *adj.* *E* 930 **n'i a si hardi ne si** — (Qu'il ne s'arme sanz demorer) il n'y a si hardi ni si osé qui ne s'arme sur-le-champ.

hoschier, hochier *tr.* *T* 11607 **une haste hochie en cras** rôti secoué, retourné dans la graisse? Cf. *E* 15661, *A* 5679, *L* 5689.

hostel, ostel *s. m.* demeure, en particulier demeure où on est hébergé et logé pour la nuit au cours d'un voyage *T* 9297, 9397, 9430, 9494, 9550, 9677, 14888, 14892, *E* 2114, 2616, 4015, 4019, 4049. Tout château ou maison seigneuriale peut être appelé «hôtel» s'il s'y mêle l'idée de logis où peuvent être reçus des hôtes, ou si, d'une façon plus concrète, la table ou les lits sont sous les yeux ou sont mentionnés *T* 6922, 9733, 9785, *E* 2124, 3245, 13081, *M* 18736. Quand les chevaliers sont à la cour, ils prennent d'ordinaire leurs repas au palais du roi, mais ils ont leur demeure particulière où ils se retirent pour se reposer ou pour dormir et qu'ils appellent «leur hôtel»: *T* 14983 (Guerrehés) **s'en est alez A son ostel tot maintenant**, *T* 9138, 9144, 14112, 15051, et cf. 9627. Parfois le mot *hostel* prend le sens plus abstrait d'«hospitalité»: *T* 9481 **son hoste a li rois merchïé Del bon hostel qu'il li ot fait**.

hu *s. m.* cri de mépris lancé à qqn, *T* 14816 **si s'escrïent tot a un** — d'une seule clameur; de même *L* 5115.

huchier *intr.* *T* 6993 appeler qqn à haute voix. Voir **huichiee**.

hüer *tr.* *T* 14772, 14835, 14845, 14854 lancer des clameurs de mépris contre qqn, *intr.* *L* 5674 se lancer des railleries joyeuses (entre compagnons de guet).

hui *s. m.* *T* 5936 aujourd'hui; *T* 4534 **hui mais** ce qui reste à passer du jour où l'on est, plus tard *mais* a perdu dans cette locution son sens spécifique (cf. *jamais*) et ne sert plus qu'à donner du corps à un mot phonétiquement trop faible; *T* 1841 **hui en cest jor,** *T* 12954 **hui cest jor** montrent aussi que *hui* est senti comme trop court pour sa valeur et qu'on cherche à lui donner plus de surface: *aujourd'hui* répond au même besoin et a été retenu par la langue. La langue populaire de nombreuses provinces de France est allée plus loin encore et dit «au jour d'aujourd'hui». Voir **ui.**

huichiee *s. f. E* 2030 la distance que porte un cri d'appel.

huis *s. m. T* 6836, 7043, 7070, 7073, 9909, 14487, 14748, *E* 3083, 3112, *M* 18741 (**hus**) porte de maison, de chambre, de verger, de pavillon: c'est donc le mot courant pour une petite porte ou une porte de dimension moyenne. Voir **porte** et **uis.**

huitieves *s. f. M* App. 14, *Q* **huitaves** octave d'une grande fête de l'Église, le huitième jour après, y compris le jour même de cette fête.

hurepé *adj. T* 7790 **chief** — les cheveux hérissés et mal soignés.

hurteïz *s. m. E* 8392 choc des armes qui se heurtent (dans un combat).

hurter *intr. T* 8251, 11358, *E* 5855 faire sentir l'éperon au cheval: dans ces 3 exemples l'expression «des esperons» accompagne le verbe; en voici un quatrième où cette addition n'apparaît pas, mais le vb. devient transitif et a un régime direct «le cheval» *T* 2248; *tr.* 11561, *intr. T* 4941, 5772 se heurter violemment l'un l'autre, en se servant de la lance et de la poitrine; *intr. T* 13116 la mer vient foncer sur la chaussée, *tr. T* 10504 **li liienz** (que traîne un chien qui fuit) **qui molt ert lons Hurte sovent Keu as talons** vient souvent frapper Keu aux talons; *intr. T* 7041 frapper à la porte.

hustin *s. m. T* 5109 combat tumultueux.

I

i *adv. de lieu,* est parfois employé dans un sens très vague, voir p. ex. *T* 7848, 7850 où on pourrait peut-être rendre l'idée par «ici-bas».

iaue *s. f. T* 8521, 10216 eau. Voir **eve.**

iaume *s. m. E* 2201, 3146. Voir **hiaume.**

iche *pron. dém.,* autre forme de *che* = ce (cela) *T* 12769; *T* 3221 **en — que** tandis que.

ierre *s. m. T* 10482 lierre.

ille, isle *s.* île, le genre du mot est flottant : masc. *T* 679, 15287, *E M U* 19573; fém. *Q* 19573, *E* 19424, *L* 645, *A* 9268, 9411.

illel, islel *s. m. M* 19423, *L* 9331, 9459.

iluec, ilueques *adv.* *T* 12307, 12387 là-bas, *T* 12309 **ilueq endroit** là-bas à cet endroit même.

imperïal *adj.* *T* 12417 **dras imperïaus,** voir P. Meyer, glossaire de l'*Escoufle*, s. v. *emperiaus*.

inbenus *s. m.* *L* 7120 variante de *ebenus*, ébène.

inde *adj.* *A* 8630 la couleur indigo.

infer *s. m.* *T* 7184 **çaus qu'en — boulent** ceux qui bouillent en enfer.

ingal *adj.* égal, *L* 4860 **assez fust li estors ingaus** la partie aurait été égale (entre les 2 combattants); **en l' —** *L* 8875, **par igal** *E* 676 en même temps.

ingalment *adv.* également, *T* 10818 **n'ierent pas andui —,** *E* 14708 **et ne furent pas igaumant** (*M* **elgaument**) à égalité, à partie égale; *T* 4588 (a l'assambler les lances brisent) **Car bien — les conduisent** ils les dirigent avec une égale habileté.

ingauté *s. f.* égalité, *T* 7597 **que cele pucele et il Fuissent de si droite —** (il faudrait que cette pucele et lui) fussent en parfaite égalité, c' à d. qu'ils eussent les mêmes caractéristiques ou les mêmes qualités, même âge, même beauté, etc.

ingremance *s. f.* *T* 6055 magie.

injure *s. f.* *E* 6762 **son seignor fait elle —** elle fait tort à son seigneur (c' à d. elle lui devient infidèle).

iraistre *réfl.* s'irriter, *A* 2307 **irasqui** prét. 3, *T* 5513 **irascu** pp.

ire *s. f.* tantôt «colère», tantôt «chagrin», et entre les deux une variété de nuances qui passent de la colère au chagrin ou du chagrin à la colère: c'est le contexte qui permet de déterminer avec assez de sûreté la note juste: *T* 10624 **l'— de monseignor Gavain** la colère qu'il avait contre Gauvain; *T* 1138, 1504, 14588, 14788 colère, *E* 9022 **de fine — aquiaut a broïr** il en devient bouillant d'indignation, *T* 883 **par molt grant — s'entrevienent** ils viennent furieusement l'un sur l'autre, *T* 13064 **cil qui les dist** [les merveilles du Graal] **en a grant —,** cela veut-il dire colère contre lui venant des autres, ou s'agit-il de lui, auquel cas *ire* signifierait «douleur», «remords»? (*L* 7086 a le même texte, *A* 7054 **tost li porroit torner a —,** qui semble confirmer la 1re interprétation, *M* 17160 tourne autrement); *T* 7738 rancœur, *T* 70, 467, 7272, 8121, 8123 chagrin; *T* 13071 **en doel, en — et en paor** chagrin, mécontentement, peur; *L* 7183 **com hom plains d'— et de paor** plein de tristesse et de peur; *T* 355 **sanz — amere,** *T* 8437 **sanz —** sans aucun chagrin de leur part, très volontiers, sans regret (ton de plaisanterie). *Ire* était un mot bien fréquent au moyen âge, mais son manque de précision lui a sans doute fait tort quand notre vocabulaire abstrait s'est affiné et défini: le mot n'a pas tout à fait disparu de la langue littéraire, mais il n'y est employé qu'à titre d'archaïsme humoristique; l'anglais *ire* ne s'est qu'un peu mieux conservé.

ireement *adv.* *T* 914 avec fureur.

irer, irier *intr.* le vb. connaît les mêmes fluctuations de sens que le subst., *L* 8800 **sire, ne vos irés ensi** ne vous irritez pas ainsi, *T* 13791 (et quant ele le vit saignier) **s'en est iree durement** s'en est vivement chagrinée; pp. employé adjectivement *T* 14594 furieux, *T* 15012 **corechiés et irez** courroucé et sombre, *T* 1188 **irié et dolent** irrité et affligé; aux v. *T* 175 et 982 **irié** opposé à *lié* content, donc «mécontent».

iror *s. f. T* 10980 **adont requiert par grant — Son compaignon lués et assaut** avec fureur.

irous *adj. T* 10059 **com hom irous** en homme courroucé.

isnel *adj.* rapide, *T* 3703 **il ert tant preus et isniax Qu'il ne cremoit noient assaus** il était si vaillant et si prompt de ses mouvements qu'il ne craignait aucune attaque, *T* 15054 **sor un destrier fort et — Isnelement et tost monta** sur un robuste et rapide destrier il monta prestement et sans perdre un instant, *T* 11714 **atant sonerent el chastel Es mostiers par trestot — Un glas** les cloches du château et de toutes les églises se mirent à sonner à toute volée (*isnel* peut être ici adjectif ou adverbe).

isnelement *adv. T* 1021, *E* 1844 rapidement.

isnellepas *adv.*, la forme de cet adverbe a subi l'influence de *isnel*, mais en principe il désigne moins la rapidité d'une action qui se déroule que l'instantanéité d'un mouvement, «sur-le-champ»: *T* 1070, 6843, 13162, 13945. Noter *T* 7104 **si tres tost isnellepas Que**... où l'adverbe est tout près d'être une conjonction, «tout aussitôt et à l'instant même que le serpent vous a étreint (vous auriez dû m'envoyer un messager pour me prévenir)». Voir **eneslepas.**

isnelleure *adv.* synonyme du précédent, mais en principe, si *isnellepas* veut dire «sur-le-champ», *isnelleure* signifie «sur l'heure» (et p. ext. à la minute même) *E* 3705 (voir la note à ce vers, t. II, p. 590).

issi *adv.* ainsi *T* 10845, 14529; *T* 9875 tellement.

issir *intr.* sortir, *T* 1329 **issir** infin.; *T* 13055 **ist** indic. pr. 3, *T* 6841 **issent** 6; *T* 13329 **issoit** indic. impf. 3; *T* 6826 **istera**, *T* 14248 **istra** fut. 3, *T* 11712 **istront** 6; *T* 6824 **isteroit**, *T* 14426 **istroit** cond. 3; *T* 8008 **issi** prét. 3, *T* 121 **issirent** 6; *T* 1092 **ississent** subj. impf. 6; *T* 819, 7952 **issus** pp. Le verbe est intransitif dans tous les exemples ci-dessus, à l'exception de *T* 819, 6824, 6841, 13055 où il est réfléchi. Voici d'autres exemples d'emploi intransitif: *T* 233, 238, 1182, 12424, 13259, 13350, 13447. Le pp. *issu* pris au sens figuré (issu d'une famille de marins) se maintient péniblement, mais à part cette mince exception la disparition du vb. est totale; est-ce parce que ses éléments composants (*ex + ire*) n'étaient plus sentis comme tels? Des phrases où on trouve dès le XIIIᵉ s. *issir* éclairé par un adverbe ou plutôt une particule qui dégage le sens de «aller du dedans au dehors» *T* 7952 (hors), *T* 6824, 6841, 13055 (fors), sembleraient confirmer cette supposition. Mais le vb. *sortir*, qui occupe aujourd'hui tout le champ tenu autrefois par *issir*, n'est pas plus clair d'aspect immédiat que *issir* et pourtant sa force d'expansion est telle que, par surcroît, il est en train de déloger de quelques-unes de ses positions un verbe aussi employé que *tirer* (sortir sa montre, son portefeuille), sans parler d'autres conquêtes plus hardies encore.

issue *s. f. E* 681 **a l'— de son tre.** Le mot existe toujours, mais ou bien il appartient à la langue administrative (toutes les issues sont gardées) ou bien il implique, comme il est naturel, un mouvement de dedans en dehors à l'ouverture en question (à l'issue de la réunion); *sortir* du reste (voir **issir**) lui fait une concurrence de plus en plus vive (à la sortie ou au sortir de la réunion). Dans l'exemple ci-dessus on dirait plutôt aujourd'hui «à la porte de sa tente» ou «sur le seuil de sa tente».

itant *adv. T* 357 **a** — alors; *T* 7856 tant.

ive[1] *s. f. L* 421 eau, rivière, *L* 2227, 2234 eau (pour se laver les mains avant le repas). Voir **eve.**

ive[2] *s. f. E* 7460 jument. Voir **ygue.**

ix *s. m. L* 633, 775, 1222 pluriel de *oeil.*

J

ja *adv.* 1. marque proximité, tout au moins par ses conséquences, d'une action passée: déjà, *T* 1112 **et si l'a ja cil espousee Sanz mon los et sanz mon otroi** et voici qu'il vient de l'épouser sans mon avis et sans mon consentement; *T* 6239 **ja n'ot il pas pitié de vos** c'est un fait bien certain qu'il n'eut pas pitié de vous. — 2. *ja* marque imminence d'une action future: bientôt, *T* 1890 **Quant sera Ceste bataille? — Sire, ja** Sire, elle va s'engager d'un moment à l'autre, ce n'est plus qu'une question de minutes (cf. 1897), *L* 6903. — 3. *ja* signifie «jamais»: *T* 10106 **ja jor de sa vie** «à quelque moment que ce soit», *T* 4102, 5749. — 4. Dans une phrase au futur, où il ne s'agit plus seulement d'affirmer l'imminence d'une action, mais d'indiquer l'influence d'une volonté sur la marche des événements, *ja* suggère inévitabilité: *T* 761 **ce n'iert ja, sire, se Dieu plest** non, il n'en sera pas ainsi, s'il plaît à Dieu, *T* 1049 **cest don ne vos donrai je ja** je ne vais pas vous faire ce don, *T* 5679, 7556, 9291, 9295, 9299, 11279, 14311, 14699, emploi analogue *T* 9032; au lieu que le verbe soit au futur on peut avoir un impératif: *T* 10108, 14598, ou un infinitif précédé du vb. *devoir* (ce qui équivaut à un impératif): *T* 8573, 10953, 11453; enfin un *ja* de mêmtonalité peut apparaître dans une phrase subordonnée qui rapporte en style indirect ce qui en style direct aurait probablement entraîné l'emploi de la particule en question: *T* 315 ... **ne n'enqueïsse De vostre lignage ja rien** ni de m'enquérir en rien de votre lignage; emploi analogue *T* 9258. Toutes les phrases précédentes citées sous 4 sont négatives, et la suivante, *T* 2260, de tour apparemment positif **ne ja de ce mar douterez** est au fond, grâce à l'emploi de *mar*, toute négative: n'allez pas douter de cela (ou, vous aurez grant tort, vous ne ferez pas bien d'en douter). On peut donc dire que dans toutes ces phrases *ja* renforce la négation. Plus rarement le renforcement de *ja* porte sur une phrase vraiment positive: *T* 12754 **se vos ne retornez, vassal, J'ocirrai ja vostre cheval** je vais tuer votre cheval.

jafe, voir **jaspe.**

jagonce *s. f. E* 11838 jacinthe, sorte de pierre précieuse.

amais *adv. T* 15197 **el plus tres riche lit ... Qui onques fust ne jamais soit,** opposition fréquente entre *onques* se rapportant au passé et *jamais* à l'avenir; plus tard *onques* disparaîtra et *jamais* assumera les deux fonctions.

jame [1] *s. f. A* 5409 jambe.

jame [2] *s. f. E* 11851 gemme, pierre précieuse.

jaonnois *s. m. M* 17789 **jaonnois,** *Q* donne **geolois,** et *U* **glaionois;** la leçon de *U*, appuyée sur celle de *M* (qui est aussi celle de *L* 7719 **jaonois**), pourrait signifier «champ où poussent des glaïeuls». Les scribes ont été évidemment embarrassés: *T* 13525 a modifié le passage et introduit une «faloise»; *A* 7681 donne **gachois,** peut-être à rapprocher du mot *gacheuil* mentionné par Godefroy sous *gaçueil* et expliqué par marais. Voir F. Lecoy, *Romania,* LXX (1948-49), 153, n. 2; A. Henry, note au v. 27 de son édition de *Buevon de Conmarchis* (1953); et E. B. Ham, *Romance Philology,* VIII (1954-55), 59.

jarriz *s. m. M Q* 14454 **un baston ... de —,** *A* 4798 **fort et reont tint un —** il s'agit d'un bâton solide dont Bran de Lis se sert pour frapper sa «mesnie», *E* 14455 et *L* 4599 parlent simplement d'un bâton; *T V* 10622 donnent **un baston roont de larris,** il semble y avoir là une confusion avec le mot **larris** «lande, bruyère, terrain en friche».

jaspe, jafe *s. m.* pierre précieuse *T* 1275, *E* 1334, 3723, 11835.

jecter, gitier *tr.* jeter, *T* 119 **nule ... qui jus ne jet s'afubleüre** nulle qui ne jette à terre son manteau, *E* 4145 lancer (en parlant d'une fronde), *E* 929 **mainte broigne ... I veïssiez gitier an dos** littéralement: vous auriez vu les armures voler sur le dos des chevaliers, *jeter* indique ici la rapidité du mouvement et correspond à peu près à *passer, enfiler* (un pardessus), mais nous n'emploierions pas ces verbes en parlant d'une armure: il est vrai que la «broigne» était plus souple qu'une cuirasse, cf. le passage correspondant de *T* 477 **chascuns mist le hauberc el dos**: l'image disparaît; *T* 13033, 13328 jeter une clarté, *T* 13199 émettre un parfum, *T* 12881 pousser une plainte (cf. jeter un cri), *T* 5779 **ja jectast Alardin du mains** aurait fait pencher brusquement la balance du côté des adversaires d'Alardin, *E* 15286 **si les giteroit de paor** (littéralement: les ôterait de leur peur) les délivrerait de leur peur; de même *T* 8976.

jehir *tr. T* 515 avouer, confesser (ses péchés).

jel enclise pour *je le*: *le* est un neutre qui renvoie à qqch. qui a été mentionné précédemment *T* 2764, 5910, 11120, 11720, 14364, ou annonce qqch. qui va suivre *T* 754, 11942; *le* se rapporte à un subst. masc. *T* 8633, 9570, 13958; *le* renvoie à un subst. fém., c'est alors une forme picarde et *jel* est pour *je le* = *je la T* 5909 **amis, fait il, la bele Ysave ... Iés li tu rien?**

Connois le tu? — **Sire, oïl, jel connois** Lui es-tu apparenté à un titre quelconque? La connais-tu? — Oui, sire, je la connais. Dans *T* 3256 le mot auquel renvoie le pronom inclus dans l'enclise est *terre* (3253).

jemé *adj. E* 11850 orné de pierres précieuses.

jengler *tr. T* 7179 **si tost qu'amors est jenglee Est ele toute desjouglee** dès que l'amour se répand en bavardage, il devient une risée pour les gens; cf. *E* 10763-64. Voir **gengler**.

jenoillons *s. m.* **a** — *T* 5822 à genoux (en parlant d'un chevalier qui dans un combat est jeté à terre par son adversaire).

jes enclise pour *je les T* 14695.

jeu, ju *s. m. T* 2712 **d'amor, de jeu, de cortoisie** (Ont puis ensamble... parlé Et bonement ris et jüé) d'amour, de joyeuses distractions, de courtoisie, *E* 8067 **Caradoc... Molt par iert biaux et de bons jeus** (*M Q* et de biax **geus**) il était bel homme et d'agréable et plaisante compagnie (voir **joër**); *E* 2888 **tot a certes, nom pas a jeus, Les asaut** il se jette sur eux tout de bon et non pas par plaisanterie. — Les expressions *jeu parti, jeu mal parti* sont assez fréquentes, elles sont pleinement établies, et si on ne le savait pas, on ne devinerait pas qu'originairement il y avait là une allusion à un jeu littéraire cultivé dans la haute société: *T* 1832 une bataille D'un sol chevalier contre deus. — **Par foi, mal partis est li jeus** les chances sont par trop inégales, *E* 938 **li jeus est molt mal partiz**... (Cil deça plorent, et cil rïent) le même événement amène les pleurs des uns et le rire des autres, voilà un partage bien inégal; *T* 14717, 14723, 14736, 14744 le «petit chevalier» donne à ceux qu'il tient en son pouvoir le choix non pas entre deux, mais entre trois solutions plus désagréables les unes que les autres.

jeudon *s. m. A* 2014; voir **garde**[1] *s. m.* et **guede**.

jëui *s. m. M* 5196 aujourd'hui.

jeüner, juner *intr.* fr. mod. jeûner, *T* 2229, 9208, 9759, 9778, 9800, *E* 12982, *A* 3832; infin. pris substantivement *T* 9221, *E* 12995, *L* 3627. Dans tous ces exemples, le sens est invariablement «se passer de toute nourriture faute d'avoir quoi que ce soit à manger» et le terme s'applique également au cheval *T* 9707; l'emploi ecclésiastique n'apparaît qu'une fois, *T* 6940. Le verbe comporte deux prononciations et deux orthographes: *jeüner* trisyllabique et *juner* disyllabique; *E, A* et *L* semblent s'en tenir à la forme trisyllabique, mais *T* recourt à l'une ou à l'autre forme suivant les besoins du vers: 9208, 9221, 9778, 2 syll.; 2229, 6940, 9707, 9759, 9800, 3 syll. Il a dû d'ailleurs y avoir parmi les auteurs ou les scribes des préférences: c'est ainsi qu'au v. 9800 *V*, qui d'un bout à l'autre est à l'ordinaire si près de *T*, se sépare nettement de lui sur le point qui nous occupe ici: *T* vos faisoie *hui mais jeüner*, *V* vos faisoie *anuit mais juner*.

jeunete, jonete *adj. E* 5302 (une autre, qui de haut paraige Estoit) **et jeunetë et saige**, le mot est évidemment un peu plus complimenteur qu'il ne le serait aujourd'hui pour une jeune mariée; *E* 6115 (une plaie à peine fermée pourrait se rouvrir) **la char**

novelle ... Est ancor trop jonete et tandre, le diminutif nous semblerait un peu précieux pour l'occasion.

joër, jüer *intr.* fr. mod. *jouer.* Ce verbe a un sens moins précis et plus étendu qu'aujourd'hui: ainsi il s'applique souvent à des conversations amusantes, à un échange de plaisanteries à table ou ailleurs: *T* 2714, 15003 (cf. *E* 19263), *E* 15257, 19017; *E* 5410 (li rois Camandans de Norgoise) **Qui volantiers jeue et anvoise** qui aime plaisanter et se donner du bon temps. Les v. *T* 3213-15 nous montrent Gauvain revenant d'une partie de chasse qui contait à ses compagnons «une aventure D'une trop bele envoiseüre Qui avenue li estoit»: au xiiie s. on aurait appelé cela «jouer» et on aurait dit que messire Gauvain était un homme «de bons» ou «de biaus jeus» (voir **jeu**). Le mot désignera donc les plaisirs d'une journée de chasse en forêt *T* 3200. Il pourra décrire l'attrait de simples promenades à pied ou d'une sortie à cheval *T* 8082 (la reine Ysave à qui on permet de sortir de la tour où on l'avait enfermée) **ala amont et aval Juant a pié et a cheval** (le même passage dans *E* 11660 se borne à dire «vet a pié et a cheval» Par la terre amont et aval). Les verbes auxquels on accole *joër* sont non seulement *deduire E* 15257, 19017, *L* 8967, mais aussi *rire T* 2714, 15003, *E* 19263, *anvoisier E* 5410, et on lui donne comme synonyme *deporter A* 2132. Tout ceci confirme la lecture *juer* (et non *guer* = *guier*) pour *Roland* (éd. Bédier, v. 901) *en Rencesvals irai mun cors juer* j'irai me donner un peu de bon temps (*mun cors* équivaut à *moi*).

jogleor *s. m. T* 1089, 6065 jongleur.

joglois *s. m. T* 11302 **par** — par plaisanterie, *E* 9677 réjouissance bruyante.

joiant *adj.* heureux, content, souvent accolé à un autre adj. de sens voisin, *T* 138 **joiant et baut,** mais c'est *lié* qui est son compagnon le plus fidèle, et la nuance qui les sépare l'un de l'autre est difficile à saisir, *T* 3437 **il est si liez et si joians.**

joie *s. f. T* 87, 90, 94, 140, 250, 350, 11505 etc. Le mot est très fréquent et n'a pas notablement changé de sens depuis le xiiie s.

joiel *s. m. T* 14215, 14342, 14762 joyau. Au v. *T* 14342 le roi Artur regarde le corps d'un chevalier mort, vêtu de riches étoffes, et portant des éperons d'or; rien qu'à voir tout cela, dit-il, on devine non seulement qu'il est de haut lignage, mais encore «qu'il amoit hautement»; on peut comprendre par là que l'élégance et la richesse des vêtements du mort prouvent qu'il avait une noble dame pour amie, mais cela peut vouloir dire aussi qu'une partie de ces élégances provenaient des dons d'une femme aimée et capable par sa situation sociale de faire de pareils présents (voir **drüerie**). On se donnait volontiers en effet, entre gens qui s'aimaient ou cherchaient à se faire aimer, ou voulaient se concilier des amitiés ou des protections, des cadeaux d'étoffe, de ceintures, d'aumônières etc. qu'on appelait «joyaux»: les v. *T* 14760-62 nous montrent un atelier où l'on fabriquait ces menues merveilles.

joindre *intr. T* 854, 4591 venir se heurter à son adversaire (dans un combat singulier), *réfl. T* 11974 même emploi, *tr. T* 841 (cf. *E* 1461) serrer l'écu (entre la poitrine du cavalier et l'encolure du cheval et être ainsi en position de combat), *intr.* *T* 13108 (tempête sur une chaussée) les arbres qui sont de chaque côté rejoignent leurs branches au-dessus du chemin, *réfl.* *T* 8255 rattraper (qqn qui est en avant).

joine *adj.* *T* 13899, 13905 jeune.

joïr *intr.* fr. mod. jouir, *E* 93 (grand éloge de Gauvain par un messager qu'il a envoyé à la cour d'Artur) onques mes nus nou pot trover **Qui de son cors puisse** — probablement «triompher de lui aux armes», *E* 1791 **monter doit l'an par haut degré An bone amor qui viaut** — si on désire triompher; *U* présente le second vers d'une façon différente et plus moderne: **qui de bonne amour viaut** — qui désire se voir accorder un fidèle et loyal amour. Voici maintenant un emploi qui a tout à fait disparu du fr. moderne: *jouir* s'employait avec un régime direct de personne au sens de «voir avec grand plaisir, recevoir chaleureusement, faire fête à»: *T* 14899 (retour de Guerrehés après une longue absence) De sa venue fu molt lie La cors et tote la maisnie. **Li rois l'a durement joï Et mesire Gavains ausi.** De même *T* 100, 5257, *E* 11796. Même emploi avec un régime direct de chose: *E* 11968 **ceste novelle ont molt joïe** ils l'ont accueillie avec grant plaisir. Tous nos mss n'acceptent pas cette tournure avec le même empressement: soit *L* 8259 **tos li mondes le joïsoit** (en parlant du jeune fils de Gauvain), *L* est le seul à employer *joïr* ainsi: *T* 14073 et *U* 18323 ont *conjoioit*, *Q* et *A* 8267 *conjoïsoit, conjoïssoit* et enfin *M* assez bizarrement *conoissoit*. Y aurait-il là un commencement de désaffection pour cet emploi?

jonchier *tr.* en général au pp.: originairement couvrir de joncs le sol ou le plancher d'une pièce, et c'est ce qu'on a au v. *E* 7971-72); quelquefois on nous dit simplement «jonchié» *T* 7464, mais le plus souvent il s'agit d'une grande variété d'herbes odoriférantes *T* 1253, 11155, 14478, ou de fleurs au parfum agréable *T* 2605, 9933. On ne manque pas de nous dire que ces fleurs ou ces herbes sont «fraîches» et «nouvelles», ce qui laisse entendre qu'il y a là une pratique journalière: on n'attend pas pour renouveler cette décoration; on la trouve sur le «pavement» d'une chapelle des bois *T* 7464, dans des tentes ou pavillons *T* 2605, 9933, dans des loges de demeures princières où l'herbe recouvre le marbre *T* 1253, dans de belles chambres d'un château *T* 14478, et même dans une chambre de malade *T* 11155. Dès le XIIIe s. le mot *jonchier* s'emploie au figuré: un champ de bataille est jonché de gens abattus, de fragments de lances et d'écus, de heaumes et de cadavres de chevaux *T* 2111.

jonete, voir **jeunete.**

jor *s. m.* jour, *T* 3062 **et ens el** — **demainement** en ce jour-là même; une forme abrégée, ou qui s'est développée parallèlement, est bien plus fréquente, **le jor** ce jour-là *T* 231, 238, 5411, 5437, 5722, 9762, *E* 3999; notez *T* 8174 enterrerent son cors **le jor,** qui aurait un tout autre sens en fr. mod.; *le jor* peut être précisé par un adverbe de temps **me sire ... Me fist ier chevalier el jor** *T* 12004 hier même, *E* 16104 a le même texte sauf *ou j.* au lieu de *el j.,* mais *L* 6080 donne **cevalier me fist ier cel jour,** et *A* 6072 supprimant *ier* lit **me fist chevalier icel jor.** *Jor* dans cette locution peut avoir un sens plus étendu, comme notre «à l'époque, à cette époque-là,» *T* 78 **celui** ... **Que l'en tenoit au plus cortois Au jor** alors, à ce temps-là. Quoique *jor* soit masculin, il s'est constitué une locution calquée sur *tote nuit* où il est féminin: *T* 15148, *E* 3988 **trestote — d'errer ne fine,** mais il faut noter que le ms. *U*, qui est du xive s., donne ici **trestout le jor** (de même au v. 3992): c'est une réaction qui commence contre cet étrange caprice de l'analogie.

jornee *s. f.* journée, surtout fréquent dans la locution «errer ou chevaucher par ses journées», c' à d. voyager par étapes journalières *T* 12491, 12629, *E* 4954. Cette locution s'est maintenue longtemps et il est même possible que Chateaubriand y ait pensé quand il a écrit dans les *Mémoires d'outre-tombe*, éd. Buré, III, 197: «Les Russes se retirent en trois colonnes à journée d'étape.» Le mot *journée* a fini par désigner à lui tout seul un «voyage»: *T* 7114 (lasse! por coi fui j'onques nee) **Quant mes amis fait tel jornee** Por moi si faitement fuïr? Ce sens, perdu en fr. mod., s'est conservé dans l'anglais *journey*.

jornel *s. m. L* 6065 **ce fu lor jorneus de cel jor** ce fut leur tâche de ce jour-là (et en même temps le profit qu'ils en tirèrent); pour ce passage *A* 6057 donne aussi **li jornex** , *T* 11989 et *E* 16089 **li gaains, li gaainz** le gain de la journée.

joste [1] *adv.* sens général «près de», *E* 3744 (li sires n'a atandu Nes point ...) **Que il — soi ne l'acoille** le seigneur n'a pas attendu un instant pour l'acueillir à son côté, cf. *T* 1296; *T* 12268 **et quant revint et veü l'a Joste lui** quand il revint à lui et vit ce chevalier à côté de lui, *T* 4346 un escu d'or ot Karados, **Qu'il ot pendu — son dos** le long du dos. Ce dernier exemple nous amène à des passages où le mot est plus difficile à définir: *T* 2401 fiert son anemi tot avant, Brun de Branlant, parmi l'escu Et par l'auberc qu'il ot vestu, Que **la lance — le cors Li fait salir par detriers fors,** il semble qu'il faille interpréter ainsi: la lance après avoir traversé écu et hauberc arrive au contact du corps mais passe à côté au lieu de le transpercer, *T* 861 exemple au premier abord assez semblable au précédent, mais il est peut-être plus indiqué de comprendre que ce sont les «bliaus» qui sont au contact du corps; la différence est minime car ces vêtements sont tranchés par le fer des lances.

joste [2] *s. f.* combat à cheval d'homme à homme à l'aide de la lancè, *T* 2101 ne se lairont mie asseoir (= assiéger) **Qu'ains n'i ait faite mainte —,** *E* 3209 **si ront conmanciee, Sanz — fere, une bataille,** c' à d. sans monter à cheval, et le combat va être à l'épée, *T* 2863 **joste aplaideïce,** voir ce dernier mot.

joster *intr.* sens général: venir près de, se rapprocher de (voir **joste** *adv.*), *T* 3229 li rois... Est maintenant vers als venus Que il les a apercheüs, Tant que **il s'est od ax jostez** jusqu'à ce qu'il les rejoigne, *T* 8967 **a com grant joie fu jostee Ceste grans cors et assamblee** (Et a quel dol el partira) avec quelle joie cette grande cour s'est réunie et rassemblée et dans quel chagrin elle se séparera! *T* 621 **iluec trestuit en un josterent Li troi conroi** là se réunirent en un corps unique les trois détachements. Un emploi particulier du vb. *joster* est devenu très populaire à l'époque de la chevalerie, c'est se rapprocher dans une intention hostile, à savoir, combattre à cheval à l'aide de la lance contre un adversaire semblablement monté et armé *T*

4581, 5093, *E* 14183 ; *T* 15093 (infin. pris substantivement) **lors muevent andoi al** — tous deux se précipitent en avant pour la joute, de même *T* 4927, 12158.

jovencel *s. m. T* 2898 tout jeune homme, Bran de Lis, bien qu'il ait un demi-pied de plus que Gauvain et qu'il soit un beau chevalier est encore un adolescent (cf. 2952-3).

jovene *adj. T* 2509, 13897 jeune: c'est un mot de 2 syllabes, le premier *e* n'était pas prononcé et ne compte pas dans la mesure.

juesdi *s. m. T* 12632, **juedi** *M* 16758 jeudi.

jugler *tr. L* 5737 **alon Encontre Qeu por lui jugler** pour le plaisanter; *T* 11657 et *E* 15721 donnent **por lui gaber** et *A* 5719 **por ranponer.**

jument *s. A* 2595 et *L* 2589 font de ce mot un masculin **un jument,** c'est le genre originaire, mais *T* 6200 et *E* 9780 nous donnent déjà le féminin qui est le genre moderne **une jument** (cf. *T* 6207 et *E* 9787 **la jument,** ainsi que *A* 2083 et *L* 2079). Il est à noter qu'à la reprise, alors que *T* et *E* emploient de nouveau le mot *jument, L* 2597 a recours à l'ancien mot *ive* (*A* n'a pas de passage correspondant).

jupe *s. f. L* 8767 uns cevaliers grans et menbrus Gisoit el lit, et fu navrés; Molt estoit par samblant grevés. **Une — de porpre avoit;** au XIIIᵉ s. la jupe était un vêtement d'homme aussi bien que de femme: pour les hommes il semble que ç'ait été quelque chose d'assez court, une espèce de veste garnie de fourrure du reste et coûteuse (voir E. R. GODDARD, *Women's Costume,* p. 142 et suiv.). Noter que *jupe* est donné en outre par *V* 14567 **d'une prorpre une jupe avoit,** et par *P* 8713 ; cet accord montre que *jupe* était bien dans la source de nos différentes versions, mais *T* 14567 écarte le mot **d'une porpre bendez estoit,** *M Q U* 18813 sautent le vers tout entier, et *A* 8713 a refait totalement le vers: il semble y avoir là un mouvement de recul devant un mot qui commençait peut-être à vieillir au sens où il est pris ici.

jus *adv.* peut à l'occasion signifier «en bas», mais la plupart du temps il implique une idée de mouvement et veut dire «en allant vers le bas», il correspond donc à certains emplois de l'anglais *down: T* 293 **sont ce ore dames ou fees La jus desor cele riviere** sont-ce des dames ou des fées que je vois là-bas le long de la rivière? (le regard se promène du château jusqu'au bord de la rivière), *T* 13041 **et esgarde amont et aval Et sus et jus, destre et senestre** vers le haut et vers le bas, à droite et à gauche: ceci couvre tous les points cardinaux, mais il y a surabondance, car pour la première indication nous avons deux paires d'adverbes qui sont deux à deux des synonymes purs et simples, seulement, pour ne nous en tenir qu'à lui, *jus* a un long passé derrière lui, tandis que *aval* est une création relativement récente du français: ce sont des rivaux qui finalement du reste ne triompheront ni l'un ni l'autre (*bas* les remplacera tous deux, sans parler d'un autre vainqueur que nous verrons plus loin). En attendant, *jus* a l'avantage d'être un monosyllabe, il peut se glisser plus facilement dans la phrase: il va accompagner des verbes de mouvement et indiquera la direction et comme le chemin de ce mouvement: *T* 119 **n'i remaint dame ne pucele…** **Qui jus ne jet s'afubleüre** il n'y reste dame ni pucelle qui ne jette bas (ou à bas) son manteau, *T* 954 **se s'espee jus ne colast** si l'épée n'avait pas glissé vers le bas; on notera que, si dans le premier de ces deux exemples, nous avons traduit par «jeter bas», ce *bas* n'est pas absolument nécessaire pour nous, et sûrement dans l'exemple suivant «glissé» serait tout à fait suffisant aujourd'hui; dans un troisième exemple *T* 1640 **jus descendi a un perron**, le cas est encore plus net: nous pouvons dire «descendit de cheval», mais jamais «descendit en bas» (en parlant d'un cavalier). Le fait est que, à part quelques locutions figées, nous n'avons plus d'adverbes de mouvement et n'en voulons plus: c'est au verbe uniquement que nous réservons ce rôle: *T* 5225 **Karados si jus l'envoia Que l'unne main li desnoa** Karados l'envoya rouler de telle façon qu'il lui démit la main: verbe au lieu d'adverbe. De même *T* 6413 (Carados malade et défaillant est en haut d'une tour, quatre chevaliers le soulèvent entre eux) **si l'en portent jus de la tour;** *jus* ici était commode: they carried him down from the tower, mais cette commodité ne nous tente plus, nous préférons décomposer et introduire un second verbe: ils le descendent de la tour et l'emportent. Les exemples suivants vont nous montrer un nouveau rival de *jus*, mais qui se présentera longtemps sous l'aspect d'un fidèle compagnon (le rapprochement de *jus* et *aval* noté plus haut est assez exceptionnel): *T* 2883 **a terre…** Emporte li uns l'autre **jus,** *T* 3939 n'ait … **jus a terre** trebuchié [le heaume], *T* 5448 toz les premiers qu'il i ataignent **Jus** des chevax **a terre** empaignent, *T* 5466 ainc si ne se porent tenir Ne les estuece **jus** venir **A terre** (qu'il ne leur faille venir à terre), *T* 10202 **a la terre jus** m'abati, *T* 15095 **a la terre jus** s'abatirent, *T* 10380 **a la terre jus** nos portames, *T* 10578 (une chausse de fer à moitié délacée) **jus a terre** li pendoit. *A terre* est une locution de même structure que *a-mont*, *a-val*: la présence toujours possible de l'article «a *la* terre» montre qu'elle n'est pas encore fossilisée, et en fait elle ne l'est jamais devenue complètement. Mais ce qui est bien plus important que sa structure, c'est la tendance qu'elle manifeste; nous avons dit qu'en fr. mod. le verbe seul marque le mouvement, mais il faut tout de même que le point d'arrivée soit indiqué, c'est *a terre*, une locution statique, qui va jouer ici ce rôle; l'adverbe qui marquait la poussée du mouvement jusqu'au point où ce mouvement cesse n'a plus d'intérêt pour nous. Prenons les 8 exemples qui précèdent et supprimons par la pensée le *jus* qui en est au XIIIe s. une partie intégrante: pour nous la phrase reste parfaitement claire, elle est normale dans la langue d'aujourd'hui. Ceci ne veut pas dire que dans l'ancienne langue *jus* accompagne obligatoirement *a terre*; les exemples suivants prouvent le contraire: *T* 5508 **a terre** en vont ambedui, *T* 5714 Carados li ot ocis [son cheval] Et lui meïsme **a terre** mis, *T* 5793 a poi n'est **a terre** keüs. De même, si, quand il s'agit d'ôter son manteau en toute hâte, nous n'avons nulle dame «qui **jus** ne jet s'afubleüre» (*T* 119), en revanche Carados «jecte **a terre** son mantel» (*T* 3385). Il faut simplement conclure de ces derniers exemples que dès le XIIIe s., la tendance que nous venons de signaler est à l'œuvre. Il lui faudra 4 siècles pour triompher.

jusarme *s. f.* A 282, voir **gisarme.**

jusque *prépos.* formant avec *atant que* une locutioncon jonctive, *E* 16222 **ja icist cor ne sonera Jusqu'atant que il s'armera** jusqu'au moment où, ce cor ne sonnera pas avant qu'il ne s'arme; *prépos. E* 16218 **sire, jusqu'a petit Verronz le Riche Sodoier** avant peu, *E* 105 (si mande vos et vostre gent) **Que vos soiez jusqu'a quart jor** que vous soyez avant le quatrième jour.

juste *s. f. T* 9579, 9588, 9660 vase à couvercle et à anse qui servait le plus souvent à contenir du vin; ici le vase est d'or et on y met l'eau puisée à une fontaine qui sera portée au Riche Soudoyer pour qu'il s'y lave les mains.

justicier, josticier *tr. T* 2026 **le roi qui Bretaigne justise** qui gouverne la Bretagne, *E* 9288 **o le branc si les jostisa Qu'il les a toz espouantez** leur fit sentir sa force, les punit (*M* donne **menaça**, *Q* **molesta**, *U* plus humoristiquement **esveilla**), *réfl. T* 6888 **vers l'ermite molt s'umelie, Molt se justiche** s'excuse (et s'accuse).

L

la *adv.* rappelant devant le vb. un régime antérieur éloigné *T* 11466 : construction fréquente dans les textes en vers du XIIe et du XIIIe s. et où ce n'est pas seulement la qui joue ce rôle de rappel du régime.

labour *s. m. T* 11739 labeur, appliqué au travail des artisans qui exercent leur métier pour le bien de la communauté; en fr. mod. le mot *labeur* appartient plutôt à la langue littéraire et a été remplacé dans la langue courante par *travail*; l'anglais *labour* a conservé le sens ancien.

lacés plur. de **lacet** *s. m. T* 14761, diminutif de **laz**; voir ce mot.

lacier, lachier *tr.* lacer, *T* 4336 la coiffe, *T* 4337, 12125 le heaume, *T* 12118 les chausses de fer, *réfl. T* 6422 **li serpens toz jors se lace Entor lui** s'enlace autour de son corps.

lai *s. m. T* 83 **lors veïssiez cort resbaudir, Harpes soner et retentir, Et vïeler et faire lais,** *faire* ici n'est qu'un synonyme plus vague de *vïeler*: il s'agit d'un air de musique exécuté sur la vielle (cf. *R* 688 **vïelent Et notent lais**); de même *T* 632; un troisième passage, *T* 4130, nous montre un lai exécuté cette fois sur la harpe, l'exécutant étant une «ymage» qui jouait d'elle-même en signe de joyeuse bienvenue quand le maître du pavillon approchait; ce lai, à l'exemple des lais narratifs de Bretagne (et aussi des lais lyriques du XIIIe s.) porte un nom, c'est le *lai de l'Alerion* qui tire ce nom très probablement de l'aigle d'or qui, les ailes étendues, dominait le pavillon. *T* et *V* sont les seuls de nos manuscrits à mentionner le lai de l'Alérion.

laidement *adv. T* 5224 **iluec ausi li meschaï Si — que il chaï** le combat tourna si mal et si désagréablement pour lui qu'il tomba, *T* 12779 **sel porte a terre —** il le jette à terre assez vilainement.

laidengier *tr.* *T* 12845 **molt vos laidenge au paveillon La roïne**
il se répand en injures contre vous au pavillon de la reine.

laidir *tr.* *T* 14969 [le fer de lance] **deüst bien estre laidis** le
fer retiré du corps aurait dû être bien abîmé et noirci.

laidour *s. f.* *T* 7786 **chaperons ... Mautailliez et de grant —**
des chaperons mal taillés et d'une extrême laideur.

laidure *s. f.* *T* 1563 (molt ai bone volenté) **De faire a toi honte
et —** je suis bien décidé de te faire honte et humiliation, *T*
14850 **si li font illuec grant —** ils l'abreuvent d'insultes, *U*
4483 **ja voir, sire, n'i avra point De ledure quant il vos siet**
il ne se passera rien de déplaisant.

laiens *adv.* lit. là-dedans *T* 116, 11230, 11270, 11272. Pour bien
comprendre l'emploi de cette forme composée au xiiie siècle,
il faut tenir compte du fait qu'un grand changement est survenu
depuis dans la valeur des adverbes de lieu: *là* en particulier
(opposé à *ici*) conserve bien son sens quand il se lie très étroite-
ment à une phrase précédente: tu iras au Châtelet vers 9 heures
et *là* tu l'attendras; mais en dehors de ce cas il a pris couramment
le sens de *ici*: tiens! tu es là déjà? — Je suis *là* depuis un quart
d'heure; au sens de l'ancien *là* nous disons *là-bas*. Il résulte de
ces métamorphoses que, quand nous disons «là-dedans», nous
comprenons immédiatement «là devant nos yeux»: du doigt
nous montrons ou pouvons montrer l'endroit. Le *laiens* de
l'anc. fr. ne connaît pas cette restriction, et, quand nous tra-
duisons en fr. mod., nous devons dire simplement *dedans* ou
moins souvent *là* tout court: *T* 2614 (et puis el paveillon entra,
Car il le trove tot overt). **Laiens voit un bel lit** il voit dedans,
ou là il voit. De même *T* 2124, ainsi que *T* 10060 **ma suer, qui
est laiens** od vos? A estrange home est **cis chevax**, le frère
est à la porte du pavillon, mais en dehors: *laiens* est donc juste
pour le xiiie s. et s'oppose à *cis* car le cheval de Gauvain est
dehors, à côté du frère. Nous aussi nous dirions encore «qui est
là [dedans] avec vous», mais ce serait un *là* ayant la valeur d'un
ici. Quelques cas particuliers: *T* 2384 (einsi com des tentes issoit,
Si fu li jors tant esclarchis) **Que de laiens ciax a choisis** (Qui
s'en revont od lor gaaing) «de laiens» pourrait être un régime
de «ciax» et indiquer ceux de «là-bas dedans» (cf. *T* 11272),
c' à d. les assiégés, mais l'inversion qui aurait pu être facilement
évitée serait bien dure, et il vaut mieux rapporter «de laiens» à
«tentes»: «au moment où il débouche d'entre les tentes il aper-
çoit...», *T* 9929 (mon escu mis jus et ma lance,) **S'entrai el
paveillon laiens,** le *laiens* ne semble pas absolument indispen-
sable ici, peut-être le rendra-t-on tout de même en disant: «J'en-
trai à l'intérieur du pavillon», *T* 12329 **certes g'irai laiens od
vos Dedens le Chastel Orgueillous,** cas analogue au précédent:
«j'irai là-bas dedans, c' à d. dans le Château Orgueilleux», nous
nous contenterions de dire «je vous accompagnerai là-bas au
Château Orgueilleux», *T* 8276 **une grant ferté ot assise Laiens
enmi,** littéralement: là-bas dedans au milieu du lac, «il y avait
là-bas au milieu du lac une grande maison fortifiée». Voyons
maintenant les rapports de *laiens* (là-bas dedans) et *çaiens*
(ici dedans): *T* 10438 **icel demaine escu ... Vi je laiens en
cele chambre,** Gauvain est dans la grande salle du château et
il a vu l'écu dans une chambre voisine; mais quelques vers après

(10447) parlant de son ennemi (Bran de Lis, propriétaire de l'écu), il ajoute: por che, sire, si m'est avis Que chi repaire en cest païs, **Car je voi son escu chaiens**, pourquoi ce changement de *laiens* en *çaiens*, car l'écu est toujours pendu à la même cheville et Gauvain n'a pas bougé de la salle? C'est qu'ici il ne met plus en parallèle la grande salle et une chambre voisine, mais il oppose le château tout entier *où il se trouve* à tous les autres endroits où Bran de Lis aurait pu avoir sa résidence. Ce sont là des nuances que l'anc. fr. observe et maintient très soigneusement.

laier *tr.* prête ses formes à **laissier**, voir p. ex. *T* 13519-20 où **laist** et **laisse** voisinent dans la même phrase et ont le même emploi. Voir **laissier.**

laingue *s. f. E* 2075 langue.

laissier *tr. T* 6365 **laissier**, *T* 5579, 14964 **laier**, *L* 2303 **laisir** (cf. *A* 2309 **lessier**) infin.; *T* 14484 **lais**, *T* 14450, *E* 26 **les** indic. pr. 1, *T* 11384, 11562, 13093, 13134, 14661 **lait**, *T* 6361, 13519 **laist** 3; *T* 12797, 15226 **laiez** impér. 5; *T* 11043 **laist** subj. pr. 3, *T* 5664 **laions** 4; *T* 6678, 12332 **lairai** fut. 1, *T* 13124 **laira** 3, *T* 6242 **lairez** 5; *T* 10948, 13656 **lairoie** condit. 1; *T* 11385, 13654 **laissa**, *E* 2000 **laisa** prét. 3, *T* 12875 **laierent** 6. Le sens général du verbe est laisser, abandonner, omettre. Citons quelques cas particuliers: suivi d'un infinitif il signifie permettre, ne pas s'opposer à, *T* 5664, 6361, 13093, 13124, 13134, 15226; «laissier corre a qqn» veut dire lancer son cheval contre lui *T* 14661 (cf. 14665); *E* 2000 **la lune laisa a luire** la lune cessa de briller, *T* 11562 **en nul liu nel lait ester** (dans un combat) il ne lui permet pas de souffler un instant, *T* 12797 **laiez ester le chevalier** laissez le chevalier tranquille, *T* 11043 (fix, proiez vostre pere ...) **Qu'il laist por Dieu que il n'ochie Mon frere** qu'il abandonne son dessein de tuer mon frère.

lait[1] *s. m. T* 14573 **lait d'amandes**, cette préparation à base d'amandes, mais sans lait, existe toujours et les encyclopédies en donnent la recette.

lait[2] *adj.* fr. mod. laid, *E* 10392 **amis, or ne te soit pas let** que cela ne te soit pas désagréable, ne te déplaise pas, *T* 10782 **trop a esté et laide et fiere Lor assamblee a esgarder** (A toz ciax ques doivent amer) le combat pour ceux qui ont le devoir de les aimer a été déplaisant et cruel à contempler; pris substantivement: *E* 1876 **si m'a mes oncles fait Si grant hontë et si grant** — une telle honte et un tel outrage, de même *T* 6194 **il lor a fait Assez et de honte et de** —, *T* 2763 **ainc ne vos fis tort ne lait** je ne vous ai jamais fait tort ni vilenie, *T* 7611 **sans dangier et sanz** — sans hésitation et sans trop de répugnance (sans faire trop laide grimace).

lambre *s.* donné à l'ordinaire comme masculin, il signifie un revêtement, généralement de bois (voir *Romania*, XVIII [1889], 145), qui couvre les murs, le plafond, le plancher d'une salle. Nos textes ne donnent pas de détails bien précis sur cette ornementation: le subst. *lambre* fournit une rime commode à *chambre* (c'est le cas de tous nos exemples), et c'est peut-être ce qu'on demande surtout à ce mot. Seul *E* 4584-85 nous assure que ce travail était une pratique courante de son temps. Noter les expressions (palais) **fait a** — *E* 7124, (chambre) **ovree a** — *E* 4584, 14322, **celee ... tote de** — *T* 10502 au plafond lambrissé, **pavee ... toute de** — *M* 14322 au parquet lambrissé, **painte ... et volse de** — *T* 14476 chambre garnie d'un revêtement de bois décoré de peintures, de même **painturee a** — *M* 18730; pour des exemples de sujets de ces peintures voir *E* 15098-15104. *Lambre* a depuis longtemps cédé la place à *lambris*.

lancier [1] *intr. T* 12907 (d'autre part pert li fers fors) **D'un gavelot tot en lanchant** qui a été lancé contre lui? *A* 6931 donne le même texte (**tot an lancent**), mais *M* 17023 a **javelot cler et luisant** et *L* 6949 **cler et trençant**.

lancier [2] *s. m. A* 7279, 7392, 7406, semble vouloir dire un dispositif quelconque pour maintenir une lance debout, pointe en l'air; ni *M Q U*, ni *T*, ni *L* n'ont ce mot.

lande *s. f.* la lande au XIIIe s. est un terrain en général plat, non cultivé, mais qui peut être agréable d'aspect: la lande est **bele** *T* 251, 827, **foillie et bele** *T* 1522, **florie** *E* 1435, on peut y accéder par un chemin empierré *T* 1636, on peut y dresser un beau pavillon pour des séjours assez longs *T* 2593, et on pouvait adresser cet hymne à sa beauté: **si est en une lande entrez Qui ert vers et si bel florie C'ainc n'ot veü jor de sa vie Ausi bele n'ausi plaisant, Ne autresi soëf olant De toutes les odors qui sont Es bones herbes par le mont** *T* 2554. Mieux que tout cela on peut établir dans la lande, à proximité d'une grande forêt, tout un domaine comprenant **vergiers, vignes, pres, molins, estans, terriers, viviers** *T* 9254-56. Mais dès qu'on quitte ce «recet» 9253 on se trouve dans une lande 9388 qui a un tout autre caractère que celles que nous avons vues jusqu'ici: d'abord elle est très vaste 9206, elle s'étend sur 20 lieues à la ronde 9240, et elle est «gaste» c' à d. désolée et déserte 9206, 9239, elle a un nom particulier: c'est une **lande de genest** 9204 (cf. *E* 12978). Et là nous reconnaissons déjà une lande d'aujourd'hui, où il n'y a que des plantes sauvages, genêts, bruyère, etc., et où personne n'installe plus de pavillon merveilleux ou de maison de campagne avec verger et vivier. Au v. *T* 4393 **une lande soz la tour**, *lande* semble désigner un large emplacement dégagé de tout obstacle et commode pour les évolutions d'un **tournoi.**

lange *s.* probablement *m. A* 2678 **nuz piez et an langes ala**, c' à d. comme un pèlerin; les vêtements de laine frottant sur le corps causaient un malaise qu'on s'imposait pour mortifier la chair. Aujourd'hui le mot ne s'applique plus qu'au maillot des enfants, et il est généralement employé au pluriel comme ci-dessus et très souvent ailleurs.

lant *adj.* fr. mod. lent, *T* 4924 **ne se maintient pas come lans** ne se comporte pas en paresseux, n'y va pas de main morte, *T* 6222 **de tost fuïr n'est mie lans** il n'est pas en retard pour fuir au plus vite, *T* 6806 **amis, or ne te soit pas lant,** (Si ne te dois esmerveillier Se de toi faz mon conseillier) peut-être: ne mets pas de lenteur à comprendre (et à exécuter?) et tu ne dois pas être surpris si je fais de toi mon conseiller; au passage correspondant, *E* 10392 donne un autre mot avec un sens plus net: **amis, or ne te soit pas let** qu'il ne te soit pas désagréable;

adv. E 7474 **a son fil n'acorut pas lant** pas lentement, elle accourut en hâte.

lardé *s. m. T* 11525 **lardez orent de venoison,** voir texte du xive s. cité par Littré, III, 255 a: «les lardés [dans un cerf] c'est ce qui est entre les costés et l'eschine».

larder *tr.* pp. *T* 9276 (un paon est en train de rôtir à la broche) ainc mieldres ne fu esgardez **Et si estoit molt bien lardez** piqué de petits morceaux de lard.

larmer, lermer *intr. T* 8898, 10699 se mouiller de larmes (en parlant des yeux).

larriz *s. m. E* 501 et voit de trez de soie ovrez Coverz la riviere et li prez **Et les — et les boischaiges,** probablement «le penchant des collines» qui dominent la rivière (voir G. Tilander, *Remarques sur le Roman de Renart,* 1923, p. 152-159); *T* 10622 **baston de larris** semble être une faute pour **baston de jarriz.** Voir ce dernier mot.

las *adj.* fatigué, souvent employé au fig. au sens de «malheureux», *T* 1868 **plus de cent fois se claime** — plus de cent fois il répète les mots «malheureux que je suis!», *E* 11262 **Guinier la lasse** la malheureuse Guinier, *E* 10141 **lasse riens! vix, honie morz!** on peut se demander si *lasse riens* s'applique ici, comme très souvent, à la personne qui parle (malheureux que je suis!), ou s'adresse à la mort «Misérable mort, vile et honnie!», ce second sens paraît préférable: cf. au passage correspondant de *T* 6555 **ha! fait ele, dolante mors** ah! Mort, cause de tant de douleurs!

laschet *adj.* diminutif de **lasche** «détendu», pris adverbialement *A* 6149 **et il meïsmes la se ceint Laschete** [l'espee] **et pas ne s'an estreint** il se ceint lui-même l'épée sans trop serrer, en laissant un peu de jeu au baudrier. C'était là une pratique courante (cf. *Perceval,* v. 3172). *A* est le seul ms. à donner **laschete,** *T* 12096 **lasquement,** *E* 16206 **laschement,** *L* 6168 **lascetement.**

laschier *tr. T* 13092 (li chevax sache et tire au frain) **Et il li lasche un poi la main** il lui rend la main; de même *E* 2726 **lasche la resnë** (et se prant Celle part a esperoner).

lasque *adj.* lâche, *T* 10710 **de — cuer vos vient** cela vous vient d'un cœur peu viril.

lasser *tr.* en anc. fr. le verbe a beaucoup plus de force qu'aujourd'hui, *E* 13968 (des annuiz dont me dist assez) **Et tant que toz an fui lassez** il me dit tant de choses désagréables que j'en fus accablé, *E* 646 **n'onques nus d'aus n'estut — De governer ne de naigier** aucun d'eux n'eut à s'épuiser de fatigue pour travailler au gouvernail ou à la rame, de même *E* 82, 481, *T* 5842 (après un dur combat) **lor cors lassé et confondu** leurs corps épuisés et brisés, *T* 5228 **et tant le bat que tout le lasse** (il fait passer son cheval sur le corps de Keu et lui administre une telle volée de coups qu'il le laisse épuisé: Keu se rend).

lassus *adv. T* 2237 il vint desoz la tor... **Car les damoiseles oï Lassus as estres dementer** en haut à l'étage supérieur;

aujourd'hui nous ne dirions *là-haut* que si nous avions la tour sous les yeux; voir **laiens**.

lasté *s. f.* *T* 940 **la — pert et la chaleur** il se débarrasse de sa fatigue et d'un sentiment d'étouffement dû à la chaleur.

latin *s. m.* langage des oiseaux, *A* 2886 **chascuns des olsellons chantoit An son latin** chacun des petits oiseaux chantait selon sa nature et à sa manière.

latuaire *s. m.* *E* 4250 électuaire, remède du moyen âge; cette pâte ne devait pas être d'un goût désagréable puisque, comme on le voit ici et dans le *Perceval* de Chrétien (v. 3327), on en prenait le soir, avec du vin et toute espèce de fruits et de friandises, avant de se mettre au lit.

lau *adv.* *T* 1758, 1970 là où.

laval *adv.* *T* 4537 là-bas en bas.

laver *tr.* *T* 9216 **lor vis et lor bouches laverent** ils se lavèrent la figure et la bouche, *intr.* *T* 8847 **si lava toz premiers li rois**, le réfléchi serait obligatoire aujourd'hui: le roi se lava tout premier, de même *E* 3151; infin. pris substantivement: *T* 8518 **les graisles feroie soner, S'il vos plaisoit, por le laver** je ferais sonner les trompettes, s'il vous plaisait, pour demander l'eau à laver les mains.

laz *s. m.* *E* 6229 **un — a hiaume,** *T* 12244 **les las del hiaume,** lacet ou lien de cuir avec lequel on attachait le heaume au haubert, *M* 19001 (atelier où quatre-vingts ou cent pucelles) **fesoient — et fresiaus** fabriquaient des lacets et des rubans de toutes sortes.

le[1] *article défini* n'est pas seulement le cas régime du masc. *li*, il est aussi en principe dans les textes picards ou influencés par le picard une forme courante de l'article fém., *le* pucele *T* 15242; dans la pratique de ces mêmes textes on mélange les 2 formes, et *la* de la langue commune est même beaucoup plus fréquent que *le* dialectal; il en est ainsi dans *T* qui est un texte picard, voici quelques exemples de ce *le* dialectal fournis par ce ms.: sor *le* riviere 1198, *le* rive 1200 (cf. de *la* rive 1222), parmi *le* porte 1240, par *le* sale 1385 (cf. *la* sale 1412), sor *le* table 1485, *le* plaie 15124 (cf. *la* plaie 15113). On voit que *le* fém. apparaît, mais non exclusivement, après une prépos., et dans ce cas il faut noter que les contractions de *a le, de le, en le* ne se font pas: au plus haut dois *de le* maison Sist li rois *T* 14994. — Notons quelques ex. de l'article défini *le* employé comme neutre: *T* 7035 **trestout premierement enquierent Coment Carados le faisoit** tout premièrement ils demandent comment allait Carados; l'anglais qui a conservé cette expression se passe du pronom neutre: «they asked how he was doing», *T* 1014, 4885, 5437. — Notez l'absence d'élision au v. *T* 8547 faites *le* emplir de fontaine, et cf. la note au vers *T* 8605, t. I, p. 431.

le[2] *adj.* large, *T* 1199 riviere Qui ert parfonde, rade, et lee; pris substantivement *T* 8272 (le lac) **deus grans liues de le tenoit** avait deux bonnes lieues de large.

le[3] *s. m.* côté, flanc, *E* 3087 an la sale antra, **L'escu au col, l'espee**

au le l'épée au côté (cf. *E* 3146 **au costé L'espee** l'épée qu'il avait au côté), *A* 318 **ele le porta an ses lez** dans ses flancs.

leece *s. f.* joie qui se manifeste par des signes très visibles, *T* 5319 **por son ami a grant — Por che qu'il a tant de proëche** elle est au comble de la joie parce que son ami est un si vaillant chevalier.

lermer, voir **larmer.**

lerre *s. m.* cas sujet de *larron* voleur, *T* 2833 **lerres, traîtres!** n'en irez voleur, traître, vous n'allez pas partir ainsi (dit à Gauvain qui vient de tuer le père de Bran de Lis et, selon les apparences, de violer sa sœur).

letre *s. f.* *T* 3177 **a letres le mist por aprendre Li rois** le roi le mit aux études (en particulier pour apprendre le latin). Au sens de «message écrit» on n'emploie pas seulement le singulier «une lettre», mais aussi le pluriel «unes lettres» hérité du latin pour désigner une seule missive: *T* 14224-27 **unes letres par dedens sent.** Tout errannment overte l'a; **Les letres** prist, ses desploia Et **les** porvit de chief en chief. Quant il s'agissait de plusieurs lettres, le mot *brief,* signifiant couramment «une lettre», fournissait un pluriel facile, jouant ainsi le rôle de *epistula* à côté de *litterae* en latin. Dans la pratique ordinaire de nos romanciers *la lettre, les lettres, le brief,* tous mots ayant le même sens, se mêlent sans façon dans le même passage, voir *T* 6966-6981, *E* 10552-10567, *T* 14224-14257, *T* 14355-14406.

lever *tr. A* 3468 **li rois fet napes** — enlever, ôter (cf. *T* 9080 **napes oster**), *T* 14573 **s'avoit dedens ... Lait d'amandes et levé pain** du pain bien levé, c'est à dire léger et convenant très bien à un malade, *E* 19272 **lever lo vis** lever le visage, lever la tête, *T* 6630 **a ... levé la parole** élevé la voix, *E* 11269 **novelle Qui li a molt lou cuer levé** élevé le cœur, *T* 11925 **voient une porriere grant Par devers la forest lever** ils voient monter du côté de la forêt une colonne de poussière, *T* 9909 **la chalors fu levee** avait commencé à se faire sentir; *intr.* correspondant à un réfléchi d'aujourd'hui *T* 9477, 12051 se lever (du lit).

levrier *s. m. T* 15062 **et sambla singe sor** — il ressemblait à un singe monté sur un lévrier.

levriere *s. f. T* 3123 femelle du lévrier, mot disparu aujourd'hui et remplacé par *levrette.*

lïart *adj. A* 7802 **un chevalier Armé sor un lïart destrier** monté sur un cheval de couleur grisâtre.

liche *s. f. T* 2864 lice, barrière entourant le champ d'un tournoi.

lié *adj.* content *T* 2024, féminin *lie,* contraction de *liee, T* 14897, 15278. Cet adj. si fréquent au moyen âge a à peu près totalement disparu, il n'en reste que le féminin dans l'expression vieillie *faire chère lie,* où l'adj. n'est plus compris, et le subst. pas davantage.

lïement *adv. T* 15319 joyeusement.

liepart, lupart *s. m. E* 5091, *T* 1785 léopard; l'anglais *leopard* a la même forme que le fr. mod., mais dans la prononciation ne compte que 2 syllabes comme l'anc. fr.

lieu, leu *s. m.* lieu, moment, place, *T* 1895 **hastez vos, si i alon, Car n'est pas de demorer leus** dépêchez-vous, allons-y, ce n'est pas le moment de rester en chemin, *T* 9079 **et ensi tost com li rois vit Que lieus et tans fu de parler, Si comanda** et aussitôt que le roi vit qu'il était temps et lieu de parler, il commanda ..., *T* 207 **la n'a mestier vilains ne fols, Car n'i eüst lieu de servir** vilain ni sot n'a rien à faire là, car on ne lui ferait pas place pour servir, on ne lui permettrait pas de servir, *T* 9004 **je vi le lieu au chevalier Qui remest wis et sanz seignor** je vis la place du chevalier qui demeurait vide et sans maître, *T* 11491 **es lieus as mors a puis venus Bons chevaliers et esleüs** à la place de ceux qui sont morts il est venu plus tard de bons chevaliers, des gens d'élite, *E* 5446 (fête de Pentecôte) Lancelot dou Lac i estoit, **Qui a la cort bon leu avoit** Lancelot qui tenait à la cour un rang éminent (*Q* donne **qui en la cort bon los avoit** qui avait une grande réputation à la cour). — Entre *lieu*, *place* et *endroit* il y a eu une espèce de concurrence qui a abouti au triomphe du dernier venu *endroit*; *place* occupe encore un champ considérable quoique moindre qu'autrefois; *lieu*, en dehors de la locution très courante *au lieu de*, ne s'emploie plus guère que dans la langue littéraire (lieu ombragé et pittoresque), ou dans des locutions toutes faites (il vous répondra en temps et lieu) ou techniques (lieu commun, ce train n'a pas lieu le samedi).

lige *adj. T* 2027 **si home — cil devinrent, Andui de lui lor terres tinrent** tous deux tinrent désormais leurs terres de lui (la définition suit l'expression), *E* 1365; *T* 3064 **l'en a cil fait tot — homage** il s'est déclaré son vassal direct (pour 2 cités qu'il a reçues en don).

ligement *adv. T* 12338 **sire, vostres sui** — je suis à vous comme un vassal à son suzerain.

ligence, lijance *s. f. E* 15038 **il me doivent fere ligence**, *T* 2044 **tuit li font lijance le jor**, déclaration par laquelle on se déclare vassal d'un suzerain.

liien *s. m. T* 10479, 10508 laisse d'un chien.

liier *tr. T* 6449 lier (des herbes sur un bras pour en chasser un serpent qui s'est enroulé autour), *réfl. E* 10474 **vers l'ermite molt s'umelie, Molt se jostise et molt se lie** (*T* 6888 **et molt s'alie**) il s'humilie devant l'ermite, se punit lui-même et se déclare lié par sa faute.

limace *s. f. E* 1053 **quant einsins fu armez Gauvains, Ne demeure ne plus ne mains; Ne fait pas chiere de limace** une fois armé Gauvain ne s'attarde ni peu ni beaucoup, il ne fait pas mine de limace (c' à d. n'a pas l'air d'une poule mouillée, ou d'un homme qui a peur de son ombre, mais marche résolument au combat, où il va rencontrer un redoutable adversaire).

liois *s. m.* fr. mod. liais, *L* 8655 **murs ... Tos de fin marbre et de** — pierre calcaire ayant la dureté du marbre. Anglais *lias*, qui à son tour, dans un sens plus large, a été emprunté par le fr. mod. *A* 8629 donne *liois* comme *L*, *T* 14447 *lihois*, *M* 18701 *lios*.

lisse *s. f.* fr. mod. lice, femelle d'un chien de chasse *T* 6197.

liter *tr. E* 8122 un escu avoit Cador **De sinople tot lité d'or** Cador avait un écu de couleur vermeille, tout bordé d'or.

litiere *s. f.* brancard pour transporter blessés ou morts *U* 5656.

liuee, loëe *s. f. E* 2730, 10121, *T* 4137 le temps d'aller une lieue.

livrer *tr. T* 1247 **au mareschal le cheval baillent Qui li livra avaine et fain** le maréchal-ferrant lui fournit avoine et foin, cf. l'anglais *livery*; *U* 5280 **pour Gauvain — a essil** pour mettre Gauvain à mal (c' à d. probablement: pour lui porter un coup mortel).

livroison *s. f. T* 3780 par Dieu, vassal, tot malgré vostre Sera cele pucele nostre. **A moi et puis as compaignons En sera faite** — que vous le vouliez ou non, cette jeune fille sera à nous, à moi d'abord et par la suite livrée à mes compagnons.

loëmant *s. m. A* 3466 conseil.

loër *tr.* louer, *E* 56 **il desert bien que an le lot** il mérite bien qu'on fasse son éloge, *T* 10175 ainsi fit mon éloge celle que mon cœur aimait tant, *réfl. E* 1204 je me loue de monseigneur Gauvain; *tr.* conseiller, *T* 10125, 14632 **molt tost vos lo armer** je vous conseille de vous armer sur-le-champ.

loge *s. f.* 1. Le mot désigne d'abord une habitation improvisée, établie pour une courte durée au cours d'un voyage ou d'une expédition. Nos mss ne sont pas absolument d'accord sur les caractéristiques de ces abris temporaires. Pour *T* 2132 les loges sont des tentes destinées à héberger les barons de l'armée: « Quant les grans gens furent venues Et les loges furent *tendues* Tot contremont sor la riviere», *E* 5554, 5683 semble être de cet avis, il mentionne les riches «trefs» et pavillons qui sont tendus à travers la campagne, mais il ajoute: «N'i remest mont ne vaus ne pleigne Qui maintenant ne fust loigiee; Qui n'ot *loje* si fist fueilliee» il n'y avait mont ni vallée qui ne fût garni de loges, et qui n'eut loge se fit une feuillée». Pour *E* loge est donc le terme général qui s'applique à toutes les variétés de tentes, *feuillée* étant un abri grossier fait de branches et de feuillage. Pour *L* 1126 les loges et les «ramées» sont de simples cabanes faites par et pour les écuyers; il est vrai qu'il ne dit pas «loges» mais « loges galesques», ce qui pourrait correspondre aux feuillées des 2 autres mss; il reste que *L* parle de tentes (comprenant «trefs» et pavillons) pour les «grans gens» et qu'il ne souffle pas mot de loges, galesques ou autres, dans leur cas. *A* 1197 se rattacherait plutôt à l'opinion de *T* et *E*, sauf que s'il emploie le vb. *logier* il écarte totalement le subst. *loge*. Notons enfin que *T* ne s'en tient pas toujours au point de vue exposé plus haut: aux v. 260-262 il distingue soigneusement entre «pavillons et tentes» et les «loges galesches», et d'autre part il appelle le même abri de quelques heures tantôt **foillie** 5249, tantôt **loge** 5334. — 2. Dans un palais ou une demeure princière les loges sont soit des espèces d'antichambre par où l'on passe (pour se désarmer,

p. ex.) avant de pénétrer dans la grande salle (*T* 1249, cf. *E* 3697) ou des lieux de distraction ou des postes d'observation d'où l'on a vue d'une part sur la grande salle, d'autre part sur le pays d'alentour (*T* 95, *A* 272); ces loges peuvent même être utilisées pour y déposer les plats d'un repas en attendant l'heure de les transporter dans la grande salle (*T* 9648). — 3. Une loge peut être une construction légère, comprenant plusieurs pièces, indépendante de tout autre bâtiment, établie au bord d'une rivière ou de la mer et assez élevée pour que des fenêtres on puisse contempler au loin les aspects de la mer ou les détails du paysage: c'est un lieu de délassement et de repos: *A* 3475, 3565, 3571, 3581, *T* 14136, 14141, 15202. — En conclusion *loge* semble avoir voulu dire d'abord «lieu où on loge en passant» généralement en pleine campagne; puis le terme est devenu un mot à la mode pour désigner de petites pièces complémentaires, flanquant un château ou établies devant le château avec lequel elles communiquent, mais toujours ouvertes sur l'extérieur et par là rappelant la loge de campagne, et d'autre part ajoutant à la beauté d'un édifice ou à l'agrément de la vie qu'on y mène; enfin on finit par installer de ces loges permanentes en dehors du château même, sur une rivière ou sur la mer, pour y aller passer des heures de distraction.

logier, loigier *tr.* *E* 5553, *A* 1197 garnir de loges. Voir **loge**.

loi *s. f.* **a — de** à la manière de, suivant le comportement de, en homme qui est ceci ou cela, *T* 2978 **a — de bon vassal**, *T* 4998 **a — de vassal**, *E* 1459 **a — de chevalier hardiz.**

loiauté *s. f.* *T* 13013 emploi un peu surprenant du mot: c'est par sa *droiture* et sa générosité qu'en tous lieux Gauvain se sauve des périls, et c'est pour ces deux vertus qu'au cours d'un terrible orage Dieu l'a préservé de la foudre.

loiautece *s. f.* *L* 7553, voir la note à ce vers, t. III, 1, p. 653.

loin *adv.* *A* 6051 et li chevaliers se desfant, Mais **au loing ne puet contr'ester; El pre l'abat au parhurter** le chevalier a beau se défendre, *au bout du compte* il ne peut résister et l'autre l'abat d'une brutale poussée; *T* 12586 **d'ui en un mois me verra Au plus loins** dans un mois *au plus*.

loisir *impers.* être permis, être possible, *T* 1822, 9507 **loist**, *E* 13295 **lait** (voir note à ce vers, t. II, p. 602) indic. pr. 3; *E* 19577 **lairoit** condit. 3; *T* 13584, *M* 17844 **lut** prét. 3; *T* 5811, 13817 **leüst** subj. impf. 3. *T* 1822 **mais or me dites, s'il vos loist Tant demorer** dites-moi, s'il vous est possible de vous arrêter assez longtemps. Tous les autres emplois de *loist* (ou de *lait* *E* 13295) sont du type *T* 9507 **ne me loist or pas chi a dire** il ne m'est pas possible de dire ici, *T* 11846, 12635, 13599, 13620, 13837, 14451, 14889, 15291, *E* 19577; *T* 13817 **et se or me leüst a dire** ah! s'il m'était possible de dire, je souhaite qu'il me fût possible de dire, de même *T* 14061, *M* 18055. — Infin. pris substantivement: **par loisir** *T* 557, 12083 (s'armer) en prenant son temps, *T* 13306 (manger) tout à loisir, **par grant loisir** *T* 8324 sans se presser le moins du monde.

lonc [1] *adj.*, fém. **longue**, *A* 3435 **sire, c'est toz li lons** voici la chose en bref, *T* 7405 **il est molt lons et drois?** il est de haute taille et très droit, n'est-ce pas? *E* 3808 **une pucelle Longue, gente, bien faite et belle**, aujourd'hui *longue* ne serait peut-être pas un compliment en pareil cas, nous dirions plutôt: une grande belle jeune fille élégante et bien faite.

lonc [2] *prép.* *T* 8226 **lonc lor nature tuit chantoient Li oiselet** tous les oiselets chantaient *selon* leur nature, c' à d. selon l'espèce à laquelle ils appartenaient.

longor *s. f.* longueur, *T* 8241 **par devant Caradot passa A la longor bien d'une espee** à la distance d'une longueur d'épée.

longues *adv.* *T* 2352 **n'i volt plus — sejorner** il ne voulut pas s'attarder plus longtemps, *T* 4556 **orgueus ne puet — monter** l'orgueil ne peut pas gravir la pente bien longtemps (plus il monte qu'il ne doit, de plus haut tombe-t-il), *T* 7345 **ne pooit mais — durer** il ne pouvait durer bien longtemps.

lorain *s. m.* *T* 11843, *A* 6689 harnachement d'un cheval de selle à l'exception de la selle même.

lore, lores *adv.* *T* 10435 alors, à cette époque-là, *T* 3695 **puceles au tans de lore Pooient miex errer que ore** (cf. *E* 7589) les jeunes filles en ce temps-là voyageaient plus facilement qu'aujourd'hui.

los *s. m.* conseil, assentiment, louange, *A* 658 **bien s'arme au — de ses barons** suivant le conseil de ses barons, *T* 1113 **sanz mon — et sanz mon otroi** sans mon assentiment et ma permission, *E* 2188 **par son — et par son congié** avec son assentiment et son congé, *T* 1475 **cil qui le voir en sara Le pris de tot le mont ara Et le —** celui qui en saura la vérité aura l'estime et la louange du monde entier, *T* 5312 **cil qui cha m'envoia pris A plus de — et plus de pris Que nus autres** mérite plus de louange et a plus de valeur que nul autre, *E* 89 la gloire, *T* 5661, 7542 **bon los** bonne réputation.

losenge *s. f.* *L* 6837 **adonc li oïsiés conter Grant — qu'il ot trovee** on aurait pu lui entendre conter de gros mensonges inventés par lui de toutes pièces, cf. le passage correspondant de *A* 6823 Et il lor comance a conter **Granz mançonges** qu'il ot trovees.

losengier, losangier *s. m.*, mot très fréquent en ancien français où il a souvent le sens de «flatteur», «enjôleur», «faux ami»; dans nos textes il signifie nettement «menteur» (cf. **losenge**), *T* 14910 **ja si est losengiers**, voici les mots qui répondent à cette brève déclaration dans le passage correspondant de *E* 19166: **Est mançongiers** c'est un menteur; *E* 6902 **ne ja n'ait cure d'acointier De felon ne de losangier** qu'il n'aille pas se mettre en tête de s'accointer d'un déloyal personnage ou d'un semeur de faux bruits (conseil d'Artur au jeune Caradoc).

lovier *s. m.* *Q* 13030 panneau pour prendre des loups? Godefroy ne donne de ce mot que 2 ex. de 1354.

luec *adv.* là, en cet endroit-là *T* 1891, 5401, 10083, 14826, 15162, **luec endroit** *T* 7017 là précisément.

lués *adv.* immédiatement, sur-le-champ *T* 18, 14825, *E* 8096 (cf. *T* 4316 **loés**), avec répétition du mot *T* 10080-81 trencha parmi **lués** un giron Et crut tant l'uis que **lués entra, lués droit** (*droit* ajoute l'idée qu'on prend le chemin le plus court) *T* 96, 9251, 10568, **lués a droit** *T* 626, **lués erranment** (*erranment* ajoute à l'indication de temps une nuance spatiale de marche rapide) *T* 9086, **lués erranment sanz demorance** (une idée de retard à éviter s'ajoute aux indications de temps et de mouvement: on ne peut pas aller plus loin dans l'expression de l'instantanéité) *T* 15045. Locution conjonctive **lués que** dès que, aussitôt que *T* 1989, 5394, 5398, 7018.

lui *pron. person.* **lui** est couramment employé en anc. fr. comme synonyme de *soi* devant un infinitif: voici un exemple qui montre bien l'équivalence des deux formes dans cette position: *T* 5858 **car chascun estuet soi desfendre Se morir ne velt ou lui rendre** il faut que chacun se défende s'il ne veut pas mourir, ou alors se rendre.

luisir *intr. T* 10664 **ja luisoient les estoiles** déjà brillaient les étoiles, **luisant** dit d'un heaume *T* 11555, *E* 1291, des épées de combattants *E* 1506, d'une «escarbocle d'or» *E* 4600: dans ces 4 cas il faut aussi traduire par «brillant». *Luire*, qui a remplacé *luisir*, n'a conservé son sens ancien que dans les formes qui ne comportent pas d's: le soleil n'a pas *lui* depuis une semaine, peut-être verrons-nous *luire* un jour l'aurore d'un temps meilleur; probablement sous l'influence du participe présent dans certaines locutions « ver *luisant*, les yeux *luisants* d'un chat, des yeux *luisant* de convoitise », les formes où apparaît un *s* ont pris un sens péjoratif: il ne s'agit plus d'une lumière franche, directe, éclatante, mais d'une lueur trouble et voilée qui ne révèle pas ses intentions. Au v. 4600, au lieu d'«escarbocle d'or», assez singulier en effet, le ms. *U* donne «escharboucle *reluisant*», également à écarter aujourd'hui: on fait reluire les cuivres, les souliers.

luitier *intr. E* 14342 **les uns veïssiez escremir, Les autres luitier et saillir,** il s'agit de sport, et probablement de la lutte à main plate.

luminaire *s. m. T* 11951 **une joie ot la nuit si grant, Et tel luminaire de chire Ou chastel** (que ne] vos puis dire), aujourd'hui le mot, qui n'appartient pas à la langue courante, s'emploie surtout pour les illuminations des grandes fêtes religieuses ou publiques.

lunoison *s. f. T* 7159 **autre home sont qui sont volage Et trop volentieu de corage, Qui aiment tot par —, Tot sanz mesure et sanz raison** il y a d'autres hommes qui sont volages, ne suivent que leurs caprices, n'aiment que par saisons, le tout sans mesure et sans continuité; *lunaison* ne se dit plus qu'en terme de calendrier, mais nous avons toujours *lunatique*, du reste un peu postérieur à *lunaison*, pour témoigner de la prétendue influence de la lune sur le caractère des individus.

luor *s. f. E* 14990 **la luor des branz** le reflet des épées sous l'éclat des lumières.

M

machacrier *s. m. S* 8962 boucher; le ms. *S* est le seul à donner ce mot.

maillier *intr.* originairement lancer des coups de maillet ou de marteau contre un obstacle quelconque; on a encore ce sens dans *E* 5756 **sovant au murs hurtent et maillent, Et si n'i pueent riens forfere** ils frappent contre le mur et le martèlent, mais ils n'y gagnent rien; mais en général **maillier** se dit de toute espèce d'armes avec lesquelles on peut frapper sur un ennemi, et en particulier de l'épée: *T* 3897, *E* 4366 (souvent accompagné, comme on le voit ici, du vb. *ferir*); *tr.* fabriquer une arme défensive faite de mailles, p. ex. le haubert: *T* 3907 **nis li hauberc qu'il ont vestu Ne furent ainc si fort maillié Que molt n'en aient desmaillié** le haubert a beau avoir été fait de mailles solides, cela n'empêche pas que sous leurs coups les mailles sautent de côté et d'autre.

main[1] *s. m. T* 2629 **cil qui fist et soir et —** celui qui fit le soir et le matin, *T* 9812 **a un —** un matin, *T* 4828, *E* 1787 **hui main** litt. aujourd'hui matin, c' à d. ce matin, par opposition avec le reste de la journée.

main[2] *s. f. E* 2990 **mais que je an sa — ne chiee** pourvu que je ne tombe pas dans ses mains ou entre ses mains, en son pouvoir, *T* 12934 **vous l'avez mort a vos mains** de vos mains, *E* 661 **chevauchant main a main** côte à côte, *T* 12436 **tot quatre vienent main a main** côte à côte, ou mieux «de front».

mains *adv.* fr. mod. moins, *T* 5779 **ja jectast Alardin du —** jeter les dés de telle façon que le total des points marqués soit inférieur au chiffre de l'adversaire, p. conséq. ici il se serait trouvé en mauvaise passe, en mauvaise posture, *E* 9084 **quant il voit qu'il est dou —** quand il se voit en pire condition que celle qu'il attendait, *T* 7408 **il parut grans quant il fu sainz, Mais molt en est venus al —** il avait l'air grand quand il allait bien, mais maintenant il en est venu à une condition pire, c' à d. il n'en est plus de même (car il n'a plus que la peau et les os), *E* 7202 **par po messire Yvains ne cort L'espee saichier de ses mains; Mais ancor n'est ce que dou — Car il pas ne li ostera** il s'en faut de peu qu'Yvain ne coure lui arracher l'épée des mains, mais ce n'est qu'une velléité d'un instant (litt. mais il reste au point où il est encore en deça de l'acte).

maintenant *adv. T* 323 immédiatement, aussitôt, *T* 8434, 9333 **de maintenant** même sens; *maintenant* est parfois renforcé par *lués*: *T* 8766 **lués —** (fist arester Ses compaignons) instantanément, de même *T* 8903 **lués** s'est levez **de —**; au v. *T* 6554 nous avons déjà le sens actuel de *maintenant*, à savoir «à présent»; *conj. T* 302 **tot maintenant** (que) tout aussitôt que.

maintenir *tr. T* 11917 **li Riches Soldoiers, Qui maintient la riche mesnie**, lit. qui entretient un large personnel de chevaliers et de dépendants, c' à d. qui a un grand train de maison, *T* 11682 **bien avez l'estor maintenu** vous avez bien soutenu

la lutte; *réfl. T* 4879 **veez coment il se maintient** voyez sa
fière allure, *T* 4609 **ja convenra que il i paire Li quels se
mainterra plus gent** voici le moment où l'on va voir quel est
celui des deux qui se comportera avec le plus d'allure.

mairien, merrien *s. m.* fr. mod. merrain; en anc. fr. le mot était
plus usité qu'aujourd'hui, et il signifiait généralement «bois de
construction»: *T* 267 les cuisiniers pour bâtir leurs baraques
prennent uniquement le feuillage, c' à d. les menues branches
avec les feuilles qui y poussent, dans *A* 259, *L* 251 et *R* 275 ils
prennent non seulement la «ramée» mais aussi les troncs et les
grosses branches.

mais[1] *conj.* correspondant au latin *sed.* Notons une particula-
rité fréquente de ce *mais* médiéval: c'est quand il suppose une
phrase intermédiaire sous-entendue à laquelle il répond et qui
le justifie: *T* 11786 et desoz le pint se seoit Sor un tapi uns
chevaliers, **Mais ainc ausi grans n'ausi fiers N'iert mais ne
trovez ne veüs** sur un tapis était assis un chevalier. Vous le
prenez peut-être pour un chevalier comme un autre. *Mais* vous
vous trompez: on n'a jamais vu (ou on ne verra jamais) le pareil.
Il faut expliquer de même *T* 598, 3090, *E* 10926. Du reste nous
avons conservé cet emploi dans la langue familière: «Il a dit
cela vraiment? — *Mais* oui», c' à d. vous croyez que c'est impos-
sible, *mais* vous vous trompez.» — *Loc. conj. T* 7967 **mais que**
excepté que, à cela près que.

mais[2] *adv. de temps* 1. Signifiant «désormais» *a*) dans des
phrases positives *T* 980, 3293, 3379, 5039, 6174; *b*) dans des
phrases négatives *T* 11407, 12232. — 2. Entre «désormais»
et «jamais» la différence est mince, l'un indique point de départ
d'une durée, l'autre cette durée même, et il n'est pas toujours
facile de déterminer auquel des deux nous avons affaire: sens
de «jamais» (= unquam) dans des phrases dubitatives *T* 3008,
6175, 10072. — 3. Dans une phrase négative *mais* peut prendre
le sens de «jamais» (= nunquam) se rapportant soit au passé
T 121, 123, 220, soit au futur *T* 1134, 6661 suivant le temps
du verbe. — 4. *Mais* s'unit à *ja* pour donner un *jamais* se rap-
portant au futur *E* 1883-84; un *jamais* peut être repris et doublé
par un *mais* de même sens *T* 1115-16. — 5. *Mais* accompagne
onques ou *ainc* donnant ainsi l'expression *onques mais* qui se
rapporte au passé: *T* 228, 3010, 3450. — 6. Signifiant «encore»
T 7129. — 7. Sur le modèle de *ja mais* (*jamais*) et *onques mais*
il se forme des expressions de temps comme *des or mais, a tous
les jors mais T* 4243, 8384 où la particule *mais* indique un point
de départ pour une durée indéfinie: tous les jours désormais
qu'il leur resterait à vivre. — 8. Citons 2 phrases où *mais* voi-
sine soit avec un autre *mais* de sens légèrement différent, soit
avec *plus*: *T* 6174-75 ainc aront *mais* al cuer grant ire Que il
s'entrerevoient *mais* ils auront désormais une grande tristesse
au cœur avant qu'ils se revoient jamais, *T* 2210 li rois desfendi
Que *mais* n'i eüst si hardi Qui tant ne quant *plus* (li proiast
Que vïande lor envoiast) le roi défendit que désormais on fût
assez hardi pour le prier de nouveau, de quelque manière que
ce fût, de leur envoyer d'autres vivres.

maisnie *s. f.* l'ensemble de ceux qui forment la compagnie ordi-
naire d'un roi ou d'un haut seigneur et constituent sa «maison»:
T 1289, 4374, 11494, 11917 (**mesnie**); une «pucele» de haut

lignage peut avoir sa «maisnie» *T* 13618; *T* 8116 **la — eslite** la maisnie dont les membres sont des personnages choisis entre tous (il s'agit probablement de la maisnie du roi Artur).

maison *s. f.*, ce n'est pas un mot fréquent dans nos textes qui préfèrent de beaucoup *hostel*: dans les 5 exemples que nous citons, *T* 10726, 11263, 13531, 14994 et 15128, est-ce un hasard que le mot vienne chaque fois à la rime, que dans 2 cas ce terme rime avec le même mot *Carlion* et dans 2 autres avec le mot *donjon*? Dans les passages correspondant à nos 2 premiers exemples de *T*, *E M Q* 14610 et 15243 donnent à peu près le même texte; en face de notre troisième ex. *M Q U* 17793 se comportent de même (*E* nous manque ici); en face de notre quatrième ex. *E* 19256 donne également à peu près le même texte que *T*, mais dans *M Q U maison* n'apparaît pas; il n'apparaît pas davantage dans ces 3 mss en regard de notre cinquième ex., tandis que *E* 19392 a un texte très semblable à celui de *T*. Cf. aussi la série *T* 9244, 9250, 9289, 9360.

maistre *adj. T* 3467, 8512 — **dois** la table d'honneur au haut bout de laquelle le roi s'asseyait, *T* 12103, 12305 — **tour** la tour principale d'un château, *T* 3281 (où tiendrai-je ma cour, dit le roi Artur, et ses fidèles répondent:) **A Cardueil en vos maistres sales** dans les grandes salles de votre château, *T* 14810 **en la — sale entra**. Il nous reste quelques rares exemples de cet emploi adjectival de *maître*: le maître autel. Voir **mestre**.

maistroier *tr. T* 7543 **mere — Doit son enfant et chastoier** une mère doit gouverner et réprimander son enfant; *E* 16081 **le ra fait a terre voler Et le mestroie duremant** le maîtrise, le secoue vigoureusement. *E* est le seul à donner le mot ici, *T* 11983 lit **le foule**, *M* 16081 **l'afole**, *Q* **le refeule**.

major *adj.* comparatif de *grant*, *L* 5293 **el castel ont un saint soné. Grans ert, ainc hom ne vit** — (*T* 11231, *E* 15213, *A* 5353 donnent *graignor* au lieu de *major*) voici qu'au château on sonne une cloche, elle était grosse, on n'en a jamais vu de plus grosse (lit. grande, plus grande). *S. m.* **major** *R* 569 sorte de magistrat.

mal *adj. T* 13056, 14144 — **tans** mauvais temps, *T* 14426 **male odors** mauvaise odeur, *E* 4203 **si — sont et si crüel** sont si mauvais et si cruels, *T* 13497 **ainc nus si — cops ne fu fais De cop d'espee** jamais on ne vit coup d'épée si funeste, *E* 2212 **com de male eure fui or nee!** en quel jour maudit je suis née! *T* 1853 **est cheüs en molt males mains** il est tombé sur des gens qui ne sont pas commodes, qui lui en feront voir de dures (au cours d'un combat où ils seront deux contre lui seul), *E* 3621 **male foi** mauvaise foi, cf. *E* 2961 **de pute foi**. *S. m. T* 1537 **car ne le demant pas por** — je ne le demande pas pour vous être désagréable, je n'ai pas de mauvaises intentions, *T* 2822 **trop ai** — je souffre trop, *E* 5357 **cil ne doigna por lui riens fere, Ainçois s'an est par — tornez** il est parti de fort mauvaise grâce, *T* 13024 **por l'oré qui — li faisoit** à cause de l'orage qui lui était pénible à endurer, *T* 13533 **chi fait — sejorner** il ne fait pas bon s'arrêter ici, *T* 15136 **— ait dont qui li ostera** malheur à qui le lui ôtera du corps. *Adv. E* 4384 **— est la bataille paroille De deus contre un** (*mal* retombe sur *paroille*) la bataille de deux contre un est par trop inégale.

malage *s. m.* *T* 8455 **quant me garistes Del grant — et del serpent** (cf. *E* 12233 **dou grant malaige dou serpant**) quand vous m'avez guéri de la cruelle maladie dont je souffrais par le fait du serpent.

malaise *s. f.* *T* 7494 **durement se duelt Cadors Por la — Carados** (cf. *E* 11052) Cador se tourmente des souffrances de Carados; aujourd'hui le mot *malaise*, qui est devenu masculin, a perdu de sa valeur et signifie seulement, au sens physique, indisposition qui pourra devenir grave, mais qui ne l'est pas encore. Du reste en anc. fr. **malaise** peut aussi avoir une signification atténuée, en particulier dans la locution *a malaise*, *T* 7417 **a — la nuit passa** il eut une mauvaise nuit, *T* 1381 **a — ert percheüe** on l'apercevait difficilement.

malbaillir *tr.* maltraiter plus ou moins cruellement, *T* 5185 **molt est navrez et malbaillis** il est grièvement blessé et en fort mauvaise passe, *T* 3841 **si volroie mix estre morte, Arse et detraite et malbaillie** j'aimerais mieux être morte, brûlée vive, tirée à quatre chevaux et détruite. Voir encore *T* 6249, 6251, 6406.

maldire *tr.* fr. mod. maudire, *T* 4323 **maldie** subj. pr. 3, autre infin. *maleïr*, d'où le pp. **maleois** *L* 3356 maudit; *T* 4323 **n'i ot nul d'ax qui n'en maldie... sa maladie** pas un d'entre eux qui ne maudisse la maladie (qui l'a mis en retard).

maleïçon *s. f.* *U* 2960 **Mascarot... En cui ot tant maleïçon** qui était une malédiction vivante.

malement *adv.* *T* 10829 **mais trop — li aloit De son elme que il n'avoit** il était en très mauvaise situation du fait qu'il n'avait plus son heaume.

malfaitour *s. m.* *T* 6226 **Caradot lor — (cf.** *E* 9806 **son maufetor)** Carados qui leur avait fait tant de mal. Nous ne pouvons plus dire «*leur* malfaiteur» quoique nous disions très bien «*leur* bienfaiteur»; cela tient sans doute à ce que **malfaiteur** a changé de valeur: aujourd'hui c'est un mot très péjoratif, tandis que l'auteur de la version *T* n'a pas l'intention de blâmer la conduite de Carados à l'égard de ses parents.

malfé, voir **maufé**.

malmetre *tr.* *T* 2848, 2888 maltraiter (des personnes); *T* 970 gâter, abîmer (des choses); *E* 2595 **am plus de treize leus maumis** mis à mal (écorché, blessé) en plus de treize endroits (en parlant d'un pauvre cheval mal soigné).

malvais *adj.* fr. mod. mauvais, dans nos romans le mot suggère toujours lâcheté, c' à d. la qualification ou l'injure la plus sanglante qu'on puisse adresser à un chevalier: *T* 6242 **— cuer** (cf. *T* 6252 adressé au même: **cuer failli**), *T* 14764 **cil — recreans provez**, *U* 19021 **mauvés coart fuiez de ci**, *M* 18872 **li mauvés chevaliers prouvez**; pris substantivement *T* 14626 **couars, malvais!** *E* 19020 **vis recreant, font il, mauvés!**

malvaistié *s. f.* *T* 10168, **mauvestié** *T* 10172 action déshono-
rante (dit d'une femme par elle-même); *E* 14868 **mauvestié**
faiblesse de caractère, manque de fermeté.

mambrer, membrer *impers.* *A* 4443, *E* 2671, 11287, *T* 1330,
1511 il me souvient de, je me souviens de. Voir **ramembrer.**

manaie, voir **menaie.**

manant, voir **manoir**[1].

manc *adj.* et *s.* *M* 8395 **l'un fere — l'autre eschacier** faire l'un
manchot, l'autre boîteux; de même *V* 4807 **manch.**

mance[1] *s. f.* *L* 3422 fr. mod. manche, qui au sens où le mot est
pris ici, partie par laquelle on tient un couteau, un balai etc.,
est masculin. *L* est le seul de nos mss à donner le mot.

mance[2] *s. f.* *T* 12064 manche, partie du vêtement qui recouvre
les bras.

manchier *adj.* et *s.* *T* 4807 **l'un fait — l'autre eschachier,** c'est
le passage correspondant à l'exemple de *M* cité plus haut
sous **manc,** et *manchier* qui veut évidemment dire «manchot»
a l'air d'être *manc* avec un suffixe calqué sur *eschacier* qui suit.
Le mot ne semble pas avoir été signalé encore.

manete *s. f.* *L* 5073 diminutif de *main*; *L* est le seul de nos mss à
donner ce mot.

mangier, mengier *tr.* et *intr.* *T* 9395 **mengier** inf.; *E* 7131
manju, *M Q* **menjuz,** *U* **menjue** indic. pr. 1, *T* 10473 **men-
jüent** 6; *T* 10687 **mengiez** impér. 5; *A* 3121 **manjut** subj. pr.
3; *T* 8894 **mengoient** indic. impf. 6; *T* 9793 **mengera** fut. 3,
T 9295 **mengerez** 5; *T* 10469 **menjeroie** condit. 1; *T* 8525
menjasse, *E* 12297 **manjasse,** *L* 3137 **mangase** subj. impf.
1; *T* 13306 **mengié** pp. — L'infinitif est fréquent dans des cas
où nous emploierions plus volontiers un autre mot: *T* 9398
**molt nos estuet ainz chevalchier Que nos puissons trover hostel
Ne a mengier ne un ne el** il nous faudra chevaucher pas mal
de temps encore avant de pouvoir trouver un lit et un repas
bon ou mauvais; et l'infinitif substantivé, précédé ou non de
l'article, alterne avec l'infinitif proprement dit: *T* 10449 **por che
sui del mengier levez** je me suis levé de table, *T* 8851 **cil
qui laiens sont al mengier** ceux qui sont à table (ou en train
de manger), *T* 9728 **li mengiers ne m'a rien cousté** le repas
ne m'a rien coûté, *T* 9447 **si fu li mengiers aprestez** on pré-
para le repas. Voir un exemple de l'infinitif substantivé non
précédé de l'article *T* 9781. Il faut dire que dans tous ces exemples
sans exception on pourrait même aujourd'hui employer le vb.
manger, mais dans une langue qui n'aurait pas tout à fait la
dignité de celle de nos romans: on le remarque davantage encore
quand l'inf. substantivé est précédé d'un adjectif possessif: **toz
est pres vostre mengiers** disait-on au roi pour annoncer que
le repas était servi ou qu'on était prêt à le servir, *T* 3321, 8519,
E 12291, *A* 3115; aujourd'hui c'est un tour de la langue popu-
laire ou très familière : «ici on peut apporter son manger»
(guinguettes de la banlieue parisienne).

mangonel *s. m.* *E* 5661, 5749 mangonneau, machine à lancer des projectiles contre une place assiégée, mentionnée *E* 455 à côté des *perrieres* qui lancent des projectiles plus gros.

manicle *s. f.* partie de l'armure qui protège l'avant-bras et la main: *T* 3961 **tres le coute dusqu'a la main La — li deslacha;** *A* 561 **les menicles formant li cost** montre que les «manicles» se prêtaient non seulement à être lacées mais aussi à être cousues.

manier, menier *adj.* *E* 1457 **con cil qui sont manier d'armes** en gens qui sont habiles aux armes, *A* 1524 il se fist isnelemant Armer a deus suens escuiers **Qui molt an estoient meniers** qui s'y entendaient parfaitement, *T* 7132 **tel feme i a qui est maniere D'amer home por ses grans dons** il y a telle femme qui est bien exercée à aimer un homme pour les beaux dons qu'elle en retire, *T* 6590 **com s'ele fust toz jors maniere De son cors a dolor atraire** comme si elle était coutumière de traiter durement son corps. Cet adjectif est à l'origine du substantif *manière*: l'exemple suivant, *T* 4099-4100, montre bien comment on est passé de l'un à l'autre: **l'une** (de deux «ymages») **ert maniere De harper et par grant maniere Tenoit le harpe devant soi** l'une était *habile* à harper et elle tenait sa harpe devant elle avec une parfaite aisance.

maniere *s. f.* *T* 14904 **tote li dïent le** — on lui raconte toute l'histoire, *T* 14354 **bien savoit toute la — D'unes letres que il trova** il savait tout ce qui se rapportait à une lettre qu'il trouvait, *E* 2566 **les braz ot fait a sa — Trop bien** il eut les bras très bien faits pour un nain, *T* 14613 **trop ert bien fais de sa** — (le petit chevalier) était très bien fait pour un homme de sa taille, *T* 14443 **ainc n'avoit veü en sa vie Ausi biax pres de lor** — il n'a jamais de sa vie vu des prés aussi beaux (de la manière dont des prés peuvent être beaux), *T* 13450 **de l'espee la —** tout ce qui se rapporte à l'histoire de l'épée, *T* 14096 **lor a dite la — Come il perdi ... les grans merveilles a oïr** il leur a raconté comment il a manqué d'entendre le récit des merveilles; *T* 13180 une bière **Qui longue estoit de grant —** qui était extraordinairement longue, *T* 2308 **une embasteüre legiere, Qui peu pesoit de grant —** un bât léger qui pesait extrêmement peu, *T* 4590 **de grant — Desirrans d'... a lui joindre** il avait une grande envie de jouter avec lui; *T* 11136 **molt erent de foible — Ambedui** tous deux se sentaient extrêmement faibles.

manoir [1] *intr.* habiter, demeurer, *T* 132 **cil Diex qui maint la sus** ce Dieu qui habite là-haut, fig. *T* 6582 **qui après ami remaint Toute sa vie en dolour maint** qui survit à un ami passe toute sa vie dans la douleur; p. pr. **manant** employé substantivement *T* 3032 **ces qui ens erent** — ceux qui étaient des habitants de l'endroit, pris adjectivement *T* 178 **or mercions Dieu le —** remercions Dieu le puissant, *E* 5544 **menant** puissante (en parlant d'une cité). — De ce verbe il nous reste seulement le p. pr. devenu subst. *manant*, homme grossier et sans manières.

manoir [2] *s. m.* demeure seigneuriale dans la campagne, *E* 2680 **une seule nuit ne gerra A un** — il ne passera pas une seule nuit dans la maison d'un seigneur, *E* 3052 **s'il peüst Trover — o il eüst La nuit recet** (il chercherait) s'il pourrait trouver une maison de seigneur où on le logeât pour la nuit (cf. *U* **trover hostel ou il gieüst**), *T* 8048 (tous de partout se précipitent pour voir Carados guéri, pas un seul n'ose demeurer) **n'a borc, n'a vile, n'a —, N'en chastel, ne en fremeté,** *E* 2101 **a son recet et son menoir.**

manois, menois *adv.* immédiatement, sur-le-champ, sens qui est parfois difficile à distinguer de celui de «vite», «rapidement», *T* 223, 745, 941, 1200, 1315, 9138, 14323, 15208, *E* 799.

manovrer *tr. M* 17671 fabriquer.

mantel *s. m.* fr. mod. manteau, *E* 12118 **de sa chape l'ont desfublé, Un mantel li ont afublé,** voilà qui marque bien la différence entre les deux mots: la *chape* est un manteau utilitaire qui vous protège contre le froid et la pluie, et on le prendra par exemple pour aller à la chasse, ce qui est le cas de Caradoc ici; le *mantel* est un vêtement très habillé, toujours fait d'une riche étoffe; ce serait une erreur de croire qu'on ne le porte jamais en voyage: quand il s'agit d'un message à fournir (*E* 30), de telle autre mission toute pacifique (*T* 12806), ou simplement d'aller au devant du roi (*E* 808), le cavalier a son mantel sur lui, quitte à l'enlever si la chaleur devient trop forte (*E* 8066). Il est bien entendu qu'il ne s'agit ici que de gens appartenant à la classe noble, hommes ou femmes, chevaliers ou «valets». Le mantel fait partie intégrante du costume de cérémonie. Pour le roi et tous ceux qui l'entourent, soit la foule des vassaux un jour de grande fête, soit quelques compagnons en des heures de repos (*A* 6430), le port du mantel est obligatoire: si la reine, dans sa hâte d'aller prendre sa part des bonnes nouvelles qui viennent de Gauvain, oublie de revêtir son mantel et si ses dames, pour ne pas mettre leur suzeraine dans une position gênante, jettent le leur à terre, l'auteur note curieusement ce manquement à l'étiquette, on sent qu'il pardonne avec un sourire en faveur du motif, mais enfin la règle n'a pas été observée et la postérité doit tout de même le savoir (*T* 112, 115, 119). Dans la scène où Keu se querelle avec un nain hargneux au sujet d'un paon qui rôtit sur la broche, le maître de la maison apparaît subitement, certes vêtu avec élégance, mais sans mantel: on pourrait supposer qu'étant seul avec ses serviteurs dans une maison de campagne écartée, il avait le droit de se mettre à son aise, pourtant *T* 9323 remarque qu'il était «défublé» comme une chose digne de notre attention. Est-ce un reproche? Il y a peut-être une autre explication que nous verrons plus loin. Ce maître de maison est un roi selon *T* 9242, le roi de Meliolant, mais n'en concluons pas que l'obligation du mantel ne s'applique qu'aux cours royales: on la retrouve partout, dans toutes les maisons seigneuriales et jusque dans les pavillons qu'on dresse dans de beaux coins de campagne: dans un de ces pavillons une pucelle reçoit la visite de Gauvain, elle en sera très contente, mais pas avant d'avoir vérifié l'identité de son visiteur: elle lui demande donc de se désarmer pour qu'elle puisse comparer son visage et sa contenance à un portrait de lui qu'une de ses femmes a brodé sur une tapisserie, et elle se retire discrètement; quand elle revient il n'a pas seulement enlevé son armure, il a déjà revêtu un mantel apparemment placé là bien en vue pour cet usage. Gauvain n'est pas en ce moment un guerrier en quête d'aventures violentes, ni même un convalescent prenant l'air sur son cheval et obligé tout de même de rester sur ses gardes, c'est un homme du monde qui

sait les usages (*E* 6316). Ailleurs (*T* 10572) le frère de cette
même jeune fille est en train de se faire désarmer dans un verger
qui avoisine son château lorsqu'il apprend la présence dans la
grande salle de son ennemi mortel Gauvain, il est si pressé
d'aller le rejoindre qu'écartant ceux qui le désarment et traînant
derrière lui une chausse de fer à moitié délacée, il s'élance vers
sa maison, non toutefois sans qu'on ait le temps de lui jeter un
mantel sur les épaules: il se présentera ainsi devant Artur et ses
compagnons dans une tenue qui témoignera du moins d'un désir
de correction, et le mantel flottant au vent fera passer la chausse.
— Quand un chevalier voyage armé de pied en cap et qu'il
arrive vers le soir à une maison seigneuriale à laquelle il demande
l'hospitalité, la première chose qu'on fait c'est de le désarmer et
de lui passer un mantel: *T* 13155, *E* 4072. — Gauvain a vaincu
un chevalier qui l'avait défié et sur la prière de l'amie de ce
chevalier il l'épargne, sur quoi on les désarme tous deux, on leur
met un mantel au col et vainqueur et vaincu, la dame entre eux,
s'assoient sur un lit prêts pour le bon repas qu'on va leur servir
bientôt (*E* 3289). Il faut bien noter en effet qu'on ne quittait
pas le mantel même pour se mettre à table (cf. *T* 3307, 3332,
3384-85, 3467, 3475, 3572-79). — Dans cette société féodale si
courtoise, selon nos romans, si respectueuse des conventions
mondaines y a-t-il des cas où le mantel n'est pas de mise? Il y
en a. Ce vêtement qui est une parure ne convient que dans les
moments de loisir, et de loisir entendu au sens le plus étroit.
Dès qu'on prend part à une activité quelconque, qui ne soit pas
de pure parade, mission à remplir, service à assurer, besogne
à mener à fin, intervention à soutenir, même si les gens qui nous
entourent évoluent autour de nous drapés dans leur mantel,
il faut enlever le sien. Le «valet» qui apporte un message de
Gauvain a gardé son manteau sur lui pendant toute sa chevau-
chée, mais dès qu'il approche du roi, il confie le brillant vête-
ment à un nain de la cour, et «défublé» s'acquitte de sa mission
(*E* 30-32). — On est à la Pentecôte, la fête, où le roi a «porté
corone», est grande, tous les chevaliers sont rassemblés dans la
grande salle, assis à table et attendant le festin. Keu paraît,
il vient annoncer au roi que tout est prêt pour le repas: une
baguette à la main et vêtu magnifiquement il fait une belle
figure, mais il est «**toz desfublez, em pur le cors**» (*T* 3310).
Pourquoi cette exception, alors que tous les convives, comme il
est de règle, portent leur mantel? C'est que Keu dans la cir-
constance n'est pas un convive ordinaire: de par sa charge de
sénéchal c'est lui qui sert les autres (cf. *T* 9683-86) ou qui dirige
le service: il est donc en ce moment dans l'exercice de ses hautes
fonctions: pas de mantel. Dans la même salle, alors que le festin
n'a pas encore commencé entre un chevalier qui, fort de son
talent de magicien, vient jeter un redoutable défi aux barons
d'Artur: personne n'ose ou ne se soucie de le relever, sauf le
jeune Carados, adoubé de la veille: **si se desfuble a grant
esploit Et jecte a terre son mantel** (*T* 3384-5), tout prêt à
trancher la tête de l'enchanteur qui la lui offre à charge de
revanche; il est certain qu'il n'en sera que plus dégagé dans ses
mouvements, mais sa principale raison c'est que le voilà dans
une aventure qui demande un déploiement de courage et d'éner-
gie: le vêtement de parade est donc doublement de trop. —
Gauvain livre un dur combat au Guiromelant. Clarissant, sa
sœur et la fiancée de son adversaire, dans son angoisse court

au roi pour le supplier d'intervenir; sur son refus elle tente un coup hardi, **devant si grant assamblee S'en ala tote desfublee** (*T* 1034) et se précipite entre les combattants; elle a jeté son mantel, au risque de scandaliser les spectateurs, parce qu'elle n'est plus une spectatrice elle-même, elle prend part à l'action et c'est ce que signifie son geste. Le mantel n'est pas fait pour les scènes violentes. — Dans la salle où Keu s'est pris de querelle avec un nain de la maison, qu'il finit par frapper durement, entre soudain le roi Meliolant. Il est «défublé» (*T* 9323). Pourquoi ce détail? Il semble que l'intention en soit humoristique. Le roi a certainement entendu l'altercation, et s'il accourt c'est pour rendre à chacun son dû, et en effet d'un mouvement rapide il saisit le paon, objet du bruyant litige, et l'abat de toute sa force sur la nuque du sénéchal qui s'écroule dans une pluie de graisse: «Levez-vous, sire Keu, vous avez eu votre part» et le rôti échoit aux deux lévriers. Keu n'a que ce qu'il mérite, mais on avouera qu'un mantel n'avait que faire dans cette bagarre comique: le roi l'avait bien compris et ne s'était pas pour rien «défublé» d'avance. — Artur et l'élite de ses chevaliers campent devant le Château Orgueilleux, chaque jour a lieu un combat singulier entre un des compagnons du roi et un des gens du château. Le tour de Gauvain est venu (*T* 12073 ss.), il s'installe pour s'armer sur un tapis étendu sur l'herbe qui jonche le pavillon; autour de lui les compagnons: «bien vos puis dire et afficher Qu'el paveillon n'ot chevalier **Ne soit en estant desfublez Devant lui** tant qu'il soit armez De toutes armes par loisir.» Tous ont déjà entendu la messe, et puis ont déjeuné; jusque-là ils avaient certainement leur mantel sur eux, mais s'ils entourent Gauvain maintenant, c'est sans le moindre doute qu'ils veulent l'aider (ce n'est pas une petite affaire que d'équiper un chevalier pour le combat); ils se considèrent tous comme étant «de service» et aux ordres de Gavain tant qu'il ne sera pas monté à cheval. Le mantel ne connaît pas de préoccupations de ce genre. — En somme il ne faut pas voir, du moins en premier lieu, dans cette obligation ou cette nécessité d'enlever le mantel une sorte d'hommage rendu à une personne de haut rang, comme qui dirait un coup de chapeau d'aujourd'hui (ou d'hier). S'il en était ainsi, nul, le roi présent, ne porterait de manteau à la cour d'Artur, alors qu'au contraire dans les circonstances ordinaires le manteau flotte sur toutes les épaules. Un messager qui arrive de l'extérieur enlève son manteau devant le roi pour bien établir qu'il n'est pas là en spectateur désœuvré comme les autres, mais en homme qui a des nouvelles importantes à transmettre au roi. Il est possible toutefois qu'une nuance de respect déférent pour un supérieur ait fini en de certaines occasions par s'attacher à ce rite du manteau (voir p. ex. *Guillaume de Dole*, éd. R. Lejeune, v. 5264, et P. Meyer, Introduction de l'*Escoufle*, p. xviii, n. 1, ainsi que les vers 7362-63 du texte). Dans nos textes nous n'avons pas trouvé d'exemple net de cet infléchissement de l'ancienne coutume, ancienne car elle ne date pas seulement du xiiie siècle. Elle est déjà observée dans la seconde moitié du xiie siècle: dans le *Conte du Graal*, Perceval, le jeune innocent, s'approche du château de Gornemant de Goort, le prudhomme, qui l'a vu venir, attend sur le pont-levis cet hôte inattendu, «et aprés lui furent vaslet Dui, *tot desafublé* venu (v. 1358-59); ils n'ont pas de manteau: pourquoi? C'est qu'ils sont là pour servir l'étranger, et en effet

l'un d'eux prend son cheval et l'autre le désarme (v. 1420-22);
plus tard un troisième valet accourra lui apporter un mantel
(v. 1553-54). Bien avant Chrétien, la *Chanson de Roland* nous
apporte elle aussi son témoignage: Ganelon, ambassadeur de
Charles, est sous la conduite de Blancandrin arrivé auprès du
roi Marsile; son orgueil réel ou feint lui vaut une réception
peu amicale, puis, les choses s'arrangent, l'ambassadeur va enfin
être en état de transmettre au roi sarrasin le message dont l'a
chargé l'empereur: à ce moment précis que fait-il? **Afublez est
d'un mantel sabelin**, Ki fut cuvert d'un palie alexandrin.
Getet le a tere, sil receit Blancandrin (éd. Bédier, v. 462-64).
Voilà qui confirme assez nettement ce que nous venons d'avancer.
— Pour terminer disons que le mantel haussé par derrière et
ramené sur la tête de façon à cacher le visage est un signe de
grande douleur ou d'angoisse profonde. A sa seconde visite dans
le château du Graal, Gauvain à la fin du repas voit disparaître
d'un seul coup tous les convives comme s'ils n'avaient jamais
été là; resté seul, effrayé et inquiet, **de son mantel la chiere
coevre**... Fu molt penssis et angoisseus (*M* 17382-84). Ailleurs
le roi Artur qui croit voir le Riche Soudoyer emmener Gauvain
prisonnier au Château Orgueilleux, désespéré «s'an vet sus un
lit gesir; **De son mantel son chief covri**, Ainz mes hom ne fu
si marri» (*E* 16485). Ce geste qui nous surprend un peu est
expliqué comme suit dans un roman contemporain: **s'a son
mantel mis sur son chief**; Veoir la joie lui est grief (*Gale-
ran*, éd. Foulet, v. 7059). Enfin là aussi nous avons le témoi-
gnage de *Roland*: Charlemagne qu'un mauvais rêve afflige et
inquiète **suz sun mantel en fait la cuntenance** (éd. Bédier,
v. 830] «sous son manteau il cache son angoisse» traduit juste-
ment J. Bédier (voir sa note sur le v. 830 à la p. 208 de ses
Commentaires).

manti *adj.* qui ment, *A* 5082 **lors dist messire Bran de Liz
Que vilains, mes il fu mantiz,** (Que fil a putain le clama) alors
messire B. a parlé comme un mauvais rustre — mais il n'a pas
dit la vérité — en traitant l'enfant de sa sœur de fils de putain.

mar *adv.* 1. avec un prétérit: *T* 2838 **mar le veïstes onques
nee Car** por li morir vos covient c'est pour votre malheur
que vous l'avez vue (ne fût-ce qu'un moment de sa vie), car
vous allez mourir pour elle, *T* 14214 **tant mar fu quant il
n'est vis** ç'a été un grand malheur qu'il ne soit plus vivant
(nous préférerions aujourd'hui: *c'est* un grand malheur); de même
T 14332. Parfois le prétérit empiète sur l'avenir: *A* 3464 **c'est
la guerre qu'il mar vit** c'est la guerre (dont on dira plus tard)
qu'il l'a vue pour son malheur, c'est une guerre qu'il aura vue
pour son malheur. — 2. Avec un futur, particulièrement du vb.
douter: *T* 2260 **ne ja de ce mar douterez** n'allez pas vous don-
ner le tort d'en douter, vous aurez tort d'en douter; de même *T*
12586, 13386, *E* 2482. — 3. Avec le subjonctif: *T* 3755 **mar
l'aie je tant amee** lit. qu'il soit dit que c'est en vain que je
l'ai tant aimee, ç'aura été en vain que je l'ai tant aimée, de même
T 6830 (voir *Aucassin et Nicolette*, éd. Roques, Glossaire, s. v.
mar.). — *A* 884 **ja mar soit tant forz ne tant dure** ne présente
pas un sens net, *S* et *P* donnent pour ce vers **ja tant ne soit
ne forz ne dure.**

marbrin *adj.* *T* 14142 **fenestre marbrine** dont l'encadrement
est de marbre.

marc *s. m.* poids d'une demi-livre ou 8 onces d'or ou d'argent; on se sert de cette unité comme d'une monnaie de compte, *T* 13192 el mains pesant (des 4 chandeliers) ot **cent mars d'or**.

marche *s. f. T* 3282, *E* 6955 territoire qui fait la frontière, comme p. ex. entre l'Angleterre et le pays de Galles.

marcheïz *s. m. E* 13329 traces laissées dans un herbage par une troupe de chevaux qui l'ont piétiné.

marchier ¹ *tr. R* 1240 marquer.

marchier ² *tr. E* 13327 piétiner (en parlant d'herbe foulée par des chevaux), *intr. T* 10508 mettre le pied sur, marcher sur. Nous n'avons plus que le sens intransitif, mais d'un emploi beaucoup plus étendu qu'au moyen âge.

marchois *s. m. E* 11987 marais.

marcis *s. m.* fr. mod. marquis, *L* 9171 gouverneur d'une province frontière. Les «marquis» ne sont mentionnés nulle part ailleurs dans nos textes.

marement, mariment *s. m. L* 18, *R* 34 manifestation violente de chagrin.

mareschal *s. m. T* 1246 serviteur dans une grande maison chargé de prendre soin des chevaux et de les nourrir; notre *maréchal* ou *maréchal-ferrant* d'aujourd'hui est un artisan qui en général s'occupe uniquement de les ferrer.

marir *intr.* mot favori du moyen âge qui s'applique, ou peut s'appliquer, à toute la gamme des sentiments de déplaisir depuis «léger ennui» jusqu'à «accès de fureur»: le contexte seul indique la nuance juste: *L* 5432 s'en afflige, *A* 3511 s'indigne, *T* 14624 **n'i ot par sanblant que** — à le voir on juge que l'indignation le possède tout entier, *T* 14654 s'échauffe, s'emporte, *T* 12279 **ne vos devez a moi** — il ne faut pas vous irriter contre moi; le pp. à valeur d'adj. est très fréquent: *T* 13773 peiné, *T* 11434 un peu ennuyé, mortifié, *T* 12250 ennuyé, agacé, *T* 14827, 15038 indigné, *L* 4713, 4944, *A* 6310 irrité, furieux, *T* 14583 bouleversé et furieux, *T* 9324 en colère, *T* 10130, 10914 dans une colère violente. Ce verbe, qui exprimait trop de nuances voisines et pourtant distinctes, n'a pas duré: il n'en reste aujourd'hui qu'un emploi bien vieilli du pp. *marri*, un peu confus et repentant.

marois *s. m. T* 1493 marais.

martyre *s. m. T* 7572 **il soffrist por moi tel** — il a souffert de mon fait de tels tourments, *E* 3411 **je suis cil Qui li anchargé ce martire** c'est moi qui lui ai imposé cette dure souffrance; dans ces deux cas le mot *martyre* pourrait être conservé aujourd'hui, il ne le pourrait pas dans la phrase suivante: *T* 6508 **il rois en maine grant** — qui semble calquée sur «mener grant doel», voir **mener**.

mat *s. m.* terme du jeu d'échecs employé au fig., *T* 7804 **par le barat Son pere qui si l'ot fait** — par la traîtrise de son père qui l'eut réduit à un tel état de faiblesse; *E* 927 **sanz faille il s'an alassent tuit Conme gent mate et desconfite** sans le moindre doute ils seraient partis en gens découragés et vaincus (par les circonstances).

mater *tr.* *T* 9207 **li chaus ot le roi ... maté** la chaleur avait abattu le roi. Voir **mat.**

matin *s. m.*, noter l'expression **a le matin** *T* 11276 qui renferme un étrange barbarisme (*a le* au lieu de *au*), probablement d'origine dialectale, mais qui néanmoins est pleinement accepté par la bonne langue du xiiie s., car il n'est pas rare jusque dans les textes les plus châtiés. Du reste la forme *au matin*, *al matin* est tout de même de beaucoup la plus fréquente: en voir des exemples *T* 11960, 13524, 15193, et cf. la note au vers *T* 11276, t. I, p. 434.

matinet *s. m.* diminutif de *matin*, *T* 3146, 7421, 9147, 12599 **au matinet** au petit matin, au petit jour.

matire, **matyre**, **matere** *s. f.* cause, occasion, sujet *T* 88, 91, 8124; *T* 6020, 6034, *E* 5384, 5482 le sujet du roman, les faits qui constituent ce roman et s'imposent à l'auteur, le fonds dans lequel il puise (cf. *M Q U* 5482 plus n'an truis en *ma* matire).

maubre *s. m.* *E* 1055 marbre.

maufé, **malfé** *s. m.* *E* 9945 **li maufez** les démons, *E* 9960 hideux scélérat (en parlant du serpent qui tourmente Carados); p. ext. pour désigner des gens dont on redoute l'activité *T* 3837, 4753.

maufere *intr.* *E* 5542 faire des dégâts (aux murs d'une place forte).

maumener *tr.* fr. mod. malmener, *E* 4320 mettre le pays en coupe réglée, le piller et ravager, *E* 4721 pp. mis en fâcheux état.

maumetre, voir **malmetre.**

mausené *adj.* *E* 3652 **si se tient molt a** — il considère qu'il a fait preuve de bien peu de sens; cf. *T* 1212.

mautalent *s. m.* sens général: mauvaise humeur, *T* 5442, *M* 17930 i mpatience et mauvaise humeur, *T* 5824 **son** — **li a meri** Gauvain lui a fait payer son mécontentement et sa mauvaise humeur, *T* 11128, 11131 ressentiment et rancune, *E* 5188 colère et mécontentement.

mauvestié, voir **malvaistié.**

mazerin *s. m.* *T* 1156 coupe, vase à boire, de bois veiné, semble-t-il.

medichine *s. f.* *T* 4227, 6439 médicaments, par opposition à l'emploi des herbes, des racines, des onguents et des formules magiques.

medire, **mesdire** *intr.* *T* 9337, Keu parlant du nain du roi de Meliolant emploie des termes injurieux, et le roi lui dit: «Je vos oi medire»; il ne semble pas que le mot ait ici la nuance du *médire* d'aujourd'hui (dire de quelqu'un par méchanceté des choses désagréables, mais reposant sur des faits réels): ce sens de *médire* est maintenu, ou a été longtemps maintenu, par le catéchisme

qui distingue soigneusement entre *médisance* et *calomnie,* mais
le mot est très littéraire; la langue courante n'emploie que *dire
du mal* qui ne pose pas la question du vrai ou du faux. Au
XIIIᵉ s. *medire* était un mot très courant: il faudrait alors com-
prendre ici: «Keu, vous voilà bien avec votre mauvaise langue».
De même *T* 12795, *L* 3753.

mehaignier *tr. T* 1282 estropier, *E* 4192 **por veoir conmant
il mehaignent Ceus qui passent an despit d'eus** comme
ils arrangent ceux qui veulent passer malgré eux, le verbe est
en effet de sens plus général que le substantif, on arrive à l'em-
ployer pour tout mal physique quelconque, *T* 3622 **si ne vos
doi pas conseillier D'ocirre la ne mahaignier** de la tuer ou
de lui faire du mal.

mehaing *s. m. E* 5982 **sanz bleceüre et sanz —,** le mot indique
tout ce qui empêche le fonctionnement normal du corps et de
tous ses membres: un homme «mehaignié» est un estropié, un
infirme, un invalide.

mellee *s. f. E* 2422 querelle; *T* 3876, 3899, 5538, 5827, *E* 1544
combat à l'épée (entre adversaires quand, la lance brisée, ils
descendent de leur cheval ou en sont jetés bas), *E* 3212, cf.
E 3209 **sanz joste fere** sans monter à cheval.

membre *s. m. T* 9321 anneau d'une ceinture (dorée ou d'or).

membrer, voir **mambrer.**

menaie, menoie *s. f. E* 1625 cil ne se desfant ne muet, Ainz suefre
aust com an menaie comme s'il était complètement au pou-
voir (de son adversaire), *E* 2928 **an vostre dangier Suis toz,
et an vostre menoie** je suis entre vos mains et en votre pou-
voir. Voir encore *T* 6811 **manaie.**

menant, voir **manoir** ¹.

mençoigne *s. f. T* 12787 mensonge; noter le genre.

menee *s. f. T* 3573 sonnerie de trompette immédiatement avant
le repas afin d'annoncer qu'on donne l'eau pour se laver les
mains.

mener *tr.,* dans tous les exemples recueillis la 3ᵉ pers. sing. et
pluriel est invariablement de la forme *maine T* 249, 4034, 6463,
6508, 12619, 14281 et *mainnent T* 7499. — Synonyme de *con-
duire: T* 249 **li vallés les maine et conduit,** *T* 606 **cil qui les
conduist et maine,** *T* 12619 **tout adés le conduist et maine,** *T*
12983, 13020; manifester ouvertement des sentiments tels que
joie *T* 6184, 6463, 15013, chagrin (*doel*) 4034, tourment (*martyre*)
T 6508, douleur (*dolor*) *T* 7499 **grant dolor mainnent entr'aus
deus Tant que bien font oïr lor deus** ils manifestent l'un et
l'autre une telle douleur qu'ils font entendre leur chagrin tout
autour d'eux, de même *T* 14281; mener un bruit *T* 4161; mener
une œuvre *T* 3900 la conduire à bonne fin, se mettre à la besogne
de grand cœur; mener qqn dans un combat *T* 5853 le serrer de
près, ne lui donner aucun répit; mener un écu *T* 3903 le frapper
à coups redoublés (dans un combat). L'adverbe *en* n'est pas
encore réduit au rôle d'un simple préfixe du verbe *mener* (fr.
mod. emmener): *T* 11414 **quant voit que il en est menez,** *T*

11699 einsi gabant l'en ont mené. — Le vb. *mener* a conservé jusqu'à nos jours la plupart de ses emplois médiévaux, pourtant au sens de «manifester des sentiments» il a restreint son champ.

menestrel, menesterel *s. m. T* 11740 artisan et en général tous ceux qui ont un métier manuel, *T* 14843 ceux qui vendent au marché viande, poisson, gibier et venaison; *A* 604 musiciens et chanteurs professionnels qui participent aux fêtes et figurent dans les cortèges; le mot est déjà employé dans un sens péjoratif: *T* 10102 **quels menestereus estes vous?** quel individu de bas étage êtes-vous?

menoier, manoier *tr. A* 9084 tâter, manier.

menor *adj.* comparatif de *petit, T* 14530 **del — paveillon issi** il sortit du plus petit des deux pavillons; de même *P* 8690.

menreté *s. f.* dérivé de *menre* cas sujet de *menor, T* 8001 **et por la — du bras** à cause de la dimension réduite, du rétrécissement du bras. Le mot ne semble pas avoir été signalé; *T* et *V* sont les seuls qui l'emploient, et sont aussi les seuls qui affirment que la partie du bras où s'était attaché le serpent est moins grosse que le reste; les autres mss *M* 11576-79, *A* 2857-58, *L* 2871-72 s'accordent à dire que le bras qui a souffert est plus gros que l'autre.

mentir *intr. T* 8287 **assez tost en mentiroit** serait tenu pour un menteur, *T* 4280 **mais soit ore seürement Que li eürs point ne li ment** mais qu'il soit bien établi maintenant que la chance ne lui fait pas défaut, ne lui manque pas.

menu *adj. T* 13149 **la gens menue,** *T* 14834 si voit totes plaines les rues De **borjois et de gens menues,** «la gent menue» et les «gens menues» sont ce que nous appellerions «les petites gens», «le petit peuple».

menuier *adj.* habile, souple (voir **manier** adj.), *R* 868 **por ce q'amors n'eüst les des Plus menuiers que parentés** lit. à condition qu'amour n'eût pas les dés plus souples que parenté, c' à d. ne fût pas plus habile que parenté à manier les dés (pour faire tourner la chance d'un côté ou de l'autre): Clarissent aime Guiromelant et elle est la sœur de Gauvain.

merc *s. m. T* 2782, 9376, *E* 6404, 13160 marque, signe; noter le genre

merci, merchi *s. f.* expression de reconnaissance pour une faveur accordée ou que vous priez qu'on vous accorde *T* 11684, 12859, 15223, la faveur elle-même *T* 13472; *T* 3027 **la fains les fist a force rendre En — fors de la cité** la faim les obligea à quitter la cité et à se rendre à merci.

merir *tr. T* 8791 se je laissoie par pereche **Les biax services a — Mes preudomes** si je négligeais de revaloir à mes prud'-hommes les beaux services qu'ils me font, de même *T* 4757, 6585; *T* 5824 Et Gavain aprés referi, **Son mautalent li a meri** il frappa Gauvain de nouveau, il lui fait payer sa mauvaise humeur; *E* 3284 **li soverains rois le vos mire** (subj. pr. 3) que le souverain roi vous en récompense!

merite *s. f. E* 1817 car bien saichiez, **je ne lairoie Ne vos ran-**

disse les merites sachez le bien, je ne pourrais m'abstenir de vous rendre ce que vous avez mérité, ce qui vous est dû.

merveille *s. f.* pris adverbialement, d'où l'*s* qui termine le mot dans nos exemples, *T* 242, 3313 étonnamment, *T* 4884 **a** — merveilleusement, *T* 11813 **a** — avec émerveillement.

mes[1] *s. m.* messager *T* 7, 10, 6084, 6106, 6712, 6778, 6961, 6978, 7208; ce mot alterne avec deux autres mots de même sens, **message** *T* 99, 717, 774, 6703, 6974 et **messagier** *T* 4, 142, 728, 6765, 6796, 7107. Il est clair que l'auteur de la version *T* ne fait aucune différence de signification entre ces trois mots et qu'il les place dans le vers au gré de sa commodité: voir particulièrement 3 vers successifs où la même personne est appelée tantôt *messagier* 6701, tantôt *mes* 6702, tantôt *message* 6703. *Message* a un second sens «nouvelle ou communication quelconque portée par un tiers à un destinataire»; nous n'avons trouvé dans *T* qu'un exemple assuré de ce sens (12865), c'est pourtant le seul qui se soit conservé en fr. mod. et qui d'autre part ait passé dans l'anglais (*message*), lequel nous a également emprunté *messagier* (*messenger*); *mes* ayant trop d'homonymes de sens différents a disparu totalement, et l'anglais ne le connaît pas davantage.

mes[2] *s. m.* fr. mod. mets, *T* 9720 **le premerain** —, *T* 9685 **le suen mes** sa portion, cf. *E* 13489 **le premier mes** le premier plat, *T* 14024 veïssiez Hanas, colpes, et vins verser Desor les dois **et mes voler** (à l'annonce d'une très bonne nouvelle les convives quittent leur place en toute hâte, les hanaps répandent le vin sur les tables) et les plats volent de toute part. On voit que comme *plat* aujourd'hui *mes* signifie à la fois le contenu et le contenant.

mes[3] *conj.*, voir **mais**.

mes[4] *adj. poss.*, cas sujet sing., *T* 8800 qu'il [= chacun] en soit liez et joians **Et a toz jors mes bien weillans** que chacun soit joyeux et content et pour toujours *mon* fidèle reconnaissant (pour le *mon* cf. *mon* ami, *mon* ennemi et voir **malfaitour**). On peut du reste hésiter sur l'interprétation de *mes* ici. Cela peut être, comme nous venons de le supposer, un adj. poss. (que *bien weillans* semble requérir pour être parfaitement clair), mais on peut se demander aussi si nous n'aurions pas dans *mes* une graphie de *mais* destiné à compléter la locution *a toz jors* en lui donnant sa forme la plus fréquente *a toz jors mais*. Il semble qu'il faille sacrifier ou *mais* de *a toz jors mais* ou bien *mes* de *mes bien weillans*, car *mes* ne peut pas être pris dans les deux sens en même temps. Les copistes de nos mss ont bien vu la difficulté eux aussi. Et en effet si *E* 12572 redonne mot pour mot le texte de *T* 8800, *M* lit «Et toz jorz mes mes bien vueillanz»: façon ingénieuse de résoudre le problème, pourtant un *mes* redoublé est désagréable à l'oreille, et *Q* change *mes mes* en *mes mi*, après avoir changé *soit* en *soient* au vers précédent.

mesaaisier *intr. L* 5266 **il n'estoit pas mesaaisiés** il n'était pas privé de confort, il avait toutes ses aises.

mesantandre *tr. E* 5187 **si ne l'a pas mesantandue** il n'a pas interprété la nouvelle à faux, c' à d. la gravité de la situation ne lui a pas échappé.

mesavenir *intr.* *T* 11452 **trop me seroit mesavenu** ç'aurait été un trop grand malheur pour moi, *E* 1720 **se de lui mesavenoit** s'il lui arrivait qqch. (c' à d. s'il venait à être tué dans le combat qui se prépare).

mesaventure *s. f.* *T* 12357 **si grans** — un si triste changement de fortune, *E* 10254 **ma grant** — le grant malheur qui m'est arrivé.

mescheance *s. f.* *T* 184 **par mesqueance**, *T* 7379 **par mescheance** par malechance.

mescheoir *impers.* arriver du mal (à qqn), *T* 3765, 5222, 5223 **meschaï**, *E* 7659 **mescheï** prét. 3; *T* 3951 **meschaïst** impf. subj. 3; *T* 10510 **mescheü** pp. — *T* 3765 **mais a Cador trop meschaï, Que ses chevax sor lui chaï** Cador eut si peu de chance que son cheval s'abattit sur lui, fut assez malheureux pour que son cheval s'abattit sur lui; de même *T* 3951; *T* 5222 **et sovent par son hardement Li meschaï vilainement** et souvent à cause de sa hardiesse insolente il lui arriva des choses bien désagréables, *T* 10510 il ne lui est pas arrivé de réussir, il a manqué son but.

meschief *s. m.* *E* 2984 **ainçois me copez vos le chief Que m'anvoiez an tel meschief** coupez-moi plutôt la tête que de m'envoyer dans un endroit où m'attendrait un sort si périlleux.

meschin *s. m.* jeune homme, dit de Perceval *T* 5974 (cf. *E* 9554-55) qui est le «buen meschin», et d'Aalardin *E* 8864 qui est un «noble meschins». Sauf que *meschin* met l'accent sur la jeunesse de celui à qui on l'applique, il est difficile d'en indiquer la nuance précise. Disons seulement qu'il est moins fréquent dans l'usage que *meschine* et ne correspond pas exactement aux divers sens de ce mot.

meschine *s. f.* jeune fille, appliqué à Guinier *T* 3807, 3852, *E* 11826. Dans *E* 307 dames, **meschines** et pucelles, Jeunes, vielles, ledes et belles, peut-être faut-il voir dans le mot un synonyme plus commode pour le vers que «damoiselles» qui accompagne généralement «dames» et «pucelles» dans les énumérations de ce genre.

mescointe *adj.* qui n'est pas au courant, *T* 7553 **un petitet s'en fait** — elle prend un moment l'air de qqn qui ne comprend pas, *E* 11129 **nequedant fist an —-** (cf. *Q* **fist le —**) (la dame entend bien qu'il s'agit de Cador) mais elle fit celle qui ne comprend pas.

mesconoistre *tr.* ne pas reconnaître, *T* 2390, 11468 **ne l'a mie mesconneü** il l'a parfaitement reconnu. Le vb. *méconnaître* ne s'emploie plus aujourd'hui qu'au figuré.

mesconter *tr.* omettre (dans un compte), *E* 5462 **nes voil pas toutes** — je ne veux pas omettre de les mentionner toutes.

mescroire *tr.* *E* 2546 refuser de croire.

mesdisant p. pr. de *mesdire, medire* employé adjectivement, *E* 6813 dès l'âge de dix ans il était en mesure de parler correctement et bien.

mesdit *s. m. E* 8800 parole désagréable.

meserrer *intr. T* 6962 s'écarter du bon chemin, s'égarer; fig. *E* 7484 **meserré avez vers lou roi** vous avez mal agi envers le roi.

mesese *s. f. E* 2036 **sa** — ce bien désagréable contretemps qu'il lui faut subir.

mesestance *s. f. T* 3812, 6668, *E* 1630, *R* 1208 triste situation, état pénible où on se trouve.

mesfaire *intr.* sens général: faire du mal à qqn, *T* 5554 il a une merveilleuse joie de ce qu'ils ne se sont pas fait de mal l'un à l'autre (ce pourrait être aussi un emploi transitif), *T* 6216 **s'il plus li soffrist a** — s'il l'eût laissé libre de continuer le cours de ses méfaits, *T* 8085 jamais plus elle ne fit de tort au roi (son mari), *réfl. T* 5925 **et de tant com plus se mesfirent, De tant graindre joie se firent** et plus ils s'étaient fait de mal l'un à l'autre, plus ils se montrèrent de joie, *T* 4113 **selonc ce qu'il se fust mesfais** selon la gravité des fautes qu'il avait commises, *T* 6215 **vers Dieu se quidast** — il aurait cru pécher gravement envers Dieu, *T* 4123 **s'ele se feïst apeler Pucele, por qu'el fust mesfaite** si elle se faisait appeler «pucelle», bien qu'elle se fût mal conduite (il est difficile de décider si *mesfait* ici est un pp. d'un verbe réfléchi avec *se* sous-entendu, ou si c'est un simple adjectif). Voici un cas où nous avons sûrement le pp. employé adjectivement: *E* 3172 **adonc serai mesfet** alors je serai donc coupable (cf. *U* **a dont ci tel mesfet** y a-t-il donc là un si grand crime?).

mesfait, mesfet *s. m. T* 6373 méfait, *T* 2032 là où on lui a fait une indignité quand il était dans la tour avec la pucelle (allusion à un épisode du *Perceval* de Chrétien), *T* 8078 **ele l'en quite le mesfait** elle le tient quitte de sa faute, *E* 3182 **si n'est pas fort Mesfet** le crime n'est pas bien grand.

mesmener *tr. T* 156 malmener.

mesniee, voir **maisnie**.

mesprendre *intr.* se méprendre, *T* 2625 **et mesire Gavains lués sot, Quant dist «amie», qu'il mesprist** Gauvain sut immédiatement qu'en disant «amie» il avait fait une erreur; de même *T* 5416; *E* 3174 **ne cuidoie que de riens nee Mespreïsse** je ne pensais pas avoir commis une erreur quelconque.

mesprison *s. f. T* 1109, 8071, *E* 1877, 6744 erreur, faute plus ou moins grave, *T* 666 **sanz** — sans commettre la moindre erreur, *T* 1656 **ne weil faire** — je ne veux pas me trouver en faute, *T* 5413 **or ne vos soit pas mesprisons, Se ne vos di…** ne regardez pas cela comme une impolitesse si je ne vous dis pas…, *T* 5889 **tenu vos ert a** — on vous en blâmera, *E* 2953 **trop i a grant** — il y a là un outrage certain, *E* 6744 **ceste** — ce triste scandale, *T* 8071 **enclose ere En la tour por sa** — elle était enfermée dans la tour pour le grand tort dont elle s'était rendue coupable, *T* 1109 **si vilaine** — une insulte sanglante, *E* 2104 conmant? **Est de tel — La pucelle que vos me dites?** Comment? Est-elle d'une pareille insolence?

mestier *s. m.* toute activité réglée suivant une certaine tradition et une certaine méthode et ayant pour but de servir un individu ou une communauté: le plus haut métier est le service de Dieu: *E* 7102 il an alerent au mostier **Por oïr le devin** — le service divin. Puis vient le service d'un roi ou d'un haut seigneur: *T* 11278 Lucan le bouteiller demande au roi une faveur qui lui revient de droit, dit-il, en vertu de son «mestier», c' à d. de son office. Plus bas les métiers manuels, et le «Petit Chevalier», qui pourrait bien représenter ici le point de vue du monde féodal (et peut-être celui de l'auteur), les méprise souverainement: *T* 14696 tot cil a cui je faç bataille, Au chief de l'an que jes conquier, **Sont assis au plus vil** — **Certes, qui soit en tot le mont...** **tisseran sont** (même dure attitude à l'égard des «teilliers» dans *M* 18940). Voici qui s'applique probablement à tous les gens de métiers haut et bas et à tous les artisans: *E* 11758 (couronnement de Carados) **de toz mestiers et de toz arz I vienent por la cort servir.** Ironiquement, *T* 11696 **je vos reservirai D'autel** — je vous rendrai un jour la pareille. *Avoir* —, ou plus souvent *n'avoir* —, ne pas faire besoin, être inutile: *T* 206 **la** (pour présenter les mets à la table royale) **n'a** — **vilains ne fols, Car n'i eüst lieu de servir** il ne faut ni vilain ni fou, car il n'y trouverait pas l'occasion de servir. *Avoir* — *à qqn*, lui rendre service, lui être utile: *T* 3803 **n'a lui n'a li n'avoit** — il ne pouvait être d'aucune aide ni à lui-même ni à elle (cf. pour le même passage *E* 7697 **ne soi ne li ne puet aidier**). *Avoir* — *de* avoir besoin de: *E* 2138 **et cil qui ot De ce** — **que il li ot Requerre, li otroie** et lui qui avait bien besoin de ce qu'on le priait d'accepter, consentit.

mestre 1. *s. m.* fr. mod. maître, celui qui sait apprendre aux autres quelque chose qu'il sait: *E* 6812 homme chargé d'enseigner un enfant, ou 6826 un adolescent; *T* 14722 s'adont volez tisserans estre, **Nos vos en metrons a bon** — nous vous placerons auprès de qqn qui saura bien vous enseigner le métier. — 2. *adj.* principal: *E* 11874 **les mestres eglises** (cf. *M Q* **les meres yglises**), *A* 3384 el — **palés** la grande salle du château, par opposition à *palais* voulant dire «le château» lui-même (cf. *T* 8894 **par la sale aval**, *M* 12666 **par la sale au roi**), *A* 4314 **an la** — **sale** (cf. *T* 9701 **en la grant sale**) c'est la même chose que le «mestre palais», *L* 8466 **le** — **dois** (cf. *A* 8443 **le plus** — **dois**), *A* 8053 **le** — **chemin** (cf. *T* 13873, *U* 18109 **le grant chemin**). Voir **maistre**.

mestroier, voir **maistroier**.

mesure *s. f.* *E* 2577 ne cuit que carrier ne maçon Soit an cest païs qui seüst Tant d'uevre que il pas peüst **Taillier an iceste** — je doute qu'il se trouve dans ce pays carrier ni maçon assez habile pour le tailler [le nain] dans d'aussi justes proportions (cf. la leçon du seul autre ms. qui donne ce passage, *U* **taillier ausi laide figure**); *R* 869 à condition que les dés ne fussent pas maniés de façon à favoriser l'amour plutôt que la parenté et qu'ils ne fussent pas plombés mais bien carrés et taillés en de justes proportions; *L* 8412 trop li siet bien cis gambisons, **Par** — **li estoit lons** la longueur en était juste à sa mesure, à sa taille; *R* 1360 **par** — avec modération, modestement.

metre *tr.* *T* 5714 **a terre mis** jeté à terre, *E* 5620 **par force les ont mis anz** de vive force il les ont rejetés dans la cité, *A* 699 des qu'a tant nos an somes mis dès que nous en sommes venus jusque là, *T* 11243 **es murs, es tors, ne es querniax, Escu ne lance mis n'ara** aux murs, aux tours, aux créneaux il n'y aura écu ou lance suspendu, *E* 1759 **l'ostraige qu'il me met sus** la félonie qu'il m'impute, dont il m'accuse, *U* 17330 **sor les dois vont — premiers,** ce sont les *doubliers,* ou grandes nappes, nommés au vers précédent, qui sont *mis* sur les tables, mais *metre* peut-il à lui tout seul signifier «mettre une nappe»? Cela paraît douteux; *M* et *Q* remplacent les nappes par le vin et le pain, ce qui n'est guère vraisemblable dans le passage; *T V* 13258 donnent un texte à la fois correct pour la forme et acceptable pour le sens **si les estendent sor les dois,** mais *metre* n'y paraît pas; *réfl. T* 2005 **et andui se sont mis Del tot el roi** et tous deux s'en sont rapportés au roi, à la décision du roi.

meure, more *s. f. A* 7163 **d'une espée Avoit une mitié posee, Devers la more de desus** le sens du mot *more* n'est pas nettement déterminé, on le rend souvent par «tranchant de l'épée, fil de l'épée»; ici il semble qu'il s'agisse de la pointe acérée de l'épée: il y avait sur le samit qui recouvrait la bière une moitié d'épée, et cette moitié était celle de la partie supérieure, dans la direction de la pointe. D'après les variantes, qui sont nombreuses, les copistes semblent s'être heurtés ici à un passage obscur pour eux-mêmes. *P* nous paraît donner la meilleure leçon (voir variantes de *T* 13204), quoiqu'on puisse souhaiter d'y trouver *devers* plutôt que *devant.*

midi *s. m. T* 2062 **grant piece devant le —;** *T* 14436 **aprés tierce, devant midi;** une autre forme est probablement féminine *T* 11722 **ja puis que passe mïedis** (dérivé régulier d'un des 2 genres du latin *dies,* ou influence de *mïenuit*?).

mie *s. f.* mais très employé comme auxiliaire de la négation; le mot toutefois a encore gardé en partie son caractère de substantif, ce qui permet de lui donner à l'occasion un complément déterminatif qui dans les 2 phrases suivantes est remplacé par *en: T* 5677 **cest prisonier... Bien sachiez vos n'en menrez** — lit. ce prisonnier-là, sachez bien que vous n'en emmènerez pas une miette, c' à d. vous ne l'emmènerez pas du tout; de même *A* 461 **quant il vindrent au tref le roi... il n'an ont — trové.** Voici un emploi insolite du mot: (il s'agit du «petit chevalier») *M Q* 18862 **bien avoit par desor l'arçon Demi pié, et plus mie non** (cf. *U* demi un pié *et plus pas non*) il avait bien au-dessus de l'arçon un demi-pied de haut, et pas un pouce de plus; *plus mie non* et *plus pas non* montrent que pour les scribes de *M* et de *U mie* et *pas* étaient loin encore d'avoir pris une valeur négative; mais on se demande pourquoi ils n'ont pas songé à la solution de *T* 14616, *A* 8762, *L* 8816 **et plus non** moyennant une légère et facile modification du début du vers.

mieldre, miudre *adj.,* cas sujet de *meillor,* comparatif de *bon,* meilleur *T* 3636, 14992, 15268.

mil *nom de nombre,* originairement singulier et distingué de *mile* pluriel, mais dans nos textes cette distinction ne semble guère valoir: à une quarantaine de vers d'intervalle nous trouvons *T* 193 **trente mil** (devant consonne) et *T* 234 **trente mile** (: la vile). *Mil* est beaucoup plus rare que son synonyme *mile*:

l'exemple ci-dessus est le seul que nous ayons relevé; pour *mile* voir *T* 235, 11247, 11432, 11927, 12508. Notons un exemple de *millier* qui est un substantif et prend le cas échéant la marque du pluriel, alors que *mil* et *mile* sont invariables: *T* 570 **par conte en i ot trois milliers** (: chevaliers).

miparti pp. employé adjectivement, *T* 14207 cil avoit un porpoint vestu **D'un chier samit a or batu Et d'un sciglaton** —, le pourpoint est donc fait de 2 étoffes ajustées par moitié l'une à l'autre.

mire[1] *s. m. T* 2428 médecin.

mire[2], voir **merir.**

misericors *adj. T* 7728 miséricordieux.

mitié *s. f.* fr. mod. moitié, *A* 3036, 7162, *T* 13203 (**moitié**), *T* 2328 (**moitiez**).

mitre *s. f. T* 8134 **et Carados en fist ses noces, S'i ot assez mitres et croches** (de même *T* 2022) il y eut aux noces un grand nombre de mitres et de crosses, c' à d. d'évêques.

moiauf, moieu *s. m. E* 2553 jaune (d'œuf).

moie *pron. poss.* fém. de la 1re pers. du sing., *E* 1810 **qu'elle soit — et je ses sire** qu'elle soit à moi, et que moi je sois son mari, *T* 1007 **il m'a otroïe s'amour Et je lui autresi la** — il m'a accordé son amour et moi aussi je lui ai accordé le mien; *adj. poss. T* 6552 **la — fois En seroit envers vos doublee** ma foi envers vous en serait doublée.

moillier *s. f. T* 328 **n'ot talent de someillier Au jor qu'il** [Gauvain] **nasqui de moillier** elle ne songeait guère à sommeiller lorsqu'il naquit. C'est de la mère de Gauvain qu'on parle.

molt *adv.* beaucoup. Nous noterons seulement deux particularités de l'emploi de ce mot: 1. *Molt* se met non seulement devant *bien*, ce qui va de soi, mais aussi devant *tres bien*: *T* 6343 **[il] se quide molt tres bien desfendre.** — 2. Il est courant que *molt* retombe sur un adj., un adv. ou un vb. placé à une certaine distance de lui, p. ex. *T* 7038, mais il ne l'est pas qu'il aille retomber sur un adjectif complément d'une préposition: *T* 6853 (l'ermitage) **molt sist en un parfont boschage,** comment comprendre autrement que «l'ermitage est bâti dans un très épais bocage»? *T* 5759 **molt sist sor bon corant destrier:** ici aussi il est difficile de ne pas rapprocher *molt* de *bon* et comprendre «il est monté sur un très rapide coursier». Noter aussi *T* 12693 **molt i va contes et barons** il y va beaucoup de comtes et barons.

molu pp. du vb. *moudre* broyer, employé adjectivement au sens de «tranchant», «ajusté»; se dit particulièrement des armes et surtout de l'épée ou brand: *T* 3892, *E* 4395, 6516, 14702. Ce sens a disparu aujourd'hui du pp. *moulu*, mais il est à peu près conservé dans le composé *émoulu.*

mon *particule affirmative T* 4445, *E* 10746.

moncel *s. m.* fr. mod. monceau, *T* 4604 **abatu en un** — (cheval et cavalier) abattus en un tas.

monseigneur *s. m. U* 1088 **monseingneur Gauvain appele Girflet.** Ce «monseigneur» employé comme sujet serait assez insolite au xiiiᵉ s., mais le ms. *U* est du xivᵉ s. et *M* et *Q* donnent «mesire Gauvains».

mont[1] *s. m.* monde, *T* 14821 **le plus povre rien del —**, *T* 14992 **li miudres rois del —**, *T* 15228 **el — n'a si bon**, *T* 14697 **en tot le —**, *T* 14856 **par tot le —**; voir encore *T* 13966, 14400, 14852. *Monde* existait déjà *T* 8270, 14368, 14865, et a fini par chasser *mont* qui avait peut-être trop d'homonymes.

mont[2] *s. m. T* 4785 **a terre trebuchent andui, Cheval et seignor, en un —** en un tas: expression fréquente au moyen âge; aujourd'hui le mot indique qqch. de singulièrement plus élevé.

montepliier *tr. T* 8129 **mais ne weil faire alongement As paroles —** je ne veux pas allonger ma matière, (simplement) pour multiplier les mots (aligner des phrases); de même *E* 4647 **mouteploier.**

monter *intr.* 1. *T* 793 **il est maintenant montez Sor le Guilodïen**; plus fréquemment à lui tout seul signifie «monter à cheval»: *T* 781, 790, 1862, 3284. Cet emploi se rencontre surtout dans les textes, comme les nôtres, qui évoquent une atmosphère de tournois ou de combats dans laquelle évoluent des masses de chevaliers; dans *Aucassin et Nicolette* p. ex., où l'individu apparaît plus que la collectivité, il en est tout autrement. En somme, *monter* dans l'emploi que nous venons de relever, appartient surtout à une langue militaire ou semi-militaire. — 2. Au figuré: *T* 4556 et 4557 **orgueus ne puet longues monter, Et qui plus monte** qu'il ne doit De plus haut chiet qu'il ne voldroit, *T* 7740 **li fals amant ... ne sevent qu'a amour monte** les faux amants ne savent pas ce qui appartient à l'amour, c' à d. au fond ils ne savent pas ce que c'est que d'aimer, ou encore ils ne connaissent pas les lois de l'amour, *T* 8136 (je ne vais pas vous conter la fête) **qu'a grant anui porroit —** cela pourrait aller jusqu'à être bien ennuyeux, *E* 1553 **chascuns si ainme adés le suen, Un bien mauvais qui a lui monte, Ausint con s'il valoit un conte** chacun aime les siens, un médiocre qui le touche de près aura pour lui autant de valeur qu'un comte, *E* 3021 **a que que il te monte** à qq. prix que la chose doive te coûter, *E* 3186 **riens ne monte, Ce que tu dis ne vaut neant** inutile, aucun sens dans ce que tu me dis, *E* 4255 **dist li prodom qu'il li donast Un don, que a nul mal n'i monte** un don qui n'entraîne rien de mal avec soi, *T* 6468 (cf. *E* 10056) **car tost en tel error montast Envers la roïne sa feme** cela en viendrait, cela l'amènerait à une attitude si désagréable envers la reine sa femme (qu'il la chasserait du royaume), *T* 6007 **mes delais n'i puet — Que ne m'estuece raconter Chose qui forment me desplaist** tout retard de ma part ne peut aller si loin qu'il ne me faille raconter une chose qui me déplaît souverainement, *T* 1594 **et tant que la chose a ce monte Que ...** et tant que la querelle aboutit à ce que le plus las recule devant l'autre.

monument *s. m. M* 17609 monument funéraire, ou plus simplement tombeau (extension de sens que le mot a perdu aujourd'hui).

morir *intr.* mourir, *T* 7124 **muert** indic. pr. 3; *T* 7126 **moroit**

iṇdic. impf. 3; *T* 7126 morroie condit. 1, *T* 12323 morroit 3; *T* 389 mori prét. 3; *T* 7846 moruisse subj. impf. 1, *T* 6580 morussomes 4; *T* 12947 mors, *T* 12917 mort, *T* 7124 morte pp.; aux temps composés le pp. a tantôt la valeur d'un adjectif *T* 12320 mors estoit il était mort, tantôt la valeur d'un pp. de vb. transitif signifiant «mis à mort, tué»: *T* 12934 vous l'avez mort vous l'avez tué: de même *T* 11872, 11878, 13578. — On emploie souvent en aṇc. fr. le verbe transitif *morir* (par conséquent uniquement aux temps composés) pour dire «mettre dans une situation désespérée»: *T* 13578 sire, mors nos as et traïs sire, tu nous as perdus et trahis; de même dans un sens plus physique encore *T* 2998 pales et mors come une cendre pâle et couleur cendre d'un mort, comme qqn qui a perdu tout son sang.

mort *s. f. E* 1589 il se heent conme de — ils se haïssent à la mort, il se veulent un mal de mort.

mortement *adv. T* 12445 ne vos contenez — (cf. *M* 16571 seignor, n'estés pas mornement) ne prenez pas des mines abattues.

mostier *s. m. T* 14289 quant on sona par la cité, Si come on ot acostumé, As chapeles et as mostiers; en anc. fr. *moustier* signifie tantôt «église», tantôt «église de monastère»; il est difficile de préciser ici quel est celui des deux sens qui convient: il faudrait savoir la nuance exacte de «chapelle». Il n'y a pas de doute dans le passage correspondant de *M* (18559), confirmé par *Q*: aus yglises et aus moustiers. Voici un autre ex. du peu de précision que les laïques apportaient à l'emploi de ce vocabulaire plutôt ecclésiastique: aux v. *T* 7352-53 nous partons d'une «église petitete» située dans un bocage et servie par des ermites (voir ermitage), qui devient «chapele» au v. *T* 7367, prend le nom de «mostier» au v. *T* 7403, 7421, 7429, pour redevenir «chapele» au v. 7465 et de nouveau «mostier» au v. 7474.

mostrer *tr. T* 15264 as piés le roi s'ajenoilla, En plorant li dist et mostra toute en pleurs elle lui exposa sa requête. Pour un emploi analogue de *mostrer*, voir E. Faral, éd. de Villehardouin, t. I, p. 28, ligne 2.

mot *s. m. T* 12115 puis a le secont mot soné, *mot* indique une note ayant plus ou moins de durée que l'on fait rendre au cor de chasse (*T* 12103, 12106 etc.) pour donner un avertissement; le mot appartient originairement au vocabulaire de la chasse. Ici le mot, suivant la durée du son, indique les différentes étapes par lesquelles passe l'armement du Riche Soudoyer qui se prépare pour le combat. Y a-t-il là une allusion à une coutume réelle? On pense plutôt à une fantaisie de l'auteur. *A* 8996 l'andemain erra par matin, Einz ne sot mot, qu'an son chemin Trova garçons et escuiers avant de se rendre compte de ce qui lui arrive, le voilà au milieu d'une troupe de garçons et d'écuyers; de même *T* 5749, *E* 792; *E* 12277 trestuit li baron i ajoste A icest mot a Carlion il rassemble tous les barons ce jour-là à Carlion; a icest mot voulait dire originairement «ces paroles ayant été prononcées», «après ces paroles» (cf. *T* 6732, *E* 19547) et a fini, en l'absence de toute parole prononcée, par donner simplement une indication de temps; mais ici cet emploi a l'air forcé: noter que *M* donne *a icel jor*, texte confirmé par *Q*. Du reste la phrase entière est sujette à caution: nous avons fait de «trestuit li baron» un cas régime, mais dans ce cas il y a une lourde faute contre la déclinaison, et si l'on fait de ces trois mots un cas sujet pluriel, **ajoste** au singulier, réclamé par la rime, ne saurait passer. Là aussi il faut préférer le texte de *M* et *Q* qui est parfaitement clair et correct. Pour tout ce qui concerne le terme *mot* et sa curieuse histoire, voir l'article de G. Tilander dans *Romania*, LXIV (1938), 347-394.

mote *s. f. T* 8282 **la — ou la fertez seoit** la levée de terrain où se dressait la forteresse.

movoir *intr.* mouvoir, *E* 2912 **movoir** infin.; *T* 326, 3774 **muet** indic. pr. 3, *T* 15093 **muevent** 6; *T* 7524 **mueve** subj. pr. 3; *T* 7061, 9987 **mui** prét. 1, *T* 10199 **mut** 3, *T* 10377 **meüsmes** 4, *T* 1906 **murent** 6; *E* 2913 **meüsse** subj. impf. 1; sur lesquels exemples il faut en noter trois où le vb. est réfléchi: *T* 3774, 7524, 9987. — Le vb. *mouvoir* ne s'emploie plus guère qu'à l'infinitif, au pp. (*mu*) et à la 3e pers. sing. de l'indic. pr. (il se meut avec difficulté), et encore assez rarement. On s'explique mal cette disparition presque totale, car, malgré sa grande utilité, en particulier pour indiquer un départ rapide, le vb. *mouvoir* n'a pas été remplacé: *remuer* qui s'est confondu avec **remouvoir** n'a qu'une faible partie des sens du vb. simple. Nous exprimons les autres sens à l'aide de différents verbes qui existaient déjà à côté de lui: *T* 326 le cœur lui saute et danse, *T* 1906 se mirent en route, de même *T* 7061; *E* 2912 partir (en guerre) contre qqn, de même 2913; *T* 12964 de quel pays il est venu, *T* 10199 se lancent l'un contre l'autre, de même 10377, 15093; *T* 3774 ne bouge pas plus qu'une souche, *T* 7524 il lui arrive rarement de bouger (ou de sortir) de chez lui, de même *T* 9987, *E* 6498.

mu *adj. T* 8921 **pensis et mus** pensif et muet, *E* 15886 **s'est muz et sors et nonvoianz** il est muet, sourd et aveugle. Voir **müel**.

muchier *réfl. T* 5936, 13851 se cacher, se dissimuler.

mue *s. f. R* 1118 réduit où on enferme les oiseaux de chasse pendant la mue.

müel *adj.* dérivé de *mu* (voir ce mot), *T* 11806 **il est et sors et muiaus** il est sourd et muet; ce passage correspond à *E* 15886 où nous avons **muz et sors**. Ainsi on employait indifféremment *mu* ou *müel*, et l'ordre des deux mots n'était pas fixé.

müer *tr.* et *intr.* changer, *E* 4580 **onques por ce ne li mue Li cuers** son cœur ne se trouble pas, il va de l'avant, *T* 6734 **müer colour** changer de couleur (sous le coup d'une émotion), *T* 6349 **müer** à lui tout seul au sens de «changer de couleur», *T* 7090 **chascuns en a le sanc müé** chacun en a le sang figé dans les veines. Par un rétrécissement de sens, non sans exemple ailleurs, le vb. *muer* ne s'applique plus qu'aux animaux qui perdent leur peau, leur poil ou leurs plumes.

muete *s. f.* fr. mod. meute, *E* 793 (le roi part avec trois de ses chevaliers) **c'onques nul baron n'an sot mot De la — ne de**

l'alee nul baron n'a le moindre soupçon de ce départ et de ce voyage; *T* 3199, 8203, 9246, 11184 groupes de chiens courants dressés pour la chasse; *T* 4796 **de totes pars l'ont a bandon Feru de — et de randon**, expression rare en ce qui concerne *muete*, Godefroy (t. V, p. 442 a) n'en a qu'un exemple qu'il explique dubitativement par «avec une grande rapidité».

mul *s. m.* *T* 224 mulet.

murail *s. m.* *T* 10632, *A* 4808, *E* 14464 mur.

mure *s. f.* *A* 2895 **une — tote blanche** une mule.

murer *tr.* *T* 8312 une chauciee haute et lee, **D'ambesdeus pars molt fors muree** solidement maçonnée sur les deux côtés.

musardie *s. f.* *T* 3395 sottise.

musart *adj.* et *s. m.* *T* 9132 **musars et vilains** un sot et un sans manières, *T* 1539 **fel et —** un pauvre sire et un nigaud, *L* 4944 **lors dist... Que musars** il parla en étourdi. Le mot, du reste assez peu employé aujourd'hui en dehors des livres, a perdu de sa force, il signifie maintenant «qui perd son temps à des riens», et ce n'est plus un terme d'injure.

muteret *s. m.* *L* 2126 **ses bracés baus, ses muterés, I fist li rois trestoz mener**; Godefroy n'a pas le mot, qui n'est donné du reste de tous nos mss que par *L*; il s'agit évidemment d'un chien de chasse, et *muteret* pourrait peut-être être un dérivé de (chien) *mut* que G. Tilander définit par «limier» et «chien qui poursuit sans crier»; voir ses *Glanures lexicographiques*, s. v. *mut* p. 179 (cf. [*chien*] *haut* p. 145).

N

na = ne la, *E Q* 5668, 5710, *Q* 7637, 14408. Voir note, t. II, p. 592, v. 5668. Remarquons, sans vouloir en tirer de conclusion, que la contraction de *ne la* en *na* est apparemment toute semblable à celle peut-être très postérieure de *ce la* (*cela*) en *ça*. Aux v. 5668 et 5710, *U*, au lieu de *na*, donne *nel* qui est la contraction traditionnelle, mais qui ne permet pas de distinguer les genres: *na* pourrait bien être une réaction dialectale contre ce mélange des genres.

naie = nen je, *T* 2807 non (négation accentuée).

naïf *adj.* cas sujet *naïs*, fém. *naïve* (voir note, t. II, p. 589, v. 3313-14, et les additions à cette note, t. III, 1, p. 693), *E* 75, 6644 natif (d'un pays), *E* 3314 **au pié d'une roiche naiue** rocher qui n'a pas été amené là mais tient à la roche même.

naige, nage *s. f.* passage (d'un cours d'eau) à la rame, traversée par eau, *T* 3664 ou soit par terre ou soit **par nage**, *E* 7558 ou soit par terre ou soit **a naige**, *E* 485 quant outre fu passez **a naige**, *E* 828 einsint passerent tuit **a naige**.

naigier *intr.* *E* 481, 829, *M* 17694 ramer, naviguer; *L* 7624 **naviier.**

nature *s. f. T* 4163 cil... Sont tot mi home et mi tenant, **Et je lor sires par** — par droit d'héritage; on dit aussi dans le même sens *seigneur naturel*.

navie *s. f.* peut désigner un seul bateau *T* 1205, *A* 7584, *E* 950, ou une flotte *T* 4391 sor une aigue sist Carlions, Qui ert grans et **portoit** —.

naviier, voir **naigier**.

navrer *tr.* blesser grièvement; il est à remarquer que, quoique le mot ait généralement par lui-même un sens très fort, on l'accompagne volontiers d'un adv. ou d'une phrase qui a pour but de souligner la gravité de la blessure: *T* 2783 (forment), *T* 5185 (molt), *T* 9829 (a poi que ne perdi la vie 9828, si que molt pres fui de morir 9831), *T* 14565 (molt estoit par sanblant grevez 14566). Ces indications complémentaires s'expliquent sans doute, en partie du moins, par le fait que le vb. *navrer* peut avoir à l'occasion un sens faible: *réfl. T* 8889 s'est maintenant **un poi navrez**; pp. employé comme substantif: *T* 14633 **li navrez** le blessé, *T* 11150 **li navré** les blessés, *T* 11403 il se desfent Au miex qu'il puet **come navrez** pour un blessé il se défend de son mieux.

neant[1] *vb.* voir **neiier**.

neant[2] *adv.* voir **noient**.

nef *s. f.* navire *T* 14183, 14188, 14260, 14277, 14280. Tout au long du 1er passage où apparaît un bateau tiré par un cygne (*T* 14117-14280), *nef* alterne avec *chalant*, mais il est facile de voir que *nef* est un terme très général pouvant s'appliquer à toute espèce de bateau et qu'il n'est là que pour la variété de l'expression. L'auteur de la version *T* appelle l'épisode le conte «del calan» (*T* 14117). Dans le 2e passage (*T* 15198-15309) *nef* n'apparaît pas du tout, quoiqu'il s'agisse du même bateau. L'examen de la version *M* (18415-18542 et 19472-19593) conduit aux mêmes conclusions, quoique celle-ci ne donne pas de nom au conte. — Sur *nes*, cas sujet de *nef* au v. *E* 7115, voir la note à ce vers, t. II, p. 594.

neiier, noiier *tr.* et *intr.* fr. mod. nier, *E* 11056 **or ne le m'alez pas neant, Li celer ne vos a mestier** n'allez pas me nier cela, vous n'avez pas besoin d'en faire mystère (à quoi bon en faire mystère?), *T* 12921 il le nie, *T* 1048 **nequedent ne vos quier noier, Cest don ne vos donrai je ja** je ne veux pas vous le nier (je vous le déclare très franchement), je ne vous accorderai pas ce don, *T* 1542 **mais or ne me soit pas noïe De vostre voie l'achoison** ne refusez pas de me dire l'occasion de votre voyage, *E* 3510 **ja par moi ne vos fust noiez Icist doms** je ne vous refuserais pas ce don (si j'étais la maîtresse de cette maison), *A* 7930 **je ne voel tere ne noier la matire** je ne veux taire les faits ni refuser de les communiquer. — Des deux sens de *neiier*, «nier» et «refuser», le second a disparu du fr. mod., l'anglais *to deny* les a conservés tous deux.

nel enclise pour *ne le*; cette contraction n'est pas obligatoire, mais elle est extrêmement fréquente: les exemples en abondent dans nos textes. Le pronom *le* contenu dans *nel* peut renvoyer à un nom propre ou à un nom commun du genre masculin, il peut être un neutre et dans ce cas il renvoie soit à qqch. qui précède, soit à qqch. qui suit; voici des exemples de ce dernier cas qui appartiennent plus particulièrement à l'ancienne langue: *T* 4495 ne ja Diex *nel* consente Que mes cuers a nul d'ax s'asente, de même *T* 5040, 5896, 7169, 9768, 10333, 14363. *Nel* peut-il signifier *ne la*? Ce n'est pas impossible, et cela se comprend bien dans les textes picards où l'article et le pronom *le* peuvent être aussi bien féminins que masculins: dans *T V* sur 49 exemples de *nel* que nous avons relevés, un seul, *V* 6710, nous offre un *nel* féminin **car s'aucuns sa folie pense, Nel doit metre en male despense** celui qui se livre à de folles pensées doit se garder de les communiquer à contre-temps. Mais *V* est le seul ms. qui ait ce texte; *T* a **ne le doit metre en male pense:** *le* est-il masculin, est-ce un féminin picard? Le féminin nous semble plus probable, mais le masculin se rapportant à «aucuns» donne aussi un sens acceptable; *E M Q* (10295-96) sont plus nets, mais ils laissent subsister la difficulté: **ne la doit.** Nous avons écarté *T* 3743 **et se vos nel volez laissier** parce que, si la présomption est que ce *nel* est pour *ne la* et renvoie à la sœur de Cador, il n'est pourtant pas impossible de prendre *nel* pour un neutre «et si vous ne voulez pas laisser cela». Notons qu'au vers correspondant de *E* (7637) nous avons «Et ce *ne la* volez laissier», et que *Q* au même vers a «Et se *na* me volez laissier». Malgré la leçon de *V* 6710, celle de *T* 3743, et *nel* de *U* 5668, 5710, on sent parmi nos mss comme une gêne devant cet emploi de *nel* comme féminin. Pour une solution assez efficace du problème, voir **na.**

nelui *pron. indéf.* variante de *nului*, lui-même un des cas régimes de *nul*, *E* 2757 personne, qui que ce soit.

nen ancienne forme de la négation *ne*, *T* 14494; au xiiie s. il est assez difficile de distinguer *nen* de *n'en* et il nous paraît probable que dans la pratique de la langue les gens d'alors ne se souciaient guère de les dissocier: il en résulte que dans nombre de cas on peut admettre soit *nen* soit *n'en* sans changer notablement le sens de la phrase. Ici même (en une autre chambre entra Assez et plus riche et plus grant) **Que nen estoit l'autre devant** il ne serait pas impossible de lire *n'en* et de comprendre *que ne l'estoit*; de même *T* 4304.

nenil = *nen il* (voir **naie**), *T* 7130 **nenil, voir:** (Vous qui aimez, regardez un peu si on trouve encore au monde un amour pareil); à la question implicite contenue dans cette phrase l'auteur répond par un *non* très emphatique. *Nenil* devenu *nenni* n'a pas disparu, mais on ne l'entend plus guère dans les villes.

neporoec *adv. T* 5402 néanmoins, pourtant.

neporquant *adv. T* 12834 **neporquant si;** *si* à lui tout seul (ou précédé de la conjonction *et*) peut avoir le sens de *pourtant* marquant forte opposition à ce qui précède, mais il est tellement employé par ailleurs pour marquer une simple coordination que le sens fort a dû en souffrir un peu: de là l'emploi de *neporquant* devant le *si* adversatif qui oriente immédiatement le lecteur, et d'autre part *neporquant* lui-même gagne en force à cette adjonction de *si*. On pourrait rendre cela ici de la façon suivante: «Personne ne peut se tirer victorieusement de cette tâche difficile, si ce n'est moi. Personne? Mais non, maintenant que j'y pense, je crois et suis même sûr que vous pourriez y réussir, mais ce serait dur».

nequedent *adv.* *T* 1048 néanmoins, pourtant.

nes [1], **neïs, nis** *adv.* «même» dans une phrase positive, «pas même» dans une phrase négative: *T* 130 miex weil qu'ele l'oie par toi Que par nul autre, **nis par moi** même par moi; de même *T* 7235, *A* 6257; *E* 1295 onques miaudres ne fu trampee, **Neïs Durandart la Rollant** jamais meilleure épée ne fut trempée, pas même la Durandart de Roland (cf. ms. *U* non pas **Durandal** pas même Durandal), de même *T* 8054. *Nes* peut être renforcé soit par *un*, *T* 1180 **aprés lui nis un n'en lesse** pas un seul; soit par un complément commençant par *un, une, T* 8745 ja n'ameront nul deduit **Por ke lor coust nis une alie** il ne se plairont à aucun divertissement, dès qu'il doit leur coûter ne serait-ce qu'une alise (ne serait-ce qu'un centime), *T* 6840 mais n'i ont trové **Pertruis nis un** pas même un trou (dans le mur), *T* 6162, 6256, 7197 **a nes (nis) un fuer** à aucun prix, *T* 7248 **sanz nis un point de percevance** sans qu'on s'en fût aperçu le moins du monde. Ou encore *nes* peut être suivi directement par un substantif: *E* 11666 **Caradoc nes point ne repose** ne reste pas un moment à se reposer; de même *E* 3743; *M* 18600 fist semblant ... Que il n'en seüst **nes noiant** il fit semblant de n'en savoir absolument rien. — Le mot a totalement disparu du fr. mod., et a été remplacé par un développement de *même*.

nes [2] enclise pour *ne les*; cette contraction n'est pas obligatoire et elle est loin d'être aussi fréquente que celle de *nel* pour *ne le*; nous en avons relevé dans *T V* 16 exemples contre 49 de *nel*. En voici un: *T* 11485 molt a lonc tans **que je nes vi** il y a bien longtemps que je ne les ai vus; de même *T* 865, 1582, 2224.

nes [3] *s. m. E* 2546, 7116 nez.

nestoiier, netiier *tr.* fr. mod. nettoyer, *E* 6037 **il l'orent nestoiee** ils ont nettoyé la plaie, cf. au passage correspondant *L* 1407 quant il l'eurent **netiïe**.

nestre *intr.* fr. mod. naître, *T* 15268 **nasqui** prét. 3, *T* 4235, 13242, 15156 **nasquistes** prét. 5; *E* 3418 pp. **l'eure soit bien nee Que je vos tieng an mon ostel** bénie soit l'heure où je vous ai en ma maison.

net *adj. E* 687 **et de toz maus nez** et net de toute souillure; *E* 1997, *T* 2565 transparent ou diaphane (en parlant du temps).

neveu *s. m.* cas sujet *niez T* 12601; *T* 13915 **le neveu son oncle,** c'est ainsi qu'on appelait le jeune fils de Gauvain dans le château où sa mère l'élevait, mais n'osait pas lui révéler le nom de son père; l'oncle ici c'est le roi Artur et l'enfant, étant fils de Gauvain le neveu d'Artur, est donc réellement ce que nous appellerions le «petit neveu» du roi. Le même enfant est appelé de même *T* 12545 **mon neveu** et *T* 12601 **mes niez.** Mais au v. *T* 12500, quant on veut apprendre au roi que l'enfant a été enlevé, une dame lui dit «que **son bel neweu le petit,** Qui tant estoit et biax et gens, Emblé l'ont je ne sai quels gens». Si la dame n'avait pas précisé, Artur aurait pu croire qu'on lui parlait de

Gauvain, d'où l'addition de «le petit». Mais cela nous montre comment *petit* a pu un jour devenir une partie essentielle de ces appellations de parenté, «petit-neveu», «petit-fils» etc. Et nous avons peut-être là après tout un des premiers exemples de ces appellations, quoiqu'il s'agisse plutôt d'une tentative en vue de la clarté que d'une coutume déjà établie.

nice *adj. E* 1164 **ne sambla pas vilain ne nice** il n'avait pas l'air d'un butor ou d'un sot; *vilain* et *nice* sont plutôt des substantifs que des adjectifs: leur forme montre qu'ils ne sont pas des attributs du verbe mais des régimes directs. *U* a senti la difficulté et il a fait de *nice* franchement un adjectif: **il ne sembla pas vilain nice.**

nicet *adj.* dérivé de *nice, E* 3427 **vos me veïstes** [à la cour] **Un petitet nicete et fole** vous m'avez vue à la cour autrefois un peu sotte et follette, incapable d'exposer mon cas comme il l'aurait fallu.

niceté *s. f. E* 4659 **par — l'ai ge fait** je l'ai fait par pure sottise, *T* 13621 **nicetez** des enfantillages, de sottes naïvetés.

nicetemant *adv. A* 7842 un peu sottement.

nigromance *s. f. T* 3109, *E* 9635 (cf. *T* 6055 **ingremance**) art de la magie.

noaus *adj.* ayant le sens d'un comparatif, pire, pis, *T* 8595 **ore est noax** voilà qui est pire! *E* 4242 **toz seus an avré le pris ... O le noiaux au departir** tout seul j'en aurai le prix, l'affaire terminée, ou j'en aurai le pire, *A* 8868 **et se noauz ne vos conroi** et si je ne vous arrange de la pire manière qui soit (avant que vous puissiez échapper, vous serez libre).

noiel *s. m. A* 8899 **laz et noiax** des lacets et des boutons. Voir Eunice R. Goddard, *Women's Costume*, p. 175-176.

noiement *s. m. T* 5948 dénégation.

noient *pron.* rien; notons la variété des graphies et leur répartition: sur 19 exemples du mot que nous avons relevés dans *T V*, il y en a 13 de *noient*, 5 de *noiens*, et 1 de *nient, E* de son côté dans les passages correspondants a 2 exemples de *neant*, et par ailleurs un 3e exemple au v. 5238. Qu'est grammaticalement *noient*? Un passage de *T V* (9768) éclaircira ce point: *V* écrit **biax niez, ne me celez noient** ne me cachez rien, *noient* est un régime direct du verbe, c'est un pronom indéfini; mais *T* a une autre leçon: **nel me celez noient** ne me le cachez en rien: nous avons là un adverbe. Autres exemples du pronom: *T* 7472, 11798, 14318; autres exemples de l'adverbe: *T* 3704 il ne craignait en rien les attaques, *T* 1769, 13386 en aucune façon, *T* 10771 ils ne se relâchent en rien de leur fougue. La graphie *noiens* se présente en 5 passages: *T* 3494 **rois, fait cil, ce seroit noiens** pour moi cela n'aurait aucune valeur, de même *T* 3520; *T* 9662 **noiens fust d'eles trover** pas de possibilité de les trouver, *T* 9930 **il ert noiens De la riche oevre par defors Avers dedens** la riche décoration de l'extérieur du pavillon n'était rien en comparaison de celle de l'intérieur, *T* 8948 **n'est pas noiens** ce n'est pas un rien, une chose sans conséquence, un mot vide de sens (je parlais bien sérieusement quand je vous ai appelé traître). On voit que dans ces 5 passages *noiens* joue le rôle d'un attribut du vb. **estre**: il est clair que nous avons ici affaire au cas sujet du pronom. — Notons les locutions suivantes: *metre a noient T* 7471 **cest serpent ... despiece Vostre cors et met a** — affaiblit votre corps jusqu'à épuisement; *de noient T* 1531, 10704 sans aucune raison, *T* 14955, *E* 5238 inutilement, *de fin noient E* 4365 en pure perte, *de neant A* 6302 en aucune façon, *nient plus T* 14130 rien de plus.

noif *s. f.*, cas sujet *nois*, neige, *E* 317 **par** — par un temps de neige; c'est surtout pour sa blancheur prise comme terme de comparaison qu'on mentionne la neige: *T* 10483, 13323; on la cite volontiers dans ce cas à côté de la fleur de lis: *T* 13257, 14560.

noir *adj. T* 9007 de l'angoisse et de la dolor **Oi si le cuer serré et noir** sombre.

noise *s. f. T* 1089 **li jogleor i font grant** — les jongleurs y mènent grand tapage (à une noce), *T* 1531 querelle. Le mot n'a été conservé que dans l'expression «chercher noise à qqn», lui chercher querelle; en anglais au contraire le mot est très vivant et est resté le terme essentiel pour signifier «bruit».

noisier *intr. M* 17244 parler à très haute voix, faire du bruit.

noitonier *s. m. E* 826 passeur (nautonier est un terme exclusivement littéraire et assez rare).

nombrer *tr. T* 4305 **en tot cest siecle nen est hom Dont peüssent estre nombré** il n'y a homme au monde qui pût dire le nombre des combattants (tellement il en arrive pour le tournoi).

nomeement *adv. T* 5861, 5931 en particulier.

nomer *tr.* fr. mod. nommer, *E* 5463, 8994. Voir t. II, p. 592, note au v. 5463, *nons* dans ce vers me paraît être, de par la tournure de la phrase, plutôt un subj. pr. qu'un indic. pr.

none *s. f. T* 12188, 13871, *E* 417, 441 la neuvième heure (3 h. de l'après-midi).

nonvoiant *adj. E* 15886, *L* 5883 aveugle.

norreture *s. f.* nourriture, alimentation, *T* 7799 **povre ot eü** — il avait eu un bien maigre régime.

norrir *tr. T* 3174, 13612 élever (un enfant).

noter *tr.* jouer un air de musique, et particulièrement des lais, *E* 1428, *A* 606; c'est un synonyme de *vieller*, jouer sur la vielle (voir *T* 632, *L* 596).

novele, nouvele *s. f.* fr. mod. nouvelle, *T* 101 **anqui orrois bones noveles De monseignor Gavain**, *T* 1220 (quelqu'un) **qui l'en sache dire novele** (: pucele), noter le singulier; *M* 16749 **la nouvele du palefroi Ne vos ert ja dite par moi, Quar a paine nus m'en creroit**, *nouvele* ici signifie à peu près l'histoire du palefroi, avec tout ce qui s'y rapporte, telle qu'elle pourrait être contée par un auteur qui en aurait le temps, et cette histoire serait si merveilleuse que c'est à peine si ses lecteurs voudraient le croire. *Q* et *T* 12623 sont moins ambitieux, le premier lit «la maniere dou palefroi» et le second «l'apareil du palefroi».

novelet *adj.* diminutif de *novel*, *E* 13745 et si ert lors [le pavillon] **De flors novelestes jonchiez.**

nu *adj. T* 2896 **les branz nus**, *T* 3470 **nue la prent** (l'épée); *T* 966 **tot a — sor les haubers S'entrefierent**, *T* 13786 **li chevaliers l'ot feru Sor le hauberc trestout a —**, il est difficile de voir le sens exact de cette locution *a nu* dans ces 2 passages: *E* 1590, correspondant à *T* 966 et qui du reste ne donne pas notre locution, spécifie que les hauberts résistent très bien aux coups des 2 combattants et ne peuvent être faussés, et il ajoute immédiatement qu'ils sont «sanglant ambedui *desoz les hauberz*, Tot derompent et char et nerz»; au passage correspondant à *T* 13786 les mss *M* et *U* (18026) ont le même texte que *T*, et *Q* donne «parmi l'auberc *tot nu a nu*». Cela pourrait-il vouloir dire qu'ils n'ont pas d'écu pour protéger leur poitrine (ce qui est vrai)? Noter aussi *L* 934 et 7962.

nueme *adj. ordinal T* 2061 **au nueme jor** au neuvième jour.

nuire *intr. T* 10850 **nuisoit** indic. impf. 3; *E* 4731 **nuiroit** condit. 3; *E* 2171 **neüst** subj. impf. 3; *E* 2674 **neü** pp. — *Nuire* en anc. fr. signifie «gêner» et avec une nuance plus accentuée «faire tort»; ces 2 sens subsistent encore, mais le premier a restreint notablement son champ (sauf localement dans le français populaire de l'Est). Quelques-uns des exemples que nous allons citer seraient impossibles aujourd'hui: *T* 10850, 10960 le sang qui coule sur le visage de Gauvain au cours d'un combat lui entre dans les yeux *et le gêne considérablement* (cf. *T* 12202), *E* 2171 **ja ne lor neüst Li solaux** ils n'auraient pas le soleil dans les yeux, *E* 4731 cette épée lui assurera la victoire dans tous les combats pourvu qu'il soit dans son droit, mais s'il est dans son tort *elle se tournera contre lui* et en fera un lâche qui ne voudra plus se défendre, *R* 760 il n'est homme qui puisse triompher de lui, à moins qu'une injustice ou un péché de sa part *ne lui enlève* tous ses moyens, *E* 2674 tu n'as pas *fait le plus léger tort* à la pucelle ou au château, *E* 4182 *ils ont tellement harassé* les assiégés qu'ils leur interdisent toute communication avec l'extérieur.

nuit *s. f. T* 12608 la veille au soir; ce sens a disparu du fr. mod.

nul, voir **nun** et **nure.**

nuliu = nul lieu, c' à d. nulle part, *T* 7254, voir note à ce vers, t. I, p. 427.

nun *pron.*, cas sujet *nuns*, synonyme de *nul* mais plus rare et apparaissant surtout dans les textes de l'Est, *E* 7247, voir d'autres ex., venant tous de *E*, à la note au v. 7232, t. II, p. 594; *adj. E* 10587 **nuns hom** aucun homme. Le pronom *nun* a disparu du fr. mod., mais s'est conservé dans les parlers de l'Est, en particulier dans le parler bourguignon. *Nul*, très employé au xiiie s., a eu finalement le même sort que *nun*; on le trouve encore dans les livres, il est vrai, mais la langue parlée ne le connaît à peu près plus (à la réserve de *nulle part*). C'est *personne*, création purement française encore inconnue dans nos textes, qui a remplacé à la fois *nun* et *nul*, tous deux hérités du latin.

nure = nule *adj.* *E* 1166 (*U* donne *nule*), voir note à ce vers, t. II, p. 587.

O

o, od *adv.* avec, *T* 252 li vallés les maine ... *A* grant joie et *a* grant deduit ... Et **o** grant plenté de vïandes; *o* est à peu près synonyme de *a*, pourtant ce passage montre que *a* est abstrait, qu'il entre dans des locutions toutes faites où on ne sent plus sa valeur originelle, tandis que *o* est très concret et suggère nettement une compagnie, un accompagnement. Autres exemples: *T* 9881, 14849, *E* 10536, 10537; *E* 469 **estoit li rois Artus o s'ost** avec son armée, *E* 488 **o lui gent de bel ator**, *U* au lieu de *o lui* donne *avec*: les 2 prépositions sont étroitement synonymes, *avec* seul s'est conservé parce qu'il avait plus de poids.

o, oc *adv.* oui, *T* 6910 **de lui ne dië o ne non** qu'il ne dise de lui ni oui ni non, qu'il ne mentionne pas son non, *U* 4341 **ne daingnent dirë o ne non** ils ne daignent dire oui ni non (et fondent sur lui), ils fondent sur lui sans crier gare, *T* 5882 **cil ne respont ne oc ne non** il ne répond ni oui ni non, c' à d. il ne répond pas un mot (ne voulant pas encore être reconnu).

odorement *s. m.* *T* 4195 senteur agréable et réconfortante des épices et du piment.

oeil *s. m.*, plur. *oex, oiex, oeix*, *T* 5171 **a ses deus oiex** (: miex) de ses deux yeux; formule de serment *T* 7175 **qu'il se gart bien sor son oeil** (: orgueil), *T* 7223 **oïl, par mes deus oeix** (: miex); *T* 13165 **en tant come uns oex clot et ovre** en un clin d'œil.

oël *adj.* égal, *T* 6016 **eles ne sont totes oëles** (*E* 9596 **oiex**); **S'une fait mal, deus en font bien** les femmes ne sont pas toutes au même niveau, c' à d. elles ne sont pas toutes semblables, pour une qui fait le mal il y en a deux qui font le bien.

oés *s. m.* besoin, *T* 6027 **a oés les dames** au profit des dames, dans l'intérêt des dames, *M* 18738 **por quoi ceanz truisse a mengier A mon oels et a mon destrier** pourvu que je trouve ici à manger pour mon besoin et pour celui de mon cheval, ou tout simplement pour moi et pour mon cheval (cf. *Q* Et *a moi* et a mon destrier). — **A oés lor oés** *T* 4315, **a oés nostre oés** *A* 3440, nous avons là un renforcement de la locution *a lor oés, a nostre oés*, un peu dans le genre de *aujourd'hui* (au jour d'hui). Du reste sous cette forme la locution est déjà bien vieillie au XIIIe s.: il n'y a qu'à noter le désarroi de nos mss en présence de cet archaïsme. Voir *E* et les variantes au v. 8095, ainsi que la note au v. *T* 4315, t. I, p. 422.

oevre, ovre, uevre *s. f.* fr. mod. œuvre. Le mot est aussi employé au moyen âge qu'il l'est aujourd'hui, et peut-être davantage, mais il est assez rare que les emplois modernes recouvrent les emplois anciens, qui sont suggestifs plus que précis; il faut y

mettre du sien pour bien voir la pensée de l'auteur: *T* 166 ceus
a la plaisant **parole** Dont l'**ovre** est fainte et vaine et mole
(opposition entre la parole et l'action), *T* 5667 **einsi ont devisé
lor oevre** ont établi leur plan d'action (avant de se jeter dans
le tournoi déjà engagé), *T* 564 **de tel oevre molt savoient** ils
s'y connaissaient (pour ce qui est de revêtir un chevalier de ses
armes), *T* 10824 **com cil qui molt set de tele oevre** en homme
qui s'y connaît (quand il s'agit de manier prestement l'écu pour
se protéger), *T* 3900 **chascuns a tant l'oevre menee** (dans un
tournoi) chacun s'est employé à la lutte avec tant d'ardeur,
A 6303 quant messire Gauvains antant Qu'il ne respondi de
neant **A l'uevre dom il l'apela**, l'*œuvre* ici c'est l'action de se
rendre à son adversaire, «il ne répondit pas un mot quand Gau-
vain le somma de se rendre», cf. *T* 12243, *E* 16367, *L* 6321 qui
sont beaucoup plus clairs. *Oevre* désigne souvent une activité
plus vague encore, qu'on laisse au lecteur le soin de définir:
T 39 (cf. *R* 53) toute la cors qui ce veoit **Desirre molt a savoir
l'oevre Que li vallés al roi descoevre**; le valet est un messager
qui apporte des nouvelles de Gauvain, nous dirions simplement
«la cour désire savoir *ce que* le valet a dit au roi», mais le mot
médiéval laisse entendre en plus que le messager pourrait bien
apporter non seulement des nouvelles de Gauvain, mais une
révélation de mystérieuses aventures. De même *T* 1472 n'avez
tant fait D'armes encore que **le voir Puissiez de ceste oevre
savoir**, l'*œuvre* ici c'est le mystère du Graal et de la lance et
l'aventure de la bière. De même encore *T* 13166 **molt se mer-
veille de cele oevre** il s'étonne fort de ce coup de théâtre. De
là nous passons à des exemples où sous le mystère se cachent
des habiletés inquiétantes, des combinaisons louches, déplai-
santes, sinistres: *T* 7649 artifice, *T* 6880, 6884 machination, *T*
6118 manège, *T* 6477 la perfidie de l'emploi du serpent, *T* 3144
puis fu bien de ceste oevre atainte plus tard elle aura à
payer cher pour cette sordide trahison. Terminons par quelques
emplois concrets qui se rapprochent davantage des emplois
modernes: *T* 9931 **la riche oevre** la riche décoration (du
pavillon), *T* 2680 **un bort d'oevre sarrazinoise** une broderie
de façon sarrasine, de même **l'uevre Salemon** *E* 1044. Le mot
s'applique à des travaux féminins, probablement de couture ou
de broderie, faits par des «demoiseles» ou «puceles» dans un
château, soit volontairement *T* 14777, soit comme tâche impo-
sée à des prisonnières *E* 3474; de même *A* 4232.

offre *s. m.*, fém. en fr. mod., *T* 11091 offre, *T* 229 onques mais
gens, si com je pans, **Ne fist d'errer ausi bel** — jamais gens ne
présentèrent à leur départ un aussi beau zèle, *offre* semble mar-
quer une intention visible de faire telle ou telle chose, *A* 215
et *L* 211 ont un texte à peu près semblable, *R* 235 s'écarte
davantage de *T*, mais au fond redonne le même sens: onques
mais jor ... **Ne vinrent gent a si bel offre.**

offrir *tr.* *T* 5103 **si grans cops lor vont** — Que cil ne les porent
soffrir (là aussi — voir **offre** — le verbe a la même nuance d'in-
tention agissante); employé substantivement: *E* 388 **a l'ofrir fu
la presse espesse**, nous dirions «à l'offrande» comme le dit
du reste *U* 388 **a l'offrende** fu grant la presse.

oïe *s. f.* *T* 8208 **a l'— des cors** le roi, dès qu'il entendit le son des
cors, courut, *T* 11233 bien cinc liues aluec entor **En ala par**

trestot l'oïe le son (de la cloche) se faisait entendre à 5 lieues à la ronde au moins, *T* 9378 oreille.

oint *s. m.* fr. mod. oing, *T* 14849 **pieces d'oint** des quartiers de graisse de porc.

oïr *tr.* entendre, *T* 92 **oïr** infin.; *T* 6386, 6529, 6641, 10537 **ot** indic. pr. 3, *T* 13778 **óés** 5, *T* 7378 **oënt** 6; *T* 420 **oiez** impér. 5; *T* 108, 129, 15014 **oie** subj. pr. 3; *T* 8947, 9041, 9791, 12930 **oiant** p. pr.; *T* 12286 **orrai** fut. 1, *T* 2588 **orra** 3, *T* 98 **orrons** 4, *T* 14252 **orrez**, *T* 13364 **orrés**, *T* 101, 3268 **orrois** 5; *T* 12440, 12467, 12813 **oï** prét. 3; *T* 20, 11080, 11957 **oïssiez**, *T* 15247 **oïssiés** subj. impf. 5; *T* 516 **oïs**, *T* 89 **oïe** pp. — Le vb. *oïr* a été remplacé par *entendre*; il nous reste seulement l'infinitif *ouir* et le participe passé *ouï*, en particulier dans le substantif *ouï-dire*.

oirre *s. m.* et *f.* *T* 6870, 8029, 11207, 12757, 12852, 12979, *E* 10456 voyage, *T* 9090, 11376, 12681, *M* 16811 expédition; **grant —** *T* 11539, *E* 2229, 2762 en toute hâte, à toute allure; **en —** *T* 6869 aussitôt. Au v. *E* 10455 **quant oré ot, s'asistrent —**. **Traveilliez estoit de son oirre**, il faut probablement voir dans *oirre* un adverbe, «immédiatement»; il semblerait plus naturel de lire «s'asist en oirre», en rapportant le vb. au seul Caradoc; cf. le passage correspondant dans *T* 6869.

ois *s. m.* autre forme de *os*, *L* 8656; cf. *T* 7788 *oissue* pour *ossue*.

oisel *s. m.* fr. mod. oiseau, *T* 2312 **venisons fresches et oisiax**; nous dirions probablement: «venaison fraîche et *gibier*». Mais les oiseaux ne sont pas toujours considérés comme un mets de choix: par leurs chants ils charment l'oreille et le cœur de ceux qui les écoutent. On mentionne volontiers dans nos romans ce pouvoir qu'ils ont: même Gauvain, ce dur et vigoureux guerrier, n'échappe pas à cet enchantement; se promenant par un beau jour de printemps, après une longue convalescence, il entend la douce mélodie des oiseaux et il est transporté d'une telle joie qu'au risque de rouvrir sa blessure le voilà parti au galop à travers la plaine, lance en arrêt, comme s'il chargeait joyeusement au milieu d'un combat; il se calme bientôt, mais après sa longue inaction, quel moment il vient de vivre! Il se sent fort et guéri — et tout cela par la vertu d'un gazouillement d'oiseaux (*T* 2565-79). Ailleurs un chevalier lancé à toute allure est environné d'un essaim d'oiseaux qui lui font une escorte harmonieuse (*T* 8223-64). Il semble y avoir là un thème de poésie lyrique illuminé d'un rayon d'humour chez Gauvain ou embelli d'une atmosphère de fantaisie féérique chez Aalardin. Dans ce qui précède nous avons cité des développements où ce n'est pas *oisel* qui apparaît mais ses deux diminutifs. Peu importe. Nos romans le mettent sur le même pied et leur demandent le même service, qui est de contribuer à l'éclat ou à l'enjouement d'un passage descriptif: **oiselet, oisellon** remplacent *oisel* ou alternent avec *oisel* (voir p. ex. *T* 8224-8264), et sont de toute façon beaucoup plus fréquents. Il s'agit, il est vrai, d'oiseaux chanteurs qui sont de petite apparence, mais ces oiseaux continuent à chanter aujourd'hui, et nos contemporains, même en poésie, ne sont pas spécialement portés à les appeler «oiselets»: quant à «oisillon», il ferait rire. Il faut admettre que, si la langue moderne, du moins dans les noms communs, ne favorise pas

les diminutifs, mieux que cela s'en écarte instinctivement, il
n'en a pas toujours été ainsi, et qu'avant les poètes du xvie s.
ceux du xiiie s'y sont volontiers joués. S'appuyaient-ils sur un
usage réel de la langue parlée, et dans ce cas pourquoi cet usage
a-t-il disparu?

oiseler *intr.* *Q* 11038 s'il est liez nou demandez ja, Car ne fait mie
a demander, **De lui porroit en** — si Cador est joyeux (d'avoir
retrouvé son ami Caradoc) ne le demandez pas, ce n'est pas
une question à poser, sa joie est telle qu'il est prêt à s'envoler,
au point qu'on pourrait se servir de lui pour la chasse aux oiseaux.
Il y a là une imitation évidente du v. 6410 d'*Érec* et notre pas-
sage confirme pleinement l'interprétation que G. Paris a donnée
du vers d'*Érec*; voir l'édition de M. Roques (1953), et la note de
l'éditeur à la p. 231. *Oiseler* employé comme il est ici n'est pas
le seul emprunt de la 1re Continuation aux hardiesses les plus
surprenantes de Chrétien; voir en particulier **palüer.**

oiselet *s. m.* *T* 2566, 2598, 8227; voir **oisel.**

oisellon, **oiseillon**, **oisillon** *s. m.* *E* 2060, 2066, *T* 2570, 8236,
8264; voir **oisel.**

oiseuse *adj. fém.* *E* 586 l'une ne l'autre **n'est oiseuse Que joie et
solaz ne li face** (lit. n'est pas assez paresseuse pour qu'elle ne
lui fasse pas fête) ni l'une ni l'autre ne sont paresseuses à lui
faire fête, c' à d. l'une et l'autre se hâtent de lui faire fête et
de lui montrer joyeux visage. — *s. f.* futilité, perte de temps,
T 8602 **seneschal ... De grant oiseuse m'entremis** (lit. je
me suis mêlé d'une chose bien futile, j'ai bien mal occupé mon
temps), c' à d. j'ai fait une grande sottise, *E* 4606 **trop m'an-
tremetroie d'oiseuse** je perdrais bien mon temps.

oissu, ossu *adj.* osseux, *T* 7788 **la face oissue**, cf. *V* **la char
oissue**, et *E* 11364 **la char ossue**, *M* **la chiere ossue.**

oloir *intr.* sentir, rendre une odeur (bonne ou mauvaise), *E* 6212,
A 1612 **oillanz**, *L* 1580 **olans** p. pr., *L* 8444 **odra** fut. 3; au v. *M*
18504 on a une forme refaite du futur, du reste extrêmement
rare: ja tant petit n'**eudra** (le corps est si bien embaumé
qu'après un an ou deux) il n'exhalera pas la plus légère odeur;
cf. *L* 8444 et *T* 14248.

olverte *R* 177 **or est molt no joie a** —, est-ce là le pp. fém. de
ouvrir? Faut-il comprendre: «maintenant notre joie est à décou-
vert, se montre ouvertement?» *R* est le seul de nos mss à donner
cette locution.

ombre *s. m.* et *f.* *E* 8917 **an un bel** — **se sont mises** (Et esgar-
derent a devises Que font cil chevalier vasal), semble vouloir
dire «abri», «poste d'observation» plutôt que «ombre»; de même
T 11580 **si sont alé esbanoier Desoz l'**— **d'un olivier**, on
écoute corner et plaisanter les «gaites» car nous sommes au «soir
a la froidor», et il n'est pas mentionné que la lune brille; *T* 2830
en l'— **d'un brueil en vint**, ici c'est bien le sens moderne de
«ombre».

ometite *s. E* 11837, *M* **ametriste**, pierre précieuse, améthyste.
Godefroy, VIII, 104 b, s. v. *ametiste* donne 15 variantes du mot,
qui du reste ne comprennent ni la forme moderne ni les deux
que nous fournissent nos textes.

onguement *s. m.* *T* 6441, c'est le même mot que *oingnemant* (*Q* 10031) onguent; le sens du mot ne semble pas toujours bien défini au moyen âge, mais nous avons déjà ici très probablement le sens moderne de médicament externe qui sert à oindre le corps ou un membre malade.

oni, **onni** *adj.* fr. mod. uni, *T* 149 **n'est pas amis qui n'est onnis** n'est pas ami qui n'est à l'unisson avec son ami, *T* 993 mais qui qu'ait joie ne doleur, Ne qui le pis ne le meilleur, **Li doels Clarissent est onnis** quel que soit le vainqueur du combat mortel que se livrent son frère et son fiancé, le chagrin de Clarissent est le même, *E* 1565 (le roi Artur en présence du même combat et pour des raisons analogues souhaite que) **li plaiz fust oniz,** c' à d. qu'ils sortent du combat à égalité, qu'il n'y ait ni vainqueur ni vaincu.

oniche *s. E* 11828 pierre précieuse, onyx. Du reste cette dernière forme, avec une légère variante, se trouve également un peu plus loin au v. 11835 **onix.** *Oniche* rime avec *riche*, et *onix* avec *gentis*: c'est dire que l'*x* se prononçait *s*, et d'*onisse*, forme attestée chez Godefroy, on passe facilement à *oniche*.

onor *s. f.* fr. mod. honneur, masc., *T* 3784 **m'onors li fust abandonee** (elle aurait été mon épouse) et elle aurait eu les mêmes droits que moi sur mon domaine, *T* 8170 royaume considéré comme un fief transmissible à l'héritier.

onques *adv. de temps,* a le sens du latin *unquam* et de l'anglais *ever,* *T* 15197 (Guerrehés se réveillant après une merveilleuse aventure se trouve couché dans le lit le plus riche) **qui — fust ne jamais soit.** Ce vers montre clairement l'emploi normal de *onques,* qui en anc. fr. se rapporte au passé, tandis que *jamais* se rapporte au futur. *Onques* a disparu et nous avons perdu cette nuance, *jamais* nous suffit, qu'il s'agisse du passé ou de l'avenir. A *nunquam* et *never* se référant au passé correspond en anc. fr. *onques ne*: *M* 17705 **onques nus hom ne** lor fist guerre; l'exemple suivant marque une déviation intéressante: *T* 14666 **onques nel pot assener** (au cours d'un bref combat) jamais il ne réussit à le toucher; mais le fait est que nous préférerions dire «pas une fois» il ne réussit à le toucher»; il est visible qu'en anc. fr. *onques* s'applique volontiers à des durées de temps très réduites, trop réduites pour notre goût moderne: *M* 17678 (Nicodème prend le «vout» et part) **onques ne le sot nule gent,** ce qui ne signifie pas «jamais dans la suite des temps personne ne s'en aperçut», mais simplement «au moment de ce départ personne ne s'en donna garde», en d'autres termes *onques* prend facilement le sens de «pas un instant» (voir encore *T* 13776, et cf. un emploi analogue de *ever* et *never* en anglais). La phrase y gagne en force, mais *onques* y risque de s'affaiblir un peu pour son emploi ordinaire (voir *T* 7892 où la notion de temps disparaît tout à fait et où il ne reste qu'une forte affirmation). On l'a du reste senti de très bonne heure. Pour rendre sa vigueur au mot on a eu recours à 2 procédés: l'un d'eux consiste à répéter *onques*: *T* 1322-23 mais **onques** li rois de Halape Ne menga **onques** sor si blanche [nappe]; mais surtout on le fait suivre de la particule *mais,* qui a pour but de reculer la limite de durée dans un passé lointain: *T* 228 **onques mais gens ... Ne fist d'errer ausi bel offre** jamais encore personne n'a manifesté une pareille envie de se mettre en route.

onsain *adj. ordinal T* 9167 le onzième, cf. *E Q* 12939 **onzain**, *L* 3579 **onzein**; *A* 3779 écarte ce terme et préfère le cardinal **onze**.

ont, par — *locution adverbiale T* 13366 par où.

oposer *tr.* et *intr.* fr. mod. opposer, terme de la langue des écoles: *oposer* c'est, dans une discussion en règle, s'en prendre vivement à l'adversaire, l'attaquer, lui *poser* des questions captieuses auxquelles il *répond* de son mieux ou reste bouche bée. Ici notre auteur, cherchant un effet humoristique, transporte ces deux termes dans la langue militaire: *T* 5486 ainc Carados ne tant ne quant Ne se volt onques reposer; **As plus hardis volt oposer,** (Le jor fist mainte question Dont ainc n'ot le solution. Toz les plus haus vait plaidoier, Si qu'il n'en sevent esplaidier; Mains en i a si atornez Que de l'estour les a tornez.) Caradoc ne veut pas se reposer même un court instant. Il réussit à interpeller les plus hardis. Tout le long du jour il leur pose des questions gênantes, et ne reçoit d'eux aucune solution valable. (A la pointe de la lance ou de l'épée) il présente des arguments frappants aux plus grands seigneurs et ils sont incapables de se tirer de la discussion. Bref il fait si bien qu'il leur faut bon gré mal gré lui montrer leur dos. *T* 5558 même situation à quelques détails près. *T* 6784 un petit me weil reposer **Par moi respondre et oposer.** Mes max n'a que faire de presse; La gent m'ochist qui tant m'apresse, cf. *E* 10370 *a moi* respondre et oposer (Carados malade et désespéré ne se soucie pas d'avoir des visiteurs: s'il a des questions à poser, c'est lui qui y répondra), pas de discussion avec des gens qui le tuent de leur bavardage insistant; s'il a à argumenter, ce sera avec lui-même: il fera la question et la réponse. — Noter que dans les 3 passages ci-dessus *oposer* est amené à la rime par le même mot *reposer*: ce verbe est un mot-clef qui déclanche chez notre auteur une comparaison favorite.

or[1] *s. m. T* 2074 la veïssiez ... flamboier **maint elme a** — doré.

or[2] *s. m. A* 2756, 2832 l'— **de la cuve** le bord de la cuve; cf. *L* 2766, 2844 **l'eur,** *T* 7614, 7887 **le bort,** *E* 11190, 11461 **le borc.**

orains *adv. de temps* tout à l'heure, il n'y a qu'un instant *T* 8952, 9002, 10429, 13443, 15322.

orçuel *s. m.* vase, bénitier *T* 13325, voir la note à ce vers, t. I, p. 438.

ordenement *s. m.* arrangement, *T* 6418 **et par molt biax ordenemens** (Iluec l'ont couchié et posé), peut-on comprendre «avec tous les soins et toutes les précautions qui sont de règle quand on installe un malade dans une chambre où on vient de le transporter»? *T V* sont les seuls de nos mss à donner ce mot ici.

ore[1] *s. f.* heure, *T* 5783 molt le quidoit tost avoir pris **A icele foïe d'—,** lit. à cette fois de l'heure, il pensait bien le tenir cette fois-là, *E* 4261 Gauvains dormi sans esveillier **Tant qu'il fu haute — de jor** jusqu'à ce qu'il fît grand jour.

ore[2], **or** *adv.* ce sont deux formes du même mot, *or* étant une abréviation de *ore*, nous ne les séparerons pas. Le sens le plus courant de cet adverbe est «maintenant»: *T* 9071 seignor, **or mengiez,** fait li rois, **Et puis après** lués demanois ..., *E* 2212

com de male eure fui or nee (*or* = je m'en aperçois mainte-
nant) après ce qui vient de se passer, il est clair que je suis née
un jour de malheur; **or** *T* 4828, **ore** *T* 4829 (dans les deux cas
en opposition à **hui main**), *T* 10703 (opposé à l'impf. **faisoie**
impliquant l'idée de «il y a quelque temps»), *T* 10843-44 (opposé
au futur), *T* 11496 la moitié n'en connois je mie **De ceus qui
ore sont en vie** je ne connais pas la moitié de ceux qui vivent
aujourd'hui, *T* 12509 **dusqu'a or** jusqu'à ce jour (où nous
sommes), *T* 13302 **car ore est la, et ore est chi** maintenant
il est là-bas, maintenant il est ici, c' à d. **tantôt il est là-bas,
tantôt il est ici,** *T* 15291 (il arrivera une merveille à la cour)
mais moi ne le loist ore dire mais il ne m'est pas permis de le
dire maintenant (quoique je puisse le faire plus tard), de même *T*
9507 **ne me loist or pas chi a dire** Les merveilles del chimen-
tire, *T* 11061 **ore i parra** et maintenant on va voir (qui de
vous deux osera tuer ce jeune enfant), *T* 4327 **mais or parra
del bien ovrer,** *T* 4776: dans tous ces derniers exemples l'idée
de «à l'heure présente» ou «au jour présent» domine. Il n'en est
pas de même dans les phrases suivantes, où *or* est en tête et
le «et maintenant» n'est qu'une banale formule de transition:
T 9156 **or vos dirai de toz les nons,** *T* 4344, 7899. Parfois,
toujours en tête de la phrase, *or* peut prendre la valeur d'une
simple interjection: *E* 10746 **or oiez mon quel dolanté!** Ah!
écoutez bien, quelle misère! Finalement *or*, en position initiale,
en vient à n'être plus qu'un appui pour la voix: *T* 8980 quant
le volez, Jel vos dirai. **Or m'escoutez** puisque vous le voulez,
je vous le dirai. Ecoutez-moi donc; de même *T* 4458. Il faut
ici mettre à part les cas fréquents où *or* précède un infinitif
indépendant précédé lui-même de la préposition *de*: *T* 4540
or de bien sozhaidier (que), *T* 14804 **or del fuïr,** *T* 14836 **or
del rüer;** dans tous ces cas *or* correspond au *et* de la langue
moderne («et le public de rire»), avec cette différence qu'il s'agit
en anc. fr., non pas d'une description humoristique, mais d'un
bref commandement ou d'une vive exhortation.

oré *s. m.* temps, dans la mesure où le temps affecte la navigation
ou les voyages; suivant le contexte le mot indiquera beau temps,
temps favorable, ou orage violent avec pluie, tonnerre et éclairs.
Dans nos mss le mot est pris dans la seconde acception: *T*
13024, *E* 2032, *M* 17156.

oreille *s. f.* *T* 6101 **sovent ot li rois a oreilles** souvent le roi
entend de ses oreilles (ce qui se passait dans la tour), cf. *E* 9681
li rois ooit **a ses oroilles.**

oreillier *intr.* *T* 8012 tendre l'oreille (pour recueillir les bruits).

orendroit *adv. de temps* lit. «au moment même», mais comme il
est difficile de dire où commence et où finit un moment, il n'est
pas étonnant que *orendroit*, qui signifie proprement «sur-le-
champ» *T* 1727, 13457, puisse aussi vouloir dire «il n'y a qu'un
instant» *T* 8609, ou «dans un instant» *T* 11418, 14600. *Orendroit*
a disparu de même que *ore*, et il a été remplacé par «tout à
l'heure» qui présente la même histoire: il a voulu dire (et veut
encore dire dans certaines provinces) «sur-le-champ», et il signifie
maintenant tantôt «dans un instant», tantôt «il n'y a qu'un
instant».

orer *tr.* prier, *E* 3565 **et totes li orent bon jor** et toutes lui
souhaitent le bonjour.

orfanté *s. f.* *E* 4435, 4820, le mot signifie état de celui qui est orphelin, au sens le plus large du mot; dans les 2 exemples ci-dessus il s'agit de gens qui sont privés d'un puissant protecteur: *abandon* pourrait peut-être rendre là la nuance de *orfanté*.

orfrois, orfroi *s. m.* galon d'or servant à border une banderole clouée au bout de la lance *E* 1379, ou à faire attaches d'une épée *T* 3343, croix sur une étoffe recouvrant un cercueil *T* 13186, guige d'un bouclier *T* 10718, rêne d'une mule *E* 2083, collier de chien *T* 10480.

orleïce *s. f.* *E* 7063 bordure (de zibeline d'un manteau fourré de petit-gris), cf. *E* 11791 (en parlant du manteau de Guinier le jour de son mariage) iert forrez de gris ... Sebeline estoit *l'or-leüre*. Le mot n'est pas dans Godefroy.

orleüre *s. f.* bordure (de zibeline d'un manteau fourré) *Q* 7063, *E* 11791, bordure (d'un écu d'or) *E* 8113.

orne *s.* **a** — *E* 108, 856 l'un après l'autre, ensemble.

oroison *s. f.* *T* 6821 **par s'oroison** par l'intermédiaire de sa prière, grâce à sa prière, de même *T* 4841.

orrom *T* 13709 mot assez énigmatique au premier abord. *V* donne **erron**, *Q U* 17963 **or erron**, de même *L* 7897, et *P* 7881 **alon**. Ainsi *V*, *Q*, *U*, *P*, *L* sont d'accord pour comprendre au vers en question: «allons-nous-en», et en effet dans tous ces mss la con-versation entre le jeune fils de Gauvain et sa «dame» est suivie à peu de distance d'un départ (voir *V* 13755, *Q U* 18001, *P* 7928, *L* 7935). Rien de pareil dans *T*: voilà qui déjà nous invite à conserver **orrom** dans ce ms. (noter que *M* 17963 donne «or orron»). D'autre part, dans tous les mss sans exception, le jeune homme répond à sa dame par une phrase qui n'a rien à voir avec un départ: il y expose tout naturellement le résultat néga-tif de la mission que lui avait confiée sa dame, c'est donc qu'elle venait de l'inviter à lui rendre compte de cette mission. C'est pourquoi nous proposons de voir dans *errom* de *T* une inter-jection, ou une espèce de grognement, signifiant «Eh bien?».

ors *s. m.* ours, *E* 9015 molt i font bien **lor ors tumber** ils y font bien culbuter leurs ours (c' à d. leurs adversaires dans un tour-noi). Même note humoristique dans *M*; plus sobres *T* 5435 écrit «font ces **elmes** tombir» font retentir les heaumes, et *Q* 9015 «i font lor *cors* doter» ils se font redouter de leurs adversaires. Voir la note au vers *E* 9015, t. II, p. 596.

os [1] *adj.* osé, hardi *T* 478, *E* 4124, fém. **ose** *E* 7489.

os [2] *s. f.* variante de *ost* armée, *T* 306, *T* 2056 **la grans hos**, *U* 1141, 1143 **li os** (pourrait être un masculin).

oscurté *s. f.* obscurité, *T* 7814 l'— **de son vis** l'aspect sombre de son visage.

ost *s. f.* armée *T* 281, 298, 480, 484, 490, 817, 998, 1168, 2065, 2114, 2357, 2414, 2423, 2483, 2543. Les exemples suivants montrent que pour la version *T* le mot est féminin: *T* 417, 466, 470, 498, 643, 2137, 2371. Au v. *T* 2160 **et adonques ses os rajoste Li rois** et alors le roi assemble ses armées, nous avons un pluriel de magnificence.

ostagier *tr.* a signifié originairement «promettre en donnant otages, gage ou caution»; dans nos exemples le mot signifie sans plus «promettre sous la foi du serment»: dans *A* 8879 le «petit chevalier» vainqueur de Guerrehés dans un combat fait connaître au vaincu ses conditions et ajoute **Ce m'ostageroiz vos par foi?** Et l'autre lui répond simplement: **je l'otroi.** La parole d'un chevalier suffit; de même *L* 6371 où le **je vos ostagerai par foi** du Riche Soudoyer correspond à «je vos creanterai par foi» de *A* 6355.

ostegier *R* 1120 et li corages lor remue Com a l'ostor c'on trait de mue, Qui **de legier cange et cancele** *A* **qanque l'oste-gier l'apele.** *Ostegier* a l'air d'être un substantif: peut-on dire que l'ostegier c'est celui qui habite un *ostage*, c' à d. une demeure; ou bien y a-t-il un rapport avec *ostagier?* *Ostegier* serait alors celui qui libère l'autour sous condition (pour ce sens d'*ostagier*, voir le glossaire de Constans, *R. de Troie*, V, p. 239). Dans les 2 cas, on pourrait traduire par «maître»: leur cœur change comme il arrive à l'autour qu'on laisse sortir de mue, lequel change facilement d'intention et dit non à tous les appels de son maître.

oster *tr.*, le vb. *ôter* est plus vivant que jamais, mais il semble qu'il ait perdu un peu de sa force, si l'on en juge par les exemples que nous avons rencontrés dans *T*: 14586 qui me débarrassera de ce chevalier? 14596 **ostez le moi de ci** jetez-le moi dehors. On arrive par là à un emploi fréquent de l'impératif de ce verbe pour marquer une impatience mêlée de colère ou tout au moins de sérieuse désapprobation: *T* 8563 ah! par exemple, sire vassal, voilà qui enlève de son prix à votre présent, *T* 14960 ah! ne dites pas cela. Voir encore *T* 15132, 15136 arracher, *T* 14699 **ne ja puis n'en seront osté** (d'un travail forcé et humiliant) on ne les tirera plus de là, on ne les lâchera plus.

ostoier *intr.* *T* 297 se grouper en une armée pour faire la guerre.

ostor *s. m.* fr. mod. autour, oiseau du genre épervier qu'on dressait pour la chasse *R* 1118, *E* 15839, *T* 11765 **ostoir.** Quand Gauvain errant un peu au hasard dans la lande entend le cri de l'autour, il sait qu'il n'est pas loin d'une maison et il se dirige immédiatement du côté d'où venait le son.

otré *s. m.* *T* 15026 **otrez de roi si est itex** (Que sa parole estre ne doit Se voire non por rien qui soit) promesse de roi est si sacrée que, quelles que soient les circonstances, sa parole ne doit être que la vérité même.

otroier *tr.* fr. mod. octroyer, *T* 14741 **creante et otroi** indic. pr. 1, *T* 7512 **il li otrie** 3, *É* 16107 **ne la m'ostraiast** subj. impf. 3, donner, accorder en général avec une idée de faveur qu'on nous fait, ou d'une garantie qu'on nous donne.

ou *adv.* fr. mod. où, *T* 5845 onques mais mesire Gavains Por nul home ne fu si vains **Ou se combatist en sa vie** avec qui il eût lutté au cours de sa vie. Bien que *où* soit très employé aujourd'hui dans un rôle de pronom relatif, la langue moderne n'irait pas jusqu'à cet emploi du XIIIe s.

ouan *adv. de temps* cette année, *E* 2650 **des —** cette année même et à une époque de cette année déjà lointaine, c' à d. depuis pas mal de temps.

outrage, oltrage, outraige, ostraige *s. m. E* 6917 **desmesure ne outraige N'est pas honor ne vaselaige** la démesure ni l'insolence ne doivent être confondues avec l'honneur ou l'idéal d'un chevalier. C'est là une bonne définition du mot (quoique de notre point de vue restreint à la classe noble), mais le terme «insolence» n'est pas assez fort pour s'appliquer à un viol (*T* 10042), ni à d'autres délits à peine moins graves (*T* 4006). C'est dire que le mot prend sa valeur précise du contexte qui l'entoure: aussi bien que de véritables crimes, comme nous venons de le voir, il peut désigner un léger manque de courtoisie de la part d'un chevalier *T* 10723, ou un orgueil égoïste *E* 8269, ou l'attitude peu raisonnable d'un forcené qui ne veut pas entendre raison *E* 3196, ou une accusation mal définie mais que l'incriminé n'accepte pas *E* 1759. Citons, pour terminer, cet éloge de Gauvain *E* 1782 il ne disait «a nul chevalier vilenie, **Outraige** n'orgoil ne folie.» Pour nous «outrage» est peut-être le plus faible de ces quatre mots: pour le xiiiᵉ s. il contient les trois autres.

outrageus, otrageus *adj. T* 12841 **por pautonier orgueilleus, Por felon et por outrageus Vos fait li seneschax tenir** le sénéchal vous fait passer pour un homme sans feu ni lieu, un orgueilleux, un traître et un individu sans vergogne, *T* 10062 **trop a fait qu'otrageus vassaus De mon paveillon pechoier** il s'est conduit comme un insolent sans retenue quand il a déchiré mon pavillon.

outre, oltre *adv. T* 3839 **mon frere m'a mort jecté Oltre ce mont** il a jeté bas mon frère mort au-delà de cette colline (de l'autre côté de cette colline). Le mot accompagne souvent un autre adverbe *parmi*: *T* 3314 **parmi oltre totes les gens Au dois devant le roi s'en vint** lit. [passant] par le milieu et [allant] au-delà, c' à d. Keu fendant la foule s'en vint à la table d'honneur devant le roi; de même *T* 2514 s'en va ferant de esperons **Parmi oltre les paveillons**, *T* 858 **parmi oltre les haubers Les font passer** (les fers des lances). Noter dans ce dernier exemple l'emploi du mot *passer*: c'est en effet surtout avec ce vb. qu'on trouve l'adv. *outre*: *T* 1349, 4574, 13669, 13783, 14455, 14768. Dans tous ces exemples *outre* n'indique pas seulement le point où tend l'action, il prolonge la nuance de mouvement qui est exprimée par le vb.: *outre* joue donc auprès de *passer* un rôle analogue à celui de *jus* auprès de *descendre*, ou de *sus* auprès de *monter*. Le fr. mod. s'est débarrassé de tous ces adverbes de mouvement: *jus* a complètement disparu, *outre* survit, il est vrai, mais n'est guère conservé, en dehors de la locution adverbiale *en outre* qui s'emploie uniquement au fig., que comme préposition «outre cette raison.» Ainsi, au lieu de dire **de ce me weil outre passer As deus rois** *T* 4574 nous disons simplement «je veux passer de cela (à autre chose)», au lieu de **si est passez oltre le pont** *T* 14455 nous nous contentons de «il a passé le pont». Mais nous avons conservé (au fig.) le vb. *outre-passer*: il a outrepassé ses droits.

outrer *tr.* mener son adversaire au combat de telle façon qu'il soit forcé de se reconnaître vaincu: *T* 12302, 12360, 12464, *E* 2925. On ajoute souvent au vb. un complément comme «d'armes», «de la bataille», *T* 13948-9, 14727, *E* 85; *réfl. E* 16274 **quant se durent oustrer** quand ils vinrent au point décisif de la lutte, celui qui décide de la victoire.

ovreor *s. m. A* 4239 atelier.

ovrer *intr.* travailler, *T* 4327 **mais or parra del bien** — (Si que nos puissons recovrer Les deus jors que avons perdus), fusion de 2 phrases: *or del bien ovrer* c'est le moment de fournir du bon travail, et *or i parra* on va voir (qui saura s'y distinguer). Il s'agit d'un grand tournoi et le travail qui s'y fait consiste à faire pleuvoir des coups de lance et d'épée sur un adversaire qui en fait autant de son côté. *T* 5601 même tournoi: le roi Cadoalan et ses hommes ont si bien «travaillé» qu'ils ont rétabli la situation. Tous nos autres exemples sont des participes passés qui renvoient à un emploi transitif du verbe et qui, sans exception, s'appliquent à des œuvres de décoration et d'ornementation: *T* 810 une molt riche ensaigne i pent [à une lance] Brodee d'or molt soltieument, C'onques d'iex ne fu remiree **Nule plus richement ovree** plus richement ornée, *T* 14501 **une chambre si ovree C'onques ne fu tex esgardee** si bien décorée qu'on n'en a jamais vu de pareille; de même *T* 9904, 14704 (pavillon), *T* 9610, *A* 4228 (tentures et voiles pour la décoration des rues), *T* 9643 (nappe), 14512 (courte-pointe), *E* 2083 (orfroi d'une rêne), *T* 14170 (chaîne d'argent), *T* 8305 (pont-levis).

ovrir *intr. T* 10788 au chief del maistre dois avoit Un huis **qui en la cambre ovroit** qui ouvrait *sur* la chambre.

P

paie *s. f. T* 5826 **sor l'elme si grant li paie Que bien le dut tenir a** — il lui paie un si grand coup sur le heaume qu'il est bien justifié à y voir un bon salaire (le sujet du vb. **dut** peut être l'un ou l'autre des deux adversaires): cf. *E* 9408 et variantes. Voir **paier.**

paier *tr.* fr. mod. payer, employé dans nos mss au fig. au sens de «donner, distribuer des coups», *E* 1622 **tant li paie de cos et done** Come cil plus sofrir am puet; de même un peu plus loin *E* 1626 et messires Gauvains **li paie, Granz cos li done molt et preste, Et la solte n'est mie preste** Gauvain lui règle ses comptes, il lui distribue les coups, lui en prête d'autres, et la réponse ne vient pas (lit. [du côté de Guiromelant] le paiement n'est pas prêt). Voir encore *T* 5706, 5825, 5868.

paignon *s. m. T* 4958, *E* 8540, le mot n'est pas donné par Godefroy, mais il est difficile de n'y pas voir une variante, avec changement de suffixe, de *poigneis* lutte, combat. Voir note au v. *E* 8540, t. II, p. 595.

pain *s. m. T* 14573 s'avoit dedens [le hanap]... **Lait d'amandes et levé pain** du pain dont la pâte a levé; *T* 13280 par toz les dois **li pain sont mis** un pain devant chacun, autrement on ne comprendrait pas le pluriel.

paindre, poindre *tr.* fr. mod. peindre, *E* 15098, 15104 chambre où est peinte richement l'histoire de Troie et d'Hector, et de Pâris et Hélène, *E* 8295 écu peint; *T* 14476 cambre... **painte... et volse de lambre,** voir **lambre.**

paine *s. f. E* 4316 **ne li fu — De demander** il n'eut aucune
peine à demander, c' à d. il demanda avec empressement (si
c'était bien là le pavillon qu'il cherchait), *T* 12625 **a paines
nus le querroit** nul, ou peu s'en faut, ne le croirait, *T* 8169 **a
quelque — Rechut l'onor** mais néanmoins, quelque difficulté
qu'il fît d'abord, il accepta l'héritage du domaine royal. Voir
pener.

painture *s. f. T* 2691 **l'image sor tote rien Monseignor Gavain
par — Sambloit** l'image (brodée) de monseigneur Gauvain
était une peinture d'une ressemblance parfaite, c'était mon-
seigneur Gauvain en peinture.

painturer *tr. M* 18730 **chambre Tot entor painturee a lambre;**
voir **lambre.** *Peinturer,* qui a été un synonyme de *peindre,*
n'est plus qu'un terme technique sans prestige.

pais *s. f. T* 14602 (cf. *L* 8804) **la damoisele se seoit Tot en — et
mot ne disoit** elle était assise bien tranquille et ne soufflait
mot; le mot *pais* à lui tout seul, sans addition explicative, peut
signifier «silence»: *T* 3333 **que que il parloit einsi Et li autre
sisent en —** sont assis en silence, de même **en pes** *T* 2432,
L 2366, 2462; *T* 15131 **en — estez!** restez tranquille, ne bougez
pas, *T* 14964 **la chose en — laier estuet** inutile de nous arrêter
à cela, laissons cela tranquille, *T* 3856 **n'alez mie querant vo
—** vous n'allez pas chercher votre tranquillité, c' à d. ne
courez pas au-devant des désagréments (qui vous attendent
si vous me cherchez noise), *A* 3443 **qui jamés de lui pes avra**
qui le laissera jamais tranquille.

paisson *s. m. T* 4065, 9905 piquet (de tente).

paistre *tr. T* 14577 **paissoit** indic. impf. 3, faire prendre à un
malade (à l'aide d'une cuiller du pain émietté dans un lait
d'amandes).

pale [1] *adj.* fr. mod. pâle, *T* 8290 il i avoit chambres et sales Qui
n'estoient **ne viez ne pales** ni vieilles ni défraîchies; *T* 10612
(à la tombée de la nuit) la sale ... ert **oscure et pale** obscure
et blafarde.

pale [2], **paile, paille, paisle** *s. m.* riche étoffe de soie fort
employée dans le train de vie du monde féodal: on en fait des
tapis où s'asseoir *T* 8376, 13406, où dormir *T* 15191, ou bien
sur lesquels les chevaliers s'arment pour le combat *T* 687, *E*
16184, *A* 549; des tentures pour une chambre *E* 6294 ou pour
la décoration des rues *T* 9613; un voile pour recouvrir une
bière *T* 1376, 1378, ou pour y étendre un chevalier mort
T 14189, 14192, 14329, 15300; une couverture pour mettre sur
un lit *T* 14496, *M* 18803. On en fait encore une garniture de
chapeau *T* 1272, des chapes de chanoines *T* 13228, une cou-
verture de cheval *T* 12089, une décoration d'écu *E* 12190.
Parmi les dons que font les rois à leurs chevaliers cette belle
étoffe de soie est en bonne place *T* 8716; elle vient parfois de
l'étranger *T* 4359-60, 8716, mais on la tisse aussi en France,
et notamment dans les ateliers de travail forcé *T* 14701.

palefroi *s. m.* cheval qui sert pour la promenade ou le voyage
par opposition au *destrier* qui est le cheval de bataille: *T* 1075,

1148; c'est en particulier, avec la mule, la monture favorite des dames: *T* 15139, *E* 15933; parfois le destrier et le palefroi sont rapprochés dans la même phrase: *T* 11252: c'est qu'il s'agit alors d'une courte sortie pour se rendre non pas sur le lieu du combat mais à un château d'où il y aura peut-être lieu de combattre le lendemain ou les jours suivants. Noter le v. *T* 368: le roi, pressé de courir au devant de Gauvain son neveu qui revient d'une lointaine expédition, aurait volontiers pris son destrier pour un temps de galop, mais il craint de perdre du temps à l'attendre et se contente de monter son palefroi qui est tout prêt.

palés, palais *s. m.* Il est certain que le mot a été employé dès le XIIIᵉ s. pour indiquer un édifice somptueux appartenant à un grand personnage: il suffit de renvoyer à *Aucassin et Nicolette* (éd. M. Roques), et en particulier à XXVIII 19, 20, XXXVII 4. Mais les passages que nous avons recueillis dans nos mss ne montrent qu'un exemple très douteux de cet emploi, sur lequel nous reviendrons. Il s'agit presque toujours, dans les mss de la 1ʳᵉ Continuation, de la grande salle d'apparat et de réception d'un château ou d'une demeure princière: c'est là que l'on prend les repas en commun, et c'est aussi là que, le repas terminé et que les tables enlevées, se déroule la vie du château et que les grandes fêtes se donnent. Voir *T* 94, 114, 124, 280, 419, 3459, 8936, 8957, 9077, *E* 772. Noter l'opposition entre *chastel* et *palés U* 750 et 751, *E* 759 et 762. Le palais est également appelé *sale*: *T* 8529 et 8592, 8621, 8655, 8693, 8844, 9077 et 8894, 8902, 9153, 9177 et 9184, *A* 3803 et 3806, 7172 et 7175. En fait le palais (le grant palés *A* 3806) peut toujours être appelé la «sale», bien que la réciproque ne soit pas vraie. Dans le passage de *T* qui commence au v. 1244 il semble au premier abord que Gauvain, à sa première visite au château du Graal, passe successivement de la *loge* 1249 à la *sale* 1259, puis enfin au *palais* 1263, mais à y regarder de près on s'aperçoit que la salle et le palais ne font qu'un: le v. 1259 **d'iluec l'en mainent en la sale** signifie «ils le mènent de la loge dans la direction de la salle» qui n'est autre que le *palais* où nous arrivons au v. 1263. Souvent le palais est de plain-pied avec le dehors: on peut y entrer à cheval *T* 3334, cf. 3344. Mais il arrive qu'on monte au palais: il en est ainsi au château mystérieux de la reine Ygerne *É* 872, 873. Voici maintenant le passage douteux annoncé plus haut. Il s'agit du ms. *E*: des nouvelles sont arrivées de Gauvain, le palais 152 retentit du son des harpes et de la joie de tous, mais il faut aller prévenir la reine qui est dans ses *chambres* 204; le messager va donc «san dire plus Droitement ou palais la sus Ou li diaus estoit granz meüz» 212. Que peut bien être ce «palais» dont il est question ici? A la rigueur, ce pourrait être un appartement donnant sur le haut de la grande salle où il y a peut-être une galerie circulaire (cf. **as estrres del palais** *T* 280 et aussi *T* 419), mais il est plus probable que *E* s'est embrouillé ici: il est le seul, absolument le seul de tous nos mss, à mentionner ici le «palais»: les autres mss ou bien n'ont pas le vers correspondant, ou bien parlent, comme on s'y attend, de *chambres*.

palis *s. m. T* 8280, 11779 palissade entourant une maison forte; au v. *T* 9256 la palissade semble entourer une assez grande étendue de terrain occupé par des cultures variées ainsi que par des moulins, des étangs et des viviers: cf. l'interprétation de *L* 3660-61.

palme *s. f. T* 1576 mesure représentant la largeur de la paume de la main; *A* 1466 **a plainne paume** semble vouloir dire: rognèrent la lance de chaque côté de son corps d'une «paume» entière (cf. variante de *P*).

palüer *tr.* souiller, *E* 4006 **ainz sa boiche ne palua** (Quant li dist: «Sire, bien veigniez!») lit. il n'a pas sali sa bouche quand il a dit à Gauvain: Sire, soyez le bienvenu, c' à d., croyons-nous, il a dit cela sans arrière-goût amer à la bouche, mais aisément, comme une chose qui va de soi quand on rencontre par hasard un beau et fort chevalier comme Gauvain. Il semble y avoir là une imitation, assez surprenante du reste, des vers 1570-72 de la *Charrette* de Chrétien. Voir **oiseler.**

pan *s. m.* large morceau de l'étoffe dont est fait un vêtement, *T* 2966 morceau d'un bliaut coupé par Gauvain pour faire un pansement; *T* 2451, 2596, 9908, 13856 morceau de la toile d'une tente.

pane, penne *s. f. T* 2404 (cf. *E* 6002), *T* 11638 bord supérieur de l'écu. Ce sens est assuré par le passage suivant du *Lancelot* en prose, éd. Sommer, t. I, 304, 36: Si le regarde [l'écu] moult et amont et aval et voit que il est tous fendus **des le pie jusqu'en la pene amont.** Pour le v. *E* 7784 voir la note à ce vers, t. II, p. 594.

panu *adj. T* 9317 (d'un bliaut) forré d'ermine por le chaut N'ert pas lons, **mais lez et panus,** de même *L* 3723 et *A* 3939. Godefroy n'a qu'un exemple de ce mot qu'il traduit par «fourré», mais cette définition ne convient guère à l'exemple qu'il cite et pas du tout à celui que nous citons ici; placé à côté de *lez* = large, *panu* semble plutôt avoir le sens d'«ample» en parlant d'un vêtement. Voir **espanu.**

paor *s. f.* peur, *T* 10786 ainc mais li rois n'ot a nul jor **De son neveu si grant** — jamais encore le roi n'avait eu une si grande peur au sujet de son neveu, c' à d. *pour* son neveu; de même *T* 12173 **li rois a de Gavain** — le roi a peur *pour* Gauvain, *T* 7642 **grant** — **ai de m'ame** pour mon âme; construction courante en anc. fr., mais qui ferait contresens aujourd'hui.

par *prépos. T* 11228 bien fu seü lués **par la terre** par toute l'étendue du domaine, *E* 5377 li rois a ses brief anvoiez **Par ceus qui sont de som ampire** par les domaines de ceux qui (cf. *Q a* ces qui, *U a* ceus qui), en fr. mod. cet emploi de *par* ferait équivoque; *T* 557 **par loisir** en prenant son temps, soigneusement, *T* 570 **par conte** (en i ot trois milliers) il y en avait trois milliers bien comptés, *T* 98 bone novele orrons **par tens** bientôt, *T* 309 **par decha** en deça, de ce côté-ci, *T* 4027 de la terre l'ont meü [un chevalier blessé] Et mis **par deseure un cheval** ils l'ont mis sur un cheval («par-dessus un cheval» indiquerait aujourd'hui qu'on laisse tomber le blessé de l'autre côté du cheval), *T* 6210 cil troi ... furent frere A Caradot **de par le pere** ils étaient frères de père de Carados (aujourd'hui *de par* indique l'acte d'un pouvoir établi, «de par la loi»), de même *T* 15281-82 morteus estoit **de par le pere,** Mais si n'ert pas **de par le mere,** *T* 5718 **par lor**

cors Merveilles font (nous dirions aujourd'hui *de leur corps*, et c'est ce que donne *E* 9300, au contraire *M Q U* ont le texte de *T*). — *Adv.* **par**, généralement précédé de *molt*, peut être un adverbe d'intensité qui vient retomber sur un adjectif ou un verbe placé après: il indique alors qu'une certaine qualité, **ou** attitude, ou action est poussée jusqu'à l'extrême limite: *T* 239 **molt par i ot riche charroi** un convoi d'une richesse inouïe, *T* 5043 **molt par avez vasselage** vous êtes d'un courage à toute épreuve, *T* 3389 **molt par l'en poise** le roi en a un chagrin violent. Dans le même emploi, mais moins souvent, *par* au lieu d'être précédé de *molt* est accompagné de *si* ou de *tant*: *T* 3591 il l'a baisié en un tenant Plus de cent fois, **tant par l'a chier** le roi Carados a embrassé son fils plus de cent fois d'affilée, tant il l'aime et le chérit, *T* 3913 Karados **par iert si chaus** Carados est si accablé par la chaleur qu'il ne peut poursuivre son adversaire.

parafoler *intr.* *E* 10848 li rois **s'an vet parafolant** se lamentant à se faire mal. Emploi rare; le mot se ne trouve que dans *E* et *M*.

parclose *s. f.* **a la —** *T* 8079, *E* 6634 à la fin, pour finir.

parçonier *s. m.* *R* 1351 qui partage (avec un autre), qui participe à.

pardon *s. m.* **en —** *T* 7743 en vain.

pardoner *tr.* *T* 11128 et li prie ... **Qu'il li pardoinst** (subj. pr. 3) **son maltalent**, lit. le prie de lui pardonner sa rancune, c' à d. le prie de lui pardonner les torts qu'il avait envers lui (et qui ont causé la rancune de Bran de Lis).

paremant *s. m.* *A* 7031 parure, étoffe brodée qui recouvre le devant de l'autel.

parenroidir *tr.* *T* 855 **por plus — lor cols** (au moment où ils arrivent l'un sur l'autre au galop de leur cheval) pour assurer plus de roideur à leurs coups (ils appuient de toute leur force sur l'écu de l'adversaire). Au passage correspondant de *L* (823) nous avons la forme *paresroidir* (par esroidir) qui, avec un autre préfixe, a le même sens que *parenroidir* (par enroidir). Pour le rôle que joue *par* dans les composés de ce genre, voir **par** adverbe.

parfaire *tr.* *T* 8093 li rois ... En fu en molt grant pensement, Et s'a **si parfait lor pensee** (Qu'il orent tost la mer passee) le roi pensa beaucoup à ce projet et il l'a mis à exécution, si bien qu'ils ont tôt traversé la mer.

parfescion *s. f.* fr. mod. perfection, *E* 12135 de la joie que il ont fete, Vos di bien qu'elle fut parfete; **N'i ot conté —**, ce dernier vers n'est pas clair, plusieurs explications sont possibles, nous proposons celle qui nous paraît la plus probable: la joie fut parfaite, mais on n'y conta pas la perfection, c' à d. ce qu'on y conta, ce n'est pas du tout la perfection (allusion aux souffrances de Carados)? *M* et *Q* diffèrent entre eux et ont des textes contradictoires et différents de celui de *E*.

parfit *adj.* parfa't *T* 2012, *R* 476.

parfont *adj.* profond, *E* 4549 **am** — à une certaine profondeur, *T* 10814 li sans vermaus **saut de** — saute dehors venant d'une profonde blessure, jaillit d'une profonde blessure.

parhurter *intr.* infin. substantivé *A* 6052 **au** — au moment où ils se jettent l'un sur l'autre, au moment du choc.

parlement *s. m.* *T* 833 **il n'i ot fait lonc** — pas de longs discours entre les deux adversaires (mais on passe tout de suite à l'action, c' à d. au combat), *T* 1764 conseil des grands barons (pour juger de la légitimité d'un combat inégal qui se prépare), *M* 17654 **entr'eus pristrent un** — ils se réunirent entre eux en un conseil.

parler *intr.* p. pr. employé comme adjectif, *T* 3176 lors fu si biax **et si parlans** et si bien dressé à la parole (le jeune enfant a cinq ans).

parlier *adj.* *E* 6908 et quant il sera chevalier, **De son fait ne soit ja parliers** qu'il ne parle pas tout le temps de lui-même.

parmi *prépos.* *T* 12905 **ferus ert** — **le cors** il est frappé de telle façon que le javelot lui traverse le corps, de même *T* 9829 **parmi l'espaulle** fui navrez D'un glaive, *T* 9741 d'une fort lance ... Ot **parmi l'escu** un tronchon, *T* 14542 **parmi la fenestre descent** par la fenêtre, *T* 3463 cil est entrez **parmi la porte** par la porte, de même *T* 9603, *T* 9615 **parmi les rues** passant par les rues, *T* 9736 **parmi un huis qui'st entr'overs** par une porte entrebâillée (cf. *T* 3466 **parmi la sale** où nous pourrions même auj. conserver le *parmi*), *T* 10501 s'en fuit **parmi une chambre** par une chambre, de même *T* 13635. — *Adv.* *T* 3871 de l'espee tel cop li lance Que **la lance parmi tronchone** se brise par le milieu, *T* 2514 s'en va ferant des esperons **Parmi oltre les paveillons** c' à d. il passe par le milieu des pavillons et les dépasse, *T* 14545 **parmi el vergier se lance** par [la fenêtre] il se lance dans le verger, de même *T* 14441.

paroil *adj.* pareil, *E* 4384 **mal est la bataille paroille** (De deus contre un) bien inégale la bataille de deux contre un.

paroir *intr.* *T* 65, 8003, 12906, 14388, *E* 127 **pert** indic. pr. 3; *T* 1000, 8632 **pere**, *T* 4608 **paire** subj. pr. 3; *T* 4741 **parant** p. pr.; *T* 10870, 10874 **paroit** indic. impf. 3, *T* 13333 **paroient** 6; *T* 4327, 4751, *E* 2680 **parra** fut. 3. — *Paroir* correspond au fr. mod. *paraître*, mais les nuances exprimées par ces deux verbes ne sont pas toujours les mêmes: 1. paraître, se laisser voir, se montrer: *T* 65 **au besoing pert qui est amis** c'est au besoin qu'on reconnaît ses amis, *T* 8003 **li lius del serpent i pert** (sur le bras de Carados) on voit bien l'endroit où le serpent s'était enlacé autour de son bras, *T* 4741 cop qui fait li a grant plaie **Enson la teste al miex parant** au sommet de la tête, là où cela se voit le mieux; de même *T* 10870, 12906, 13333; fig. *T* 14388 **bien pert a son atornement** cela se voit à la façon dont il est vêtu, *T* 10874 **bien paroit qu'il ert chiers tenus** [le tout jeune fils de Gauvain], **S'iert il** il avait tout l'air d'être tendrement élevé, et en effet il l'était. — 2. Au futur, dans la locution «or i parra» (parfois «or parra»), extrêmement fréquente en anc. fr., lit. «et maintenant il y paraîtra», c' à d. on va voir (ce qui va se passer): ce n'est pas l'annonce d'un fait probable, c'est une véritable exhortation à agir; on spécifie l'action en question, quand on la spécifie (voir *T* 7590), de 2 façons: soit (*a*) à l'aide d'un infinitif relié à *or i parra* par la préposition *de*: *T* 4757 **or i parra de lui merir** c'est le moment de lui faire payer cher (les coups dont il nous a accablés), vengeons notre honte en frappant dur sur lui, *T* 4327 **mais or parra del bien ovrer** on va voir si nous savons bien travailler, c' à d. hardi! à l'ouvrage, et mettez-y du cœur! soit (*b*) à l'aide de la conjonction *com* ou *coment*: *T* 4751 **or i parra ... coment le comperra Cil deables** on va voir comment ce démon va nous payer cela, c' à d. faisons-lui payer cela, et vite! *E* 2680 **or i parra ... con tu le feras** on va voir ce que tu feras (lit. comment tu le feras). — 3. Dans une locution analogue on emploie, non plus le futur, mais le subjonctif présent: *T* 8632 (tout le monde passera par l'épreuve du cor, dit Artur) par l'ame Urpandragon mon pere. Sire, fait il, **donques i pere!** qu'il y paraisse donc! c' à d. mettez vos actes d'accord avec vos paroles, faites avancer le premier à passer. De même *T* 4608-09 **ja convenra que il i paire** (Li quels se mainterra plus gent) il faut qu'on voie lequel des deux va se montrer le meilleur combattant, *T* 1000 sire, fait ele, **or pere chi ... se vos m'amez** et qu'on voie maintenant si vous m'aimez.

parole *s. f. T* 3078 **revenir weil a ma** — je veux revenir à mon récit.

part *s. f.* joue au XIIIᵉ s. et plus tard le rôle que jouent aujourd'hui les mots *côté* et plus rarement *endroit*: *T* 14895 **cele part vint** il alla de ce côté, dans cette direction, *E* 660 **garde celle part** regarde de ce côté, *E* 653 (cf. *T* 4689) antandirent a governer **Tant que d'autre part arriverent** ils se mirent au gouvernail jusqu'à ce qu'on eût débarqué sur l'autre rive (nous avons conservé, avec *côté*, ce *de* qui n'indique nullement mouvement pour s'éloigner de: *de* quel côté allez-vous? il s'en va *du* même côté que vous), de même *T* 8060 si prist son chemin **d'autre part** il se dirigea d'un autre côté, *d'autre part* ne s'emploie plus qu'au fig. dans une locution figée, *T* 3543 bien loins del roi L'en a mené **a une part** très loin du roi il l'a mené à l'écart, il l'a pris à part, *E* 2386 se vos estïez or meüz, Ne troverïez nul manoir **Nule part** (de jors ou manoir Peüssiez annuit) si vous étiez en route maintenant vous ne trouveriez nulle part de jour (pendant ce qui reste de jour) une demeure où vous puissiez obtenir un logement pour la nuit, *T* 10564 sanz lui n'iroit il **nule part**, *T* 4655-56 sachiez n'erent pas **d'une part**, Ains en ot **de chascune part** les chevaliers de la Table Ronde qui venaient au tournoi, sachez-le, n'étaient pas tous du même côté des combattants, il y en avait dans les deux camps. Au fig. *T* 4690 li chevaliers **de bone part**, il semble qu'ici l'expression *de bone part* indique le chevalier qui, dans ce grand tournoi où on combat camp contre camp, a la sympathie de l'auteur: avant tous Gauvain, ce modèle de toute courtoisie et de toute vaillance, *E* 4111 et bien set et cuide savoir Qu'il **n'est mie de male part**, ainsi Gauvain juge d'un vavasseur qu'il a rencontré en route et qui lui donne l'hospitalité: il veut dire un homme en qui on peut avoir confiance, ou, comme nous dirions, un homme bien, *T* 6302 atant de la dame se part L'enchanteres **de male part** un homme qui a des sen-

timents bas et en qui on ne peut pas avoir confiance. — On
aura remarqué plus haut que l'expression *cele part*, si fréquente
en anc. fr., n'est reliée au verbe par aucune préposition, ce qui
serait impossible aujourd'hui; nous dirions «arrivés *à* ce côté
de l'édifice, nous aperçûmes...». Mais par un archaïsme curieux,
inaperçu de la majorité des Français, nous employons encore
sans préposition *quelque part* et *nulle part*: cf. «quelque part
que vous alliez» et «*de* quelque côté que vous alliez, *à* quelque
endroit que vous vous rendiez».

partie *s. f.* le sens se rapproche souvent de celui de notre mot
côté, *T* 1840 Jhesucris au sol se tiegne **Et devers sa partie
viegne** que Jésus Christ se tienne avec celui qui est seul (et
doit combattre contre deux adversaires) et vienne de son côté,
T 1846 or me dites ... qui sont Li doi **qui l'une partie ont**
qui sont d'un côté, qui constituent une des parties qui vont
combattre, *E* 1660 Amors **la torne a sa partie** l'attire de son
côté, *E* 5461 celles ... Vorrai je **partie aconter** je veux les
énumérer en partie.

partir, ce verbe signifie essentiellement partager, diviser, séparer;
partir d'un endroit, c'est se séparer de cet endroit: aussi dit-on
généralement au XIIIe s. «se partir d'un lieu», *T* 7676 **atant se
part de lui Cadors**; de même *T* 5720, 7577, 7685, 8059; mais
la tournure moderne se montre déjà: *T* 7519 **atant part de lor
compaignie**, *T* 11148 **la bataille ensi parti** les combattants
se séparèrent ainsi, la bataille prit fin de cette façon, *T* 6491
Caradot ... Laissa de lui **si seul partir** il laissa Carados partir
ainsi sans être accompagné de qui que ce fût. — Séparer *tr.*:
T 10630 adont comencha a ferir Ses gens **por la presse partir**
pour séparer ses gens l'un de l'autre, pour rompre la foule com-
pacte (cf. *T* 4808), *T* 11753 un grant cerf **parti avoient Des
autres** avaient séparé des autres. — Participer à *intr.*: *T* 7109
a vos tantost venue fuisse **Partir a vostre aversité** je serais
venue sans retard participer à votre malheur, *T* 4834 et son
cors **que n'i parte autrui** elle lui a donné la promesse de son
corps auquel nul autre n'aura part. — Fendre en deux: *intr. T*
6492 bien me deüst ... **partir Mes cuers** il serait bien juste que
mon cœur se fende en deux, éclate (de chagrin), ex. analogue
T 9374, *réfl. E* 12000 **toz li ciaus se partoit**, Ce leur est vis
il leur semblait que le ciel se fendait en deux, s'entr'ouvrait. —
Pp. partagé, divisé: *A* 802 **ses escuz estoit d'or partiz Et
d'azur** son écu était mi-parti or et azur, *T* 694 il ot vestu un
gambison **Parti de porpre et d'auqueton** moitié pourpre moi-
tié auqueton. — Jeu parti: on vous offre un *jeu parti* quand on
vous donne le choix entre deux solutions, qu'il s'agisse d'une
opinion ou d'une action, étant donné que vous êtes tenu de
choisir: *T* 14723, 14736; si les deux solutions n'offrent pas des
avantages comparables, on dit que «le jeu est mal parti»
T 1832, *E* 938; le mot *jeu* peut ne pas intervenir *T* 4632 **molt
est mal partie la guerre** D'un tot seul home contre vint.

parvoier *intr.* intensif de *voier* cheminer, se mettre en route, *M*
10290 un molt cortois Mesaigier que li anvoia Cador, **qui ersoir
parvoia** un très courtois messager que lui envoya Cador et qui
se mit en route la veille au soir. Voir note aux v. *E* 10287-90,
t. II, p. 598.

pas[1] *s. m.* allure la plus lente du cheval, *T* 1069 (Gauvain) vers

son hostel **en va le pas** il s'en va au pas vers son hôtel (après un
combat acharné qu'il vient de soutenir contre Guiromelant),
T 2370 **et il le pas detriers s'en vait** il s'en va au pas der-
rière ses hommes (qui viennent de piller le camp des assié-
geants), *T* 2323 au frain le tient cil ... Qui **l'en maine soëf le
pas** il emmène le cheval (trop lourdement chargé) au pas et
sans le pousser le moins du monde, *T* 579 **le petit pas, estroit
rengié** ils s'avançaient par la lande, au petit pas, en rangs
serrés, *E* 2580 li nains **le petit pas aloit,** Qu'il [son cheval] ne
pooit aler plus tost, *T* 4646 le roi n'en menassent il pas Ne
l'ambleüre **ne le pas** ils n'auraient pas emmené le roi ni à l'amble
ni au pas. — Le mot *pas* s'emploie également en parlant des
personnes: *T* 3524 alez vos ent **plus que le pas** En vos
chambres, ma doche dame (dit à la reine et pas trop poli-
ment le chevalier magicien) courez bien vite dans vos chambres
(presque: et plus vite que ça!), *E* 6846 dou port **ne se muet
plain pas** elle ne quitte pas le port d'un pas entier, c' à d.
elle ne bouge pas du port, *A* 4466 la pucele ne m'an crut
pas, Einz me fist desarmer **chaut pas** séance tenante (presque:
en vitesse), de même *T* 7592 **si tres chaut pas.** — *Pas*
peut s'appliquer au chemin qu'on suit en marchant ou en
chevauchant: *T* 848 il n'i ot **mal pas ne roche** (Ques destorbast
de tost aler) il n'y avait pas de mauvais pas ni de roche pour
les empêcher d'aller vite, *T* 9059 **li pas sont molt encombrous**
(Entrusqu'au Chastel Orgueillous) les chemins sont difficiles d'ici
au Château Orgueilleux. — *Pas* peut indiquer les ouvertures
qui permettent de pénétrer dans une ville fortifiée: *E* 5592 les
garde ... rangiees Furent **au pas et au tranchiees** les soldats
étaient postés aux portes et aux tranchées; cf. *T* 2084 les
guedes ... rengies Sont as *portaus* et as trenchies. — *A icest
pas* à cet endroit-ci: *T* 6021 et pleüst Dieu que ma matire Peüsse
a icest pas lessier et plût à Dieu que je pusse ici même aban-
donner mon sujet, renoncer à mon sujet. — Un vers comme *T*
2876 **li cheval pas ne s'aresterent** montre comment on est
passé du substantif *pas* à l'adverbe de négation *pas*, car la
phrase peut signifier «les chevaux ne se sont pas arrêtés un
seul pas», ou simplement «ils ne se sont pas arrêtés»: il est pro-
bable que cette seconde interprétation est celle de l'auteur, mais
la position en vedette de *pas* montre que le mot a encore un
souvenir de son origine et une fraîcheur qu'il a depuis longtemps
perdus. Sur ce point voir encore *T* 5114-15.

pas² *adv. de négation*. Nous relèverons seulement les emplois
que la langue moderne n'admettrait plus: 1. On trouve *pas* dans
des phrases affirmatives qui nous attestent que pendant long-
temps il n'y avait pas de nuance négative dans ce qu'on peut
appeler les auxiliaires de la négation *pas, mie, point*. Pour les
2 derniers mots cet emploi positif est courant; le fait est plus
rare pour *pas*, mais les exemples ne manquent pas dans nos
textes: *T* 85 n'est hom vivans qui **pas vos die** (Come il font
dolce melodie) il n'y a personne au monde qui vous dise (qui
puisse vous dire) *en aucune façon* quelle douce musique il font;
de même *T* 9511, *E* 13299, *L* 1553, 6882, 8224. — 2. La valeur
originale de substantif s'est conservée longtemps dans *mie* et
point: c'est pourquoi on peut les faire suivre, comme tout sub-
stantif, d'un complément déterminatif. *Pas* est plus ancien dans
la langue que *mie* et *point*, et s'il est possible, comme nous
venons de le voir, de l'employer dans une phrase affirmative au

sens de «en aucune façon», on hésite fort à en faire un franc subs
stantif en lui donnant un complément déterminatif. Nous avon-
pourtant relevé dans nos textes 2 exemples de cet emploi: le
premier («je n'*am* prandroie *pas*» *E* 7311 alternant avec «je n'*an*
panroie *mie E* 7320) est un peu douteux, mais le second est très
net et significatif: *T* 11462 lors vont au paveillon mengier, Mais
n'i ot pas del bouteillier pas trace du bouteiller. *T* et *V* sont
les seuls de nos mss qui donnent *pas* ici, *E* 15470 a ce qu'on
attend «mes n'i a *point* dou boteillier», de même *A* 5552; *L* 5520
donne «mais n'i ot *point de* botellier», ainsi que *M Q* 15470 et *P
U* 5552; *S* 5552 a un *pas* entièrement différent et déjà d'aujour-
d'hui: «n'i fu pas *le* bouteillier». De tout ceci on peut conclure que
point de + complément déterminatif est la forme normale de
l'époque, et que *pas de* en même position n'apparaît qu'assez
timidement et pourrait bien être un néologisme au XIIIᵉ s.,
modelé sur **mie de**, mais il a l'avenir pour lui: il ne lui faudra
que supprimer l'article défini devant le complément comme
l'ont fait *M Q P U L* pour devenir la forme moderne par excel-
lence: je n'ai pas vu de bouteiller.

pasmer *réfl.* fr. mod. (se) pâmer *T* 3505, 6395, 6587, *A* 2413,
E 1061, 1068, 7328; *intr. T* 10051 s'évanouir; le pp. est sou-
vent employé comme adjectif: *T* 3534, 6486-87, 10055, 12902,
13784. Le mot *pâmer* s'emploie encore, mais à peu près uni-
quement au fig. et avec une nuance ironique.

pasmoison *s. f. T* 10320, *E* 1069 évanouissement.

passer *tr. T* 11703 **vos passastes trestoz premiers Les bones**
vous avez le premier passé, ou dépassé, les bornes (au sens
propre), *E* 6626 tant qu'il fu **gariz et passez** jusqu'à ce qu'il
fût guéri et rétabli (le composé *respasser* est plus usuel dans ce
sens), *T* 6955 [Artur] **est passez La mer** noter le choix de l'auxi-
liaire et cf. *E* 10541 por lui veoir **est passez Deça la mer**. —
Réfl. s'en passer correspond à peu près à notre *passer* d'aujour-
d'hui, mais est en général précisé par une préposition ou locu-
tion prépositive ou par un adverbe: *T* 5227 **desor lui s'en passe**
il passe sur lui, il lui passe sur le corps, *T* 8904 parmi les rens
s'en passe avant s'avance entre les rangs, *T* 12719 **et par
devant als s'en passa**, *T* 14768 **outre s'en passe vistement**
il passe rapidement au-delà, il poursuit rapidement son chemin,
E 4204 si n'an quier mes **passer par el** je ne veux pas du tout
en passer par ailleurs, c' à d. c'est précisément ce que je vais
faire promptement. — *Intr.* ou *réfl. E* 6708 (je ne veux pas vous
nommer tous les gens qui assistèrent au mariage ni vous donner
le menu du banquet qui suivit) ne ja ne m'an antremetrai, Mais
au mains outre passerai (cf. *M* a mains outre me passerai,
Q U a mains outre m'am passerai) je ne veux pas m'en occuper
davantage (de ce qui précède), mais je continuerai mon récit
en m'en tenant au strict minimum.

passet *s. m.* diminutif de *pas* subst., *E* 254 venoient **tot le passet**
ils venaient tout tranquillement au petit pas.

pasté *s. m.* fr. mod. pâté, *T* 9448 si fu li mengiers aprestez, Toailles
blanches et **pastez** (fist li chevaliers aporter), on peut suppo-
ser qu'il s'agit de pâtés de poisson (voir *T* 9432).

pasture *s. f.* fr. mod. pâture, *T* 6952 Carados ... demeure od l'ermite el bos, Si maine vie et aspre et dure; **Molt li est changie pasture** son régime a bien changé! (semble être une expression proverbiale).

paume *s. f. E* 2210 celle remest **paumes batant** (un chevalier vient de s'emparer d'un cor auquel elle tenait beaucoup) elle resta là frappant l'une contre l'autre les paumes de ses mains, geste qui exprime indignation ou désespoir, *E* 7327 **hauce la paume, si eesme** il lève la main et vise soigneusement (il se prépare à trancher la tête de Carados d'un coup d'épée); le mot *paume* est un peu surprenant dans ce contexte et conviendrait mieux dans une lutte à coups de poing ou à «main plate». *E* est du reste le seul de nos mss qui donne *paume* ici, tous les autres, sans exception, ont préféré *espee*.

paumoier *tr. E* 1311 si la brandist [la lance] si et **paumoie** il brandit la lance et en tourne et retourne la hampe dans ses mains.

pautonier *s. m.* terme d'injure fréquent, malotru *T* 1267, 12790, 12841, individu capable de toutes les bassesses *T* 10112.

paveillon, pavaillon *s. m. T* 12694 **tentes et tres et paveillons** (I font assez porter et tendre): voilà 3 substantifs qui désignent le même objet. Il est possible que chacun d'eux s'applique à une forme ou à des caractéristiques différentes, mais s'il en est ainsi dans la réalité, nos textes ne nous en font rien savoir: à les lire on a l'impression que ces 3 substantifs sont des synonymes tout à fait interchangeables. Tout au plus peut-on noter que *T* qui a plus de 60 exemples de *paveillon* a pour ce mot une prédilection que ne semble pas partager *E*, et qu'à s'en tenir à *T* quand il décrit curieusement une tente richement décorée, *paveillon* est le mot qui se présente à lui en première ligne, p. ex. *T* 9901, 9913, 9929, 10014, 10063, etc. Une jeune fille, la sœur d'Aalardin, qui se tient ordinairement dans une tente somptueuse, n'est connue de nous et de l'auteur que sous le nom de «celle du pavillon» ou de «la pucelle du pavillon» ou de «la belle du pavillon» *T* 4201-2, 5324, 5348, 5381-82, 5410, 5971: il n'est pas probable que l'on ait été très porté à dire «celle de la tente» ou «celle du tref»; notons que la sœur de Bran de Lis, l'«amie» de Gauvain, est appelée elle aussi une fois *T* 2791-2 «la damoisele Du paveillon». C'est que le pavillon nous est souvent donné comme une demeure installée à titre permanent dans un beau paysage. On peut dire «le tref le roi» *T* 544, et nous apprendre que la reine a «la soie tente» *T* 501, il n'en reste pas moins que le pavillon n'est pas seulement une possession, mais qu'il a une individualité qui fait défaut aux deux synonymes. Il n'est donc pas étonnant qu'aujourd'hui, quand *pavillon* désigne une tente (ce qui est du reste assez rare) il s'agisse toujours d'une installation qui sort de l'ordinaire.

pavement *s. m.* l'ensemble des dalles qui forment le «pavé» de la grande salle de réception d'une maison royale *T* 19, d'une riche demeure seigneuriale *T* 10920 (un enfant brutalement repoussé va heurter de son front **les pierres du —**) ou bien le «pavé» d'une «loge» construite à une certaine distance d'une demeure royale *A* 3581, ou d'une chapelle (où le **pavement** est **jonchié,** c' à d. recouvert de verdure) *T* 7464.

paver *tr. A* 7449 **an la sale pavee** la grande salle d'une demeure princière, appelée aussi «palais», *T* 1253 n'avoit si riche ne si bele [loge], De marbre et puis d'erbe novele **Paver et jonchier** l'ont fait faire. Voir **pavement.**

pechable *adj. T* 6890 (dans une confession à un ermite) de son pere se rent copables **Et vers sa mere trop pechables** il avoue qu'il a été coupable envers son père et a péché gravement à l'égard de sa mère.

peçoier, pechoier *tr.* mettre en pièces *T* 1380 (épée), *E* 1312 (lance), *T* 13835 (casser un bras à qqn), *T* 10063 (abîmer un pavillon); *intr.* se briser en morceaux *T* 2778, 10746 (lance).

pecoul *s. m.* colonne de lit, *T* 14470 son cheval après lui tira, **Au pecoul d'un lit l'aresna** il tira son cheval après lui et l'attacha à la colonne d'un lit (*M* 18724 **au quepoul d'un lit**). Voir **copol.**

pel[1] *s. f.* peau, *A* 8318 **estivalz de pel anterine** bottines en cuir de qualité.

pel[2] *s. m.*, cas sujet **pex**, fr. mod. pieu, *E* 5672 **pex aguz** pieux aigus, *L* 3632 une maison **De glui et de pex environ** une maison couverte de chaume et entourée d'une palissade.

pelice *s. f.* fr. mod. pelisse, léger manteau fourré qu'il ne faut pas confondre avec le *mantel* (voir ce mot); la pelice pouvait être recouverte d'une robe de drap (Guinier le jour de son mariage, *E* 11788) ou on la portait par-dessus les autres vêtements quand il n'y avait pas lieu d'apparaître en costume plus cérémonieux (Keu, *A* 6776). Les copistes du reste ne sont pas tous d'accord sur les caractéristiques de la pelice: Keu, qui, nous venons de le voir, porte **une corte pelice hermine** dans *A S P* 6776, ne la porte que là: dans *U* 6776 il a un «cort mantel», dans *M* 16864 et *T* 12734 «un chier blïaut» et dans *L* 6790 «un cort blïaut». D'autre part, si Guinier (*E* 11788) porte une robe *par desus sa pelice* dans *E*, *desus la plice* dans *Q*, elle la met *desoz la pelice* dans *M*; aucun autre ms. ne donne le passage. Voir la discussion de Eunice R. Goddard, *Women's Costume*, p. 187-193.

peliçon *s. m.* diminutif pour sa forme de *pelice*; pour ce mot aussi, comme pour *pelice*, nos textes ne sont pas entièrement d'accord: dans *T V* 3337 le chevalier magicien entre dans le palais du roi Artur «vestus d'un peliçon hermine Qui pres de terre li traïne», et c'est aussi le texte de *A* 2249 et *L* 2245, mais *E M Q U* 7144 le voient ayant «vestu *robe* d'ermine»; de même dans *A* 2223 Keu dans l'exercice de ses fonctions de sénéchal apparaît «desfublez» et simplement vêtu d'un «peliçon hermin» et d'une «robe d'un baudequin»; or *A* est le seul ms. ici à nous parler de *peliçon*, *P* omet 2223-24, dans *S* 2223, *L* 2219 et *T V* 3311 au lieu de *peliçon* nous avons *blïaut*, *E M Q U* n'ont pas de passage correspondant.

pelle (dans *pelle et melle*) *s. m.* fr. mod. pêle-mêle, *E* 1497 (les deux combattants) s'antrefierent **pelle et melle,** *E* 2017 **sor lui cheoit pelle et melle** (Li esparz, la pluie et la grelle). Ces emplois, et surtout le premier, ne correspondent guère à des emplois modernes de la locution: ici elle a l'air d'indiquer une impétuosité, une répétition rapide d'un certain effet et presque

une présence simultanée en nombre d'endroits différents; bref
elle comporte dans ces deux passages une idée de mouvement,
ce qui n'est pas nécessairement le cas aujourd'hui (tout était
pêle-mêle dans la pièce). L'anglais *pell-mell*, qui vient du fran-
çais, est généralement senti comme impliquant un mouvement:
on se demande si cela ne serait pas une survivance de l'anc. fr.
et qui sur ce point particulier aiderait à le comprendre.

pelote *s. f.* balle pour le jeu de paume, *A* 8911 **a la — se jooient**
(dans une chambre). Ni *T* 14777 ni *E* 19015 ne mentionnent dans
ce passage le nom d'un jeu; *M Q U* 19015 et *L* 8967 parlent
de «pelotes» au pluriel.

pemon *s. m.* fr. mod. poumon, *L* 9034. Formes variées du mot:
T 14848 **polmons,** *E* 19092 **pormon,** *U* **pourmon.** Le mot
n'apparaît pas dans *A S P,* et *M Q* omettent les v. 19091-94.

pendant *s. m. T* 2981, 9250 (cf. *la jus* 9243), *A* 1242 penchant
d'une colline; *E* 15931 (cf. *T* 11852) cordons de soie fixés à un
manche d'ivoire formant ainsi une escourgée ou fouet (dont la
ₗdamoisele» se servait pour hâter son palefroi).

pendre *intr. E* 3458 **an vos pant** (tote nostre vie Et nostre mort)
de vous dépendent toute notre vie et notre mort, *T* 11819 avant
sor l'archon **se pent** de l'arçon de devant il se laisse pendre
vers la terre (pour saisir qqn sous un arbre), *T* 8214 un grant
chaisne espés foillu **Qui envers terre pendans fu** un grant
chêne touffu dont les branches pendaient vers la terre (et for-
maient un abri contre la pluie).

peneant *s. m. T* 1266 pénitent. On rencontrait souvent sur les
routes des gens qui se rendaient aux lieux de pèlerinage pour
s'acquitter ainsi de la pénitence qui leur avait été imposée; par
leur costume et peut-être par leur conduite ils ne s'attiraient
pas toujours le respect de ceux qui les voyaient passer: ici *T*
1266 (même texte dans *E* 3714) les énumère avec les pauto-
niers, les garçons et les ribauds, ce qui n'est pas une recomman-
dation.

pener *réfl.* fr. mod. peiner, *T* 1806 il se donne beaucoup de peine
pour se mettre en route au plus tôt, *T* 5522 il fit tous ses efforts
pour faire face à l'attaque, *T* 13547 **il se penera d'armes** il
consacrera toute son énergie à la pratique des armes, de même,
avec un sourire, *E* 602; *intr. T* 7338 **parmi le bos aloit penant**
parmi le bois il allait, avançant laborieusement; pp. employé
adjectivement *T* 5854, *E* 5678 terriblement fatigué. Voir **paine.**

penon *s. m. T* 5050 **une lance a — de soie** (li a lors la bele baillie)
banderole clouée au bout de la lance.

pensé *s. m. T* 12318, 15010, 15033 pensée.

pensement *s. m. T* 8092 pensée, méditation d'un projet.

penser *intr.,* noter «penser de»: *T* 2287 **or en pensez** pensez-y,
occupez-vous-en (avec une idée de hâte), *E* 7167 s'il me puet
la teste tranchier A un cop, **si pant dou ferir** qu'il pense à
bien frapper, qu'il y aille de bon cœur (sur la forme *pant* voir
la note au v. *E* 11122, t. II, p. 600), *E* 12083 assez fu ... qui **de
l'aiesier pansa** ils prennent bon soin (du cheval), ils lui donnent

toutes ses aises (c'est par l'intermédiaire de phrases de ce genre qu'on arrive à *panser un cheval*), *M* 17226 **lors pensa il molt de l'aler** il s'occupa fort de poursuivre sa route, c' à d. il poursuivit sa route avec toute la hâte possible (cf. *U* lors se hasta molt de l'errer). — Infin. employé substantivement *T* 15021, 15037.

pensif *adj.*, cas sujet **pensis** *T* 11832, 15002, *L* 7201, **pensius** *T* 11797, 13097, cas régime **pensiu** *T* 11836. Préoccupé *T* 15002, accolé à *iriez* *T* 13097, *L* 5965 et à *plains d'ire* *T* 11797, il indique une sorte de désarroi intellectuel mêlé d'indignation ou de colère; dans *L* 7201 **poëreus Et molt pensis** Gauvain n'est pas rassuré, et il est indécis, perplexe sur ce qu'il doit faire, *T* 11836 **pensiu et morne** mélancolique et résigné; *A* 5940 **il estoit pansis a moi** il pensait à moi (avec une nuance d'inquiétude).

per *s. m.* fr. mod. pair, *T* 15228 el mont n'a **si bon ne son per** ni son égal, de même *T* 201, 9876 (dit d'un jour merveilleusement clair); *T* 5323 **si n'i prist per ne compaignon** (Fors la bele du paveillon), c'est une femme qui parle et la personne à qui elle demande de l'accompagner est également une femme: le masculin *compaignon* montre combien la locution était déjà fixée dans l'usage; pourtant on pouvait encore au besoin varier l'ordre des mots: *T* 11601 li rois n'a **compaignon ne per** Cui l'aie oï encor rover. — Du sens de «égal» on passe à celui de membre d'un groupe seigneurial où tous ceux qui le constituent sont sur un pied d'égalité»; la question de savoir si Gauvain peut être légitimement obligé de combattre contre 2 adversaires en même temps est portée devant «les pers de trestote» la «terre» du roi d'Escavalon *T* 1731, 1737, 1748, 1753: on ne nous dit pas comment sont choisis ces «pers»; on les nomme *barons* au v. 1762, ce terme n'est pas décisif (voir **baron**), pourtant il est probable que cette cour de justice (*la cors* 1770) est composée des plus grands seigneurs du royaume. Si nous passons à la cour du roi Artur, même incertitude: qui sont et que sont au juste «li per de la Table Roonde» *T* 11111? Nous voyons *T* 8855 que, le roi siégeant à la place d'honneur du «maistre dois», 397 chevaliers s'assoient «a la Table Roonde», et «a la seconde [Table Roonde?]» **se sont assis li trente per.** Qui sont ces trente? Pourquoi prennent-ils place à la seconde table? Brun de Branlant, imitant un passage bien connu du *Perceval* de Chrétien (v. 8120-30) mentionne dans une même énumération *E* 6647 «cil de la Table Reonde, Li proisié chevalier dou monde, **Li per** et cil de l'eschargaite.» Encore une fois qui sont ces «pers» que l'on distingue à la fois de ceux de la Table Ronde et de ceux de l'eschargaite? Notez que Chrétien dans le passage cité ne parle pas de «pairs».

percevance *s. f.* *T* 7248 sanz nis un point de **percevance** sans qu'on s'en fût aperçu le moins du monde.

percevement *s. m.* *T* 6942 sanz de nului **percevement** sans que personne l'eût aperçu.

perçoivre *tr.* percevoir *T* 5873, 7236, 7757, *L* 1583; le vb. *percevoir* est aujourd'hui assez technique, ou appartient à une langue très littéraire et un peu recherchée; dans les 4 exemples cités nous préférerions *apercevoir*, qui existait déjà concurremment avec le verbe simple *T* 5343, 6043. Dans *L* 1583 *perçoit* n'est qu'une cheville, car il y a longtemps que Gauvain apercevait la tente où il va entrer.

perece, pereche *s. f.* fr. mod. paresse; on voit ici par un exemple significatif combien le vocabulaire abstrait du xIIIe s. est encore restreint ou peu précis: dans les exemples que nous allons citer il est probable qu'une transcription en langue moderne n'emploierait pas une seule fois le mot *paresse*: **par pereche** *T* 8790, 9035 par indifférence, **par grant perece** *T* 9049 par une indifférence extrême, **sans perece** *T* 1031, 1659 sans mollesse, vivement, **sanz pereche** *T* 6612 diligemment.

perecheus *adj. T* 2291 négligent.

perier *s. m. M* 17194 poirier.

perir *intr. T* 13366 li grans damages qui chi gist, Par ont li roialmes **perist**, il est difficile de savoir si nous avons affaire à un présent de l'indic. ou à un prétérit, ou même à un impf. du subjonctif à sens conditionnel; le présent est le plus probable.

perré *E* 19111, voir **pooir.**

perriere *s. f.* engin de guerre servant à lancer des pierres contre les murs d'une ville assiégée pour les démolir ou y ouvrir une brèche *T* 2216, 2444, *E* 455, 5662; nous appelons aujourd'hui ces engins d'autrefois *pierriers.*

perrin *adj. E* 7534 **la tor perrine** la tour bâtie en pierre, la tour de pierre.

perron *s. m. T* 1640 jus descendi **a un** — (Qui estoit tres devant la tor). Le perron ici est soit une plate-forme à laquelle on accède par deux ou trois marches (ce qui est encore le sens du mot), soit une grosse pierre carrée qui permet aux cavaliers de monter à cheval ou de descendre de cheval plus facilement; *E* 477 plate-forme de pierre sur le bord d'un cours d'eau permettant d'entrer plus facilement dans une barque amarrée à cet endroit, ou d'en sortir.

pers *adj.*, cet adjectif a plusieurs sens assez distincts l'un de l'autre: 1. Il indique une couleur agréable à l'œil, difficile à déterminer exactement; selon les uns c'est le violet (M. Mann, *Romania*, XLIX [1923], 186-203), selon les autres une nuance du bleu (E. Hoepffner, *ibid.*, 592-597): *T* 8422 (description d'un bouclier) la guige fu d'**un pale pers** (c' à d. d'un paile pers) cf. *A* 3026 d'un cendal pers, *L* 3042 d'un cier drap pers; *T* 8670 Yvain assis à une table de la grande salle du palais porte une **roube ... perse.** Il n'y a rien dans ces exemples qui nous permette de préciser plus qu'on ne l'a fait. Nous ferons seulement remarquer — et cela semble favoriser un peu l'argumentation de M. Mann — que si le mot *violet* est extrêmement rare dans les textes de l'ancienne France, on observe quelque chose d'analogue dans l'Angleterre et l'Amérique modernes: *violet* apparaît dans les livres anglais, mais dans la conversation il est très rare dans les deux pays (à l'exception peut-être de l'expression «violet eyes» qui pour des raisons assez claires ne saurait être fréquente): ce que nous appelons *violet* en France est dans ces deux autres pays généralement *purple*, sans préjudice d'autres mots encore. Y a-t-il là une tradition qui remonte au moyen âge? — 2. *Pers* indique d'autre part une couleur moins attrayante, c'est celle *E* 7820 du sang versé, qui tombé par terre rend, il est vrai, l'herbe toute vermeille, mais coulant sur les armes des combattants rend «li fers **toz perz**»; même situation *E* 1594 tuit an sont **pers et sanglant** Ambedui desoz les hauberz; de même encore *T* 965 li sans lor cort jusqu'as talons Des cors qu'il ont **et tains et pers**; au fig. *R* 1030 si'n ont assés les coers plus **pers**. Bref, à en juger par ces exemples, le *pers*, mis chaque fois en relation avec le sang versé dans un combat, est un rouge foncé, cramoisi, tirant parfois sur le noir. Voir dans l'article de M. Mann cité ci-dessus ses remarques sur l'emploi de l'italien *perso* dans les œuvres de Dante. — 3. Enfin *pers* a souvent dans les textes du moyen âge un troisième sens, le moins plaisant de tous, celui de violacé, pâle, livide: voir p. ex. dans l'*Escoufle* (éd. H. Michelant et P. Meyer), v. 2498, où des ecclésiastiques qui pleurent la mort d'un grant personnage sont **taint et pers comme glise**: ils sont couleur d'argile, c' à d. que leur visage est livide et terreux. Nos textes ne nous ont fourni qu'un exemple probable de ce sens: *A* 2767 le bras de Carados où s'est enroulé le serpent est **et ses et pers**, «il n'a que l'os et les ners» (noter la variante de *S* «et noir et pers», mais ce n'est pas le même «noir» que tout à l'heure).

persone *s. f. T* 4292 **mainte** — **et mainte croche** maint curé et maint évêque (voir **croce**), *E* 7107 **et si i ot mainte** — il y avait de nombreux prêtres. L'angl. *parson* a conservé le sens ecclésiastique de *personne* que nous avons perdu, mais dans la langue courante il n'a pas tout à fait la dignité qu'avait le mot *persone* dans le français du moyen âge. — *E M Q* 11843 onques nus hom ... Ne vit **a roi ne a persone** Nules si tres riche corone, il est probable que *personne* ici signifie «personnage», mais nous sommes certainement sur la voie du moderne «personne», pronom indéfini.

pertruis *s. m.* pertuis, trou *T* 6840, 13806.

pertruisier *tr. T* 13807 faire un trou dans, percer.

pesamment *adv. T* 13088 si fu molt las ... Et **chevalchoit molt** — il chevauchait lourdement.

pesance *s. f.* état où qqch. de lourd vous pèse sur le cœur (au fig.), *T* 6156 li departirs de lor amis **Les a en grant** — **mis** ils ont le cœur bien gros du départ de leurs amis, *T* 7016 chagrin, *T* 13245 sujet de chagrin.

peser *intr. T* 13695 entre ses bras **molt li pesoit** le chevalier (mort) qu'il avait saisi entre ses bras lui semblait bien lourd à soulever, *T* 5729 **le pesant chaple** (Qui entor lui maint grant cop frape) la puissante vague de combattants acharnés qui tout autour de lui frappent à coups redoublés; la locution *cops pesans* est fréquente *T* 885, 894, 971. Le verbe s'emploie peut-être plus souvent au figuré *T* 4756, 9300, et particulièrement au p.pr. qui prend valeur d'adjectif: **faire pesante chiere** *T* 3460, *E* 508 faire triste mine, *T* 10210 **duels ... pesans et si angoisseus** lourd chagrin et angoisse, *T* 6845 molt se duelt et **molt est pesans** il se chagrine fort et son cœur est bien lourd. — Infin.

pris substantivement: *T* 15022 ce serait une grande vilenie que de forcer un homme à dire ses pensées *malgré lui* (**sor son peser**).

petit *adj. T* 2011 **la Petite**, surnom de Tancree (ou de Tanete dans *E* 5305), elle se marie toute **jeunete** (*E* 5302); *T* 14461 **petit chastel**, c'est le château proprement dit par opposition à **chastel** *T* 14457 qui désigne non seulement le château, mais l'agglomération qui l'entoure, *E* 11809 **la gent petite**, c'est ce que nous appelons encore «les petites gens», «le petit peuple». — *Adv.* peu, *T* 986 **trusqu'a** —, *T* 12108 **dusqu'a** — avant peu, *T* 15188 Guerrehés qui ot... — **mengié** qui eut peu mangé, *T* 1409 et aprés li pas ne demeure La biere **se molt** — **non** vient ensuite la bière qui ne s'attarde pas sinon bien peu de temps, *T* 11012 **en** — **d'ore** en l'espace de bien peu de temps, *T* 1931 **un sol** — un peu de temps seulement.

petitet *adj.* diminutif de **petit**, *T* 7353 **s'i ot une eglise Petitete** il y avait là une toute petite église, *A* 8752 **uns chevaliers Molt petitez** un chevalier de taille diminutive; *adv.* **un petitet** *T* 5602, 7553, 8198, *E* 3958, 14289, **molt petitet** *T* 7229, **un molt petitet** *T* 5331 un tout petit peu; *U* 1122 **un petitet loing** à une toute petite distance, *E* 3427 vos me veïstes **Un petitet nicete et fole** vous m'avez vue un peu niaise et un peu sotte. Tous ces emplois, et particulièrement le dernier, sont absolument contraires à l'esprit de la langue moderne.

pié *s. m. T* 12566 **ja n'i portera le** — (Il ne set rien de querre enfant) il ne va pas mettre les pieds dans cette aventure, ce n'est pas son métier de courir à la recherche d'un enfant, *T* 2316 **a paines pot sor piez ester** à peine s'il pouvait se tenir sur ses jambes, *T* 2321 a paines puet **remüer Les piez de la piece de terre** (un cheval très lourdement chargé) il peut à peine soulever ses sabots, les détacher de la terre. — *Pié* s'emploie dans plusieurs locutions où il complète un vb. de mouvement à la manière d'un adverbe (cf. l'emploi de *sus* et *jus*) dans des circonstances où le fr. mod. pourrait plus d'une fois se passer de ce complément: *T* 3469 **a** — **descent**, *T* 12456 **il sont descendu a** — en fr. mod. «descend» ou «sont descendus» tout court, *T* 6335 **s'est... en piez levez**, nous dirions simplement «s'est levé», *T* 11823 **cil salt en piez**, ici nous conserverions le complément «il bondit sur ses pieds», *E* 1495 **il s'antrevienent pié a pié** ils marchent pas à pas l'un vers l'autre (et chacun d'eux fait pleuvoir les coups sur son adversaire). — Fig. *T* 1695 **el** — **desoz de l'escu** au bas de l'écu, *T* 2899, 14616 **demi pié** mesure de longueur.

piece *s. f.* pièce, une partie d'un tout, *T* 921 (fragment d'un escu, éclat), *T* 7949 **si l'a par pieces detrenchié** a taillé (le serpent) en pièces, *T* 14849 **pieces d'oint** quartiers de graisse de porc, *T* 2321 **piece de terre**; en particulier fraction d'une durée *T* 2062 **grant piece devant le midi** pas mal de temps avant midi, *T* 6003 einsi fu Artus **grande piece**, *T* 14415 **grant piece puet... ester**, *T* 11308 **grant piece fu de nuit** la nuit était déjà très avancée, *T* 2891 n'ont talant Qu'a **piece se puissent lever** ils ne songent pas, ni ne désirent, qu'ils puissent se relever avant pas mal de temps, *T* 2741 **piech'a... (que)** il y a longtemps que. Dans tous les emplois qui précèdent *pièce* a perdu beaucoup de terrain: nous ne pouvons plus du tout l'employer pour indiquer une durée, et pour désigner une partie, spécialement une petite partie d'un tout, il est remplacé par *morceau*: le moyen âge disait «une pièce de pain», et on le disait encore au XVIIe s. (Mme de Sévigné, lettre du 2 sept. 1676, *Lettres Inédites*, éd. par Ch. Capmas, t. I, p. 413), nous ne connaissons que «le morceau de pain». Ajoutons que, si *pièce* a marqué un tel recul dans le domaine considéré ici, il a gagné beaucoup d'autres emplois par ailleurs. L'angl. *piece* a conservé quelques-uns des emplois disparus de *pièce* et dit encore p. ex. «a piece of bread».

piege *s. m.* *U* 748 lonc temps **i ont eü mal** — (Li chevalier qui ci passoient) les chevaliers qui passaient par ici pendant long temps y sont tombés dans un traquenard, *E* 5380 **metre an piege** qqn, lui en faire voir de cruelles, venir à bout de lui.

pierre *s. f.* *E* 1329 **les pierres de son hiaume** les pierres précieuses (qui décoraient son heaume).

pieument *s. m.* fr. mod. piment, *T* 4196, il s'agit ici d'un parfum d'une telle suavité qu'il suffit de le respirer pour voir des membres blessés se rétablir; il semble donc qu'il ne soit pas question ici d'une «boisson composée de miel et d'épices», mais que nous ayons déjà le sens moderne de piment.

pigne *s. m.* *T* 6285, 6324 peigne.

pignier *réfl.* *T* 6324, *intr.* *T* 12641 (se) peigner.

piler *s. m.* pilier, *T* 9303 del pié le fait lués si flatir **Au** — **de la cheminee** d'un coup de pied il l'envoie aussitôt s'aplatir contre le pilier de la cheminée. Il est un peu surprenant qu'on ne mentionne qu'un pilier; *E* 13087 a le même texte, mais a préparé la scène dès le v. 13075 «si te ferroie a *ce* piller»: il le lui montre du doigt; *A* 3925 précise: il le fet hurter Molt durement *a* un **piler** Qui sostenoit la cheminee», il ne dit pas, comme nous le laisse inférer *T*, que ce soit un pilier unique; *L* est peut-être le ms. qui a été ici le plus clair (3706-7) «il fist hurter ... *a* un *piler* A destre de la ceminee».

pint *s. m.* fr. mod. pin, *T* 11783, 11784 **pint**, *T* 13104 **pins**.

pire, pior, poïor, pïeur *adj.*, comparatif de *mauvais*, *T* 2922, 5526, 12759, *E* 9105, en principe *pire* est le cas sujet et *pior*, *pïeur* le cas régime, mais dès l'époque de nos romans *pire* s'emploie aussi bien comme régime que comme sujet (voir *E* 9105).

pis *s. m.* *T* 841, 13205, 13691 poitrine de l'homme, *T* 10752, 11980 poitrail du cheval. *Pis* a été peu à peu remplacé par *poitrine* (déjà largement attesté au XIIIe s. *T* 5772, 7791, 7903, *E* 595) et ne se dit plus aujourd'hui que des mamelles de la vache, de la chèvre, de la brebis.

piteusement *adv.* *T* 3834 d'un ton plaintif.

place *s. f.* *T* 2110 tote la champaigne **et la** — (Est jonchie des abatus) le lieu du combat, *T* 11025 — **ne li puet tenir** il ne peut pas tenir la place, c' à d. le champ, contre lui (cf. *T* 2117), *E* 1987 an nul leu ne **an nule** — en aucun endroit.

plaidier *intr.* T 1284 **je n'en weil ore plus** — (A raconter coment ç'avint) je ne veux pas pour le moment en dire davantage pour expliquer comme cela arriva, **plaidier** ici donne l'idée d'un exposé méthodique; T 1676 entruesqu'**ensi plaidoit li rois** tandis que le roi présentait le cas (devant la cour des pairs de son royaume).

plaidoier *tr.* T 5489 **toz les plus haus vait** — les appelle en jugement (ironique, pour «il les attaque vigoureusement» dans un tournoi), *intr.* T 5359 et coi qu'ensi vont **plaidoiant** et tandis qu'ils causent ainsi (idée d'animation).

plaier *tr.* T 11162 li mires ... dist ... **Qu'il ne sont pas a mort plaié** le médecin dit qu'ils ne sont pas blessés mortellement.

plain, l'anc. fr. ne distingue pas par la graphie, comme nous le faisons aujourd'hui, entre *plain* et *plein*. Nous séparerons ici ces 2 formes, au risque de commettre quelques erreurs sur ce point, tant les 2 mots, malgré leur origine différente, se tiennent de près. *Plain adj.* T 605 la lande ... estoit large et lee et **plaine** plate, unie, U 1107 sailli sus **de plainne terre** (il ne se soucie pas des étriers) mais bondit sur son cheval du sol même, E 3993 il est venuz **a terre plaine** (il sort de la forêt) pour entrer dans la plaine, E 3674 Gauvains ... vet tote une quinzainne Qu'il ne trova **fors terre plainne** il ne trouva devant lui que la plaine. — *Plain s. m.*, qui n'est autre que l'adj. *plain* pris substantivement, correspond en premier lieu au fr. mod. *plaine* T 243, 247, 660; E 1958-9 (Gauvain) s'an vet par bois et **par plain, Par plains, par landes, par bruieres,** il semble que dans le second vers le pluriel *plains* s'applique à une succession de terrains plats et se distingue en même temps des «landes» et des «bruyères»; le *plain* s'oppose le plus souvent à la forêt T 2575, 11215, 11253, 13080; à l'occasion il peut aussi s'opposer à un lieu renfermé ou clos: T 2515 (le roi) s'en va ... Parmi oltre les paveillons Tant que il vint **defors al** — dehors au découvert; dans le passage correspondant de E (6121) «tant qu'il vint hors de l'ost **a plain**» on se demande s'il ne faut pas lire «a[l] plain»; pourtant on rencontre la même expression *a plain* dans un passage de T (1196) où on ne peut l'expliquer de cette façon: par un bois chevalce [Gauvain] **a plain** (Une eure avant et l'autre arriere) cela semble vouloir dire «sans ralentir son allure». L'expression *de plain, tot de plain, trestot de plain* est très fréquente; elle indique en général absence d'obstacle, laissant libre jeu à un mouvement, une attitude, une parole rapide; on conçoit qu'il y ait là place pour des nuances assez différentes: A 2638 brusquement, T 4108 brusquement et presque automatiquement, T 7940, E 9036 vigoureusement, T 5336 clairement, T 1928 comme une chose qui va de soi, T 1702 à brûle-pourpoint, fig. A 1139 entièrement, sans faire la moindre difficulté. — *Plein adj.* T 2143 **set ans toz plains** entiers, T 828, 1227, 1352 rempli (de), T 4627 cui il puet **a plain cop ferir** (Ja n'i covient autre ferir) s'il peut frapper un adversaire (dans un tournoi) d'un coup bien assené, il n'a pas besoin de frapper un second coup, A 5462 il l'a porté **Plainne sa lance enmi le pre** d'un coup violent de sa lance il l'a jeté bas dans le pré, U 1120 **grosse lance, plainne, roonde** il est probable qu'il s'agit là d'un bois de lance à grain serré, ce qui ajoute du poids et de la force à la lance, cf. le text de Q au même passage **grosse lance pessant** (= pesant)

roonde. — Le féminin de l'adj. *plain* devenu subst. fém. *la plaine* est aujourd'hui encore un mot courant, mais l'adj. *plain* lui-même a été écarté peu à peu par son rival en prononciation *plein*, et c'est à peine si de *plain* il nous reste l'expression *de plain pied* et une ou deux autres. C'est *plan* qui a remplacé *plain*.

plaindre, ce vb. est trans. ou réfl. ou intrans. Quand il est transitif, il signifie tantôt «plaindre qqn», tantôt «regretter» (comme encore aujourd'hui dans «plaindre sa peine, son temps, son argent»). Le réfléchi correspond à l'emploi courant d'aujourd'hui. L'emploi intransitif est plus rare, mais n'a pas totalement disparu dans un sens restreint, «le malade a plaint toute la nuit». *Tr. T* 12959 (un chevalier vient d'être tué) **son cors plaignent et sa façon** ils le regrettent et regrettent sa beauté, *T* 13834 **plus plainst l'escu que le roi** il regrettait plus son écu (troué) que la blessure du roi (auquel il avait cassé le bras); voir aussi *Ü* 17032; *réfl. T* 9726 **cil qui s'en plaindra** celui qui se plaindra (de ne pas avoir assez d'une tête de sanglier pour satisfaire sa faim), *T* 13048 **lors vint une vois, si se plaint Si tres durement** cette voix pousse une plainte si forte que la chapelle toute entière en tremble sur sa base; *intr. T* 12921 **tuit dïent que Kex l'a ocis, Mais il le noie molt et plaint** il le nie fermement et se plaint (de cette accusation), *M* 17033 présente le vb. de façon à en faire un réfléchi: Kex li seneschaux **moit se plaint.**

plainement *adv. T* 3547 **tot** — ouvertement, *T* 3553 franchement, sans épargner aucun détail.

plaint *s. m. T* 12881 **un molt grant** — **gete en sorsalt** cri soudain de douleur.

plaisir *intr. T* 4828 **plaist** indic. pr. 3; *T* 922, 2109 **place** subj. pr. 3; *T* 4828 **pleut,** *T* 14938 **plot** prét. 3; *T* 10088, 14921 **pleüst** subj. impf. 3. — *T* 4828 **hui main li pleut et or li plaist** ce matin il lui a plu, et maintenant il lui plaît aussi (car elle l'a vu beau et en ce moment elle le voit vaillant). *T* 7177 **s'amors a fait son plaisir** si Amour lui a fait obtenir ce qui lui plaisait, ce qu'il désirait; *T* 5237 **si me deïstes vo plaisir** lit. «vous m'avez dit ce qu'il vous plaisait (de dire)», mais le sens exact de cette expression assez fréquente varie suivant le ton de voix dans la conversation et suivant le contexte dans l'écriture: ici elle signifie «vous m'avez dit des choses désagréables», cf. le v. suivant *T* 5238 **mix vos eüst venu taisir** vous auriez mieux fait de vous taire.

plaissié *s. m. T* 7678 jardin clos d'une haie vive près d'un ermitage, *T* 12602 **et par forés et par plaissiez** par les forêts et par les enclos (portion de forêt entourée d'une haie vive), *T* 1496, *E* 3944 un enclos du même genre au milieu d'un marais.

plaissier *tr. T* 5428 **li plus fort les febles plaissierent** (dans un tournoi) les plus forts ont accablé les plus faibles, *L* 5424 **adonc le deüsiés plaisier** (dans un combat) à ce moment vous auriez dû le presser de toutes vos forces. — Fig. *T* 4624, *E* 2443 abattre l'orgueil de qqn.

plait *s. m. T* 1742 **molt de** — **savoit** il se connaissait en matière de droit, *T* 15073 **le seignor ... grans plais tenoit** tenait ses assises, c' à d. rendait la justice à ses vassaux (cf. *MQU* 19335), *E* 5571 **sanz vilains plaist** sans récriminations désagréables,

T 15316 en la sale sont revenu, **Si ont del mengier — tenu** (humoristique) rentrés dans la grande salle ils abordent la grave question du repas, et les voilà à table.

plat *adj.* allongé sur le sol (à la suite d'un coup violent ou d'une poussée brutale) *T* 5074, 5453; même posture (une femme qui vient d'apprendre une très mauvaise nouvelle tombe évanouie) *E* 10116 **tote plate chiet seur l'eschine.** Nous employons encore dans le même sens la locution *à plat*, mais surtout au figuré: je l'ai trouvé tout à plat. — L'adj. *plat* peut se prendre substantivement: *E* 7375 **dou — le fiert** il le frappe du plat de l'épée.

plein, voir **plain.**

plenier, planier *adj.* entier, complet, *T* 13292 **mes ... pleniers** mets abondants, de même *E* 12120 **mangiers... planiers,** *T* 2057 par landes, **par forés plenieres** par de vastes forêts, *R* 869 ...à condition que, dans la rivalité entre amour et parenté, l'amour ne jouât pas avec des dés plus minces ni plus *massifs*, mais que ces dés fussent bien carrés et de la mesure juste.

plenté *s. f.* grande quantité, *T* 11171 **a —,** *T* 2092 **a grant —,** *T* 13446 **a tel —** en abondance, en grande abondance, en si grande abondance.

plentiveus *adj.* *L* 3364 (château) où l'on trouve des vivres en abondance.

plevir *tr.* engager (sa foi), certifier, *T* 1710 il demande à Gauvain d'exécuter l'engagement qu'il a pris avec lui, *T* 15058 au jour où il s'est engagé à être au château, *E* 2992 **ce vos plevis** je vous garantis cela (ou, plus simplement, je vous garantis), *T* 14683 **vorrez me vos — prison?** voulez-vous m'assurer que vous vous reconnaissez mon prisonnier (mais *prison* ici est plutôt le mot qui signifie «prison» que celui qui signifie «prisonnier»).

ploier *tr.* *T* 14257 **adont ploia le brief arriere** il replia la lettre; on trouve parfois la graphie **plaier** par suite d'une confusion de forme entre «plaier» et «ploier»: *M* 18062 **le braz plaier Au cors** plier le bras contre le corps, *E* 6498 **li chevalier... Ne se plaierent ne ne murent** les chevaliers (montés) ne se courbèrent en avant ni ne bougèrent.

plor *s. m.* fr. mod. pleur, *T* 5920 grant joie mainent **et grant plor.** Le mot *plor* pris ainsi dans ce sens collectif ne s'emploie plus; mais le pluriel *pleurs* est courant.

ploreïs *s. m.* *T* 7491 **lors veïssiez fier —** vous auriez pu assister là à de violents accès de pleurs.

plus 1. *adv.*, au xiiie s. le mot indique une quantité supérieure à une autre (et ce peut être une quantité de temps), mais il ne s'emploie jamais dans des phrases négatives du type «il *ne* reviendra *plus*» où l'on compare deux situations l'une passée et l'autre présente pour noter un changement dans le passage de l'une à l'autre; pour sentir la valeur exacte de ce *plus* d'autrefois il faut le rendre en fr. mod. par «davantage»: *T* 131 et cil i va **sanz targier plus** sans s'attarder davantage, de même *T*

304, 780, 2125, 2211; *T* 7281 com cil qui **plus n'en püent faire** (c'est de là que vient notre «il n'en peut plus»); il peut vouloir dire aussi: *a)* «plus loin» *T* 2327 si grant fais sostient et porte (le cheval) Qu'il **n'alast plus por tot le mont** qu'il ne serait pas allé plus loin, qu'il n'aurait pas avancé d'un autre pas pour le monde entier, ou *b)* *T* 2646 bien a deus ans passez... **et plus assez** et même beaucoup plus longtemps. — 2. *adj.* *T* 10663 et puis renvoie Li chevaliers **por plus chandoiles** il envoie chercher d'autres chandelles, de même *T* 444 **sanz plus gent,** *T* 5031 **assez i voi plus bonté** je vois en lui plus de vaillance (qu'on ne me l'avait dit). On passe facilement de l'adj. à l'adv.: *T* 2649 en lui a **plus sens et larguece, De** cortoisie et **de** proëce (qu'il n'y ait en chevalier vivant). *Plus* adj. a disparu du fr. mod.: dans le dernier exemple cité nous changerions l'adj. en adv. en disant «plus *de* sens et *de* générosité». — 3. L'article *le* placé devant *plus* sert comme aujourd'hui à transformer un comparatif en superlatif: *T* 7359 **ens el plus espés du bos,** de même *T* 15195, mais, contrairement à l'usage moderne dans la majorité des cas, cet article *le* n'est pas nécessaire pour donner l'idée du superlatif: *T* 2484 puis s'en torne tres parmi l'ost **Plus coiement qu'il puet;** noter **li plus buens** *T* 8550 qui serait considéré aujourd'hui comme une faute sérieuse; de même *T* 8545. — 4. *Plus* apparaît quelquefois comme substantif: *T* 3533 **li plus de ceus del palais** la plupart de ceux qui étaient au palais; de même dans la locution *E* 2761 **a tot le plus** aujourd'hui disparue, mais nous continuons à employer la locution autrefois parallèle *à tout le moins.*

plusor, pluisor *adj. et pron. indéf.* masc. ou fém. et toujours plur. *E* 10048 la dame ainsint joie demeine **Les plusors jors de la semeine.** En fr. mod. *plusieurs* n'est jamais précédé de l'article et il a perdu une bonne partie de la force qu'il avait au moyen âge; pour nous il indique un nombre indéterminé de personnes ou de choses, mais qui n'est pas très élevé: on peut dire «plusieurs» en parlant de 3 personnes; au XIIIᵉ siècle le mot signifie «la grande majorité» et au besoin «la totalité» ou peu s'en faut: la phrase citée plus haut *E* 10048 en fournit un bon exemple de cette dernière sorte; noter que dans ce passage *Q* lit «**trestoz** les jors de la semaine», et c'est bien ce que le texte de *E* veut nous laisser entendre; voir aussi *T* 9124, 11740.

poëreus, pooreus *adj.* *M* 17272, *L* 7200 mesire Gavains, — **Et molt pensis** (Gauvain est resté seul) dans l'inquiétude et une incertitude angoissée.

poësté *s. f.* *T* 11929 il ne remest ame en la vile, **Qui d'aler eüst poësté** qui fût capable de marcher (qui n'allât vers la forêt au devant du Riche Soudoyer).

poigneïs *s. m.* *T* 2106, *E* 5597 combat violent.

poindre¹ *T* 853, 8256 **poindre** infin.; *T* 13774 **point** indic pr. 3, *T* 11545 **poignent** 6; *T* 13649 **poigniez** impér. 5; *T* 3758 **poigne** subj. pr. 3; *T* 2249, 9555 **poignant** p.pr.; *A* 4434 **poing** prét. 1, *T* 11861 **poinst** 3. Il n'est pas toujours facile de distinguer entre indic. pr. 3 et prét. 3, car *point* et *poinst* se sont confondus parfois dans une prononciation unique («point»). — *intr.* et plus rarement *tr.* sens général: piquer, fig. *E* 1968 s'ire... **au cuer li point** sa colère lui perce le cœur (cf. *U* l'ire

qu'il avoit **li point**). En particulier, piquer le cheval des épe-
rons pour le lancer en avant, dans ce sens le vb. *poindre*
est souvent accompagné d'un autre verbe, *hurter* p. ex. *T* 8256
ou surtout *esperoner T* 853, 2748, cf. *A* 4434; *poindre* se dis-
tingue d'*esperoner* en ce qu'il peut indiquer non seulement le
coup d'éperon, mais un départ rapide: *T* 2573 piquer des deux,
partir à toute allure, et il s'emploie aussi, particulièrement au
p.pr. accompagné d'un vb. de mouvement pour indiquer l'allure
d'un cheval lancé au galop: *T* 2249, 9555; infin. substantivé *T*
4592 es vos qu'il reprenent **lor poindre** les voilà qui vont
recommencer la joute. — Tous les emplois de *poindre* notés ci-
dessus ont disparu, et dans quelques autres emplois qui ont
survécu le vb. *poindre* lui-même ne se maintient que pénible-
ment dans la langue littéraire.

poindre[2] *tr.* variante de *peindre* pousser, surtout en parlant d'une
vive action du vent sur un bateau, *E* 6842 bon vant orent **qui
les an point** ils eurent un bon vent qui les en éloigna rapide-
ment (du port). Ce vb. *peindre* est assez rare, mais un composé
empaindre ou **empeindre** est au contraire très courant.

poindre[3], voir **paindre**.

point 1. *s. m.* situation, état, moment, *T* 5870 **en trestoz poinz**
en tous points, *T* 3741 **a point**, *T* 4315, 5798 **a molt bon point**
à point nommé, au bon moment, *E* 2247 **an itel point** dans une
situation telle, à un moment où, *E* 7635 **a point que** même sens
(cf. *U* 7635), *T* 6406 **en malvais poins**, cf. *E* 9988 **an toz les
mauvés poinz**, dans une situation bien désagréable, *T* 6683 **en
povre point** en pauvre état, *E* 10156 mort ... les bons n'amez
vos point; Car la ou sont **an lor haut point** (Illuec les volez
vos seurprandre) car là où ils sont au faîte de la gloire ou du
bonheur, vous venez les surprendre, *E* 6677 jeunes hom iert et
de haut point c'est un homme jeune et qui est au comble de
la fortune et des honneurs (sauf qu'il n'est pas encore marié),
T 9813 **el point de l'ajorner** au point (ou à la pointe) du
jour, de même *T* 6974 **al point del jor**. — 2. *adv.* auxiliaire de
la négation, *E* 1967 de ce *ne* li chaloit **point** lit. il ne s'en
souciait pas même un point, c' à d. il ne s'en souciait en
aucune façon, de même *E* 10155: c'est uniquement la longue
association de *point* avec *ne* qui finira par lui donner une valeur
négative; il ne sera donc pas surprenant de le rencontrer dans
des phrases dubitatives qui ne comportent pas de négation: *T*
6684 s'ele onques de cuer **m'ama point** lit. si jamais elle m'aima
de cœur ne fût-ce qu'un tant soit peu, de même *T* 9776, 11586.
Le *point* adv. est un ancien subst. et on s'en aperçoit: *a*) dans
une phrase négative *point*, comme tout substantif, peut être
accompagné de l'article indéfini *un* ou de l'adj. indéfini *nul*:
T 10749 li chevalier sus furent **Un point ne se descon-
raerent** (les chevaux ne s'arrêtèrent pas) et ceux qui les mon-
taient ne se laissèrent pas ébranler le moins du monde, *T* 1295
et li bons hom **n'a entendu Nul point** a chose qui li dueille
(Que joste soi Gavain n'acoeille) le bienveillant seigneur, sans
se soucier en aucune façon des douleurs qu'il peut ressentir, a
fait gentiment place à ses côtés à son hôte Gavain, *T* 6012
n'est pas cortois ... qui .... des dames **nul point mesdist** il n'est
pas courtois celui qui se permet la moindre réflexion désagréable
à l'égard des dames, de même *T* 7248 et aussi *E* 11666; *b*) comme

tout substantif, notre *point*, que la phrase soit négative ou dubi-
tative, peut être déterminé par un complément: *E* 6678 mais ... de
fame **n'avoit point**, *E* 7517 n'ait mes an lui **point de sejor**
pour qu'il n'ait plus d'accès à elle (cf. *T* 3625-28). Il semble au
premier abord que nous ayons dans ces 2 exemples un tour tout
moderne, mais ce n'est qu'une apparence, comme le montrent
les phrases suivantes où l'on voit clairement que c'est *point*
qui, à la différence du fr. mod., porte l'accent: *E* 7514 ne vorroie ...
Estre ou leu ... Ou ma dame eüst **point de mal** je ne voudrais
pas être en lieu où l'on fît à ma mère le plus léger mal; et plus
clairement encore *A* 576 la ou **point de son tort savoit** quand
il sentait qu'il avait la moindre parcelle de tort (envers son
adversaire), *E* 2248 **dou cor** n'em porteroiz **point** vous n'empor-
terez pas une parcelle du cor, c' à d. vous n'emporterez pas le
cor, et soyez-en sûr. Dernier témoignage: le subst. régime peut
être remplacé par le pron. *en*: *T* 3742 avant de chi **n'en menrez
point**, lit. vous n'en emmènerez pas une particule (de votre
sœur), c' à d. vous ne l'emmènerez pas d'ici, je peux vous l'as-
surer (cf. *E* 7636.)

pointet *s. m.* diminutif de *point* auxiliaire de la négation, *E* 11466
(vinaigre) trestot cler **sans pointet de lie** parfaitement clair
et sans la plus légère trace de lie.

pois *s. m. E* 1970 **tot ancontre som** — tout à fait malgré lui, *T*
8603 **sor le** — **la roïne** malgré la volonté de la reine.

poison *s. f. T* 6481 breuvage magique.

poisonier *L* 9026, **poissonnier** *U* 19084, **peissonier** *A* 8961
s. m. celui qui vend du poisson (au marché).

poitral *s. m.* pièce du harnais qui couvre la poitrine du cheval
T 9534, 11844, *E* 1484; aujourd'hui dans le langage courant
le mot poitrail signifie avant tout la poitrine du cheval elle-
même.

poitrine, voir **pis.**

poivre, voir **escüeler.**

polriere, porriere, poudriere *s. f. T* 2076, 11924, *M* 16016
nuage de poussière.

pomel *s. m. T* 2601, 14527, *E* 2719 petite boule d'or ou dorée
placée pour l'ornementation au sommet d'un pavillon ou d'une
tente; la proéminence au centre de l'écu qu'on appelle *boucle*
peut présenter un creux où on mettait p. ex. une petite boule
d'or fin: cette boule est le «pomel de la bocle» dont parle *T* 8459;
T 3968 le pommeau d'une épée. Seul ce dernier sens a été con-
servé en fr. mod.

pomelet *s. m.* diminutif de *pomel*, *T* 8454, *L* 2849 bout du sein,
cf. *A* 2836.

pooir[1] *s. m. T* 3625 **que cil n'ait mais de li** — afin qu'il ne
puisse plus disposer d'elle, *E* 4728 **se ... son droit** — **i savoit**
s'il savait que sa volonté de combattre était légitime et selon le
droit; *E* 4629 chascuns se conforte Et fait joie **de som** — chacun
se réconforte et se livre à la joie de tout son pouvoir, de tout

son cœur (cf. *U* fait grant joie **a son** —); *T* 12519 il menra **tot son** — tous ses hommes, *T* 2167 **por nul** — quelles que fussent les forces qu'ils eussent pu mettre en ligne.

pooir[2] *tr.* et *intr.* fr. mod. pouvoir, *T* 757 **puis** indic. pr. 1, *T* 157 **puet** 3, *T* 12447 **poëz**, *T* 12764 **pöés** 5, *T* 902 **püent** 6; *T* 3894 **poissanz** p.pr.; *T* 10506 **pooit** indic. impf. 3; *T* 14863 **porrai** (cf. *E* 19111 **perré**) fut. 1, *T* 11743 **porrez** 5; *T* 7125 **porroie** condit. 1, *T* 758 **porroit** 3; *T* 7052 **poi** prét. 1, *T* 906 **pot** 3, *T* 865 **porent** 6; *T* 11810 **peüsse**, *T* 10424 **poïsse** subj. impf. 1, *T* 3678 **peüst**, *T* 9890 **poïst** 3, *T* 3391 **peüssiez**, *T* 10468 **poïssiez** 5, *T* 9703 **peüssent**, *T* 2166 **poïssent** 6. — Tous ces emplois du vb. *pooir* sont encore courants aujourd'hui. Notons simplement deux cas particuliers: 1. le p.pr. **poissant** signifie «physiquement fort», *T* 3894 cil qui plus **puet** ferir plus fiert; **Li plus poissanz l'autre requiert** qui peut frapper dur frappe dur, le plus fort recherche la bataille avec celui qui l'est moins; 2. *U* 4730 mais s'il avoit tort, **bien puet estre** s'il se sentait dans cela pouvait bien arriver», mai. on pourrait traduire aussi «s'il se sentait dans son tort, peut-être»; en tout cas ce sont des tournures de ce genre qui ont préparé la voie à la locution adverbiale *peut-être*.

por *prépos.* et, accompagné de *que*, *conj.*, fr. mod. pour; *por* est très employé en anc. fr. avec des nuances très variées et qui sont loin de correspondre toujours avec les emplois modernes; sauf une ou deux exceptions, nous donnerons seulement les cas qui font vraiment difficulté: 1. *prép.* *T* 5844 onques mais mesire Gavains **Por nul home** (ne fu si vains Ou se combatist en sa vie) jamais encore, du fait d'aucun homme avec qui il eût combattu, Gauvain ne s'était senti aussi las, *T* 7572 cil qui de mon fil orroit dire Qu'il soffrist **por moi** (tel martyre) de mon fil ou par mon fait, de même *T* 5852; *T* 6541 **por un poi** (ses cuers ne li crieve) il s'en faut de peu que son cœur ne se rompe, *T* 12216 **por poi** (ne le covint chaïr) peu s'en fallut qu'il ne tombât; *T* 12228 mais cil par est si estordis Qu'il ne deïst mot **por Paris** il est si étourdi des coups (qu'il a reçus) que, qui lui donnerait Paris, il ne pourrait ouvrir la bouche pour parler; **por voir** *T* 105 vraiment, en toute vérité. 2. *Conj.* *por que* marque en général condition ou restriction, et non pas intention ou but, comme aujourd'hui: *T* 1836 **por qu**'en lui point de bien eüst (la bataille d'un contre deux blesse l'équité, et aucun homme ne devrait l'admettre) pour peu qu'il eût un grain de droiture en lui, *T* 7065 **por que** (m'oïst a lui venir) pour peu qu'il m'entendît venir, ou peut-être pour peu qu'il apprît que je venais à lui; *T* 7845 **por que** (je garir vos em puisse) alors que je pourrais vous guérir, ou vous sauver, de même *T* 7573; *E* 2112 **por que** (droite voie teigniez) à condition que vous suiviez la bonne route, *T* 6848 **por que** (plus laiens sejornast) à condition qu'il y séjournât plus longtemps; *T* 3652 **por que** (il veille estre alosez) s'il désire gagner les louanges des gens, de même *T* 3325; *T* 4123 **por qu**'(el fust mesfaite) dans le cas où elle aurait commis une faute; *T* 9513 **por qu**'(il ert fais ne establis) malgré le fait que ces merveilles sont parfaitement véritables et établies (ou quoique ces merveilles soient ...).

porcession *s. f.* *T* 3456, 13225 procession.

porchacier *tr.* fr. mod. pourchasser, sens général: chercher et trouver, se procurer, *T* 7106 **deüssiez avoir porchachié Messagier** vous auriez dû chercher un messager (qui me l'aurait fait savoir), *T* 6048 **s'il tost ne porchace l'entree** s'il ne réussit bien vite à se procurer une entrée à la tour, *T* 6052 **qu'autres hom n'osast porcacier** (cela lui fait commencer des choses) qu'un autre n'oserait entreprendre, *E* 10656 lors **quiert et porchace** (matire Et angin par coi l'a overt) alors il cherche et se procure un instrument grâce auquel il a ouvert la porte. — *Réfl. T* 2346 bien voit, **se il ne se porchace** (Que la cité li estuet rendre) s'il ne prend des mesures, ou, plus familièrement: s'il ne se débrouille. — *Intr. A* 1341 **einz le covenist porchacier** mais il lui faudrait se tirer d'affaire par lui-même.

porchas *s. m.* action de pourchasser, *T* 7537 **et tout par le vostre porchas** c'est uniquement (par vos méchants artifices et) par votre intervention (que le serpent est pendu à son bras).

porfendre *tr. T* 4712 pourfendre des adversaires dans un tournoi, *T* 5687, 5841, *E* 2891, *U* 2784 un heaume ou un écu.

porfichier *réfl. M Q U* 18083 en la chambre com hom sauvages **Se porfichoit** (cf. *L* 8019 **se porficot**), il n'est pas très facile de voir le sens exact de ce vb. ici; *M Q U* et *L* sont les seuls mss qui le donnent, *A* 8029 a *se fichoit, P s'en entroit* et *T V* 13851 *se muchoit,* c' à d., dans ce dernier cas, il se cachait comme un homme sauvage. S'agit-il de faire entendre qu'il était timide?

porgaitier *réfl. E* 2810 si se desfant et **se porgaite D'eus** (qu'il ne li pueent maufere) il se défend contre eux (il a trois adversaires qui l'attaquent de tous côtés) et se tient en garde contre leurs assauts. Noter que *U* donne le vb. simple **et si se guaite**.

porlongier *intr. L* 9205 **porlognant,** *tr. T* 4760 prolonger indûment un récit.

poroc (que) *conj. R* 546 **poroc q'**(amender le seüsse) pourvu que je pusse y mettre ordre.

porparler *tr. T* 11103, *A* 2126, *R* 1374 parler jusqu'au bout avec les intéressés de façon à trouver la solution d'une difficulté, ou à régler un conflit; dans l'exemple de *A* il ne s'agit que d'établir le programme des distractions du lendemain entre chevaliers qui sont au repos, aussi *T* 3190, au passage correspondant à *A* 2126, donne-t-il simplement *devisé* au lieu de *porparlé*; dans les 2 autres exemples il s'agit d'arriver à une paix entre des combattants. Le fr. mod. n'a conservé que l'infinitif substantivé, généralement employé au pluriel.

porpenser *intr. T* 3789 s'imaginer, *réfl. T* 11814 se mettre dans la tête que.

porpoint[1] *adj.* piqué, en parlant d'une étoffe, *A* 4856 **uns ganz porpoinz** une paire de gants piqués (Gauvain coud ces gants autour de ses bras), *A* 649 **une coute porpointe** (D'un vermoil samit) une couverture de lit piquée faite d'un samit vermeil, de même *E* 1150; dans ces 2 cas un chevalier se tient debout sur ces couvertures pendant qu'on l'arme; *T* 696 **une coute porpointe** avoit Sor son chief (pour protéger son front), une couverture est un peu volumineuse pour cet usage, bien qu'elle pût être étroitement roulée sur elle-même, mais *L* 662 au passage correspondant donne un texte plus satisfaisant: **une coife porpointe** avoit Sor son cief; *E* 1032 puis li font vestir un gambés **De soie et de coton porpoint**; voir encore *T* 554.

porpoint² *s. m.* vêtement d'homme couvrant le corps jusqu'au bas des reins; il pouvait être moins long, surtout quand il s'agissait de le mettre sous le haubert pour éviter le frottement de l'armure contre le corps: *T* 2470 **un cort porpoint de bouguerant, Tel come il covient a armer,** A fait devant lui aporter; néanmoins même dans ce cas le pourpoint était plutôt long, en particulier quand on ne revêtait pas le haubert immédiatement par-dessus: *T* 12060 Gauvain pour aller entendre la messe du Saint-Esprit avant de déjeuner et avant le combat qui doit suivre, le met et il ne le quitte pas pour se faire armer, il en a lui-même dès le matin cousu les manches (cf. *A* 6125). *T* 14619 le «petit chevalier» porte pour combattre Guerrehés simplement un «porpoint de siglaton», c'est qu'il dédaigne de s'armer et il le dit *T* 14652-53. Parfois on a l'impression que le terme *porpoint* est employé un peu au hasard, comme si c'était un mot ancien dont on ne comprenait plus bien le sens exact: cf. le texte de *T* aux v. 14327-31 avec celui de *M* 18607-11, *A* 8527-31 et *L* 8547-51. Quoique le pourpoint ne soit pas un costume d'apparat comme le mantel, il est fait en général d'un tissu très riche; les v. *T* 14205-07 montrent le degré de magnificence où il peut atteindre.

porposer *tr.* fr. mod. proposer, *T* 4312 mais tot autrement ert la chose Que chascuns d'ax **ne la porpose** ne se la représente.

porpre¹ *s. m. et f.*, sur 15 exemples que nous allons citer 8 (*T* 6178, 8351, 9921, 11328, 14562, 14567, *E* 325, 868) font *porpre* du fém., 2 seulement (*E* 3720, *A* 5438) font le mot du masc., et les 5 autres ne donnent aucune indication de genre. 1. Étoffe teintée de pourpre, c' à d. d'un rouge foncé éclatant; on s'en servait pour faire des vêtements très variés: *T* 694 gambison, *T* 8351 roube, *T* 9921, 14562 covertor, *T* 11328 blïaut, *T* 12061 porpoint, *T* 12806 mantel, *A* 5438 auqueton; la pourpre était également utilisée pour recouvrir un chapeau *E* 3720, faire un bandage à un chevalier blessé *T* 14567, ou, sous forme de bande, décorer un «calant» *T* 14163, 15210. 2. Plus rarement *porpre* indique un vêtement teint de cette couleur, sans qu'on précise davantage le nom de ce vêtement *T* 6178, *E* 325, 868. — Dans 3 exemples *T* 9921, 14562, *E* 3720 on nous fait savoir que la pourpre dont il est question vient d'Alexandrie et dans un autre *T* 11328 qu'elle vient de Bonivent (Bénévent?); enfin *E* 325 nous apprend que la pourpre peut être tissée par les dames de la maison de la reine.

porpre² *s. T* 9623 esterlins, **porpres, et besans,** il s'agit probablement ici d'une graphie aberrante de **perpe, perpre, parpe, parpre**: le mot désigne une monnaie d'or byzantine, voir les exemples donnés par Godefroy, VI, 107 a; dans nos textes *porpre* n'est donné en dehors de *T V* que par *E M* 13405 et par *P* (variantes de *A* 4236); *L* 4019 donne *parpres* et *Q* 13405 *perpres*, *A S* ont une leçon différente pour 4235-36 et *U* omet 4235-38.

porprendre *tr.* enclore (une ville, un espace de terrain) *T* 4384, *E* 6878; saisir *T* 6340; faire disparaître la distance et la route par la rapidité de la course, aller à toute allure le long d'une route *E* 6964.

porprise *s. f. L* 3664 enceinte, enclos.

porquerre *tr. T* 1020 **s'il nel porquiert** s'il ne le réclame, *réfl. E* 2973 **tant me porquis** je fis tant d'efforts, *E* 5947 **s'il ne se porquiert vistement** s'il ne prend des mesures urgentes, plus familièrement: s'il ne se retourne bien vite.

porsaillir *tr. T* 4450, *E* 1349 faire bondir, caracoler son cheval (en signe de joie).

porsivre *tr.* fr. mod. poursuivre, *E* 2945 **porsivrre** infin.; *T* 9827 **porsivi** prét. 1; *T* 5594 **porseü** pp.; *E* 2945 **et or conmandez. Je ferai De tot mom pooir a porsivrre** vous n'avez qu'à commander, j'exécuterai vos ordres dans toute la mesure où je le peux; la tournure est quelque peu surprenante, *U* donne: je ferai Du tout en tout vostre servise; *réfl. T* 5474.

port *s. m.* fig. *T* 6402 **arivez ert a molt mal** — l'enchanteur abordera à un port de malheur, c' à d. on va lui régler son compte. Nous ne dirions plus guère au fig. «arriver à un mauvais port», mais l'expression «arriver à bon port» est courante; *T* 6512 **uns vens de nort ... les ramena arrier port** les ramena au port (qu'ils venaient de quitter), l'expression est curieuse, mais le sens n'est pas douteux (voir la note à ce vers, t. I, p. 426); toutefois on peut préférer la leçon de *V*: **les remena a Trie-port** les mena au Tréport, c' à d. bien à l'est de la Bretagne où ils comptaient débarquer.

portal *s. m. T* 2084, 12146, *A* 1382 porte pratiquée dans le mur d'enceinte et donnant accès dans la ville.

portandre, portendre *tr. E* 844, 893, 4511, 4513 garnir les rues, les maisons, les châteaux de riches tentures de soie (pour faire honneur à un roi ou à un chevalier); *A* 8709 **un bel lit i ot portendu** les draps et les couvertures bien tendus dans toute leur longueur.

porte *s. f.* le mot ne s'applique dans nos textes qu'à des ouvertures assez massives: *T* 2124, 2353, *E* 3064, 3081. Noter *T* 3334 **la — del palais** (on y entre à cheval) et *E* 3083 **l'uis de la sale** (le cavalier descend de sa monture pour y pénétrer). Voir **huis.**

porter *tr. T* 5766 **li uns ne porte a l'autre foi** (telle est la coutume des tournois) l'un ne respecte pas l'autre (ils ont beau se connaître, ils se frappent furieusement, quoique à regret); *T* 6413 **si l'en portent jus de la tour** ils le portent en bas de la tour, ou plus simplement: ils le descendent de la tour, *T* 7123 **il s'en va et mon cuer porte** et il emporte mon cœur, *T* 9697 **chastiax, qui — vos peüst** château, qui pourrait vous emporter ..., *T* 12566 **ja n'i portera le pié** il ne fera pas un pas dans cette direction, il ne se mêlera pas de l'affaire, *T* 12779 **sel porte a terre laidement**, nous pouvons encore dire cela quand la situation est claire, comme ici, sinon: il le jette à terre vilainement, *E* 3592 **celle qui plus n'am puet porter** celle qui ne peut en supporter davantage, c' à d. qui ne peut tenir plus longtemps contre ses instances, *L* 6738 por celui qui ele ert amie

Totes l'en portent **signorie** en l'honneur de Gauvain dont elle est l'amie, la reine et toutes les dames s'inclinent devant elle et lui apportent leur hommage.

portraire *tr.* peindre, *E* 1298 un cheval ... Si biaux **con se il fust portret** beau comme s'il apparaissait en peinture, de même *M* 17663, *A* 1699 (**portrest** prét. 3).

portraiture *s. f.* portrait *E* 6311.

porveoir *tr.* *T* 5523 **si s'en est molt bien porveü** il s'est mis en très bonne position pour soutenir l'attaque de son adversaire; au passage correspondant *E* 9103 donne: «et il *l*'a molt bien porveü» où *l*' semble être un pronom neutre: «et il a très bien pourvu à cela», c' à d. s'est préparé à supporter le choc qui l'attend; si *l*' est un masculin et se rapporte à Caradoc, on pourrait peut-être comprendre «il a très bien pourvu Perceval d'un adversaire digne de lui»; *T* 13478 ensi l'a Diex **porveü** établi (cf. *T* 13465); *T* 14227 les letres prist ... **Et les porvit de chief en chief** (cf. *T* 14358) les lut attentivement d'un bout à l'autre: ce dernier sens a complètement disparu.

poser *tr.* *M* 17609 **puis le posa el monument** puis déposa le corps dans le tombeau; parfois le vb. *poser* est placé à côté d'un synonyme qui a, semble-t-il, un sens plus plein et il ne reste à *poser* qu'à fournir une rime commode: *T* 6419 iluec l'ont **couchié et posé**, *M* 18681 li cors **fu mis enz et posez**.

posterne *s. f.* *T* 14140, 14180 petite porte dérobée qui du haut des loges permet de descendre jusqu'à la mer qui est au-dessous.

postich, postis *s. m.* *T* 7077 petite porte qui fait communiquer une chambre d'une demeure avec le verger, *T* 9261 petite porte qui permet de passer de la chaussée au pont-levis.

povrement *adv.* *T* 4321 trop se sont **povrement hasté** (car ils ne sont arrivés qu'au 3e jour du tournoi). *Povrement* a l'air ici d'un de ces mots à la mode comme chaque siècle en crée pour indiquer un extrême (terriblement en retard, awfully kind, etc.): en fait de vitesse leur voyage a été une pauvre besogne, ils se sont joliment mis en retard, etc.

prael *s. m.* petit pré *T* 8293.

praerie *s. f.* fr. mod. prairie, indique une étendue assez considérable de terrain où vient de l'herbe ou du foin; voici un exemple qui montre bien le rapport qui existe entre *prairie* et *pré*: *T* 14441 lors vint en une **praerie**, Ainc n'avoit veü en sa vie Ausi biax **pres** de lor maniere.

prametre *tr.* promettre, *T* 8613 **pramesistes** prét. 5.

pre *s. m.* *T* 307, 14443, *E* 452, 462, 656.

pree *s. f.* *T* 281, *E* 318, 458, 519 même sens que le précédent, aujourd'hui disparu de la langue, mais conservé dans certaines provinces (le Maine p. ex.) par les fermiers, alors que le notaire et autres personnages officiels disent *le pré*. Nos auteurs du XIIIe s. ont l'air de ne pas faire de distinction entre les 2 mots:

T parlant de la même armée, et dans le même champ, la voit tantôt **contreval la pree** 281, tantôt **contreval ces prez** 307: le mot est à la rime dans les deux cas.

premerain *adj.* et *pron. ordinal*, synonyme de **premier** (*T* 14228) et très employé en anc. fr., *T* 361 **toz premerains** tout le premier, *T* 596 **le conroi premerain** (à la rime), *T* 8635, 9720, 12038, 12513, *M* 5044, *E* 5402. Dans plusieurs de ces exemples on peut voir un adv. «d'abord» plutôt qu'un adj. ou pron. «premier». *Premerain* a totalement disparu de la langue; dans son rôle d'adv. il a été remplacé par *premièrement* qu'on trouve déjà dans nos textes, *T* 7034.

prendre, nous ne noterons que les sens qui s'écartent, peu ou beaucoup, de l'usage moderne: 1. aujourd'hui *se prendre* suivi de *à* et d'un infinitif signifie «commencer à»: au xiiie s. aussi *T* 5196 **al fuïr se sont pris**, de même *T* 6519, mais il est peut-être plus fréquent alors de trouver dans ce sens un emploi intransitif et non réfléchi du mot: *T* 18 la roïne **prist lués a taindre** commença à pâlir, de même *T* 255, *E* 2008, et il faut rattacher à cet emploi *T* 3966 la chose **est a che prise** (Que Alardins du tout se rent) les choses en viennent à ceci qu'Alardin se rend sans conditions. — 2. *intr.* *T* 12217 une soif si grans **li prist**, qui est encore courant, mais les exemples suivants où le même sens apparaît ne seraient guère possibles aujourd'hui: *T* 8663 (Sire, nous allons voir comment vous vous en tirerez [de l'épreuve du cor]) **Plus bel que ne vous en est pris** mieux qu'il ne vous en a pris, c' à d. mieux que vous ne vous en êtes tiré, vous, *T* 12645 (une jeune fille qui vient de faire une belle toilette d mande à une compagne:) **et a moi, coment en est pris?** comment ai-je réussi ma toilette? suis-je bien comme ça? (cf. *L* 6719 où il y a une variante intéressante). — 3. *intr.* et *réfl.* *E* 4213 gardez... **qu'a eus vos pregniez** gardez-vous de vous en prendre à eux, c' à d. gardez-vous d'avoir affaire à eux, de les attaquer (s'en prendre à qqn aujourd'hui, c'est en général le rendre responsable de qqch.), *T* 6339 li felons serpens Entor son braç **se lance et prent**, le pron. réfl. *se* peut retomber sur *prent* aussi bien que sur *lance*, mais la construction intransitive du vb. *prendre* est également possible: le serpent se lance sur son bras, s'y enroule et y adhère, *T* 8434 (en parlant d'un or qui, mis sur une plaie ouverte, s'y attache et remplace la chair perdue) **il s'i prendroit de maintenant** (cf. fr. mod. cette colle ne *prend* pas sur le verre, la rivière a pris *ou* est prise). — 4. *tr.* *E* 4368 il leur rant Deus cox **por chascun qu'il am prant** pour chaque coup qu'il reçoit, de même *E* 6548 il est si estonez **Des cos qu'il a pris et donez**, *T* 8782 il n'est nus rois... Qui **tant ait pris services**... (De ses homes com j'ai des miens) il n'est aucun roi qui ait accepté tant de services de ses hommes, qui leur ait demandé tant de services, *T* 5241 **la mort i prendrez** lit. vous recueillerez la mort, c' à d. (si vous continuez le combat) la mort vous y attend, *T* 412 **de maint baisier qu'a iluec pris** (Se fust il molt bien consirrez) de maints baisers qu'il a reçus, il se serait fort bien passé (en fr. mod. «prendre un baiser» a un sens tout contraire), *T* 218 ainc mengiers... **ne fu pris Plus l̈iement** jamais repas ne fut pris plus allègrement (nous pouvons dire prendre un repas, un bouillon, un morceau, un verre de vin, mais non pas prendre un manger), de même *T* 9500; **fig.** *E* 3386 il covandroit Qu'o moi fust dou tot et **prandroit**

Aveques moi et biens et maux il faudrait qu'il fût tout entier
à moi, et il devrait accepter et partager avec moi les bonheurs
et les malheurs. Un vulgarisme récent a rétabli ou ravivé le
sens que nous offrent ces 6 derniers exemples et qui se rencontre
déjà dans le *Roland*. — 5. *Tr.* d'après nos textes **prendre
bataille** *T* 663, 1838, **prendre (le) tornoi** *T* 4576, c'est faire
les arrangements nécessaires en vue d'une bataille de chevalier
contre chevalier ou d'un tournoi. Cf. le fr. mod. *prendre* un enga-
gement, cas analogues *T* 5827, 5829. — 6. Emplois divers: *T*
6517 **a force ont pris le port** ils ont été forcés (par la tempête)
d'aborder au port (d'Outreport); *L* 7102 li soleus avoit **pris son
tor** avait fait son tour; *T* 12533 li rois s'en rist et puis **se prent
Le roi Ydier molt belement**, le *se* de *se prent* peut être le pron.
réfl. ou plus probablement l'adv. *se*, variante de *si* adv. (cf. *M*
16659 puis *si*), dans tous les cas il faut comprendre: Artur rit
et puis prend avec lui le roi Ydier et d'autres (pour aller faire
visite à l'amie de Gauvain); cet emploi subsiste, mais dans des
cas comme celui-ci *avec lui* est presque nécessaire; *E* 13528 Kex
a le premerain mes pris (Devant lou roi sans demorer) Keu
a porté le premier mets devant le roi; *M* 17911 ne cuidoit
jamés avenir A prendre le [son écu] (il le portait sur son dos)
et ne pensait jamais trouver l'occasion de le prendre, c' à d.
de s'en servir par devant pour se défendre; sur ce sens de *prendre*
voir *M* 18007, 18037, 18039; *T* 13131 (le cheval) si durement
le prist as dens (le frein), c'est notre «prendre le mors aux
dents»; *T* 7907-08 **prendre** rimant avec lui-même; *T* 13927 et
dist que **il se rendoit pris**, aujourd'hui nous dirions simple-
ment qu'il se rendait; *E* 4208 **ne panroie** de la bataille, Se Diex
me saut, **une cité** je n'accepterais pas pour renoncer à la bataille
même le don d'une cité.

pres *adv.* *T* 5073 tout le premier qu'**il pres ataint** le premier
qu'il atteint de près, qu'il rejoint, (il l'abat à terre), *T* 8284 et
si avoit molt grans bretesches **Bien pres a pres** très rappro-
chées les unes des autres, de même *T* 14449, *T* 8553 tres-
tot ... I porront boire **pres a pres** en succession, à tour de
rôle, *T* 14631 **prez ne vos faç voler Le chief** peu s'en faut que
je ne fasse voler votre tête.

prescïals, precïaux *adj.* *T* 1406, *E* 3854 précieux (en parlant
de pierres rares).

present *s. m.* **ichi em present** ici même, tout de suite *T* 3564,
A 2480, 3092; **ilueques em present** là pour le moment *T* 5297;
devant lui *E* 14378; *A* 3607 (il a mis le bâton devant lui); de
même *A* 5608, 6107.

presente *s. f.* *E* 8598 don; paraît avoir été créé par *E* ou sa
source, Godefroy ne cite que cet unique exemple.

presenter *tr.* *T* 8542, *E* 1007, 12912, *A* 381 (au fig.) faire don à
qqn de quelque chose. Le mot a depuis changé complètement
de sens: il veut dire aujourd'hui, non pas faire un cadeau, mais
mettre une personne ou une chose sous les yeux de qqn.

presse *s. f.* *T* 5482, 6785, 14325 foule encombrante de gens.

prester *tr.* prêter, *E* 1627 granz cos li done molt et **preste**, «prêter
des coups» plaisanterie amenée par la locution courante «donner
des coups».

preu *s. m.* avantage, profit, *E* 2915 **se je seüsse Mom preu** (je vous ferais volontiers la guerre) si j'y voyais mon intérêt, de même *T* 1865, 1970, 1986, 3259. — *adj.* sage, réfléchi *T* 3240, 3292. Voici 2 exemples où il n'est pas facile de décider si *preu* est subst. ou adj.: *E* 15974 **or n'i est preuz li atargiers** je n'ai nul avantage à m'attarder ainsi, ou plus probablement, je ne suis pas sage de m'attarder ainsi, *E* 11074 **car n'est mes preuz la moie vie** ma vie ne m'offre plus aucun avantage, perd son intérêt.

preudome *s. m.* homme sage et droit *T* 1948, 1953, 1957, 1981, 1983; *T* 6556 **as preudomes** aux gens de bien, *T* 2090 **ses preudomes et ses amis** ses sages conseillers et ses amis, *T* 8792 **mes preudomes** mes sages chevaliers. Ce beau mot, si caractéristique de l'ancienne France, n'a survécu que dans un emploi technique, les conseillers prud'hommes.

prime *s. f. T* 11619 prime, 1re heure de la journée (6 h. du matin); *adv.*, en forte opposition à *aprés*: tout d'abord ... ensuite *T* 571, en opposition plus faible à *puis*: tout d'abord ... puis, c' à d. tantôt ... tantôt *E* 1960, 1964; en premier lieu *E* 3220; *T* 1974 **ch'a esté de lui meïsme Esprové, et par autrui prime** il en a fait la preuve lui-même, et d'autres l'ont observé auparavant; *a primes* pour la première fois, correspondant en réalité à notre *maintenant* fortement accentué et s'opposant à tout le passé: *T* 5912 **ha, Caradot ... Ore a primes te connois jou** ah! maintenant, Carados, je te reconnais; de même *T* 4720, *E* 3340. Enchâssé entre *des ... que E* 3606 **des prime que leanz antrerent** au moment où elles entrèrent pour la première fois (cf. *U* **quant leens de premier** entrerent).

prince *s. m. T* 2038 souverain d'une région grande ou petite; le mot est fréquent dans nos textes *T* 1165, 7250, 9806, 13500, 15205, mais dans des formules stéréotypées où on énumère les princes, les ducs, les comtes, etc. pour indiquer une multiplicité de hauts personnages présents à un moment donné, sans pourtant qu'on voie apparaître jamais un prince nommément désigné. Voir **duc, quen**s.

principer *adj.* variante de *principel*, lui-même variante de *principal*, *M* 18590 vindrent **el palés** —, il est difficile de dire au juste ce que signifie cet adjectif dans cette locution du reste très fréquente aux xiie et xiiie s. Godefroy donne comme sens «princier», mais certains exemples qu'il cite auraient de la peine à s'accommoder à ce sens. Il nous paraît plus probable que «palais principal ou principer» signifie soit un édifice dominant parmi les bâtiments qui dans leur ensemble forment le palais du roi, ou dans le palais la grande salle d'apparat où se tiennent autour du roi banquets ou réunions de tout genre.

prinsome, de — locution adverbiale, *T* 14121 au moment du premier sommeil.

pris *s. m. E* 3031 vos avez **dou monde le** — vous avez la réputation d'être le meilleur chevalier du monde, *T* 5723 **honor et vasselage et** — honneur et réputation d'un merveilleux combattant, *T* 5312 cil qui cha m'envoia pris **A plus de los et plus de** — (Que nus autres) celui qui m'a envoyé ici pour être votre prisonnier mérite plus de louanges et a plus de valeur que nul autre; voir encore *T* 4482, 5860.

prise *s. f. E* 2143 action de prendre la bête chassée; voir Gunnar Tilander, *Lexique du Roman de Renart*, 1924, p. 130, et *Glanures Lexicographiques*, 1932, p. 210.

prisier, proisier *tr.* estimer, évaluer à un certain prix, *E* 14552 **pri** (graphie fautive pour **pris**, voir note à ce vers, t. II, p. 602), *T* 9543, *E* 3032, *L* 3946; le pp. **proisié, proisiee** est employé comme un adj. ou un subst. pour dire «hautement estimé», «choisi», «personne d'élite» *T* 2096, 13617, 15256.

prison[1] *s. f.* bâtiment ou local où on enferme les prisonniers *T* 5288, 5304, 9015, *E* 15476.

prison[2] *s. m.* prisonnier *T* 2127, 3975, *E* 2954.

privé *adj. T* 3050 la vint [Artur] **a privee maisnie** seulement avec les chevaliers et autres qui faisaient partie de sa «maison» et demeuraient en permanence avec lui; *s. m. T* 5202 si n'i connut pas **ses privez** (Carados vient se jeter à toute allure au milieu du tournoi) il n'y reconnaît pas ses amis et familiers (et ne sait trop par où commencer le combat).

priveement *adv. T* 8721 li rois remest **priveement** le roi demeura avec sa seule «maison» particulière; *E* 6082 discrètement (au passage correspondant *T* 2474 donne **celeement**, c' à d. en secret).

proier *tr.* fr. mod. prier, *E* 3347 **proier** infin., *E* 4017, 8021, 8024, 14269 **pri**, *E U* 2132 **pris** (graphie fautive pour **pri** par suite d'une confusion avec **prisier**, voir ce vb.), *U* 8024 **prie** indic. pr. 1. — *E* 3325 longuemant m'avoit **proiee** longtemps il m'avait priée d'amour; *T* 6377 **et si proiés a Dieu merchi** le passage brusque de la 2e pers. du sing. à la 2e du plur. pour revenir immédiatement au tutoiement n'a rien d'exceptionnel dans les textes en vers du XIIIe s., mais il semble plus probable tout de même que nous avons ici la 2e pers. du sing. sous la forme régulière *proie* à laquelle le scribe a ajouté un *s* pour éviter le hiatus *proië a Dieu*; cf. *Roland*, v. 3902, «Ceste bataille car la *laisses* ester».

prooise *s. f. T* 3390, variante de *proëce*, prouesse, action d'éclat.

proprïeté *s. f. E* 10086, 10259, 10310, 11266, mot qui est difficile à expliquer ici. Dans les 3 premiers cas les autres mss *T V* 6498, 6673, 6724, et *M Q* donnent au lieu de *proprïeté* le mot *prosperité* (sauf qu'au v. 10310 *Q* donne une leçon divergente), qui convient parfaitement dans chaque cas, voir ce mot. Quant au v. 11266, s'il n'y a pas de passage correspondant dans *T V, M* ·du moins donne aussi *prosperité* et *Q properité*.

prosperité *s. f. T* 6498, 6673, 6724 bien-être, bonne humeur, équilibre physique et mental. Voir le mot précédent.

prover *tr. T* 5902 molt avoie... bon corage ... de **prover** le vasselage (j'avais grande envie de me mesurer avec vous) et de mettre à l'épreuve votre grande vaillance; *réfl. T* 1256 par tout bien **se prove** par de beaux faits d'armes il montre sa valeur, *T* 7253 a lor pooirs **s'ont prové** (ils ont fouillé toute la Bretagne) et de tout leur pouvoir ont interrogé le pays; pp. employé adjectivement: *T* 12932 **traîtres provez** traître fini, *T* 14764 **malvais recreans provez** mauvais lâche, espèce de lâche fieffé.

provostiax *s. m. R* 569 fonctionnaire inférieur de l'ordre judiciaire.

pucelage *s. m.* virginité *T* 2740, 2846.

pucele *s. f.* On rencontre constamment dans nos textes le trio *dame, damoisele* et *pucele* associées dans les limites de deux vers rimant ensemble: *T* 109-110 bele, Diex vos en oie, et moi Et ces **dames** et ces **puceles** Et ces cortoises **damoiseles**, de même *T* 21-22, 145-6, 235-6, 295-6, 461-2, 4149-50, 14029-30, etc. Ce sont là des rimes commodes dont usent et abusent nos auteurs. Et peu importe que nous ayons l'ordre *pucele : damoisele* ou *damoisele : pucele*; il n'y a là aucune hiérarchie. *Dame* ne fait pas difficulté (voir ce mot plus haut), mais quelle différence y a-t-il entre *pucele* et *damoisele? Pucele*, qui correspond à notre mot *vierge*, indique une jeune fille purement et simplement, *damoisele* y ajoute une nuance de distinction sociale. Une damoisele a une terre à elle, ou de par sa naissance ou sa beauté ou sa grâce elle est en passe de faire un beau mariage. La pucele peut être dans le même cas, mais nous n'en savons rien: le mot ne donne aucune indication de ce genre. Quand un chevalier s'adresse à une jeune femme qu'il ne connaît pas et l'appelle damoisele, c'est une marque de respect de sa part: *T* 5045, 11862, 11867, 11886; mais voici un autre cas: deux jeunes filles puisent de l'eau à une fontaine, l'auteur parlant en son nom les appelle damoiseles *T* 9577, mais Gauvain survenant les interpelle par le mot de puceles *T* 9586 qui convient mieux à la besogne dont elles s'acquittent à ce moment. Toutefois il n'y a pas manque de courtoisie chez lui: pucele est alors un beau mot qu'on peut employer en toutes circonstances (voir p. ex. *T* 2627) sauf les plus solennelles ou quand, pour une raison ou pour une autre, on veut se montrer particulièrement respectueux. Pucele est du reste le mot que nos auteurs emploient la plupart du temps pour désigner leurs personnages, et en fait *T V*, qui viennent d'appeler les deux jeunes filles de la fontaine «damoiseles», disent quelques vers plus loin en parlant de l'une d'entre elles «l'autre pucele» *T* 9595, et toutes les deux sont de nouveau «les puceles» *T* 9659. Entre jeunes femmes on s'appelle *suer T* 5079, ou *damoisele T* 12648, mais aussi *pucele T* 4869. Un chevalier **cele damoisele** tant *Que* dame et pucele le claime, Si dïent tout que il morra Por la **pucele**, s'il ne l'a *T* 11919-22; de par son rang sociale elle est *damoisele*, mais le Riche Soudoyer veut en faire sa femme et dès maintenant il l'appelle *dame*, c'est à dire épouse du sire et maître du Château Orgueilleux, et en même temps *pucele*, qui est un nom plus doux à prononcer que *damoisele*, trop solennel pour la circonstance. Une difficulté pour nos auteurs, c'est de savoir comment appeler l'amie de Gauvain après la scène de la tente. Voici la première mention qu'ils font alors d'elle: *T* 2715 «a perdu non de pucele, S'a non amie et damoisele». Elle ne perd donc pas son rang social, mais elle ne peut plus prétendre à l'appellation de «jeune fille». Au v. 10857, alors qu'elle court

chercher son enfant pour séparer son frère et son ami Gauvain
engagés dans un combat mortel, elle est toujours pour *T V*
«la damoisele», de même aux v. 12547, 12639. Mais *T* emporté
par son zèle va trop loin: aux v. 12651-2 il écrit bravement,
toujours en parlant de l'amie de Gauvain, «Seignor, toz cis
ators estoit Por la *pucele* qui venoit» (voir un cas analogue *E*
3525). *V* n'a pas admis cette outrance: «Por cele *dame* qui venoit»
écrit-il, ce qui est à la fois correct et courtois. — Sauf dans
l'expression «la pucelle d'Orléans», le mot a aujourd'hui perdu
toute son ancienne dignité. Ce n'est pas un terme bas, mais il
n'est guère employé qu'à titre d'archaïsme, dans des contextes
comiques ou humoristiques. Sur le mot et son histoire, voir
L. Spitzer, *Romania*, LXXII (1951), 100-107.

puchier *tr. T* 9580, 9660 puiser de l'eau.

puepler *tr.* fr. mod. peupler, *T* 3035, 13369, 13572, 13573.

puer *adv. E* 1746 son mantel a **gitié** — a jeté loin d'elle; de même
S P 1024.

pui *s. m. T* 9565, *E* 13353 colline, mont.

puier *intr. T* 1520 desor une montaigne **puie** grimpe.

puile, pule *s. m.* variantes de **pueple** (*E* 6699, *A* 6208) qui est
la forme normale au XIIIe s., *T* 12144 **si grant puile** une si
grande foule, *L* 7358 **si que li pules en soit liés** de façon que
le peuple en soit content.

puis *adv. T* 13058 **puis ne venta ne plut goute.** Nous dirions plu-
tôt *après* ou *depuis* qui marquent aujourd'hui plus nettement
les divisions tranchées du temps que *puis. T* 9072, 11470 **et
puis aprés,** ces exemples montrent que dès le XIIIe siècle *puis*
était un mot qui commençait à s'user et qu'il était nécessaire
de le soutenir par un terme plus vigoureux; *prépos. T* 10331
puis lor mort après leur mort (cet emploi a disparu du fr.
mod.); *conj. T* 11347 **puis qu'il i est venus armez** après qu'il
est venu en armes sur le terrain; *puisque* a un tout autre sens
aujourd'hui, mais voici qui se rapproche du sens moderne: *T*
11205 ce m'est avis qu'a tort se delt **Puis qu'il ne sent ne
mal ne paine** ceci étant établi que, dès qu'en fait ...

puissance, puissanche *s. f.* le mot signifie à la fois force physique
et volonté qui anime cette force, *T* 5517 de Caradot ... Se fust
vengiez ameement, S'il en peüst avoir **puissance** s'il en avait
le pouvoir et la vaillance, *T* 5757 molt petit prise **sa puis-
sanche** (S'il n'en puet prendre la venjance) il fait peu de cas
de ses moyens et de sa valeur s'il ne peut tirer vengeance de
Carados.

pur *adj. T* 13059 la nuis **clere et pure** claire et sans nuages,
T 2592 **ce est la pure** emploi absolu, le sens est le même que
dans notre locution «c'est la vérité pure»; *T* 3310 **em pur le
cors,** il est défublé, c' à d. sans le manteau de cérémonie.

put *adj.* mauvais, *T* 7900 o serpens **de pute nature** de nature
mauvaise, *E* 2961 tant felon **et de pute foi** un traître, un homme
de mauvaise foi; *subst. T* 10179 **pute** femme débauchée.

Q

qareüre *s. f. R* 870 **fuissent de bele** — (à condition que les dés) fussent bien carrés (comme ils devaient l'être).

quan *s. m.* variante de *camp, champ, T* 14872 **au traver quans** à travers les champs. Voir les variantes et la note à ce vers, t. I, p. 442.

quant *pron. indéfini* combien, *E* 2357 ne m'orroiz conter ne dire **Qans mes orent** (ms. Qant) combien ils eurent de mets (à leur repas); *ne tant ne quant* dans une phrase négative: *T* 2214 ainc puis n'i ot petit ne grant Qui l'en prïast **ne tant ne quant** en quelque façon que ce fût, *T* 14839 n'a cuer **ne tant ne quant** il n'a pas un brin de courage, de même *E* 12884; *tant ne quant* dans une phrase dubitative: *T* 494 se plus demorast **tant ne quant** s'il avait tardé davantage, ne fût-ce que d'un instant; sur **a tans quans** *T* 9066 et **a tant quant** *E* 12838, voir la note, t. II, p. 601, v. 12839. **Quant que** ou **quanque, quanques** *T* 891, cela correspond à notre «tout ce que» neutre, et le mot est quelquefois lui-même précédé de «tout»: *T* 12862 **trestot quanques je porrai.**

quarentaine *s. f.* espace de quarante jours, *T* 8176 Carados... en demaine Grant dol **tote la quarentaine**; voir encore *T* 1227, 1652, 6464, *M Q* 3673.

quaresme *s. m. T* 8177 le carême.

quaresmel *adj.* qui a rapport au carême, qui se fait à l'occasion du carême *T* 6939 (le mot résulte d'une correction, voir les variantes de *T V*, et de *E M Q* 10525).

quarrefor *s. m.* carrefour *T* 13022.

quartier *s. m. M* 15388 la lance **de** —, *T* 805 (une lance) **d'un roide fraisne de** — la hampe carrée?

quasser *tr.* fr. mod. casser, *E* 2310 ainz covint la lance **qasser** Si que par le milleu **brisa**, d'après cet exemple *casser* indiquerait un affaiblissement, une détérioration d'une matière frappée à grands coups, et *briser* la rupture complète au point le plus faible.

que[1] *pron. interrogatif T* 1861 sire, je vois al roi Artu. A **que faire?** lit. à quoi faire? c' à d. pour quoi faire, pourquoi faire. Déjà *V* montre l'essentiel de la tournure moderne: a *coi* faire? mais dans une phrase exclamative nous pouvons encore dire comme l'anc. fr. *T* 291 vez **que de lances et d'espees!**

que[2] *pron. relatif* valant *ce que* de la langue moderne, *T* 11100 a dit li rois **que ber,** lit. a dit [ce] que [dirait] un baron, c' à d. a parlé comme un vrai baron, en vrai baron, *T* 12818 si ferez bien et **qu'afaitiez** vous agirez bien et en homme qui connaît les usages. Il n'est pas sûr que l'explication que nous venons de donner et qui est courante s'impose: *que* au sens de «comme» est fréquent dans les textes picards ou picardisants et pourrait avoir passé ailleurs.

que[3] *conj.* 1. valant «afin que», en tête d'une phrase *T* 8610, dans une proposition subordonnée placée après la principale *T* 8893: nous n'avons plus le premier emploi, et nous n'acceptons le second qu'après un impératif. — 2. Valant «que que» (cf. anglais *than that*) *T* 14868. Voir la note au v. *T* 7870, t. I, p. 429.

quel enclise qui joint le pron. relatif *qui* au pron. personnel *le*: *T* 9372 chaïr le fist; Ainc n'ot si bon pié **quel tenist** l'autre le fit tomber et pour lui il n'eut pas de pied assez solide pour le retenir, de même *T* 416 (*V* quiel), 8264, 9460, 10536, 13831, 14040; dans tous ces exemples le pronom *le* qui est contenu dans *quel* renvoie à un mot masculin; au v. *T* 186 le pronom *le* est un neutre et annonce ce qui suit. Au lieu du pron. relatif nous pouvons avoir *que* conj.: *T* 7679 si lor prie **quel gardent bien** qu'ils le gardent bien; de même *T* 8592 **si quel virent par le palais** de telle sorte qu'on le vit d'un bout à l'autre de la grande salle, *T* 7456 **tant quel trovast** (il n'aurait jamais cessé de le chercher) jusqu'à ce qu'il l'eût trouvé.

quelque *adj. indéfini T* 4022 a — **paine** avec quelque peine que ce soit, à force de peine; de même *T* 8169.

quens *s. m.* cas sujet, *conte* est le cas régime, *T* 78, 1028, 1165, 1588, 4352, 11842, *E* 1554, 5499, 6642, *U* 716, *A* 3554. On le voit, les exemples du mot sont nombreux, mais il entre le plus souvent dans des formules qui énumèrent les grands seigneurs présents en une circonstance quelconque, ou encore dans des comparaisons dont l'un des termes est fourni par ces grands seigneurs. Il est rare qu'on rencontre un comte nommé par son nom. Dans *T* 4681 nous avons «uns riches *quens* Qui avoit non li Biax, li Buens», un des 15 vaillants conduits par le roi Artur au Château Orgueilleux était le «conte Doon l'Aiglain» (*T* 9168), et un des chevaliers du Riche Soudoyer était «fix al conte Brangeli» (*T* 11998): le premier et le second ne sont que des comparses et le troisième que la vague évocation d'un inconnu. Dans *E* la récolte des comtes pourvus d'un état civil est un peu plus riche sans l'être beaucoup: *E* 6840 atant departirent **li conte**, mais on ne les a pas nommés auparavant, nous savons seulement que ce sont des «gentix homes» de la suite du jeune Carados (*E* 6827), encore des comparses; *E* 13016 le chevalier au paon que, l'épisode terminé, on ne reverra plus est «li *quens* de Melioirant» (dans *T* il est «*rois* de Meliolant» 9242); enfin au v. *E* 919 nous avons li *quens* de Gales, li Chauz (appelé ailleurs, dans les rares cas où il paraît, Galles li Chaux). C'est tout. Aucun des grands protagonistes de nos romans, ceux qui sont au centre de l'action, la brillante cohorte qui se presse autour du roi Artur, n'ont d'autre titre que celui de «chevalier» ou de «baron» qui est un chevalier d'élite. Les comtes et les ducs ne s'entrevoient qu'à l'arrière-plan du récit, on devine qu'ils ont compté pour beaucoup dans le monde de nos auteurs, mais dans les romans de ceux-ci ils ne forment qu'une frange de réalité contemporaine, tandis qu'Artur et sa cour évoluent sur le devant de la scène dans une atmosphère de lointaine et poétique antiquité.

quenuis, voir **conoistre**.

quepoul, voir **pecoul**.

quernel *s. m. T* 428, 11242 créneau.

querole, queroler, voir **carole, caroler.**

querre *tr.* *T* 6268 chercher, *T* 13770 chercher et trouver, *T* 7308; fouiller (un pays), *T* 10944 nul outrage **ne vos quist** il ne vous a rien demandé qui dépasse les limites permises.

ques enclise (voir **quel)** pour *qui les T* 849, 10778, 10784.

quevrius *s. m. L* 9024 chevreau.

qui *pron. relatif,* ayant la valeur de *cui* = à qui *T* 8942, 9292; de *qui, cui* = que *E* 23 (voir les variantes); au sens de *qui que ce soit qui T* 7293; *pron. interrogatif T* 1 [si li demande ...] **qui si l'a espoëntee** elle lui demande qu'il l'a terrifiée ainsi: dans cet emploi *qui* peut renvoyer à des personnes ou à des choses, et c'est un tour qui n'a pas complètement disparu.

quinsain *pron. ordinal T* 9175 **li quinsains** le quinzième, cf. **onsain** *T* 9167 onzième.

quinsaine *s. f. T* 7986 **toute une quinsaine,** de même *E* 3673 **tot une quinzainne;** *T* 11163 **dedens quinsaine** avant la fin de la quinzaine.

quis enclise (cf. **ques)** pour *qui les T* 625, 10762, 10335 (*V* **ques,** de même *E* 14141).

quite *adj. T* 4166 tout le tieg [cest païs] **quite en ma baillie** je tiens tout ce pays en mon pouvoir sans en avoir obligation à qui que ce soit, de même *E* 2106.

quiter *tr. T* 2035, 8078 tenir quitte de, *T* 9110 remettre, livrer (qqn qui est libre de toute obligation), pp. *T* 11378 **toz quitez** relâché de sa prison ct libre.

R

rade *adj.* impétueux, se dit surtout d'une rivière, d'une eau courante, ou encore d'un cheval lancé à toute allure, *T* 1199, 2397 (au passage correspondant *E* 5993 donne *raide).*

radement *adv. T* 2248 violemment, *T* 6289 d'un bond rapide.

rador *s. f. E* 2315 impétuosité.

raembre *tr. E* 7058 de l'autre robe de desus Fust trestoz **raiains uns granz dus** des vêtements de dessus (de ces jeunes adoubés) un grand duc aurait pu être racheté complètement, c' à d. on aurait pu payer toute la rançon d'un grand duc.

raençon *s. f. T* 1744 sanz terme et **sans** — sans remettre à plus tard et sans chercher à se racheter de cette obligation, *T* 13490 ses sans ert **nostre raençons** son sang sera notre rançon, nous rachètera.

rai *s. m.* rayon de soleil *E* 4603, 12026, traînée de sang *T* 13330.

raie *s. f. T* 2919 des viez plaies Gavain Coroit li sans aval son sain, Caus et vermaus et **a grant** — le sang descendait le long de sa poitrine, chaud, vermeil et en laissant une large raie.

raier *intr.* briller (en parlant du soleil) *E* 2045, 3559; ruisseler (en parlant du sang), *E* 3479 li sans an va **reant**, *E* 6541.

raige *s. f. E* 858 empressement joyeux, gaîté bruyante. Nous avons là un mot favori de Jean Renart (voir les exemples donnés par P. Meyer dans le glossaire de l'*Escoufle* et surtout un exemple de *Guillaume de Dole*, éd. Rita Lejeune, v. 2358). Cet emploi ne semble pas trop répandu dans la littérature contemporaine. On peut se demander si ce n'est pas à Jean Renart qu'il est dû et si ce n'est pas à lui que l'auteur de la version *E* de la 1ʳᵉ Continuation de *Perceval* l'a emprunté.

rain *s. m. T* 11570 **une ramée De rains** une litière de branchages, *T* 13108 li — **des arbres** le feuillage des arbres, *L* 5286 **loges de rains** abris de feuillage.

raison *s. f. T* 5347, 13358 **mist (a mis) a** — il lui a adressé la parole; *T* 7667 **puis li a dite la** — (Par coi il avroit garison) la façon, la manière dont il serait guéri; *E* 942 par une meïsme achoison Plorent et chantent **par reson** pour le même motif les uns pleurent, les autres chantent, et tous ont raison.

rajoindre *tr. T* 3115, 3409 rejoindre (la tête au corps).

rajoster *tr. T* 2160 et adonques **ses os rajoste Li rois** alors le roi rassemble ses troupes de nouveau; *intr. T* 3448 la cors a Cardueil **rajosta** la cour se rassembla de nouveau à Carduel.

ramantevoir *tr. E* 2673 rappeler, faire souvenir de.

ramé *adj. T* 2526 brueillés vers et **ramez** bouquets de bois verts et touffus. Voir note au v. *M* 17822, t. II, p. 605.

ramee *s. f.* branchage, branchages *R* 275, *T* 4368; abri de branchages *T* 263, *E* 6211, *R* 269; litière de branchages *T* 11569.

ramembrer *tr. T* 14941 rappeler qqch.; *réfl. T* 2971, 8945, 10437: *intr. T* 1208 et pense tant que **ramembrant Va de la lance;** *imperson. T* 6735, 12317 il lui souvient de, *U* 2671 il ne m'en souvint pas. Voir **mambrer.**

rami *adj. M* 17822, voir note à ce vers, t. II, p. 605.

ramper *tr.* grimper, *T* 4349 **lionciax rampans** (décoration d'un écu) lions dressés (comme pour grimper). Le vocabulaire du blason a conservé le p.pr. *rampant* dans ce sens; par ailleurs la signification du verbe a complètement changé.

ramposner, ramprosner, ranponer *tr. T* 162 taquiner désagréablement; *T* 11668 railler; *intr. A* 5719; *E* 8827 **sanz ramposner** sans grogner.

ramu *adj. T* 11219 **un brueil d'oliviers** — un petit bois d'oliviers touffus.

randon *s. m. T* 1569 andui... S'entrevienent **par grant**—viennent l'un sur l'autre à fond de train, *T* 4796 l'ont... Feru **de muete et de** —, voir **muete;** *T* 2701 plus de vint fois **en un** — d'affilée, *E* 4063 sone son cor **de grant** — de façon à faire porter le son au loin.

rapenser *réfl. T* 8890 il voit le sanc, **s'est rapensez** il s'est ravisé (après un moment de distraction).

rapleni *adj.* *T* 652 rempli.

raqueillir *intr.* *T* 957, 4732 se remettre à, se reprendre à, *tr.* *T* 7294, 7520, *L* 7080 **r. la voie, sa voie, son chemin** reprendre ou poursuivre sa route.

rasambler *intr.* *T* 2958 se rassembler (pour reprendre le combat).

rasener *intr.* *A* 7705 revenir (avec une idée de difficulté), «si jamais je réussis à regagner la cour».

rasouagier *tr.* *T* 100 cela me rassure, *T* 4078 cela calme sa douleur, *T* 6766 «faire rasouagier» qqn, le consoler, de même *T* 6283 distraire qqn; *intr.* *M* 18400 le temps s'adoucit, devient moins chaud.

ratorner *tr.* *T* 15303 ils le remettent dans la même position où ils l'avaient trouvé; *réfl.* *T* 2787 et atant Gavains **se ratorne, Vait s'ent** il se met de nouveau en état de chevaucher (il sort d'un combat violent) et s'en va.

ratraire *tr.* *T* 7547 et doit penser **de lui** — et après l'avoir puni comme il le méritait elle doit chercher à le ramener à elle.

ratyrer *réfl.* *T* 7317 il refait ses préparatifs (de départ).

ravestir *tr.* *T* 8171 investir (de la souveraineté).

ravine *s. f.* course rapide, élan impétueux; dans tous les exemples qui suivent le mot indique un choc violent entre deux combattants montés, dans un seul exemple *T* 3887 on combat à pied: *T* 2396 et *E* 6488 **en la** — **des chevax,** *T* 3887 molt jectoient **par grant** — Grans cops, *T* 4586 **par molt grant** —, *T* 5771 **il s'entrevienent de** —.

raviser *tr.* *T* 2696 regarder quelqu'un de près (pour chercher à le reconnaître), *T* 5938, *E* 10826 reconnaître, *T* 5648 apercevoir soudainement.

ravoier *tr.* *E* 13462 remettre dans la bonne voie.

re (**r** devant une voyelle) est un préfixe fréquent qui se place devant un vb. et fait corps avec lui. On l'emploie dans les cas suivants: 1. Il indique un mouvement en sens contraire d'un mouvement précédent: retourner, revenir et autres vb. du même genre. Nous laissons de côté des vb. où le **re** a probablement été significatif à un certain moment du passé, mais s'est fondu si complètement avec le vb. simple en lui communiquant probablement une nuance particulière qu'aujourd'hui nous ne sentons plus du tout sa présence: p. ex. repaître à côté de paître, revêtir : vêtir, relier : lier, etc. 2. Il indique une action répétée et équivaut à une locution adverbiale comme «de nouveau»: *T* 3020 puis **rejut** (toz entirs deus mois De la plaie ains qu'il fust sanez) sa plaie le força à se mettre de nouveau au lit pour deux mois complets. Le fr. mod. a conservé ces 2 emplois, mais en restreignant beaucoup le champ d'application, spécialement dans le cas des vb. commençant par une voyelle: *T* 13250 **dont roï mesire Gavains** alors G. entendit de nouveau; nous ne pourrions auj. accepter *roï*, pas plus que *rentendit*. 3. Mais voici qui est particulier à l'anc. fr. et qui est aussi très courant: le *re* peut se mettre devant n'importe quel vb. avec la signification de «de mon côté, pour moi, à mon tour»: *T* 10980-82 adont requiert par grant iror Son compaignon lués et assaut; Mais cil **de rien ne li refaut** alors il s'approche furieusement de son adversaire et l'attaque; mais l'autre de son côté lui tient tête, n'est pas en reste avec lui, *T* 1193 et li rois molt pensis chemine Od ses barons, et la roïne **Revait** ausi (molt fort pensant) le roi chemine tout pensivement avec ses barons, et de son côté la reine s'avance plongée dans ses pensées, *T* 4357 (description de l'écu d'Aalardin) et savez quel **ravoit Cador**? et savez-vous quelle sorte d'écu avait de son côté Cador? On voit qu'ici le *re*, quelque étroitement qu'il semble joint au verbe, ne porte pas exclusivement sur ce verbe, mais retombe sur la phrase toute entière. C'est pourquoi dans les temps composés ce *re* peut se mettre, et se met fréquemment, devant l'auxiliaire qui pourtant sans l'aide de son pp. n'a par lui-même aucun sens précis: le *re* vaut pour toute la proposition: *T* 743 icist a non mesire Yvains... Et del mien non je vos di bien, Que Gifflés **resui apelez** mon compagnon a nom Yvain et *pour moi* je m'appelle Gifflet, *T* 10375 enmi la lande a une part Se traist, et je, se Diex me gart, **Me refui de lui eslongiez** et moi de mon côté je m'écartai de lui (pour prendre du champ); *T* 591 tant qu'a l'arbre venu **resont** à leur tour (il y avait déjà deux cortèges qui s'étaient établis là), *E* 17 de ce ne dut mie avoir blasme, S'elle **se rest de ce pasmee** on ne saurait la blâmer si elle de son côté s'est évanouie. Dans ces deux derniers exemples on peut aussi traduire par «aussi»: si elle s'est aussi évanouie; mais non pas par «de nouveau», car s'il y a répétition, c'est d'un acte vu dans l'abstrait, dans le concret la personne qui agit en second lieu n'est pas celle qui agit en premier lieu; voir pour le même type de phrase *T* 13369 **resoit**, *T* 2506 **resera**, *T* 2091 **rot**, *T* 263, 1315 **ront**. Il faut dire que le cas en question n'est pas limité à des phrases où le *re* est accolé à l'auxiliaire, p. ex.: *T* 13667 il le feri ... Li chevaliers le **referi** il le frappa et le chevalier le frappa à son tour, ou le frappa aussi; *E* 15 qant la reïne dou roi ot Qu'il s'est pasmez, **lors se repasme** la voilà qui à son tour s'évanouit, ou la voilà qui s'évanouit aussi. Revenons à l'emploi de *re* avec l'auxiliaire: cet usage est regardé avec tant de faveur par nos romanciers qu'il leur arrive de le maintenir même quand le pp. lui aussi va être muni d'un *r* ou d'un *re* initial: *T* 2969 et sa plaie **rest restanchie**. D'autre part il est intéressant de voir comment la présence ou l'absence du préfixe en question peut permettre d'équilibrer la mesure du vers: soit le v. *Q* 14874 sa plaie **tote restancha**, veut-on faire intervenir le plur. «des plaies» au lieu du sing. «une plaie», il suffira de lire avec *E* au même passage: ses plaies **totes estanja**. Notons enfin que certains vb. dont le plus fréquent est **voloir** prennent assez régulièrement et devant n'importe quel temps le préfixe *re*, quoique en droit ce *re* appartienne à l'infinitif qui dépend de ce verbe: *T* 3381 **aler s'en revoloit atant** il voulait s'en aller à ce moment, il était sur le point de s'en aller. Terminons en disant que tous les emplois examinés sous le n° 3, à l'exception de ceux où on peut remplacer le préfixe *re* par «aussi», sont devenus profondément étrangers au fr. d'aujourd'hui. Même une forme comme *ravoir*, au sens de «avoir de nouveau» est unique dans la conjugaison de ce verbe. Et quant aux formes comme *resui, rest, refui, ra, ront*, etc., elles ont aujourd'hui un aspect presque barbare. A tel point certaines caractéristiques d'une langue peuvent changer au cours de quelques siècles. Il est vrai que pour apprécier à sa juste valeur l'emploi en question il serait bon de s'assurer si, dans la langue courante de l'époque, il a été vraiment aussi populaire qu'on pourrait le supposer sur le vu des exemples que nous avons cités (et nous sommes bien loin d'en avoir donné la liste complète). Nous notons en tout cas que la meilleure prose du XIIIe siècle, qui use de ces emplois, n'en abuse pas: dans les 60 premières pages de la *Quête du Saint Graal* (éd. Pauphilet) il n'y a qu'un exemple de ces formes que nous avons qualifiées, peut-être trop sévèrement, de barbares (à nos yeux): p. 31, l. 21, Et Yvains li Avoltres **se refu armez** de son côté, lui aussi.

recelé *s. m. E* 12170 **tot an** — en secret.

recelee *s. f. T* 6321 molt venez ore **a** — vous venez en cachette, c' à d. ici: vous venez plus tôt que d'ordinaire, sans me prévenir.

recerchier, recerquier *tr.* fr. mod. rechercher, *T* 7078, 7308 fouiller (un verger, un pays).

recet *s. m.* en général habitation quelconque, le plus souvent en pleine campagne ou dans une forêt *T* 6947, 7360; savoir s'il peüst Trover manoir o **il eüst La nuit** — *E* 3053 un manoir où on lui donnât un logis pour la nuit; le mot peut indiquer une demeure plus importante: (c'est là où) la Damoiselle Anuieuse ... **A son recet et son menoir** *E* 2101, nous retrouvons ici les 2 mots de l'exemple précédent et on voit clairement que *recet* est un terme plus abstrait que *manoir*. Voir encore *T* 9253-62 où *recet* indique une maison de campagne avec une large propriété autour, où le roi de Meliolant vient de temps en temps pour chasser.

recetement *s. m.* synonyme de *recet*, *T* 4565, le mot est appliqué ici à une installation provisoire, une espèce de quartier général du roi Cadoalant pour la durée d'un tournoi.

reclamer *tr. T* 6352, 6597 adresser une prière (à Dieu, à Notre Seigneur Jésus Christ).

reclus *s. m. E* 4554 lieu clos où, dans un palais souterrain, était enfermée l'«Espee as estroites ranges».

recoillir *tr. M* 17642 Diex **en gre recoilli La proiere** prit en gré, accueillit (et exauça) la prière du saint homme. Voir **requeillir.**

recolper *tr.* fr. mod. recouper, *T* 2419 tailler, rogner.

reconoistre *tr. T* 1546 je vostre non weil savoir, Or **m'en reconissiez le voir** faites m'en savoir la vérité, c' à d. dites-moi votre nom, je veux le savoir.

recors *s. m.* souvenir, *U* 2530 toutes vois **a mon** — (Vous descrivrai ...) autant que je me rappelle.

recovrer *intr.* dans un tournoi ou un combat quelconque le mot signifie se rétablir (après un recul momentané ou un instant de faiblesse), rétablir la situation (après qu'un groupe a cédé pendant quelque temps aux attaques d'un groupe ennemi): *T* 900, 5602, 5614 (**a recovré Sor le roi Ris** a rétabli sa situation aux dépens du roi Ris), *T* 5795; *réfl. T* 7995 se rétablir (après une maladie); *tr.* trouver (après avoir cherché) *T* 7278, *E* 7056; gagner, recevoir (un honneur) *T* 5864; rattraper, regagner *T* 4328, 7541; recouvrer (sa santé) *T* 7994; **por lor alaines** — *T* 10780 pour reprendre haleine. On dit encore «recouvrer sa santé» et moins fréquemment «recouvrer son haleine», mais tous les autres emplois du vb. *recovrer* ont disparu. L'angl. *to recover* les a conservés.

recovrier *s. m. E* 14566 **recovrier** N'ai an nelui (puis qu'il est morz) lui mort, je ne trouve aucun secours en qui que ce soit, de même *E* 7848; *T* 3714, le texte de ce passage est fourni à très peu de chose près par *E M Q U* 7608. Nous comprenons ainsi ce texte: «Je ne puis pas tout dire d'un coup, il est nécessaire d'exposer les choses l'une après l'autre et on finit par retrouver parfaitement son compte».

recreandie, recreandise, recreantie *s. f. T* 11344 le fait d'abandonner le combat de sa propre faute; *T* 12254 ne ocirre ne le velt mie Ne laissier **par** — (**por recreandie** *E* 16376, **por recreantise** *A* 6314, **de recreantie** *L* 6330) il ne veut ni le tuer ni le laisser là au risque de se faire taxer de lâcheté.

recreant p. pr. de *recroire* employé substantivement, celui qui abandonne le combat pour y avoir été forcé par son adversaire ou par les circonstances, *T* 11706, 14782, *E* 3453, 4732; d'où on passe facilement à l'idée de lâcheté *T* 14764, de même *E* 4207 ja n'an serai tenuz **Por** — **que je n'i aille** il ne sera pas dit qu'on me tienne pour un lâche de ne pas y être allé.

recroire *intr. T* 1596 cil qui plus estoit lassez **Recroit** celui qui était le plus las abandonne le combat, de même *T* 12211, 12213; *réfl. E* 4420 par si que **il ne se recroie De fere son conmandement,** *E* 10879 **qui que de querre se recroie** qui que ce soit qui abandonne par lassitude la recherche de Carados (ce ne sera pas Cador).

redoter *réfl. E* 311 **ne s'an redot mie** qu'il n'ait aucune crainte à ce sujet (*M Q U* donnent *dout* au lieu de *redot*).

refaire *réfl. T* 8119 **il se refont** (En joie du doel qu'eü ont) ils reviennent à la joie après la tristesse qu'ils ont eue.

reflamboier *intr. T* 290 hiaumes reluisans... **escus reflamboians,** de même *T* 576; une aigle d'or qui **reflamboie** *E* 6206, *L* 1574.

refroidier *intr. L* 3540 tot errantment **por** — (Alés as osteus reposer) pour vous rafraîchir.

refuser *intr. T* 7089 atant de querre **ont refusé** alors ils ont cessé de chercher, *T* 7495 il l'envaïst **et cil refuse** il veut le prendre dans ses bras et l'autre se retire en arrière; *tr. T* 11099 ce ne devez pas **refuser** (seul emploi qui soit encore courant).

regale *s. m. E M Q* 6875 une cité de **son regale** de son royaume (*U* donne **de son royaume**). Unique exemple de cet emploi cité par Godefroy.

regarder *tr.* *T* 7127 molt nos aroit Diex **regardez** nous aurait regardé d'un œil bienveillant; *réfl.* *T* 2584, 3222, 9900 regarder autour de soi; *T* 3826 **regarde soi devers le val** regarde dans la direction du vallon; *E* 9891 **il ne s'an [re]gardoit pas** lui de son côté ne s'en prenait pas garde.

regart *s. m.* *T* 6318 **ne me prendoie ore** — (Que vos si tost venissiez cha) je n'avais aucune idée que vous viendriez si tôt, *L* 6660 qu'ele de moi **n'ait nul regart** qu'elle n'ait aucune inquiétude à mon égard.

regehir *tr.* *T* 6891 avouer, *U* 6028 confesser ses péchés.

regiter *tr.* *E* 2813 sovant li veïssiez retraire Som braz a soi **et** — **Otot le branc** on aurait pu le voir souvent retirer son bras à lui et puis le lancer en avant (pour frapper de son épée).

regne[1] *s. m.* *T* 3285 **par tot son regne** par tout son royaume, de même *E* 75 **resne**.

regne[2] *s. f.* *T* 15150 onques anchois **regne ne tirent** jusque-là pas un instant ils n'ont tiré sur les rênes (pour arrêter leur monture), de même *E* 4994 **resne**, *E* 19422 **reignes**.

regreter *tr.* *T* 10227, 10279, 15247, *M* 17424, *U* 5655 lamenter la mort de qqn; *intr.* *T* 15178 **et si regretent molt sovent** font entendre de fréquentes lamentations; *tr.* *T* 6358 **regrete sovent la mort** souhaite la mort.

rehaucier *tr.* *M* 17326 **dont rehauça son vis d'eïr** (il avait jusque là ses mains devant ses yeux, mais entendant un bruit insolite il relève brusquement la tête de nouveau): nous avons donc ici le vb. *haucier* (voir ce verbe) avec le préfixe *re* indiquant mouvement en sens inverse d'un mouvement précédent, cf. *L* 7254; dans le vb. actuel *se rehausser*, comparé à *se hausser*, on ne sent plus guère cette valeur du préfixe *re*: les 2 verbes se développent séparément.

rehetier *réfl.* *E* 2352 chascuns d'aus **se rehete** se sent plein d'aise.

religion *s. f.* *E* 834 **gent i ot de** — gens appartenant à un ordre religieux. Nous disons encore «entrer en religion» pour «entrer au couvent».

relés *s. m.* *T* 8494 **sanz nul** — sans nul retard, immédiatement; *A* 7416 **sanz nul** — sans s'arrêter.

relever *intr.* *T* 5468 mais tost **relievent** ils se relèvent bientôt (après une chute).

relïer *tr.* *E* 2586 selle... Am plus de set leus **relïee** (De cordelles et de corroies) raccommodée en plus de sept endroits à l'aide de cordes ou de corroies.

reluisir *intr.* *T* 289, 575, 2601, 14528, *E* 1327. Voir **luisir**.

remander *tr.* *T* 6086 li voisin **remandent le roi** les voisins rappellent le roi.

remanoir *T* 2277, 8047, 12994, **remenoir** *E* 2102, **remaindre** *T* 17 infin.; *T* 7848 **remaing** indic. pr. 1, *T* 117, 13002, 13317

remaint 3; *T* 7669 remanez, *E* 11243 remenez impér. 5;
T 1901, 5892 remaigne subj. pr. 3, *E* 3577 remaingnoiz 5;
T 765, 12852 remanra fut. 3, *M* 11244 remenrez 5; *T* 404, 961,
1904, 3083, 11003, 13057, 13310, 14419, 14911 remest, *T* 7997
(cf. *M* 11575) remist prét. 3, *T* 13313 remesent 6; *T* 678, 3076,
7232, 13169, 13171 remez, *T* 13422 remés, *E* 10862 remesse
pp. — *intr. T* 117, 678, 961, 2277, 3083, 8047, 13169, 13171,
13310, 13313, 13317, 13422, 14419 rester, demeurer (qui est le
sens général du verbe), *T* 404 grosse remest elle resta enceinte,
T 14911 ainsi demeurent les choses pendant longtemps; *T* 17
si sera il, ne puet remaindre il en sera ainsi, cela ne peut pas
manquer d'arriver, *T* 1901 ne manque à venir, de même *T*
1904, *T* 3076 de lui est li contes remez abandonné (pour le
moment), interrompu, *T* 765 remanra (et ert en pais mise
La bataille qu'avez emprise) le combat que vous avez entrepris
sera abandonné et on fera la paix, *T* 12852 toz chis oirres en
remanra ce voyage sera complètement abandonné, *T* 13057 la
grans pluie remest tote cessa de tomber, *E* 10862 lor est vie
remesse ou cors la vie est épuisée en eux. *E* 7230 et li rois an
ire remest Tot som pansé et son afere: la construction de ces
2 vers n'est pas nette; remest est-il bien le prétérit de *remanoir*,
ou faut-il le rattacher au vb. *remetre* (*s* n'étant pas sonné dans
remest)? Dans les 2 cas le sens reste obscur. La leçon de *M* est
claire, mais contraire à l'intention du passage, celle de *Q* est
un expédient qui n'explique pas le rapport du 2e vers au premier.
Seule la leçon d'*U* donne un sens: li rois plain d'ire demoura
Tant a pensé a cel afere. *T* 3421-22, *A* 2331-32, *L* 2325-26
donnent, chacun de son côté, un sens acceptable.

rembrachier *tr. T* 3940 l'estor ont … rembrachié ils ont repris
le combat de plus belle.

remirer *tr. T* 809, 13944, 15123 regarder curieusement, examiner
avec attention; il s'y attache parfois une nuance d'admiration
T 14204, *M* 18586.

remonter *intr. T* 2970 monter à cheval de nouveau.

removoir *intr. T* 1968 je vous conseille de vous écarter, de vous
éloigner d'un service où vous ne trouvez ni plaisir ni profit;
T 8110 n'i a nul d'ax qui ne remueve (Quanques il puet del
cheval traire) nul d'eux qui ne se lance en avant de toute la
vitesse qu'il peut obtenir de son cheval.

remploier *tr. T* 4736 replier, cabosser (un heaume d'un coup
d'épée).

remüer *tr. T* 898 changer de position, *T* 2320 a paines puet
remüer Les piez (de la piece de terre) à peine le cheval peut-il
arracher ses pieds du sol, *T* 14309 Gavains li preus nel remua
(le corps) n'y toucha pas, *T* 14311 il ne sera pas enlevé d'ici;
réfl. T 2878 malgré les coups qu'ils reçoivent ils ne bougent
pas, ils restent immobiles sur leurs chevaux, *T* 3260 partir
(d'un endroit), de même *T* 10460, 14269; *intr. T* 3510 toz li
sanz li fuit et remue et se trouble, *T* 6350 commence … à se
jeter de côté et d'autre, de même *E* 1577; *T* 13700 sanz —
sans bouger, immobile, *U* 9580 sans changer de domicile, sans
bouger de la cour, *T* 14944 sans qu'on y touche.

remuete *s. f. L* 7253 lors oï ... **Une grant — venir** alors il entendit de nouveau le bruit d'une grande foule qui s'approchait. *L* est le seul ms. à donner le mot, *T* 13251, *M* 17325 et *A* 7217 ont **une grant tumulte, temulte, temolte.** Voir la note à ce vers, t. III, 1, p. 653.

renc *s. m.* fr. mod. rang, *T* 802 **et il de — les esgarda** (on lui présente une dizaine de lances pour qu'il en choisisse une) et il examine attentivement la rangée (pour ne choisir qu'à bon escient), *T* 8695 **de renc en renc** (expression conservée).

renclus *s. m.* fr. mod. reclus, *T* 7513, 9505.

rendre 1. *réfl.* se rendre *T* 5633, 11984, **se rendre pris** *T* 5242, 13927, *E* 2924 se reconnaître le prisonnier de qqn, *intr.* **rendre** au sens de «se rendre» *T* 4786, 4787, 5630, *A* 2654 a Damedeu **fet veu et rant**, les variantes montrent que le sens est «se voue à Dieu et s'en remet à lui». 2. Remettre, livrer *T* 1714, 5294, 11987, *E* 4478, *E* 2654 tu n'as pas **reson dou randre** tu n'as pas l'intention (?) de livrer la lance (cf. *U* qui est plus clair: tu n'en as **cure du rendre** tu ne te soucies pas de livrer la lance). 3. Rendre assaut, «estor», bataille *T* 927, 1592, 5640, 10854, *E* 1515, 8361, 9220, 9222 opposer une vigoureuse et agressive résistance à un adversaire, *T* 977 rendre un coup en réponse à un autre coup, *E* 1488 frapper de part et d'autre un coup violent, *E* 1518 dans un combat rendre compte de ce qu'on emprunte, ironiquement pour «rendre coup pour coup». 4. Rendre un message, c' à d. rendre compte d'un message dont on s'est acquitté *E* 487, 493, rendre un salut à qui vous a salué *T* 1293, saluer qqn *E* 2204, **merci rendre** remercier *T* 7174, *E* 3532. 5. Émettre de la clarté *T* 430, 14516, *E* 4601; **rendre ombre** donner de l'ombrage (en parlant d'un arbre) *E* 2168; émettre une odeur, un parfum *T* 4143, 14480; lance... Qui **randoit... Le sanc tout cler** *E* 4750; tant con li chevax puet **randre** *A* 372 avec toute la vitesse que le cheval peut fournir (ou donner). 6. *T* 6889 de son pere **se rent copables** il se déclare coupable envers son père, *E* 11870 **se rande las** se fatigue.

renge, range *s. f.*, généralement au plur., *T* 3343, *E* 4132, 4612 baudrier (auquel est suspendu l'épée).

rengier *tr.* fr. mod. ranger, *T* 579 le petit pas, **estroit rengié** au petit pas, en rangs serrés.

renoveler *intr. T* 12512 au roi desor toz **renovele Li duels** son chagrin d'autrefois, alors qu'il avait peur que le jeune fils de Gauvain ne fût tué dans un combat entre le père et l'oncle, se renouvelle maintenant que l'enfant vient d'être enlevé par des inconnus.

rente *s. f. T* 14705 **molt en a grant — me sire** mon seigneur en tire de beaux revenus; fig. *T* 4756 poise moi **s'il n'en a sa —** je serai fâché s'il n'est pas payé de la même monnaie (dans un tournoi: il m'a ensanglanté la tête, je vais lui revaloir cela).

reorte *s. f. A* 2621 et li serpanz le seisira **Au braz anviron a —** comme d'un lien d'osier qui entourera son bras.

repaire, repere *s. m.* endroit où l'on demeure *T* 6076, *E* 3574;

T 5986 chascuns reva **en son** — chacun s'en va chez soi;
E 5683 chascuns s'an ala A sa loige et **a son** — à son abri;
T 4136 retour (à sa demeure); *E* 4490, 4622 se metent (se
mist) **ou** — ils se mettent (il s'est mis) au retour; *E* 8576 molt
redoutent tuit **son** — tous craignent de le voir revenir sur eux.
Le mot survit, mais il a perdu tous les sens indiqués ci-dessus
pour en prendre de nouveaux.

repairier *intr.* revenir à la maison ou à l'endroit d'où on était
parti *T* 1705, 4134, 7297, 11651, fig. *T* 6033; venir (à un endroit
où on fait de fréquentes apparitions) *T* 7401; s'en aller à ses
affaires *E* 3039; s'en retourner *E* 7111; **s'il estoient repairié**
s'ils étaient rentrés là où ils habitent *T* 10025; revenir sur
qqn (pour l'attaquer) *T* 4607; avoir sa demeure (en un certain
endroit) *T* 10446.

repestre *tr.* fr. mod. repaître, *E* 10956 **repesoient** indic. impf. 6
nourrissaient.

replenir *tr.* *T* 4392 navie Dont la vile estoit **replenie** remplie
(c'est la flotte qui ravitaillait la ville de tout ce dont elle avait
besoin), *A* 9280 onques n'ot veü ... Nule sale **si replenie** si
pleine (de choses précieuses), *E* 5530 cité ... de bien **replanie**
remplie de tous biens. Ce vb. a disparu devant *remplir*; l'angl.
to replenish a gardé la forme et le sens de l'ancien mot français.

repondre *tr.* cacher, *E* 2582 si avoit tot son corps **repost** le
corps (du nain) était caché dans le creux de la selle; *réfl.* *T* 7767.

reposer *intr.* *T* 14113 il s'en ala a l'ostel **Por reposer et aaisier**
pour se reposer et se mettre à son aise; *réfl.* *T* 7769.

repostement *adv.* *L* 7609, *M* 17677 en cachette, en secret.

reprendre *intr.* *T* 1447 se rejoindre (en parlant de deux tronçons
d'épée). Voir **prendre.**

reprover *tr.* *T* 10100 toz jors me sera **reprové** cela me sera reproché
toute ma vie.

reprovier *s. m.* *T* 3958 si come on dist **en** — comme on dit en
proverbe.

requeillir *tr.* *T* 5101, 5522 soutenir le choc d'un adversaire qui
vous attaque. Voir **recoillir.**

requerre *tr.* *T* 5787, 5792, *intr.* *T* 5560, *réfl.* *T* 2902, 11633 ser-
rer de près un adversaire (dans un tournoi), l'attaquer vigou-
reusement.

requoi *s. m.* *E* 11007 **an** — (*M Q* **en un** —) dans un endroit caché.

rere *intr.* *T* 7992 raser; *E* 101 de totes vilenie S'est ... **et netoiez
et res** nettoyé et comme raclé, c' à d. nettoyé à fond, de même
E 687 de toz maus nez et **a res,** c' à d. absolument net de tous
maux (dans cette locution *res* est employé substantivement);
E 7851 antre la croiz et la main, **Res a res,** (l'espee glaça)
en passant très près de la main, mais sans la toucher.

resaillir *intr.* *T* 11631 et molt vistement **sus resaillent** ils se
redressent d'un bond (après être tombés à terre); de même *T*
875, 3764.

resambler *tr.* *T* 14149 une clarté … qui **resambloit Une estoile,** aujourd'hui on dit toujours «ressembler *à* une étoile»; suivi d'un infinitif *T* 13946 **vos ne resamblez pas** (Estre trop las ne trop grevez) vous ne semblez pas être très las; *T* 14282 **ce resamble** ce me semble, ou semble-t-il; dans ces deux derniers exemples le vb. *resambler* a plus de valeur que dans le *sembler* mod., il marque que l'imitation est parfaite, quoique surprenante.

resaner *réfl.* *T* 3361 se remettre (d'une blessure), *A* 2273 **resener.**

resbatre *tr.* *T* 4500 mon cœur serait joyeusement rasséréné du courroux que j'en ai eu; *T* 7546 mais quant ele un poi l'a **batu** [son enfant], Penser doit **con l'ait resbatu** elle doit rechercher comment elle pourra ramener la joie en lui.

resbaudir *tr.* *T* 128 tu m'as si **resbaudi** tu m'as échauffé le cœur d'une telle joie, *T* 73 por la novele c'ont oïe **Sont resbaudi estrangement** leurs cœurs sont en fête, *T* 81 **lors veïssiez cort** — on aurait pu voir la cour s'en donner à cœur joie; *T* 4900 molt ont **resbaudi le tornoi** les nouveaux arrivés ont redonné une nouvelle vigueur au tournoi.

resclarcir *intr.* *T* 821 ses escus **Resclarcist contre le soleil** son écu s'illumine au soleil.

resconser *intr.* *A* 2875 **por — iluec se tint** pour s'abriter, lit. se cacher (contre un violent orage); *T* 8215 donne **esconser,** il ne semble pas y avoir de différence essentielle entre les deux verbes.

rescorre *tr.* *E* 4819 Sire, qui de mort Nos as **recous** (pp.) **et de peril** sire, toi qui nous as sauvés de la mort et des dangers; de même *T* 3991 **rescousisse** subj. impf. 1, *T* 5702 et 12684 **rescous** pp.

resforchier *intr.* *T* 5265 li tornoiemens **resforche** le tournoi devient plus farouche.

resoignier *tr.* appréhender, redouter, *T* 5942 il ne voulait pas que pour l'avoir reconnu aucun adversaire hésitât à montrer un orgueil peut-être supérieur au sien, *T* 14658 **molt faites a —** vous êtes un homme qu'on doit craindre.

resolder *intr.* *T* 13451 or vos pri … Que me dites la verité … Et de l'espee la maniere **Coment ele resoldera** comment l'épée (brisée en deux tronçons) se ressoudera.

reson *s. m.* résonance, *T* 12106 si dona li cors **grant reson** le cor fit entendre un puissant écho; voir aussi *A* 6183.

resoner *intr.* *T* 12120, 12126 sonner de nouveau.

resortir *intr.* *E* 4389 les fiert Dou bon branc **qui pas ne resort** la bonne épée qui ne rebondit pas, *T* 979 le fait **arriere —** le fait reculer (dans un combat); *T* 597 **atant resort li tiers conrois** voici qu'apparaît à son tour le troisième détachement.

resovenir *intr.* *T* 4532 **qu'il vos daignast — De moi** à condition que vous daigniez vous souvenir encore de moi.

respasser *intr.* *T* 8101 se remettre (d'une maladie, d'une souffrance quelconque), de même *T* 13810; *E* 1050 **se — deüst ou vivre** quand bien même elle aurait été sur le point de mourir ou vivre, c' à d. même si elle s'était trouvée alors entre la vie et la mort; ce dernier sens de «trépasser», «mourir» est rare au xiiie s., Godefroy n'en cite qu'un seul exemple.

resperir *tr. T* 13518 réveiller, *intr. T* 9456 **sanz —** sans se réveiller.

respit [1] *s. m. T* 1602 si lo qu'en **— soit Ceste bataille ... mise** je conseille que cette bataille soit reportée à plus tard, de même *T* 2930, *T* 10658 **se je le — n'en preïsse** si je n'avais pas accepté de remettre la bataille à plus tard; *T* 786 **sanz nul —** sans autre délai, *T* 7204 **sanz nul —** sans attendre davantage, *T* 2280 sans alonge **et sanz —** sans atermoiement et sans retard.

respit [2] *s. m. T* 6686, *E* 10274 proverbe.

respiter, respitier *tr. M* 16949 remettre qqch. à plus tard; *T* 1773, 2941, 2955, *E* 14510 remettre la bataille à une autre occasion.

resplendor *s. f. T* 9898 lumière éclatante.

restorer *tr. E* 2214 réparer (un dommage).

restraindre *tr. T* 1787 resserrer les pièces de son armure (avant le combat).

restuier *tr. T* 13397 remettre une épée (ou un fragment d'épée) au fourreau. Voir **estuier.**

retarder *réfl. T* 3221 **il se retarde** il s'attarde.

retenir *tr. T* 1643 son escu et tot son atour **Retint**, (fors qu'il laissa sa lance) il garda son écu et tout son équipement sauf sa lance; *T* 595, *E* 4339, 16067 retenir le frein ou le cheval, c' à d. arrêter sa monture; *T* 498 toute en est l'ost **retenue** l'armée prête à s'enfuir est retenue, arrêtée par l'apparition du roi; *T* 148 trestoutes (les dames de la cour) **soient retenues** comprises dans la suite de la reine au moment du départ pour un voyage: pour ce sens cf. l'angl. *retinue; intr. T* 14171 li autres chiez en **retenoit** (Al chief del calant) l'autre bout de la chaîne tenait de son côté à l'avant du chaland; *réfl. T* 2840 Gavains un petit **se retient** s'arrête, de même *T* 2575 (cf. 2569).

reter *tr. T* 2036, 8954, 12931, *A* 3556 **rester** accuser.

retirer *tr. T* 9674 ainc ne fu **ses frains retirez** il n'a pas tiré sur ses rênes, il n'a pas arrêté son cheval. Voir **retenir.**

retor *s. m. T* 4722 lors veïssiez **molt grans retors** (Sor lui revenir demanois) alors vous auriez pu voir un secours très important pour ses adversaires arriver sur lui brusquement, *T* 10934 tant quidoit **avoir de —**, (Par foi, de monseignor Gavain; Nel quide jamais veoir sain) il voyait en cet enfant une compensation pour (la perte de) Gauvain qu'il ne pensait jamais retrouver en bonne santé; *E* 1192 **sans point de —** sans retard, *E* 7839 **sanz nul —** sans faute, décidément; *T* 12873 atant se sont **el — mis** alors ils se sont mis au retour.

retorner *intr.* *T* 12853 **se je retor** si je retourne.

retraire *tr.* *E* 2812 sovant li veïssiez — **Som braz a soi** retirer son bras en arrière; *réfl.* *T* 909 se sont un poi **ensus retrait** se sont un peu retiré à l'écart, de même *T* 2126; *tr.* *T* 1547, 12830, *M* 17629 faire savoir; *E* 11124 ainz doit panser **de lui** — elle doit penser à l'attirer à elle de nouveau (au passage correspondant *T* 7547 donne *ratraire*). Pour **retraites** *T* 3890 et *E* 7784, voir t. II, p. 594, note 1.

retrousser *tr.* *T* 11834 remettre un paquet, recharger un fardeau en croupe, derrière la selle (cf. 11818).

reüser *intr.* *T* 7496, *E* 16337 reculer, *T* 10881 **arriere reüsa** recula (cf. **jus, sus** etc.), *tr.* *T* 975, 11033, 13843, *A* 5050 **rusa** faire reculer, *T* 5564 — **a fait** ... **le roi**, *T* 4964, 10856 forcé de reculer.

revel *s. m.* *E* 3006 **soloie mener le** — je me livrais à la joie, *A* 1176 **d'armes aimment le** — ils aiment le plaisir des combats. Mot disparu en France, conservé en anglais (*revel*).

revenir *intr.* *T* 14713 puis **reverrez** (= reviendrez fut. 5) en cest vergier, de même *T* 14718; *E* 1069 **revient de pasmoison** revient à elle après un évanouissement; *revenir* employé absolument dans le même sens de «revenir à soi» *T* 10339, 12267, *E* 10176.

reverchier *tr.* fouiller (un verger, un pays) en tous sens *T* 6838 (cf. *E* 10424 **revergier** rimant avec **vergier**), *T* 7261, *E* 10876.

reverdoier *intr.* *T* 4072 li pres tot entor **reverdoie** le pré tout autour verdoie.

revestir *intr.*, dans tous les exemples suivants le vb. signifie qu'un évêque, des chanoines, un prêtre ont revêtu les vêtements qui sont de rigueur pour dire la messe ou prendre part à une grande cérémonie religieuse: *T* 13227, *E* 387, *M* 11812 (emploi réfléchi).

revoit *adj.* *T* 3820 grant folie **revoite** acte de pure folie, de folie déclarée.

rez *s. m.* *A* 8985 mialz voldroie estre **ars an un** — brûlé sur un bûcher.

ribaut *s. m.* *T* 1267, terme d'injure à sens variés: placé ici à côté de **pautonier** et **garçon** on peut le rendre par «vaurien», les vers suivants montrent que l'auteur pense surtout à l'aspect débraillé de ces spécimens d'humanité.

riche *adj.* indique tout d'abord une idée de puissance, de force, d'apparence brillante: *T* 3458 **la** — **baronnie**, *U* 744 **riches murs** (d'un château-fort), *T* 11992 n'ert pas des **riches soldoiers** (voir **soldoier**), *É* 6630 **au** — **siege de Branlanz** où s'affrontent de chaque côté des forces redoutables. Naturellement ces puissants sont individuellement des gens hardis et courageux: *T* 3375 vostre cors n'est pas **si** — (Come chascuns dist et affiche) votre cuer n'est pas aussi brave que chacun le dit et proclame. Puissance ne se sépare guère non plus d'un déploiement de splendeur: *T* 3290 (le roi) **sa** — **cort tendra**. Et par là nous atteignons le sens moderne: *T* 3266 nus ne vit **si riche feste**, le roi Artur y distribue à ses barons plus de dons qu'il ne l'avait jamais fait; *T* 8544 (un cor à boire) **riches**... **d'or et de façon**. *T* 3193 **en la —forest del Pin**, *riche* signifie-t-il ici luxuriante? il est plus probable que cela correspond à qqch. d'un peu plus vague dans la louange «la magnifique forêt du Pin».

richement *adv*. *U* 743 chastel... **— fermez** puissamment fortifié.

ridé *adj*. *T* 613 **de beles ridees manches** de belles manches plissées.

rien 1. *s. f.* chose en général, *E* 13132 mais por Dieu **vos pri une — je vous prie d'une chose (c'est que vous daigniez me dire votre nom), *T* 5210 **sachiez une —** retenez bien ce point, *T* 9884 par verté **vos di une —** je vous dis une chose très vraie, *T* 12595 bien se garnisse a son pooir **De tote la —** qu'elle se procure autant qu'elle le pourra toutes les provisions (qu'elle estimera utiles pour bien recevoir son hôte), *T* 8545 (un cor à boire) riches est d'or et de façon, Mais plus est buens **por autre —** mais il a encore plus de valeur à cause d'une certaine autre propriété, *T* 14821 vez le **plus povre — del mont** regardez la plus pauvre créature du monde, *E* 3173 ne cuidoie que **de riens nee Mespreïsse** je ne croyais pas commettre la plus légère erreur. 2. Ce dernier exemple nous amène à un emploi de *rien* dans le rôle d'adv. ou de pron. indéfini: *E* 1564 **n'est riens dom il ne feïst veu** lit. il n'y a rien dont il ne fît vœu, c' à d. il n'y a aucun vœu qu'il ne soit prêt à faire, *T* 14962 **il n'i a — del castoier** il n'y a pas lieu de gronder (Guerrehés); sans négation: *T* 3650 c'est drois a home **qui riens vaille** il est juste qu'un homme qui ait quelque mérite ... **— Au v.** *E* 1571 ainz **riens** ne haï tant malice, *riens* a l'air de signifier «créature» et de correspondre à *homs* du v. 1574: jamais personne ne détesta autant la méchanceté.

riers *prépos*. *E* 31 si le bailla [son «mantel»] **au nain — soi** au nain qui était derrière lui. *E* est le seul de nos mss à donner ce mot, *M* a **triés soi** et *Q U* **lez soi**; *rière* est encore employé en Suisse Romande, surtout dans les désignations de lieux.

rire *intr*. *T* 15013, *E* 13250, fig. *T* 4452 toz li cuers li **rit**; *réfl*. *T* 13657, 15023.

ris *s. m.* *T* 7011 **ris** ont et joie. Le mot *ris* survit péniblement dans la langue littéraire où du reste il correspond plus à **sourire** qu'à **rire**.

riviere *s. f.* *T* 4037 un paveillon Trovent **desus une riviere**, riviere peut signifier ici étendue de terrain le long d'un cours d'eau où l'on chasse le gibier d'eau et autre, mais la phrase peut aussi vouloir dire simplement que le pavillon était situé «sur la rivière» au sens moderne; de même *T* 9569, 14444; au v. *E* 500 nous avons le premier sens, qui a disparu du fr. d'auj., et au v. *E* 507 le sens moderne.

rivoier *intr*. *E* 6651 chasser au gibier d'eau.

robe, roube *s. f.* se dit des hommes et des femmes, *T* 11848 ele ert richement vestue; **Sa roube** estoit a or batue (la dame est à cheval, mais elle porte une robe de cérémonie); *T* 12415 **molt**

bones reubes ont vestues, les chevaliers après le combat: il est probable que ce sont de riches «mantels» qu'ils revêtent; de même *T* 1254, 8670, *E* 7144; *E* 7057 de l'autre **robe de desus**, ici *robe* est un terme très général qui exclut nommément la chemise (7054), mais comprend probablement cote, surcot et mantel.

roche *s. f. T* 848 il n'i ot mal pas ne **roche** (Ques destorbast de tost aler) il n'y avait nul mauvais pas ni aucune grosse pierre qui pût ralentir leur allure. Voir encore *T* 1201, 1223, 1225.

roe¹ *adj.* fém. *T* 7790 **parole roe** voix enrouée ou rauque.

roe² *s. L* 8980 jeu de société, mentionné entre les «tables» et les échecs.

röé *adj.* ornée de dessins en forme de roues (en parlant d'une étoffe), *T* 13406 un chier pale **röé**; cette expression est répétée littéralement encore 2 fois: *T* 14189, 15191.

roëller *intr. E* 5604 li mort desus les vis **roëllent** les morts roulent sur les vivants.

rohal *s. m.* fr. mod. rohart, ivoire de morse et d'hippopotame *L* 8656; voir la note à ce vers, t. III, 1, p. 655.

roi¹ *s. m. T* 15285 sire, **le roi vos ai conté** je vous ai conté toute l'affaire, telle qu'elle s'est déroulée.

roi² *s. m.* Si les ducs et les comtes n'apparaissent guère dans nos romans que dans des formules banales et vagues et restent complètement en dehors du récit, il n'en est pas de même des rois. Non seulement le roi Artur est au centre de la narration, mentionné tantôt par son titre, tantôt quoique rarement (1795) par son nom pur et simple, et très souvent par les deux, mais il y a encore, gravitant plus ou moins autour de lui, d'autres rois qui sans jouer un rôle très important participent toutefois à une partie de l'action et sortent vraiment de l'ombre où se tiennent ducs et comtes. Nommons d'abord le roi de Brecheliande Ris et le roi d'Irlande Cadoalant: ce sont eux qui ont entrepris le grand tournoi de Carlion où se rendent, pour joindre soit un côté soit l'autre, les chevaliers du monde entier, des évêques et des prêtres et une foule de dames et de demoiselles *T* 4297 ss. Ils prennent une part si active aux tournois qu'on les voit rouler plus d'une fois par terre 4604, 5212 etc., tourner le dos à l'occasion 5199 et n'être sauvés de la prison qu'au dernier moment par l'arrivée bien opportune de secours importants (nous ne voyons jamais Artur dans aucune de ces situations). Dans ce même tournoi se montrent un instant «un roi d'Outregales» non autrement spécifié 4670, 5085-6 et le roi Ydier 4928 que nous retrouvons plus tard, sous le nom de roi de Meliolant 9242, 9485, dans l'épisode du paon. Parmi les familiers d'Artur et faisant partie de sa «mesnie» on note le roi Do 362 et un autre roi Ydier qui n'a rien à voir avec le seigneur du paon 12534. Le roi d'Escavalon est un personnage important et un grand ami d'Artur 1627 ss. Le roi de Nantes, Caradeus ou Carados, épouse une nièce d'Artur 3087 ss; celui qu'il aimait comme son fils, Carados le jeune, règnera après lui et jouera un rôle de premier plan dans le récit 3291 ss. Sans nous occuper de quelques autres rois qui ne sont guère plus que nommés, nous conclurons que dans la 1re Continuation de *Perceval* (ms. *T*) les rois sont à l'honneur, et qu'auprès d'eux les ducs et les comtes, si importants qu'ils soient dans la vie réelle du xiiie siècle, ne comptent pour ainsi dire pas. La raison en est simple. C'est la tradition de Chrétien de Troyes qui continue: Artur apparaît partout chez lui, mais presque tous ses héros et certainement les plus célèbres d'entre eux, Gauvain, Yvain, Perceval, Keu sont des figures qui se détachent avec un relief singulier, qui valent par elles-mêmes et ne gagneraient rien à porter couronne ducale ou comtale. Si l'on veut voir un point de vue directement contraire, qu'on se reporte à *Guillaume de Dole*, œuvre d'un contemporain de nos romanciers, Jean Renart. — Au point de vue grammatical notons que le mot *roi* peut être ou non précédé de l'article défini: **roi** Cadoalant 5273, **le roi** Cadoalant 4657. La présence ou l'absence de l'article n'entraîne aucune variation du sens, mais cette latitude est d'un grand secours pour le versificateur, p. ex.: **li rois Ris** est a moi baïs, Ausi est **rois Cadoalans** 4470-71, de même 4923-28, 5429-30, 5959-60.

roidement *adv. T* 2880 brutalement.

roilleïs *s. m. E* 3060 une meson molt bien fermee ... De murs **et de forz** — de murs et de fortes palissades de troncs d'arbres; *E* 8684 si bien les ont recoilliz Que chaciez les ont **au roilliz** ils les ont reçus de telle façon qu'ils les ont chassés devant eux en les faisant rouler l'un sur l'autre (?). Les mss *E* et *U* sont les seuls à donner ce mot ici.

roit *adj.*, fém. **roide** et **roite**, fr. mod. raide (et par archaïsme roide), *T* 2481 **une lance et roide et fort** droite et solide, de même *T* 805; *E* 4843 monteigne ... Molt haute **et molt roite** haute et escarpée, *E* 2735 un chevalier gisant An une biere **trestot roit** rigide, *A* 1560 estordiz **et roides** me sant je me sens tout étourdi et raide, sans souplesse (noter déjà la forme moderne du masculin *roide*, ainsi qu'au v. *T* 805).

romans *s. m. T V* 9496, *E* 15082, *U* 17118, *L* 7044. C'est ainsi que nos copistes désignent l'ouvrage qu'ils sont en train d'écrire.

rompre *tr. E* 2784 fors est [l'écu], si ne l'ont pas **rompu**, Mais chascuns sa lance **brisa**: on voit que les 2 verbes sont à peu près synonymes, comme ils le sont encore aujourd'hui (sauf locutions variées où l'usage préfère l'un des verbes à l'autre, le sens restant le même); *E* 6619 la tandre char **rompue** la plaie à peine fermée ouverte de nouveau; *T* 9539 l'erbe ... Estoit contre terre abatue Et des chevax **route** [**rout** autre pp. de *rompre*] **et trenchie** (*V*, ainsi que *A* 4155, donne **de chevax**, texte beaucoup plus clair) les hautes tiges d'herbe étaient abattues contre terre, brisées ou tranchées par le sabot des chevaux; *intr. T* 12778 a poi que li cols **ne li ront**, de même *T* 2328, 10770.

ronchinel *s. m.*, évidemment dérivé de *ronchin*, *T V* 4603. Godefroy n'enregistre que la forme *ronchinet* ou *roncinet*; le mot *ronchinel* a peut-être été créé ici pour les besoins de la rime. Il est d'autre part assez curieux que le roi Ris monte dans un grand tournoi un simple *roncin* (du reste dûment appelé *destrier* quelques vers plus haut *T* 4596).

roncin, ronchin, ronci *s. m.* terme courant pour indiquer un cheval de charge ou une monture pour les valets et écuyers, *T* 2362, *E* 5962, *L* 1336.

rooignier, reongnier *tr.* fr. mod. rogner, *T* 7991 **Caradot ont fait** — ils lui ont fait couper les cheveux; *A* 1467 tailler les deux bouts d'une lance.

roont, reont *adj.* fr. mod. rond, *T* 8273 **roons**; *E* 407 **palefroi Gras et reont** de formes arrondies, indiquant que la bête est bien nourrie; *s. f. T* 13388, *E* 44 **a la roonde** à la ronde.

route¹ *s. f. T* 9535 **sor une** — **defoulee** (S'embatirent vers la vespree) ils débouchèrent vers le soir sur une large traînée d'herbe foulée qui formait une route devant eux. Il ne semble pas en effet qu'il s'agisse là d'une voie permanente construite et entretenue pour le passage des gens. Nos auteurs ne sont pas prodigues d'indications de ce genre. Ils se bornent à faire chevaucher leur personnages par les «landes» et les forêts. Pourtant une fois ils mentionnent «un chemin ferré» *T* 1637. Autres exemples de *route*, tous empruntés au même développement: *T* 9554, *E* 13323, 13342, *A* 4151, 4156, 4168, *L* 3941.

route² *s. f.* troupe, bande de gens *T* 9556, 9636. Dans le récit qui va dans *T* de 9535 à 9563 (et aux passages correspondants des autres mss) le mot *route* revient plusieurs fois et il n'est pas toujours facile de savoir si nous avons affaire à une voie de terre ou à un groupe de cavaliers: aux v. *T* 9541, 9547, *E* 13329, 13335 **grant route** semble indiquer le peloton des cavaliers qui précèdent, et *L* 3951 (correspondant à *T* 9547 sivez moi **Ceste grant route** od vostre gent) qui donne «sivés moi La **rote de ceste grant gent»** confirme cette interprétation. Pourtant *Q* 13335 comprend autrement puisqu'il remplace «ceste grant *route»* par «ceste grant *voie».* — *E* 15236 tantost veïssiez chevaliers ... Hors des forés au plains issir Et **an granz routes droit venir** par groupes nombreux; *E* 3438 a cest mot vindrent **rote a rote,** L'une aprés l'autre, vint pucelles (cf. *U* vindrent **tout a rote)** à la file.

rovelant *adj. E* 7283 (le chevalier magicien) **fu rovelanz por le chaut** était rouge de chaleur, *E* 11802 por la honte est ... **rovelante** (Guinier le jour de son mariage) est rougissante d'embarras.

rover *T* 11602 infin.; *T* 6300, 8135 **ruis** indic. pr. 1; *T* 10365 **rova** prét. 3, *T* 5529 **roverent** 6; *T* 14989 **rové**, *T* 11600 **rovee** pp. *Tr.* demander, ordonner, *T* 10365 a itant **me rova armer** il me demanda de m'armer, de même *T* 14989; demander comme une faveur *T* 11600, 11602; réclamer, désirer, *T* 5529 **ainc n'i roverent estriers** ils ne demandèrent pas d'étriers (ils venaient d'être jetés à terre), *T* 6300 ne ja por ce que sui sa mere **Ne l'en ruis estre mains amere** ce n'est pas parce que je suis sa mère que je demande que sa punition soit moins dure, *T* 8135 de la feste **ne ruis conter** je n'ai aucun désir de raconter la fête.

rovoisons *s. f. E* 11749 fête des Rogations.

rubois *s. m. E* 1334 rubis; *rubois* est une forme qui ne semble pas être attestée ailleurs et elle a l'air d'avoir été appelée pour rimer avec *orfroiz* du v. précédent, *M* donne *rubins* rimant avec *or fins.*

rue *s. f. E* 12221 **or est an bone** — il est en bon chemin, tout va bien pour lui (?).

rüer *tr.* jeter (avec une certaine brutalité), *T* 6398 (Carados regrette de ne pas avoir tué l'enchanteur) ou en prison **al mains rüé**; *T* 14848 lancer des projectiles (poumons, graisse, etc.) sur qqn qu'on méprise; *intr. T* 14836, *M Q* 5680, même sens.

ruiste *adj. T* 3899, 5539 (en parlant d'une «mâlée») acharnée, violente.

S

sablon *s. m.* sable *T* 5756.

sachier *tr.* tirer à soi, tirer de son côté *T* 1461, 1467, 14394, 14945, 14958; *T* 1816 tirer sur les rênes (pour arrêter un cheval), *E* 2156 sa vantaille et son hiaume **saiche** (Et les damoiselles salue). *Sachier* s'accompagne souvent, comme la plupart des verbes de mouvement, d'une particule qui précise la direction du mouvement: **arrier** *T* 11064, **fors** *T* 4708, 14923, *E* 484. *Sachier* est l'opposé de *bouter*: *V* 5463 **se cist le sache, cil le boute** si l'un le tire à soi, l'autre le repousse. Il est curieux que ces deux verbes, si fréquents en anc. fr., aient tous deux disparu; il est possible que la ressemblance des temps de *sachier* avec quelques-uns de ceux de *savoir*, tout en facilitant le jeu de la rime, *T* 5025-26, ait affaibli la position de *sachier*; il a été remplacé par *tirer* avec lequel il est souvent associé au moyen âge sans qu'on voie de différence entre les deux *T* 13091, *E* 10147.

sadoine *s. f.* variante de *sardoine* pierre précieuse *E* 3723; on notera la rime défectueuse *sadoines* : *cointes*; *M Q U* donnent *sardines*, rimant avec *fines M U*, ou *alisandrinnes Q.*

safer *s. m.* variante de *safir*, fr. mod. saphir, pierre précieuse *E* 11835; il est à remarquer que 3 vers plus haut (*E* 11832) on trouve *sarfir*, autre variante de *safir.*

saige *adj.* sage, *T* 5905 et molt le tient **por saive** pour un homme de grande expérience et de bon jugement, *E* 6892 **saiges d'eschas et des tables** habile aux échecs et au jeu de tables; *E* 5472 molt est vezïee et **save**, *E* 6690 molt estoit cortoise et **save**, cet adj. s'applique dans les 2 cas à «ma dame Ysave» qui plus tard ne se montrera un modèle de sagesse, mais peut-être l'auteur ne veut-il pas anticiper sur l'avenir, et peut-être aussi l'adj. fournit-il une rime commode à Ysave.

saignier *tr.* fr. mod. signer, *T* 521 faire le signe de la croix sur qqn, *M* App. 40 li miex enseigniez **Qui onques fust de mains seigniez** qui ait jamais été béni; *réfl. T* 9654, 13055, *A* 7210 (**saint** subj. pr. 3) faire le signe de la croix sur soi, se signer, dans ces 3 derniers exemples en signe de surprise ou de surprise mêlée d'appréhension.

sain[1] *adj.* en bonne santé, le mot est souvent accompagné d'un autre adjectif, 7 fois sur 10 dans les exemples recueillis ici: **delivres et sains** *T* 46, **hardis et sains et legiers** *T* 10690, **sains et haitiez** *E* 67, **garis ne sains** *T* 2448, 9834, **vis et sains** *T* 14340, **sain et sauf** *T* 179 (locution conservée). Autres exemples *T* 3408, 7407, 10692. Appliqué aux choses, p. ex. à des provisions de bouche, il indique leur bon état physique et leur convenance avec ce que réclame telle ou telle constitution, *T* 2310 pain blanc legier **de sain forment** de pur froment. Et le mot a encore ce sens ou à peu près: une nourriture saine. Appliqué aux personnes le mot *sain* est resté assez courant, mais son sens s'est modifié nettement; en anc. fr. il se dit de la santé présente du corps, aujourd'hui de la constitution permanente du corps.

sain[2] *s. m.* *T* 9373 graisse (de paon), le mot survit aujourd'hui dans *saindoux* graisse de porc fondue. — Les mss *E M Q* 13158 et *L* 3776 font du mot un dissyllabe: **saïns.**

sainnement *adv.* *T* 8686 **il boit si** — (Que tant ne quant n'en espandi) il boit avec une telle aisance qu'il ne répandit pas une goutte de vin.

saint *s. m.* *T* 11230, 11238, 11244, *E* 15781 cloche.

saintage *s. m.* *E* 11841 a l'air d'avoir été créé pour la rime; le mot n'est donné que par *E*, *M* a *sainteé.*

saintisme *adj.* très saint *T* 6909.

saintuaire *s. m.* reliquaire *E* 11848.

saisir *tr.* *T* 2711, 8152 mettre en possession de; ce sens survit encore dans la langue du droit et il en est de même pour l'anglais *to seize.*

saive, voir **saige.**

salder, voir **solder.**

sale *s. f.* fr. mod. salle. Le mot désigne d'abord «la grant sale» *T* 14914, *M* 18293 où le roi tient sa cour, où se prennent les repas en commun, où ont lieu les réceptions et les fêtes; une de ces «sales» est si spacieuse que «bien i porroient mengier Largement cinc cens chevalier» *M* 17557; la grande salle est également appelée le *palais* (cf. *T* 1259 et 1263, et voir **palés**); il y a naturellement une salle de ce genre dans chaque château ou maison forte *T* 8289, 9330. On appelle encore «sales» des pièces qui adjoignent le «palais» et semblent être particulièrement réservées au roi: de là des pluriels comme **vos maistres sales** *T* 3281, en vostre roialme n'a mie Plus bel lieu **ne plus riches sales** *T* 8813. Les dames et les demoiselles ont, elles aussi, leurs appartements où elles se tiennent quand elles ne sont pas au «palais»: ce sont leurs *chambres.* Ce n'est pas qu'on ne puisse trouver des ex. de *chambre* pris dans un sens plus large: au v. *T* 14313 le roi Artur dort dans une «chambre», et au v. *T* 9180 il s'en ist armez D'une **chambre**, mais il est à noter que *M Q* 12952 et *P* 3806 ont préféré *sale* à *chambre*, et que par des moyens différents *A* et *S* 3806 ont écarté toute mention de l'un ou de l'autre des 2 mots (l'examen des variantes, y compris celle de

L 3592, montre ici ou là d'autres corrections très instructives). Bref, si la distinction que nous avons indiquée plus haut n'est pas absolument rigoureuse, elle est trop souvent faite pour qu'il n'y ait pas là une coutume reconnue: *T* 123 dames de **cambres** mais n'issirent A tel desroi come ces firent, N'en **sale** a roi n'entrerent mais Si com ces fisent el **palais**. C'est donc ainsi probablement qu'il faut interpréter ce vers emprunté à la description d'une maison forte: ,il i avoit **chambres et sales** *T* 8289; ailleurs on note qu'une Sarrasine fort courtoise qui est au service de la sœur de Bran de Lis venait «des chambres la roïne» *T* 2678. Voir encore *T* 12664 et *E* 5459.

saleter *intr. L* 2913, *P* 2897 sautiller (en parlant des oiseaux); au même passage *A* 2897 au lieu de *saletant* donne *sautelant*. Voir **sauteler.**

salie *s. f. T* 2147 attaque, et peut-être plus précisément, en parlant de chevaliers assiégés, sortie.

salir *intr.* fr. mod. saillir, *T* 896, 6200 (*tr.*), 11076, 13130 **salir,** *E* 14342 **saillir** infin.; *T* 31, 10814, 11085, 11469 **saut,** *T* 11823 **salt** indic. pr. 3, *T* 1244, 8338, 9087, 12166, 14025 **salent,** *T* 11552 **saillent** 6; *T* 10815 **saloit,** *T* 13127 **sailloit** indic. impf. 3; *T* 7622 **saudroit,** *T* 7623 **solroit,** *A* 2770, *L* 2778 **sauroit** condit. 3; *T* 3382, 14950, 15081 **sali** prét. 3, *T* 862, 8956, 13880 **salirent** 6; *T* 13132 **salis,** *T* 14021, *E* 58 **sailliz** pp. La graphie par *l* double, c' à d. *l* mouillé, très ancienne dans certaines formes du verbe, a gagné peu à peu, à travers pas mal de fluctuations, les autres formes et est devenue la seule qui subsiste en fr. mod., pour autant que le verbe est employé de nos jours. Le tableau précédent montre que dans nos exemples l'*l* simple domine encore. — Le verbe signifie au xiiie s. sauter, bondir en avant. Il est fréquemment accompagné de l'expression **en piez,** qui indique la position finale après le saut: *T* 31, 8956, 9087, 11823, 14021, 15081, *E* 58 se dresser d'un bond, *T* 12224, 13880 se relever d'un bond. La même idée peut être exprimée par des particules comme **avant** *T* 3382, **contre** *T* 11469, **sus** 11085, 11552, 12166, **fors** 862, 14950 (dans ces 2 derniers exemples **saillir** signifie faire saillie). Le seul exemple d'un emploi transitif du vb. se trouve au v. *T* 6200, en parlant du mâle, couvrir la femelle; c'est aussi, si l'on écarte un terme technique d'architecture, le seul emploi du vb. qui se soit conservé. Voir encore *T* 896, 7622, 7623, 8338, 10814, 10815 (dans ces 2 derniers exemples: jaillir, en parlant du sang), 11076, 13127, 13130, 13132, 14025, *E* 14342.

salt *s. m.* fr. mod. saut, *T* 7864 **au salt** au moment où le serpent fera un bond, *T* 2827, *L* 1815 **les grans sals** au grand galop, *E* 6964 **a grant saus,** même sens.

salüer *tr. E* 18285 et chascune **le saluoit** chacune l'embrassait (cf. *E* 18288 et *T* 14039-40).

salvage, sauvage *adj. T* 12705 **bestes salvages** les bêtes de la forêt (qu'on chasse), *T* 13850 **hom sauvages** (le passage est obscur).

salve, voir **sauf.**

salver *tr.* fr. mod. sauver, *T* 13013 en toz lius Le **salvoit** (sa

grans loiautez Et sa grans debonairetez) Gauvain était en tous
lieux sauvé, échappait aux dangers (ici d'un très violent orage)
par sa grande droiture et sa grande générosité, *T* 158 se Diex
me **salt** (subj. pr. 3) aussi vrai que je demande à Dieu de me sau-
ver, *E* 38 Dieu... **saut et gart** le bon roi Artu.

salveres *s. m.* cas sujet de *salveor*, *T* 6312 le Sauveur, le
Rédempteur.

samblance *s. f.* apparence (en particulier du corps), *T* 6695 s'ot
vers une paroit tornee Son vis et **toute sa** — (étant couché)
il tournait vers la paroi son visage et son corps tout entier, *T*
3110 tant savoit de nigromance **Qu'il muast en mainte** —
(Ou un oisel ou une beste) il faisait prendre aux oiseaux ou aux
bêtes des formes variées.

samblant *s. m.* apparence, expression du visage, *E* 11820 deus genz
einsint resamblant **De contenance et de** — deux personnes se
ressemblant tellement d'attitude et de physionomie; *T* 150,
1960, 1972, opposition entre *samblant* l'apparence et *fait* la
réalité qui confirme ou désavoue cette apparence. *Faire sam-
blant* faire ou laisser entendre qqch. aux autres par l'apparence
de son visage ou par son attitude: *E* 6510 **ne font esme ne
samblant** (Que jamés se puissent lever) ils ne montrent ni
désir ni volonté de se relever ni apparence qu'ils pourront
jamais le faire, *A* 7239 **sanblant fist de lui enorer** chacun de
ses gestes montre son désir d'honorer son hôte (cf. au passage
correspondant *T* 13277 **molt se paine** de l'anorer), *T* 4788
a bien l'air de vouloir se défendre à tout prix, de même *T* 4548,
M App. 122 il montre bien par son visage qu'il était fort indigné,
T 12532 **Keus fait** — **c'on doit mengier** le visage de Keu
montre que selon lui il est l'heure de se mettre à table, *T* 6911
qu'il se garde de montrer aucunement par son visage qu'il ait
jamais vu Caradoc, *T* 4356 un aigle ciselé sur un écu qui a tout
l'air d'être en plein vol. *Faire semblant* est aujourd'hui aussi
courant que par le passé, mais il est toujours péjoratif: il implique
l'idée de vouloir tromper ou berner son monde; en se cristalli-
sant ainsi l'expression a perdu beaucoup de sa couleur et de
sa force. Du reste l'emploi moderne apparaît déjà au moyen
âge *T* 6698, 14317; et naturellement on rencontre parfois des
cas douteux où on peut hésiter sur l'interprétation juste, ainsi
T 3478. — *Mostrer samblant* simple |variante de *faire samblant*
A 7477. — *Par samblant* à en juger par l'expression du visage,
ce qui revient au même sens que la locution précédente, sauf
qu'ici ce n'est pas l'intéressé qui donne à penser telle ou telle
chose, c'est l'autre qui interprète d'après le visage qu'on lui
montre: *T* 14624 **n'i ot par** — **que marir** à le voir on juge
que l'indignation le possède tout entier, de même *T* 3112, 12440,
13899, 14279, 14566. — *A son samblant* à peu près synonyme de
par samblant T 3439, 6739. — Au vers *E* 6308 si propemant
avoit portraite **L'imaïge a lui an samblant faite** si conscien-
cieusement elle avait brodé le portrait fait à sa ressemblance,
on peut se demander si *samblant* est un substantif ou un parti-
cipe présent: la première interprétation nous semble plus pro-
bable.

sambue *s. f. T* 12626 selle de femme, *M Q U* 410.

samit *s. m.* riche étoffe de soie, d'origine orientale (*grijois T* 13185).

Elle est employée à peu près dans les mêmes conditions que le
pale (voir ce mot). On en fait des robes de femme *T* 8369, des
bliauts et des mantels d'homme *E* 4073, des pourpoints *T*
12061, 14206, des tapis sur lesquels se font armer les chevaliers
T 11530, *A* 650, un suaire placé sur le corps d'un chevalier mort
T 13185, une couverture de lit *T* 2615, une couverture de che-
val *T* 825. Il est à noter que dans *T* l'épisode qui s'étend du
v. 14188 au v. 14423, et où sont nommés *samit* 14206, 14328, *pale*
et *hermine*, est assez obscur: *T*, comme *V A P*, n'a pas vu que
le corps du chevalier mort était étendu sur le «chier pale roé» *T*
14189 (comme l'ont bien compris *M L U*) et non pas dessous.
Même erreur au v. 14329 où *T* donne *soz coi*, et cette fois abso-
lument seul de tous les mss (*V A L P M sor coi*, *S Q sus quoi*).
Ce n'est pas tout: au v. 14328 *T* mentionne une «colte pointe
de samis» comme un détail connu de la description du mort alors
qu'il n'en a pas été question une seule fois ni dans *T* ni ailleurs,
et il dit 14327-30 que le roi saisit cette courte pointe ainsi que le
pale et le *porpoint*, alors que c'est seulement au v. 14335 que le
roi enlève le «covertoir» sous quoi tout le reste est caché; de
plus le v. 14334 ne fait que répéter le v. 14328. Au contraire
l'épisode correspondant dans *M* (de 18449 à 18682) est parfai-
tement clair: le samit y est mentionné 18466.

saner *tr.* *T* 3021 (**senez** *A* 2007, 2049) rendre sain, c' à d. bien
portant, guérir.

sangin *s. m.* fr. mod. sanguin, *T* 14532; Godefroy cite 3 exemples
de *sanguin* (qui veut généralement dire «de couleur rouge sang»)
au sens de «étoffe de couleur rouge». Mais ici il semble bien qu'il
s'agisse d'un vêtement de cette couleur.

sanglent *adj.* fr. mod. sanglant, *T* 14590, dit ici de draps de lit
ensanglantés par une plaie qui venait de se rouvrir.

sangler *s. m.* *T* 9650, 15274 sanglier; on voit par le premier pas-
sage que la hure de sanglier était un plat fort apprécié. Il l'était
encore au xviii\e s., nous apprend Voltaire, qui toutefois fait
des réserves; écrivant de Cirey à la comtesse de la Neuville il
lui dit: «Je prends la liberté de vous envoyer une hure de san-
glier ... Je vous jure que je fais très peu de cas d'une tête de
cochon sauvage et je crois bien que cela ne se mange que par
vanité; mais je n'ai rien autre chose à vous offrir» (1734,
Lettres, éd. Besterman, t. III, p. 293).

sante, sente *s. f.* *T* 6946, 7521, 11768, *E* 6853 sentier.

santelle *s. f.* *E* 15842, diminutif de *sente*.

santir *tr.* fr. mod. sentir, *E* 8838 **lou sant a estout** elle le devine
courageux jusqu'à la témérité.

saouler *réfl.* *T* 5147 bien se quidoit ... **saouler d'autrui avoir**
se gorger des biens d'autrui.

sarcir *tr.* *L* 452, *E* 928 broigne **a clox sarcite** renforcée à l'aide
de clous; le pp. féminin est ordinairement *sarcie*.

sarcu *s. m.* *T* 14377, 14416, 14420, 14916, 15254 cercueil.

sardine *s. f.* *T* 1275 pierre précieuse. Voir **sadoine**.

sarpin *s. m.* sapin, *E* 14334. *E* est le seul ms. à donner ce mot, tous les autres mss ont *pin* ou *pins* à la fin du vers.

sarrazinois *adj.* *T* 2680 un bort d'oevre **sarrazinoise** une étoffe de façon sarrasine où était brodé le portrait de Gauvain; l'ouvrière qui a fait ce travail est une Sarrasine, qui avant de servir dans le pavillon où habite celle qui va devenir l'amie de Gauvain, était au service de la reine Guimart.

sathanas *s. m.* *T* 7398 un serpent, **felon**— traître et malfaisant démon.

sauf *adj.* *T* 179 **sain et sauf**, voir **sain**; *T* 4430 **sauf aler ... vos donrai** je vous donnerai un sauf-conduit pour vous en aller, par plaisanterie, c' à d. je vous permettrai de prendre congé de moi, *T* 4768 s'il l'ont feru, il les refiert, **Et — ce que nus nel conquiert** (A il conquis et los et pris) s'ils l'ont frappé, il les frappe à son tour, et sans le moindre risque d'être conquis lui-même (c' à d. battu ou fait prisonnier par qui que ce soit) il conquiert gloire et honneur. — Employé substantivement: **mettre en sauf** *T* 12265, *M* 17595, *A* 7487, **an sauf porter** *A* 9108 mettre à l'abri, en lieu sûr. — Féminin **salve**: *T* 13473 **s'ame en est** — son âme est sauvée, *T* 387 — **vostre parole** avec tout le respect dû à votre parole, sans vouloir vous donner un démenti, *T* 1059 — **s'onor** à condition que son honneur soit sauf, *T* 1564 — **ma droiture** la légitimité de ma cause reste intacte. Plus tard le masculin *sauf*, placé comme *salve* dans 3 des exemples qui précèdent devant un substantif, finira par devenir une préposition invariable.

sauser *tr.* fr. mod. saucer, *E* 4374 s'espee an lor sanc **bote et sause** il plonge et trempe son épée dans leur sang.

sauteler *intr.* *T* 4452 toz li cuers **li rit et sautele** (De la grant joie qu'ele en a) son cuer en liesse bondit dans sa poitrine de la joie qu'elle ressent.

save, voir **saige**.

savoir *tr.* *T* 157, 15010 **savoir** infin.; *T* 12977, 12982, 14407 **sai**, *E* 10 se indic. pr. 1, *T* 153, 13335 **set** 3, *T* 12917, 12999 **sevent** 6; *T* 12124 **saches** impér. 2; *T* 12731, 12760 **sachiez** 5; *T* 5025, 12989 **sache** subj. pr. 1; *T* 5899 **savoie** indic. impf. 1, *T* 8473, 14974 **savoit** 3, 14856 **savoient** 6; *T* 13750 **sarai** fut. 1, *T* 151, 4860, 11948, 12595 **sara** 3, *T* 14385 **sarons** 4, *T* 13455, 15029 **sarez** 5; *T* 12725 **saroie** condit. 1, *T* 1477 **sariiez** 5; *T* 7051, 10084, *E* 3429, *R* 1290 **soi** prét. 1, *T* 151, 10992, 12964, 13515, 14870 **sot** 3; *T* 10053 **seüsse** subj. impf. 1, *T* 3677, 10397, 11812, 14318 **seüst** 3, *T* 7021, 7023 **seüssent** 6; *T* 11228, 12401 **seü**, *T* 14886 **seüe** pp. — Les emplois de ce verbe essentiel ont très peu changé depuis le xiiie s. Notons seulement les points suivants: 1. emploi réfléchi *T* 5899 **bien le me savoie** je le savais bien en moi-même, je m'en doutais bien; 2. *T* 5749 (on aurait pu voler son cheval à Cador en plein combat) **ja mot n'en seüst** sans qu'il s'en aperçût même; «il n'en sait mot» est courant au moyen âge pour dire «il n'en a pas conscience», «cela se fait à son insu»; 3. *T* 14870 **il ne sot nul home encontrer** il réussit à ne rencontrer personne, il sut s'arranger pour ne rencontrer personne; aujourd'hui nous dirions en pareil cas «il sut ne rencontrer personne», mais la langue populaire d'auj., pas plus que la langue correcte du xiiie s., ne distingue entre «il ne peut pas venir» et «il peut ne pas venir».

savor *s. f.* *R* 201 **et ce li vient de la savor,** phrase assez énigmatique; que signifie au juste ici le mot *savor* dont le sens propre est «sauce», «assaisonnement», et à quel substantif renvoie le *li* de *li vient*? Aucun autre ms. n'offre le moindre secours pour déchiffrer cette énigme, mais tous ont un texte parfaitement clair.

scïence *s. f.* le mot est beaucoup plus précis pour nous qu'il ne l'était pour les gens du xiiie s. et il n'est pas toujours facile d'en saisir la nuance propre dans un texte médiéval. Nous proposons nos traductions sous toutes réserves: *T* 5022 li rois qui **sa scïence espont** (A trestoute sa creature) le roi qui révèle sa souveraine sagesse à tous les êtres qu'il a créés, *T* 1964 et une gent i a trop fole Qui loe home por sa vaillance Et **non au fait n'a la scïence** il y a une espèce de gens bien fous qui louent un homme pour sa richesse, mais non pour ses actions et ses principes.

se *conj.* de subordination, fr. mod. si, s'élide le plus souvent devant une voyelle *T* 6017, et c'est ce que nous faisons encore devant le pron. *il*. *Se* se construit régulièrement comme aujourd'hui avec l'indicatif: *T* 13413 **se Diex vos avanchoit,** mais dans un type de phrase extrêmement fréquent *se* exige l'emploi du subjonctif: *T* 12820 sire, ne puis, **se Diex m'aït** sire, aussi vrai que je demande à Dieu de m'aider, je vous affirme que je ne puis pas faire (ce que vous demandez); toutefois l'expression est devenue très vite si courante que dans la majorité des cas elle perd une partie importante de sa signification originale: *T* 12572 a monseignor Gavain a dit Mesire Keus: **Se Diex m'aït,** (Ausi m'en iroie avec vos) Ma foi, je crois que je vais m'en aller avec vous. *Aidier* n'est pas le seul verbe qu'on trouve avec *se* dans les mêmes conditions: *T* 12648 se Diex vos **gart,** *T* 12751 se Diex me **salt,** *T* 733 se Diex me **voie** (cf. la variante, se je Deu **voie** *T* 3247), *T* 10440 se Diex m'**ament.** Nous avons relevé dans *T* 17 exemples de *se* avec *aidier,* 8 ex. de *se* avec *garder,* 4 de *se* avec *sauver,* 3 de *se* avec *amender.* On voit que «se Diex m'aït» totalise à lui seul autant et plus d'ex. que les 4 autres pris ensemble: c'est évidemment par ce verbe que l'expression a commencé. Notez que *Damediex* apparaît parfois au lieu de *Diex*: c'est la mesure du vers qui règle ce détail, et ici il y a lieu de remarquer que les 4 verbes en question dans les 32 ex. visés ci-dessus sont invariablement le dernier mot du vers; on serait tenté en conséquence de regarder cet emploi de *se* avec un vb. au subjonctif comme une simple cheville; ce serait aller trop loin: il y a quand même dans ces phrases un renforcement d'une affirmation qui ajoute quelque chose, sinon au sens, du moins au ton de la phrase; l'expression est en effet toujours placée dans la bouche d'un personnage. Il faut mettre à part 8 ex. où la formule en question occupe le vers entier: elle peut alors se terminer par un verbe *T* 10399 **se Diex un peu me velt aidier,** de même *T* 4539, 14498, un substantif *T* 12867 **se Dix me salve ma vertu,** *T* 15030 **se lever puisse de cest dois** aussi vrai que je souhaite de pouvoir me lever de cette table, de même *T* 6498,

10442, ou un adjectif *T* 47. Voici maintenant un cas assez exceptionnel de *se* conjonction construit également avec le subjonctif: *T* 6706 penser doit on clos avoir **Se ce soit folie ou savoir,** c' à d. que ce soit folie ou sagesse, cf. un peu plus loin *T* 6761 la forme normale de ce membre de phrase: **ou soit folie ou soit savoir.** Tous les emplois signalés jusqu'à présent, où *se* se construit avec un subjonctif, ont disparu de la langue, ainsi que la forme *se* elle-même. Nous avons conservé toutefois un dernier type de phrase apparenté par le sens à ceux que nous venons de passer en revue, mais s'en distinguant par la forme en ce qu'aucun pronom personnel n'entre dans la formule et en ce que le mode du verbe est non plus le subjonctif, mais l'indicatif comme dans les emplois ordinaires de *se* conjonction: *T* 761 ce n'iert ja, sire, **se Dieu plest** il n'en sera pas ainsi, sire, s'il plaît à Dieu; de même *T* 4013, 8524, 11455, 12546, 12886, 14373. Cette formule traduit une sorte de précaution contre l'incertitude de l'avenir et une soumission anticipée à la volonté divine destinée à se rendre favorable cette volonté. — Par suite d'une confusion avec l'adverbe *si*, la conjonction *se* apparaît parfois elle aussi sous la forme *si*, et ce *si* finira par envahir tout le champ et devenir ainsi la seule forme moderne de la conjonction.

sebelin *s. m. T* 1271, fourrure de zibeline (ici formant chapeau); *E* 3719 dans le passage correspondant à *T* 1271 spécifie la couleur noire de cette fourrure (cf. *Escoufle,* v. 8917). Au v. *T* 4350 le sebelin est mentionné dans la description d'un écu comme caractérisant «deus lionciax rampans»; s'agit-il de la couleur? ou la fourrure elle-même intervient-elle?

sebeline *s. f.* même sens que le précédent, *E* 11791, fourrure de zibeline entourant le col d'un manteau.

secroi *s. m. T* 13065, 13545, *M* 17748 (**segroiz**) secret; *T* 6085 **en** — en secret, secrètement.

seeler *intr. T* 4460, avoir soif, et au fig. souhaiter, désirer.

seignor, voir **sire.**

seignorie *s. f. T* 2086 droits et pouvoir du seigneur sur une ville qui lui appartient, de même *T* 9811, 12132; *E* 5440 s'ont an la cort **grant** — ils sont des gens très influents à la cour, *A* 3612 je ne sai mie Qu'il vos doignent **la** — je ne sache pas qu'ils vous considèrent comme leur chef, *T* 1480 toute la gloire du monde et l'influence qui en résulte, *T* 12666 por celui cui ele ert amie Laiens **ot plus grant** — elle tient un rang plus élevé, cf. *L* 6738 **totes l'en portent signorie** toutes reconnaissent sa supériorité. *T* 11918 la riche mesnie Qui tant est **preus et** —, ce pourrait être la 3ᵉ pers. sing. de l'indic. pr. du vb. *seignorier,* mais il est plus vraisemblable que nous ayons là le féminin de l'adj. *signori,* la mesnie qui est si brave et si brillante.

sejor *s. m. T* 232 li rois ne fist **autre** — ne s'attarda pas davantage, de même *T* 5866; *L* 3330 tant l'ai mis **en lonc** — j'ai tardé, attendu si longtemps (avant d'agir), *T* 471 **sanz nul** — sans attendre un instant, *E* 2031 interruption, *T* 4127 arrêt, *T* 5438 n'orent cure **d'avoir** — pas un instant ils ne pensèrent à prendre un repos (c' à d. à souffler au milieu d'un combat acharné), *T* 7102 repos tranquille, *T* 3083 a — dans un repos tranquille, *T* 12703 molt estoient **en bel** — ils passaient le temps dans un séjour fort agréable, *T* 4524 **plus a** — avec plus de loisir, *T* 6330 molt i aim **vostre** — j'aime vous avoir avec moi, j'aime votre présence, *E* 568 **nos somes ici a** — semble vouloir dire «nous sommes de loisir en ce moment, c'est l'occasion de vous demander votre nom que vous avez promis de me donner au bout de 7 jours»; *E* est le seul ms. qui ait cette leçon.

sejorner *intr.* ce vb. (et il faut en dire autant du subst. *sejor*) exprime à la fois attente et repos. Il est des occasions où l'attente est permise et le repos agréable, mais il en est d'autres où tout retard est une lourde faute: le «sejorner» devient alors extrêmement blâmable. D'où deux séries d'emplois: 1. *T* 6913 Carados iluec **sejorna** demeura là longtemps (sa sainte vie li plaisoit *T* 6917), *T* 11746 la nuit **sejornent lieement** ils passent une nuit tranquille (dans la joyeuse attente d'une chasse pour le lendemain matin), *T* 2155 si s'en **aloient** — **En lor païs et reposer** ils s'en allaient en leur pays se donner du bon temps et prendre du repos, de même *T* 3054, 3073. 2. *T* 3189 lonc tans orent **sejorné** ils étaient restés longtemps à ne rien faire, *T* 1869 ne ilueques **plus ne sejorne** il ne s'attarde pas davantage, de même *T* 2352, 2607, 10498, *E* 2789, 11930, 11933; *T* 1624 **sanz point de** — sans attendre un moment; *T* 13533 **chi fait mal** — il ne fait pas bon s'attarder ici, *T* 6759 en cele freor tant **sejorne** il passe si longtemps dans cette crainte, *T* 6848 s'il avait dû s'attarder là davantage jusqu'à ce que Guignier se fût montrée, c' à d. au risque de voir arriver Guignier.

sel enclise pour *se le*, *T* 36, 841, 1407, 10499, 10836, 11392, 11560, 12779, 13780, 14988; **sou** *E* 487, 1183. Dans tous les cas il s'agit du *se* qui est une variante de *si* adverbe.

selonc *prépos.* *E* 2573 ne sai com il fust miaulz tailliez Com il iert **selonc sa façon** je ne sais comment il aurait pu être mieux façonné qu'il n'est selon sa taille; *adv.* *E* 2059 et la forest haute et foillie Fu deça et dela **selonc** d'un côté et de l'autre, tout près.

semonce *s. f.* *T* 2957 (*A* 1965 **an la semonsse**) a la — Bran de Lis sur le commandement de Bran de Lis.

semondre *tr.* *T* 7768 infin.; *T* 1703, *E* 14609 **semon** indic. pr. 1, *T* 52, 90, 14374 **semont** 3; *T* 2857 **semonant** p. pr.; *T* 1610 **semonrai** fut. 1; *T* 442, 3286, 12040 **semons**, *E* 7240 **semonce** pp. — **Semondre** accompagne souvent *prier* et *requerre*, mais il est plus impératif que ces deux vb.; il indique volontiers une invitation à agir de la part d'un supérieur *T* 442, en particulier une convocation à se rendre à la cour *T* 3286, *E* 7240; ou encore une demande de secours de la part de qqn qui a le droit de parler haut *T* 52, situation analogue *T* 14374, et aussi *T* 12040, emploi réfléchi, où Gauvain s'invite lui-même à une joute et ne demande l'autorisation du roi que pour la forme; *T* 1610 et 1703 semondre qqn de sa fiance, c'est le mettre en présence d'une promesse qu'il a faite et le sommer de la tenir à l'instant; *T* 90, 7768 pousser à agir (en parlant de l'amour); *T* 2857 à coups d'éperon lancer un cheval à fond de train.

sempres *adv.* *T* 12527 — **quant** aussitôt que (nous aurons soupé).

sen[1] *s. m.* *T* 13772 seroit li miens [écu] trestoz gastez, S'il n'ert

en autre — gardez si je ne le garde (sur moi) dans l'autre sens, c' à d. si je ne le porte sur mon dos, au lieu de m'en servir par devant; au passage correspondant *L* 7946 donne **en autre sens,** ce qui montre que dans l'idée du copiste de *L sen* et *sens* sont le même mot; *T* 9055 **par grans sens** avec prudence et astuce. Les deux sens enregistrés ci-dessus se sont conservés.

sen² *E* 14614 **onques — ne li remua,** *sen* semble être ici une graphie aberrante de *san, sanc*: son sang ne s'agita pas, c' à d. pas un instant il ne se troubla. Il est à noter que *E* est le seul de tous nos mss à donner ce mot.

sené *adj. T* 6116 Carados **qui ot cuer —** (*V* **qui molt ert sené**) qui était un homme de grand bon sens, bien équilibré, *T* 1212 **molt se tenoit por mal —** pour un étourdi dépourvu de jugement.

senechier *tr. T* 11454, voir la note à ce vers, t. I, p. 435.

senefiance *s. f. T* 1421 signification.

senestre *s. A* 3474 **a — de la meison** à gauche de la maison; pris adverbialement *T* 13041 **destre et senestre** à droite et à gauche.

sengle *adj. A* 5028 de porpre ot li anfes blïaut Et fu toz **sengles por le chaut** son blïaut n'était ni doublé ni fourré à cause de la chaleur.

seoir *intr. T* 1700 **seoir,** *T* 10464 **seïr** infin.; *E* 3355 **siet** indic. pr. 3, *E* 2192 **sieent** 6; *A* 7213 **seant** p. pr.; *T* 37 **seoit** indic. impf. 3; *T* 4041 **sist** prét. 3, *T* 3333 **sisent,** *E* 343 **sistrent** 6. — 1. En parlant de personnes: être assis *T* 95, 14554, 14995; *réfl. T* 14601 la damoisele **se seoit** restait assise; *intr. E* 343, 2192 [où on a *sieent* rimant avec *s'asieent* qui indique le fait de se mettre dans la position assise]; en particulier se tenir sur la selle d'un cheval *T* 37, 12090. — 2. En parlant de choses: se dresser (d'un pommeau au sommet d'un pavillon) *T* 4041, être situé (d'un château) *T* 3038, 4386, être situé (d'une ville) *T* 4390, s'étendre (d'un bois) *T* 2562; ce dernier emploi où il s'agit d'un bois ne surprend pas, mais *seoir* en parlant d'un laurier *T* 10524 étonne un peu aujourd'hui; du reste *A S P U* 4700 et *L* 4504 ont fait disparaître cet emploi. — 3. En parlant de personnes: s'asseoir *T* 1700, 10464, 10618, *E* 339, 342 (**sont tuit assis a la table** se sont assis, cf. au v. suivant **sistrent** étaient assis). — 4. *Impers.* convenir, *T* 8918 **plaire et seoir,** *E* 3556 et quant il leur plost **et lor sist** Et bon leur fu, si vont couchier, *E* 1292 Hiaume luisant et fort et dur Qui ou chief **li sist a seür** le heaume était assis, planté solidement sur sa tête. — *Seoir* au sens d'«être assis» ou de «s'asseoir» a disparu de la langue; comme vb. impersonnel, au sens de «convenir», il est encore usité dans une langue un peu châtiée. En plus nous avons conservé dans la locution «se mettre sur son séant» le p. pr. *seant* devenu substantif; voici dans un de nos textes un curieux exemple de cette locution où *seant* a bien l'air d'être encore senti comme un p. pr. (le possessif manque): *A* 7213 **adonc se rasist an seant, Car molt ot esté an estant,** mais *A* est le seul de tous nos mss qui donne cette leçon.

sepme *adj. ordinal T* 254 **al — jor** au septième jour, de même *T* 312, 318.

sepulture *s. f. T* 2983 enterrer l'a fait … As moignes **en lor sepul-ture**, à moins que le mot ne renvoie à une fosse commune, ce qui est peu probable ici, il faut admettre que *sepulture* a un sens collectif, lieu où l'on fait les sépultures, c' à d. cimetière; dans tous les autres mss, aux passages correspondant à *T* 2983 il s'agit d'une sépulture individuelle, c' à d. du sens moderne: *E* 6605 l'ont anterré …. et fait sa **souposture**, *U* 6605 et font **la sepul-ture**, *A* 1991 et font **sa sepolture**, de même *P, L* 1979 et fait **sa sepoture**; il semble du reste, vu la présence du mot «enterrer» auparavant, que *sepulture* signifie les honneurs funèbres rendus à la dépouille mortelle du vieux chevalier.

serf *s. m. T* 11118, cent serfs, nous dit-on, seront affranchis par le roi Artur en témoignage de bienveillance à l'égard de Bran de Lis qui accepte de se réconcilier avec Gauvain: où seront pris ces serfs? Dans le passage auquel on nous renvoie ici il est question non pas de «serfs» mais de «convers» (*T* 10345); ce sont donc dans l'esprit de nos auteurs des serviteurs laïques de monastères qui ne peuvent disposer de leur personne ou de leurs biens sans le consentement des moines, leurs maîtres; *E* 15042 ne parle pas de «convers» mais de «clercs». Ces fluc-tuations de termes *serfs, convers, clercs* montrent chez les scribes de nos mss une certaine hésitation sur l'interprétation du passage.

sergant, serjant *s. m. T* 1289, 6929 serviteur domestique; le sergent peut être un auxiliaire du chevalier et lui porter lances et écus avant le combat *T* 1686; il peut être un artisan atta-ché à une grande maison où il travaille de son métier *A* 5313. Le sergent jouit d'une nette considération: on le mentionne dans certaines énumérations à côté des chevaliers, des valets et des écuyers *A* 7008 (mais aux passages correspondants *M* et *L* ne le mentionnent pas).

seri *adj. E* 2040, 6170, *L* 1538 (en parlant du ciel, de l'air, du temps) serein; pris adverbialement *E* 2061 harmonieusement (en parlant du chant des oiseaux).

sermon *s. m. T* 13986 ne vos weil **faire lonc** — je ne veux pas vous ennuyer par une description oiseuse.

sermoner *tr. T* 6379 adresser à qqn des remontrances sur sa con-duite.

seronder *intr. E* 12412 de vin **tot serondé et plain** un cor qui est plein de vin à déborder, *M Q* et aussi *T* 8640 ont préféré le p.pr. **sorondant**; de même *T* 11782 le fossé … toz plains d'**iaue sorondans** (*V* **sorondoians**, *E* 15856 **seurondanz**). Par suite d'une confusion avec l'adj. *round* l'anglais *to surround* a modifié la forme du mot et en a changé complètement le sens.

serre *s. f. E* 12215 prison; *T* 1680 es frains nen ot **resne ne** — Qui ne fust brochie si bien C'on ne peüst por nule rien Prendre **la** — **ne la resne**, le pluriel *frains*, appuyé par *M Q U* 4994, montre que le mot a une autre valeur qu'aujourd'hui où il est synonyme de *mors*; dans notre texte le mot *frains* semble indiquer non seulement la *serre* (ou *mors*) mais aussi la *resne*; c'est ce que confirme encore *T* 2322 **au frain** le tient cil par **la serre**.

serrer *tr. T* 2412 ses gens fait dedens entrer **Et les portes molt**

bien — fermer, *T* 2221 por che qu'il les ot **si serrez** (Les a del tot si affamez) parce qu'il les a enfermés si étroitement (dans leur ville assiégée); *T* 797 par la guiche prist son escu, Si l'a **au col serré et mis** passé autour du cou et bien assujetti, *T* 10743 li hauberc pas ne fauserent, Qu'il erent **serré et tenant**, probablement: les mailles en étaient serrées et le tout résistant, *M* 17700 une partie ... d'Engleterre Que la mer **clot entor et serre** que la mer clôt tout autour et contient dans ses limites, *Q* donne à la phrase un tour plus moderne: que la mer **enclost et enserre.** Fig. *T* 6564 toz li cuers **el ventre li serre** son cœur se serre, de même *T* 9007, *E* 1673.

servir *tr. E* 11759 de toz mestiers et de toz arz I vienent **por la cort** —, à l'occasion d'une grande fête des artisans de tout genre arrivent pour servir la cour de leur métier; emploi analogue *T* 7358 **servis i estoit** molt bien Dieus (dans une petite église cachée dans la forêt); *T* 207, 212 apporter les plats sur la table; *intr. T* 7155 **cil qui servent de tel barat** ceux qui servent (l'amour) en usant de pareilles tromperies, *E* 9661 **einsint servirent longuement** ils menèrent longuement cet outrageux train de vie.

servise, service *s. m.* ensemble des obligations dont est tenu le vassal à l'égard de son suzerain *T* 8782, 8791, *E* 6664; par extension: bons offices à l'égard de tout autre personne *E* 3597 **an — et an guerredon** (voir ce dernier mot); célébration d'une cérémonie du culte *T* 7351 **le servise Jhesucrist;** *T* 13552 lores porra demander Toute la maniere et la guise **Com li Graals fait le servise,** ceci nous renvoie à l'épisode de *T* 13278-13307 où l'on voit le Graal servir et distribuer les mets par toutes les tables; cérémonie funèbre lors d'un enterrement *T* 2984, *A* 1992.

ses enclise pour *se les*, *T* 622, 3024, 5579, 9107, 14226 où *se* est une autre forme de *si* adv. Voir **si.**

sesine *s. f. M* 17736 prise de possession par l'héritier.

seul *adj.* employé adverbialement, *A* 3448 **seul de ce nos devons haïr** quand il y aurait seulement cela, quand il n'y aurait que cela, c'en est assez pour que nous devions nous haïr.

seur, voir **sor**².

seür *adj.* fr. mod. sûr, *T* 3540 trop es vaillans chevaliers Et hardis **et seürs et fiers**, soit «sur qui on peut compter», soit plutôt «sûr de lui», *T* 12933 toz en sui **seürs et certains**, redoublement expressif qui a été conservé en fr. mod.

seurcot *s. m.* tunique qui se mettait par-dessus la cote et sous le mantel, *E* 7064; voir sur ce mot Eunice R. Goddard, *Women's Costume*, p. 204-208. *E* au passage cité a l'air de faire une différence entre le *seurcot* dont il habille les jeunes compagnons de Carados et le *bliaut* (7073) que porte Carados lui-même; mais *M U* au v. 7064 donnent aussi le bliaut aux compagnons.

seure *adv.* apparenté à la prépos. *sor*, *T* 7961 **cort a Guignier seure**, locution indiquant le plus souvent un mouvement hostile, ici «se jette dans les bras de Guignier pour l'embrasser»; *E* 4757 **ce c'on li met seure** ce qu'on lui impute, ce qu'on lui reproche. Voir **sore.**

seurmener *tr.* *E* 8325 **ne lou porent tant — Que** ... (dans un combat au cours d'un tournoi) ils ne purent tant fatiguer Alardin, ou épuiser ses forces, que...; *T* 4639 et *M U* 8325 donnent **sormonter** (*Q* aussi, mais en changeant le sens).

seurmontee *s. f.* *E* 7825, sorte de coup d'épée, souvent mentionné dans les romans de l'époque parmi d'autres bottes qu'on porte à son adversaire ou à ses adversaires dans un combat ou un tournoi.

seurquerre, voir **sorquerre**.

seürté *s. f.* *T* 12869 **grant — et grant fianche** (Ai, biax sire, en vostre acointance) j'ai un vif sentiment de certitude et de confiance en vous et en votre compagnie; *T* 6769 s'estre peüsse **a —** (Qu'ele ne me tiegne en vilté) si je pouvais savoir en toute certitude qu'elle ne me méprisera pas.

seviax *adv.* *T* 6550 au moins, du moins.

sevrer *tr.* *E* 14493 fu nostre bataille **sevree**, lit. séparée, c' à d. nous renonçâmes à combattre.

si *adv.* sens fondamental «ainsi» (p. ex. *T* 6060), mais très souvent le mot n'est qu'une particule de liaison entre 2 phrases, un simple synonyme de *et*, quand il ne correspond pas tout juste à une virgule. Sur la valeur atténuée de la locution assez fréquente *et si* (p. ex. *T* 7012, 7581, 7640, 7784, 7806, 8622, 8994, 9389, 9493, 11503, 14456, 14497, 14535) voir Mario Roques, *Mélanges dédiés à la mémoire de Félix Grat*, t. II, p. 288. Parfois au contraire, mais plus rarement, *si* prend un sens fort, celui de «pourtant», *T* 3772 (**ne si ne** = et si ne), *T* 8634, 11431, 12995, 13290, 13335, *E* 5757. Cette curieuse contradiction dans l'emploi de ce mot a certainement contribué à sa disparition en tant que terme de liaison. *Si* entre comme élément essentiel dans la formule *si m'aït Diex*, qui rappelle une autre formule *se Diex m'aït* (voir **se**) où les éléments sont les mêmes, mais rangés dans un ordre différent. C'est que l'adverbe placé en tête de la phrase, ici comme ailleurs, entraîne le déplacement du sujet après le verbe: on aura donc toujours *Diex* comme dernier élément de la formule. Dans le cas de *se*, qui, en qualité de conjonction, n'a aucune influence sur l'ordre des mots, c'est le verbe qui occupera cette place finale; il sera donc possible en substituant à *aidier* un verbe synonyme de faire varier la terminaison de la formule et de l'accommoder, au gré du poète, aux besoins de la rime. *Se Diex m'aït* est d'origine purement française: on peut croire qu'un désir de se ménager des rimes commodes a contribué à son établissement par les poètes. *Si m'aït Diex* est une locution plus ancienne qui vient directement du latin; elle est toujours placée dans la bouche d'un personnage, comme du reste *Se Diex m'aït*, mais à la différence de sa rivale, elle sert uniquement à accentuer une affirmation (aussi vrai que je demande à Dieu de m'aider, je soutiens que) sans trop se soucier des commodités de la rime: sur 27 exemples que nous avons relevés dans *T*, 4 seulement présentent *Dex* à la rime: *T* 9353, 9406, 10845 (*issi* au lieu de *si*), 15025. Voici les 23 autres exemples: *T* 294, 756, 772, 1043, 8558, 8564, 9870, 9967, 10158, 10219, 10260, 10311, 10333, 10356, 10469, 11061, 11449, 12300, 12428, 13711, 13735, 13949, 14976. Il faut noter en outre 4 exemples où la locution étoffée d'un adjectif, ou habilement modifiée, sert tout de même à faciliter la rime: *T* 7871 si m'aït Diex **li glorious,** *T* 9780 si m'aït **Diex et Saint Thumas,** *T* 9294 si m'aït **li rois qui ne ment,** *T* 7655 si me gart **li sovrains rois:** cette dernière phrase est la seule où *aït* a été remplacé par un autre verbe. La locution *si m'aït Diex* s'est maintenue longtemps en français, mais finalement, oublieux de son beau sens original, on en est venu à la raccourcir et la mutiler et à ne voir dans *mesdieu, midieu* qu'une sorte de juron énigmatique. — *Si* se présente parfois sous la forme *se* qui résulte d'une confusion avec *se* conjonction et peut-être plus encore d'une tendance à la dissimilation devant un *i* suivant: *E* 986-87 li saint evesques **si** l'ambrace, Li aseüre et **ce li dist** (Maint bon sarmon), voir aussi *T* 5948, 6285, 11437, *E* 375. En dehors de ces cas de dissimilation *se* pour *si* n'est pas fréquent (en voici quelques exemples: *T* 5983, 7704, 11743, 14338, et **se** 11778, 14534), mais ce qui l'est extraordinairement, c'est l'élision de ce *se* devant une voyelle: il y a là une commodité pour mettre le vers sur ses pieds dont nos auteurs usent très largement, voir p. ex. *T* 160, 415, 1155, 5991, 6091, 8072, 11780. Notons encore *T* 14280 **puis si** s'en va, *E* 2618 et **puis si** li respont. Nous avons dit que *si* particule de liaison a disparu; il faut pourtant en noter un vestige dans la langue moderne: c'est *si*, abrégé de **si est, si a, si fait,** pour affirmer quelque chose qui vient d'être nié: «il n'a pas plu ce matin. — *Mais si*». *Si* intensif (que nous avons conservé) pouvait être repris par *tant* dans un membre de phrase parallèle: *T* 5853-54 onques mais ... Ne fu en estour **si** menez, **Tant** traveilliez ne **tant** penez; *si* et *tant* sont encore synonymes dans une certaine mesure. — **Si que** *T* 5837, 6122 de sorte que, si bien que; **par si que** *T* 2848 à condition que, de même *E* 1565; aux v. *E* 4709-10 **par si Que,** la coupure de la phrase après *si* montre que c'est cette particule, comme on pouvait s'en douter, qui reçoit l'accent de la locution.

sidoine *s. m. M* 17607, *A* 7499 sorte d'étoffe: il semble que ce soit le sens ici, mais le mot est souvent pris, particulièrement quand il est question du Christ, au sens de «suaire».

siecle *s. m. T* 548 en tot **le — terrïen** dans toute l'étendue de ce monde, *T* 10152 **au — sui je honie** dans le monde auquel j'appartiens.

siglaton, sciglaton *s. m. T* 4455, 14207, 14619, *M* 18466 riche tissu d'origine orientale, de couleur rouge d'après G. S. Colin, *Rom.,* LVI (1930), 181-186 et 418. Voir les exemples recueillis par Eunice R. Goddard dans *Women's Costume,* p. 191: un seul sur 13 nous indique la couleur de cette étoffe, p. 191: bliaut d'un vermell ciglaton (*Aye d'Avignon,* v. 2126 et 2505).

sigler, sygler *intr. T* 6624, *E* 6843 cingler, faire voile.

simple *adj. T* 611 **lances simples** lances qui ne sont pas décorées à leur pointe de guimples ou de manches plissées, dons de la dame aimée, *T* 9942 tant le vi — **et avenant** je la vis si modeste et avenante, *A* 8707 **une molt — dameisele** une demoiselle parfaitement naturelle, sans la moindre affectation, *T* 1965 mais teus **a molt — la face Qui** mais tel a un visage modeste et affable qui (n'aura jamais de joie tant qu'il saura qu'un homme de bien se prépare à recueillir un avantage).

simplement *adv.* *T* 514, 5157, 7430 modestement, *T* 5193 affablement; *T* 9948 molt l'esgardoie dolcement **Com ele dormoit** — comme en son sommeil son visage montrait une charmante naïveté, *T* 15219 une pucele ... seoit Droit **devant le lit** — toute simple et naturelle; *E M U* 411 et chevauchent si noblemant [les pucelles], mais au même vers *Q* écrit «et chevaucherent simplemant» c' à d. avec une grâce naïve; *T* 13232 comencierent Vigile des mors hautement, **Si la chanterent** — peut être sans fioriture d'aucune sorte.

sinople *s. m.* *T* 4358, *E* 8116, 8122, *A* 805; le sinople est un des émaux du blason qui désignait au XIII⁰ siècle la couleur rouge et plus tard, comme encore aujourd'hui, la couleur verte.

sire *s. m.* cas sujet, le cas régime est *seignor* (voir plus loin). 1. Le souverain d'un pays *E* 338 li rois Mars ... **sires fu de Cornuaille**; le suzerain non seulement d'un pays mais d'un grand nombre d'autres contrées dont les chefs reconnaissent sa primauté *T* 6999 **lor sovrains** —. 2. Le seigneur de qqn dans la hiérarchie féodale *T* 1929, 1933, 4163 **sires par nature**, *T* 4165 **sires d'ancesserie** par droit d'héritage, *T* 15240. 3. Le chef (temporaire) d'un groupe de gens *T* 618, celui qui surpasse tous les autres, le meilleur d'entre eux *E* 2629. 4. Le maître de la maison, le maître de céans *T* 1433, 1446, 1460, 1470, 4157, 13312, 15082. 5. Le possesseur, le maître *T* 1281 **de grans tresors**, *T* 12476 **et du chastel et de la terre** (récemment conquis). 6. Mari *T* 8683, *E* 600, 1810. 7. *Sire* terme de politesse *T* 9099 **sire rois**, 10440 **biax** — **rois**, *T* 256 **biax** —, dit par un simple valet, du reste probablement noble, au roi Artur, *T* 10162 **biax** — **frere**, dit par une sœur, *T* 8685 Guignier dit à son mari **sire** et il lui répond par **dame** *T* 8688; *T* 2761, *E* 1767 **chevalier(s) sire**, il est difficile de déterminer si ces deux mots se prononçaient tout d'une suite ou s'il y avait entre les deux une légère pause qu'on pourrait marquer par une virgule: au contraire il n'y pas a de doute que **sire chevaliers** *T* 8243 ne se prononce tout d'un tenant. L'expression *biax sire chiers*, toute bienveillante qu'elle semble, peut se teinter d'une ironie amère *T* 3547 **ainz i avez menti Tot plainement, biax sir e chiers** vous en avez menti par votre gorge, mon cher Monsieur. — **Seigneur** cas régime du singulier a naturellement les mêmes emplois que le cas sujet *sire*; citons seulement quelques exemples: le seigneur de qqn *T* 107, 190; le possesseur, le maître *T* 4158, 4909; au v. *E* 3294 une pucelle «se poine molt de fere honor Monseignor Gauvain, et **seignor Le clainme sovant et menu**» c' à d. elle l'appelle «mes sire» et reconnaît par là la suzeraineté de Gauvain sur sa maison et tous ses biens (cf. *E* 3437 et 3511); mari *T* 1005, 1039, 10140, 10164 se vos volez que jamais jor Doie avoir **mari ne seignor**. — Une grande différence entre *sire* et *seigneur* est la suivante: on se sert du vocatif plur. *seignor* pour s'adresser à tout groupe de personnes, nobles ou non nobles: *T* 7405 Messieurs (à un groupe de religieux dans un ermitage, appelé aussi abbaye), *T* 7659, *E* 15081 vous qui me lisez (aux lecteurs du roman).

siste *adj. ordinal* *T* 9160 sixième.

sivre *tr.* suivre, *T* 8259, 9556, 12808 **siut**, *T* 2747 **sieut**, *A* 6845 **silt** (cf. *L* 6858 **siut**), *E* 1991 **suit** indic. pr. 3; *T* 9546 **sivez** impér. 5; *T* 8264 **sivant** p.pr.; *T* 9561, *E* 2515 **sivoit** indic.

impf. 3, *T* 11754 **sivoient** 6; *E* 13637 **suï** prét. 1, *T* 10997 **sivi** 3, *T* 7922 **sivirent** 6; *A* 6780 **seü**, *T* 11752 **sivi** pp.

soavet, souavet *adj*. diminutif de *soëf, souef* (voir **soëf**), employé adverbialement *T* 2432, 8460, 9955, *E* 12238 doucement.

sodeor *adj*. perfide *E* 7449 (cf. *M Q* **souduitor**), cette forme n'est pas donnée par Godefroy, mais elle est évidemment apparentée à *souduior*.

soduire *tr*. tromper *E* 7457 (**solduire** *R* 532).

soëf *adj*. suave, *T* 2604 de flors **sőés flairans** ... Estoit jonchiez le pavillon était jonché de fleurs qui sentaient bon, *E* 1996 le — **tans** le temps agréable, *E* 4399 molt par a esté decolez Soëf (emploi adverbial) sa tête a roulé par terre détachée avec une merveilleuse aisance, *T* 2323 — **le pas** (d'un cheval de charge) à petits pas.

soffrir *tr*. *T* 2532 **s'encor porroie armes** — pour voir si je pourrais encore supporter l'armure, ou si j'aurais encore la force de me servir de mes armes, *T* 5443 **si ne soffre** (plus longuement Ne se mete el tornoiement) il ne peut supporter plus longtemps de ne pas se jeter dans les rangs du tournoi.

sohaidier *tr*. fr. mod. souhaiter, *T* 3804 **sozhaidier La mort**, *E* 15458 **l'an ne doit pas mau sohaidier** on ne doit pas souhaiter le mal (cf. *M Q* l'an ne doit pas **mal seneschier** présager le mal, et voir note au v. *T* 11454, t. I, p. 435).

soi *pron. réfléchi* de la 3ᵉ pers., *T* 2902 **requierent — ireement** ils s'attaquent furieusement, *T* 8149 Carados vint **devant soi** Carados vint devant lui, c' à d. devant son père. *Soi* est devenu rare en fr. mod., on ne l'emploie guère qu'avec un sujet indéterminé (*on, chacun*, etc.) et presque toujours après une préposition; il est encore plus rare de l'employer au pluriel comme dans notre premier exemple. D'autre part, il nous serait impossible, dans une phrase où le sujet est un nom de personne, comme dans notre second exemple, de mettre un *soi* se rapportant à une autre personne. Notez qu'au passage correspondant de *E*, v. 11717, **devant soi** est maintenu, mais le pronom renvoie ici au sujet de la phrase. Toutefois l'emploi présenté par *T* 8149 est connu d'autres textes, en particulier mais non pas exclusivement à la rime. Nous venons de voir *soi* où nous aurions *lui*, voici maintenant un ex. de *lui* où nous mettrions *soi*, passage d'autant plus caractéristique que *lui* alterne avec *soi* dans le même sens d'un vers à l'autre: *T* 5857-58 chascun estuet **soi desfendre** Se morir ne velt ou **lui rendre**, c' à d. «ou se rendre». Rien ne peut montrer plus clairement l'équivalence de *soi* et *lui* pour le copiste de *T*. Voir d'autre part l'alternance de *od soi T* 9488 et de *od lui T* 9491, qui est encore possible en fr. mod., bien qu'au v. *T* 9488 *lui* au lieu de *soi* soit plus naturel et plus courant.

soie *s. f*. il est intéressant de voir combien, au dire de nos auteurs, l'usage de la soie est répandu dans les riches demeures du XIIIᵉ s.: non seulement une pucelle est vêtue d'une étoffe de soie «a flors d'argent» *T* 15112, mais des draps de lit tout blancs sont en soie *T* 14558, des tentes dressées dans des jardins sont en soie «a or batus» *T* 14526, et ces «dras de soie a or batus» sont fabriqués, entre autres riches étoffes, dans des ateliers de travail forcé *T* 14702.

soier *tr.* fr. mod. scier, *E* 5375 ne lairoit ... Que ne li face une anvaïe **Ainçois qu'an ait les bles soiez** rien ne pourrait l'empêcher de l'attaquer vigoureusement avant que les blés soient fauchés, avant la moisson.

soif *s. m.* et *f. T* 12217 **une soif si grans,** *T* 12247 **du grant soif** et de la chalor, *E* 2456 n'avra ne froit ne fain **ne soi** (rimant avec *soi* pron. pers.).

solas, soulas *s. m.* sens général: apaisement, divertissement, distraction, *T* 6002 **a grant solas, a grant deduit** au milieu des divertissements et des plaisirs, *T* 6230 **molt avons de soulas perdu** (dit la reine Ysave à l'enchanteur) nos plaisirs ont beaucoup souffert, *T* 8919 molt vos devroit plaire ... **Lor solas et lor compaignie** vous devriez vous plaire fort aux divertissements qu'ils vous apportent et à leur compagnie, de même *T* 7987; *T* 10241 **certes, n'aim pas vostre soulas** je n'aime pas le genre de plaisir que vous vous donnez en ce moment, *E* 10980 **un serpant de felon solaz** un serpent qui vous distrait de bien cruelle façon. Le v. *E* 5480 molt an i ot **de grant solaz** n'est pas très clair à première vue, mais un recours à *U*, ainsi qu'à *A* 2860 et *L* 2874, nous montre que le vers se rapporte probablement à Carados et doit signifier «c'était un homme de compagnie fort agréable».

solder *tr.* souder *T* 13392, 13417 (**sauderiiez** condit. 5), *T* 13420, *M* 17443, 17448, 17471.

soldoier[1] *s. m.* Les soudoyers étaient des hommes d'armes qui louaient leur épée et leur vaillance à qui en avait besoin et pouvait les payer. On les voit apparaître dans une foule d'œuvres du moyen âge, chansons de geste (dès le *Roland*, v. 34 et 133), romans, chroniques. Mais nulle part, croyons-nous, on ne leur fait la part aussi belle que dans les différentes versions de la 1re Continuation de *Perceval*. Nous y rencontrons en premier lieu non pas des mercenaires isolés ou réunis en petits groupes sous la conduite d'un capitaine, mais une puissante organisation relevant d'un chef qui est non seulement à la tête d'une large armée de soudoyers, mais est un grand seigneur lui-même, possédant une ville *T* 11928, *E* 16020, avec de nombreux moutiers *T* 11714, une population de plus de 20.000 personnes qui se lève en masse pour aller au devant de son seigneur revenant d'un séjour à la campagne *T* 11927, des forêts qui entourent la terre *T* 11253, un château *T* 12385 où le seigneur séjourne parfois avec une centaine de chevaliers *T* 12386-87, et naturellement dans la ville même un très beau château fort avec riches «maisons», hautes tours et solides donjons *T* 11263-64. Le maître de tout cela est un chevalier, et il a plus de dix mille chevaliers autour de lui ou établis sur sa terre *T* 11432, liés à leur seigneur par le contrat féodal. A côté d'eux, les combattants étrangers au fief dont les services ont été loués, et il faut qu'ils jouent un grand rôle dans la vie au jour le jour du seigneur pour qu'il soit connu de tous sous le nom du Riche Soudoyer. D'où vient l'argent de leur solde? Il est probable que ce sont les tournois qui en fournissent la plus grande partie. Ce qu'il y a de certain, c'est que notre brillant chevalier a pris part au grant tournoi de Carlion et qu'il n'était pas là uniquement pour la gloire qu'il pouvait y acquérir: en effet «bien se quidoit **soudoier Et saouler d'autrui avoir»** T 5145-47: il avait bien l'intention de conquérir sa solde et de s'engraisser du bien d'autrui, c' à d. qu'il comptait y faire des prisonniers qu'il rançonnerait ensuite au prix fort et y capturer des chevaux dont la vente viendrait également grossir son trésor. En tout cas on était content de la solde et de celui qui l'assurait, car en une certaine circonstance T 11943 ss, chacun de ses soudoyers s'engage à faire dans la journée trois nouveaux chevaliers, et cela en l'honneur de leur chef et pour lui faire plaisir: lui s'en réjouit et leur déclare qu'il leur en saura le meilleur gré T 11948. Ces nouveaux chevaliers devaient sans doute être choisis parmi les «sergents» qui faisaient également partie des troupes soldées. Quant aux chevaliers du fief, ils avaient eux aussi leur avancement, mais c'était le seigneur lui-même qui en prenait le soin. Un jeune «valet», fils de comte, qui était venu se former «pour les armes» au Château Orgueilleux et qui servait fidèlement l'amie du seigneur et tranchait devant elle, est distingué par le maître du château et fait chevalier; de plus sur la demande expresse de la jeune femme, le seigneur lui accorde une récompense enviée, celle d'aller se mesurer dans une joute avec un des compagnons du roi Artur, et les prud'hommes maugréent de se voir préférer ce blanc-bec. C'est lui qui raconte naïvement tout cela quand vaincu et fait prisonnier par Yvain il est conduit devant le roi T 11997-12010. Il n'est du reste pas le seul de la «mesnie» ou des vassaux qui ait été adoubé la veille, car on nous dit qu'il «fu des noviax chevaliers» T 11991. Mais on ajoute immédiatement un mot curieux où l'on croit reconnaître une expression courante parmi les gens du château: «n'ert pas des **riches soldoiers»** T 11992, il n'était pas des riches soudoyers! Ainsi le surnom caractéristique du chef a passé à ses subordonnés: voilà qui confirme encore la bonne entente qui règne entre eux. Et quand le seigneur du château, vaincu finalement par Gauvain et gagné par sa droiture et sa générosité, se déclare prêt à «faire tout le gré le roi» T 12296, il ajoute «si n'ara laiens **sol-doier** A cui je nel face otroier» T 12297 et mentionne seulement les soudoyers dont il sait qu'il obtiendra l'assentiment, mais il sait aussi qu'il aura à le leur demander; il ne parle pas de ses vassaux, car là l'obéissance au suzerain est de rigueur et va de soi. — En dehors du Château Orgueilleux nous ne rencontrons des soudoyers que dans la cité où Brun de Branlant vient hâtivement d'en engager de bons et de solides en prévision d'une attaque du roi Artur qui ne tarde pas à se produire T 2091: «Laiens ensamble od lui ot mis Ses preudomes et ses amis, Et **si rot de bons soldoiers** A grant plenté et de molt fiers, Qui la cité molt bien tendront Contre le roi et desfendront.» Voilà encore une ville où se mêlent, parmi les défenseurs, vassaux d'un seigneur et gens à sa solde; mais ces derniers ne sont là qu'en vue d'une campagne déterminée, et c'est ce qu'on attendrait. Mais une ville dont le seigneur, possesseur d'un large fief, suzerain de nombreux vassaux, entouré d'une armée de chevaliers féodaux, est en même temps le chef d'une milice fortement organisée d'étrangers à ses gages, porte lui-même le titre de Riche Soldoier et probablement, tout grand seigneur qu'il est, vit de butin ramassé dans les tournois, c'est quelque chose de bien différent. Y avait-il dans la réalité du xiiie siècle des «châteaux orgueilleux» de ce genre?

soldoier² *T* 5146 od lui le Riche Soldoier **Qui bien se quidoit soudoier** Et saouler d'autrui avoir. Grammaticalement le mot *soudoier* pourrait être ici un substantif, quoique cette construction appartienne plutôt au français d'aujourd'hui, mais le sens ne conviendrait nullement au passage. Nous prenons donc *soudoier* pour un vb. réfléchi et nous comprenons «il avait l'intention de se faire payer sa solde».

solement *adv. T* 7813 — **tant vos en devis** je ne vous en dirai que ceci (et pas plus).

solier *s. m.* étage supérieur d'une maison *T* 11953. C'est là le sens ordinaire du mot, mais au v. *E M* 14464 l'emploi de ce terme est un peu surprenant, car si les gens de Bran de Lis chassés par lui montent aux «soliers» ils ne pourront apercevoir ce qui se passe dans la grande salle du bas (qui du reste est peut-être identique au «palais» du v. 14466), et c'est pourtant ce qu'on nous laisse entendre. Ou faut-il supposer que de l'étage supérieur on a vue sur la grande salle par le moyen d'une galerie courant à l'intérieur le long des soliers? Notez qu'au v. correspondant de *T* (10632) les soliers ne sont pas mentionnés, mais bien «des aleoirs des muraus», ce qui est beaucoup plus clair.

soloir *intr. T* 8796 **sueil** indic. pr. 1, *T* 2292 **suet**, *E* 2432 **siaut** 3, *T* 3239 **solez** 5, *T* 3306 **suelent** 6; *T* 6686, 7389 **soloit** indic. impf. 3: avoir coutume de, *T* 2292 ci ne fu mie Keus vilains Ne desloiaus ne perecheus, **Si suet il estre aatineus** en cette circonstance Keu ne se montra ni bas ni déloyal ni paresseux, et pourtant il est volontiers fort désagréable pour les gens; on dirait plutôt en fr. mod. «il était volontiers ...» Du reste, même dans des cas où nous n'aurions pas le choix aujourd'hui on trouve souvent en anc. fr. le présent de l'indicatif, même quand il s'agit d'une action qui était habituelle dans le passé et alors que l'imparfait du verbe existe et est très employé *T* 3239, *E* 2432.

solt prét. 3 du vb. *savoir T* 4602, la forme régulière est *sot*, *l* a été ajouté pour mieux rimer, au moins pour l'œil, avec *solt* pp. de *soudre*; cf. au passage correspondant *E* 8300 qui donne *sot* prét. régulier de *savoir*, mais *sot* rime bien pauvrement avec *referoit* (voir aux variantes les efforts de *M Q U* pour obtenir une meilleure rime).

solte *s. f.* paiement, *E* 1628 et messires Gauvains li paie, Granz cos li done molt et preste, **Et la — n'est mie preste**, plaisanterie amenée par l'emploi de *paie, done* et *preste*, «et le remboursement n'est pas prêt, ne vient pas»: le fait est que Guiromelant épuisé ne réagit plus et reçoit passivement les coups de Gauvain. Aujourd'hui *soulte* n'est plus employé que dans la langue du droit et du commerce.

solution *s. f. T* 5488, pris ironiquement, ce jour-là Carados fait mainte question, c' à d. il attaque quantité de chevaliers, ce qui pose un problème pour les attaqués, mais ils ne sont pas de force à le résoudre, ils ne trouvent pas de solution et sont battus par Carados.

some *s. f.* fr. mod. somme, *E* 5909, *L* 1283 bât (cf. au passage correspondant *T* 2307 **embasteüre**), *A* 1365 **une — de vin sus mistrent** une charge de vin; mais sur quoi la met-on? Il semble que le *sus* renvoie à *bouz* du v. *A* 1363 qui sont des outres utilisées en général pour transporter les liquides; on attendrait dans ce cas non *sus* mais un mot signifiant «dedans», et c'est précisément ce que donnent *S P*, variantes de *A* 1365, «vin *i* mistrent»; mais il reste une difficulté: il n'y a que 2 *bouz* et pourtant 3 charges: vin, pain et venaison.

someron *s. m.* diminutif de *some*, *A* 2757, 2828 **le — de la memele** l'extrémité du sein.

somet *s. m. T* 8218 **par —** tout en haut (à l'extrémité du sein).

somier *s. m. T* 1151, 2281 cheval de charge.

son¹ *s. m.* originairement air de musique et p. ext. air et paroles d'une chanson, *E* 2084 (une pucelle chevauchant une mule) vint chantant **un — d'amors.**

son² *s. m.* précédé de *par* est employé comme une locution prépositive, *T* 12775 **par — l'arçon de la sele** (A fait Keus la torneboële) par dessus l'arçon de la selle Keu a fait la culbute.

son³ *prépos. L* 2902 cascuns des oisellons cantoit **Son la nature dom estoit** chaque petit oiseau chantait selon l'espèce dont il était, selon sa nature.

son⁴ *pron. poss.* de la 3ᵉ pers. sing., *E* 976 et li rois an som pavaillon Descent; et chascun d'aus **au — au sien** (à son pavillon); *U* donne *en son* au lieu de *au son.*

soner *intr. T* 14287 sonner (dans les églises et les chapelles) pour annoncer les heures.

sonet *s. m. E* 150 chanson (pour célébrer un jour de réjouissance à la cour), *E* 7141 chanson (chantée par un chevalier qui est à cheval et va à toute allure).

soper *intr. T* 12527 faire le repas du soir (cf. *T* 12561-63), souper.

sor¹ *adj.* jaune brun (en parlant du poil d'un cheval), *T* 2073 maint bon destrier, **brun, bai et —,** *T* 4340 li cheval ... L'uns bais, l'autres **sors,** l'autres ver. *Sor* apparaît très souvent en compagnie de *baucent* (voir ce mot): *T* 11540 **desor un — bauchant destrier,** *E* 1414 **maint cheval —, baucent et brun,** *L* 2597 **un polain baucen —.** Bien qu'enregistré encore dans les dictionnaires modernes sous les formes *saur, saure, sor,* on peut dire que dans l'usage le mot a totalement disparu.

sor² *prépos.* fr. mod. sur, *T* 566 si tost come il fu atornez En estant **est — piez levez** il se dresse sur ses pieds, *V* 3766 ses chevax **— lui chaï** son cheval tomba sur lui (il venait d'être désarçonné), ces emplois de *sur* sont encore courants, mais il n'en est pas de même des suivants: *T* 7175 **sor son oeil** au risque de perdre l'œil; *E* 7074 il iert biaux **seur totes riens** il était beau pardessus toutes choses (ou toutes créatures); *L* 6650 vilains seroie ... Se del quesre m'entremetoie **Seur ses oncles** ce ne serait vraiment pas bien de ma part si je me mêlais de cette recherche sans tenir compte de ses oncles (qui suffiront à la tâche); *T* 7015 quant on voit son ami venir **Sor son doel et sor sa quisance** (Lors croist li doels et la pesance) quand on voit venir son ami en un moment où on est en proie au chagrin et à la douleur, ce chagrin et cette douleur augmentent; mais cette traduction laisse peut-être échapper une nuance importante: ce chagrin et cette douleur sont en relation directe avec l'attitude connue ou présumée de l'ami lui-même: *sor* implique ici une opposition, une espèce de choc entre une action envisagée ou accomplie et un obstacle qui devrait ou aurait dû l'arrêter. Cette nuance est plus nette dans la phrase suivante: *T* 15022 ce seroit grant vilonie De faire savoir son penser A nul home — **son peser** ce serait une bassesse d'obliger qui que ce soit à révéler sa pensée, quitte à l'affliger, ou plus simplement, malgré lui. De même *T* 1131 vostre cort a forjuree Por che que vos avez donee **Sor son desfens et sor son dit** ... (Sa seror a son anemi) il a renoncé à paraître à votre cour parce que, malgré (ou contre) sa défense et ses déclarations expresses, vous avez donné sa sœur à son ennemi. — *T* 10064 **sor vos bien me doit anuier** à votre sujet. Un dernier exemple de variation de la langue: nous pouvons encore dire aujourd'hui comme autrefois que Paris est situé *sur* la Seine, c' à d. à proximité de la rivière ou sur ses bords, mais si le verbe comporte un net mouvement en avant, impossible de s'exprimer ainsi; l'ancien français le fait parfaitement: *T* 6520 d'iluec (c' à d. du port où ils viennent de débarquer) s'en prenent a torner **Et ont chevalchié sor la mer**; sous peine d'un malentendu comique nous sommes obligés de dire «ils ont chevauché le long de la mer».

sorcil *s. m.* *A* 6706 l'une fet **ses sorcix guignier** elle se fait farder les sourcils, ou plus simplement elle farde ses sourcils.

sorcuidié *adj.* *E* 2423 molt par a esté **sorcuidiez** il a été arrogant au delà de toute mesure.

sordois *adj.* comparatif, pire, *A* 3183 sire, fet Keus, **or est** — ah! sire, voilà qui est pire; au v. correspondant *T* 8595 donne **ore est noax** (voir **noaus**).

sordre *intr.* *T* 8124 bien avient qu'aprez grant ire **Sort de joie molt grans matyre** il arrive parfois qu'un grant chagrin fait tout à coup surgir de grands sujets de joie, *T* 568 **si voit** — ... Un grant conroi (de chevaliers) il voit apparaître tout à coup une grande file de chevaliers, *T* 2533 assaier wel ... S'encor porroie armes soffrir **Se il en sordoit vos besoinz** lit. s'il s'en montrait soudain un besoin de votre part, c' à d. si votre service le réclamait soudain, cf. le v. correspondant de *E* (6139) **se me sordoit aucun besoing** si j'en avais soudainement besoin; p. pr. pris substantivement *T* 4731 quant vit aprochier **les sordens** quand il vit approcher ceux qui avaient débouché du château, cf. *T* 4648 se ne refust uns grans secors Qui de vers le chastel **est sors** (pp.); *E* 11997 li mortel torment Qui lor est a l'anuitant **sors** l'orage terrible qui a fondu sur eux à la tombée de la nuit. *Sourdre* survit péniblement dans la langue littéraire et a restreint notablement sa signification: aucun des emplois notés ci-dessus ne serait possible aujourd'hui.

sore *adv.* dessus, *T* 11011 **corent li uns a l'autre** — ils se courent sus l'un à l'autre; au v. correspondant *E* 14919 donne la graphie *seure* (: *eure*).

sorevenue *s. f. E* 8351 **mais par bone** — par une heureuse et inattendue apparition, *M* et *U*, ainsi que *T* 4699, donnent **par la bone sorvenue.**

sormonter *tr. T* 757, 5314, 5315, *E* 8309 triompher d'un adversaire (au combat); *intr. T* 5833 **il sormontent** ils dominent leurs adversaires (à un moment du combat). Voir **seurmener.**

sorplus *s. m. T* 7021 **et s'il seüssent le** — (Encore plorassent il plus) et s'ils avaient su le reste, ou ce qui était à venir, ils auraient pleuré bien davantage.

sorporter *tr. T* 10126 **yre me puet tant** — ... (C'ocirrai vos tot desarmé) la colère peut m'emporter si loin ... que j'en viendrai à vous tuer tout désarmé. Emploi courant en anc. fr., *V* donne **sormonter,** *E* 13934 **tant tresporter,** *M Q* **tant porter,** tous mots qui sont synonymes de *sorporter.*

sorquerre *tr.* avoir des exigences à l'égard de qqn, lui demander trop, *R* 995 **sorqueroit,** *E* 1531 **seurqueroit** indic. impf. 3; *U* 1402, *A* 578 **sorqueïst** subj. impf. 3; noter la forme aberrante **sourquerust** *P* (var. de *A* 578).

sorrire *réfl. T* 2760 **a lui meïsme s'en sorrit Et li respont** il sourit en lui-même et lui répond.

sorsalt *s. m. T* 12881 **en sorsalt,** *M* 16999 **en sorsaut:** dans *T* c'est le chevalier inconnu qui sursaute en se sentant frappé, et on pourrait encore employer ici la locution adverbiale «en sursaut», quoique dans la langue moderne elle accompagne le plus souvent le vb. «s'éveiller»; dans *M en sorsaut* s'applique à Keu qui lance un javelot sur le chevalier: nous dirions probablement «d'un mouvement brusque Keu jette son javelot».

sort *adj.* sourd, *T* 11806 **il est et sors et muiaus** il est sourd et muet.

sorvenue, voir **sorevenue.**

sorveoir *tr.* apercevoir *T* 7931.

sostenir *tr. T* 6883 **le fes Qu'il sostenoit de la culuevre** le fardeau qu'il soutenait du fait de la couleuvre, de même *T* 14568; même sens aux v. *T* 13221, 13282 **soztenoit,** et 13290, 14094 mais ici on pourrait aussi traduire par «porter»; *E* 2135 endurer, supporter, *E* 1331 **soustenir** protéger, défendre; *réfl. E* 912 **soutenir** se tenir debout.

sostif, voir **soutif** [2].

sostiment, voir **soutif** [1].

souavet, voir **soavet.**

soudee *s. f. M* 17601 salaire, solde.

soudre *tr.* (avec régime sous-entendu) acquitter, payer, *T* 4635 **s'il li prestent, il lor solt** s'ils lui prêtent (des coups) il s'en acquitte envers eux, c' à d. à leurs coups il répond par des coups (et qui valent bien les leurs), de même *T* 4601.

souduit, voir **soutif** [2].

sougiet *s. m. E* 3262 sujet.

soulacier *réfl. M* 11568 (cf. 11565) par amor et par drüerie **Se soulassent sanz vilenie** ils goûtent la joie de s'aimer, en tout bien tout honneur.

soulever, sozlever *tr. T* 11821 soulever (quelqu'un par les épaules), fig. *E* 688 molt an est **liez et soulevez** il en est joyeux et tout réconforté.

soumetre *tr. E* 2141 et celle le bout De son cor **soumit a sa boiche,** lit. mit le cor à la bouche en le baissant, mit à sa bouche l'embouchure de son cor. Nous ne trouvons pas ce sens enregistré dans les dictionnaires.

souposture, voir **sepulture.**

soutain *adj.* écarté, solitaire, *A* 396 et prist a querre **Tote la plus soutainne terre.**

soutieument, soltieument, soltiment, soltilment, soutillement. Voir **soutif** [1] et [2].

soutif[1], **soltif** *adj.* délié, fin, ingénieux. C'est de cet adj. que dérivent les adverbes *soutieument, soutieument,* etc., fr. mod. subtilement, ... ensaigne ... Brodee d'or **molt soltieument** avec une fine élégance, *T* 14170 une caïne ... **molt soltilment ovree** très habilement façonnée, *T* 4124 **tant soltieument** avec une telle ingéniosité, *T* 7530 et puis **molt soutieument l'argüe** il l'entreprend très habilement (pour tirer d'elle quelque chose), *E* 11777 **d'or molt tres sostiment cosus** finement cousus, *E* 15098 chambre ... **pointe sostiment** finement peinte.

soutif[2], **sostif** *adj.* synonyme de *soutain,* écarté, solitaire, *T* 392 et si fist querre **Toute la plus soutive terre Qui fust;** au passage correspondant *S,* var. de *A* 396, donne également **soutive,** *A* 396 **soutainne,** *L* 370 **soutille;** *E* 10529 **li ermites iert soutis** vivait solitaire; au passage correspondant de *T* (6943) nous avons **l'ermitages ert molt souduit:** ce *souduit* est-il le pp. du vb. *souduire* tromper? Il pourrait alors signifier «se dérober à qui le cherche» et on traduirait par «l'ermitage était dans un lieu très caché»; *A* 3668 ses leus remest **voiz et sostis** sa place (à table) resta vide et solitaire, c' à d. inoccupé. Il semble qu'on ait un dérivé de ce *soutif* [2] dans le *soltieument* du v. *T* 3693 **et por aler plus soltieument** Aloient andui solement, Car puceles au tans de lore Pooient miex errer que ore [*T* donne en réalité **soltiuement** avec une syllabe de trop, et *V* **soltilment**], en forçant un peu le sens on traduirait par «pour aller plus secrètement», mais cela s'accorderait-il avec les vers suivants «car à ce temps-là les jeunes filles pouvaient voyager plus facilement que maintenant»? *E* 7588 donne **sotivement** qui est au fond le texte de *T* (sauf que *E* a **plus avoient** au lieu de **plus aloient**), mais la phrase n'est plus tout à fait la même: «les jeunes filles allaient plus secrètement qu'elles ne le feraient aujourd'hui». Cela ne se suit pas. *M* a **soutillement** qui n'est pas plus clair. Seul *U* donne un texte bien net: «plus aloient **seürement** les puceles»; malheureusement cette affirmation est démentie par toute la suite du récit. Bref, nous ne savons pas si l'auteur de la 1ʳᵉ Continuation entend complimenter son temps ou le blâmer. *E* 8146 et plus **soutilment** pose des problèmes du même ordre: en se dissimulant ou habilement?

souverain, sovrain *adj.* *T* 7655 car si me gart **li sovrains rois,** c' à d. Dieu, *T* 6999 car ce estoit **lor sovrains sire, Et d'ax** et de trestout l'empire. — *Subst. M* App. 111 **des chevaliers li souverains,** c' à d. Gauvain, le modèle suprême de tous les chevaliers.

sovenir *impers. E* 2714 **ne mes n'an sovenoit** lit. il n'en souvenait plus, mais il faut comprendre, en se reportant au *li* du vers précédent, il ne *lui* en souvenait plus; *U* donne un texte plus correct et plus clair: icel ᴐfaire... Dont il noient **ne li membroit.**

soz¹ *prépos.* sous, *E* 443 descendirent tuit an la pree **Soz le Chastel de la Mervoille;** *soz* indique simplement une différence de niveau, mais il peut y avoir une distance assez grande entre les 2 points comparés: ici il y a une grande rivière 456-457 et des prés 452, 500 qui séparent le Château de la Merveille des tentes de l'armée du roi Artur.

soz² abréviation pour *se vos*, *T* 9243 **soz plest** s'il vous plaît; c'est une formule de politesse placée dans la bouche d'une vieille femme parlant à un chevalier. Cette forme abrégée peut s'entendre encore parfois dans certaines couches de la langue populaire, et même dans la langue familière de certaines provinces, spécialement pour prier l'interlocuteur de répéter une phrase mal entendue: *s'ous plait?*

sozhaidier, voir **sohaidier.**

sozhaucier *tr. M* 16798 et molt fu chierie et amee **Et sozhauciee et hennoree** louée et honorée.

sozlever, voir **soulever.**

sozpechier *tr.* soupçonner *T* 6381.

sozpechon *s. m.* fr. mod. soupçon, *T* 642 **ne velt mie estre en sozpeçon** (Que s'ost ne soit molt bien gardee) il ne veut pas qu'on puisse le soupçonner de ne pas veiller à la sécurité de son armée, ou peut-être: il ne veut pas garder en lui un soupçon que son armée n'est pas en sécurité; *T* 3627 s'il avient qu'ele ait nul oir, **Si ne serez en — Qu'il soit d'autrui se de vos non** s'il arrive qu'elle vous donne un héritier, vous n'aurez pas de soupçon qu'il soit d'autre père que vous; *T* 12332 **ja nel lairai por — Vos m'i porriez trop bien honir** je ne vais pas hésiter à vous suivre sous prétexte que vous pourriez me jouer un vilain tour.

sozpireïs *s. m. T* 7492 lors veïssiez fier ploreïs **Et merveilleus —** alors vous auriez entendu des sanglots violents et une extraordinaire succession de profonds soupirs. Cet exemple de *souspireïs* est le seul donné par Godefroy.

sozprendre *tr.* surprendre, *T* 6569 Mors ... Si laissiez vivre les malvais **Et les vaillanz volez — Mort,** vous laissez vivre les

mauvais et vous vous en prenez aux gens de bien, *T* 5700 bien
le quidast avoir pris **Se n'eüst esté si sozpris** il pensait bien
qu'il l'aurait pris, si on ne l'avait attaqué de tous côtés avec une
pareille violence, *T* 6886 coment par le barat son pere **Est si
sozpris** comment il a été si trompé par les machinations de
son père.

soztenir, voir **sostenir**.

suer *s. f.* cas sujet, le cas régime étant *seror*. Si nous nous en tenons
au ms. *T*, sur 52 exemples relevés par nous (31 de *suer* et 21 de
seror) il y a seulement 12 manquements aux règles de la déclinai-
son: 11 de *suer* employé comme régime *T* 1102, 1111, 2051, 2847,
2935, 3802, 4200, 5325, 6161, 7291, 8182, et un seul de *seror*
employé comme sujet 7716 (le cas du v. 7942 est un peu douteux,
mais il est probable que *seror* y est un régime). On voit par ces
chiffres que le sens de la déclinaison est encore très vif dans le
ms. *T*; mais il est visible que l'auteur se réserve tout de même le
droit de recourir, quand il lui est plus commode, à une forme
de la langue parlée, c' à d. à *suer* pris comme régime au lieu de
seror. Il en résulte un affaiblissement de *seror* qui est déjà en net
recul numérique par rapport à *suer*. Citons un seul passage de
E, au v. 7672 ce ms. donne «sera *or* vostre *seror* nostre», et
c'est aussi le texte de *M Q*, mais *U* qui est du xive s. donne une
leçon de grammaire à ses trois devanciers du xiiie s. et corrige
en «sera *ore* vostre *suer* nostre». — *Bele suer* est un terme de
politesse courtoise qu'on peut appliquer à sa propre sœur *T*
2799 (correspondant à *biax frere T* 2809), *T* 7696, mais aussi à
une femme qui n'est pas une parente mais à laquelle on veut
montrer de l'affection *E U* v. 1. Naturellement dans le premier
cas on peut dire aussi *ma suer T* 2806, 10060, et dans le second
suer tout court *T* 5079.

sus *adv.* 1. dessus, *T* 14535 et se tint un hanap d'argent En sa
main destre, **et si ot sus Une touaile tot sans plus** et il avait
(*ou* il y avait) dessus une serviette sans plus, *T* 12090 ses chevax
li est amenez Et il i est molt tost montez ... **Sus sist** lit. il était
assis dessus, c' à d. il était en selle, le voilà en selle. — 2. en haut,
T 13041 Et esgarde **amont et aval Et sus et jus** il regarde
en haut et en bas; on remarquera que l'idée de «haut» et de
«bas» est exprimée deux fois sans qu'il y ait deux nuances diffé-
rentes, **sus et jus** étant simplement la locution ancienne
héritée du latin, tandis que **amont et aval** est une locution
purement française qui expulsera un jour la première, en
attendant d'être remplacée à son tour par **haut et bas**; il
est curieux que *V* s'en soit tenu à **amont et aval** et ait
tourné autrement les deux vers suivants, à moins qu'il n'ait
maintenu une leçon antérieure, et c'est alors *T* qui aura
redoublé l'expression; *T* 132 cil Diex qui maint **la sus**
là-haut, c' à d. au ciel, de même *T* 419 **la sus el palais**,
T 2728 li vrais Jhesus ... **Qui la sus maint el chiel en haut**
qui demeure là-haut, tout en haut du ciel (*ou* au plus haut des
cieux): *en haut* qui finira par triompher a la fois de *sus* et de
amont est apparu de bonne heure et vient parfois doubler *sus*
ou *amont* avant de prendre un jour leur place. — 3. *Sus* est très
souvent une particule qu'on ajoute à un vb. de sens très général
pour lui donner une précision qui en transforme le sens: *T* 1051
le traïson qu'**il m'a mis sus** lit. qu'il m'a mise dessus, c' à d.

qu'il m'a imputée, dont il m'a accusé; on voit ici le passage du concret à l'abstrait qu'on remarque si souvent en français à mesure qu'on se rapproche de l'époque moderne. — 4. La particule *sus* s'ajoute très souvent aussi à des vb. de mouvement qui nous semblent parfaitement clairs en eux-mêmes: *T* 13054 **il lieve sus sa destre main** il lève la main droite, *T* 14488 **lués leva sus** aussitôt il se leva (il était assis sur un lit); de même *T* 2893 **il sus se releverent**, *T* 3764 **et auques tost sus resalirent.** — 5. Faisons une place à part pour **courir sus**: *T* 3919 trestot a pié **sus se requeurent** ils se courent l'un sur l'autre, *T* 11054 et cil ... **Li recort sus come desvez** l'autre lui court dessus comme un enragé; nous avons conservé l'expression **courir sus** (à qqn), mais elle ne s'emploie plus qu'au figuré et seulement dans quelques locutions figées où du reste on sous-entend volontiers le vb. *courir*: «sus aux abus!»

suschier, suchier *tr. T* 7651, 7797 sucer.

sydre, sidre *s. T* 9866, *E* 13678 cidre.

sygler, voir **sigler.**

T

table *s. f.* 1. *E* 2176 **metre les tables,** c'est ordinairement transporter dans la «sale» avant le repas les tréteaux recouverts de planches qui vont recevoir les mets, mais l'expression est stéréotypée et on l'emploie même quand on pose les nappes sur l'herbe. — 2. Étal sur lequel les changeurs en plein air disposaient les pièces de monnaie, *T* 9617 **riches tables a changeours.** — 3. Sorte de jeu de trictrac souvent mentionné à côté des échecs: on enseignait l'un et l'autre aux jeunes nobles *E* 6892, dames et chevaliers y jouaient *T* 14795, les tables étaient le jeu favori de la reine Guenièvre *T* 12709. — 4. *T* 8853 **la Table Roonde,** *T* 8673 **la Roonde Table;** voir les références aux autres mentions de la Table Ronde dans l'Index des noms propres: t. I, p. 446, t. II, p. 614, t. III, 1, p. 689.

tablier *s. m.* 1. *E* 2177, *A* 4255 synonyme de *doublier* grande nappe. — 2. *T* 14792 synonyme de *tables* signifiant «trictrac».

tabor *s. m.* tambour *E* 16052.

tailleoir *s. m. T* 1347, 1402, **tailleor** *E* 3795, **tailloër** *A* 4329 et *U* 3795, assiette sur laquelle on découpait la viande, et sur laquelle aussi on pouvait servir à chaque convive sa part, comme on le voit à *A* 4329. Noter qu'au v. 9649 le ms. *V* remplace **sor graals d'argent** par **sor tailloirs d'argent,** comme s'il donnait la même valeur aux deux termes.

taillier *tr. M* 18075 tailler en pièces (des adversaires dans un combat); *T* 7448 **si mal taillie cote,** voir **cote.**

taindre *tr.* et *intr. T* 18 la roïne prist **lués a — Et chiet pasmee;** *taindre* et le pp. *taint, tainte* sont volontiers accompagnés de *palir, pale,* et à l'occasion on peut tenir tous ces mots pour synonymes; *T* 965 **tains et pers,** *T* 6348 **comence a — Et a palir et a müer,** *T* 12922 de mautalent et d'ire **taint** (indic. pr. 3),

E 4444 n'ot la color **palle ne tainte**, *E* 7282 n'a pas la fresche color **tainte**; pourtant le plus souvent on sent dans *taindre*, *taint* la force verbale: le mot indique un changement de couleur et pour le pire.

tainture *s. f.* *E* 1450 (une couverture de cheval) **vermoille et jaune iert la** —, *E* 11368 barbe grant jusqu'a la ceinture **Mellee de noire** —. Le sens du mot semble être voisin de celui de «couleur».

taisir *tr.*, *réfl.* et *intr.* *T* 2638, 5238, 7178, *E* 2370 **taisir** infin.; *E* 13072 **tais** impér. 2; *E* 6910 **taisant** p. pr.; *T* 11673 **teut** prét. 3; *T* 7556 **teü** pp. — *T* 2638 sire, **ja nel vos quier** — je n'ai pas la moindre intention de vous le cacher, *T* 5238 **mix vos eüst venu** — vous auriez mieux fait de vous taire, de même *T* 7178; *E* 2370 **de ce vos poëz bien** — oh! ne parlez pas ainsi, je vous en prie, *T* 7556 dame, **ja ne vos ert teü** je ne vous en ferai pas un mystère, *E* 13072 **tais**, (fait Kex, mauvés garz anflez) tais-toi, espèce d'enflé; *E* 6910 p.pr. employé adjectivement: **li plus taisant** le plus silencieux, le plus réservé.

talent, talant *s. m.* envie, inclination, désir *T* 616, 1391, 3535, 6304, 13089; *T* 2858 il les trovent [les chevaux] **a lor talant** tels qu'ils les désiraient, *T* 5429 li rois Ris **a son talant** (Enchascoit roi Cadoalant) s'en donnait à cœur joie de chasser le roi Cadoalant, *T* 13134 **a son talent** aler le lait [le cheval] il le laisse aller à son gré, *T* 14364 **en talent ai** (que jel vos die) je suis tout disposé à vous le dire.

talon *s. m.* *V* 5492 **les talons li ont tornez** ils lui ont montré les talons, c' à d. ils se sont enfuis.

tancier *intr.* sens général: quereller, *E* 1579 hardïement et **sanz** — hardiment et sans apostropher son adversaire, *E* 7394 Caradoc viaut **a lui** — veut se prendre de querelle avec lui, *E* 2344 et cil lor mangier reconmancent Qui ne rechinent **ne tancent**, (Ainz rïent tuit et font grant joie) ils se remettent à manger, et pas de mines désagréables ni de querelles, mais un rire général et une joie épanouie.

tançon *s. f.* querelle *A* 3504, 6882; *T* 4257 **sans tençon** sans se faire prier.

tançonier *adj.* querelleur *A P* 583: pas d'exemple de cette forme dans Godefroy.

tandis (com, come) *conj.* tandis que *T* 2088, 14933. Noter la locution **antre tandis com** *E* 6924, même sens que *tandis come*.

tans *s. m.* fr. mod. temps, *E* 2011 por essaier se il porroit **La pluie et le tans eschaper** échapper à la pluie et au mauvais temps; locutions adverbiales: *T* 227 tuit sont en esfroi Qu'il n'aient pas trossé **a tans**, locution conservée; *T* 98, 106, 7683, *E* 665 **par tans (tens)** bientôt.

tant *adj. indéfini*, fém. *tante*, *A* 753 nus hom ... N'an porroit dire **tant** enui tant de choses désagréables sur son compte, *T* 222, 224, 225 **tante ensaigne, tant riche mul, tant destrier et tant palefroi**: nous avons ici des singuliers qui ont valeur de pluriel, emploi fréquent, peut-être assez littéraire. — *Adv. tant de*:

S P (var. de *A* 753) **tant d'ennui,** *T* 288 **tant d'omes,** *T* 289
tant de hiaumes, *T* 9799 se **por tant d'affaire** conter Vos
faisoie hui mais jeûner (je serais un sot et un mal élevé) si
pour vous conter si peu de chose (lit. cela et rien de plus) je
vous faisais jeûner aujourd'hui, *T* 7778 de son estre **vos di je
tant** (Qu'il ert molt maigres) cela et rien de moins ou de plus,
de même *T* 7813, *T* 2144 **tant dura li sieges al mains** c'est
bien ce nombre d'années que dura le siège, telle fut au moins
la durée du siège, *T* 78 **tant fust ne quens ne rois** nul, qu'il
fût comte ou roi, ne pouvait lutter de courtoisie ou de vail-
lance avec Gauvain, plus précisément: on avait beau être
comte ou roi, on ne pouvait lutter avec Gauvain. — *Conj.*
tant... que (indic. pr.) au point que *T* 497, jusqu'à ce que *T*
3917, 3966; **tant com** (subj.) tant que *T* 11456; **tant que**
(futur) jusqu'à ce que *T* 11478, *E* 571; **tant que** (subj.) jus-
qu'à ce que *T* 1218; **tant est que** (subj.) pourvu que *T* 14485.
— *Locutions adverbiales*: **tant ne quant** *T* 494 ne fût-ce qu'un
instant, de même *T* 11790; *T* 14839 n'a cuer **ne tant ne quant**
il n'a pas la moindre parcelle de courage; *T* 2214 **ne tant ne
quant** désormais ni petit ni grand n'osa le prier ni peu ni
beaucoup (mais l'idée dominante est «ne fût-ce qu'en une courte
phrase»); **a tans quans** *T V* 9066, **a tant quant** *E* 12838,
A 3708 semble vouloir dire «autant d'un côté que de l'autre»,
c' à d. la bataille se fera à un contre un ou à cent contre
cent; il faut dire que le passage a l'air d'avoir surpris les
copistes, voir les variantes de *E* et de *A*, et la note au v.
E 12839, t. II, p. 601; **en tant** *T* 71 en un pareil espace
de temps, de même *T* 2147. — *Tant* sous la forme plurielle
tanz, tans, devient un véritable substantif au sens du mo-
derne «fois» suivi de *autant, aussi, plus:* *T* 8000 il ot l'os
Bien deus tans que aillors mains gros il eut (là) l'os (du
bras) deux fois moins gros qu'ailleurs, *A* 754 (on ne pourrait
dire de lui autant de choses désagréables qu'il n'y eût en lui)
mil tanz de bien mille fois autant de qualités, *T* 14063 la grant
joie ... Qui crut **quatre tans et doubla** la grande joie qui
devint quatre fois aussi grande (ou quatre fois plus grande), et
puis doubla encore. — *Tant* ne s'emploie plus comme adjectif,
ni au sens de «fois», et la plupart des locutions adverbiales et
conjonctives que nous avons citées ont également disparu.

tantost *adv. de temps* *T* 15142 aussitôt.

tanve *adj.* peu épais, mince, léger, *A* 6125 (en parlant d'un vête-
ment), *E* 5909 (en parlant d'un bât).

tapi *s. m.* nos exemples ne nous fournissent que des régimes sin-
guliers et pluriels: au sing. on oscille entre *tapi* et *tapis* quoique
la 1re forme soit de beaucoup la plus courante, au pluriel on
rencontre *tapis* et *tapiz*. Les tapis sont très souvent mentionnés
dans nos romans. Tendus sur un lit ils tiennent lieu de chaises
T 14468, *E* 15106, on s'en sert aussi pour s'asseoir dehors sur
le sol *T* 11785, et enfin on les étend sur le dallage d'une salle
ou sur l'herbe qui jonche un pavillon pour y déposer les
différentes pièces de l'équipement d'un chevalier qui s'arme pour
le combat: dans ce cas ils tiennent lieu de tables, mais il faut
noter que le chevalier lui-même se tient debout sur le tapis pen-
dant qu'on le revêt de son armure *T* 10672, 10712, 12076, *E*
15554: dans ce dernier exemple il est indiqué que le riche tapis

dont il est question vient de Grèce: c'est aussi de ce pays que vient le mot lui-même.

tarder *tr.* et *réfl.* *E* 422, *A* 2141 **tarde** indic. pr. 3, *T* 852 **tardent** 6; *T* 1936 **tardent** subj. pr. 3. Voir le suivant.

targier *tr.*, *intr.* et *impers.*, synonyme de *tarder*, *T* 131, 14432 **targier** infin.; *E* 4036 **targe** indic. pr. 3; *T* 6060 **targa** prét. 3; *L* 347 **targast** subj. pr. 3; *E* 5238 **targié** pp. Pour la signification et l'emploi nous ne distinguerons pas *targier* de *tarder*: *tr.* *T* 1936 d'assambler un poi **les tardent**, lit. qu'ils retardent un peu les chevaliers prêts à engager le combat, c' à d. qu'ils retardent un peu le début du combat, *E* 5238 aprés ce n'a mie granmant **Targié son oirre de neant** il n'a pas retardé son départ d'un instant. — *réfl.* *T* 852 **ne se tardent ... d'esperoner** ils ne perdent pas un instant avant d'éperonner, ils éperonnent leurs chevaux sans perdre un instant, de même *E* 422 et la reïne **ne se tarde ... dou descendre**, *A* 2141 li rois **se tarde** s'attarde, reste en arrière. — *intr.* *T* 131 **sanz targier** sans tarder, *T* 14432 avant peu, *E* 5236 li rois ... conmande A ses barons ... Que d'asambler ancore **tardent** qu'ils attendent encore un peu avant d'engager le combat, *E* 4036 gaires **ne targe a dire** dit sans attendre, *T* 6060 **ne targa mie** ne perdit pas un moment. — *impers.* *L* 347 li rois saut el palefroi, Car **trop li targast d'autre atendre** il aurait trouvé le temps bien long s'il lui avait fallu attendre une autre monture.

tart *adv.* *T* 349 dont m'est molt **tart** (que je le voie) il me tarde fort que je le voie (*ou* de le voir), de même *T* 5049, *E* 2600, *A* 6035; *T* 2731 et ses peres redist **a tart** après un moment (lit. tardivement), *T* 6687 cuers qui bien aime **a tart oblie** n'oublie pas de si tôt (lit. oublie tardivement).

tas *s. m.* *E* 8744 puis fierent **a — et a tire** lit. en tas et en un rang ordonné (cf. *Escoufle*, v. 5141 et le Glossaire s. v. *tire*), c' à d. de toutes les façons.

te *adj. poss.* fem. de la 2e pers. sing., forme picarde, *T* 14234 **enmi te sale** dans ta salle.

teche *s. f.* *T* 2687 **ses bones teches** ses excellentes qualités.

teignox *adj.* *E* 13259, *A* 4103 teigneux.

teillier *s. m.* *M* 18942, le même ms. donne *tissier* aux v. 18952 et 18963; au v. 18952 *U* a *tyssiers* et *Q telier*, au v. 18963 *Q* a *teliers*; cf. aux passages correspondants *T* 14698 et 14721 *tisseran(s)*, *A* 8840 *tisserant*, 8850 *teissiers* (*S tisseranz*, *P teliers*), *L* 8896 et 8906 *tisier(s)*. Il y a donc 3 mots qui ont le même sens de «tisseur»: *teillier* (*telier*), *tissier* (*tyssier*, *tisier*, *teissier*) et *tisserant*. Aujourd'hui *teillier*, *tissier* et *tisserand* ont vieilli et ne se trouvent guère que dans les noms propres; le seul mot vraiment usité, spécialement dans les grandes entreprises de tissage, est *tisseur*. Noter qu'au v. *M* 18942 *teillier* est défini le «plus vil mestier qui soit»: c'est le petit chevalier qui parle, et il exprime sans doute le point de vue de la classe noble, mais on n'a pas l'impression que l'auteur lui-même fasse des réserves, et tous les mss. reproduisent docilement la phrase en question.

tel *adj.* et *pron. indéfini* *E* 3381 **par — que** à condition que.

temolte, temoste, voir **tumulte.**

tempeste *s. f.* tempête, *T* 13128 et si arbroit [le cheval] **Et tel — demenoit** (Que il nel puet en pais tenir) le cheval se cabrait et renâclait avec une telle violence que Gauvain n'en était plus maître.

temprer *tr.* fr. mod. tremper, *T* 1578, 13496 (en parlant d'une épée); *A* 2809 feites tost anplir Les cuves **et les bainz tranprer** les amener à la température voulue.

tenant[1] *s. m.* 1. celui qui tient qqch. de qqn, en particulier celui qui sans être noble tient d'un seigneur une terre *T* 4162, 4375 (noter dans ce dernier passage comment le *tenant* est distingué du *chevalier*). — 2. **d'un tenant** (dit de loges dressées le long de la rivière et qui se tiennent d'un bout à l'autre) *T* 2135 sans interruption, fig. *T* 3590 il l'a baisié **en un tenant** (Plus de cent fois) d'affilée, de même *T* 14034.

tenant[2] *adj.* ferme, solide (dit d'un haubert) *T* 10743 **serré et —,** *A* 942 — **et fort,** *E* 2308; (d'une housse de cheval) *A* 548 **tenanz et dures.**

tendeüre *s. f. T* 15217 étoffe tendue au-dessus d'un «chalant» à la façon d'un rideau, cf. *T* 14164, 15201.

tendre *tr.* pp. **tendu,** *T* 2132 les loges furent **tendues** mises en place, *T* 14525 si voit deus paveillons **tendus** dressés, *T* 4044 les eles **tendues** (en parlant d'un aigle d'or). — Au v. *T* 14390 «sor coi je tent le greignor fes» le vb. *je tent* fait difficulté: avons-nous là l'indic. pr. de *tendre*? Mais on ne voit pas bien ce que peut signifier ce vb. ici? Les copistes semblent avoir été embarrassés par le passage: *M Q U* 18651-2 et *L* 8603-4 s'en tirent par une banale échappatoire, *A* 8572 donne «sor cui g'entant le greignor fes» et nous pourrions d'après cette leçon corriger le «je tent» de *T* 14390 en «j'e[n]tent», ce qui est peut-être un peu plus clair, mais pas entièrement satisfaisant non plus (il faudrait au moins sous-entendre après «j'entent» un vb. comme «mettre» ou «placer»; *S* (var. de *A* 8572) a «sus quoi ge tien le g.», *tien* est très bien, mais s'accorde mal avec «sus quoi»; seul *P* (var. de *A* 8572) donne une leçon vraiment satisfaisante: «sor coi torne li g.», ce qu'on peut rendre par «c'est sur cette partie de la lettre qu'en repose la signification essentielle et inquiétante». Ce qui ne veut pas dire que la leçon de *P* soit littéralement celle de l'original, mais il en a probablement retrouvé le sens; les autres mss, tout au moins *A S*, ont entrevu également ce sens original, mais ont été moins heureux dans leurs efforts pour le faire ressortir.

tendrement *adv. T* 2241 **si — ploroient** elles pleuraient à chaudes larmes; *T* 15177 **sozpirer —** pousser des soupirs attendris; *T* 6090 s'en a grant ire **Et — du cuer sozpire** la colère le gagne et dans son affliction il pousse un grand soupir.

tendror *s. f.* attendrissement, *T* 14041, cf. au passage correspondant de *A* 8239 **tandror,** de *L* 8227 **tenror,** et aussi *T* 8870.

tendrun *s. m.* fr. mod. tendron, *T* 14195 cartilage.

tenebror *s. f. T* 14124 ténèbres, obscurité.

tenement *s. m.* *T* 8037 propriété que moyennant une redevance on tient de son possesseur; au passage correspondant *E* 11615 donne un synonyme **teneüre.**

teneüre, voir le précédent.

tenir *tr.* et *intr.* 1. A déjà une grande partie des sens qu'il possède aujourd'hui, mais s'emploie souvent dans des cas où nous mettrions un composé du verbe comme *retenir, maintenir* ou des verbes de sens voisins comme *arrêter*: *T* 13799 tenir l'écu dans une certaine position, *E* 19422 onques ainçois **reignes ne tindrent** pas un moment avant d'arriver là ils ne prirent les rênes en main, c' à d. (d'un bout à l'autre de la course) ils lâchèrent les rênes; *T* 1582, 10507 arrêter, *T* 2116, 5848, 5849, *A* 1082 résister, faire bonne figure, ne pas céder, *R* 52 garder pour soi, *E* 10153 Mort ... aus bons **ne volez** — pes vous ne voulez pas maintenir une attitude pacifique envers les bons, vous ne voulez pas soutenir les bons; *T* 11643 la bosne li fist passer Que li quatre olivier **tenoient** (Qui au coron del pre estoient): les mss nous donnent les uns «la bosne» (*ou* bone, bonne), les autres «les bones» (bonnes), et *Q* à un vers de distance donne d'abord «les bonnes» 15700 puis «la bone» 15702; le sens reste le même dans tous les cas: les quatre oliviers maintenaient, c' à d. indiquaient, marquaient la limite ou les limites (à ne pas dépasser); *T* 14992 **tint cort li ... rois** (A une Pasque a Carlion) rassembla tous ses vassaux à la cour pour une période donnée, de même *T* 9022 **tieng feste** (*tieng* forme aberrante de prét. 1), *T* 15207 maint baron Et chevaliers a grant foison **Tenoit a Carlion li rois** il les maintenait auprès de lui, peut-être il les logeait. — 2. Suivre: *T* 2829 tant erra **et les esclos tint** il fit tant de chemin en suivant fidèlement et exactement les traces laissées par le pas des chevaux, *T* 9516 **l'usage que i tenoient Li renclus** l'usage que suivaient les moines, leur coutume, *T* 1755 **s'il ne tient a cestui covent** (est-ce que Gauvain ne serait pas coupable de manquement à sa parole) s'il ne tient pas scrupuleusement la promesse qu'il a faite à ce chevalier? — 3. Être d'avis: *T* 11344 **tuit tienent a recreandise Celui qui** tous considèrent comme un abandon du combat [le fait de] celui qui, *T* 13615 il li ensaigna Sor tote rien **a** — **chier** (Et ses armes et son destrier) il lui enseigna à regarder comme ses biens les plus précieux ses armes et son cheval, *A* 4025 **il ne tient pas trois noiz de vos** vous ne valez pas trois noix à ses yeux. — 4. Recevoir, prendre: *T* 754 **tenez!** correspond à notre *tenez!* d'aujourd'hui et en fait voir l'origine: le v. 754 s'éclaire par *T* 14688-89 et *E* 1229-30: il y a un geste de la main; de même *T* 8611 et avec une légère différence *E M* 12104 (*Q* donne: que vos poïsse **retenir**). — 5. Posséder et maintenir à titre de seigneur: *T* 9029, emploi analogue *T* 3662 tot cil et celes qui **tenissent De lui** qui fussent ses vassaux et ses vassales. — 6. *Réfl.* *T* 2569, 8767, 13898, *E* 6181, 12539 s'arrêter; *A* 2422 **tien toi un petit** arrête un instant (cf. au passage correspondant *T* 3514 emploi intr. au même sens **tien coi, chevalier, un petit,** mais *V* donne **tien toi;** voir **coi**[1]); *T* 3224 ses compaignons **a fait tenir** c' à d. a fait *soi* tenir; *E* 1997 (en parlant du temps) **si nez et si cler se tint** se maintint; *M Q* 12093 lit. vous vous êtes longtemps retenu de venir en un lieu où vous puissiez me voir, c' à d. vous êtes resté bien longtemps sans venir, *E* 5218 lit. et ne s'est pas retenu de venir devant le roi, c' à d. est venu en toute hâte au roi, *T*

325 elle ne peut se retenir de courir l'embrasser, *T* 316 je me suis abstenue (de vous poser la question comme je l'avais promis).

tenser *tr.* *T* 758 protéger contre, sauver de; *L* 4376 d'un engien me porpensai Par coi **de vie me tensai** un artifice par lequel je me suis protégé alors que l'enjeu était ma vie, d'où: j'ai sauvé ma vie, ou j'ai échappé à la mort.

tente, tante *s. f.* *T* 2382 **des tentes issoit**, *T* 9823 **des tentes issi** il sortait, sortit de la rangée des tentes (pour venir au découvert). Voir **paveillon**.

tenter *tr.* *T* 2436 sonder (une plaie).

terme *s. m.* *T* 14737, *A* 1728 date (fixée), *T* 1615 délai.

termine *s. m.* *T* 1608 **soit a lonc — ou a cort** au bout d'un long espace de temps ou dans quelques jours, c' à d. tôt ou tard; *A* 8055 **grant — avoit passé** (Que il n'ot el païs esté) il y avait longtemps qu'il n'avait pas été dans son pays.

terrage *s. m.* *U* 501, terme technique, terrain soumis à une redevance, ici semble vouloir dire simplement «les champs» (en plaine) par opposition aux penchants des collines et aux bocages.

terre *s. f.* *T* 10409 **en ceste —** en ce pays-ci, dans notre pays; noter les expressions **a —** *T* 5714, 11140, 14672, 14675, **a la —** *T* 10923, 14674, 15095, **par —** *T* 5612, 5688; les v. 14672-75 montrent que la langue ne faisait pas de différence entre *a terre* et *a la terre*, mais *a terre* semble être déjà au XIIIᵉ s. ce qu'il est auj., une locution stéréotypée, tandis que *a la terre* disparaîtra un jour; au XIIIᵉ s. encore *a terre* (ou *a la terre*) ont un synonyme *jus* avec lequel ils peuvent être associés, *T* 15095 **a la terre jus s'abatirent**, en attendant de le remplacer complètement. *Par terre* a été conservé en même temps que *à terre*; on a essayé d'établir une différence de sens entre les deux locutions, il est plus juste de dire que dans la langue courante *par terre* est de plus en plus fréquent et gagne du terrain sur *à terre* qui appartient plutôt à la langue écrite.

terrïen *adj.* *T* 548 **en tot le siecle —** dans toute l'étendue du monde terrestre, *T* 8774 il n'a **prinche — En cest mont** il n'y a ici-bas un prince souverain (qui puisse se comparer à vous).

terrier *s. m.* *T* 9255, il n'est pas probable qu'il s'agisse ici de garennes, il faut plutôt y voir une levée de terre courant le long d'un fossé et marquant la limite de la propriété, voir *Troie*, éd. Constans, glossaire s. v. *terrier*, et noter le texte de *E* 13030 et de **paliz et de terriers**, et celui de *M* 13029 **de molt hauz tertres de terriers**.

tertre *s. m.* *T* 3824, 9560, *E* 10590, en fr. mod. un tertre est une élévation insignifiante, souvent faite de sol rapporté, comme on peut en voir dans un jardin p. ex.; en anc. fr. le mot a le plus souvent un sens assez voisin de celui de colline: au v. 3824 *tertre* est opposé à *val* du v. 3826, cf. *Escoufle*, v. 4061. Le sens ancien s'est conservé dans des noms géographiques: Saint-Martin *du Tertre* est un village de Seine-et-Oise situé à l'entrée de la forêt de Carnelle, en bordure d'un plateau élevé où on accède par une longue pente assez raide.

tesmoignier *tr.* *T* 2296 sachiez que por voir le **tesmoing** (indic. pr. 1) sachez que je vous le témoigne véridiquement, *L* 904 por voir le vos **tesmon**.

test *s. m.* *T* 953, 5178 crâne.

teste, voir **chief**.

tete *s. f.* *T* 7943 sein de la femme.

tetine *s. f.* *T* 7946 synonyme de *tete*.

tiers *adj. ordinal* *T* 9524 troisième; fém. *tierce* (*tierche*) désignant une des heures de la journée: **dusques a tierche le lundi** jusqu'à lundi matin 9 heures *T* 11736, **aprés tierce, devant midi** *T* 14436; **la haute tierce** *U* 1534, voir **haut**.

tigeul *s. m.* la partie des braies qui enferme les jambes par opposition à la partie qui entoure la ceinture, *T* 14132 **tygeus**, *M* 18386 **tigeus**, *L* 8322 **tivius**. Voir **traîner**.

timbre *s. m.* 1. espèce de tambour, *E* 16052 **timbres et tabors**. — 2. Dans un sens différent le mot n'est donné que par *L* 8629, les autres mss aux passages correspondants parlent de «cercueil» ou de «tombeau», et c'est bien ce que veut dire *L* (cf. 8634 li *sarcus* de mabre bis).

tirant *s. m.* *A* 8962 li peissonier, li marcheant Et li bochier **come** — Comancierent tuit a crïer. Cela veut-il dire «les poissonniers, les marchands et les bouchers commencèrent à crier comme de cruels geôliers (s'adressant à leurs prisonniers)? Pour ce sens de *tirant*, voir *Jeu de Saint Nicolas*, éd. A. Jeanroy, v. 487 et 539.

tire *s. f.* *A* 6543 a toz lor fet jurer **a** — l'un après l'autre, *T* 8654 et haut et bas **trestot a tyre** (Par le palais grant joie en font) sans interruption, de même *T* 87 (cf. *E* 155); *E* 8744 **a tas et a** —, voir **tas**.

tirer *tr.* *T* 5164, 14469, 14681, emploi moderne, sauf qu'aux v. 14681-82 nous dirions plutôt «*retira* son pied» que «a soi *tira* son pié»; *T* 6400 ses chaveus et sa barbe **tyre** arrache; *U* 1127 si a son frain **tiré**, après avoir caracolé un peu Gauvain tire sur le frein pour arrêter son cheval; *E* 794 et lors ont **lor resne tiree** (Li rois et Gauvains et li suen), impossible ici de comprendre comme à l'ex. précédent, car il n'y a pas d'arrêt et la chevauchée continue (797-99); notez que *M* donne «lors ont lor voie atornee», qui est exactement ce qu'on attendrait, sauf qu'il manque une syllabe au vers. Faut-il faire une différence entre «tirer le frein» et «tirer les rênes»? Ou faut-il admettre que «tirer les rênes» ait deux sens contradictoires, d'une part «tirer sur les rênes pour arrêter sa monture» et d'autre part «prendre les rênes en main pour lancer son cheval en avant»? *Intr.* *T* 13091 li chevax... **tire au frain** tire sur le frein (si bien que Gauvain doit lâcher un peu la main).

tisseran *s. m.* *T* 14698, 14721, voir **teillier**.

toaille, **touaile** *s. f.* serviette pour s'essuyer les mains après s'être lavé avant ou après le repas *T* 205, 1311, 9448, 9641 (ici le mot pourrait vouloir dire «nappe», cf. 9643), 13256; linge pour recou-

vrir un hanap contenant un lait d'amandes qu'on porte d'une
pièce à une autre *T* 14536.

toichier, tochier *tr.* fr. mod. toucher, qui tant ne quant **le tou-
cheroit** [le serpent] *S* 2697 (*i* toicheroit *A* 2697), (en parlant
d'un instrument de musique) jouer de, *E* 150 **harpes toichier**
toucher de la harpe (nous conservons le verbe mais en en chan-
geant la construction), *E* 2142 le bout De **son cor** soumit a
sa boiche, Une foiz et autre **le toiche** (nous disons sonner du cor);
fig. *intr. T* 6030 si come vos orrez **touchier** comme vous enten-
drez dire, mentionner, *V* 3773 tele angoisse **al cuer li toche**
une telle angoisse lui serre le cœur, de même *T* 6485; *impers.*
E 590 celle a qui plus **au cuer toiche** celle qui éprouve l'émo-
tion la plus vive, de même *R* 118; *R* 216 **trestot sont tocié
d'un vergant**, voir **vergant**; *R* 218 li bacin valent un tresor,
Car tot **sont tocié de fin or** éprouvés à la pierre de touche tous
se sont révélés or pur(?).

toie *adj. poss.* fém. de la 2ᵉ pers. sing., forme accentuée, *T* 6372
moi qui sui — **mere** ta mère. Voir **toue.**

toise *s. f.* mesure de longueur valant quelques centimètres de
moins que 2 mètres d'aujourd'hui *T* 2408, 8307, *E* 2321.

toitel *s. m.* diminutif de *toit*, p. ext. petite maison de peu d'appa-
rence, chaumière *T* 9228.

tolir *T* 898, *E* 1578 infin.; *T* 6547 **tols** indic. pr. 2, *E* 10188 **tost** 3;
T 4713, 6247 **toille** subj. pr. 3; *E* 1966 **toloit** indic. impf. 3;
T 7864 **tolrai** fut. 1; *T* 3844 **tolroit** condit. 3; *T* 10848 **toli**
prét. 3; *T* 759 **tolsisse** subj. impf. 1, *T* 12929 **tolist** 3; *T* 3815,
4007, 4709, 6244, 11670, 13493 **tolu**, *E* 7709, 7711, 7897 **toloit**
pp. — Sens général: enlever, *tr. T* 3844, 4007, 4709, 12929
arracher à, arracher des mains de; *T* 759, 4713, 7864 trancher
la tête à, faire voler pied ou poing (d'un coup d'épée); *T* 11670,
13493 prendre, ravir; fig. *T* 3815, 6244, 6247, 6547; *T* 898 (cf. *E*
1578) **place** — forcer l'adversaire dans un combat à vous laisser
la place qu'il occupait; *E* 1966 (Gauvain laisse aller son cheval
où il veut) et il de riens **ne li toloit** et il n'y mettait aucun empê-
chement (*E* est le seul ms. qui donne ce texte, *U* a **ne le tour-
noit** ne le détournait en rien ou de rien); *T* 10848 mesire Gavains
le feri, Mais alques **le cop li toli** (Li sans qui les oex li covroit)
le sang qui lui couvrait les yeux faussa le coup qu'il voulait
porter à son adversaire; *intr. E* 10188 **tost a mon ami a vivre**
(le serpent) est en train d'enlever la vie à mon ami.

tombir *intr.* retentir, *T* 5435 as brans **font ces elmes** — frappant
les heaumes de leurs épées il les font retentir.

ton *s. m.* tenue plus ou moins longue d'une note produite par un
instrument de musique (ici un cor) *A* 6175; noter qu'aux pas-
sages correspondants la plupart des autres mss donnent *son.*

tonoire *s. m. T* 13025 **li tonoires et li espars** les coups de ton-
nerre et les éclairs; le rôle grammatical des deux mots n'est pas
clair, quoique le sens ne soit pas douteux.

tooillier *réfl. E* 11988 se vautrer (dans un marais, en parlant d'un
sanglier); *touiller* n'a pas disparu, mais est plutôt dialectal.

topace *s.* topaze, *E Q* 11834 **un topace**, mais dans *M* le mot est féminin **une topace**, c'est le genre d'aujourd'hui.

tor *s. m.* fr. mod. tour, *M* 17176 li soleux avoit **pris** (*Q* **fait**) **son** — le soleil avait accompli sa course, on était au soir; *T* 5592 vers Carados **a fait un tour** a fait volte-face pour aller attaquer Carados; *T* 1919 **a quel** — **que la chose viegne** de quelque façon que les choses tournent, quoi qu'il arrive; *A* 5929 **a cest** — en cette circonstance (plutôt que «cette fois-ci»), *T* 5187 **al chief du** — finalement, au bout du compte.

torçonier *adj. E* 1407 (*U* **tençonneus**) qui gruge et maltraite les gens.

tordre *réfl. T* 6565 au relever **toute se tort** en se relevant, et dans son angoisse, elle contourne tout son corps.

torele *s. f. T* 14449 tourelle.

torment *s. m.* 1. tourment, *T* 13488 **el grant** — **Seront** ils seront dans de cruels tourments. — 2. Orage violent, en particulier sur la mer: *T* 6509 **en la mer orent un** —; au v. 6513 nous avons au même sens la forme féminine **une tormente**, la seule qui dans cette signification ait subsisté en fr. mod.; les 2 mots, *un torment* et *une tormente* sont à la rime: l'auteur emploie donc l'un ou l'autre indifféremment et au gré de sa commodité. Voir d'autre part au v. *E* 11996 avec quelle facilité on passe du sens 1 de *torment* au sens 2, et noter qu'au passage correspondant *T* 8210 emploie *tormente* là où *E* 11996 donne *torment*. Auj. *tourment* et *tourmente* sont soigneusement séparés par la langue, le premier mot signifiant «douleur physique ou morale très dure à supporter» et le second «orage violent qui passe rapidement» (surtout employé dans l'expression «tourmente de neige»).

tormente, voir le mot précédent.

tormenter *réfl. T* 13115 **la mer qui se tormentoit** qui s'agitait violemment. Auj. *tourmenter, se tourmenter* se rattachent à *tourment*, mais jamais à *tourmente*.

torneboële *s. f. T* 12776 **a fait ... la** — a fait la culbute, *T* 5180 **cil chaï a** — il tomba à la renverse.

tornee *s. f. E* 10698 por quoi suis je nee, Quant mes amis **a fait** — **De moi** (conme de moi foïr). Godefroy donne plusieurs ex. d'un subst. *tornee*, mais aucun ne semble expliquer notre passage. Le sens est peut-être «m'a tourné le dos comme pour me fuir»; *Q* donne *celee* qui ne serait clair que si on changeait le *de moi* du v. 10699 en *de soi*; *T* 7114 au contraire donne un texte parfaitement clair: quant mes amis **fait tel jornee** Por moi si faitement fuïr. Voir **jornee**.

torneïs *adj. T* 14467 trois biax lis i a trovez [dans une chambre] D'or et d'yvoire **torneïs**, peut-être façonnés au tour? *Pont torneïs* ou *torneïz* pont-levis; voir la description d'un pont-levis *T* 8302-15; noter qu'il peut y avoir un pont-levis sur un fossé qui entoure une lande et par où on passe de la lande à la forêt *T* 4570; autres ex. *T* 9262 **le maistre pont torneïs**, *E* 3059 une meson molt bien fermee De fossez, **de ponz torneïz**, *T* 11780 s'avoit **bon pont fort torneïs** (l'ordre des mots est inattendu, *T* et *V* seuls donnent cette leçon; cf. *E* 15854).

tornele *s. f.* *M* 18705, synonyme de *torele*, mais ne s'est pas maintenu en fr. mod., sauf dans le nom du «Pont de la Tournelle» à Paris.

torner fr. mod. tourner, le vb. marque en premier lieu un changement qui s'accomplit, au propre ou au fig., *intr.* *E* 2921 tuit troi estoient mi frere Com cil qui es costez ma mere **Tornerent ausint com je fis** car eux comme moi naquirent des flancs de ma mère, *T* 15015 n'i a nul ... **Qui ne li tort a grant folie** (De ce qu'il quiert le roi) il n'y a personne qui ne tienne pour une grande folie de sa part d'avoir présenté cette requête au roi (il est également possible qu'il y ait là un emploi transitif). — *Impers.* *T* 4745 a molt grant aïr **li torne** cela a tourné à une grande colère pour lui, c' à d. il est pris de colère à la pensée que ..., *U* 4541 **conmant qu'il tourt** (subj. prés. 3) g'i voil aler (cf. *E* conmant qu'il soit) de quelque façon que cela tourne, que les choses tournent, c' à d. quoi qu'il arrive, de même *T* 4309; *Q* 11961 **a que que tort** lit. à quoi que la chose tourne, c' à d. probablement «à quelque succès que j'arrive (dans la fête que je prépare), elle sera toujours de toute façon supérieure à celles que j'ai données auparavant»; ex. analogue aux précédents mais avec un sujet personnel *T* 6640. — *Tr.* *T* 5492 **de l'estour les a tornez** (cf. *V*: les talons li ont tornez) il les a jetés hors du combat, il les a forcés à tourner le dos, *T* 13569 tuit li bos ... **En verdure furent torné** les bois sont redevenus verts. — *Réfl.* et *intr.* partir *T* 1509, 2722, 2827, 3566, 12782, 13238 (*ou* sortir), *E* 1890; *T* 4254 sont ensemble torné = se sont ensemble torné (cf. *E* 8058 tuit ansamble s'an sont torné), de même *T* 6519 et aussi 6000, *E* 9580; s'en aller *T* 2483, 13060, 14753, *E* 3710, noter à ce dernier vers la variante très significative de *Q*: o les vallez **en est alez**; en particulier, partir de chez soi *T* 6083 (cf. *E* 9665); quitter une ville *E* 6858, 6860; aller *T* 1623; se diriger vers *T* 6180; retourner *T* 2587, 12839, 13555. Ce qu'il y a au fond de tous ces emplois enregistrés en dernier lieu, c'est l'idée qu'en partant ou en s'en allant ou en allant ou en retournant on tourne le dos à l'endroit d'où on s'éloigne: voici cette idée nettement exprimée *T* 2585 **ançois ... qu'il tort por venir arriere** avant qu'il ne tourne pour revenir. Mais peu à peu la nuance qui avait été à l'origine de cet emploi s'est effacée: les ex. suivants montrent après *torner* des prépositions qui ne semblent à leur place qu'accompagnant des verbes du type *aler*: *T* 6180 droit *a* Nantes **s'en est tornez**, *T* 2587 *a* l'ost jamais ne **tornera** Tant qu'estrange novele orra, *T* 13555 jamais, ce dist, ne **tornera** **En** Bretaigne. On peut se demander si ce n'est pas cet effacement de la nuance originelle qui a amené la disparition de cet emploi dont il ne reste pas trace en fr. mod. — Le p. pr. de *torner* est employé comme un adj. au v. *T* 5260 molt est fors li tornoiemens, Car Carados est **molt tornans** se tourne à droite et à gauche, attaque ou fait face de tous côtés. Un autre emploi adjectival du pp. *E* 11038 **tornee li est sa voie** serait assez obscur, si *M Q* d'une part et *T* 7454 d'autre part ne nous donnaient la clef de la difficulté: *tornee* ici équivaut à *accourcie* ou a *finee* en parlant de «sa voie», c' à d. de son voyage; on pourrait aussi comprendre que la rencontre de celui qu'il cherchait a *changé* pour Cador la *direction* de son voyage ou l'a amené à *revenir* sur ses pas.

tornoi *s. m.* *T* 4297, 4762, 4900, 5012, 5322, 5329, 5339, 5765. A

côté des luttes engagées contre les seigneurs qui refusent d'obéir
au roi Artur et des «quêtes» entreprises pour retrouver tel ou
tel personnage disparu ou affronter telle ou telle périlleuse aven-
ture, le tournoi est dans nos romans une des occupations princi-
pales des chevaliers. Un des plus longs passages de la 1re Conti-
nuation, de 4284 à 5962 dans *T V* et de 8079 à 9542 dans *E M
Q U*, est consacré entièrement et chaleureusement à la descrip-
tion d'un tournoi. C'est que «maintenir chevalerie» *E* 11932
c'est non seulement «les avantures querre» 11937, mais aussi
«les tornoiements maintenir» 11939 «por pris conquerre» 11938.
Ainsi on prend part à tous les tournois qui se présentent pour
faire valoir son endurance et son courage. Mais ce n'est pas
seulement l'amour et la recherche de la gloire qui poussent tant
de valeureux chevaliers à fréquenter les tournois. C'est aussi
dans ces assemblées qu'on capture les chevaux et qu'on fait de
prisonniers: bon moyen de s'enrichir par les ventes et les rançons
ou de se faire bien voir de sa dame en lui envoyant, du milieu
même du tournoi, chevaux et prisonniers et en lui laissant le
gain de cette aubaine. Dernier aspect de ces combats qui sur-
prend quelque peu: le tournoi est un jeu, mais c'est aussi à l'oc-
casion une boucherie, où on lutte farouchement et sans pitié
et où, si le vaincu tarde à se rendre, son adversaire n'hésite pas
à le frapper cruellement, à l'estropier, à le tuer *T* 4644, 4712-13,
4737, 4910-11, 4996, 5128, 5167. On se demande si sur ce
point il y a là une description fidèle des tournois du XIIIe siècle.
Il est peut-être permis d'en douter. Eût-on admis que, sur cent
combattants engagés au même moment et du même côté d'un
tournoi, fussent étendus de tout leur long **«plus de quarante
A terre mors** ou mehaigniez» *T* 4718-19? Nous sommes dans le
monde arthurien où les hommes et les événements sont à une
échelle grandiose.

tornoiement *s. m. T* 4773, 5194, 5259, 5265, 5306, 5862, 5947,
5964, tantôt l'action même de «tornoier», l'ardeur du combat,
tantôt simple synonyme de *tornoi*.

tornoier, torneer *tr. T* 9278 li nains le seut bien **tornoier**, *Q*
13050 un poon ... Que li nains au feu **torneoit**, faire tourner un
paon à la broche, c' à d. faire rôtir à la broche; *intr. T* 4493
combattre dans un tournoi.

torser, voir **trosser.**

tort[1] *s. m. T* 6566 mors, mors, fait ele, **a trop grant tort** (Ne volez
as boins avoir pais); *T* 1544 que que ce soit, **tors ou raison,**
on peut rapporter ce vers à celui qui précède immédiatement
«dites-moi la cause de votre voyage, quelle qu'elle soit et que
vous ayez tort ou raison», mais il est plus indiqué, vu les manières
du personnage qui parle, de comprendre «répondez-moi, que
j'aie tort ou raison de vous poser cette question»; *T* 12290 **n'a
droit n'a tort** qu'il s'agisse d'une cause juste ou injuste, *E*
4388 **de tort et de travers les fiert** les frappe de droite et de
gauche.

tort[2] pp. de *tordre* employé comme adjectif, *T* 2684 **bochu ne tort**
ni bossu ni tordu, *U* 2517 **un nain tort, boçu et desfet** un
nain contrefait, bossu et minable (*E* 2517 moins bien: un nain
cort, boçu et desfet).

torteïs *adj.* tordu, *L* 2556 la clartés ... **De cierges — ardans,** l'adj. implique probablement la façon dont les «cierges» ou flambeaux étaient fabriqués et l'aspect qu'ils avaient; au v. correspondant de *A* (2562), au lieu de l'adj. *torteïs*, nous avons un substantif signifiant «torche»: la clartez ... De cierges, de **tortiz ardanz**; de même *E* 3094.

tortfait *s. m.* injustice *T* 1108; *E* 1876, au lieu de **si grant tort-fait,** donne **si grant lait,** et *M* **si grant mesfet.**

torver, voir **trover.**

tost *adv.* dans les ex. du mot que nous avons relevés *tost* a le sens de «vite», *E* 2581 li nains le petit pas aloit, Qu'il ne pooit **aler plus —,** de même *T* 1900, 3764, 11627, 11864; le passage suivant est caractéristique: *T* 15055 sor un destrier fort et isnel **Isnelement et tost monta.** Le mot *tôt* auj. ne semble avoir retenu qu'une partie du sens que nous venons de voir; même quand il implique l'idée de rapidité il peut toujours être remplacé par *bientôt*: «il aura tôt fait de nous rejoindre»; dans la plupart des ex. cités plus haut il ne le pourrait pas.

tot *adj.* et *pron.*, cas sujet sing. et cas régime plur. *toz*, cas régime sing. *tot*, cas sujet plur. *tot* et *tuit*, fém. sing. *tote*, plur. *totes*. Les emplois du mot sont à peu près ce qu'ils sont auj., sauf que la position de ce mot, surtout dans les textes poétiques, est plus libre que dans la langue moderne: *T* 4902 **tote font la terre** trambler. — *Adv.* là les différences d'avec le fr. mod. sont plus marquées: 1. *tot* adverbe est extraordinairement fréquent et apparaît devant une foule de mots et de locutions où on songerait peu à le mettre auj.: *a*) devant un autre adv. ou une prépos.: *tot maintenant T* 302, 1291, 8458, 8463, 9284, 11480, 11628, *T* 10567 **toz si armez** come il estoit, *tot sanz plus T* 13030, 14536, *tot le plus hardi T* 4809, *tot contreval T* 307, *tot adés T* 8897, *E* 6180 toujours, continûment, *tot endroit soi T* 8022 en son particulier, *tot apertement T* 1413; *b*) devant un adj., un p. pr. ou un pp.: *tot premier T* 4947, *toz premiers T* 8801, *tot le premier T* 5073, *toz premerains T* 361, *tot droit T* 10671, *toz seus T* 1901, 4611, 4708, 4772, *tot plat T* 5074, *tot ardant T* 13032, *tot descovert T* 13028, *toz desmailliez T* 5840, *tot porfendu T* 5841; *c*) devant un subst.: *toz sire T* 12476 maître absolu, *totes voies T* 2215 toujours, de toute façon (plus tard devenu *toutefois*), *tot a cheval T* 3465, (s'an torne) *tot le pas E* 6148 (cf. *T V* 2542 s'en retorne *le pas*), *tot a son chois T* 8354, *tot a un fais T* 8591, *tout a force T* 5067, (passa) *toz mïedis T* 12204 (leçon donnée par le seul *T*). Quelques-unes de ces locutions ont survécu: *tout premier, tout droit, tout seul*; nous employons aussi très volontiers *tout* devant un adj. *tout déchiré*; citons encore *tout à fait, tout de suite, tout à l'heure* qui ont l'air d'être postérieurs au XIII⁰ s., mais nous ne pouvons plus dire *tout maintenant, tout sans plus, tout à cheval*, etc. 2. L'anc. fr. n'établit pas entre l'adj. et l'adv. la séparation tranchée que réclame notre logique moderne: *tot* adverbe s'accorde le plus souvent en nombre et en cas avec l'adj. ou le subst. devant lequel il est placé: *toz premiers, toz seus, toz sire,* **toz est pres** vostre mengiers *T* 8519. Nous avons conservé cette syntaxe devant un adj. féminin: il n'était pas possible de se débarrasser d'une prononciation *tote, totes* où le *t* de la 2⁰ syllabe n'avait jamais cessé de se faire sentir: c'est pourquoi nous disons «ils étaient *tout* confus», ce qui est conforme à la logique grammaticale, et «elles étaient *toutes* confuses», ce qui est conforme à la tradition. — Cas particuliers: *E* 4953 **s'an vet tot un chemin ferré**, l'adv. a ici le sens de «tout le long de»: c'est dans ce cas un équivalent de *par* que donnent *M* et *T* 1637; de même *E* 6151 messires Gauvains s'an vet **Tote une praieries belles**, *tote* signifie à travers, ou tout le long de. Cet emploi deviendra de plus en plus fréquent au moyen âge, mais il a disparu de la langue moderne. On remarque dans ce dernier exemple une curieuse hésitation de nos textes, comme si la tournure était encore récente et assez embarrassante quand elle devait se combiner avec l'emploi de *unes* devant un nom collectif (voir **un**): à côté de «*tote une praieries belles*» donné par *E* 6151, nous avons dans *U tout une praierle belle*, dans *A* 1569 *tot unes praeries beles*, dans *S P toute une praerie bele*, dans *L* 1519 *tote unes praeries beles*. — Au v. *T* 2222 les a **del tot** si affamez Qu'en sa merchi se volrent rendre, *del tot* signifie complètement, tout à fait; cet emploi positif a disparu, seul *pas du tout* s'est conservé, et beaucoup de gens emploient *du tout* dans le même sens négatif. — Au v. *T* 6947 **et a tot le premier rechet** (Avoit bien sis liues o set) nous déplacerions auj. l'article et nous dirions «au tout premier, à la toute première habitation»; voir *E* 10533 et ses variantes. — Noter l'expression **toz li mondes** *T* 8132: il est difficile de dire si nous avons là le sens moderne de «tout le monde» = chacun, ou un sens plus large, «le monde entier» (accourt à cette noce): les deux interprétations sont possibles. — Au v. *L* 4186 **c'est li tos** (que vos en diroie) on est surpris de ce *tos* masculin au lieu du neutre *tot* qu'on attendrait, sans compter que l'emploi de l'article devant *tos*, qui fait du pronom un subst., est assez insolite; cf. *E* 13594, et noter aussi *T* 12864 **par Jhesucrist qui le tout voit**. — Voir **trestot**.

toue *pron. poss.* fém. de la 2ᵉ pers. sing., faisant fonction ici d'adj., *E* 1698 gentix rois, **ceste niece** — Ne te requist onques mes rien (c'est la nièce qui parle d'elle-même); *R* 1272 **ceste niece tue**. *Toue* a été remplacé par *tienne* qui est surtout un pronom et qui, ş'il lui arrive d'être un adj., ne peut se placer qu'avant le subst. qu'il qualifie et non après. Voir **toie**.

tprop *interjection E* 2619 (*U* troupt) et puis si li respont Ireement [le nain]: «**Je te di —, Gauvains**» je te dis flûte (*ou* zut), Gauvain.

traîner *infin.* pris substantivement: *T* 14132 entor ses jambes fist noër Ses tygeus **por le traîner** (il ne mit que ses braies et rien de plus) il en fit nouer les jambes tout autour des tibias pour empêcher le bas des braies de traîner. Les braies étaient très amples.

traire, **trere** tirer, attirer, se diriger vers: *tr. T* 36, 4597, 13372, 15132, *E* 491, *réfl. T* 5954, 13714, *E* 3048, *intr. T* 1997; *T* 6643 si ne set a quel chief puist **traire** de quel côté se tourner, s'adresser. — Quelquefois le vb. est précisé par une particule: *tr. hors T* 15129, *fors T* 13820, *avant T* 12155, *contremont E* 2558 le baulevre d'amont ... estoit **si traiz contremont** lit. tellement tirée vers le haut, c' à d. la lèvre supérieure était si retrous-

sée, *réfl. avant T* 9954 **trais** (prét. 1), *arriere T* 10851, *intr. ensus
T* 6644 **ensus a fait traire** il a fait évacuer les gens de sa
chambre (on attend dans le texte un régime qui ne vient pas;
on le trouve dans *E* 10230 il arieres a fait trere **Toz ceus qui
erent antor lui**). — Tirer derrière soi: *tr. T* 14280. — Tirer
(l'épée): *tr. T* 878, 11553 (le vb. est complété chaque fois par le
mot *nu*), *intr.* tirer (une flèche) *E* 5758. — Tirer de, obtenir de,
faire rendre à: *tr. T* 10737, *intr. T* 4940. — Endurer: *tr. T* 7380,
7548, 7645, 7826, *E* 2042, il s'agit dans tous ces cas de sup-
porter quelque chose de désagréable, et c'est bien ce qu'annonce
le verbe: néanmoins un de nos textes en est venu à écrire *E*
11396 **la joie et ... la dolor Que traient andui par amor**;
cela pourrait peut-être se justifier parce qu'il est question ici
d'une joie mêlée de douleur, mais *Q* a préféré un vb. qui con-
vient bien à la situation, *moinent* (de *mener*, voir ce vb.), et *T*
7822 est le plus prosaïque des trois mss qui donnent le passage:
la joie et ... la dolor Qu'il *orent* andui por amour. — Rapporter
oralement: *tr. E* 492 **son mesaige li a trait**.

trait, tret *s. m.* action de tirer, *T* 1469 **al premerain trait** à la
première secousse; *A* 2136 **le tret a un archier** à la distance
d'un trait d'arc.

traitis *adj. E* 11365 **le nes —**, appliqué au visage le mot signifie
«allongé». Dirons-nous que le nez de Carados est allongé parce
qu'il se détache sur un visage maigre et hâve? La difficulté est
que *traitis* semble toujours être compris comme un compliment,
et qu'il ne saurait y avoir de compliment dans ce portrait du
pauvre Carados émacié, épuisé et squelettique: *M* donne **le nes
ot bas** et *T V* 7789 **narrine large**.

traître *s. m.* traître, *T* 12932 **traîtres provez**, voir **prover**.

trambler *intr.* trembler *T* 13050 (une voix plaintive mais écla-
tante fait trembler les murs d'une chapelle), *E* 6700 **tote la cité
an tramble** (du bruit des voix et de la joie d'une foule immense).

trametre *tr.* transmettre, *T* 748, 774, 6436, 12677, *E* 7053,
dans ce dernier exemple nous dirions auj. «faire donner» et
dans tous les autres «envoyer».

tranchiee, voir **trenchie**.

travail *s. m.* le mot signifie uniquement en anc. fr. fatigue, peine,
effort plus ou moins pénible; quand on nous dit que Carados,
très affaibli, **poi pooit de — soffrir** *T* 8064, il faut entendre que
sa faiblesse physique l'empêche de prendre part à la vie active
et rude d'un chevalier. Voir encore *E* 12172 **travaux**, c' à d.
fatigues.

travaillier, traveillier a le même sens restreint que **travail**:
tr. gêner, ennuyer *T* 6799, 9950. — *Réfl.* se peiner à, faire tous
ses efforts pour *T* 1245, 1516, 1591, 1780, 11374, *intr.* **as armes
toz jors travaille** *T* 3649 il consacre toute son énergie à la
pratique du métier des armes, *T* 1444, 2993, 13084, *E* 19461.
— Le pp. **traveillié** avec le vb. *estre*: fatigué *T* 5690, 5854,
6870, 9964, 12391, 14481, fig. tourmenté *T* 5052.

travers *s. m.* nous n'avons trouvé ce mot que dans des locutions
adverbiales: *T* 1223 si monte **al travers d'une roche** il fait

monter son cheval par une roche (qui lui barrait le chemin), *T* 3768 sa jambe brisa **en travers** par le travers, *T* 8421 une bende ... D'azur qui **aloit d'en travers** (*E* 12189 **de travers**, de même *A* 3025, *M* 12189 **du travers**) voir **bende**, *T* 14872 **au traver quans ... se metoit** (cf. *E* 19120 **es travers des chans**) à travers champs, au travers des champs, *E* 4406 **saut An travers** (*U* **a travers**) il saute de côté (pour éviter un coup qui vient d'en face), *E* 4388 **de tort et de travers les fiert** il frappe à droite et à gauche. On voit que les copistes souvent ne sont pas d'accord sur la préposition à employer avec *travers*, c'est que ces locutions ne sont pas encore fossilisées comme elles le deviendront: noter en particulier qu'on a fort tâtonné avant de fixer la forme et de définir le sens précis de la locution où se rencontrent *tort* et *travers*: *de tort et de travers* E 4388, parler *en tort e en travers*, Troie, éd. Constans, 19710 (Glossaire s. v. *travers*), *de tort en travers*, Escoufle, éd. Michelant-Meyer, 6227 (Glossaire s. v. *tort*).

traverser *intr.* *T* 13635, 13660 **parmi la lande** —; noter que dans ces 2 ex. nous préférerions *passer*.

trebuchier *tr.* *T* 3939 envoyer rouler par terre (un fragment de heaume), *T* 14672 faire culbuter un cavalier, *A* 3522 briser une porte et la faire culbuter par terre, *T* 3030 renverser (les murs d'une ville); *intr.* *A* 7865 il s'en va culbuter par terre, *T* 4784 ils culbutent l'un et l'autre et roulent par terre avec leurs chevaux. Auj. *trébucher* est toujours intr., et quand le sens le demande il faut dire «faire trébucher». Le sens transitif a peut-être cédé devant *culbuter*, qui est venu plus tard et est plus imagé.

treche *s. f.* *T* 3407 la teste voler li fist ... mais cil la prist **Par les treches a ses deus mains** par les touffes de cheveux.

trecier, voir **trichier**.

tref *s. m.* tente *T* 499, 2250, 2450, 2608, *E* 141 (**tre**); on pourrait croire d'après ce dernier exemple que les *trefs* se distinguent des tentes, **li tre et les tantes de soie**, mais on peut voir en rapprochant *tante* E 506 et *trez* E 511 que les deux termes dans la pratique courante sont réellement synonymes. Voir **paveillon**.

trenchie *s. f.* *T* 2084, **tranchiee** *E* 5592, tranchée, on voit par ces deux passages que le mot est déjà un terme du vocabulaire militaire.

trenchier *tr.* trancher, *T* 12244 (les las du heaume), *T* 9539 l'erbe ... des chevax **route et trenchie**, voir **rompre**, *T* 12002 découper (à table).

tres *adv.* *T* 384 biax **tres dols** niez chiers, *T* 12850 li miens **tres dols** sire, *T* 3813 **tres plaine** d'ire, *T* 7644 la **tres crüel** destinee, *T* 6779 que il soit **tres bien aaisiez**, *T* 7110 **tres bien** sai, *T* 6728 **tres bien** viegne m'amie. Ces exemples de *très* placé devant un adjectif ou un autre adverbe appartiennent encore à la langue moderne. Tous ceux que nous allons donner maintenant appartiennent exclusivement à l'ancienne langue: 1. *Tres* précédé de *molt* et suivi d'un adj. ou d'un adv.: de **molt**

tres grant aïr *T* 14662, **molt tres grant** paine *T* 1651, **molt tres grant** aleüre *T* 2591, **molt tres espés** boschage *T* 7347, je sai **molt tres bien** *T* 7100, se quide **molt tres bien** desfendre *T* 6343, ot ... veillié **molt tres durement** *T* 15189, chemises ... **molt tres bien** ovrees *E* 7055, **molt** par estoit Keus **tres hardis** *T* 5219. — 2. *Tres* précédé de *si* dans les mêmes conditions: **si tres grant** cort *T* 3265, **si tres grans** cops *T* 5834, 12172, **si tres grant** honte *T* 7458, **si** portoit **tres grant** honor A Cador *T* 8065, un glas si bel et **si tres grant** *T* 11715, **si tres grant** gent *T* 11926, un colp **si tres grant** *T* 14668, **si tres aspre** vie *T* 6926, **si tres ahuege** bote *T* 7447, **si tres chaut** pas *T* 7592, l'erbe **si tres vers** *T* 9532, un jor **issi tres cler** *T* 9875, une **si tres grant** chalor *T* 12182, une **si tres riche** abaïe *E* 11612, **si tres riche** corone *E* 11844, tot i ot portrait **si tres bien** *T* 2689, plorer **si tres durement** *T* 6543. — 3. *Tres* précédé de *plus* ou de *le plus, la plus* et suivi d'un adj.: **plus tres** plaisant (que) *T* 7904, **la plus tres** loiaus *T* 8187, **le plus tres** vil *T* 14818, **el plus tres** riche lit *T* 15195. — 4. *Tres* précédé de *trop* devant un adj.: Carados a **trop tres grant** force *T* 5266. — 5. *Tres* suivi des prépos. *devant, enmi, parmi*: **tres devant** la sale *T* 12654, **tres** de **devant** le Quarrefor *T* 12698 (*V* **tres dejoste** les .iiii. for, *Q* 16828 **tres par devant**), **tres devant** la tor *T* 1641, **tres devant** le roi *A* 2381, **tres enmi** une biere *T* 13179, **tres parmi** la lande *T* 1636, **tres parmi** l'ost *T* 2483, **tres parmi** escu *T* 2781, **tres parmi** la sale *A* 3471. — 6. *Tres* *prépos.* dès, *T* 1630 je douç que trop n'aie aresté, Car le gage en ai **tres esté,** cf. le passage correspondant de *E* (4946) qui est plus clair: je dout que n'aie trop esté; Je donai gaige **des esté** j'ai donné mon gage dès l'été, *L* 4040 **tres soir** dès le soir, peut-être dès la veille au soir? *T* 3960 **tres le coute dusqu'a la main** depuis le coude jusqu'à la main. — 7. *Conj.* *T* 1896 **tres dont que** me parti d'eus (N'i avoit fors d'aler ensemble) dès le moment où je les quittai, il n'y avait plus qu'à prendre position pour le combat, ou lorsque je les quittai ils en étaient déjà au point où ils n'avaient plus qu'à ... — suivi de *tost* et de *matin, tres* peut s'insérer dans les locutions conj. *si tost come* et *si matin come*: *T* 1914 **si tres tost come** ... dès l'instant où il est monté, il part laissant les autres derrière lui, *T* 7104 **si tres tost isnellepas que** ... dès que le serpent se fut enlacé à votre bras, sans attendre un instant vous auriez dû m'envoyer un message, *T* 3194 **si tres matin come** ... d'aussi bonne heure que, dès qu'ils distinguèrent les premières clartés du jour, ils se mirent en route. — Les ex. enregistrés sous 1, 2, 3 et 4 montrent combien la liaison était étroite entre *tres* et l'adj. ou l'adv. qui le suivait; cet état de choses n'a pas échappé aux contemporains et on en est venu au xvie s. (Henri Estienne 1569) à écrire *tresheureux, tresmeschant, tresbien, tresbon,* et au xviie s. (Vaugelas 1647) *tres-excellente, tres-ordinaire, tres-humblement.* Mais d'autre part *moult* ayant disparu au xvie s. il a fallu le remplacer: *beaucoup* qui apparaît au début du xive s. ne suffisait pas à toute la tâche, car il ne s'est guère plié à précéder un adj. ou un adv.; *très* a donc conservé son poste, mais il a en même temps recouvré son indépendance, le tiret qui le liait à l'adj. ou à l'adv. ne signifiait plus rien, et le xixe s. en a vu la fin.

treschi (que) = tres chi que *conj.* *T* 3934 fendu l'eüst **treschi**

qu'es dens jusqu'aux dents, *V* donne **desi es d.**, *E* 7828 **jus-qu'anz es d.**, *M Q* **jusques es d.**

treslit *adj. A* 480 à triple fil, en parlant des mailles du haubert; au v. *T* 11530 la même épithète est appliquée, ce qui est plus rare, à une étoffe de soie (samit) servant de tapis où s'arment les chevaliers.

trespas *s. m. T* 6844 **les destrois set et les trespas** il connaît les défilés et les passages.

trespasser, composé de *passer* et de *tres* au sens de «outre», «au delà de»; dans les exemples que nous allons citer tantôt on sent encore la force du préfixe, tantôt le vb. n'est plus qu'un synonyme de *passer*: *tr. T* 11345 celui qui **trespasse** (premiers Le bone des quatre oliviers) franchir, passer au delà de, *T* 6172, 6177 traverser (la mer), *E* 6865 traverser (l'Angleterre), *T* 12741 passer devant les pavillons (sans s'arrêter), *T* 11617 passer (la nuit), fig. *T* 2496 **il a trespassee toute La paor de sa ble-ceüre** il a laissé de côté toute anxiété au sujet de sa blessure (plus lit.: il a passé le moment où sa blessure l'inquiétait), *T* 13757 **ci ne me weil plus delaier Ne la matiere** — et mainte-nant je ne veux plus m'attarder ni m'aventurer en dehors de mon sujet, *T* 8475 car lors avriiez **trespassé Mon comant et ma volenté** désobéi à mon commandement et à mes inten-tions. — *Intr. T* 14144 **le mal tans vit qui trespassa** il vit le mauvais temps qui se calmait, cf. auj. la pluie a vite passé, *T* 14537 **parmi le vergier trespassa** il traversa le verger, *T* 13576 passer (devant les gens), *T* 11926 passer à la file, défiler en rangs pressés, *T* 937 **l'eure trespassa** l'heure passa, *E* 11001 passer (en parlant de la nuit), *A* 6252 **icele force trespassoit** cette grande force qu'il avait disparaissait, lui faisait défaut, *T* 8178 **trespassa** mourut. — Infin. substantivé *T* 868 **les vassax covint hurter Si durement au trespasser** il leur fallut se heurter si rudement au moment où, arrivant à toute allure l'un sur l'autre, ils se rencontrèrent, lit. au moment où ils passèrent l'un à côté de l'autre (cf. *E* 6500 **an trespassant**).

trespenser *intr. T* 9630, 14174 être surpris et légèrement inquiet, *A* 3483 être soucieux, *L* 9343 **ce le fait molt** — cela lui donne à réfléchir (voir *A* 9296 et les variantes de *E* 19435-55).

tresporter *tr. E* 7493 **ire me puet si** — la colère peut m'em-porter si loin; *M* préfère **sorporter**.

tressalir *intr. T* 3935 bondir (de côté), *T* 4449 frémir (de joie), de même *E* 4039 **tressaut** indic. pr. 3, *T* 6350 trembler (sous le coup d'une douleur physique aiguë).

tresserrer *tr. T* 7038 fermer solidement (en parlant de la porte d'une chambre.)

tressüer *intr.* transpirer abondamment sous le coup d'une vio-lente émotion: *T* 3603, *E* 10120 (angoisse), *T* 1504 (vif désap-pointement et colère), *T* 6594 (angoisse et désespoir), *E* 5188 (colère et mauvaise humeur), *E* 8201 (d'une jeune fille qui res-sent les premiers effets d'un soudain amour: elle pâlit, transpire, change de couleur à la vue du chevalier qu'elle aime).

trestor *s. m.* sens général: détour, *E* 10430 **sot les trestors et les trespas** les chemins détournés et les passages, *T* 5069

onques por ce n'i fist — il ne s'est pas retourné pour cela (mais est entré au cœur de la mêlée); *E* 567 or vos pri ... **Que le me dites sanz** — sans détour, *T* 3949 **il s'estoit sanz nul** — (Molt bien maintenus en l'estor) sans s'épargner un instant, *L* 9192 **sans** — sans se laisser détourner.

trestorner *tr.* *T* 5813, 5814, 5815 détourner (un coup, une arme), *E* 11410 **cil l'en aqueust a** — il commence à le détourner (de son plan); *intr.* *T* 13886 **sanz** — en allant droit au but.

trestot *adj., pron.* et *adv.*, au cas sujet pluriel on trouve, et parfois à quelques vers d'intervalle, tantôt *trestot*, p. ex. *T* 172, tantôt *trestuit*, p. ex. *T* 185. Composé de *tot* et de l'adv. *tres*, le mot conserve parfois une partie de la valeur de superlatif qu'il a dû avoir à l'origine: *T* 4708-09 **tos seus** fors de ses gens le sache. As vint l'a tolu **trestoz seus** oui, absolument tout seul, de même *T* 5865. Mais dans la plupart des cas *trestot* n'est qu'un synonyme commode de *tot*; voir p. ex. *T* 145-148 (noter que *V* ne donne pas le v. 148). Comme *tot* l'adv. *trestot* se place devant un autre adv. ou devant un adj. ou un subst.: *T* 11688 **trestot de voir**, *T* 1414 **trestot ensement**, *T* 14845 **trestot ensamble**, *T* 12213 **trestoz premiers**, *T* 11053 **trestot ensi grevez**, *T* 3919 **trestot a pié**. On voit par **trestoz premiers, trestoz grevez** que, comme *tot*, l'adv. **trestot** s'accorde volontiers avec l'adj. qu'il qualifie. — Au v. *T V* 9695 *trestoz* joue à lui tout seul le rôle d'un adv. indépendant signifiant «beaucoup», «fortement», tout en s'accordant en cas avec le subst. sujet de la phrase: des richoises qu'il ont veües **Se merveilla trestoz li rois**. Le v. *T* 11714 nous offre un autre cas assez singulier et qui n'apparaît que dans *T V*: atant sonerent el chastel Es mostiers **par trestot isnel Un glas**; y a-t-il une séparation entre *trestot* et *isnel*? Dans ce cas *isnel* serait un adverbe et *par trestot* signifierait «partout», mais la construction serait bien gauche; cf. *E* 15780 **par tout les cloichiers**, *M Q* **par tot le chastel**, *A* 5778 **parmi les clochiers**, *S* **par tout les mostiers**, *P U* **par tous les clociers**. Voir *tot*.

tribler *tr.* *R* 1240 li colp sont molt fort et pesant ... **qui lor char triblent** qui broient la chair de leur corps.

trichier, trecier *tr.* tromper, *E* 11985 **li senglers si les tricha** le sanglier leur joua un tour de sa façon; *intr.* *L* 3172, *T* 8560 se s'amie trichié li a (pour *E* 12332 voir la note à ce vers, t. II, p. 601), *T* 3681 **c'ert cele c'ainc ne tricha Vers son ami** qui jamais ne s'est rendue coupable de tromperie envers son ami (cf. *E* 7575).

triers, triés *prépos.* derrière, *L* 9322 **triers moi**, *T* 15140, *E* 4000 **triers soi**, *M* 31 **triés soi** (*E* donne **riers**, *Q U* **lez**).

tristor *s. f.* tristesse *T* 6973.

tristre *adj.* triste *T* 7689.

tristreche *s. f.* tristesse *T* 6611.

trobler, troubler *tr.* ennuyer *E* 10051; *intr.* *E* 10054 l'an puet bien s'ire doubler A home **por un po troubler** on peut facilement redoubler la colère des gens pour peu qu'on leur trouble l'esprit; *pp.* *T* 9760 tuit quident ... **Que li cerviax troblez li soit** qu'il ait le cerveau dérangé, *T* 6554 la moie fois [envers Dieu] ... maintenant **est mal troblee** ma foi est bien chancelante, *T* 10628 **tot en a le sens troblé** il en a le cerveau bouleversé.

tronchon, tronçon *s. m. T* 2875, 9741, *A* 7891 fragment de lance ou d'épée. Voir le mot suivant.

tronchoner, tronçoner *tr. T* 3871 fendre une lance en deux tronçons, c' à d. la couper en deux (d'un vigoureux coup d'épée), *E* 4344 briser (un épieu) en plusieurs morceaux (en en frappant l'écu d'un adversaire). *Tronçon* est encore auj. un mot assez courant, *tronçonner* sans avoir disparu est peu employé.

tropel *s. m. T* 4537 des chevaliers (*V* de c.) voi ja ensamble Laval **grans tropiax assambler** je vois déjà se rassembler là-bas une grande troupe de chevaliers.

tros, trous, troz *s. m. T* 11399, 13715, 13717, 14235, 14369, 14382, 14394, 14416, 14923, 14956 fragment d'une lance. *Tros* est un synonyme de *tronçon*, comme le montre l'ex. suivant: *M* 17967-69 «ostez ce **trous** de vostre escu.» Lors trest a force et a vertu A soi, que **le tronçon osta.**

trosser, torser (*T* 1150) *tr.* charger un cheval de bagages, *T* 1150 li rois comande ... les escuiers **a torser Les somiers,** de même *T* 2315, *E* 4001 (la charge ici est un chevreuil tué à la chasse); *intr.* charger des bagages sur un cheval, *T* 227 tuit sont en esfroi Qu'il n'aient pas **trossé a tans,** de même *E* 374; au v. *E* 367 si conmanda ... Q'an la cort n'eüst escuier **Qui ne fust trossez par matin** semble vouloir dire «qui ne se fût acquitté de la besogne de «trousser» les bagages (cf. la variante de *U*: qui ne troussast tost au matin); faut-il expliquer de la même façon les v. *T* 2364-65 n'i a escuier ne garçon **Qui ne s'en soit molt bien trossez,** ou faut-il entendre que bien qu'il y eût en la circonstance **maint ronchin et maint fort destrier** (2362) que l'on charge de provisions, il y avait encore un surplus que les écuyers et les garçons ont chargé sur leur dos?

trover *tr. T* 6255, *E* 2700 **truis** indic. pr. 1; *T* 1607 **truisse** subj· pr. 1, *T* 1204 **truisse** 3, *T* 12598 **truissons** 4, *T* 7515 **truissent** 6; *T* 10427 **trové** prét. 1, *T* 7688 **torva** 3. *Trové* n'est qu'une graphie de *trovai*, et *torva* n'est qu'une autre forme de *trova* (donnée par *V* au v. 7688). Toutes les autres formes mentionnées ci-dessus ont disparu, mais le vb. *trouver* conjugué régulièrement a conservé exactement ses emplois du XIIIe s.

trusque *prépos. T* 986 **trusqu'a petit** lit. jusqu'à peu de temps, c' à d. avant peu, *T* 8405 **trusqu'el demain** jusqu'au lendemain, *T* 9259 **onques trusque la ne fina** il ne s'arrêta pas jusque-là, c' à d. il ne s'arrêta pas avant d'arriver là.

tue, voir **toue.**

tüel *s. m. T* 13337 tuyau.

tüer *tr.* frapper, assommer, *T* 9284 tot maintenant l'alast **tüer** [le nain qui rôtissait un paon] Kex (s'il n'i criensist honte avoir) Keu serait allé le frapper (d'un coup de poing) s'il n'avait eu peur de la honte qui en rejaillirait sur lui, de même *T* 9331, 9369, 10941, 11825.

tumer, tumber *intr.* gambader, faire des culbutes, danser *T* 6068, *E* 9015, 9648.

tumerel *s. m.* faiseur de culbutes, bateleur, *T* 6068 **tumeriaus**, *V* donne au lieu de *tumeriaus* une forme féminine **tumeresses**; de même *E M U* 9648 **tunmerresces**.

tumulte *s. f. T* 13251, *V* 10588 **tumulte**, *T* 10588 **tulmute**, *A* 5779 **temolte**, *E* 14418, *A* 4760 **temoste**, tous ces mots sont féminins; ce genre, du reste, n'est pas rare dans les textes contemporains. *Tumulte* est auj. toujours masculin.

tunicle *s. f.* tunique, *T* 13223 **sor une aube ot — noble** (il s'agit d'un «grand clerc» qui porte une lourde croix et marche en tête d'une procession).

turcois *adj.* turc, turque, *T* 8308 deus chaînes d'argent **turcoises** (qui servent à lever un pont-levis).

U

ués, voir **oés.**

uevre, voir **oevre.**

ui *s. m.* aujourd'hui, *T* 3363 **d'ui en un an**; même graphie dans *A* 2275 et *L* 2271; *E* 7169 emploie un autre mot. Voir **hui.**

uis *s. m.* porte *T* 4096 (en parlant d'une tente), *E* 3116, 3123, 3126. Voir **huis** et **porte.**

uivre, voir **guivre.**

umelïer *réfl.* humilier *T* 6887, 8075.

un, une *adj. numéral*: l'emploi n'en a pas changé, sauf que dans l'ancienne langue *un* a parfois le sens de «un seul»: *T* 621 iluec trestuit **en un** josterent Li troi conroi, voir **joster,** cf. au passage correspondant *E* 1413 li troi conroi ... S'i sont trestuit **atrait a un** se sont réunis en un seul corps; *T* 11081 adont les oïssiez **crïer** Par toute la sale **a un bruit** crier d'une seule voix, de même *T* 14816 si s'escrïent **tot a un hu,** *T* 14855 et hüerent... **Et tot a une vois disoient.** Notons encore *T* 9398 ainz ... Que nos puissons trover ... a mengier **ne un ne el** lit. ni un mets ni un autre, c' à d. avant que nous puissions trouver qqch. à nous mettre sous la dent. — *article indéfini*, en général même emploi qu'auj., mais apparaît beaucoup moins fréquemment. Il y a pourtant deux points où l'usage ancien diffère du nôtre: *a*) *T* 10738 fiert **li uns l'autre des vassax,** en fr. mod. cette phrase signifie que l'un frappe l'autre, mais pas nécessairement que l'autre frappe le premier. Pour être clairs il nous faut dire: ils *se* frappent l'un autre; moins ami de la logique l'anc. fr. considère que cela va de soi; voir encore *T* 8112, 10774, *E* 6503 et aussi *T* 1591-92. *b*) Voici un emploi très remarquable de *uns* et de *unes* qui a totalement disparu: on se sert de ces pluriels 1. pour indiquer un tout composé de deux parties symétriques, **uns gans** *T* 10682, **unes braies** *A* 1505, **unes botes** *E* 11032, 11358, **unes chauces de fer** *E* 15557, **unes eschaces** *T* 1316, c' à d. une paire de gants, de pantalons, de bottes, de chausses, d'échasses. — 2. Pour exprimer une idée de répétition rapide, **uns cops** *T* 885, 2904, **uns cox** *E* 14645, c' à d. une volée de coups. — 3. Pour désigner un groupe ordonné, une série, **unes loges** *T* 95, *M* 18390, **unes grans loges noveles** *L* 4044, la loge comprend souvent une enfilade de petites chambres ou salles, voir **loge**. — 4. Dans les exemples précédents le pluriel de l'article indique une sorte d'unité dans une dualité ou dans une multiplicité. C'est la même idée, mais beaucoup plus vague, qu'évoquent les exemples suivants: *a*) **uns autres dras** *M Q* 11542, le vêtement se compose de plusieurs pièces, **uns dras de soie** *E* 11776, il s'agit ici, non d'un vêtement, mais d'une étoffe et l'emploi de *uns* est moins naturel, aussi *M Q* ont préféré «un drap de soie»; *b*) **unes praeries beles** *T* 2545, **tote unes praeries beles** *L* 1519, voir **tot**, *L* 4485 d'iluec issi **en uns jardins**, cf. *T V* 10513 et variantes, *T* 9204 **en unes landes de genest** (*E* 12978 **une lande**): une prairie offre à la vue des herbes et des fleurs variées, le jardin renferme des arbres fruitiers et autres, la lande s'étend au loin et par son étendue même présente des aspects variés; *c*) Voici un cas particulier et beaucoup moins fréquent que les précédents: *E* 11836 et aprés ravoit un topace, Safers et jafes et onix, **Unes pierres molt tres gentis**, ce pluriel de l'article correspond probablement à notre emploi de *tout* pour résumer une énumération: «topaze ... et onyx, *toutes* pierres d'un charme suprême»; *d*) Mettons à part également un emploi venu directement du latin où on distinguait *littera* une lettre de l'alphabet et *litterae* une lettre missive: d'où **unes letres** *M* 18481 une lettre; voir **letre**. — On notera que tous les ex. ci-dessus, sans exception, nous offrent un régime pluriel caractérisé par un *s* final; ajoutons qu'il n'en saurait être autrement, car le sujet pluriel se définit précisément par une absence d'*s* final: *uns jardins* ne peut être qu'un régime pluriel ou un sujet singulier. C'est dire que, quand nous avons affaire à un sujet, les règles de la déclinaison ne nous permettent pas de maintenir le curieux emploi de *uns* que nous venons d'exposer: *uns jardins* appelé à jouer un rôle de sujet doit de toute nécessité perdre l'*s* du substantif pour devenir non pas *un jardin* qui associerait deux éléments incompatibles, mais *li jardin*, où *li* pluriel peut être remplacé par un équivalent quelconque. Voici un exemple très significatif de cette alternance entre régime (uns jardins) et sujet (li jardin): l'opposition ici sera entre *uns cops* et *lor cop*: *T* 2904 sor lor elmes de lor nus brans Se donent **uns cops** si tres grans Que toz lor cercles decolperent Et lor elmes toz enbarrerent, Si que **lor cop** en descendirent Sor les escus que tot fendirent; cf. aux passages correspondants *A* 1910 et 1913, *L* 1892 et 1895, qui ont un texte très analogue, avec cette différence que les 2 termes ne sont pas dans la même phrase, quoique les 2 phrases se suivent immédiatement; *E* 6524 semble avoir évité la difficulté en remplaçant *li cop* par *li branz* 6527. L'auteur d'*Aucassin et Nicolette* a tranché la difficulté plus hardiment, mais au grand dommage de la grammaire: *uns estores* de Sarrasins *vinrent* par mer (éd. M. Roques, XXXIV, 4), où le verbe seul nous indique que *uns estores* est un sujet pluriel. Il y a probablement d'autres ex. de ce genre au moyen âge, mais c'est le seul que nous ayons rencontré dans nos lectures. — Précisons pour terminer que l'emploi de *uns* s'appliquant à une seule entité n'est jamais obligatoire: de là les fluctuations

qu'on observe sur ce point aux mêmes passages entre les diffé-
rents textes: nous avons déjà cité un ex., en voici un autre
d'autant plus frappant que les 2 mss sont très près l'un de
l'autre: *T* 8482 **d'unes bendes**, *V* 8482 **d'une bende**. C'est
aussi ce qui explique certaines exagérations du type suivant:
unes robes de samit vaire Li aportent toute nueve *E* 3702;
le contexte montre que la robe est purement et simplement un
unique «mantel». — Sur *M* 12839 **un por un** et cent pour cent,
voir la note à ce vers, t. II, p. 601.

usage, usaige *s. m.* coutume, *E* 13304 ci n'iert mie li contes diz
Dont les sepoltures estoient, **Ne l'usaige que i tenoient Li
reclus** le conte ne dira pas ici de qui étaient les sépultures ni
quelles étaient les coutumes des reclus (dans les soins qu'ils en
prenaient), *T* 3305 (le roi retourne à son palais) trestuit aprés
Por lor usage que il welent Tenir autresi come il suelent
tous suivent le roi pour maintenir la coutume à laquelle ils
étaient habitués (c' à d. qu'ils vont se placer à la table du repas
dans la grande salle).

user *tr.* *T* 6460 **ta** vie a dolor **useras** tu passeras ta vie dans la
douleur, *T* 1014 costume est de chevalerie, **Si l'ai usé tote ma
vie** c'est une coutume de la chevalerie, je l'ai observée toute
ma vie; *R* 602 se li peciés d'amor l'encuse Et la destrece d'amors
l'use et s'il connaît les tourments d'amour(?).

V

vaillance *s. f.* *T* 1963, le mot semble signifier ici «le fait de valoir
par ce qu'on possède», c' à d. richesse; voir **scïence**.

vaillant *p. pr.* de *valoir* employé comme adj. ou subst., *T* 2174
plus cortoise **ne mix** — (Ne trovast on en tot le mont) dans le
monde entier on n'aurait pas trouvé une jeune fille plus courtoise
et plus largement douée de toutes les qualités, *T* 8510 dames
vaillans et beles de haut mérite et belles, *T* 2293 (Keu est
un homme hargneux et difficile à vivre) mais au besoin est il
vaillans mais quand il le faut, il a toutes les qualités que la situa-
tion demande, il est actif et prêt à aider son ami à fond, *T* 6569
les vaillanz c' à d. les bons opposés aux «malvais». Voir **valoir**.
— Le mot *vaillant* a auj. perdu le sens large (et peu précis)
qu'il avait en anc. fr.; il signifie uniquement «qui n'a pas peur
du danger ou des difficultés, brave, courageux», ce qui est aussi
le sens de l'angl. *valiant*.

vain *adj.* *T* 283 s'en a le cuer **tramblant et** — elle tremble de
peur et le cœur lui manque, *T* 976, *E* 13477 épuisé de fatigue,
sans force; *T* 2927 il ert ja **toz vains** près de défaillir, *T* 2416
pale et — pâle et abattu (Gauvain vient d'être grièvement
blessé).

vair[1], **veir** *adj.* en parlant des yeux, la nuance et le sens
même du mot sont difficiles à déterminer: le fait que *vair*, qui
est très fréquent au moyen âge, est fort souvent accompagné
des mots *cler* et *rïant* montre qu'il ne s'agit probablement pas
de la couleur des yeux, mais de leur expression: vif, animé,
expressif: *T* 10869, cf. *V*, *E* 14771, *A* 668, *L* 4899, *A* 5033.

vair[2] *adj.* appliqué à la fourrure mi-partie grise et blanche de l'écureuil appelé petit-gris et utilisée pour doubler ou border l'étoffe d'un vêtement: *T* 13155 **un mantel vair**, *E* 3702 **une robe de samit vaire**; *T* 1254 qui correspond à *E* 3702 donne «une roube **forree et vaire**» où *vaire* insiste plus particulièrement sur le mélange des couleurs. Le mot *vair*, ainsi que le mot *gris*, pouvait s'employer substantivement pour indiquer la fourrure elle-même indépendamment des vêtements qu'elle parait ou rendait plus chauds; les gens riches avaient chez eux de véritables stocks de ces fourrures qui constituaient une partie de leur fortune et qu'on pouvait apercevoir de la rue quand la porte de l'hôtel était ouverte, voir *T* 9627-29. Le mot *vair* s'applique aussi à un cheval de robe miroitée, et peut devenir le nom même du cheval en question: *T* 2511 et li rois saut ... Desus **le Vair de Brevelet** (cf. *E* 6117 desus **le Ver de Brüellet**). D'un cheval qu'on est en train de seller, *T* 551 nous dit: por che qu'il ert **vairs par nature N'i misent autre coverture**, ce qui veut probablement dire que la robe «vaire» d'un cheval équivalait pour l'effet à une belle couverture et permettait de s'en passer; le «vair» n'était du reste pas la seule couleur de la robe du cheval qui eût ce curieux privilège: le passage correspondant de *E M U* (v. 1019) nous répète la remarque de *T* mais en l'appliquant cette fois à l'opposition entre la couleur noire et la couverture: bons iert [le cheval] et **toz noirs** par nature; N'i mistrent autre coverture. — Sur *vair* voir Muriel Kinney, *Romanic Review*, X (1919), 324-6. Le mot a disparu depuis le xvie s.; une ressemblance de prononciation et en partie d'emploi avec *vert* paraît avoir causé une confusion qui a été fatale pour *vair*: le «mantel *vair*» de *T* 13155 et de *L* 7165 devient dans *A S P* 7135 un «mantel *vert*».

vaisel *s. m.* fr. mod. vaisselle, *E* 13401 vit **vaisel** et d'argent et d'or, *M Q* **vessiaux**, cf. *T* 9619 **vaissele**, *L* 4017 **vaisele**, *A* 4233 **veissiax**; *L* 9342 **ne tant chier vaisel de tresor** (noter le masc.) précieuse vaisselle telle qu'on en voit dans les trésors (cf. *A* 9282 tant ne vit veissel **an tresor**).

vaiselemante *s. f.* vaisselle *E* 7306.

val *s. m.* vallée *T* 3826, 5354, 9565.

vallet *s. m.* le sens originaire de *vallet* semble être «enfant du sexe masculin», donc garçon ou jeune homme. Les jeunes gens de famille noble servaient d'ordinaire pendant plusieurs années à la cour d'un roi ou d'un grand seigneur pour y apprendre le métier des armes et aussi les belles manières. Nos romans ne paraissent pas connaître d'autre sens pour le mot *vallet*; aucun texte formel ne nous révèle dans leur monde féodal un valet plébéien, tandis que les allusions à la naissance noble de ces jeunes gens ne manquent pas: un «vallet» qui appartient à la cour du roi d'Escavalon est un cousin de Gauvain *T* 1793; le jeune Carados, lui aussi «vallet», est un neveu du roi Artur *T* 3299; Cador, fils de roi et grand ami de Carados qui va épouser sa sœur, est un «vallés de trop grant valor» *T* 3669; «vallet» aussi le jeune fils de Gauvain *T* 13993, 14071; «vallés» encore cinquante fils de comtes et de barons qui vont être faits chevaliers en même temps que Carados et pour lui faire honneur *E* 7044, 7048, 7067; on ne nous donne aucun renseignement sur le valet qui dans le cortège du Graal tient la lance qui saigne, mais la description enthousiaste qu'en fait le ms. *T* 1330-1333 permet de croire qu'il appartient à une famille de haute distinction. Tous les jeunes gens que nous venons d'énumérer sont de trop haute naissance pour être astreints à des services un peu subalternes. C'est surtout sur leur jeunesse que le terme «vallet» met l'accent, et peu importe parfois qu'ils aient déjà appris à fond le métier des armes si la valeur a devancé en eux le nombre des années: Cador p. ex. ce «vallés de... grant valor» est un chevalier que personne ne dépasse dans le monde d'alors *T* 3688. Mais ceux qui n'étaient fils ni de rois, ni de comtes, ni de barons, quel «service» leur demandait-on dans les cours ou les maisons seigneuriales où ils faisaient leur apprentissage? Il y a parfois des nuances délicates entre leurs fonctions et celles des autres serviteurs. Les valets sont souvent mentionnés à côté des écuyers quand il s'agit d'aider un chevalier à revêtir son armure *T* 690, cf. *T* 1783, ou à enlever ses armes *T* 1244, 1248, 1258, 1262, — à côté des «sergens» *T* 1904, 13858, mais *T* 1308-20 les sergents apportent les bassins d'eau chaude à laver les mains, les serviettes à s'essuyer, les tréteaux sur lesquels est posée la table, tandis qu'un valet se borne à étendre une nappe dessus, (quand les bassins sont d'or ou d'argent, ce sont des «damoisiaus» qui sont chargés de les présenter aux convives *T* 203, et pour cet usage de *damoiseau* opposé à *valet* cf. *T* 3297 en regard de *E* 7044); Gauvain, qu'une blessure a longtemps retenu au lit, veut se lever et faire une promenade: il demande à «un suen vallet» *T* 2453 de lui seller son cheval, mais c'est un «chamberlenc» *T* 2465 qui devra lui apporter braies et chemise; un valet est éminemment propre à exécuter un message important *T* 26 (appelé *messagier* au v. 4 et *mes* aux v. 7 et 10).

valoir *T* 8666, 13901 infin.; *T* 6692 **vail** indic. pr. 1, *T* 6690 **vals** 2, *T* 12752, 13662, 13900 **valt** 3; *T* 7682 **vaille** subj. pr. 3; *T* 7099 **voldra** fut. 3; *T* 13736 **voldroie** condit. 1, *T* 8789 **valroit**, *T* 3970, 13808 **volroit** 3. — *Tr.* et surtout *intr.*: *T* 13662 **que valt contes a alongier?** à quoi bon allonger mon récit? *T* 12752 quanques vos dites **rien ne valt** tout ce que vous dites n'a aucune valeur, ne rime à rien, *T* 8565 **or valt molt mains vostre presens** voilà qui diminue fort la valeur de votre présent, *T* 13900-01 vostre cors **valt** tant Come nuls cors puet plus **valoir** il y a tant de valeur en vous qu'on ne peut en imaginer davantage en qui que ce soit, *T* 6690 tant as, tant **vals**, (et je tant t'aim) tant tu as, tant tu vaux et tant on t'aime (lit. et tant je t'aime), *T* 6692 he, las! je sui cil qui riens n'a **Ne riens ne vail, ensi me va** hélas! je n'ai rien à moi et ma valeur pour les autres est nulle, tel est mon lot, *T* 7682 et lor prie ... Que nule chose ne li faille, Por qu'il la weille, **qui li vaille** il les prie instamment de veiller à ce que rien ne lui manque de ce qui peut lui faire besoin, dès qu'il le demande, *E* 9838 le ferai vivre **et non valoir** je le laisserai vivre mais lui enlèverai toutes les raisons de vivre (lit. sans qu'il lui reste rien ayant une valeur quelconque).

valor *s. f. T* 80 celui ... Que l'en tenoit au plus cortois Au jor ... Et au plus large et al meilleur D'armes **et de tote valeur** on le tenait pour l'homme le plus courtois de son temps, pour le plus généreux et le meilleur aux armes et dans la pratique de tout ce qui compte parmi les hommes; *T* 3669 uns vallés **de trop grant** — un jeune homme d'un haut mérite (peut-être une allusion à sa valeur guerrière), *E* 6855 Nantes, Une cité **de grant** — une ville très importante (peut-être une allusion à sa richesse, à sa prospérité).

vanité *s. f. T* 9758 (Gauvain refuse de prendre part à un repas qu'on vient de servir; les chevaliers ses compagnons se demandent pourquoi) **Tuit quident ce soit vanitez,** c' à d. tous pensent qu'il a le cerveau un peu égaré en ce moment, faute d'avoir mangé à temps et accablé qu'il est par la lourde chaleur de la journée.

vantre *s. m.* ventre, *E* 5272 or saichiez que **au cuer do vantre A messires Gauvains grant joie** il en est réjoui jusqu'au plus profond de lui-même, *E* 5930 (un cheval pliant sous un fardeau trop lourd s'arrête et) **anz o vantre li est crevez Li cuers.** Nous ne mettons plus le cœur dans le ventre, mais la locution médiévale n'a pas disparu, seulement elle a aujourd'hui un sens assez différent: allons! un peu de cœur au ventre! c' à d. allons! un peu de courage! un dernier effort et nous y sommes.

vassal *s. m.* Nos textes ne nous fournissent aucun ex. du sens originaire du mot «celui qui, noble lui-même, relève d'un suzerain»; pour eux le vassal est celui qui possède les vertus essentielles du noble féodal et surtout la bravoure: c'est le combattant, le guerrier *T* 867, 1528, 1555, 2695, 4023, 5096, 5339, 5392, 5449, 10738, 14676, *E* 6598; même sens, mais avec un adj. qui renforce l'idée de vaillance: *T* 4895 li bons vassax, *T* 2867 **s'estoit li pires bons vassax** le pire des deux combattants était encore un vaillant guerrier, *T* 5080 **gentil vassal a en Cador** (c'est une demoiselle qui parle à une autre) quel merveilleux combattant que Cador, *E* 1602 Diex! si grant dieus **de tex vasax!** quelle pitié que de si vaillants hommes (s'infligent des coups si terribles). Ces ex. nous montrent qu'en somme «vassal» est un pur synonyme de «chevalier». C'est ce que confirme *T* 2395 **li buens chevaliers, li vassax**; autres ex. du même genre: *T* 1524 **un vassal et une pucele** (vit chevalchier parmi la lande) il vit un chevalier et une jeune fille, *T* 13822 le roi d'Amberval Qui bien avoit **cuer de vassal** il avait la bravoure d'un chevalier accompli, *T* 4998 **a loi de vassal** en vaillant chevalier qu'il était, de même *T* 2978 **a loi de bon vassal,** *T* 4930 et Keus ausi ... Se recontint **come vassax** et Keu aussi de son côté se comporta en vaillant chevalier, *T* 9340 j'ai veü **mains cointes vassax D'autresi nobles come vos** j'ai vu nombre de chevaliers d'aussi belle prestance que vous et tout aussi nobles. Cette raillerie de Keu nous conduit à des ex. où *vassal* est un terme d'adresse et où le mot tout en conservant son sens ordinaire est prononcé sur un ton irrité ou simplement désagréable: *T* 10235 (ton ferme et douloureux), *T* 10300 (avec brusquerie), *T* 5679, 11830 (ton arrogant), *T* 3751 **sire vassal** (ton d'arrogance ou de mépris hautain), *T* 3777, 3861, 3878 (ton insultant), *T* 14943 (adressé au cadavre d'un chevalier d'une voix où on sent de la rancune). — *Adj.* au sens de brave, courageux: *T* 874 preu et **vassal**, *T* 4662 preus et **vassax**.

vasselage *s. m.* ensemble des qualités du bon vassal et en particulier bravoure, *E* 6918 desmesure ne outraige N'est pas **honor**

ne vaselaige démesure et outrecuidance ne sont ni honneur ni courage, *T* 5723 assez ont le jor conquesté **Honor et vasselage et pris** honneur, renom de bravoure et gloire, de même *T* 5902; *T* 5043 molt par avez **vasselage** vous êtes un vaillant.

vau *s. m.*, probablement val, vallon, *E M Q* 11044 qui li donast **plain vau** (*M* **val**) **d'or** qui lui aurait donné, même si on lui avait donné un vallon plein d'or (il n'aurait pas desserré les dents); cf. au passage correspondant *T* 7460 qui li donast un **grant tresor.**

vaus, voir **vols.**

vavasor *s. m. A* 2705 (Cador laisse son compagnon) an l'ostel a **un vavasor;** les vavasseurs étaient des gens de petite noblesse, souvent peu fortunés, qui vivaient modestement sur leur terre et qu'on ne rencontrait pas dans les tournois; le vavasseur dont il s'agit ici a sa maison dans un «plaissié» (voir ce mot) et c'est l'hospitalité qui convient à Carados, peu présentable à cause de son serpent, tandis que son ami Cador va chercher du secours.

veer *tr. T* 9361, 12043 refuser, *E* 5726 interdire.

veillier *intr.* le vb. *veiller* existe encore, mais les emplois d'auj. ne recouvrent pas toujours ceux du moyen âge; voici d'abord 2 ex. qui au premier abord pourraient encore passer: *T* 13083 mesire Gavains **ot veillié La nuit** et le jor traveillié, *T* 11589 li rois **en veilloit plus les nuis,** mais le contexte montre qu'il faut traduire la première phrase par «n'eut pas dormi de la nuit» et la seconde par «se couchait plus tard»; les autres ex. sont plus loin de nous *T* 2450, 9836, *M* 17493 rester éveillé, *T* 15189 Guerrehés ... ot traveillié Et erré et petit mengié **Et veillié molt tres durement** il avait fourni un dur effort, chevauché, peu mangé et pas dormi du tout.

veintre *tr.* vaincre, *T* 5188 **venqui** prét. 3, *T* 14837 **vencu** pp. — *T* 5188 al chief du tor **Venqui Aalardins l'estour** au bout du compte Aalardin est resté vainqueur du combat.

veneor *s. m.* veneur *T* 11750.

vengement *s. m.* vengeance *T* 6456, 15262.

venir *intr. T* 2475, 9864, 10675, 11289, 13251, 14636, 15084, *A* 4767 **venir** infin.; *T* 2772, 14676 **vient** indic. pr. 3; *T* 15162 **venoit** indic. impf. 3; *T* 6500 **verrai** (*V* **vendrai:** voir note à ce vers, t. I, p. 425) fut. 1, *T* 9984 **verra** (*V P M E Q U* **venra**), *T* 15290 **verra** (*E* **vandra,** pour les autres mss voir les variantes) fut. 3; *T* 14603 **vint** prét. 3, *T* 13426, 14627 **venistes** 5, *T* 14935 **virrent** (*E* 19191 **vindrent**), *T* 15149 **virent** (*A S P* 9265 **vindrent**) 6; *T* 14967 **venist** subj. impf. 3, *T* 3661 **venissent** 6; *T* 5238, 14894 **venu** pp. — *T* 2772 **cil li vient come hom engramis** il fonce furieusement sur lui, *T* 5238 si me deïstes vo plaisir. **Mix vos eüst venu taisir** vous m'avez dit autrefois des choses désagréables, il aurait mieux valu vous taire. Il faut noter aussi que très souvent **venir** est employé au sens de «apporter»: *T* 11289 tot maintenant ont comandé Lor armes devant els **venir,** de même *T* 10596, 10665, 10675, 15084; *T* 9864 la me fist li sainz hom **venir** ... Burre et sydre, de même *A* 4767. Dans toutes ces phrases nous remplacerions *venir* par *apporter* (qui

existait déjà aussi: *E* 4299 puis **li fait aporter** Novelles armes
por armer Son cors, *T* 2472 un cort porpoint ... **A fait devant
lui aporter,** et parallèlement à 3 vers d'intervalle *T* 2475 puis
a fait ... Ses armes **devant lui venir**); nous pouvons encore faire
venir des armes, du beurre, du cidre, des livres, etc., mais à la
condition — ce qui n'est pas le cas ici — que tout cela nous soit
envoyé ou apporté de l'extérieur. Il semble n'y avoir qu'un cas
particulier de cet ancien usage dans le v. 602 du *Roland* d'Oxford
qu'on a souvent jugé énigmatique «puis si cumencet a *venir* ses
tresors, cf. la note de Joseph Bédier, *La Chanson de Roland,*
Commentaires, p. 147. — Notons *T* 4920 li coart sont **molt mal
venu** se trouvent en bien fâcheuse situation; cf. *bienvenu. Mal
venu* ne s'emploie plus auj. qu'au fig.: il est mal venu à réclamer
une pareille faveur. Notons aussi *T* 10686 devant le roi **en est
venus,** nous n'avons conservé ce tour qu'au fig. il en est venu
à l'insulter, partout ailleurs dès qu'on emploie *en* le pronom
réfléchi est obligatoire: «*il s'en est venu* devant le roi».

venoison *s. f.* venaison *T* 3201,11818; noter *T* 14842 on vendoit char
et poison (= poisson), Oiseax et autre venison, voir **autre.**

vent *s. m. T* 6511 tant que revint **uns vens de nort,** nous disons
auj., dans la langue la plus courante, vent d'est et vent d'ouest,
mais vent *du* nord et vent *du* midi; fig. *T* 1959 **fors solement
le vent** seulement le vide.

ventaille *s. f.* partie de la coiffe (voir ce mot) qui se relève devant
la face, recouvre le menton et protège ainsi le bas du visage
au-dessous du nez: *T* 11006, 11532, *E* 2156, 15567, *A* 8233, *L*
5607. On a plus d'une fois l'impression que le mot *ventaille,*
outre son sens spécial de partie de la coiffe, peut s'employer
aussi pour l'ensemble de la coiffe, quoique l'inverse ne soit pas
vrai. On ne trouve pas dans nos exemples les 3 mots *heaume,
coiffe* et *ventaille* rapprochés dans un même contexte: on a soit
«heaume et coiffe», soit «heaume et ventaille». Au v. *T* 1063,
Gauvain, à la fin d'un combat interrompu, déclare que si son
adversaire ne veut pas retirer ses accusations, il fera bien de
relacer sa ventaille le lendemain et de revenir à la lutte: la mise
en place de la ventaille étant le dernier détail de l'armement
compliqué du chevalier, le mot qui exprime cet achèvement
est devenu ici le symbole représentant à lui seul tout l'équipe-
ment du «vassal» prêt à combattre. Il ne faut peut-être pas non
plus négliger le fait que *ventaille* fournit une rime commode.

venteler *intr. T* 2075 flotter au vent (en parlant d'une bannière).

venter *intr. T* 13058, 13085; *T* 14867 mix vorroie estre **ars ou
ventez** (on attendrait plutôt «et ventez» qu'on a dans *L* 9049
et *P* 8985) j'aimerais mieux être brûlé (sur le bûcher) et que
mes cendres soient jetées au vent.

veoir *tr. T* 6720, 6747 **veoir,** *T* 6606, 6637, 7120, 14137 **veïr** infin;.
T 14659 **voi** indic. pr. 1, *T* 6757, 6851, 14054, 14663 **voit** 3, *T*
14157 **veons** 4, *T* 13431 **veez** 5, *T* 14294 **voient** 6; *T* 14159 **vez
le la,** *T* 14796, 14817 **vez le couart** impér. 5; *T* 14486 **voie**
subj. pr. 1; *T* 13566 **veoit** indic. impf. 3, *T* 13575 **veoient** 6;
T 6032 **verrai** fut. 1, *T* 6771 **verra** 3; *T* 6672 **verroie** condit. 1;
T 10427, 13442 **vi** prét. 1, *T* 13517 **vit** 3, *T* 12381, 13241 **veïstes**
5, *T* 15314 **virent** 6; *T* 14518 **veïst** subj. impf. 3, *T* 11019,
12169, 14022 **veïssiez** 5; *T* 10625, 12458, 13322 **veü** pp.

ver, voir **vert.**

verdoiant *adj.* *T* 9877 (en parlant d'une forêt), *T* 13338 une esmeraude **verdoiant** qui jette des reflets verts.

verdor *s. f.* *T* 9881 la verdure de la forêt.

vergant *s. m.* syn. de **vergue,** *R* 216 la (pour le service de la table chez le roi Artur) n'a mestier vilains ne fals, N'i servent mie tel sergant; Trestot **sont tocié d'un vergant** (s'ils se risquent à approcher) on a tôt fait de leur faire sentir la baguette (?).

vergier *s. m.* verger, *T* 9503 **au — des aventures,** ce verger a l'air d'être le «chimentire» mentionné au v. 9508, voir aussi 9523: ce serait donc un cimetière planté d'arbres, et pas nécessairement des arbres fruitiers comme un verger d'aujourd'hui.

vergonder *tr.* *T* 5578 **vergondez** couvert de honte.

vergue *s. f.* verge, *T* 3316 baguette que Keu tient à la main quand il annonce au roi que le repas est prêt: c'est un signe qu'il est là dans l'exercice de ses fonctions pacifiques de sénéchal; *T* 12807 baguette que tient à la main un cavalier en signe qu'il s'en va en une mission pacifique (cf. *T* 2512). La forme *vergue* s'est conservée comme terme de marine.

verité, verté *s. f.* nos auteurs se servent indifféremment de l'une ou de l'autre forme selon la commodité du vers: *T* 14572 **par verité** je vous dis vrai, je vous l'affirme, *T* 6087, 14405, 14868; *T* 6173 **de verté** syn. de *par verité*; *L* 5961 **par verité,** *L* 5989 **la verité,** *L* 6018 **verté**; mêmes alternances dans *A* 5919 et 5954, et dans *T* 11934 et 11999; voir encore *T* 14868 et les variantes. On retrouve encore ces alternances dans Villon.

veritel *adj.* *E* 2634, 2638 vrai (en parlant d'une personne), sincère.

vermeil *adj.* *T* 14557 **uns pailes vermax come sanc** une pièce d'étoffe vermeille comme le sang; voilà qui nous témoigne que le sens du mot n'a pas varié depuis le XIIIᵉ s., cf. *T* 2919, *E* 1478-79; le vermeil est souvent la couleur de l'écu *T* 4354, *E* 2199, 8118; dit d'une étoffe *T* 8532, 13185, d'une couverture de cheval *T* 826, d'une pierre précieuse *T* 10482, de l'or d'une couronne royale *T* 13267, de la haute muraille d'un château *T* 14446.

vers[1] *s. m.* strophe d'un poème lyrique, couplet, fig. *E* 2900 **mais li — ira** (*U* **tourna**) **autrement** (Que il ne panse ne ne cuide) les choses tourneront autrement qu'il ne l'imagine.

vers[2] *prépos.* *T* 8040, etc.; l'anc. fr. ne fait pas la distinction que nous observons entre *vers* et *envers*: *T* 8960 seignor ... vos conjur Que vos **envers le roi Artur** (Ensamble od moi vos contenez Einsi con vos faire devez), c'est encore ce que nous dirions, mais non pas au v. *T* 8941 molt en sont tot irié **vers lui** envers (*ou* contre) lui.

verser *intr.* *T* 12164 li cheval sont **sor ax versé** ont culbuté, se sont renversés sur eux, *T* 14585 tot le lait **fist verser;** *tr.* *T* 8651 le vin sor lui **verse et espant** il répand le vin sur lui; c'est de phrases de ce genre que vient la locution adverbiale «pleuvoir *à verse*», où verse est probablement un substantif fém. tiré de *verser*, mais pourrait être aussi un temps de ce même verbe, l'impératif p. ex.: j'ai souvent entendu dans le Beaujolais la phrase «il pleut *comme qui la jette*».

vert *adj.* *T* 10482 mainte bone pierre Vermeille **et — com foille d'ierre** verte comme la feuille du lierre; c'est avec *T* 9532 **l'erbe si tres vers et si drue** les seul ex. recueillis où il s'agit sûrement de la couleur verte; au v. *A* 7135 nous lisons **un mantel vert li aporterent**, mais au v. correspondant *L* 7165 donne **un mantel vair**, de même *T V* 13155; *L* 517 mentionne un cheval **vers par nature**, mais au même passage *T* 551 donne **vairs**. Il résulte de ces citations qu'on ne faisait pas, ou qu'on pouvait ne pas faire de différence de prononciation entre *vert* et *vair*, et par conséquent qu'on laissait ou qu'on pouvait laisser tomber le *t* de *vert*: c'est pourquoi au v. 4340 de *T* (en parlant de chevaux) l'uns bais, l'autres sors, l'autres **ver** (rimant avec *fer*, de même *E Q U* 8106) nous ne doutons pas que nous n'ayons réellement le mot *vair*; les autres mss ne sont d'aucun secours ici, mais on ne se représente pas un cheval de robe verte. *E* 1168 s'ot (Guiromelant) les iauz **clers, vers et rïenz**, une fois de plus *vers* est pour *vairs*. Voir **vair**.

verté, voir **verité**.

vertu *s. f.* force physique *T* 12180 (cf. 12186), 12867; *T* 7490 **n'ai — de mon cors aidier** je n'ai pas la force de m'aider moi-même; **de grant vertu** *T* 11549 avec une telle vigueur; **par grant vertu** *T* 13652 de toutes vos forces, *T* 364 de toutes ses forces, *T* 8089 en toute hâte, en déployant toute son énergie; **de molt grant vertu** *T* 6471 violent; **a force et a vertu** *T* 11038, 13716 même sens que précédemment, mais on voit apparaître le synonyme qui finira par remplacer complètement *vertu* au sens physique; *T* 14798 vez le couart ... **Dehait sa force et sa vertu!** regardez-moi ce lâche, ah! c'est un solide gaillard (de se faire battre comme cela par un nain) lit. au diable sa force! *T* 429, *E* 809 **pierres de vertu** pierres précieuses qui ont des propriétés curatives ou peut-être magiques.

vertüeus *adj.* *T* 8538, 13220 (en parlant de pierres précieuses) qui a des propriétés efficaces.

vespre *s. m.* soir, *A* 7069 **anjusqu'au —, qu'il fu nuiz**, le *vespre* est donc le moment où la nuit tombe; on peut pourtant prendre le mot dans un sens plus large et appeler ainsi la demi-heure de la journée qui précède la tombée de la nuit *T* 12708 (cf. 12716 et 12763); on peut aussi dans ce dernier cas dire **contre le —** *T* 6699 vers le soir; autres ex. *E* 5521, *M* 17175.

vespree *s. f.* syn. de *vespre*, mais peut-être indiquant non seulement la tombée de la nuit, mais aussi l'espace de temps qui suit immédiatement et se prolonge quelque peu dans la soirée, *E* 16305 (cf. *M Q* aux variantes).

vespres *s. f.* plur., office de l'Église qui se disait autrefois sur le soir, mais qu'on dit maintenant dans l'après-midi, *T* 11733.

vestement *s. m.* vêtement *T* 14321.

vesteüre *s. f.* *T* 11844, **vesture** *R* 940; dans ces 2 ex., les seuls que nous ayons relevés et qui du reste se correspondent l'un à l'autre, *vesteüre* et *vesture* s'appliquent à une très belle couverture de cheval.

vestir *tr.* *T* 14130 ses braies **vesti,** *T* 2473 un cort porpoint ... a fait ... aporter **Si l'a vestu isnelement;** *réfl.* *T* 14291 mesire Gavains toz premiers **Se vesti molt tost.**

veüe *s. f.* *T* 7787 le front ot haut **et la — Enfossee** il avait le front haut et les yeux enfoncés.

vezïé *adj.*, le mot se prend tantôt en bonne part, avisé, prudent, tantôt avec une nuance péjorative, trop fin, rusé; au v. *E* 5472 **molt est vezïee et save** nous avons le premier sens, *M* et *Q* donnent **avenant** au lieu de **vezïee.**

vïande *s. f.* signifie en anc. fr. «nourriture, vivres», et ce n'est qu'au xve s. qu'il a commencé à prendre le sens actuel et a fini par remplacer *char* devenu *chair*: *T* 241 provisions de bouche, *T* 252 avec une grande abondance de vivres, *T* 2181 quand les vivres leur manquaient, *T* 2205 pain et vin et char et poisson, **Et d'autres vïandes plenté** pain, vin, viande, poisson et autres vivres en quantité (p. ex. gibier, venaison), *E* 5892-95 **de vïande** tot un somier, De pain et de vin am boiciaux, De char fresche et de fruit noviax **Et de totes vïendes belles** un cheval chargé de vivres, pain, vin, viande fraîche, fruits sortant du jardin et toute sorte de bonnes choses à manger, *T* 6920-21 il lui faisait partager son repas, son régime, *T* 9402-03 il est comme nous, il se nourrit de qqch., il ne va pas sans manger.

viaus *adv.* du moins, au moins *T* 10024, *T* 14057 del bon destrier molt li pesa Qu'il ne l'a **— od l'armeüre** il est désolé qu'il n'a *au moins* le destrier et l'armure, mais c'est justement tout ce qu'on lui a volé: il faut se reporter au passage qui dans *M Q U* 18302-07 correspond aux v. 14054-57 de *T V*, où l'on voit que ce que Gauvain aurait au moins voulu garder, ce sont le destrier et l'armure du chevalier mort.

vie *s. f.* *T* 195 **cil est haitiez et en —** il est vivant et bien vivant.

vïeleor, vïeleour *s. m.* *T* 631, 6066 celui qui joue de la vielle.

viez, voir **vil.**

vif *adj.* vivant *T* 10121, 11886. Dans des phrases comme *T* 1138 a poi que d'ire **vis n'esrage** peu s'en faut qu'il n'enrage de colère, *T* 10048 je en dui **vis forsener** j'ai passé bien près d'en devenir fou, le mot *vis* communique une grande force au verbe qui le suit, «peu s'en faut qu'il n'en devienne *à la lettre* enragé», «j'ai passé bien près d'en devenir fou *à lier*». — *S. m.* *T* 13481 **les mors et les vis** les morts et les vivants. *Vif* au sens du moyen âge n'a pas encore tout à fait disparu; il nous en reste quelques locutions: on l'a brûlé vif, il était plus mort que vif, haie vive, chaux vive, vif-argent, trancher dans le vif.

vigile *s. f.* *T* 13231 **vigile des mors,** partie de l'office des morts qui se chante la veille d'un service pour un mort. Expression conservée.

vigor *s. f.* vigueur, *T* 2951 molt as hardement **Et grant — en ton corage** tu as de l'audace et beaucoup d'énergie en ton caractère; *T* 13767 prenez vostre escu **par** — saisissez votre écu et tenez-le de toutes vos forces, cf. *T* 13652 tenez vostre escu... par grant vertu, et voir **vertu.**

viguereus *adj.* *T* 2294 plein d'initiative, *T* 2341 très actif.

viguereusement, viguerousement *adv.* *T* 2784 vigoureuse-ment: c'est encore un emploi d'auj., mais voici un passage o ù le mot nous surprend un peu: *E* 1025 (Gauvain demande ses armes) cil cui il les ot conmandees **Li aporterent maintenant** les lui apportèrent sur-le-champ, mais *M* donne: Et l'en les li a aportees Molt tost et **viguereusement** «avec vitesse et promptitude»? Ou peut-être y a-t-il là une allusion au poids des armes: «sur-le-champ, comme si elles n'avaient rien pesé» (lit. vite et avec un déploiement de force).

vil *adj.* appliqué à la Mort *E* 10141, à un «récréant» *T* 14782, à des boyaux qu'on fait pleuvoir sur le même «récréant» qui passe devant un marché en plein air *T* 14847, *E* 19091.

vilain *adj.* qui parle ou se comporte comme un rustre de campagne, c'est le contraire de *cortois*: *T* 12574 **vilains seroie et anuious** (Se j'aloie en queste d'enfant) je serais un compagnon peu courtois et bien désagréable si je partais à la recherche d'un enfant, *T* 9342 **vilains estes et anious** vous manquez de manières et vous êtes peu agréable, *T* 2290 ci ne fu mie Keus **vilains** en la circonstance Keu ne se montra pas discourtois, *T* 9798 molt seroie **fols et vilains** je serais bien sot et bien mal élevé, *T* 10108 «jamais Gauvain ne s'abaissera ainsi», *T* 1534 «ne soiez pas si méchant» (lit. ne manquez pas de manières à ce point-là), *T* 627 uns conrois qui n'est pas **vilains** ce ne sont pas des rustres qui défilent.

vilainement *adv.* *T* 14771 grossièrement, *T* 5222 bien désagréablement.

vile *s. f.* ville. Il est difficile, d'après nos textes, de distinguer *vile* de *cité*; il est vrai que dans les énumérations les 2 mots sont mentionnés l'un à côté de l'autre comme ayant chacun leur valeur propre: *T* 7233 chastel, **cité**, **vile**, ne bos (dans les mêmes conditions *vile* est distinguée de *borc*, *T* 8048 n'a **borc**, n'a **vile**, n'a manoir); mais si on regarde un long passage de *T*, v. 2060-2445 et 3023-3027 où il est question d'une même place forte, l'auteur l'appelle tantôt *vile* tantôt *cité* sans faire de différence, semble-t-il, entre les 2 mots, et simplement pour varier l'expression; toutefois *cité* est le mot qui revient le plus souvent: il y en a 15 ex. contre 6 de *vile*. (De même Carnevent est à 6 vers d'intervalle tantôt **la vile** *T* 9192, tantôt **la cité** *T* 9197). On entrevoit que *cité* suggère l'idée d'une organisation, d'une personnalité et peut-être d'une tradition, *vile* est un terme plus général, qui s'applique ou peut s'appliquer à toute agglomération importante sans indication accessoire. Voir ce que dit Cador, qui est parti à la recherche de son ami Carados et qui ne veut pas perdre un instant dans sa quête: *T* 6499 **en vile jamais ne gerrai Plus d'une nuit**: tant qu'il n'aura pas retrouvé son ami, il ne passera pas plus d'une nuit dans une ville, c' à d. dans un lieu habité par un grand nombre de personnes et où on trouve un confort qui pourrait le retenir quelque temps et le retarder dans sa quête. Voir encore *T* 8006 Cadors aloit vitaille querre **Par les**

viles de cele terre, il s'agit d'un voyage où Cador, Carados et Guinier ne tiennent pas à attirer l'attention sur eux; c'est pourquoi on n'est pas surpris de trouver dans *V* au lieu de *les viles* la leçon *les vilois* qui indique de simples villages (voir **viloi**).

vilment *adv.* vilement, *T* 14720 mais del meillor serez honis A toz jors **et vilment baillis** dans la meilleure hypothèse vous serez honni pour toujours et traité comme un vil individu.

viloi *s. m.* village, en particulier village situé dans la banlieue d'une ville, *V* 8006.

vilonie, **vilonnie** *s. f.* fr. mod. vilenie (déjà dans *A* 1057), *T* 6681, 7047, 12800, 15020; **sanz vilonie** *T* 2706, 7990, 11197 en tout bien tout honneur.

viltance *s. f.* *T* 15046 (Guerrehés conte) le grant anui et le — **Qui li avint** l'aventure désagréable qui lui arriva et la façon honteuse dont on le traita, *T* 6750 **il crient que ne l'ait en** — il craint que son amie ne le considère comme un pauvre individu.

vilté *s. f.* syn. de *viltance*, *T* 6770, 7816; *T* 9287 ce li fust trop grans **viltez** ce serait considéré comme une bassesse de sa part.

vin *s. m.*, des v. *T* 9080-85 on peut conclure qu'on ne buvait pas pendant le repas proprement dit, c'est seulement quand les convives avaient fini de manger que, les nappes enlevées, on donnait l'eau pour se laver les mains, après quoi on apportait le vin «en molt riches colpes d'or fin».

vis[1] *s. m.* visage, figure *T* 329, 2771, 3528, 3685, 6695, 7814, 9939, 10037, 10926, 13216, 14302, 14609, 14917, 15110. Si on compare *vis* à *face*, on voit que *face* a de la dignité, mais manque de souplesse, tandis que *vis* entre dans toute espèce de constructions et se prend avec une grande variété de verbes: on le trouve en particulier dans des contextes où des mots trop littéraires ne conviendraient pas, p. ex. *T* 3808, 6593, 9216, 10919, 10921. Dès le xiiie s. on aperçoit que *face* perd du terrain et que *vis* prend une place de plus en plus grande, puis trop court et pouvant donner lieu à plus d'une équivoque, il s'efface devant *visage* (rare dans nos textes), en attendant que *visage* à son tour se laisse remplacer dans la langue courante, vers la 2e moitié du xviiie s., par *figure*.

vis[2] se trouve uniquement dans la locution *ce m'est vis*: *A* 1045 dites donc **que vos an est vis** (De ce qu'ele a ici requis) dites-moi donc ce que vous pensez de la requête qu'elle vient de vous présenter. Notons une locution très voisine: *T* 2730 si n'a dit mot, **ce m'est avis** elle n'a dit mot, à ce que je pense.

vis[3], voir **vif** et **vil**.

visaige *s. m.* visage *E* 261. Voir **vis**[1].

viste *adj.* vite, *T* 5278 **vistes chevax** des chevaux rapides; *vite* employé comme adj. et appliqué à des personnes ou à des animaux a fâcheusement disparu, quoique la langue du sport ait essayé de le rappeler à l'existence. Voir **vistement**.

vistement *adv.* *T* 10545 vitement, mais cet adv. n'est pas très employé auj. dans le fr. non-dialectal. C'est *vite* autrefois adj. et surtout adv. maintenant qui tient ordinairement la place de *vitement.*

vitaille *s. f.* syn. de *vïande* (au sens médiéval), cf. *T* 2285 **et des autres vitailles beles** avec le v. correspondant de *E* (5895) **et de totes vïendes belles;** autres ex. *T* 8005, 9231, *E* 5723.

vivier *s. m. T* 9256, cf. *E Q* 13029. Le mot semble bien avoir ici le sens actuel de pièce d'eau où l'on conserve du poisson vivant pour l'usage de la table.

voie *s. f. T* 1217 **demander sa** — demander son chemin, *T* 14646 or m'en iroie, **Se vos m'enseigniës la** — si vous m'indiquiez mon chemin, *T* 1543 or ne me soit pas noïe **De vostre** — **l'achoison** n'allez pas refuser de me dire la raison de votre voyage, *T* 5322 **si s'est mise a** — elle s'est mise en route (ou en chemin). Auj. *voie* au sens concret est un mot littéraire ou technique, voie fluviale, voie d'eau, voie ferrée (cf. chemin de fer), voies digestives, voie hiérarchique, etc.; les ex. ci-dessus montrent qu'en anc. fr. *voie* appartenait à la langue courante et qu'on l'employait là où nous dirions *voyage, route* et surtout *chemin;* voir dans *T* un passage de 10 vers, 6131-6140 où on trouve 3 ex. de *voie*: 6132 **lor** — **emprenent** ils se mettent en route, ou ils commencent leur voyage, 6134 **longue** — pendant longtemps, lit. pendant un long chemin (ou voyage), 6139 **le** — **certaine** (Qui chascun vers son païs maine) le chemin qui conduit sûrement chacun d'eux vers son pays; dans le même passage *chemin* apparaît une fois 6135. La locution «an voie», *E* 4397 le chief... **est an** — **volez** la tête tranchée d'un coup d'épée s'envole au loin, ressemble curieusement, comme sens et comme formation, à l'angl. *away; U* donne «est *a terre* volez»: voir note au v. *E* 4397, t. II, p. 591; *T* 9142 ces que menrai **en la** — ceux que j'emmènerai avec moi. Fig. *E* 181 **estions or tot hors de** — rien que la crainte d'apprendre la mort de Gauvain, et nous étions tous hors du chemin, c' à d. égarés (par la douleur).

voil *s. m.* **son voil** selon son désir, *E* 10850 **il moreüst son** —, *T* 7266 **il volsist bien morir son wel** il aurait bien voulu mourir, si son désir avait pu se réaliser.

voiltrollier *intr.* se vautrer *E* 9338. *E* est le seul ms. à donner cette forme, *M* a **ventreillier,** les autres mss évitent le mot (*U* traveillier, *Q* gesir, *T* 5756 chaoir); Godefroy, VIII, 156 a, s. v. *veautrouiller* énumère 6 graphies du vb. en question, auxquelles il faut ajouter celles que nous venons de relever dans *E* et *M* 9338.

voir *adj.* vrai, *T* 15028 sa parole estre ne doit **Se voire non** la parole d'un roi ne doit être que vraie, c' à d. quand un roi donne sa parole, il ne peut y avoir qu'obligation pour lui de la tenir; *E* 4778 **la voire croiz** la vraie croix. *Adv. E* 4171 elle ja — **ne l'ameroit** vraiment elle ne pourrait jamais l'aimer, *T* 105 **por voir** vraiment, j'en suis sûre, *T* 11688 et il le set **trestot de voir** et il le sait bien; *subst. m. T* 186 **voir dist quel dist... Que** il dit vrai, il dit la vérité celui qui dit que... Voir **voire.**

voire *adv.* même sens que **voir,** noter la locution **voire voir** *E* 2942, 4278, 12398, redoublement expressif teinté d'une légère ironie au v. *E* 12398; voir note au v. *E* 2942, t. II, p. 588. **Voire** signifiant «oui», *T* 9229.

voirement *adv. T* 9068 très certainement.

voit *adj.*, voir **vuit.**

volanteïf *adj.* désireux de, *E* 11883 **cil volanteïs baicheler** ces jeunes chevaliers désireux de se faire une réputation, *T* 7158 autre home sont qui sont volage **Et trop volentieu de corage** dont le cœur est trop désireux d'arriver à ses fins, *M* 11061 **por quoi estes si volentis?** pourquoi être si désireux (de quitter votre pays)?

volenté *s. f. T* 7161 **se lués n'en font lor** — lit. s'ils n'en font bien vite leur volonté, c' à d. s'ils n'obtiennent bien vite leurs faveurs; *loc. adv. T* 8300 chascuns a a — ... ce que lui plest, *T* 10681 **a sa** — comme il le désirait.

voler *intr. T* 14024, *E* 13076; *T* 1988 **avis li est que** — **doie** il lui prend envie de voler (ou de sauter en l'air) pour manifester sa joie (*doie* semble plutôt indiquer un futur proche qu'une obligation), de même *T* 10566.

voloir *tr. T* 129, 12304, 12475 **weil,** *T* 6819, 15010 **veil,** *T* 2531 **wel,** *E* 12065 **voil** indic. pr. 1, *T* 6557 **vels,** *E* 2647 **viaus** 2, *T* 10399, 11203, 12233, 12479 **velt,** *T* 14924 **veut,** *E* 579, 580, 1791, 1792 **viaut,** *A* 2938 **vialt** 3, *T* 12973 **volez** 5, *T* 4890, 12715 **welent** 6; *T* 10856 **weille** subj. pr. 3, *T* 13674 **weilliez** 5, *T* 15096 **veillent** 6; *T* 8335 **voloie** indic. impf. 1, *T* 10539, 13113, *L* 6794 **voloit** 3; *T* 12872 **volrez,** *T* 14683 **vorrez** fut. 5; *T* 10560, 10945 **volroie** condit. 1, *T* 3843, 14370 **volroit,** *T* 15075 **vauroit** 3, *E* 14562 **vorroiez** 5; *T* 8336 **voil,** *L* 2960 **vol,** *A* 1667 **vos** prét. 1, *E* 1780, 1783 **vost** (*U* **volt**), *T* 4841, 5607, 12993, *A* 1668 **volt,** *T* 11970, 11981, 12612 **valt** 3, *T* 3424 **volrent** 6; *T* 10654, 10655 **volsisse** subj. impf. 1, *T* 974, 6058, 7266, 10505 **volsist** 3, *T* 3394, 5608 **volsissent** 6. — Infin. subst. *T* 7167 **et s'avoir püent lor voloir,** même sens que «en font lor volenté», voir **volenté.** — L'emploi du vb. *vouloir* n'a guère varié depuis le moyen âge. Notons l'emploi qui s'est conservé dans certains dialectes de l'Est, mais a disparu du fr. mod.: *L* 6794 **li solaus voloit ja coucier** (Quant il l'ataint) lit. le soleil voulait déjà se coucher, c' à d. le soleil allait se coucher, ou était sur le point de se coucher, quand Keu a atteint le chevalier qu'il poursuivait. Le v. *T* 12233 molt s'esmerveille **que velt dire** (*E* 16357 **qu'il viaut dire**) il se demande avec étonnement ce que l'autre veut dire, nous présente les débuts de *vouloir dire* au sens de «signifier» dit des personnes et des choses. Enfin aux v. *T* 129 **miex weil qu'ele l'oie par toi** et *T* 10655 **je volsisse mix estre ochis** nous dirions «*j'aime mieux* qu'elle l'apprenne par toi» et «*j'aimerais mieux* être tué».

vols *adj.* (pp. du vb. *voldre*) façonné en forme de voûte, enveloppé, recouvert, *T* 14349 si droites gambes, **si vols piez** jambes si droites, pieds si nettement arqués, *L* 8762 uns covertoirs forés d'ermine, **Vols d'une porpre alisandrine** une couverture fourrée d'hermine et recouverte d'une pourpre d'Alexandrie, *T* 14476 cambre Qui painte ert **et volse de lambre** (cf. *M* 18730) chambre garnie d'un revêtement de bois décoré de peintures, cf. *L* 8684; *L* 4606 (Bran de Lis frappe ses gens pour les forcer à dégager la salle, mais ils ne veulent pas en sortir et ils se réfugient où ils peuvent échapper à ses coups, sur les tables) et es fenestraus

Et es ars vaus des grans muraus sur les rebords des fenêtres et dans les arceaux formant voûte pratiqués dans les hauts murs de la salle.

vout *s. m.* *M* 17664, 17677 visage, le «vout de Lucques» qu'on tenait pour une reproduction des traits du Christ; voir la note au v. *A* 7565, t. III, 1, p. 654.

vuit, wit *adj.* vide, *E* 6504 **vuit remeinent li cheval** les cavaliers sont tombés à terre et les selles sont restées vides, de même en parlant d'un siège à table *L* 3407 **vois**, *L* 3494 **voit**, *A* 3668 **voiz**; *T* 8295 si n'estoit pas li chastiax **wis De vïandes ne de deduis** il ne manquait au château ni les vivres ni les distractions, de même *T* 8743 de larguece sont ... **wit** la générosité n'est pas leur fait, *T* 13313 **si remesent li dois tot wit** les tables restèrent vides de leurs occupants.

W

waucrer *intr.* *T* 6510 courir devant la tempête (en parlant d'un bateau); la nuance précise est celle d'une embarcation, poussée par le vent et une grosse mer, incapable de maintenir une route droite et allant tantôt d'un côté, tantôt d'un autre. Le mot des marins d'auj. qui approcherait le plus du sens de *waucrer*, sans le recouvrir tout à fait et sauf probablement une perte de dignité, serait *bourlinguer*.

wel, voir **voil**.

widier *tr.* fr. mod. vider, *T* 5506 **a poi ne wide cheval** peu s'en faut qu'il ne tombe du cheval, *T* 6843 **le païs wide isnellepas** il quitte le pays en toute hâte.

wignier *intr.*, graphie de *guignier* regarder du coin de l'œil, *T* 5247 il li a dit Que ... **Sanz reposer et sanz** — (S'iroit rendre a bele Guignier) que sans s'attarder et sans hésiter; *E* donne au passage correspondant 8827 **sanz ramposner, sanz rechinier.**

Y

ygue *s. f.* jument *E* 6778, au passage correspondant *T* 3137 donne **jument**. Voir **ive** [2].

ymage *s. f.* *T* 4094, 4105, 4116, il s'agit ici de deux statues qui représentent des personnes, lesquelles par magie accomplissent des actions variées comme d'ouvrir ou de fermer la tente, jouer de la harpe, etc.

yreté, erité *s. f.* *T* 6723, *E* 10309 **voire trestoute s'yreté** et même tout son héritage.

yvoire *s. m.* *T* 8536 **un cor D'yvoire**; *T* 14467, il s'agit là du cadre fait d'or et d'ivoire d'un beau lit.

yvre *adj.* ivre, emploi figuré *T* 7534 **n'i a si sage ne si** — il n'y a personne, sage ou étourdi, qui ne dise que.

ERRATA AND CORRIGENDA

IN VOLUMES I, II, AND III, Part 1

Volume I

p. xxxii, line 5, *read* (Potvin 25326)
p. xlvii, line 17, *read* Mss *TV EMQU G:*
p. 12, vs. 403, *delete comma*
p. 34, vs. 1251, *add comma at end*
p. 34, vs. 1252, *delete comma*
p. 106, vs. 3919, *add comma at end*
p. 166, vs. 6110, *read* Artu. Sanz demoree *and delete period at end*
p. 173, vs. 6377, *read* proies (*without accent*)
p. 199, vs. 7296, *add semicolon after* Cornoaille *and delete period at end*
p. 233, vs. 8548, *semicolon instead of period*
p. 236, vs. 8674, *add comma at end*
p. 262, vs. 9624, *emend to* de Mu[r]ce
p. 280, vs. 10292, *emend to* Desor le
p. 334, vs. 12289, *comma instead of period*
p. 445, col. 1, *add entry* Mu[r]ce 9624

Volume II

p. 28, vs. 880, *read* Et la *and change variant to MQU* Que la
p. 28, vs. 886, *read* dela (*one word*)
p. 38, vs. 1242, *emend to* Que plus
p. 79, vs. 2638, *read* Qu'estables [n'es] ne veritex;
p. 202, variant to 6871, *delete period at end*
p. 213, variant to 7216, *delete E* teue, (*ms E has* reue, *as in text*)
p. 325, vs. 10762, *emend to* dou taisir;
p. 357, vs. 11834, *read* aprés (*add accent*)
p. 363, vs. 12047, *read* Et de ce [molt] plus
p. 396, variant to 13157, *delete* (—1)
p. 396, vs. 13158, *read* Li saïns

p. 403, vs. 13406, *emend to* de Murce
p. 415, vs. 13808, *emend to* Qui d'amistié l'apeleroit,
p. 431, vs. 14334, *emend to* lorier et sarpin.
p. 445, vs. 14818, *emend to* et duel et
p. 480, vs. 15988, *read* bois si
p. 480, vs. 15989, *semicolon instead of comma*
p. 517, vs. 17318, *delete period*
p. 517, vs. 17320, *period instead of comma*
p. 520, vs. 17405, *emend to* sans i entroit,
p. 520, vs. 17406, *emend to* d'or en issoit,
p. 522, vs. 17514, *emend to* Reent en
p. 563, vs. 19004, *add quotation marks at end*
p. 574, vs. 19333, *emend to* ou chastel s'an
p. 574, vs. 19334, *emend to* Ou vergier antrent,
p. 575, vs. 19360, *emend to* li fuz croissiz,
p. 580, vs. 19517, *read* abaissiez,
p. 587, line 4, *add* 6784
p. 590, note to 3561, *add* 14361 anchaça = anchauça
p. 594, note to 7232, *add* 19523
p. 595, line 4 of note to 8540, *read* entre peignon
p. 599, line 3 of note to 10787-88, *add* 14818
p. 614, col. 1, *add entry* Murce 13406

VOLUME III, PART 1

p. viii, line 29, *read* 2639-6797
p. 15, vs. 196, *delete comma*
p. 250, vs. 3776, *read* Que li saïns
p. 421, vs. 6517, *add comma at end*
p. 483, vs. 7492, *read* precïeus (*add diaeresis*)
p. 490, vs. 7708, *add quotation marks at end*
p. 600, vs. 9496, *read* aprés.
p. 622, vs. 764, *read* si'n
p. 624, vs. 864, *comma instead of semicolon*
p. 628, vs. 1022, *semicolon instead of comma*
p. 628, vs. 1024, *comma instead of semicolon*
p. 645, line 2 of note to *L* 2280, *read* exclamation.
p. 661, *correct page number*

IMPRIMERIE PROTAT FRÈRES, MACON. — AVRIL 1955.
DÉPÔT LÉGAL : 2ᵉ TRIMESTRE 1955. — Nº IMPRIMEUR : 5668. Nº ÉDITEUR : 4.